"苏州之路"诠释公共文化服务的现代化道路

——苏州市创建国家公共文化服务体系示范区的探索和实践

主编 陈 嵘

苏州大学出版社

"苏州之路"诠释公共文化服务的现代化道路

编委会

主　任　陈　嵘

副主任　徐春宏　邱冠华

委　员（按拼音顺序排列）
  曹　俊　陈　嵘　费　巍　冯　佳
  郭腊梅　金德政　金武刚　接　晔
  怀　念　陆　前　陆秀萍　柳　英
  梁谷嘉　刘逸平　陆晓曦　潘丽敏
  邱冠华　沈霞娟　宋　萌　汪建满
  徐春宏　徐吟之　许晓霞　许轶璐
  杨　阳　张　丽　朱　荀

主　编　陈　嵘

公共文化服务均等高效的苏州之路

——写在《"苏州之路"诠释公共文化服务的现代化道路》出版之际

构建现代公共文化服务体系是建设社会主义文化强国的基础工程,也是全面建成小康社会的重要内容。苏州历史底蕴深厚、经济文化发达、人文资源丰富、城乡风景秀丽,是国务院首批公布的24个历史文化名城之一,也是体现传统文化当代传承与发展的"全球创意城市",在新时期我国构建现代公共文化服务体系进程中,苏州又堪称走在全国前列的探路者、引领者和示范城市。

2011年,文化部、财政部启动国家公共文化服务体系示范区创建工作,计划用六七年的时间分3个创建周期,在全国东、中、西部创建90个左右的公共文化服务体系示范区,覆盖三分之一以上的市县,为全国公共文化服务体系建设探索路径、积累经验、提供示范。

苏州是首批入选国家公共文化服务体系示范区创建城市之一。在示范区创建过程中,苏州注重顶层设计,加强制度设计研究,聚焦"完善体系、提高效能、彰显特色、惠及全民",实施了一系列具有创新性的探索与实践,形成了覆盖城乡的公共文化服务设施网络体系、全民参与的群众文化活动体系、重心下移的公共图书馆总分馆体系、高效运行的公共数字文化服务体系、活力充沛的公共文化产品创作生产和资源供给体系、承古惠今的特色文化保护传承和弘扬体系,长效保障的公共文化服务制度支撑体系。第一批国家公共文化服务体系示范区最终验收,苏州取得了综合评分全国第一的优异成绩,成为名副其实的全国公共文化服务体系建设的排头兵。

国家公共文化服务体系示范区创建工作的一个显著特点,是强调加强制度设计研究。为此,示范区的评价验收,把制度设计成果验收作为前置条件。这一做法的目的是,促使示范区创建城市以理念创新为先导,以体制机制创新为重点,结合本地实际,积极开展理论研究、政策研究和制度设计研究,从而体现出公共文化示范区创建理论指导实践、实践丰富研究、研究成果转化为政策成果和制度建设成果的创建特色。

苏州成功创建国家公共文化服务体系示范区,制度设计研究"功不可没"。眼前的这部集子,就是苏州示范区创建期间各项制度设计研究成果的集中展示,从中可以看到苏州如何设计和建设设施互联、资源共享、体系化运行、制度化支撑的现代公共文化服务体系;可以看到苏州如何设计和建设依托互联网+高效便捷的公共文化服务产品和服务供给方式;可以看到苏州如何设计和建设以人民为主体、政府主导、公益性文化事业单位为骨干、社会力量广泛参与的现代公共文化服务体制机制。

通过这部集子,也可以领悟到苏州成功创建国家公共文化服务体系示范区、推动现代公共文化服务体系建设持续健康发展的基本经验。一是市委、市政府具有高度的自觉意识、责任意识和担当意识,公共文化服务纳入经济社会全面发展战略,"文化立市""文化强市"落到了实处。二是顶层设计充分依靠专家,遵循发展规律,立足苏州,放眼世界,瞄准国际先进水平,以攀登公共文化服务"高峰"为己任。三是以改革创新为动力,以一流水平为目标,补齐短板、突破难点、打造亮点、提升能力,全面履行示范区探索路径、积累经验、提供示范的使命。四是充分调动所属市、区积极性,建立示范区创建市(区)联动机制,基层试点,全市推广,互学互促,全面提高。

示范区创建是阶段性任务,现代公共文化服务体系建设永无止境。对苏州来说,这部集子是示范区创建过程中探索和创新的总结,是一段难忘历程的记录;对更多的读者来说,这部集子具有思路启迪、视野拓展、经验借鉴、方法示范的价值。今天,苏州已经进入示范区后续建设阶段,唯愿苏州以成功创建国家公共文化服务体系示范区为新的起点,创造出更多的具有中国特色、苏州风格的公共文化服务创新经验和做法,演绎出更多的公共文化服务"中国故事",在我国构建现代公共文化服务体系的进程中,继续发挥引领示范作用,以苏州模式、苏州经验丰富公共文化服务的中国道路、中国创造。

李国新*

2016年8月

---

* 作者为北京大学教授、国家公共文化服务体系建设专家委员会主任.

前　言

编写一本记录国家公共文化服务体系示范区创建全过程的书，酝酿已有多时。记得回局履新之时，正值创建工作中期督查，督查组的专家和领导对我们的工作给予了充分的肯定。还没有时间让我们喜悦，验收内容的增加、验收指标的提高、验收环节的重置就接踵而来。这对于苏州、对于我、对于我们的团队来说又是一次全新的考验。2013年11月6日，当时任苏州市委常委、宣传部长蔡丽新同志从时任文化部公共文化司司长于群同志手中接过示范区的铜牌，苏州以东部第一也是全国总分第一的成绩高质量地通过示范区验收时，作为参与创建的一分子，欣喜之情溢于言表。

示范区创建的成功，主要得益于苏州优越的资源积累，得益于各级党委、政府的大力支持，得益于各相关部门的帮助和协作。创建之初，市委、市政府将创建工作列为"十大文化工程"之首；市人大、市政协连续两年将示范区创建列为重点视察内容；市四套班子领导顶着炎炎烈日深入基层针对薄弱环节进行专项调研和督查。每每回忆起，无不使我情动于此。

两年多的国家公共文化服务体系示范区创建，给我们文化部门带来的收获和改变是前所未有的。文化发展"以人为本"的理念更加突出，一系列公共文化服务标准化、规范化制度得以建立；全市人均公共文化设施面积达0.25平方米，位居全国同类城市前列，一批重点文化工程开工建设，基层文化设施愈加完善；以往文化部门自娱自乐的工作惯性被突破，面向社会、面向群众、面向基层"以效益为导向"的工作机制逐步建立完善。更可喜的是，两年多的创建，全市上下同心同力，实践着"不创则已，创则必成"的信念，一支由文化管理人才、专业人才和社会志愿者组成的公共文化服务队伍日趋成熟。

记得国家验收实地检查组组长李国新教授在反馈意见时说："苏州要进一步探索研究，形成苏州做法，创造苏州经验，为区域乃至全国提供新的示范"，"打造公共文化服务体系的苏州升级版"。所以，本书的出版，既是对创建工作的总结回顾，更是对我们今后工作的不断鞭策，对于我们进一步提升服务水平有着现实的借鉴意义。这本书稿从组织编写到今年付梓，前后已有近三年时间。虽然尽力搜集资料，但仍挂一漏万，再加上学识所限，因此有些文章尚显深度不够，尚希读者见谅并加以斧正。

感谢所有为之付出辛勤劳动的人们。

陈　嵘[*]
2016年3月28日

---

[*] 作者为苏州市文广新局党委书记、局长．

目　录

上篇　制度设计篇

苏州市公共文化服务体系制度设计研究方案 ……………………………………………… 1
苏州市创建国家公共文化服务体系示范区制度设计研究成果概要 …………………… 4
苏州公共图书馆总分馆制度设计研究报告 ………………………………………………… 8
苏州市基层文化从业人员职业资格认证制度研究 ……………………………………… 35
苏州市乡村图书馆制度设计研究 ………………………………………………………… 77
从传统文化事业单位向现代公共文化服务机构转变
　　——苏州市公共文化中心职能定位研究 ……………………………………………… 99
苏州市人民政府办公室文件(苏府办〔2011〕180号)市政府办公室关于转发《苏州市公共
　　图书馆总分馆体系建设实施方案》的通知 ………………………………………… 106
关于贯彻《关于加强地方县级和城乡基层宣传文化队伍建设的若干意见》的实施意见
　　(苏宣发〔2011〕3号) ………………………………………………………………… 110
关于进一步落实《苏州市基层文化从业人员资格认证制度》的意见
　　(苏文群字〔2011〕6号) ……………………………………………………………… 113
　　附:苏州市基层文化从业人员资格认证管理制度(试行)(苏人办〔2007〕144号) …… 114
　　市委办公室、市政府办公室关于转发苏州市文广新局《关于加强"十二五"公共文化服务
　　体系建设的实施意见》的通知(苏办发〔2012〕7号) ……………………………… 116

下篇　创建成效篇

长效保障的公共文化服务制度支撑体系 ………………………………………………… 121
城乡一体的公共文化服务设施网络体系 ………………………………………………… 137

全民参与的群众文化活动体系 ·············· 152
重心下移的公共图书馆总分馆体系 ·············· 173
高效运行的公共数字文化服务体系 ·············· 191
活力丰沛的公共文化产品生产和供给体系 ·············· 213
承古惠今的特色文化保护传承和弘扬体系 ·············· 230
异彩纷呈的县区公共文化服务体系 ·············· 243
苏州市创建国家公共文化服务体系示范区大事记 ·············· 266

附 录

1. 示范区创建过程

  1.1 申报阶段 ·············· 283

    1.1.1 关于苏州市创建国家公共文化服务体系示范区工作情况的汇报 ·············· 283

    1.1.2 创建国家公共文化服务体系示范区申报书 ·············· 300

    1.1.3 申报创建国家公共文化服务体系示范区情况报告 ·············· 312

    1.1.4 苏州市申报创建国家公共文化服务体系示范区的情况陈述 ·············· 321

    1.1.5 苏州市政府办公室文件(苏府办〔2011〕54号)《市政府办公室关于印发〈创建国家公共文化服务体系示范区建设规划〉的通知》 ·············· 324

  1.2 创建阶段 ·············· 333

    1.2.1 苏州市创建国家公共文化服务体系示范区动员大会 ·············· 333

      1.2.1.1 苏州市人民政府市长阎立在创建示范区动员大会上的讲话 ·············· 333

      1.2.1.2 苏州市人民政府副市长王鸿声在创建示范区动员大会上的讲话 ·············· 337

      1.2.1.3 苏州市文广新局局长汤钰林在创建示范区动员大会上的发言 ·············· 342

      1.2.1.4 昆山市人民政府副市长杭颖在创建示范区动员大会上的发言 ·············· 345

      1.2.1.5 高新区管委会副主任徐萍在创建示范区动员大会上的发言 ·············· 347

      1.2.1.6 中共苏州市委常委、宣传部长徐国强在创建示范区动员大会的主持词 ·············· 349

      1.2.1.7 《创建国家公共文化服务体系示范区目标责任书》样本(张家港市) ·············· 351

    1.2.2 创建国家公共文化服务体系示范区工作座谈会(烟台) ·············· 353

      1.2.2.1 文化部副部长杨志今在烟台会议上的讲话 ·············· 353

      1.2.2.2 文化部公共文化司司长于群在烟台会议上的讲话 ·············· 357

      1.2.2.3 苏州市人民政府副市长王鸿声在烟台会议上的讲话 ·············· 361

    1.2.3 苏州市人民政府副市长王鸿声在中期督查汇报会上的报告 ·············· 364

1.2.4 文化部第十五督查组《关于江苏省苏州市创建国家公共文化服务体系示范区工作情况的反馈意见》 ……………………………………………………… 369

1.2.5 国家公共文化服务体系示范区创建工作现场经验交流会（张家港） ………… 372

 1.2.5.1 会议概况 ……………………………………………………………………… 372

 1.2.5.2 文化部副部长杨志今在张家港会议上的讲话 ……………………………… 374

 1.2.5.3 江苏省政府副省长曹卫星在张家港会议上的致辞 ………………………… 380

 1.2.5.4 国家公共文化服务体系建设专家委员会副主任、北京大学教授李国新在张家港会议上的发言 ………………………………………………………… 381

1.2.6 苏州市创建国家公共文化服务体系示范区推进会 ……………………………… 383

 1.2.6.1 苏州市委常委、宣传部长蔡丽新在推进会上的讲话 ……………………… 383

 1.2.6.2 苏州市文广新局党委书记、局长陈嵘在推进会上的讲话 ………………… 386

 1.2.6.3 张家港市人民政府副市长华红在推进会上的发言 ………………………… 391

 1.2.6.4 苏州工业园区副主任夏芳在推进会上的发言 ……………………………… 394

 1.2.6.5 苏州图书馆副馆长金德政在推进会上的发言 ……………………………… 397

 1.2.6.6 推进会主持词 ………………………………………………………………… 399

1.2.7 苏州市创建国家公共文化服务体系示范区工作会议 …………………………… 401

 1.2.7.1 中共苏州市委常委、宣传部长蔡丽新在会议上的讲话 …………………… 401

 1.2.7.2 市财政局副局长、市财政投资评审中心主任朱晓平在会议上的发言 …………………………………………………………………………………… 404

 1.2.7.3 苏州市文广新局党委书记、局长陈嵘在会议上的讲话 …………………… 406

 1.2.7.4 会议书面交流发言——常熟市人民政府 …………………………………… 409

 1.2.7.5 会议书面交流发言——吴江区人民政府 …………………………………… 411

 1.2.7.6 会议书面交流发言——姑苏区人民政府 …………………………………… 413

 1.2.7.7 会议主持词 …………………………………………………………………… 415

1.3 验收阶段 ………………………………………………………………………………… 417

 1.3.1 国家公共文化服务体系示范区（项目）创建工作领导小组办公室关于公布第一批示范区制度设计研究课题评审结果的通知 ……………………… 417

 1.3.2 苏州市创建第一批国家公共文化服务体系示范区工作情况汇报 …………… 419

 1.3.3 文化部检查组完成对江苏省苏州市创建国家公共文化服务体系示范区实地检查工作 ……………………………………………………………………… 424

 1.3.4 苏州市创建亮点简介 …………………………………………………………… 426

 1.3.5 苏州市人民政府副市长王鸿声在第一批国家公共文化服务体系示范区第一批次验收评审会议上的汇报 ……………………………………………… 435

1.4 长效管理阶段 ··· 438
   #### 1.4.1 国家公共文化服务体系示范区(项目)创建工作领导小组关于加强第一批国家公共文化服务体系示范区(项目)后续管理工作的通知 ············ 438
   #### 1.4.2 国家公共文化服务体系示范区(项目)创建工作会议(上海) ··············· 440
   ##### 1.4.2.1 综述：国家公共文化服务体系示范区(项目)创建工作会议在上海召开 ··· 440
   ##### 1.4.2.2 中共苏州市委常委、宣传部长蔡丽新在上海会议上的发言 ············ 443
   #### 1.4.3 苏州市国家公共文化服务体系示范区长效管理工作会议 ················· 445
   ##### 1.4.3.1 会议概况 ··· 445
   ##### 1.4.3.2 中共苏州市委常委、宣传部长蔡丽新在长效管理会议上的讲话 ······· 446
   ##### 1.4.3.3 苏州市人民政府副市长王鸿声在长效管理会议上的讲话 ············· 450
   ##### 1.4.3.4 苏州市文广新局局长陈嵘在长效管理会议上的发言 ················· 453

2. 重要文件目录 ·· 455
2.1 2011 年 ··· 455
2.2 2012 年 ··· 456
2.3 2013 年 ··· 456

3. 媒体重要报道 ·· 457
3.1 苏州将制定"文化强市"绩效考核指标体系 ································· 457
3.2 苏州：文化成为转型新引擎 ·· 457
3.3 国家公共文化服务体系示范区创建工作现场经验交流会举行 ··············· 459
3.4 张家港推行网格化公共文化服务 ·· 460
3.5 文化吴江熠江南　公共服务惠万家　江苏吴江公共文化服务体系建设十大亮点扫描 ··· 460
3.6 苏州：奏响城乡文化发展交响曲 ·· 464
3.7 书香漫姑苏　文化惠万家——苏州图书馆实施"总分馆"模式见成效 ······· 467
3.8 加大投入、着力创新、确保均等——公共文化建设的苏州探索 ············· 469
3.9 让城市彰显文明之魂　让人民乐享文化硕果——公共文化建设的苏州探索 ······· 471
3.10 让城市彰显文明之魂　让人民乐享文化硕果——公共文化建设的苏州探索 ······· 474
3.11 江苏省苏州市：城乡一体化　率先现代化 ································· 476
3.12 公益性文化设施覆盖"市县镇村" ·· 477
3.13 效益导向引领国家公共文化服务体系示范区创建　苏州1055万居民乐享公共文化服务 ··· 478
3.14 书香：苏州转型升级的人文标志 ·· 483

上篇　制度设计篇

苏州市公共文化服务体系制度设计研究方案

公共文化服务体系建设是今后我国经济社会发展的一项长期的战略性任务，是各级党委和政府的重要职责，也是切实保障人民群众基本文化权益的重要手段。为积极创建"国家公共文化服务体系示范区"，配合国家公共文化服务体系制度设计研究工作，特制订我市公共文化服务体系制度设计研究方案。

一、指导思想

贯彻落实党的十七届五中全会、胡锦涛总书记在中央政治局第二十二次集体学习时的重要讲话精神和全国文化体制改革工作会议精神，推动公共文化服务体系的科学发展，针对当前公共文化服务体系建设存在的突出问题，根据本地区域差异、城乡差异的具体实际，结合国家公共文化服务体系示范区创建工作，立足苏州、面向东部，对涉及的重要问题进行研究，提出相关政策建议和具体解决方案，形成一系列推进公共文化服务体系建设的政策、手段和措施，努力建立公共文化服务体系建设的长效机制。

二、基本原则

（一）与国家公共文化服务体系制度设计研究相结合。国家公共文化服务体系制度设计研究，是文化部为推动公共文化服务体系科学发展而开展的一项重要工作。我市的制度设计研究工作要紧密围绕国家公共文化服务体系制度设计研究工作进行，不仅要直接承担相关子课题的研究工作，还要围绕国家重点课题，结合地方实际，确定若干自选课题，力争取得有全国示范意义的理论成果，并以此为基础，凝练出一批推进公共文化服务体系建设的政策意见，为推动公共文化服务体系建设产生实实在在的效应，为国家制定有关政策提供依据。

（二）与国家公共文化服务体系示范区创建工作相结合。制度设计研究要深入分析、探讨我市在示范区创建工作中的措施经验、突出问题，提出相关政策建议和具体解决方案。按照制度设计研究与示范区创建同步推进的原则，把示范区建成制度设计研究的实践基地，为示范区创建工作提供理论指导和政策支持，进一步促进示范区建设水平的提升。

（三）与我市公共文化服务体系建设的实践相结合。2010年苏州市委、市政府将"三区三城"确定为苏州"十二五"发展的总目标，明确提出要建设"城乡一体示范区"和"历史文化与现代文明相融的文化旅游城市"的要求，对于推动全市文化建设与经济、社会、生态文明建设的融合发展提出了更高的要求，也创造了难得的机遇。我市的公共文化服务体系制度设计研究工作要立足于"三区三城"总体目标，围绕公共文化服务体系建设在推动城乡一体化、实现基本现代化进程中的作用这个主题，进行创造性的探索和分析，借鉴国内外先进经验，继承原有研究和实践的成果，提出创新的观点和思路,为下一步研究出台相关政策措施打下理论基础,为苏州经济社会又好又快发展做出贡献。

三、主要内容及预期成果

苏州市公共文化服务体系制度设计研究的主要内容包括参与文化部公共文化服务体系制度设计研究课题和围绕本地公共文化服务体系建设开展的自主研究两部分。

(一) 参与文化部公共文化服务体系制度设计研究课题

我市积极参与文化部公共文化服务体系制度设计研究的子课题项目。2010年,苏州承担了江苏省申报的"公共文化服务经费保障机制研究"课题的二级课题——"公共文化服务多元化投入机制研究"的课题研究工作。我市在多方调研的基础上,初步形成了提纲和概述,计划于2011年3月份完成子课题研究工作。

(二) 围绕本地公共文化服务体系建设开展的自主研究

1. 政策制度设计研究

围绕国家公共文化服务体系示范区创建和苏州市公共文化服务体系的推进,重点进行政策制度建设的研究。计划进行(包括已在进行中)的相关政策制度研究以及试点实施工作有《关于进一步加强苏州市公共文化服务体系建设的实施意见》《创建国家公共文化服务体系示范区建设规划》《苏州市"十二五"文化经济政策》《苏州市基层公共文化设施管理办法》等。稍后还要在《国家非物质文化遗产法》出台后,根据本地工作实际,研究制定出台《苏州市非物质文化遗产保护条例》或相关实施细则。通过一系列规划、政策和指导意见的研究出台,解决我市公共文化服务体系建设中的重点、难点问题,积累制度建设经验,健全公共文化服务的保障体系。

2. 重点研究课题

(1) "苏州公共文化服务体系建设的国际比较研究"课题

主要内容:苏州经济社会发展在全国处在领先位置,公共文化服务体系建设也走在了前列,但是与发达国家的同类城市相比较还有差距。在国家公共文化服务体系示范区创建工作中,要充分发挥苏州在全国的排头兵作用,不仅仅局限于国家的创建标准,更要广泛参照国外发达城市在公共文化服务方面的先进经验和做法,科学定位,制定符合苏州实际的发展指标体系。

时间安排:2012年内完成。

预期成果:相关理论研究成果。

(2) "公共图书馆服务体系建设"课题

主要内容:苏州的总分馆建设起步早、成本低、效益高,是一种自主创新式的构建模式,其中的"动态资产权""孵化式培训""扁平结构"等做法和管理机制均为首创,被国内图书馆专家和教授称为"苏州模式"而受到充分肯定,并荣获了"全国第十四届群星服务奖"。在多年实践基础上进行"苏州市公共图书馆服务体系建设"的研究,不仅可以及时总结有关经验,而且还将为下一步出台相关政策制度奠定基础。

时间安排:2012年内完成。

预期成果:《苏州市公共图书馆服务体系建设行动计划》。

(3) "基层文化从业人员资格认证制度"课题

主要内容:随着社会发展和对公共文化服务需求的不断增长,文化从业人员(尤其是基层文化从业人员)的数量和质量越来越不能满足发展的需要。为此,从2008年起,苏州市开始实行基层文化从业人员资格认证工作,每年对基层文化从业人员进行一定时间的培训,对考核合格者颁发从业资格证书,并要求持证上岗。今后将继续推行这一举措,并逐步涵盖图书、"非遗"等方面的从业人员,从制度上保证这一措施的推行。

时间安排:2011年内完成。

预期成果:《苏州市基层文化从业人员资格认证管理制度》及相关实施办法。

(4)"基层文化服务资源'四位一体'模式研究"课题

主要内容:我市在基层(村级)文化服务上,正在探索文化信息资源共享工程服务点、党员远程教育点、村级图书室以及农家书屋"四位一体"的建设模式。吴江作为试点市,已经由当地党委、政府明确并开始实施。下一步将尝试制定相关建设标准,并在全市范围推行。

时间安排:2011年内完成。

预期成果:《苏州市基层文化服务资源'四位一体'模式建设指导意见》(暂定名)。

(5)"文化惠民活动品牌打造"课题

主要内容:近年来,苏州市在社会文化活动中注重凸现地域特色、打造重大文化活动品牌(可以归纳为"江河湖海"。"江":长江文化艺术节;"河":运河文化节;"湖":太湖文化论坛;"海":郑和航海节),取得了很大的成效。下阶段将就文化惠民活动的品牌打造作深入的课题研究。

时间安排:2012年内完成。

预期成果:相关理论研究成果。

(6)"公共文化服务技术创新思路和现代技术手段"课题

主要内容:苏州全市范围大部分公共图书馆、文化馆、博物馆建有网站或数字馆。苏州图书馆已经开通的"掌上苏州——手机图书馆"服务获得了江苏省"五星工程"服务奖。下阶段将继续研究利用网络、声讯、通信及现代信息技术手段建立公共文化服务新技术平台的创新思路和技术手段,提供更丰富更便捷的公共文化服务。

时间安排:2012年内完成。

预期成果:公共文化服务技术创新思路和多项现代技术手段。

3. 其他具有地方特色的研究课题

另外,根据我市公共文化服务体系建设中的有关重点、热点问题,初步确定了"城乡一体化发展中的同质化农村公共文化服务体系建设""城乡一体化发展中的非物质文化遗产有效保护""文化产业发展中非物质文化遗产资源的合理利用"等研究课题,都计划在2012年内完成。

四、保障措施

建立高效的公共文化服务体系制度设计研究协调机制。根据确定的苏州市公共文化服务体系建设制度研究的主要内容,研究课题多,任务非常重,需要强有力的协调机制和高素质的研究人员作为保障。苏州市文广新局将切实承担课题的总协调责任,进一步建立沟通交流、专家邀请、分类指导等工作机制,牵头开展好各项综合性研究工作,及时帮助解决各课题研究过程中所碰到的问题,做好各课题之间的衔接沟通,确保制度设计研究工作的总体进度和质量。同时,紧紧依靠各市(县)及区文化行政部门、公共文化单位、专家学者,组成高水平的研究队伍,共同开展制度设计研究工作。

苏州市创建国家公共文化服务体系示范区领导小组办公室

2012年2月23日

苏州市创建国家公共文化服务体系示范区制度设计研究成果概要

2011年5月,苏州市入选第一批国家公共文化服务体系示范区创建城市。根据示范区创建工作要求,我市针对公共文化服务体系建设中的突出矛盾和难点问题,根据自身实际情况和已有基础,确立了"苏州公共图书馆总分馆制度设计研究""苏州市基层文化从业人员职业资格认证制度研究""苏州市乡村图书馆制度设计研究""苏州市公共文化中心职能定位研究"等制度设计研究课题,按照"三三制"原则配备研究力量,开展重点研究。目标是提炼总结经验,分析研究问题,形成制度设计研究报告,指导制度建设实践,为完善我市公共文化服务体系提供思想、理论支撑和实践指导,进而为东部地区公共文化服务体系建设提供借鉴,为国家制定有关政策提供参考。

一、《苏州公共图书馆总分馆制度设计研究报告》

(一) 选题价值

苏州公共图书馆总分馆起步于2005年,是苏州图书馆与基层政府等机构合作的职业创新。通过"动态资产权"实现文献资源的统一采编调配和通借通还,通过由总馆向分馆直接派遣工作人员实现紧密型的统一管理,通过"孵化式培训"提高馆员职业素养进而保障总分馆服务质量的一致,从而实现了总分馆服务的方便快捷和经济高效。截至2010年底,苏州已经建成了26所分馆,被业内专家学者誉为公共图书馆总分馆的"苏州模式",并获得文化部第十四届群星服务奖。示范区创建期间,苏州市在已有基础上进一步研究总分馆建设的政府主导和制度保障,对总分馆进行科学规划、合理布局,提升内涵,彰显效能,使全市的公共图书馆总分馆建设由"职业行为"走向"政府主导"。

(二) 主要内容与结论

研究报告主要由"发达国家和地区公共图书馆总分馆制度与实践""国内公共图书馆总分馆制度的探索实践"和"苏州市公共图书馆总分馆制度的探索实践"等内容组成,总结归纳了国内外公共图书馆总分馆制度建设的经验和教训,分析探讨了总分馆科学发展的客观规律,并结合苏州实践,设计出了一套由政府主导、符合公共图书馆总分馆制度发展规律的总分馆设置和运行方案,并在示范区创建实践中逐步完善,形成制度建设成果。

报告的主要研究结论是:

(1) 总分馆建设主体适当上移。苏州市政府作为苏州市市区主要建设主体、区政府作为次要建设主体;县级市作为各县市的建设主体,免除街道(乡镇)、社区(乡村)在公共图书馆建设和管理上的责任。

(2) 管理单元合理切分,建立多个总分馆服务体系。苏州市区以苏州图书馆为总馆,建立市区的总分馆体系(有条件的区,可以由区图书馆作为总馆,建立区级独立的总分馆体系);县级市由各县级图书馆为总馆,在各镇政府所在地、撤乡并镇的人口聚集区建立统一管理的分馆,建立覆盖全县域的总分馆体系,以流动图书车定期服务各个乡村。

(3) 信息技术应用,保障总分馆高效运行。计算机业务管理系统支撑图书馆采、分、编、借、还和总分馆文献通借通还等业务需要;远程监控确保服务质量,减少读者纠纷;远程咨询平台,提升分馆服务能力;辅助管理系统,实施文献资源智能调配。

（4）统一的专业化服务、统一的内部管理。全市公共图书馆提供统一的专业化服务，即统一的服务标准、技术标准和评估标准，使全市公共图书馆能够提供基本一致的服务；统一的网上参考咨询，形成及时应答机制和审核机制；统一的讲座、展览、读者培训、阅读推广等读者活动。服务体系内部实行统一管理，即统一采购、统一编目、统一配送、统一检索、通借通还。

二、《苏州市基层文化从业人员职业资格认证制度研究》

（一）选题价值

为提高基层文化从业人员的综合素质，加强对基层文化从业人员的管理，苏州市从2007年11月起实施以"统一培训、统一考试、持证上岗"为主要内容的基层文化从业人员职业资格认证制度，是全国率先进行基层文化从业人员职业资格认证的城市。"十一五"期间，苏州市完成了1570余名基层文化馆（站）、村（社区）文化从业人员资格认证培训。随着认证制度的逐步推行，制度的一些不完善之处逐渐显露，产生了如资格培训课程和师资的体系化程度不高、证书的社会认可度不高、考评制度单一、后期管理缺乏长效规范的管理机制等问题。本课题研究为苏州完善基层文化从业人员职业资格认证制度提供支撑和指导，为其他地区乃至在全国开展文化行业职业资格认证制度提供借鉴和参考。

（二）主要内容与结论

研究报告由"苏州市基层文化从业人员职业资格认证制度研究"和"国内外文化行业实施职业资格制度调研"两部分内容组成。

"苏州市基层文化从业人员职业资格认证制度研究"，针对苏州市基层文化从业人员资格认证制度的认证主体、认证对象、师资与课程、证书管理等要素做了调研分析，并对资格认证培训实施效果进行了评估，指出了目前的存在问题，同时提出了进一步完善的政策建议：第一，党委政府加强重视。第二，强化顶层设计。做好认证制度与职业准入、职业晋升的有效衔接，突破现有的文化、人事等行政主管部门"铁路警察各管一段"的体制藩篱，设计全市统一的以基层文化从业人员职业资格认证为通道的职业准入和职业晋升机制。第三，进一步完善制度要素。如统一管理、优化师资；完善教材、实现培训课程体系化；改进考核形式，理论与实践相结合；认证结果作为文化事业单位招聘的必备条件，提高认证制度的社会认可度；建立职业资格认证与大学专业教育相结合的准入机制，推进认证的社会化，降低认证的社会成本。第四，建立切实可行的质量控制制度。第五，完善后期评估注册管理制度，建立统一数据库。

国内公共文化行业实施职业资格制度调研，主要调研了国家职业资格证书制度和文化部基层文化队伍培训。调研的基本结论是：第一，国家职业资格证书制度目前尚未在公共文化领域有效推广。原因大致有二：一是文化行业的国家职业资格证书的取得以自愿为原则，没有外部约束机制，且培训工作设置了定点培训机构，以市场化机制为主，从而导致激励机制的缺乏；二是文化行业的国家职业资格证书制度没有与上岗、准入资格相挂钩，没有与业已存在的职称晋升制度相挂钩，从而导致权威性的缺乏，难以获得从业人员的认同。第二，文化部基层文化队伍培训制度解决了公共文化服务体系最末端从业人员素质偏低、人才缺乏等问题，有利于基层文化队伍的稳定和发展。但目前的培训是政策性措施，缺乏长期有效的保障，还远未确立为稳定的职业资格认证制度。公共文化行业人才队伍长期建设存在着诸多不确定因素。

国外文化行业职业资格制度调研，主要调研了美国的图书馆学高等教育认可制度和公共图书馆管理者认证制度、英国的图书馆员职业资格认证制度、日本的"公民馆主事"职业资格制度。调研发现：第一，美国的图书馆学高等教育认可制度是由行业协会对大学专业教育的认证，通过对图书情报学硕士学位的认可，来间接认证图书馆员的职业资格。第二，美国的公共图书馆管理者认证制度,是由行业协会实施的面向有志于成为图书馆管理者的一种认证制度,其基本方式是通过继续教育培训获取图书馆高级管理者任职资格。第三,英国的图书馆员职业资格认证制度,既有类似美国的大学专业教育认可制度,即由行业协会授予大学专业教育认可权,并对其相关课程进行审核;又有注册专业人员制度,即由协会对从业者的学术资格和实践资历进行自愿认证;还有国家职业资格制度,即以实际工作能力和表现为考评依据的国家职业资格制度。第四,日本的"公民馆主事"职业资格制度是由法律规定的国家考试制度。它既是一个"准入"制度——可以作为公民馆录用职员时对其专业水平的要求,具有"准入门槛"的作用;也是一个公民馆从业人员的"晋升"制度——在公民馆的从业人员可以通过这一制度晋升专业资格,如从候补公民馆主事晋升为公民馆主事。总体而言,国外的公共文化行业职业资格认证制度,既有行业协会主导的,也有政府主导的;既有较为松散的自愿认证方式,也有较为严格的强制认证制度。在日本、韩国及我国台湾地区,公务员考试中还有专门的面向公共文化行业的类别,如日、韩的公务员司书等。

三、《苏州市乡村图书馆制度设计研究》

（一）选题价值

农村基层是公共文化服务体系普遍均等服务的神经末端。目前在广大农村都已经基本建立起农家书屋、全国文化信息资源共享工程基层服务点、党员现代远程教育中心、乡村图书室等基础设施,但它们往往互相独立、各自为政、资源分散,使得农民享受不到应有的公共文化信息服务。通过"四位一体"建设,对农村基层的文化资源进行整合利用、共建共享,用一份成本提供原来多种并分散的公共文化信息服务,是提高农村基层公共文化服务效能的重要途径。本课题研究对苏州地区农村基层在示范区创建过程中实施"四位一体"整合计划有指导价值,对我国广大农村在公共文化服务体系建设过程中如何实现资源共建共享有借鉴意义。

（二）主要内容与结论

报告对苏州地区农村公共文化信息服务进行了多次调查,范围涵盖五个县市,主要对象是农家书屋、共享工程基层服务点(此前党员现代远程教育中心与共享工程基层服务点已经按照省委组织部、省文化厅的文件精神,进行了资源共享)和乡村图书室,也包括了一些乡镇图书馆(县级图书馆的分馆),调研内容主要涉及基础设施、资源建设、专业服务、技术支撑、发展态势等方面。调研发现,目前苏州市农村公共文化信息服务网点布局已基本完成,并具备了提供公共文化信息服务的基本能力,但还存在一些问题:第一,基础设施水平不一,部分基层点馆舍面积小,馆舍布局不尽合理;第二,资源尚未整合成为一个有机的信息系统;第三,资源配置效率低,藏书数量及质量不高,内容特征与新时期农民的信息需求有差距;第四,服务人员专业素养和技能较低、开放时间不规律,服务效果较差;第五,宣传力度不够,知晓度低,利用率低。

报告认为,建立农家书屋、全国文化信息资源共享工程基层服务点、党员现代远程教育中心和乡村图书室等"四位一体"农村综合信息服务体系的关键是图书馆总分馆建设,经济高效的总分馆体系是实施"四位一体"农村综合信息服务体系的前提和基础,各乡镇图书分馆是管理"农村公共信息服务中心"的抓手。

报告认为,通过制度设计,有效整合资源,实行集中管理和服务,形成支撑其经济高效、可持续发展的制度,并以制度为保障,大力推进"四位一体"农村公共文化信息服务,对于实现公共文化服务的全覆盖和普遍均等,以最低的公共支出为农民提供就近、便捷和专业的信息服务,保障农民的基本文化权益,提升农民的文化信息素养,推动公共文化服务城乡一体化,促进社会的公平正义及和谐稳定,具有重要意义。

四、《从传统文化事业单位向现代公共文化服务机构转变——苏州市公共文化中心职能定位研究》

（一）选题价值

文化事业单位,是我国提供公益文化服务的骨干力量,但普遍存在着功能定位不清、机制不活,公益服务供给总量不足、方式单一,资源配置不合理、质量和效率不高,支持公益服务的政策措施不够完善、监管力量薄弱等诸多问题。2011年7月,苏州市率先将文化馆等8家公益性文化事业单位整合而成"苏州市公共文化中心",以公共文化服务为核心,将不同类别的文化资源进行整合,形成合力,在体制机制上实现了大跨度的转变,实现了公共文化服务资源和服务产品的集成化供给,提升了服务效能。苏州市公共文化中心的建立与运行,为全国同类传统文化事业单位向现代公共文化服务机构的转变提供了示范和借鉴。

（二）主要内容与结论

报告以苏州市公共文化中心职能定位为研究内容,结合当前公共文化服务体系建设的需要,结合公益性文化事业单位改革,以点带面开展研究,提供制度设计研究成果。

报告认为,整合后的苏州市公共文化中心,有效提升了服务效能,随着整合力度的加深,其合力的继起效应将更为显著。本报告建议,苏州市公共文化中心应该在原设定职能的基础上,结合城市发展目标和城市文化建设要求,参照发达国家和地区同类文化中心,实现高起点定位、高标准建设、高速度发展,将苏州市公共文化中心建设成苏州市的"城市群众文艺中心""城市文化保护中心""城市文化活动中心"和"城市美术文化中心",成为我国区域性公共文化机构的先行者。

我市在创建国家公共文化服务体系示范区的制度设计研究过程中,逐步认识到深入开展制度设计研究是总结经验、探索规律、解决问题的重要举措,是将公共文化建设的实践经验转化为工作机制、把一般工作转化为体系建设、把单向性工作转化为综合性可持续发展的重要举措,是探索规律、指导实践、科学推进苏州市公共文化服务体系建设的重要举措。目前,我市已经在制度设计研究成果的基础上,以政府文件、政策规章、管理办法等形式,出台了一批制度建设成果,具体有:

苏府〔2011〕231号《市政府关于加快文化改革发展若干经济政策的意见》,苏办发〔2011〕48号《关于成立苏州市国家公共文化服务体系示范区创建工作领导小组的通知》,苏府办〔2011〕54号《关于印发创建国家公共文化服务体系示范区建设规划的通知》,苏办发〔2011〕81号《市委办公室市政府办公室关于转发〈苏州市文化发展"十二五"规划〉的通知》,苏府办〔2011〕180号《市政府办公室关于转发〈苏州市公共图书馆总分馆体系建设实施方案〉的通知》,苏宣发〔2011〕3号《关于贯彻〈关于加强地方县级和城乡基层宣传文化队伍建设的若干意见〉的实施意见》,苏办发〔2012〕7号《关于转发苏州市文广新局〈关于加强"十二五"公共文化服务体系建设的实施意见〉的通知》,苏财教字〔2012〕22号、苏文财字〔2012〕10号《关于印发〈苏州市创建国家公共文化服务体系示范区财政保障的实施方案〉的通知》,苏公创字〔2012〕1号《苏州市创建国家公共文化服务体系示范区过程管理实施意见》,苏公创办字〔2012〕1号《关于印发〈苏州市公共文化服务体系制度设计研究工作方案〉的通知》,苏公创办字〔2012〕2号《关于印发〈苏州市创建国家公共文化服务体系示范区信息报送和宣传工作方案〉的通知》,苏公创办字〔2012〕9号《关于成立苏州市创建国家公共文化服务体系示范区专家委员会的通知》,苏文群字〔2011〕6号《关于进一步落实〈苏州市基层文化从业人员资格认证制度〉的意见》。

苏州公共图书馆总分馆制度设计研究报告

内容提要

苏州图书馆总分馆起步于2005年,是苏州图书馆与基层政府等机构合作的职业创新。通过"动态资产权"实现文献资源的统一采编调配和通借通还,通过由总馆向分馆直接派遣工作人员实现紧密型的统一管理,通过"孵化式培训"提高了馆员的职业素养进而保障了总分馆服务质量的一致,从而实现了总分馆服务的方便快捷和经济高效,在开展创建示范区前的2010年底,已经建成26所分馆,被业内专家学者誉为总分馆的"苏州模式",并获得文化部"第十四届群星服务奖"。尽管如此,由于缺乏政府主导和制度保障,建立在契约基础上的苏州总分馆不可能按照规划进行科学布局,其持续发展存在着许多不确定因素。创建国家公共文化服务体系示范区,给苏州总分馆的制度化带来了机遇。公共图书馆是民主社会的制度安排,其设施网络的建设、普遍均等服务的提供,是政府的责任,必须由政府主导,有制度保障。本课题的任务是,通过总结、归纳国内外总分馆制的经验和教训,充分利用在总分馆建设和发展方面的研究成果,遵循总分馆本身的客观规律,结合苏州的实际,总结和反思苏州总分馆的成功与不足,借助创建示范区的有效推动,设计一个既符合苏州实际又符合客观规律的总分馆组织形式和服务模式,使其符合规律、布局合理、方便快捷、经济高效,从而保证公共图书馆设施的全覆盖和服务的普遍均等,保障市民的基本阅读、信息获取、文化活动、终身教育等基本权利的制度,并且,通过苏州创建国家公共文化服务体系示范区的实践和制度设计,为全国提供可资借鉴的经验和成果。

前　言

具有2500多年建城史的苏州,给人们留下了众多的历史文化遗产,不仅有园林古迹、小桥流水、评弹昆曲、苏绣金砖,更有读书藏书、耕读传家的传统,使得苏州人才辈出。据专家考证,在《四库全书》的编者中,苏州人最多,在《二十五史》中有传的,苏州人最多;明清时期的苏州共出了1779位进士[①],是进士最多的城市。这种读书、藏书的传统一直影响到今天——苏州是新中国两院院士(106名)最多的城市之一。

毫无疑问,苏州借助众多的藏书楼,培养了苏州历史上的读书人,形成了苏州深厚的文化底蕴。以此推断,借助公共图书馆,将会造就今天的读书人。根据2011年末的统计,苏州市区12%的常住人口是苏州图书馆的有效持证读者,市民人均到馆1.57次/年,人均外借图书0.57册/年,数倍于全国平均水平。尽管公共图书馆的服务效益以及在经济发展和社会进步中的作用在短时期内可能无法得到显现,但以史为鉴,从藏书和读书传统深深影响着苏州、影响着苏州人的文化素质来推断,苏州改革开放后所表现出的创新和发展能力,以及这种能力推动的经济和社会快速、稳定、持续发展,既得力于政策和决策的正确,也得力于苏州的环境、苏州的历史、苏州的文化,特别是苏州市民的文化素质。读书藏书习惯和传统的外表,反映出一个城市或地区民众文化素质的内涵,成为一个城市的文化实力,这种实力可以持续地支撑经济发展和社会进步。改革开放以后,凡文化积淀深

---

① 吴建华. 明清苏州、徽州进士的文化素质与文化互动. 史林,2004(2).

厚、人民群众科学文化素质较高的地区更能够在经济和社会的可持续发展上创造奇迹,应该是一个明证。

上述这些,实际上从一个侧面阐释了公共图书馆的使命和功能。1850年英国《公共图书馆法》的颁布,标志着公共图书馆成为民主社会的一种制度,并为世界各国所接受,得到了国际社会的公认,这使得欧美发达国家高度重视公共图书馆的建设和发展,联合国教科文组织在《公共图书馆宣言》中更是将公共图书馆称为"所有人"的"知识之门"。

正因为如此,新中国建立以后,我国政府数次开展基层图书馆建设运动,致力于把公共图书馆覆盖到社区和农村,就苏州而言,规模最大的一次是20世纪90年代的乡镇万册图书馆运动。这些基层图书馆建设运动都没能摆脱夭折命运的原因是体制问题。十六大以来,党和国家从建设社会主义和谐社会出发,颁布了一系列致力于构建覆盖全社会的比较完备的公共文化服务体系、为人民群众提供普遍均等的公共文化服务的方针和政策,各地图书馆从践行理念、服务均等、方便快捷、经济高效等出发,不断探索公共图书馆服务的普遍均等之路,涌现了一批先行者,开创了一段如诗如歌的职业奋斗史。苏州图书馆正是这些先行者之一:在没有政策、缺乏资源的情况下,通过职业创新和合作模式,建设起了具有苏州特色的总分馆,并从小到大、成效卓著,被国内图书馆学专家誉为总分馆建设的"苏州模式",获得文化部"第十四届群星服务奖"。这种建立在职业创新层面和契约基础上的总分馆,虽然成效显著、经济高效,但既存在着许多不确定因素,又无法进行科学合理的布局,不可能实现服务的普遍均等。究其原因,是因为提供普遍均等的公共图书馆服务说到底是政府的责任,需要完善的制度、科学的布局、持续的财力。在这种关键时刻,创建国家公共文化服务体系示范区为苏州总分馆建设的制度化以及实现服务的普遍均等带来了新的契机。本文正是借助这种政策推动,通过总结、分析、调查、研究,设计一套由政府主导、符合公共图书馆总分馆客观规模并结合苏州实际的设置和运行方案,在创建期间通过实践进行验证,不断修正和完善,使之形成制度。

一、概　述

公共图书馆制度与义务教育制度一起组成了现代社会政体有效运行的两大基石。[①] 公共图书馆自诞生的那一刻起,为民众提供平等、免费、无区别的服务就成为这个职业的理想和追求。从制度安排和职业理想两个方面出发,如何实现公共图书馆服务的普遍均等既是政府一直想要解决的问题,也是图书馆职业不断探索和研究的课题,更是新中国成立以后数次基层图书馆建设运动以及图书馆职业不断开展流通点、流动图书馆、服务网络、总分馆等建设的原动力。

（一）背景介绍

一个地区的公共图书馆总分馆体系建设往往需要特定的时代背景来赋予它发展的空间和沃土,这样的时代背景包括国家的宏观政策导向、自身服务状况以及当地政府的支持力度。

1. 公共图书馆服务体系全覆盖的政策导向

公共图书馆是公共文化事业的组成部分,其服务体系是公共文化服务体系的重要分支。从党的十六大开始,党和政府陆续出台了一系列发展公共文化事业的指导思想和方针政策,这为公共图书馆的发展提供了一个全新的指导方针。

党的十六大报告首次明确提出了尊重和保障人民的文化权益,并且提出了支持和保障文化公益事业,鼓励其增强自身发展活力,坚持和完善支持公益文化事业发展的政策措施。继而在2006

---

① 李国新.图书馆制度支撑社会和谐发展的重要基石.人民日报,2006-01-13.

年9月,中共中央办公厅、国务院办公厅印发了《国家"十一五"时期文化发展规划纲要》,这份纲要提出要完善公共文化服务体系,以实现和保障公民基本文化权益、满足广大人民群众基本文化需求。2007年6月中共中央政治局召开会议,专门研究加强公共文化服务体系建设,这是我国文化事业发展进程中前所未有的一个举措。会议在总结近年来公共文化服务理论研究和实践经验的基础上,首次明确提出了覆盖全社会的公共文化服务体系的基本框架,向全党发出了必须更加自觉、更加主动地推进文化大发展大繁荣的号召。①

党的十七大报告将文化提到了一个前所未有的高度,详细阐述了文化建设的具体使命以及实现这些使命的方法、途径和责任者,并将公共文化服务体系看作保障人民群众基本文化权益的主要途径,提出以完善公共财政体系来保障公共文化服务体系的建立。2011年,文化部、财政部正式颁布了《关于推进全国美术馆、公共图书馆、文化馆站免费开放工作的意见》,全面开启了我国公共图书馆免费开放的大门,并对免费开放的基本服务项目做出了明确的规定。2012年,国务院印发了《国家基本公共服务体系"十二五"规划的通知》,要求坚持公益性、基本性、均等性、便利性,建立健全公共文化服务体系,扩大公共文化产品和服务的供给,并详细罗列了公民阅读设施的基本标准。

以上政策方针为我国公共图书馆服务体系的建设提供了一个强有力的政治支撑,虽然图书馆界在这些政策出台前就已经开始探索服务体系建设,但大规模的实践是在这些政策指引下拉开帷幕的。较有影响的公共图书馆服务体系建设有上海中心图书馆一卡通、北京的图书馆服务网络、天津的图书馆延伸服务、广东流动图书馆,深圳的图书馆之城、东莞的集群图书馆,杭州的一证通工程,以及佛山禅城区联合图书馆,苏州、嘉兴、哈尔滨、厦门等地的总分馆建设。

2. 公共图书馆服务全覆盖的主要瓶颈

基于我国的行政和财政体制,形成了一级政府建设一个图书馆的体制。在财政分灶吃饭的前提下,越是基层政府越缺乏持久支撑公共图书馆服务的财政能力。根据《公共图书馆法》立法支撑研究成果,一个单独设置的基层图书馆要想达到相同规模社区分馆的服务水平,其建设成本和年度运行经费都将大幅增加,其增加数额在各个地方不尽相同,苏州市区分别是38万元和28万元,嘉兴市是83万元和26万元,佛山是52万元和21万元,深圳南山区是66万元和13万元。② 因此,在目前公共图书馆管理体制下,如果按每5万常住人口设置一个公共图书馆并提供正规服务作为全覆盖的标准,那么国内大部分县级政府缺乏财政支撑能力。由此推断,到乡镇(街道)、乡村(社区)就更没有这个能力,这也是历次基层图书馆建设无法持续的重要原因。

李国新教授等从2004年起关注并跟踪县级图书馆的生存状况,在实地调研的基础上主持召开了四次"中国图书馆学会百县馆长论坛",其中前三次论坛总结出5年多来中西部的县级公共图书馆正从不是"人吃书"(人员经费挤占购书经费)就是"书吃人"(购书经费挤占人员经费)景况中逐步好转,但又凸显出一个新的问题:"人吃楼"——通过出租馆舍来弥补运行经费不足。③ 县级图书馆尚且如此,更何况乡镇和乡村?因此,虽然政府数次开展基层图书馆建设运动,期望将公共图书馆服务覆盖农村,但客观地说,农民从来没有享受到过正规的公共图书馆服务。

我国的县级及县级以上公共图书馆才进入统计范畴。按照这个统计数据,假设县及县以上城市人口占全国城镇人口6.66亿④的50%,则2010年人均进馆不足1次,平均成本为19.61元。如

---

① 李国新."十七大"报告对文化建设的认识跃上了新高度.图书馆建设,2007(6):3.
② 邱冠华等.公共图书馆的设置与体系研究.中国图书馆学报,2010(3):16—23、45.
③ 李国新.公共文化服务体系建设中的图书馆.图书馆研究与工作,2010(3):5—11.
④ 国家统计局网站.http://www.stats.gov.cn/tjgb/rkpcgb/qgrkpcgb/t20110428_402722232.htm,2012年12月10日检索.

果剔除国家和省级图书馆,只计算市、县两级图书馆,人均进馆成本为14.49元。① 按此成本,如达到美国2008年人均7次的水平,需要人均成本101.43元,总成本为337.76亿元,而这还仅仅覆盖了全国四分之一的人口,如果13亿人口人均进馆7次,则需要1318.59亿元,是2010年全国公共图书馆总支出的20倍。

正是为了解决公共图书馆服务普遍均等的问题,许多公共图书馆纷纷开展服务体系的构建,但由于受制于体制,绝大多数的服务体系建设都缺乏政府主导。对总分馆的探索和实践基本上都是在体制框架之内,或是设法绕开体制障碍,使总分馆的组织形式、内部结构和服务模式结合实际的多、符合规律的少,无法进行科学合理的布局,更多的属于扩大服务范围和规模。

3. 创建示范区是苏州实现普遍均等服务的历史契机

苏州地区公共图书馆一直致力于实现普遍均等的服务目标,尤其是近几年,以苏州图书馆为总馆的总分馆模式取得了显著成效,受到业界的认可。但这种模式一直以来缺乏制度的保障,这成为苏州总分馆建设的一个软肋。

2010年底,创建国家公共文化服务体系示范区的项目启动,苏州申报成功,成为全国首批公共文化服务体系创建示范区之一,这不仅是对苏州公共文化服务体系在前几年的建设中取得成绩的肯定,也是苏州实现公共图书馆普遍均等服务的历史契机:① 在示范区建设的东部标准中,明确了公共文化服务的组织支撑,指出"政府有公共文化服务体系建设相关规划和政策,建立政府统一领导、相关部门分工负责、社会团体积极参与的管理体制和工作机制"。这意味着苏州市政府必须制定相关的制度来保障公共图书馆服务体系的建设。② 示范区建设要求在全市全面展开公共图书馆的服务体系建设,即由政府出面完善本区域的公共图书馆设置而非以往的自愿选择。③ 示范区建设对公共文化服务体系建设的资金、人才和技术保障措施落实方面有了明确要求。④ 示范区创建中最有创意也是最重要的是,规定了(东部)创建示范区必须进行总分馆的制度设计研究,通过制度设计研究建立较为完善、可持续发展的公共图书馆制度,形成设施网络的科学布局以及建设运行的经济高效,有望彻底摆脱原来基层图书馆建了关、关了建的宿命,从而实现公共图书馆发展的科学性和持续性,为人民群众提供普遍均等的公共图书馆服务。

(二)国内公共图书馆服务体系建设的成效和问题

1. 国内公共图书馆服务体系建设的成效

(1) 形成了几种具有一定示范作用的服务体系构建模式

近年来,为了实现普遍均等全覆盖的服务目标,延伸服务触角,扩大服务覆盖面,全国各地涌现出了各种服务体系构建模式。根据邱冠华、于良芝、许晓霞的研究,其主要有基层图书馆建设模式、总分馆建设模式、区域性服务网络建设模式。

基层图书馆建设包括街道/乡镇图书馆建设、社区/乡村图书室建设和流动图书车。② 与历史上的万册图书馆不同,这几年建设的基层图书馆是建设覆盖全社会的公共文化服务体系的战略目标的组成部分,这些基层图书馆不是一个孤立的文化设施,而是某个区域公共图书馆服务体系的一个神经末梢。此外,建设方式也与以往有着本质的区别,一般采用建设主体上移(由以前的街道或乡镇上移到区或县级政府)的方式,或者将基层图书馆委托给相对服务能力更强、管理更规范的较大图书馆,这些都使得基层图书馆相对更加规范、更具有可持续性。

近年来出现的各种各样的总分馆模式都具有较强的本土性,其建设也大多以契约协议形式来确立,大致分为自上而下的全委托模式、自上而下的半委托模式、自下而上的全委托模式以及自下

---

① 数据以《中国图书馆年鉴》2011卷推算.
② 邱冠华、于良芝、许晓霞.覆盖全社会的公共图书馆服务体系:模式、技术支撑与方案.北京:北京图书馆出版社,2008:187.

而上的半委托模式。按照这个分类,苏州地区的总分馆模式属于自下而上的全委托形式。

区域性图书馆服务网络大都以图书馆联盟的形式存在,是一种行业内部的资源共享模式,网络内的馆与馆之间存在着共享、指导、联盟等多种关系。

(2) 积累了一些成功的经验

不管是区域性服务网络还是总分馆建设,近几年来都取得了一定的成绩,推动了公共图书馆服务体系建设向前发展,彰显了公共图书馆的服务价值,受到了读者的肯定,引起了政府和社会的关注。虽然这些成绩距离实现公共图书馆服务的普遍均等还有很大的差距,但作为我国公共图书馆事业发展的一个里程碑式的发展历程,这些职业创新和理论研究都为后期的发展奠定了基础,提供了参考。

首先,近几年公共图书馆服务体系建设中对基层图书馆的建设有一定实质性的突破,在一定程度上引起了政府和社会对公共图书馆设置制度的关注、对建设主体能力的思考。其次,比较成熟地实现了通借通还,并通过动态资产权、浮动馆藏、物流分拣归位等多种方式解决了由通借通还带来的文献资产权的错位问题。再次,在技术层面有了较大突破,应运而生的计算机软件管理系统使得公共图书馆服务体系内部成员馆之间有了更紧密的联系,方便了读者,运行效率更高。其中比较有代表性的有深圳的 D-ILAS、北京的智慧 2000 以及东莞的集群管理系统(Interlib)。

(3) 扩大了我国公共图书馆的覆盖面,且改善了服务能力

提高公共图书馆服务的均等化水平,满足更多民众的文化需求是公共图书馆服务体系建设的出发点和落脚点。这几年服务体系的建设着实扩大了我国公共图书馆的服务覆盖面,以苏州城区为例,自建设总分馆以来,服务覆盖及服务效益逐年提高:2006 年平均 100 万市民享有一个图书馆、到馆读者 146 万人次、外借图书 59.6 万册次;2011 年平均每 10 万市民享有一个图书馆、到馆读者 517.9 万人次、外借图书 211.1 万册次。

服务体系的建设不仅使公共图书馆在数量上有增长,在服务质量上也有显著改善,尤其是基层图书馆。在各种模式中,由于总分馆建设中绝大多数的分馆是新建,因而增加了公共图书馆的服务能力;总分馆的统一管理使分馆的服务质量基本保持了总馆的水平,因而总分馆建设能使当地公共图书馆服务体系在服务能力和服务质量上有显著的提高。

(4) 向政府和公众彰显公共图书馆的作用、宣传了服务理念

如上述所言,公共图书馆服务体系的建设扩大了我国公共图书馆的覆盖面,提高了服务能力。在这个过程中,更多的人民群众享受到了公共图书馆服务体系建设带来的馆舍就近、通借通还、远程咨询、活动延伸等服务的便利,改变了他们对公共图书馆的认识,公共图书馆的作用和地位正在被越来越多的人知晓和认可。不少地区的服务体系建设推动了当地政府对图书馆事业的关注和重视,有的增加经费投入,例如东莞和苏州;有的主动主导推进,例如佛山禅城区和嘉兴。

(5) 为文化信息"共享工程"资源提供了传播平台,实现了"共享工程"资源与其他数字化资源的整合

由于共享工程基层点主要依托公共图书馆,而公共图书馆也需要数字化技术装备和资源,因而,凡增加分馆一般同时会增加共享工程基层服务点。两种文化设施的融合不仅节约了资源,还弥补了彼此的不足,丰富了功能,最本质上是方便了读者,使其在一个地方可以享受到多种服务。

2. 国内公共图书馆服务体系建设的问题

(1) 基层图书馆的可持续发展

基层图书馆的建设一直以来都是我国公共图书馆服务体系建设的薄弱环节,历次建设都是起始阶段轰轰烈烈,后期的管理和保障跟不上,最终都半路夭折。尽管这几年的区域性服务网络、总分馆体系的探索实践都力图解决基层图书馆的可持续发展问题,但至少到目前为止,基层图书馆如

何实现全覆盖、如何实现可持续发展,因缺乏制度保障,结果仍无法预知。

(2) 各地服务体系建设发展不均衡

如其他行业一样,公共图书馆服务体系建设在全国各地的发展水平也参差不齐,其中长三角和珠三角相对发达,近几年出现的富有特性和示范性的服务体系建设案例主要集中在这两个区域,而中西部地区的服务体系建设相对薄弱。这种不平衡直接影响到我国公共图书馆服务的覆盖率和均等化,关系到人民群众基本文化权益的保障。而且,越是欠发达地区其实越需要文化的滋养和辅助,而目前的这种"马太效应"会限制我国公共图书馆的整体发展水平。

(3) 技术支撑与服务体系发展之间需要更好的匹配

总分馆体系和区域性服务网络的建设对图书馆计算机管理系统的要求较高,凡是构建这两种模式的地区都需要与之匹配的软件系统。已经研发出来的各种系统解决了一些问题,但是随着服务体系网络的扩大,对技术的要求也会更高。这些需求包括尽可能地减少系统业务问题的出错率(例如将 A 读者要借的书借到 B 读者卡上)、根据读者需求完善系统功能(例如通过计算机辅助将适用的文献资源调配到最需要分馆),日常管理的规范快捷(例如馆与馆之间的业务联系)等。如果这些技术支撑问题不解决,服务体系的发展将会受到阻扰。

(4) 管理模式需要进一步的探索和研究

管理是服务体系构建起来后很重要的一个问题,能否科学规范高效地管理直接影响一个服务体系的存亡。我国公共图书馆的服务体系建设还处于初期阶段,总馆对分馆的管理、区域性服务网络内部成员馆之间的协调都需要科学的管理,总分馆体系与以往的单个图书馆相比,管理更加复杂,这要求图书馆的领导层有较高的管理能力。

(三) 国内总分馆理论研究综述

近年来,程焕文[1]、余子牛[2]、李东来[3]、李超平[4]、林蓝[5]、肖红凌[6]、程亚男[7]、林丽萍[8]、周英雄[9]、吴洪珺与倪晓建[10]等国内许多专家学者对总分馆建设开展研究,从原来大部分介绍各自的实践活动发展到研究总分馆的经济高效问题。许多研究揭示了这样的规律:内部结构越紧密、管理的统一程度越高,总分馆就越能发挥效益。

而要使总分馆能够实现人、财、物的统一管理,政府主导和建立制度是最根本的前提和保障。对于如何做到这一点,李国新着重通过建立公共图书馆法治来营造适合总分馆生存和发展的环境;于良芝、邱冠华等借助承担中国图书馆学会设立的《图书馆服务网络构建模式研究》和《公共图书馆法》立法支撑研究的课题,长期调研和跟踪总分馆体系探索实践,合著了《覆盖全社会的公共图书馆服务体系:模式、技术支撑与方案》《公共图书馆建设主体研究:全覆盖目标下的选择》,详细分析研究了影响我国总分馆建设和持久发展的问题,包括建设主体、管理单元、政府财政能力和总分

---

[1] 程焕文.岭南模式:崛起的广东公共图书馆事业.中国图书馆学报,2007(3):15-25.
[2] 余子牛.效益是这样产生的.图书与情报,2008(6):119-122.
[3] 李东来.让更多的人享受图书馆:东莞城市图书馆发展的思考与实践.山东图书馆学刊,2009(1):40-44.
[4] 李超平.中国公共图书馆服务体系"嘉兴模式"研究.中国图书馆学报,2009(11):10-16.
[5] 林蓝.建设"图书馆之区"的回顾与展望.图书馆,2007(2):95-98.
[6] 肖红凌.因地制宜,建设可持续发展的规范化图书馆体系——以哈尔滨图书馆社区分馆建设为例.图书馆建设,2007(3):8-10.
[7] 程亚男.关于总分馆建设的几点思考.图书与情报,2010(3):1-4,19.
[8] 林丽萍.厦门市图书馆托管型分馆建设实践及思考.图书与情报,2010(6):109-112.
[9] 周英雄.深圳市宝安区公共图书馆服务体系建设探索与未来发展.图书与情报,2011(1):86-90.
[10] 朱洪珺、倪晓建.面向普遍均等服务的公共图书馆管理体制探析——以北京公共图书馆为例.图书情报工作,2011(1):47-50.

馆建设运行成本之间的关系等。

随着总分馆建设实践的逐步深入,越来越多的研究指向制约总分馆建设和发展的两个焦点:总分馆建设的体制障碍和总分馆建设的制度保障。对于这两个问题,仅依靠原来绕开制度障碍已经不能解决问题,而创建国家公共文化服务体系示范区的制度设计研究正是解决这个问题的抓手。

（四）本课题研究的问题

1. 从全覆盖和普遍均等的角度,研究分析总分馆建设的制度设计需要考虑哪些因素?

2. 从经济高效和公共财政能力的角度,研究分析构建可持续发展的总分馆需要怎样的制度支撑,即制度设计需要考虑哪些因素?

3. 从创建示范区的实践过程对制度设计的科学性进行再认识再分析。

（五）研究方法

本课题研究主要采用国内外文献调研与案例调研方法,通过对文献的分析、综合、比较和论证了解国内外公共图书馆总分馆的建设状况,同时对苏州地区总分馆的建设进行回顾与考察,获取数据并进行分析,据此提出具有实用性和可操作性的总分馆制度,并提出具有一定前瞻性的研究结论。

二、发达国家和地区公共图书馆总分馆制度与实践

公共图书馆是一种制度,在发达国家和地区通常都会有公共图书馆法,其中涉及经费、管理体制、建设主体、功能定位等,不过很少有专门的总分馆制度。在这一部分,我们简单介绍一些国家的公共图书馆制度和具体操作,以此了解发达地区和国家在建设总分馆体系或其他紧密型公共图书馆服务体系中是如何将制度与实际操作相结合的,作为借鉴。

（一）英国

1. 相关制度

英国是世界上最早建立国家层面公共图书馆制度的国家,它于1850年颁布了世界上第一部公共图书馆法,之后又几次修订。1964年颁布的《公共图书馆与博物馆法》是目前英格兰和威尔士地区公共图书馆建设的基本依据。根据该法案的规定,向民众提供全面高效的公共图书馆服务是地方政府的法定责任;监督地方政府履行其职责的是中央政府的文化、传媒与体育部。苏格兰和北爱尔兰公共图书馆的建设依据分别是1887年颁布、1955年修订的《苏格兰公共图书馆法》和1986年制定的《北爱尔兰教育与图书馆条例》。此外,还有针对公共图书馆服务的评价制度。

2. 实践

在英国,除北爱尔兰外,其他三个地区都以地方政府的行政辖区作为独立的公共图书馆管理单元,地方政府设置的公共图书馆管理机构叫作公共图书馆局。公共图书馆局通常在辖区内的市、镇、村设置规模不等固定图书馆和若干流动图书馆,形成一个统一管理的公共图书馆系统,该系统的总部负责所有图书馆的财务和人事管理,相当于一个紧密结合的总分馆系统。

莱斯特郡公共图书馆系统是一个由郡政府负责建设和管理的公共图书馆系统,系统总部设在郡政厅,下设53个固定图书馆和7个流动图书馆。[①] 整个系统实施统一规划、统一行政和业务管理,使用统一的自动化管理系统、网站和虚拟参考系统,办理统一的读者证。

---

① http://www.leics.gov.uk/index/leisure_tourism/libraries.htm(2012-11-6).

(二) 美国

1. 相关制度

美国是一个公共图书馆制度相对完善的国家，它于1956年颁布了《图书馆服务条例》，2003年又颁布了《博物馆和图书馆服务条例》。目前，各州的公共图书馆建设依据是各州当地的公共图书馆法规。

2. 实践

多数州的图书馆法规定了公共图书馆的管理机构是图书馆理事会或图书馆委员会，负责图书馆重大政策规划、经费预算、管理层人事任命和监督等工作。这些法规一般都授权"地方政府"和其他法人成为当地公共图书馆的建设主体。这些建设主体根据图书馆法授予的权利在辖区内成立公共图书馆管理机构和服务场馆。服务场馆包括中心图书馆、分馆、流动图书车和图书邮寄点。一个图书馆管理机构和它所属的所有服务场馆就构成了一个公共图书馆系统。

纽约皇后公共图书馆系统正式成立于1905年，据统计，其2008年包括中央图书馆和68个分馆[1]，其图书馆资金基本来源于纽约市和纽约州政府，另有少部分来自美国联邦政府和个人赞助。其管理机构为皇后图书馆理事会，该理事会负责系统内图书馆的财务和人事工作，中央图书馆负责整个系统的资源采购加工工作。

(三) 澳大利亚

1. 相关制度

相比美国和欧洲一些国家，澳大利亚图书馆制度制定历史并不长，始于20世纪30年代。1939年，南澳州议会通过了"图书馆和学院法"，并根据该法成立了州图书馆理事会，负责管理州立图书馆和全州的公共图书馆服务，之后各州相继颁布了图书馆法。目前，澳大利亚图书馆制度包括《国家图书馆法案》[2]（主要规定了国家图书馆的性质、经费和管理机制）、各个州的图书馆法及图书馆法之下的图书馆条例或法规。

2. 实践

澳大利亚的公共图书馆治理模式分为集中型和分散型，其中集中型治理模式是一个非常紧密的公共图书服务体系，州政府通过州图书馆局统一规划和布局本州的公共图书馆建设，为所有图书馆统一采购、加工和配置图书，并通过州立图书馆向全州居民提供参考咨询等服务。这使得整个州的公共图书馆通常由一个州立图书馆、若干市图书馆和众多小型图书馆共同构成一个图书馆系统。

(四) 新加坡

新加坡国土面积小，人口稀少，其特色是整个国家的公共图书馆是一个系统，目前该系统有1个国家图书馆、4个区域图书馆、23个社区图书馆、46馆社区儿童图书馆。整个系统内部通借通还，资源共享。国家图书馆管理局是这个系统的管理机构，负责国家图书馆、公共图书馆、大学图书馆、专业图书馆和学校图书馆的管理。具体负责整个公共图书馆系统的经费管理、人事管理（人员的招聘和培训等）和业务管理。国家图书馆是这个系统的核心业务中心，负责为整个系统选择、采购、加工、配送图书，提供参考咨询服务和策划读者活动。

(五) 香港特区

与新加坡类似，香港的公共图书馆也是一个比较完整的服务体系，全港的公共图书馆事务由"康乐文化事务署"来管理，有一个专门的文献采编中心，负责全港地区图书的采编和配送，人员管理统一由康乐文化事务署负责，购书经费和人员经费由政府统一支付。

---

[1] http://www.chtsx.com/chunhui/ShowArticle.asp?ArticleID=259(2012-11-6).

[2] http://www.doc88.com/p-587425107235.html(2012-11-7).

（六）中国台湾地区

宝岛台湾 2001 年颁布的《图书馆法》将教育部门作为公共图书馆的主管部门。但邱冠华到台湾调研后发现台湾地区的公共图书馆建设主体层次很多，而且大量的基层图书馆隶属于文化部门。在台湾地区的整个公共图书馆服务体系建设中，总分馆是其重要的一部分，其中台北市立图书馆是一个统一管理的真正的总分馆体系，共有场馆 56 个[①]（包括 1 个总馆、42 个分馆、11 个民众阅览室、2 座智慧型图书馆），是台湾地区规模最大的公立公共图书馆系统，建设主体为台北市政府。台北市立图书馆总分馆内部实行人、财、物统一管理，统一采购、分编、加工和调配文献资源，统一对外开展服务，统一组织读者活动。

三、国内总分馆探索实践的经验和教训

（一）综述

我国公共图书馆的总分馆制可以追溯到民国时期。据苏州图书馆的史料记载，1935 年 10 月，苏州图书馆就已经是一个小型的服务体系：拥有 1 个总馆、2 所分馆、7 个巡回文库、1 辆流动车、2 所夜校。可以推断，这在当时绝不会是个案，说明在民国时期，我国公共图书馆的前辈们就认识到总分馆制是方便读者、经济高效的组织形式和服务模式。

从新中国成立后到 20 世纪末，政府虽然没有提出全覆盖、普遍均等的概念，但从满足人民群众的精神文化生活、提高人民群众的科学文化素质出发，数次开展了规模和影响都很大的基层图书馆建设运动，特别是在新中国成立初期、人民公社和八九十年代三个时期，其中八九十年代的乡镇万册图书馆建设一直影响到 21 世纪。就苏州而言，1993 年吴江县率先实现了乡镇万册图书馆全覆盖，继而全市每个乡镇都建成了万册图书馆，加上乡镇明星图书馆的评比，一批乡镇图书馆的藏书超过 2 万册，可谓火红一时。由于当时的体制、机制、理念、技术、交通等原因，乡镇万册图书馆从开始就注定了失败的命运。笔者在 2005 年至 2010 年的数年间，每年进行苏州农村图书馆调研，历史地看，万册图书馆运动至少在苏州使乡镇图书馆兴旺一时，其结果使部分乡镇保留了图书馆的馆舍和藏书，少数还在开放（指调研时），使新世纪的乡镇分馆建设有了一定的基础，留下了新一轮乡镇公共图书馆建设的火种。

新世纪是我国公共图书馆大发展的时期，随着经济和社会的发展，文化建设日益被党委和政府提上议事日程，随着文化大省、文化强市等建设目标的提出，各地兴建了一大批公共图书馆。公共图书馆职业理念的复苏使一些地区的公共图书馆开始思考和探索比单馆服务更为便捷和高效的模式，图书馆联盟、区域性服务网络、总分馆制等应运而生，而十六大以后党和政府提出的一系列关于建立覆盖全社会的公共文化服务体系、为人民群众提供普遍均等的公共文化服务、保障人民群众基本文化权益的方针，更是从政策的高度指明了公共图书馆事业发展的方向，推动了公共图书馆总分馆建设的进程。

（二）区域性服务网络建设的成效和不足

1. 区域性服务网络的概念

我国公共图书馆服务体系的建设，由于体制上存在着制约总分馆建设的因素，因而一开始是从图书馆行业内部的联合——建立区域性服务网络开始的。

所谓区域性服务网络是指一个地区的图书馆在一定的协调组织和计算机管理系统支持下，组成由若干个总分馆体系和独立建制的图书馆共同参与的网状行业管理结构，使不同的总分馆体系

[①] 台北市立图书馆年刊,2008 年度.

或独立建制的图书馆可以突破因建设主体不同而产生的资源所有权限制,在一定程度上共享资源。其核心是确立网络内成员馆之间共享资源的方式,并为这一方式的顺利运行提供技术和管理支持,因此,本质上是一个行业合作问题而不是制度问题。[①]

即使现在,区域性服务网络也主要不是总分馆之间的合作,而是独立建制图书馆之间的联盟,原因是国内总分馆系统还不够发达。笔者一直很有兴趣地关注深圳图书馆之城建设,从区域性服务网络来说,深圳已经形成了由数个总分馆系统集合的服务网络,尽管这些总分馆大部分尚不具备真正意义总分馆[②]的特征。

2. 区域性服务网络的成效和不足

区域性服务网络由于是图书馆行业内部的联合,所以一般首先在原来图书馆事业较为发达的地区产生。建设较早并较为典型的如上海中心图书馆一卡通、北京市公共图书馆服务体系、天津市图书馆延伸服务、深圳图书馆之城、杭州市公共图书馆一证通工程、广州地区公共图书馆图书馆服务体系等,近几年,又出现了吉林省图书馆联盟、陕西省图书馆联盟等。

区域性服务网络的出现,体现了图书馆人对职业理想的追求。通过区域性服务网络建设,网络内所有成员馆可以统一技术标准,并在一定程度上共享资源,方便读者利用,扩大了读者群,并在其过程中宣传了图书馆的普遍均等服务理念、扩大了图书馆的社会影响,对政府起到了推动作用,使公共图书馆在公共资源分配中占据有利地位。

区域性服务网络都出现在大城市或较大城市有其客观条件和合理性。首先是在一个大城市中难以建立一个庞大统一的总分馆系统,或者说建立统一的总分馆系统并不经济。任何事物的规模都有一个度,所谓过犹不及,总分馆亦是如此。每增加一所分馆,总馆与分馆、分馆与分馆之间产生的管理信息、资源调配需求等的数量会成几何级数增长,当突破这个度的时候,管理成本的增加会抵消资源共享的效益,因而,在大城市中以区为管理单元建立总分馆体系,然后再在全市建立一个区域性服务网络更为合理。其次是这些城市的公共图书馆原本相对发达,每个图书馆一般都有资源沉淀、文化积淀,统一到一个总分馆体系内,在没有体制支撑和制度规范的前提下,会产生产权、人员、文化、习惯等方面的冲撞,选择区域性服务网络来共享资源相对容易。[③] 再次是区域性服务网络一般提供通借或有限通借通还服务,这两种共享方式可以不涉及文献资产权问题,在管理、技术等方面都较为简便。最后是区域性服务网络本质上是一种馆际合作,没有管理层次和管理幅度问题,也不共享同一管理单元,因而避免了与现有体制发生冲撞。

然后,任何事物都是有利有弊的,上述优点可能同时也是缺点。区域性服务网络内的各个成员馆因建设主体不同,无法形成统一的管理单元,所以不可能实现统一管理,所有标准、规范等等都需要协商解决;因无法解决产权问题使资源无法充分共享,需要借助物流让错位的图书回到产权所有馆,使物流成本抵消了一部分资源共享的效益;因服务标准不一影响了读者对图书馆的服务预期,不利于读者养成利用图书馆的习惯,而且还可能会使读者向馆藏丰富、服务优质的图书馆集中,从而破坏了服务网络原本的均衡布局和平等服务,甚至可能使读者放弃对图书馆的利用。最为关键的是,行业内部的联盟由于缺乏制度约束,不少地区的服务网络都是大馆扶持小馆、高校馆扶持公共馆,在一种合作模式内部,如果长期在利益上存在不对等,就可能使一些成员馆因利益问题而选择放弃合作。导致这些问题的关键就是区域性服务网络是行业内部的合作,本身不是制度问题。

---

① 邱冠华、于良芝、许晓霞. 覆盖全社会的公共图书馆服务体系:模式、技术支撑与方案. 北京:北京图书馆出版社,2008:8.
② 邱冠华、于良芝、许晓霞. 覆盖全社会的公共图书馆服务体系:模式、技术支撑与方案. 北京:北京图书馆出版社,2008:8.
③ 公共图书馆研究院. 中国公共图书馆发展蓝皮书(2010). 海口:海天出版社,2011:69.

(三) 总分馆模式的多样性及建设成效

总分馆是指由同一个建设主体资助、同一个主管机构管理的图书馆群,其中一个图书馆处于核心地位作为总馆,其他图书馆处于从属地位作为分馆,分馆在行政上隶属于总馆,或与总馆一起隶属于同一个主管部门,在业务上接受总馆管理。① 因此,真正的总分馆在内部结构上一定是一个整体(即一个单位),实行人、财、物的统一管理,总馆与分馆之间一定是上下级的指挥而不是业务指导关系。

由于总分馆制是国外发达国家公共图书馆成熟的组织形式和服务模式,因此,在一些地区构建区域性网络的同时,另一部分地区则以总分馆制构建服务体系,主要有佛山市禅城区,深圳的福田、宝安、南山等几个区,东莞、苏州、嘉兴、哈尔滨、厦门等。这种模式仍受制于体制,各地的做法各异,但多少都在现有体制上有所突破。笔者在 2007 年中国图书馆学会年会上的主题报告中②,将当时总分馆的探索模式分成五种:自上而下的全委托模式、自上而下的半委托模式、自下而上的全委托模式、自下而上的半委托模式和完全分馆式;王小云③、韦艳芳④、高波⑤等对总分馆模式也有各自的划分。随着总分馆建设的推进,情况发生了变化,因此本文将总分馆的现有模式分类作些调整,具体如下:

1. 政府主导下的统一管理模式:即总分馆由总馆的上级政府作为建设主体,总馆与分馆有同一个管理单元,其内部实行人财物统一管理。这种模式的代表主要有佛山市禅城区联合图书馆、深圳南山区的部分分馆、深圳宝安区的部分分馆。在这种模式下,基本上就是真正的总分馆制。

2. 政府主导下的多元管理模式:即总分馆有政府主导,建设主体多元,或者虽然总分馆有同一个建设主体,但总馆与分馆未共享同一个管理单元,总分馆内部不完全实行统一管理,特别是分馆人员不完全归总馆管理。这种模式的代表主要有东莞集群图书馆、深圳福田区总分馆、嘉兴总分馆、哈尔滨的部分分馆。

3. 合作形式下的全委托模式:即政府未进行总分馆建设的主导,分馆的建设主体将分馆的管理全部委托总馆,分馆人员亦由总馆派遣,总分馆内部实行统一管理。这种模式的代表主要有苏州总分馆,厦门的部分分馆。

4. 合作形式下的半委托模式:即政府未进行总分馆建设的主导,分馆的建设主体将分馆的部分管理权委托总馆,但分馆人员不归或不完全归总馆管理,总分馆内部实质上无法实行统一管理。这种模式的代表主要有哈尔滨部分分馆、深圳罗湖区总分馆、深圳龙岗区总分馆等,挂分馆牌子的流通点也可归入此类。

应该说,上述各种模式都是各地根据当地实际设计和规划的结果,也不排除设计者对总分馆的理解程度不同而导致设计思路的不同。如珠三角与香港特区比邻,许多地方借鉴了香港公共图书馆的经验,其总分馆一开始都实行有限的通借通还,与香港公共图书馆的通借通还方式一致,应该是设计思路受到了香港的影响。

评判各种模式的优劣是件困难的事,有专家认为对于总分馆建设模式合适就好。如果仅仅停留在研究层面,笔者无意对各种模式进行比较。问题在于本文是制度设计研究,需要指导苏州总分馆的建设实践,因此,必须在分析借鉴各种模式的基础上设计一种既符合总分馆客观规律又适合苏

---

① 邱冠华、于良芝、许晓霞. 覆盖全社会的公共图书馆服务体系:模式、技术支撑与方案. 北京:北京图书馆出版社,2008:8.
② 邱冠华. 人民的图书馆:公共图书馆服务向基层延伸模式研究. 图书馆建设,2007(6):19 – 24.
③ 王小云. 分馆制的组织形态、模式选择与实施对策. 图书杂志,2004(6):30 – 32.
④ 韦艳芳. 总馆分馆制——一种有效的资源共享模式. 图书馆建设,2006(2)31 – 33,36.
⑤ 高波. 论公共图书馆总分馆的若干基本理论问题——兼评长春市协作图书馆. 图书情报工作,2010(1):62 – 66.

州实际的总分馆建设和运行制度。从另一方面来说,总分馆模式的合适与否也并不容易判断,尽管确实有几个地区(如深圳南山区、宝安区)不断反思和修正完善总分馆建设模式,但大部分地区不可能(或者没有机会)先试一试模式甲、然后再试一试模式乙来进行比较。这个时候,必须从理论来求证,从逻辑来推理,从实践来验证,最终应该由总分馆的构建模式是否低成本、高效益,关键能否实现可持续发展来决定。即使以我国现有体制为前提,理论上也总存在着总分馆构建的最优模式。从这一点来说,深圳南山区[①]和宝安区[②]对原来社区分馆建设的反思、完善的职业精神和勇气很值得赞赏和肯定,也是他们逐步将总分馆的合作模式变为政府主导、由松散结构变为紧密管理并走向成功的原因所在。

21世纪以来各地探索总分馆建设历经10年时间,已经取得了很好的成效,向社会彰显了其价值:

第一,增加了公共图书馆场馆数量。选择以总分馆形式开展服务体系建设的地区,一般都存在原来公共图书馆场馆偏少的问题,通过总分馆的探索实践,不管是政府主导还是职业创新,都使得这些地区图书馆的社区分馆数量有了较大的增长,如统计到2010年底,苏州市区增加了26所分馆,嘉兴市区增加了12所分馆,哈尔滨市区增加了30所分馆,深圳福田区增加了近百所分馆,而这些场馆是开展总分馆建设之前所没有的。

第二,社区分馆建在居民身边,提供了方便快捷的服务,降低了读者利用图书馆的成本。总分馆建设不仅提高了公共图书馆的服务能力和效益,降低了公共图书馆的服务成本,而且降低了读者利用图书馆的交通成本和时间成本。

第三,总分馆的统一管理,使社区分馆提供了与总馆基本一致的服务,形成了居民对图书馆服务的预期,培养了居民利用图书馆的习惯。

第四,扩大了公共图书馆的宣传效应。不管是社区分馆的建设、开放,还是读者活动的统一开展,都增加了公共图书馆的宣传频率,扩大了宣传规模,提升了宣传效应,有效地提高了社会地位,引起了政府的关注甚至支持。

这些成效,使总分馆与公共图书馆其他组织形式相比,具有了建设、运行上低成本和服务上高效益的特征,在实现公共图书馆服务普遍均等的同时节省了公共资金,从建设总分馆的几个地区来看,在支出增加不多的前提下,持证读者、到馆读者、外借册次等指标都比原来有较大提高。因此,总分馆能够使公共财政以较少的投入就支撑起公共图书馆服务体系的建设和运行,并因此使全覆盖的公共图书馆服务体系实现可持续发展。

(四)总分馆的经济性及可持续性

为了证明上述总分馆成效是一种普遍规律,我们借助已有的研究成果和苏州的实际,对总分馆的经济性、实现公共图书馆服务的普遍均等的财政能力进行一些分析。

1. 总分馆的经济性分析

总分馆与单独运行的图书馆相比,能够更加经济高效的原因主要有三个方面:一是分馆有总馆在专业、技术、行政、后勤等方面的支撑而节省了专业人员成本;二是分馆在资源上通过总分馆体系内(包括总馆和其他分馆)的统一采编、充分流动、按需调配等共享方式而节省了资源建设成本;三是总馆借助分馆延伸了服务触角,分馆贴近读者、方便读者,培养了读者利用图书馆的习惯,扩大了读者群,在相同或增加有限成本下提供了更多的服务。[③] 在定性分析上,这是显而易见的。

[①] 余子牛.效益是这样产生的.图书与情报,2008(6):119-122.
[②] 周英雄.深圳市宝安区公共图书馆服务体系建设探索与未来发展.图书与情报,2011(1):86-90.
[③] 邱冠华.示范区创建中深化"苏州模式"的制度设计研究.中国图书馆学报,2012(3):20-25.

多个研究成果通过定量分析,总结和分析了如佛山①、东莞②、嘉兴③、厦门④、深圳南山区⑤、深圳宝安区⑥、苏州⑦等总分馆的低成本和高效益。公共图书馆立法支撑研究成果之《公共图书馆建设主体研究：全覆盖目标下的选择》,则通过实地和文献两个方面的调研,对总分馆的经济性进行了系统的定性和定量分析,其结果认为：如果在馆舍、资源、服务等数量和质量基本相同的前提下,分馆可以比独立设置的基层图书馆在建设和运行两个方面节省大量的公共资金,其节省额因地区不同和做法不同而有所差异,具体数据见表1⑧。

表1 一个地区按总分馆模式可以节约的图书馆建设成本和年度运行成本

	平均1个分馆 节约的建设成本	平均1个分馆 节约的年度运行费	节约的建设 成本合计	节约的年度 总运行成本合计
佛山禅城区	52.6万元	21.13万元/年	631.2万元	253.56万元/年
东莞市	12.46万元	8.87万元/年	1731.94万元	1232.93万元/年
苏州市区	38.4万元	27.87万元/年	3072万元	2225.6万元/年
嘉兴市	83.27万元	26.47万元/年	6828.14万元	2170.54万元/年
深圳南山区	65.56万元	12.68万元/年	1245.64万元	240.92万元/年

注：按2008年各地常住人口数、每5万人建设1个分馆计算。

表1的数据反映了一个地区如果按总分馆模式建设全覆盖的服务体系,可以节省大量的建设资金和运行成本,从而可以加速公共图书馆全覆盖的进程。实际上,采用总分馆模式建设全覆盖的公共图书馆服务体系,还因为科学规划、合理布局节省了大量的建设成本和运行成本。我国现有体制是一级政府建设一个图书馆,如果按此要将公共图书馆全覆盖则势必每个社区都需要有一个图书馆,事实上,许多城市的公共图书馆服务体系都是按此方法建设的。北京市号称有600多个公共图书馆,而纽约市有4个公共图书馆服务体系400多所场馆,北京的图书馆数量超过了纽约。但是,我们按照质量来比,按照美国的标准北京市的图书馆十有八九都不能叫图书馆。不是说有个三五百本书,找个老大妈老大爷看门就叫图书馆。⑨ 笔者在深圳调研时,南山区图书馆余子牛馆长认为：如果南山区建成一个统一管理的总分馆,则可以将现有的84家社区图书馆整合成30家社区分馆(同时配备2辆流动图书车),南山区的公共图书馆就能够全覆盖,提供普遍均等的公共图书馆服务。⑩ 因此,"对分散的各自为政的基层馆进行整合改造是一个负责任的地方政府的必然选择"⑪。

总分馆模式不仅仅可以通过降低建设和运行成本来间接提高效益,而且可以通过方便利用、就近服务、规范服务、培养习惯来提高利用效率,直接提高服务效益。

---

① 屈义华.公共图书馆服务创新——佛山市禅城区联合图书馆的实践与思考.图书馆论坛,2005,25(6)：305-307.
② 李东来.让更多的人享受图书馆：东莞城市图书馆发展的思考与实践.山东图书馆学刊,2009(1)：40-44.
③ 李超平.中国公共图书馆服务体系"嘉兴模式"研究.中国图书馆学报,2009(11)：10-16.
④ 林丽萍.厦门市图书馆托管型分馆建设实践及思考.图书与情报,2010(6)：109-112.
⑤ 余子牛.效益是这样产生的.图书与情报,2008(6)：119-122.
⑥ 周英雄.深圳市宝安区公共图书馆服务体系建设探索与未来发展.图书与情报,2011(1)：86-90.
⑦ 邱冠华.从政府购买看实行总分馆制的必然性.新世纪图书馆,2009(1)：39-41.
⑧ 于良芝等.公共图书馆建设主体研究：全覆盖目标下的选择.北京：国家图书馆出版社,2010：57-58.
⑨ 李国新.忙趁春风赋华章.E线图情,http：//www.chinalibs.net/,2013年3月22日检索.
⑩ 南山区图书馆.南山区公共图书馆建设及一体化管理实施方案.2008.
⑪ 于良芝等.公共图书馆建设主体研究：全覆盖目标下的选择.北京：国家图书馆出版社,2010：56.

表2 苏州图书馆历年到馆读者与总支出统计表(单位：万人次、元)

年份	年末分馆数（所）	到馆读者人次（万人次）	年度总支出（万元）	读者单位成本（元/人次）
2005	1	142.73	1553	10.88
2006	6	146.26	1680	11.49
2007	10	200.66	2180	10.37
2008	15	316.94	2498	7.88
2009	21	426.45	2550	5.98
2010	26	531.45	2976	5.60
2011	36	638.49	3230	5.06

注：上表数据均引自苏州图书馆统计表和财务报表。

表2的数据，反映了苏州图书馆开展总分馆建设后，随着分馆数量的增多，到馆读者快速增加，其增幅远远高于经费支出的增幅。接待读者单位成本的下降综合反映了成本的下降和效益的增加。这种情况，在开展总分馆建设的地区普遍存在。一般而言，开展总分馆建设后，不仅因分馆的增多而增加分馆的到馆读者，而且总馆也会因影响的扩大、持证读者的增多而增加到馆读者。

原来独立的基层图书馆如果加入总分馆，其效益也会提高，尽管将已经存在的基层图书馆"收编"为分馆的案例很少，但东莞的集群图书馆在建设过程中吸收了一些原来已经存在并提供服务的图书馆进入总分馆体系，其中常平分馆在成为分馆前，持证读者数为446，年借阅量3000册次，成为分馆一年后，持证读者数为1871，年借阅量30700册次；石碣分馆成为分馆前，持证读者为291，年借阅量1100册次，成为分馆一年后，持证读者为774，年借阅量16739册次。① 因此，整合原有基层图书馆的资源并实行统一管理是提高服务效益的有效途径之一，这方面，可能对乡镇分馆建设有着重要的借鉴意义。

2. 普遍均等对财政能力的要求

所谓公共图书馆服务的普遍均等，是指按照一定的标准，科学合理地设置场馆，形成设施网络，读者能够平等地享用公共图书馆的资源和服务，且利用成本基本相同。

在目前的苏州，所谓按照一定的标准，主要是按照《公共图书馆建设用地指标》②《公共图书馆建设标准》③和《国家公共文化服务体系示范区(项目)创建标准》④。根据这些标准，苏州的公共图书馆设施网络应该由下列场馆组成：

(1) 1个市级图书馆。按照2010年底市区常住人口计算407万，苏州图书馆的建筑面积应该不低于38300平方米。如果按照2013年吴江撤市建区后市区常住人口增加到534.5万人，苏州图书馆的建筑面积应该不低于43000平方米。

(2) 12个市(县)区级图书馆。按照常住人口建设相应面积的县(区)级图书馆。苏州5个县级市已经建有达标的图书馆，7个区均无达标图书馆(独墅湖图书馆是高教区图书馆，其资源难以针对普通市民开展服务)，按《公共图书馆建设标准》，7个区的区级图书馆共需建筑面积约61000平方米。如果按2013年三区合并成姑苏区后的情况，5个区级图书馆共需建筑面积约57000平方米。

---

① 李东来. 让更多的人享受图书馆：东莞城市图书馆发展的思考与实践. 山东图书馆学刊, 2009(1)：40-44.
② 住房和城乡建设部、国土资源部、文化部. 公共图书馆建设用地指标(建标〔2008〕74号).
③ 住房和城乡建设部、国家发展和改革委员会. 公共图书馆建设标准(建标108-2008).
④ 文化部、财政部. 关于开展国家公共文化服务体系示范区(项目)创建工作的通知(文社文发〔2010〕49号).

(3) 基层图书馆。每3万人建设1个800平方米的图书馆。按苏州全市1046.6万常住人口计算，需要建设349个基层图书馆，建筑面积近28万平方米。

(4) 苏州市区目前已有公共图书馆场馆面积68281平方米（包括了分馆、街道馆），按标准计算，市区尚需新建公共图书馆面积约14万平方米（其中区及区级以上图书馆缺口64000平方米、基层图书馆76000平方米），区及区级以上图书馆建设投资按每平方米1万元计算、基层图书馆建设投资按5000元计算，共需建设资金10.2亿元。

在现有一级政府建设一个图书馆的体制下，公共图书馆的建设还有另一种方法，就是按行政隶属关系建设，在此前提下，苏州大市的公共图书馆如果做到全覆盖，应该有1个市级图书馆、12个县级图书馆、33个街道图书馆、61个乡镇图书馆、789个社区图书馆、1151个乡村图书馆，其中苏州市区应有1个市级图书馆、7个区级图书馆、50个街道图书馆、593个社区（乡村）图书馆。图书馆个数远大于上面的数字。

在公共图书馆立法支撑研究中，对建设和运行覆盖全社会的公共图书馆服务体系所需要的财政支撑能力进行过研究，其结论是：即使以最为经济的总分馆模式建设公共图书馆服务体系，对于经济发达地区，其建设成本不会造成当地财政太大的负担，但很多欠发达地区无法以一级政府独立完成；在运行成本上，全国52.6%地市级城市和85.3%的县需要支付的运行成本将会超过当地财政地方一般预算收入的1%[①]。因此，要提供普遍均等的公共图书馆服务，如何有效降低建设和运行成本是必须考虑和解决的问题。

可能会有许多人认为不管按何种方法计算公共图书馆全覆盖的财政投入，其建设和运行所需的资金相对于苏州的财政实力来说，似乎都不存在是否有能力的问题，但实际上对于公共财政来说，这并不是一个伪命题。公共财政也是一种资本，也要求以最小的投入来换取最大的效益，虽然这种效益主要表现为社会效益，而且大多只能定性而难以定量。从另一个角度来说，我国财政需要承担的责任可能比任何一个国家都要繁重，苏州是从古至今税赋最重的地区之一，因而，苏州财政能够自行支配的财力并不很多，而且苏州在实现"两个率先"中各方面需要的投入都很大，公共图书馆如果能够低成本地实现服务的普遍均等，则不仅有利于全市公共财政的资金平衡，也有利于自身的可持续发展。从目前财政对公共图书馆的实际投入与将要承担的全覆盖公共图书馆服务体系的财政支出来看，2010年全国公共图书馆总支出64.36亿元，占全国公共财政收入83101.5亿元[②]的0.0774%；2010年苏州全市公共图书馆支出7611.3万元，占同期财政地方一般预算收入900.55亿元[③]的0.0845%。公共图书馆支出要达到财政收入的1%，即需要在现在的基础上增长12倍，这在地方财政还很紧张的前提下无疑是一种奢望。在这样的前提下，公共图书馆服务体系的建设和运行如果能以一种经济高效的方式推进就显得尤为重要。

3. 总分馆的服务效益分析

在分析总分馆的经济性时，成本和效益必须同时分析。不管是以总分馆模式，还是以原来的一级政府建设一个图书馆来实现公共图书馆服务的普遍均等，都会发生建设和运行成本。上面我们对两者的成本进行了比较，但这只是经济性的一个方面，还必须对效益进行对比才能说明问题。

实际上，在表3中已经可以看出苏州图书馆通过总分馆建设，整个总分馆系统的到馆读者呈快

---

① 于良芝等. 公共图书馆建设主体研究：全覆盖目标下的选择. 北京：国家图书馆出版社，2010：78.
② 中华人民共和国财政部. 2010年全国公共财政收入基本情况. http://www.mof.gov.cn/zhengwuxinxi/caizhengshuju/201108/t20110803_583782.html，2012-10-7检索.
③ 陈雄伟. 关于苏州市2010年财政预算执行情况和2011年本级财政总预算草案的报告. http://wenku.baidu.com/view/bde78e1414791711cc7917f2.html，2012-10-7检索.

速增长,下面我们把苏州分馆单独抽取出来,并与全国县级图书馆在成本和效益上做一个比较。

表3 2010年全国县级图书馆与苏州分馆的平均效益比较(单位:万元、万人次)①

	个数	总支出	到馆读者	单馆平均支出	单馆平均读者	读者接待成本
全国县级馆	2512	252480.3	17970.67	100.51	7.154	14.05元/人
苏州分馆	26	465.5	314.82	17.9	12.11	1.48元/人

注:表中全国县级馆数据引自《中国图书馆年鉴》2011卷。

从表3的数据,可以看出,苏州分馆在2010年平均接待的到馆读者是全国县级图书馆平均水平的1.69倍,而年经费支出只需其18%,因而,苏州分馆平均的综合效益是县级图书馆平均水平的9.49倍。这充分显现了总分馆模式的经济高效可以达到何种程度。

公共图书馆服务体系的实践探索和理论研究的成果,都揭示了总分馆是实现我国公共图书馆在服务上的平等快捷和运行上的经济高效的组织形式和服务模式。在如此巨大的优越性面前,绝大多数地区的总分馆建设仍得不到政府推动、形不成制度的原因在于体制。我国公共图书馆事业长期以来的格局是"各级政府分级设置图书馆",这个格局因为植根于我国政府的其他体制(如行政体制、财政体制)而变得天经地义,并很少质疑它的合理性。② 在这个体制下,"一级政府建设一个图书馆"的做法既成为人们根深蒂固的思维定式,也成为图书馆之间合作与资源共享的坚硬壁垒③。图书馆界近年来对总分馆、区域性服务网络等服务体系建设的所有努力,实质上是希冀冲破这种体制的壁垒。但事实上,从突破体制而言,绝大多数努力都没有成功。因而,创建示范区并设计出符合公共图书馆总分馆体系客观规律的制度,是公共图书馆总分馆体系建设上突破体制、按规律办事,从而实现公共图书馆总分馆体系可持续发展并提供普遍均等服务的绝无仅有的机会。

四、总分馆建设"苏州模式"的历史回顾

公共图书馆采用总分馆的组织形式和服务模式可以实现比单馆模式更高的服务效益,是因为总分馆本身具有结构紧密、资源优化、管理统一、服务规范等特点,这些特点又建筑在总分馆具有同一建设主体、共享同一管理单元的基础之上。因此,构建总分馆体系虽然需要结合实际,但更要按照总分馆固有的规律,使总分馆体系不仅有其形,更要有其实。

苏州在历史上有过数次基层图书馆建设失败的教训,特别是20世纪90年代的万册图书馆运动以失败告终,给图书馆人留下了难以磨灭的伤痛。改革开放后的苏州,随着经济的发展和社会的进步,综合实力有了很大程度的提高,文化强市目标的提出,给苏州市公共图书馆设施的全覆盖和服务的普遍均等提供了条件。

2001年,苏州图书馆新馆在市人大、市政府的原址上建成开放。苏州市委、市政府利用市区最好地理位置的土地建设图书馆新馆的举动,比文件更有号召力和推动力,从而掀起了全市5个县级市建设公共图书馆新馆的热潮,苏州5个县市图书馆中面积最小的也超过11000平方米,使全市公共图书馆实力大增。

(一)"苏州模式"的背景

从开放的第一天起,苏州图书馆新馆这座设计接待能力每天3000人次的图书馆天天读者爆

---

① 邱冠华.示范区创建中深化"苏州模式"的制度设计研究.中国图书馆学报,2012(3):20-25.
② 于良芝、邱冠华、李超平、王素芳.公共图书馆建设主体研究:全覆盖目标下的选择.北京:国家图书馆出版社,2011年12月:146.
③ 李国新.跳出"套杯"外,建设总分馆.中国文化报,2008年8月31日.

满,平均每天需要接待4300人次。为解决图书馆供需矛盾,并尽可能使公共图书馆服务更贴近读者,苏州图书馆开始建设流通点和分馆。

1. 流通点建设

流通点模式是指一个图书馆依托本馆之外的另一个机构(例如文化站、养老院、社区活动中心等),利用其场地和人员,为流通点附近的读者提供本馆图书,并定期更换点上的图书。其目的是将图书馆藏书置于更接近读者生活的地方,促进藏书的流通。苏州图书馆的流通点建设起步较早,至2011年底苏州图书馆共有流通点17个,主要设在部队、社区、企业,还有监狱、收容所、拘留所、福利院、幼儿园等。服务方式是通过定期向流通点提供图书和期刊,并结合所借阅的图书,开展读书活动。统计发现,有些流通点如部队、监狱、收容所、拘留所、福利院由于读者群比较集中,易于管理,因此交换图书的流通率较高,但社区流通点利用率较低,而且开放也不太正常。

2. 早期的分馆建设

社区流通点的利用效率不高,当时认为主要原因是流通点图书资源太少且不能通借通还。于是从2002年起,苏州图书馆先后在愿意合作建设分馆的4个场所建起了分馆,其中1所分馆建在部队。其做法是通过签订合作协议,合作方提供馆舍、装修、设备,委派工作人员,每年向苏州图书馆支付2万元的购书经费补贴(部队分馆免此补贴);苏州图书馆为分馆工作人员提供业务培训,在分馆安装管理系统,提供图书资源(开馆时约5000册到7000册),并定期更新调配,读者使用统一的借书证可以通借通还。

应该说,当时的分馆建设,已经采用了资源统一采编和调配、分馆与总馆统一服务标准、分馆提供与总馆基本一致的服务的设计,在技术上也具备了通借通还的能力,以为分馆可以持续发展。但实际上,这样的总分馆,其总馆只是文献提供者和业务扶持者,没有掌握分馆的管理权、人事权,总馆原本应该具备对分馆行使的"指挥"变成了"指导"。由于对分馆工作人员没有管理权(实际等同于丧失了对分馆的管理权),当出现分馆开放不正常、服务质量低下等引起的读者投诉时,总馆除向合作方提出建议外,并没有更多更好的解决办法。于是,分馆读者日益减少,到2004年下半年,除部队分馆外,其余3个分馆都失去了读者,分馆建设以失败告终。

(二)"苏州模式"的实践

2004年7月,以"中国图书馆百年"为主题的中国图书馆学会年会在苏州召开,这次年会重新唤醒了包括苏州图书馆在内的中国公共图书馆为人民群众提供平等、免费、无差别服务的职业使命感和责任感。当时,苏州图书馆面临的状况是,一方面总馆服务供不应求,另一方面因无法对分馆实施有效管理而使分馆门可罗雀。在这样的情况下,苏州图书馆通过总结和反思分馆建设以及20世纪90年代乡镇万册图书馆失败的原因和教训,发现最主要的问题在于总分馆没有真正成为一个体系,总馆没有掌握分馆的管理权和控制权,分馆工作人员专业技能低下,分馆不能按公示时间正常开放,更谈不上提供与总馆服务质量基本一致的服务。

通过对教训的总结,对国外总分馆建设文献和国内总分馆先行地区的调研,苏州图书馆于2005年3月完成了《苏州市城区公共图书馆网络建设方案》的起草,并上报市政府。这个方案的要点如下:

1. 建议由市政府主导,作为城区公共图书馆服务体系[①]的建设主体。
2. 集中市、区两级财政在公共图书馆上的建设和运行经费。
3. 在市区按每2万人(户籍人口)一所的标准建设社区图书馆,并作为苏州图书馆的分馆,形

---

① 2007年以前上报的方案称为"公共图书馆网络"。

成管理统一、资源统一、服务统一的覆盖全苏州城区的公共图书馆总分馆体系。

4. 5个县级市参照这个方法,由各市(县)政府作为当地公共图书馆总分馆的建设主体,各县级图书馆作为总馆,每县建设约20个乡镇、乡村分馆,并在广大乡村设立以共享工程基层点、农家书屋、乡村图书馆相结合为基础的流动图书车服务点。

5. 全市6个总馆构建成一个区域性服务网络,实行联合采编、统一检索、一证通用、资源共享,从而实现全苏州市公共图书馆的全覆盖。

为向市政府示范方案的优势性,苏州图书馆与各区政府、街道办事处等广泛沟通,积极寻找愿意合作建设分馆的基层政府和机构。经过半年多时间的努力,沧浪区政府愿意将新建的沧浪少年宫图书馆委托苏州图书馆管理。2005年10月,苏州图书馆第一直接管理的分馆——沧浪少儿分馆正式开馆。尽管这个分馆只是一种合作、委托,但由于运用了"动态资产权""孵化式培训""扁平管理"等方式①,直接由总馆向分馆派遣工作人员,保证了分馆开放正常、资源适用、服务专业、活动统一,从而吸引了大量的社区居民和少儿读者,读者盈门。各个区政府、街道办事处看到举办图书馆分馆投入不多,居民欢迎,于是纷纷开始与苏州图书馆洽谈合作建设分馆的可能性,苏州图书馆的分馆建设实现了从艰苦寻找合作伙伴到合作伙伴自行上门的转变。到2010年底,苏州图书馆通过合作、接受基层政府的委托等方式,共建成了26个分馆(至2011年底已达36个分馆,见表4)。

表4　苏州图书馆分馆建设一览表(截至2011年底)

序	分馆名称	开馆时签约单位	现在签约单位	开馆日期
1	沧浪少年宫分馆	沧浪区政府	沧浪区政府	2005.10.19
2	旸园分馆	沧浪区吴门桥街道	沧浪区政府	2006.10.28
3	润达分馆	沧浪区吴门桥街道	沧浪区政府	2006.10.28
4	新康分馆	沧浪区友新街道	沧浪区政府	2006.10.28
5	新升分馆	高新区狮山街道	高新区狮山街道	2006.11.30
6	平江历史街区分馆	平江区平江路街道	平江区政府	2007.03.31
7	馨泰分馆	高新区狮山街道	高新区狮山街道	2007.04.15
8	枫桥分馆	高新区枫桥街道	高新区枫桥街道	2007.10.28
9	妇儿中心分馆	市妇联	市妇联	2007.11.08
10	金阊分馆	金阊区政府	金阊区政府	2007.11.28
11	工人文化宫分馆	市总工会	市总工会	2008.06.18
12	东浜分馆	高新区枫桥街道	高新区枫桥街道	2008.07.28
13	胥江实验中学分馆	胥江实验中学	胥江实验中心	2008.09.09
14	狮山分馆	高新区狮山街道	高新区狮山街道	2008.10.06
15	相城分馆	相城区政府	相城区政府	2009.05.01
16	园区青少分馆	园区教育局	园区教育局	2009.05.15
17	观前分馆	平江区观前街道	平江区政府	2009.07.25
18	里河分馆	沧浪区政府	沧浪区政府	2009.08.05

---

① 于良芝.为了普遍均等的图书馆服务——评苏州图书馆的分馆建设.国家图书馆学刊,2007(3):18-19.

续表

序	分馆名称	开馆时签约单位	现在签约单位	开馆日期
19	平江分馆	平江区政府	平江区政府	2009.09.17
20	白洋湾分馆	金阊区白洋湾街道	金阊区政府	2009.09.20
21	何山分馆	高新区狮山街道	高新区狮山街道	2009.11.09
22	金色社区分馆	高新区狮山街道	高新区狮山街道	2010.02.01
23	通安分馆	高新区通安镇	高新区通安镇	2010.03.20
24	潼泾分馆	沧浪区胥江街道	沧浪区政府	2010.04.14
25	北桥分馆	相城区北桥街道	相城区政府	2010.06.30
26	沧浪分馆	沧浪区政府	沧浪区政府	2010.09.28
27	湖东邻里中心分馆	园区邻里中心公司	园区邻里中心公司	2011.01.31
28	新狮分馆	高新区狮山街道	高新区狮山街道	2011.03.11
29	万枫分馆	高新区狮山街道	高新区狮山街道	2011.04.02
30	体育运动学校分馆	体育运动学校	体育运动学校	2011.05.23
31	新城邻里中心分馆	园区邻里中心公司	园区邻里中心公司	2011.06.18
32	渭塘分馆	相城区渭塘街道	相城区政府	2011.08.18
33	市府办分馆	市级机关党工委	市级机关党工委	2011.11.18
34	新浒分馆	高新区浒关镇	高新区浒关镇	2011.12.08
35	华通花园分馆	高新区通安镇	高新区通安镇	2011.12.20
36	东渚分馆	高新区东渚镇	高新区东渚镇	2011.12.30

总结了以前分馆建设失败的教训，苏州图书馆在新一轮的总分馆建设中，采用了由合作方出资将分馆的运行和管理全部委托给苏州图书馆的方式，即合作方提供馆舍、装修、设备和运行的水电物业费用，并每年支付苏州图书馆一定的委托经费；苏州图书馆为分馆安装管理系统、提供初始藏书、征订报刊、提供音像资料、开通数字化文献资源，并每月为分馆调配图书，向分馆委派工作人员并负责开放。读者免证阅览、免费办证、免费上网、免费参加各项读书活动，外借文献实行通借通还。为保障分馆的服务与总馆保持一致，苏州图书馆还采取了如下措施：

1. 制定了《社区分馆建设标准》，包括馆舍面积、空间布局、设备清单、开馆时间、资源配置、读者权益等，以规范社区图书馆的建设。

2. 在分馆安装了远程监控装置，以便实时了解和掌握分馆的运行情况。

3. 完善了网上咨询平台，以便及时解答分馆读者的咨询问题。

4. 使用 VPN 专网，使分馆能够共享总馆的数字化资源，并在分馆的电脑上设置统一的引导界面，读者根据引导可以方便地进入书目检索、电子图书、馆藏数据库资源、政府公开信息、共享工程等栏目。

5. 各个社区分馆根据当地的实际需求和每周不少于 50 小时灵活安排开放时间。总馆根据各分馆的读者需求情况，为每个分馆配备 7000 册初始藏书，不少于 100 种的期刊报纸，3000 张光盘，每两个月为分馆调配 400 至 500 册图书，部分是新书，部分是周转书，确保资源的丰富和更新。

6. 向分馆派遣的工作人员均是在总馆已经工作过一段时间、具有较为熟练技能的合同制员工。

7. 建立与合作单位定期恳谈制度。
8. 将讲座、读书活动延伸进社区分馆。

这些措施,保证了分馆有适用的资源、专业的服务、丰富的活动,很快培养起了社区居民利用图书馆的习惯,分馆到馆读者很多,效益很高。2010年,苏州图书馆的26所分馆共接待到馆读者314.82万人次,借出图书80.08万册次,全年仅支出(包括分馆合作对方支付的水电等费用)465.5万元;2011年35家分馆(由于老新村改造,旸园分馆暂时关闭)共接待读者382.2万人次,借出图书95.4万册次,全年支出608万元。我们曾在表3中将2010年苏州分馆与全国的县级图书馆做一个平均效益水平的比较,从中不难发现,分馆不仅接待读者的单位成本要低得多(相对效益较高),而且分馆平均每年接待的读者也比县级馆要多出50%以上(绝对效益也高)。

苏州总分馆建设是一种职业创新,并且取得了很大的成功,被国内相关专家誉为符合《国家"十一五"文化发展规划纲要》中对总分馆的要求、与国际接轨的"苏州模式",获得了文化部第十四届"群星服务奖"。

(三)"苏州模式"的瓶颈

数年中,苏州的总分馆体系从无到有、从小到大,通过思路、技术、服务、管理等方面的创新,在一定程度上绕开了体制的障碍,彰显了总分馆在服务上的方便快捷和经济高效。然后,正如于良芝教授在调研苏州总分馆后所表达的担心:苏州总分馆一直没有解决政府主导这个最基本的问题,总分馆没有成为政府为市民提供公共图书馆服务的制度,存在着许多不确定因素。[①]

苏州总分馆建设一开始就确定为一种示范性建设,在缺乏制度保障的情况下,总分馆建设采用合作、契约的模式,其能否生存是建立在基层政府是否具有充足的财力、领导对公共图书馆作用的认识等基础之上的,一旦这个基础出现了变动,那么这个基础上的总分馆体系就会瓦解。同时,政府的缺位,既使苏州的总分馆无法按照规划完成分馆的科学布局,又使得苏州图书馆不得不以自身有限的专业资源来支撑一个庞大的服务体系,大家都觉得负担沉重,根本无法做到覆盖市区,也就谈不上服务的普遍均等。因此,缺乏制度保障是"苏州模式"继续发展的首要制约因素,依靠职业自觉和合作模式不可能建立起真正的总分馆,也实现不了全覆盖,职业创新无法从根本上替代政府的责任。[②]

五、苏州创建示范区关于总分馆的制度设计及其实践

创建国家公共文化服务体系示范区,给苏州的总分馆实现政府主导并重新设计总分馆的设置规划、组织模式、内部结构、技术标准、服务规范等创造了条件,并且使这些设计在创建示范区的实践中进行验证、修订、完善,从而形成科学合理的、能够覆盖全市并提供普遍均等服务的公共图书馆制度。前面的分析和研究,不仅显示了总分馆是方便快捷和经济高效的组织形式和服务模式,而且都指向总分馆需要政府主导和制度保障,并且需要根据建设主体的财政能力、管理单元的规模是否最经济高效、制度设计是否能保障总分馆实现可持续发展等方面进行精心设计。因此,在苏州的总分馆制度设计中也需要做出几个重要的选择,并使选择的结果既符合总分馆的客观规律,又结合苏州的实际。

---

① 于良芝.为了普遍均等的图书馆服务——评苏州图书馆的分馆建设.国家图书馆学刊,2007(3):18-19.
② 于良芝、邱冠华、许晓霞.走进普遍均等服务时代:近年来我国公共图书馆服务体系构建研究.中国图书馆学报,2008(3):32-40.

（一）建设主体的选择

建设主体是公共图书馆总分馆体系建设由谁主导、责任由谁承担、是否有能力承担的关键问题，它是后面所要选择总分馆的管理单元、资源共享模式、管理和服务等的前置条件，因此是制度设计研究中的头等大事。勿庸置疑，就公共图书馆是民主社会的制度安排而言，其建设责任一定需要由政府来承担，但前面已经分析过，在一个地区由哪一级政府承担既受制于行政和财政体制，又受制于财政能力，更关系到总分馆的规模、成本和效益。

从财政能力来看，苏州市本级和区（县市）各级政府的财政能力都很强大，都有在本辖区建设和运行全覆盖总分馆体系的财政能力。因此，建设主体的选择主要考虑是否有利于各级政府积极性的发挥、是否有利于总分馆的经济高效、是否有利于公共资源的节约。另外，还有一个需要考虑的因素是：如何设计可以有利于本制度设计能够较为容易地获得各级政府和相关部门的认可，并顺利地予以颁布，这在理论上可能有些不合理，但在实践中是必须考虑的问题，所谓结合实际是也，这与《公共图书馆法》立法过程中从《图书馆法》演变成《公共图书馆法》的道理是一样的。

从现有公共图书馆的情况来看，市本级，有苏州图书馆，尽管按《公共图书馆建设标准》尚缺约14000平方米，但不管是在全国（行业内）还是在本市，影响较大、地位较高，办馆理念、馆藏文献、专业水准、技术力量等均属一流。5个县级市公共图书馆中馆舍面积最小的为11000平方米，最大的达27000平方米，都较有实力，有承担总馆的能力。因此，对建设主体的初步设计为：

1. 市级政府主导和规定全市公共图书馆服务体系的建设、管理和运行，并作为苏州图书馆的建设主体，苏州图书馆作为全市公共图书馆服务体系的中心馆，在必要时承担市区总馆的职责。

2. 县、区政府为本辖区公共图书馆总分馆的建设主体。

3. 免除乡镇、街道、社区、乡村在公共图书馆建设和运行上的责任，但需要根据实际情况提供分馆馆舍。

（二）管理单元的选择

管理单元的设置，需要考虑规模经济、管理幅度和总馆实力三大因素。

总分馆体系规模不宜过小，否则会因达不到相应规模而低效，并产生在同一个区域因管理单元太多而出现资源重复建设的弊端。但从管理幅度合适出发，总分馆体系的规模也不能太大，每增加一个分馆，其资源调配和管理信息会成几何级数增加，既可能造成管理失灵，也会因资源过多的调配而产生巨额物流费用，从而抵消资源共享的效益。另外，总馆在资源、专业、管理、技术等方面的实力，也是总分馆规模的决定因素。

根据国外总分馆体系最多的分馆个数为99个（加拿大多伦多公共图书馆）的实际，以及苏州图书馆目前只有不足90名事业编制、在总分馆建设和管理上积累了较多经验，苏州全市共有1100万常住人口、其中市区有407万常住人口，县级市综合实力均排名全国百强县中的前10位，市、区两级也都有较大财力，原来4个区已经将区图书馆委托苏州图书馆管理等等实际情况，对管理单元的初步设计为：

1. 以（县）市行政区划作为基本的管理单元，建立5个县级总分馆体系。

2. 市区的7个区以区为管理单元，建立7个区级总分馆体系。

3. 不具备专业能力的区，可以将区级总分馆体系（即区馆及所有分馆）一并委托苏州图书馆，形成以苏州图书馆为总馆的管理单元。

（1）由市财政集中各区级财政的购书经费，统一拨付苏州图书馆，不再区分文献资源上的资产权。凡采用委托管理的区，市政府按市—区两级财政的分成比例，对区政府应该承担的购书经费进行补贴。

（2）在委托管理中，各区政府须将区图书馆的人员编制等一并委托给苏州图书馆，以便总分馆实行统一管理。

(三)资源共建共享模式的选择

资源共建共享模式是资源有效利用、方便读者、防止重复建设的基础。由于文献资源是图书馆服务的基础,文献采编质量、文献数量及适用程度、复本数量、检索的方便程度等都会直接影响到读者利用,因此,全市必须建立统一的采编标准,可以统一检索,实行通借通还。其中,通借通还的范围决定了技术的复杂程度和文献资源调配范围及物流费用,进而产生相应的成本。所以,通借通还的设计必须考虑需求以及产生需求的概率,以平衡读者便利程度与成本控制之间的关系。设计如下:

1. 建立统一的采编标准,全市服务体系的文献资源可以统一检索,读者可以一卡通用。总分馆内部实行通借通还,总分馆体系之间后台实行馆际互借,但读者在前台只以为是通借通还。

2. 数字资源实行全市协同采购,同一数据库全市只购买1份,但必须购买全市公共图书馆的使用权,分布存储、统一发布、全市共享,防止重复购置。

3. 全市数字资源建设统一标准,有计划制作,形成具有苏州特色的数字资源。

(四)提供统一的专业化服务

专业化服务是图书馆的根本,也是其他机构无法替代图书馆的主要原因。在总分馆体系内部以及整个苏州大市的总分馆之间,如果出现图书馆之间服务标准和质量的不一,读者就会向服务优质的图书馆集中,图书馆原有的因科学布局形成的均等化服务格局就会被打破。所以,特别是总分馆内部的总馆以及各个分馆,必须提供基本一致的服务,即有统一的服务政策和标准。为此,还需要有统一的技术标准和评估标准为保障。

1. 制定全市统一的服务标准、技术标准和评估标准,使全市公共图书馆的能够提供基本一致的服务。

2. 统一网上参考咨询,并形成及时应答机制和审核机制。

3. 统一开展讲座、展览、读者培训、阅读推广等读者活动,宣传公共图书馆,推广社会阅读,培养市民的阅读兴趣,养成良好的阅读方法和习惯。

(五)已经取得的成效

1. 形成了政府文件

我们借协助苏州市文广新局为市政府起草创建国家公共文化服务体系示范区文件的机会,把上述设计思路融进文件草案,成功地被市政府所采纳。目前市政府已经颁布了《苏州市创建国家公共文化服务体系示范区建设规划》[①]、《苏州市公共图书馆总分馆建设实施方案》[②](以下简称《实施方案》)。

2. 增加了购书经费

在《实施方案》中,市政府根据创建标准和制度设计,规定了在2012年底达到全市人均藏书1册的标准,2015年人均藏书达到1.2册。市、区县两级政府按各自的分担比例增拨了公共图书馆的购书经费,其中2011年在苏州图书馆购书经费500万元的基础上又追加购书经费630万元,2012年的购书经费更是达到了1900万元。

3. 批准增建新馆舍

根据《公共图书馆建设标准》和《创建国家公共文化服务体系示范区(东部)标准》,苏州图书馆尚缺近14000平方米的馆舍。经一年多时间的规划和论证,市政府已经批准为苏州图书馆增建一

---

① 苏州市人民政府办公室关于印发创建国家公共文化服务体系示范区建设规划的通知(苏府办〔2011〕54号).
② 苏州市人民政府办公室关于转发苏州市公共图书馆总分馆体系建设实施方案的通知(苏府办〔2011〕180号).

个集文献采编、保存、调配的集散中心,读者借阅、活动中心,新阅读方式体验中心等为一体的现代化馆舍,建筑面积4.2万平方米,总投资4.8亿元。① 目前正在办理前期手续。

4. 5个区实行委托

在总分馆的建设上,苏州图书馆修订完善了总分馆布局规划,并在将规划进行分解后向各区政府提供,提出各区总分馆的建设要求。由于苏州市区大部分区级图书馆专业力量薄弱,示范区创建前已经有4个区将区图书馆委托苏州图书馆管理,而且在政策上委托管理会得到市政府购书经费的补贴,因此,各区政府纷纷采用《实施方案》中出资全面委托苏州图书馆构建本区总分馆体系的条款(这也是制度设计时的初衷,便于形成市区统一的总分馆体系),目前,沧浪区、平江区、金阊区、相城区和高新区等5个区的区政府已经与苏州图书馆签订了委托协议。沧浪、平江、金阊3个区政府已经将原来由各街道分散委托的社区分馆全部集中由区政府统一委托,并统一支付委托经费。

5. 新建19个分馆

由于各区政府委托,加上市政府在创建示范区上的有力推动,苏州图书馆在2011年、2012年的两年间新建了19所分馆(期末分馆数达到45所)。最近,市政府出台2013年市政府的实事项目,规定在2013年中苏州市区还必须再增加20所分馆。与此同时,5个市(县)也在巩固原有乡镇分馆的基础上在中心社区(即因撤乡并镇后的人口聚集区)建设分馆,为解决原来乡镇分馆工作人员由乡镇委派而产生的无法实行统一管理问题,吴江市政府按每个乡镇18000元(人均6000元/年)的标准拨款给吴江图书馆,作为乡镇分馆工作人员绩效考核奖励,由吴江图书馆通过考核后直接发放给乡镇分馆工作人员,此举措提高了吴江图书馆(总馆)对各个乡镇分馆的管理权威,从而形成了事实上的分馆管理权。

因此,从实施效果来看,苏州总分馆制度设计基本是成功的。

六、保障总分馆高效运行的技术支撑

总分馆运行的经济高效,乃至可持续发展,需要有相应的技术支撑。历史上基层图书馆建设运动均以失败告终,除了体制、机制等原因外,缺乏应有的技术支撑也是失败的重要原因之一。

在苏州的总分馆建设中,许多问题的解决,成本的降低,管理的有效发挥,均依靠运用适用的技术。

(一)计算机业务管理系统

图书馆计算机业务管理系统是支撑图书馆采、分、编、借、还和总分馆文献通借通还的重要技术支撑。与单馆不同,随着分馆(馆藏地点)和读者的增加,总分馆的计算机业务管理系统中的数据量和数据交换量暴增。苏州图书馆原来采用ILAS-Ⅱ作为全馆管理系统,但此系统由于只能支撑约50个终端数,按此计算,最多只能建设20所分馆。在更新计算机业务管理系统前,因为受制于计算机业务管理系统的终端数,苏州总分馆建设的规划一直以20所分馆为上限。

由于为单馆运行设计的业务管理系统已经无法适应总分馆的需要,为此,许多图书馆、软件商开始设计完善管理系统,其中首都图书馆的智慧2000、深圳图书馆D-ILAS、东莞图书馆的Interlib等较为适用。苏州图书馆经过选择采用了Interlib,并且利用此软件的开放特点进行完善,增添了读者金融功能等组件。

(二)远程监控平台

分馆远离总馆,且一般只有两名工作人员,去掉职工休息时间,分馆的大多数开放时间内只有1

---

① 苏州市发展和改革委员会关于苏州图书馆二期(存储集散中心)项目建议书的批复(苏发改中心〔2013〕3号).

名工作人员。因此,将分馆的正常开放、服务质量都依靠这名工作人员的职业自觉并不非常可靠,必须强化管理。但面对庞大数量的分馆,不管从成本的角度还是实现途径考虑,总馆都不可能派遣大量的管理人员对分馆实施有效的监督和控制。因此,借助可视化和网络技术,在分馆安装远程监控设备,使总馆能够即时了解分馆的运行和服务状况,就成为节省管理成本、提高分馆服务质量、保证分馆按公示时间开放的有效手段。

远程监控在实际使用中还有另外一些好处:一是可以记录分馆可能发生的读者意外情况和读者纠纷,分清意外或者纠纷的责任,提高读者满意度。二是因为有远程监控,分馆工作人员潜意识中认为总馆对他们的工作和服务是看得见的,就会约束自己的行为,按服务标准开展服务。

(三)远程咨询平台

分馆工作人员大多数为非事业编制人员,没有受过系统的专业训练,其职业理念、专业技能无疑远低于总馆的专业人员。由于苏州总分馆采用"孵化式培训",分馆工作人员在上任前都已经在总馆工作过一段时间,具备一定的服务技能,可以承担普通的图书馆服务,但对于如参考咨询等复杂的知识服务就显得专业知识不够,无法应对。"远程咨询平台"正是为了解决分馆读者的参考咨询而设计的。读者在分馆向工作人员提出其无法解答的问题时,分馆工作人员或读者都可以把问题提交到远程咨询平台上,由总馆工作人员来回答。在这个平台的背后,总馆还建立了一个远程咨询的工作机制,这个机制由一个项目小组来承担,有人值班、可以抢答、有人审核,年终按照解决咨询的条目数量和质量给予奖励等,这样就保证了读者的提问能够尽快得到解答,使分馆的读者在参考咨询上享受到与总馆基本相同的服务。

(四)辅助管理系统

总分馆的优点之一是资源共享,通过文献资源的按需调配,使本地馆藏资源不多的分馆通过整个总分馆文献资源的支撑,仍可满足读者的借阅需求,从而达到减少复本量、降低资源重复购置、提高资源利用效果的目的。

当分馆数量还不太多时,读者提出的预约借书请求、因通借通还产生的成套书被拆分、对各个分馆资源利用情况的统计、根据分馆读者需求的图书调配等问题还容易解决,但当分馆达到一定数量时,特别是遇到要将文献资源调配到适用的分馆此类问题时,人工干预已经难以实现。此时,必须要有一个辅助管理系统来帮助人工进行资源调配,如甲馆某些书已经3个月没有借出过,而乙馆对此类书的外借需求较大;反之,当乙馆另外一些图书长期没有借出记录,而丙馆对此类书有较大需求时,则系统可以自动发出调配提示。可以想象,这些调配的监测如果要靠人工达到计算机系统的监测水平,成本是巨大的,甚至是不可能完成的。此套系统从2011年开始研发,预计2013年可以投入使用。

七、建立覆盖全苏州的公共图书馆总分馆体系制度的建议

综上所述,借助创建国家公共文化服务体系示范区,在苏州市建立一个全覆盖的公共图书馆服务体系,为苏州市民提供普遍均等的公共图书馆服务,需要政府主导,需要有合适的建设主体和管理单元,需要制定符合客观规律基础上并结合本地实际的制度,需要科学合理的组织形式和服务模式。为此,提出苏州公共图书馆服务体系建设的建议如下:

(一)建设主体

1. 苏州市政府为主要建设主体、区政府为次要建设主体。
2. 有条件的区政府可以作为独立的建设主体,缺乏专业能力的区可以采取委托管理的办法。
3. 县级市作为各县市的建设主体。
4. 免除街道(乡镇)、社区(乡村)在公共图书馆建设和管理上的责任,但如果需要,应该提供合

适的馆舍。

（二）管理单元

1. 苏州市区以苏州图书馆为总馆,接受各区政府的委托,建立市区的总分馆体系。

2. 有条件的区可以由区图书馆作为总馆,建立区级独立的总分馆体系。

3. 区政府将区级总分馆委托苏州图书馆管理的,市级财政按市—区两级财政分成比例对各区应该承担的购书经费进行补贴。

4. 县级市由各县级图书馆为总馆,在各镇政府所在地、撤乡并镇的人口聚集区建立统一管理的分馆,建立覆盖全县域的总分馆体系,以流动图书车定期服务各个乡村。

（三）网点设置

1. 市级图书馆。按《公共图书馆建设标准》,市馆建筑面积不低于39000平方米,尚缺的14000平方米采用建设一个集采编中心、保存中心、调配中心、外借中心为一体的文献集散中心作为补充。

2. 区级图书馆。每区设立区级图书馆一座,并按每4万人设置1个分馆的标准进行科学布局,每个分馆的面积不小于300平方米,区内总馆及分馆的建筑面积之和不低于《公共图书馆建设标准》规定的建筑面积。

3. 县级图书馆。每个县级市至少设置县级图书馆1座,建筑面积不低于《公共图书馆建设标准》规定,并在每个镇、撤乡并镇的人口聚集地、远离总馆的社区等设置1个分馆,镇级分馆的建筑面积不小于800平方米,其他分馆的建筑面积不小于300平方米。

4. 流动图书馆。每个行政村均设有1个流动图书车的停靠点,县级图书馆的流动图书车定期为各停靠点提供文献外借服务,每月至少1次,每次不少于1个小时。

（四）统一管理

1. 总分馆体系内部统一资金使用

（1）总分馆统一编制和执行文献采编预算。

（2）实行委托管理的区级总分馆,应将区级总分馆的人员预算一并委托。

（3）对委托管理的区级图书馆,市财政统一集中区级总分馆的购书经费,一并拨付苏州图书馆。

（4）采用集中乡镇图书馆经费的县级市,由县级市财政集中乡镇的相关经费,统一拨付县级图书馆。

2. 各总分馆体系内部实行统一管理

（1）人员统一管理,总馆对分馆有人事管理权。

（2）文献资源由总馆统一采编、调配、周转,文献数据入总馆的中央书目库。

（3）使用同一个计算机管理系统。

（4）在分馆安装远程监控。

（5）有总分馆统一标志标识。

3. 各总分馆体系内部实行统一服务

（1）总分馆均可办理统一的读者证。

（2）总分馆执行统一的服务标准。

（3）读者免证阅览、免费上网,外借文献可以通借通还,并能预约借书。

（4）有统一的网上参考咨询平台和及时应答机制。

（5）总分馆内统一开展读者活动,总馆应有计划地在分馆开展讲座、展览、读者培训和阅读推广等活动。

4. 统一资源建设

（1）2012年底达到人均藏书1册。

（2）2012年后，市、县（区）两级政府按确定的比例安排购书经费，全市人均购书不少于0.1册/年，确保在"十二五"末人均拥有藏书1.2册。

（3）全市公共图书馆实行文献资源的协同采购，纸本图书的采购根据馆藏发展政策和读者需求控制复本量，对确定购买的数字资源每种全市只采购1份，并采用分布存储的方式，在所有公共图书馆（包括分馆）能够共享。

（4）全市自建数字资源的共建共享。全市自建数字资源统一建设标准和发布标准，形成具有苏州地方特色的数字化文献资源。

5. 总分馆系统之间的管理协调

（1）总分馆系统之间实行一卡通用。

（2）总分馆系统之间执行统一的服务标准。

（3）读者可以外借本市其他总分馆系统的文献，总分馆系统之间在处理这种通借时，后台以馆际互借方式处理。

6. 评估和考核机制

（1）建立领导小组和专家委员会。

（2）制订评估标准。

（3）建立统计体系。

（4）定期开展评估考核并建立反馈和奖惩机制。

参考文献：

1. 程焕文. 岭南模式：崛起的广东公共图书馆事业. 中国图书馆学报,2007(3)：15-25.
2. 程亚男. 关于总分馆建设的几点思考. 图书与情报,2010(3)：1-4、19.
3. 吴建华. 明清苏州、徽州进士的文化素质与文化互动. 史林,2004(2).
4. 高波. 论公共图书馆总分馆的若干基本理论问题——兼评长春市协作图书馆. 图书情报工作,2010(1)：62-66.
5. 公共图书馆研究院. 中国公共图书馆发展蓝皮书(2010). 深圳：海天出版社,2011.
6. 金胜勇、张志广. 我国公共图书馆制度转型的制度环境分析. 图书馆建设,2008(12)：56-59.
7. 李超平. 中国公共图书馆服务体系"嘉兴模式"研究. 中国图书馆学报,2009(11)：10-16.
8. 李东来. 让更多的人享受图书馆：东莞城市图书馆发展的思考与实践. 山东图书馆学刊,2009(1)：40-44.
9. 李国新. 图书馆制度 支撑社会和谐发展的重要基石. 人民日报,2006-01-13.
10. 李国新. "十七大"报告对文化建设的认识跃上了新高度. 图书馆建设,2007(6)：3.
11. 李国新. 跳出"套杯"外，建设总分馆. 中国文化报,2008年8月31日.
12. 李国新. 总分馆建设的最大障碍是体制障碍. 图书馆建设,2008(9)：1-3.
13. 李国新. 公共文化服务体系建设中的图书馆. 图书馆研究与工作,2010(3)：5-11.
14. 李国新. "十二五"时期公共图书馆事业的发展机遇. 图书馆建设,2011(10)：2-11.
15. 刘笑梅. 公共文化服务体系建设中的公共图书馆制度安排. 四川图书馆学报,2009(6)：6-8.
16. 倪晓建、徐冰. 关于变革公共图书馆管理体制的若干思考. 新世纪图书馆,2011(2).
17. 林蓝. 建设"图书馆之区"的回顾与展望. 图书馆,2007(2)：95-98.
18. 林丽萍. 厦门市图书馆托管型分馆建设实践及思考. 图书与情报,2010(6)：109-112.

19. 南山区图书馆. 南山区公共图书馆建设及一体化管理实施方案. 2008.

20. 邱冠华. 人民的图书馆：公共图书馆服务向基层延伸模式研究. 图书馆建设,2007(6)：19-24.

21. 邱冠华,于良芝,许晓霞. 覆盖全社会的公共图书馆服务体系：模式、技术支撑与方案. 北京：北京图书馆出版社,2008.

22. 邱冠华. 从政府购买看实行总分馆制的必然性. 新世纪图书馆,2009(1)：39-41.

23. 邱冠华等. 公共图书馆的设置与体系研究. 中国图书馆学报,2010(3)：16-23、45.

24. 邱冠华. 示范区创建中深化"苏州模式"的制度设计研究. 中国图书馆学报,2012(3)：20-25.

25. 屈义华. 公共图书馆服务创新——佛山市禅城区联合图书馆的实践与思考. 图书馆论坛,2005,25(6)：305-307.

26. 王小云. 分馆制的组织形态、模式选择与实施对策. 图书馆杂志,2004(6)：30-32.

27. 韦艳芳. 总馆分馆制——一种有效的资源共享模式. 图书馆建设,2006(2)31-33、36.

28. 肖红凌. 因地制宜,建设可持续发展的规范化图书馆体系——以哈尔滨图书馆社区分馆建设为例. 图书馆建设,2007(3)：8-10.

29. 余子牛. 效益是这样产生的. 图书与情报,2008(6)：119-122.

30. 于良芝. 为了普遍均等的图书馆服务——评苏州图书馆的分馆建设. 国家图书馆学刊,2007(3)：18-19.

31. 于良芝、邱冠华、许晓霞. 走进普遍均等服务时代：近年来我国公共图书馆服务体系构建研究. 中国图书馆学报,2008(3)：32-40.

32. 于良芝、邱冠华、李超平、王素芳. 公共图书馆建设主体研究：全覆盖目标下的选择. 北京：国家图书馆出版社,2011.

33. 朱洪珺、倪晓建. 面向普遍均等服务的公共图书馆管理体制探析——以北京公共图书馆为例. 图书情报工作,2011(1)：47-50.

34. 周英雄. 深圳市宝安区公共图书馆服务体系建设探索与未来发展. 图书与情报,2011(1)：86-90.

35. 文化部、财政部. 关于开展国家公共文化服务体系示范区(项目)创建工作的通知(文社文发〔2010〕49号).

36. 住房和城乡建设部、国土资源部、文化部. 公共图书馆建设用地指标(建标〔2008〕74号).

37. 住房和城乡建设部 国家发展和改革委员会. 公共图书馆建设标准(建标108-2008).

38. 苏州市人民政府办公室. 关于印发创建国家公共文化服务体系示范区建设规划的通知(苏府办〔2011〕54号).

39. 苏州市人民政府办公室. 关于转发苏州市公共图书馆总分馆体系建设实施方案的通知(苏府办〔2011〕180号).

课题组：邱冠华 陆前 郭腊梅 陆秀萍 梁谷嘉

苏州市基层文化从业人员职业资格认证制度研究

一、苏州市基层文化从业人员职业资格认证制度研究

（一）研究背景与研究意义

1. 研究背景

（1）苏州市基层文化从业人员队伍建设的重要性与必要性

推动社会主义文化大发展大繁荣，队伍是基础，人才是关键。2010年，中宣部等六部委下发了《关于加强地方县级和城乡基层文化队伍建设的若干意见》（中宣发〔2010〕14号），要求适应加快建设公共文化服务体系建设的需要，切实加强县级文化馆、图书馆、广播电台（站）等部门工作队伍建设，配齐配好乡镇、村和街道、社区文化工作人员；完善专业技术人才评价机制，逐步实行相关专业技术人员职业资格制度。十七届六中全会通过的《关于深化文化体制改革，推动社会主义文化大发展大繁荣若干重大问题的决定》，将加强基层文化队伍建设作为文化发展人才支撑的重要任务之一，明确了基层文化人才队伍是文化改革发展的基础力量，提出了造就一支规模宏大、结构合理、锐意创新的基层文化人才队伍的战略任务。2010年中共中央、国务院发布的《国家中长期人才发展规划纲要（2010—2020年）》指出，全面推进经济建设、政治建设、文化建设、社会建设以及生态文明建设，推动工业化、信息化、城镇化、市场化、国际化深入发展，全面建设小康社会，实现中华民族伟大复兴，必须大力提高国民素质，提高各类人才素质，统筹各类人才队伍建设。其中，提高基层文化从业人员素质、统筹基层文化人才队伍建设，是落实《国家中长期人才发展规划纲要》的重要内容之一。

就目前我国基层文化从业人员的现状来看，人才队伍的建设与公共文化服务体系建设的要求还不相适应。基层文化从业人员数量不足与人浮于事并存，结构不合理与质量不高并存，人员老化与青黄不接并存。就江苏省的情况看，基层文化人才队伍建设的基本现状是：人才数量逐年增长，贡献率持续提高；低水平人才占比偏高，高学历或有中高级职称人才占比偏低；苏南等经济发达地区人才集中，苏北等经济欠发达地区人才匮乏；传统的文化、广电、新闻出版等系统经营性文化人才集中，传统的文化及相关产业系统以外的经营性文化人才短缺；国有经济体和其他经济体中经营性文化人才占比偏大，集体经济体中经营性文化人才占比偏小；基层文化人才年龄偏大、学历偏低、职龄偏长且流动频繁等。基层文化人才队伍建设存在的主要问题是：文化行政管理人才能力需要提升，高层次文化经营管理人才紧缺，大师名家偏少，区域分布不均衡，行业分布不合理，基层文化人才队伍建设亟须加强等。建设一支文化素质、政治素质、业务素质较高的基层文化队伍，是建设完善的公共文化服务体系的重要与紧迫任务。

（2）基层文化从业人员职业资格认证制度在苏州的推行与发展

苏州市为了提高基层文化从业人员的综合素质，切实加强对基层文化从业人员的管理，从2007年11月开始实施以"统一培训、统一考试、持证上岗"为主要内容的基层文化从业人员资格认证制度，在对基层文化从业人员实行资格认证方面走在了全国的前列。为了保证各项工作的顺利进行，苏州市人事与文化主管部门联合下发了《苏州市基层文化从业人员资格认证管理制度》《关于〈苏州市基层文化从业人员资格认证管理制度〉（试行）的实施意见》等文件。从2008年进行首轮培训和考试，到现在已历经5年的探索实践。据统计，截至"十一五"末，苏州全市95个镇（街道）文化

站专、兼职工作人员共 609 人,1764 个村(社区)文化活动室(中心)有兼职工作人员 1764 人。从 2008 年起,苏州连续 3 年开展了两轮基层文化从业人员资格认证培训,来自各市(县)、区的 1570 余人参加培训并结业,基本实现了基层文化从业人员培训全覆盖。2011 年,苏州市被确定为全国首批 31 个国家公共文化服务体系示范区创建市之一,也是江苏省唯一获此殊荣的城市,在全市积极创建公共文化示范区的契机之下,基层文化从业人员资格认证工作覆盖面由文化馆(站)扩展到公共图书馆和非物质文化遗产保护领域,全年累计培训基层公共图书馆从业人员 1212 人次,"非遗"保护从业人员 180 人次。

2011 年 11 月,为进一步提高基层文化从业人员素质、加强对基层文化从业人员的准入管理,苏州市文化广电新闻出版局颁布了《关于进一步落实〈苏州市基层文化从业人员资格认证制度〉的意见》,提出进一步落实 2007 年颁布的《苏州市基层文化从业人员资格认证制度》的意见与措施,包括调查摸底、填写《苏州市基层文化从业人员情况登记表》、开展教育培训、组织考试、颁发资格证书以及监督检查等措施。苏州市乡镇(街道)文化站在编的管理人员和工作人员,城镇社区、农村行政村负责文化工作的人员,通过社会招聘方式进入乡镇(街道)文化站以及社区、行政村从事基层文化工作的合同制人员都将进行统一资格认证考试,全部持证上岗,以提高基层文化工作人员综合素质,通过加强基层文化队伍建设推进基层文化创新。

当前和今后的相当长时期,是我国公共文化大发展、大繁荣的大好时期,《国家公共文化服务体系示范区(项目)创建工作方案》要求"建立公共文化专业人员资格要求和聘任制度",苏州市《创建国家公共文化服务体系示范区建设规划》提出:实施基层从业人员持证上岗制度,大力吸引高层次人才,探索职业准入的实现方式,使人才结构更趋合理,从业人员的职业素养和职业技能进一步提高。苏州市是全国率先进行基层文化从业人员资格认证的城市,这对实现公共文化服务专业化、特色化作了很好的铺垫。但同时,随着认证制度的逐步推行,一些制度不完善之处逐渐展露出来,出现了资格证书在社会的认可度不高、考评制度单一、后期管理缺乏长效规范等问题。

本研究是一项有关苏州基层公共文化从业人员职业资格制度的专题研究,目标是在考察、分析苏州基层文化从业人员职业资格制度实施现状的基础上,总结经验,发现问题,提出对策,为完善基层公共文化从业人员职业资格制度提供思想和学术支撑,提供实践指导。

2. 研究目的与研究意义:标准化与规范化

(1)研究目的

基层公共文化从业人员职业资格制度在中国尚处于起步阶段。本研究主要有以下三个方面的目的:

首先,对苏州市基层文化从业人员的现状进行宏观的概括了解。通过文献查阅和对苏州市认证实施情况的剖析,全面了解资格认证的情况。主要包括认证制度的标准结构、培训和考评体系、继续教育和后期管理等。

其次,分析现状。运用比较分析法,将苏州基层公共文化从业人员职业资格认证制度与国外职业资格认证制度进行比较,与已经发展较为成熟的律师职业资格认证制度和会计职业资格认证制度进行比较,结合我国国情,探讨可借鉴之处。

最后,提出对策和制度设计方案。根据当前苏州基层公共文化从业人员职业资格认证制度实施所面临的问题,提出相应的切实可行的政策,以加强公共文化从业人员队伍建设。

(2) 研究意义

现实意义：通过对苏州市基层资格认证制度的分析研究,可以发现问题,寻求对策,有利于制度的进一步完善,有利于实现从业人员专业化和高素质化,有利于推进我国的公共文化服务体系建设。同时,通过借鉴其他国家的先进经验,能够进一步完善文化从业人员职业资格认证制度,有利于推进我国职业资格制度体系建设。

理论意义：我国尚无系统的有关文化从业人员职业资格认证制度,苏州是率先进行基层文化从业人员职业资格认证的城市,通过对苏州市在这方面实践经验的总结概括,形成基层文化从业人员职业资格认证的"苏州模式",为建立我国基层文化队伍职业资格制度提供参考和借鉴。

(二) 概念界定

1. 基层文化从业人员

本课题所指的文化从业人员是指苏州市各市(县)、区乡镇、街道从事或准备从事文化工作的人员,主要包括苏州市乡镇(街道)文化站在编的管理人员和工作人员；苏州市城镇社区、农村行政村负责文化工作的人员；通过社会招聘方式进入乡镇(街道)文化站或社区、行政村从事基层文化工作的合同制人员或有关人员；苏州市非公有文化团队的骨干及相关人员。

2. 职业资格认证制度

制度是规范人们行为的规则。职业资格制度是由法律、法规、政策明确规定的,按照国家规定的职业技能标准或任职资格条件,对有关职业资格范围、职业分类、获取程序、考核标准、证书管理、质量保障、管理机构等各项内容制度规定的总和。① 职业资格认证制度分可以分为职业准入制度和职业晋升制度。

(1) 职业准入制度：也可称为就业准入制度,是指根据《劳动法》和《职业教育法》的有关规定,要求从事技术复杂、通用性广、涉及国家财产、人民生命安全和消费者利益的职业(工种)的劳动者必须取得相应的职业资格证书方可就业上岗的制度。对技术工作(职业)从业人员实行就业准入制度,其根本目的是提高劳动者技能水平,增强其就业能力和适应职业变化的能力,实现高质量就业和稳定就业。② 本研究中的职业准入是指苏州市文化行业中包括文化馆从业人员、非物质文化遗产从业人员以及公共图书馆从业人员在准备从事相应岗位工作时,必须取得相应的资格,方可就业上岗。

(2) 职业晋升制度：职业晋升制度是指已经在岗的从业人员,由较低职位或职称上升至较高职位或职称,须满足一定的资格或条件才能实现职业晋升,是职业激励的一种方式。

(三) 苏州市基层文化从业人员职业资格认证现状

截至2011年底,苏州市共有县(区)以上公共图书馆12个,文化馆13个,市及县(区)级博物馆、纪念馆42个、美术馆11个；镇级(街道)综合文化站96个(其中61个镇,34个街道,外加张家港乐余镇保留了全国公共文化先进单位兆丰综合文化站)；全市1746个村(社区)"七位一体"服务中心内建有文化活动室(中心)。全市共有公共文化从业人员3869人。具体统计数据见表1。

---

① 侯自芳. 我国职业资格制度人才评价体系研究[D]. 国防科学技术大学,2006.
② 国家职业资格证书制度与劳动就业准入制度[EB/OL][2013 - 2 - 5]. http://wenku.baidu.com/view/3039424dfe4733687e21aa2c.html.

表1 苏州市基层文化从业人员基本情况统计表

变量名称	指标	人数	占比(%)
性别	男	1378	46.7
	女	1579	61.3
年龄	≤40岁	1808	61.1
	>40岁	1149	38.9
学历	高中及以下	841	28.4
	大专	977	33.0
	本科	1103	37.3
	硕士及以上	36	11.4
职称	初级	170	5.8
	中级	164	5.5
	高级	68	2.3
	其他	2555	86.4
岗位性质	公务员	40	1.4
	事业编	584	19.7
	聘用合同工及其他	2333	78.9

分析表1的数据可以看到如下现象：苏州市基层文化从业人员在性别上以女性居多。在年龄上，40岁以上的占了38.9%，说明人才队伍结构呈老化趋势。在职称上，具备职称的从业人员占13.6%，其中具备高级职称的仅占2.3%。将年龄和职称做交叉分析发现，获高级职称的从业人员几乎都在40岁以上，预示着部分专业技术人员退休后后备人才青黄不接的现象将会凸显。从文化程度上看，高中及以下占了28.4%，接近1/3，进一步分析发现，他们大多来自于基层文化活动中心，由于待遇、级别、编制的限制，基层文化部门对大学生的吸引力较弱。从岗位性质上看，具有行政编制的占1.4%，事业编制的占19.7%，这说明人员编制数量与稳定队伍的需要尚有差距。苏州市基层文化工作者及专业技术人员大多数是20世纪70年代、80年代由人事局分配或外地调入的，少数人员是90年代以后通过招考形式进入的，由于受编制、级别、性质、待遇等条件的制约，"旧人"难出，"新人"难进，人才结构得不到优化和改善，激发工作热情和创造性受到制约，不能完全适应文化大发展大繁荣的形势与要求。

表2是2008年、2009年、2010年与2012年苏州文化馆从业人员职业资格认证培训参加人员情况，从人员来源、专业情况以及学历几个方面对这几年参加培训人员的情况进行了统计。可以看出，文化馆从业人员专业涉及文艺类、语言文学、档案管理、图书管理、财会、技术等专业，其中文艺类专业占文化馆培训类人员最多专业。学历覆盖初中到高中等阶段，其中2008年与2009年学历分布人数较多的是大专水平，2010年与2012年为本科及以上水平，尤其是在2012年2月份的培训中，本科及以上学历的人员占到这次培训总人数的76%，这说明文化馆从业人员的整体学历水平越来越高。

表2 2008年—2010年及2012年苏州市文化馆从业人员职业资格认证培训参加人员情况

时间	培训地点	培训对象	人数	来源及比例	专业	学历
2008年8月20日—9月6日	苏州大学	苏州市、区文化馆站工作人员	124	文化馆：34% 文体中心：27% 文化站：19% 街道：18% 文广新局：2%	文艺类：48% 语言文学类：12% 档案管理：3% 技术：8% 财会：5% 其他：24%	本科及以上：34% 大专：43% 中专：9% 高中：12% 初中：2%
2009年3月4日—6月16日	昆山、太仓、吴江、常熟、张家港培训点	五县市文化馆、站工作人员	362	文化站：72% 文化馆：14% 街道：9% 文化科：5%	文艺类：44% 图书管理：10% 技术：10% 财会：10% 其他：26%	本科级以上：26% 大专：38% 中专：8% 高中：16% 初中：12%
2010年4月19日—7月3日	昆山、张家港、吴中区、常熟市以及市区（含吴江和太仓）等培训点	苏州市、区、各县市文化工作者	1040	文化站：21% 文化馆：12% 社区街道：30% 村委：27% 文化中心：10%	文艺类：44% 图书管理：10% 技术：10% 财会：10% 其他：27%	本科及以上：39% 大专：38% 中专：10% 高中：11% 初中：2%
2012年12月	苏州市公共文化中心、昆山、相城、园区、常熟、张家港培训点	苏州市、区、各县市文化工作者	916	文体站：42% 社区街道：30% 文体中心：21% 文化科：7%	文艺类：42% 图书管理：12% 技术：15% 财会：9% 其他：22%	本科及以上：76% 大专：3% 中专：9% 高中：3% 初中：9%

（四）苏州市基层文化从业人员职业资格认证制度要素分析

为了改善苏州市基层文化从业人员现状，使得人力资源得到最优配置，苏州市率先进行基层文化从业人员职业资格认证调研论证和实践。2007年制定了以统一培训、统一考试、持证上岗为主要内容的苏州市基层文化从业人员职业资格认证制度，2008年在文化馆（站）领域进行首轮培训和考试，到现在已历经5年的探索实践，累计有1570名基层文化从业人员参加培训并获得证书，其中有很多值得借鉴的经验。当然，与国外成熟的职业资格制度认证制度相比较，也存在一些不足。本研究按照职业资格制度的构成要素，对苏州市基层文化从业人员职业资格认证实践进行剖析。

1. 认证主体

根据国际行业资格认证的经验，大多数国家的认证主体为行业协会。在中国目前的体制下，在行业协会发展成领导行业发展壮大的重要力量之前，资格认证的主体一般为政府部门。苏州基层文化从业人员资格认证的主体是苏州市人社局、文广新局，由其承担并负责基层文化从业人员认证项目的实施，包括组织培训、课程考核、证书管理以及其他一系列工作。

2. 认证对象

苏州基层文化从业人员职业资格认证的对象，是苏州市各市（县）、区、乡镇、街道从事或准备从事文化工作的人员。在基层，从事文化工作实际上最主要的就是从事公共文化工作。主要包括苏州市乡镇（街道）文化站在编的管理人员和工作人员；苏州市城镇社区、农村行政村负责文化工作的人员；通过社会招聘方式进入乡镇（街道）文化站或社区、行政村从事基层文化工作的合同制人员或有关人员；图书管理人员、非遗保护工作人员。

对于准备从事文化工作的人员，目前规定为年满18周岁、身体健康、获得中等专业技术学校或高中以上学历、具有一定专长的人员可以报名参加职业资格认证培训。

苏州基层文化从业人员职业资格认证培训为公益性免费培训,由市文广新局专门拨款进行运作,鼓励全市基层具备报考条件的从业人员参加。整个资格认证的流程如下图所示:

图1　苏州市基层文化从业人员职业资格认证流程图

3. 培训管理:师资配置与特色

(1)师资与特色

苏州基层文化从业人员职业资格认证培训的师资,是根据公共文化服务的性质和对工作人员的要求聘请的省内外行业内资深专家和专业工作人员,包括高等院校的教授和专家,各专业领域的研究者,他们均拥有副高以上专业技术职称或是国家二级以上演员。对师资的基本要求是,不仅具有系统的专业理论知识,而且有丰富的实际工作经验,同时又有较强的课程讲授能力。表3、表4、表5分别是2012年非物质文化遗产、文化馆以及公共图书馆认证培训师资的简况。

表3　2012年非物质文化遗产培训师资表

姓名	身份与职位	代表作与研究领域	讲授课程
蔡利民	省"非遗"评审委员会委员,省民俗学会顾问,副研究员	参加过《稻作文化与江南民俗》《吴越民间信仰民俗》等国家社科项目,出版有《中国婚礼》《苏州民俗》《苏州传统礼仪节令》等专著,多次获社科奖	民俗保护
李明	苏州大学非物质文化研究中心办公室主任	主要从事区域文化遗产、民俗学、美学等方面研究,是中国民俗学会理事,苏州工艺美术学会常务理事,副研究员,上海师范大学中国近代社会研究中心客座研究员	传统技艺及美术保护
潘君明	苏州市非物质文化遗产保护专家组成员,中国民间文艺家协会会员、苏州市民间文艺家协会顾问	从事民间文学、吴文化等研究,著有《唐伯虎外传》《苏州历代名人传说》《苏州街巷文化》《苏州话寻根》等40余部著作。此外还主编《苏州民间故事大全》《苏州楹联集成》《苏州民间手工艺美术》。	民间文学保护
沈石	苏州市"非遗"专家库成员	从事非物质文化遗产传统音乐及传统舞蹈领域的研究工作,曾担任《苏州民间器乐曲集成》《苏州民间舞蹈志》《苏州民间歌曲集成》等多部著作的主编	民间音乐保护
周明华	苏州市曲艺家协会副主席、平江区文联副主席、苏州市评弹团一级艺术监督	先后编写有《红花喋血》《蛇王岛》《大宋兵马图》等多部长篇评话书目。自1986年至今在该领域的实际演艺及理论创作和研究方面获得多个奖项和荣誉	评弹(曲艺)保护
周秦	苏州大学教授、博士研究生导师,中国昆曲研究中心常务副主任兼《中国昆曲论坛》主编,中国昆曲古琴研究会副会长。	著有《寸心书屋曲谱》《苏州昆曲》《昆戏集存》等。2004年获苏州市政府"昆曲评弹传承荣誉奖",2009年获文化部授予"昆曲优秀理论研究人员"荣誉称号	昆曲(传统戏剧)保护

续表

姓名	身份与职位	代表作与研究领域	讲授课程
龚平	苏州市非物质文化遗产保护管理办公室主任、研究馆员	从事文博、艺术教育和艺术表演管理工作，近年来又一直从事全市"非遗"保护的行政管理协调及理论探讨和研究工作	非遗政策法规
王燕	苏州市非物质文化遗产保护管理办公室副主任	自2004年苏州市启动该项工作以来就已开始主持苏州市"非遗"工作，在非遗方面有着多年的经验和心得	中华人民共和国非物质文化遗产法
张岚 许轶璐	图片处理和编辑	"非遗"保护计算机应用技术	"非遗"保护计算机应用技术

表4　2012年苏州市文化馆从业人员培训师资表

姓名	身份与职位	代表作与研究领域	讲授课程
曹俊	苏州市文化广电新闻出版局社会文化处处长		创建国家公共文化服务体系示范区
艾立中	苏州大学文学院副教授	从事古代文学、戏剧学等方面的教学科研，参与编写教育部"十一五"规划教材《昆曲艺术概论》	中华文化简史
潘国英	苏州市文化广电新闻出版局文物处处长、副研究馆员	从事文物档案资料管理、文物立法等工作，已主持起草了10余部文物保护地方性法规规章和政策，使之初步形成了一套与现行《国家文物法》相配套、符合苏州实际情况的文物保护地方性法规规章体系	民间文学保护
章致中	江苏美术家协会会员、苏州书法家协会会员、苏州万志学会会员、苏州书法研会副秘书长、东吴画院副院长	著有《张辛稼先生年谱》（合作）、《吴㺩木先生年表》，1996年参加《中国古代画家辞典》（明代卷）修编工作，2007年主编《苏州市志·文化艺术卷·美术分卷》，2009年主编《书画研究·第五辑》。出版有《章致中画集》《章致中山水作品选》等	传统音乐保护
吴万一	副研究馆员，中国摄影家协会会员，苏州摄影家协会副秘书长		摄影创作案例教程
于丽娟	苏州市文化馆艺术顾问，研究馆员，中国舞蹈家协会会员，江苏舞蹈家学会理事，苏州舞蹈家协会主席	入选《中国舞蹈家大辞典》名录，是苏州地方特色舞蹈创作的代表性人物	舞蹈创作案例教程
谭亚新	苏州市文化馆艺术顾问，研究馆员，中国作家协会会员，中国音乐文学学会会员，中国散文学会会员	苏州市一些重大政治宣传和节庆活动的台本撰写和主持词都出自他的手笔	文学与歌词创作案例教程
王燕	苏州市非物质文化遗产保护管理办公室副主任	自2004年苏州市启动该项工作以来就已开始主持市"非遗"工作，在"非遗"方面有着多年的经验和心得	中华人民共和国非物质文化遗产法
吴敏	苏州市文广新局产业处处长	曾在电影公司、演出公司担任主要领导，在文化产业方面有着丰富的经验	文化产业
谢宗良	苏州市文化馆艺术顾问，中国音乐家协会会员	苏州市群文活动主要策划者	活动组织与实施教程
金丽生	国家一级演员，国家级非物质文化遗产（苏州弹词）代表性传承人，苏州市曲艺家协会主席		曲艺创作案例教程

续表

姓名	身份与职位	代表作与研究领域	讲授课程
张克勤	国家一级演员,第十届、十一届苏州市政协委员。全国文化系统先进工作者、全国"五一劳动奖章"、苏州市优秀知识分子称号、江苏省50名德艺双馨艺术家称号获得者。中国戏剧家协会会员,苏州市戏剧家协会副主席,中国戏剧第6届"梅花奖"、文化部第7届"文华表演奖"获得者		小戏小品二度创作案例教程
王宁	苏州大学文学院教授,博士生导师,全国古代戏曲学会理事,中国俗文学学会理事,苏州文艺评论家协会理事。	主要从事戏剧戏曲、文化民俗与古代文学方面的教学与研究。出版有专著多部,发表学术论文数十篇	经典昆曲欣赏解析
赵德兴	苏州市文化广播新闻出版局副调研员、政策法规处处长		文化政策与法规
怀念	苏州市公共文化中心文化馆管理部副部长,研究馆员,中国作家协会会员,中国群众文化学会会员,苏州市群众文化学会秘书长	多年来从事文学创作辅导、群众文化理论研究以及美术、书法、摄影、动漫、民族民间文化保护等大型展览的策划、组织、实施工作,其文学作品、群文理论研究成果、主编的刊物、策划组织的各类展览展示活动均获得过国家、省、市各级相关奖项,在本行业中具有扎实的理论基础及丰富的实践工作经验	展览策划案例教程
潘振元	中国书法家协会会员,苏州书法家协会顾问。苏州市政协书画家室书画师,鹤园书画院副院长,平江书画院副院长,吴门雅集副主席		书法创作案例教程
杨新敏	苏州大学凤凰传媒学院教授	出版有《新闻评论学》《电视剧叙事研究》《网络新闻评论研究》《影视欣赏》等著作,近年发表文学、影视和新闻方面的研究论文40多篇,主要研究方向为新闻评论、媒介文化、网络传播	品牌文化活动案例教程、工作总结与新闻写作案例教程
王燕	苏州市非物质文化遗产保护管理办公室副主任	自2004年苏州市启动该项工作以来就已开始主持苏州市"非遗"工作,在"非遗"方面有着多年的经验和心得	非物质文化遗产保护传承与利用

表5 2012年苏州市公共图书馆从业人员培训师资表

讲师	个人简介	担任课程
许晓霞	苏州图书馆副馆长,图情专业学士,研究馆员。苏州市图书馆学会副理事长。长期从事公共图书馆业务管理工作,主要分管采编部、分馆建设管理、借阅部、少儿部、古籍部和学会辅导部。在长期的图书馆业务管理实践中,逐步形成了对公共图书馆管理和阅读推扩等领域的研究兴趣。曾在《中国图书馆学报》《大学图书馆学报》《图书情报工作》《图书与情报》《图书馆》等核心刊物上发表相关论文多篇,并参与了国家社科基金项目、中国图书馆学会研究项目和教育部的研究项目,参与了文化部基层文化从业人员培训教材的编写工作	公共图书馆基本原理
杜晓忠	苏州图书馆馆员,中级职称。在苏州市职称培训中担任《读者工作》课程讲师;在苏州市中小学馆员上岗培训中担任《网络信息资源检索与利用》讲师;在苏州图书馆员培训中担任讲师	公共图书馆读者服务工作、公共图书馆活动策划及宣传推广
费巍	苏州图书馆馆员,图情专业博士,中级职称。曾为武汉大学信息管理学院本科生讲授《信息检索与信息服务》、为武汉大学云南省图书馆教学站讲授《信息组织与信息检索》、为武汉大学信息管理学院本科生讲授《信息检索与信息服务》课程	文献资源建设、文献分编基础知识

续表

讲 师	个人简介	担任课程
黄 洁	苏州图书馆馆员,中级职称。曾于2008年到太仓图书馆讲授《计算机基础》《网络基础知识》《全国文化信息资源共享工程概述》课程,于2009年为苏州市基层文化从业人员(张家港、昆山、常熟地区)做资格认证培训中的《全国文化信息资源共享工程概述》讲课,于2010年到昆山、太仓做全国文化信息资源共享工程县级支中心基础培训	公共图书馆信息技术应用
江少莉	苏州图书馆馆员,图情专业硕士,中级职称。中国图书馆学会阅读推广委员会会刊《今日阅读》编辑,《全民阅读推广手册》副主编	公共图书馆活动策划及宣传推广
刘 鑫	苏州图书馆馆员,图情专业硕士,中级职称。曾为哈尔滨市、区及各县图书馆员做主题为《知识自由相关政策研究》的培训;为黑龙江大学本科部讲授网络信息检索,培训CNKI等数据库的检索与利用;为黑龙江大学本科部讲授《科技信息检索》,为黑龙江大学专科部讲授《社科信息检索》	信息检索与利用、公共图书馆活动策划及宣传推广
卢 烨	苏州图书馆馆员,图情专业学士,中级职称。多次担任本馆员工业务培训《文献分类》《文献分编》课程讲师以及苏州市专业职称培训课程讲师;多次到县区馆担任职工及基层文化站工作人员业务培训《文献分类》《文献分编》课程讲师	文献资源建设、文献分编基础知识
陆秀萍	苏州图书馆馆员,图情专业硕士,中级职称。曾在南开大学为图书馆学专业学生上课,用PPT向同学做课题讲解及演示	公共图书馆基本原理、公共图书馆读者服务工作
幸 娅	苏州图书馆馆员,图情专业硕士,中级职称。曾于2011年3月—2011年5月担任郑州大学信息管理系助教,为信息管理系图书馆学专业本科生教授《图书馆管理教程》	信息检索与利用
杨利清	苏州图书馆馆员,图情专业硕士,中级职称。曾在苏州图书馆胥中分馆策划教授"阅读辅导课",在少儿部举办《家长沙龙》讲座	公共图书馆基本原理、公共图书馆活动策划及宣传推广
张海萍	苏州图书馆馆员,中级职称。曾于2005年至2010年分别在吴江图书馆、太仓图书馆、农村干部学院、苏州市机关事业单位图书馆管理员培训和江苏省共享工程苏州市预赛中以及在苏州市图书馆学会等单位担任《网络信息资源检索与利用》《苏州图书馆藏资源介绍》《读者工作》课程讲师	信息检索与利用、公共图书馆读者服务工作
张 岚	苏州图书馆馆员,中级职称。曾担任《苏州图书馆藏数字资源、信息服务概述》讲师	信息检索与利用
张路漫	苏州图书馆馆员,武汉大学信息管理学院(图书馆学硕士),中及职称。2011年7月今在苏州图书馆采编部工作	信息检索与利用
章 旭	苏州图书馆副研究馆员,2001年为苏州图书馆员工培训IlasII图书馆自动化管理系统,2009—2010年为苏州图书馆、吴中区图书馆、张家港图书馆、昆山图书馆、太仓图书馆员工培训Interlib图书馆集群自动化管理系统	公共图书馆信息技术应用
潘丽敏	吴江图书馆馆长,研究馆员	公共图书馆活动策划及宣传推广
沈继英	吴江图书馆副馆长,图情专业学士,副研究馆员	文献资源建设
沈 健	吴江图书馆副馆长,图情专业学士,中级职称。曾于2001年为吴江图书馆计算机知识培训班担任讲师	信息检索与利用
张海江	吴江图书馆,副研究馆员	公共图书馆读者服务工作

续表

讲师	个人简介	担任课程
龚广宇	昆山图书馆,图情专业学士,中级职称。曾于2001—2003年为湖南大学图书馆内部员工做计算机及信息技术培训,于2011年为昆山图书馆内部员工培训讲课	公共图书馆信息技术应用
李 倩	张家港图书馆,图情专业硕士,中级职称	文献资源建设

分析以上师资的专业背景和讲授课程,可以看到苏州基层文化从业人员职业资格认证培训的师资配置有如下两个特点。

① 师资来源"三三制"

授课教师有来自公共文化第一线的专家,也有来自高校、研究机构的专家,还有文化行政部门的管理者,体现了理论、实践和管理的有机结合。

② 师资与课程相匹配

参加培训的老师与其所教授的课程基本匹配。高校教授作为科研型教师,所教授内容一般为理论性课程,如艾立中副教授所开课程为"中华文化简史";于丽娟作为舞蹈表演一线工作人员,所教授课程为"舞蹈创作案例教程"。而公共图书馆从业培训师资教师均具有丰富的图书馆工作实践经验,所教授课程与自身专业或岗位相符合。师资与课程相匹配使得资源能得到最大程度发挥,培训对象也能够有针对性地接受与理解学习内容。

(2) 培训课程与特点

从业人员职业资格认证培训课程主要分为三大类:一是基本知识,包括党的文艺方针政策和国家、省、市有关文化方面的法律法规,中华文化简史,苏州的历史和文化,苏州文物资源状况,苏州非物质文化遗产资源和保护状况,等等。二是业务知识与技能,包括群众文化概论,非物质文化遗产保护概论,公共文化服务体系建设,文化资源的整合、共享、利用,文化站的建设与管理,群众文化活动的策划与组织,群众文化实用文体写作,等等。三是文艺创作与文艺欣赏,包括文学、音乐、舞蹈、小戏、小品、书法、美术、摄影等各文艺门类的创作与欣赏,昆曲鉴赏,歌词、主持词的创作与欣赏,等等。

表6—8分别是苏州市非物质文化遗产保护、文化馆(站)、公共图书馆从业人员职业资格认证培训的课程设置情况。

表6 苏州市非物质文化遗产保护从业人员职业资格认证培训课程内容设置

课程	任课老师与专家	课程	任课老师与专家
非遗政策法规	龚 平	昆曲(传统戏剧)保护	周 秦
民间音乐保护	沈 石	传统技艺、美术保护	李 明
非遗保护计算机应用技术	许轶璐、张岚	民俗保护	蔡利民
民间文学保护	潘君明	评弹(曲艺)保护	周明华

表7 苏州市文化馆从业人员职业资格认证培训课程内容设置

课程	任课老师与专家	课程	任课老师与专家
舞台灯光音响操作	刘逸平	非物质文化遗产保护传承与利用	王 燕
曲艺创作案例教程	金丽生	经典昆曲欣赏解析	王 宁
文物保护	陈 军	文学与歌词创作案例教程	谭亚新

续表

课程	任课老师与专家	课程	任课老师与专家
美术创作案例教程	夏维淳	小戏小品二度创作案例教程	张克勤
舞蹈创作案例教程	于丽娟	文化产业	吴敏
展览策划案例教程	怀念	中华文化简史	艾立中
活动组织与实施教程	谢宗良	书法创作案例教程	潘振元
音乐创作案例教程	谢宗良	摄影创作案例教程	吴万一
工作总结与新闻写作案例教程	杨新敏	品牌文化活动案例教程	杨新敏
文化政策与法规	赵德兴	创建国家公共文化服务体系示范区	曹俊
音乐欣赏	书法作品欣赏	小戏小品作品欣赏	舞蹈作品欣赏
曲艺作品欣赏	美术作品欣赏	摄影作品欣赏	昆曲欣赏

表8 苏州市公共图书馆从业人员持证上岗培训课程内容设置

课程	任课老师与专家	课程	任课老师与专家
公共图书馆基本原理	陆秀萍	公共图书馆读者服务工作	杜晓忠
文献资源建设	费巍	公共图书馆信息技术应用	章旭等
文献分编基础知识	卢烨	信息检索与利用	张海萍等
公共图书馆活动策划及宣传推广	杨利清	—	—

根据培训课程的大纲内容,苏州市公共文化中心组织的课程的教授内容如下表9所示。

表9 苏州市公共文化中心开设课程表

课程名称	教授教师	课程内容
深入推进国家公共文化示范区创建工作	曹俊	主要讲授公共文化服务体系构建的概念、内涵、构成要素、特征、经济价值等,创建国家公共文化示范区任务的目的以及进展状况、创建案例等内容
非物质文化遗产保护传承与利用	王燕	主要讲授非物质文化遗产的概念、特点、分类、文化价值以及相关保护工作,并对苏州市非物质文化遗产保护工作的探索与实践进行梳理与分析
活动组织与实施	谢宗良	主要讲授文化站文化活动的概念、各种内容以及活动的具体策划、组织实施的各个环节等内容
音乐创作案例	谢宗良	主要讲授音乐语言的表达方式、音乐实践、音乐创作的基本手法、优秀旋律的表现以及音乐作品赏析等内容
展览策划案例	怀念	主要讲授展览展示的历史、概念、特征、分类、构成要素、实施流程等问题
舞蹈创作案例	于丽娟	主要讲授舞蹈艺术语言、作品欣赏及其方法以及舞蹈创作的历程等内容
曲艺创作案例	金丽生	以苏州评话弹词为主题,主要讲授其起源与发展、欣赏与创作方法以及曲艺艺术创演者应具备的正确态度等内容
文物保护	潘国英	主要讲授文化遗产与文物的概念与分类,苏州古文物与古建筑的特点、历史价值与保护方法

续表

课程名称	教授教师	课程内容
中华文化简史	艾立中	主要讲授文化的概念、含义、文化的层级、形态,地位和作用以及中华文化的形成与发展等内容
摄影创作案例	吴万一	通过欣赏《苏州味道》系列作品谈作者对摄影创作的体会和思考
美术创作案例	夏维淳	主要讲授美术创作的原则、特点,群众美术创作的开展以及学习美术创作的科学方法等内容
文化政策与法规	赵德兴	主要讲授文化政策法规的指导思想以及主要内容
小戏小品二度创作案例	张克勤	主要讲授演员对节目的理解、演员的二度创作、演员要扬长避短以及演员把握舞台节奏等内容
歌词创作与文本写作案例	谭亚新	主要讲授文学艺术的特征和特性、文学作品的艺术欣赏和写作以及歌词的写作等内容
书法创作案例	潘振元	主要讲述书法艺术的内涵与魅力、书法创作时点画线条与力以及书法创作时要重视创新与气息
经典昆曲欣赏解析	王宁	主要讲授昆剧产生和发展简史、昆剧的题材特点、昆剧的艺术特点、昆剧角色行当简介以及折子戏欣赏要点等内容
舞台灯光音响技术操作	刘逸平	主要讲授舞台灯光的基本属性、主要分类、调光设备、布光、舞台音响的调试等内容
文化产业	吴敏	主要讲述文化产业的概念,苏州文化产业的现状以及苏州文化发展的对策及建议等内容
工作总结与新闻写作案例	杨新敏	主要讲授工作总结的概念、作用、分类与写作结构以及新闻写作等问题
阵地文化活动策划案例	杨新敏	主要讲授品牌文化的概念、核心、作用以及如何塑造等内容

分析以上课程设置状况可以看到如下特点:

① 内容多样性。培训内容具有多样性的特点,如文化馆从业人员的培训包括戏曲、舞蹈、演唱、表演、绘画、展览、书法、小品等内容,涵盖了群众文化生活的各个方面,而且有苏州地方特色,贴近群众生活;从课程特色上来看,静态与动态相结合,静态是指各种文学理论与专业知识的传授,动态是指舞台表演,具体操作性的知识传授。

② 知识实用性。培训内容最大的特点是教授的知识具有较强的实用性,接受过培训的文化工作者回到岗位工作可以直接利用所学的技能,如公共图书馆从业人员培训中有关于信息检索技能、文献分类等方面的基础知识,可以说,这种性质的培训可以称为一个图书馆学专业的入门培训,具有很强的实用性,使培训人员都能够"学的会、用得上、见实效"。

③ 方法直观性。培训过程中培训老师与专家采用多种教学方法,在短时间内取得了较好的培训效果,课堂教学PPT课件与讲义结合,PPT文字与图片、视频内容相结合,能够覆盖不同文化水平的人员,通俗易懂。最主要的教学方法是案例教学,通俗易懂,同时结合艺术欣赏课程以及参观学习等直观的教学方法,让参加培训的学员实实在在掌握实用的各项技能。

苏州市基层文化从业人员职业资格认证培训的时间,一般每次为期3天到1周左右,一次课程一个半小时,课程结束后结业考试。从任课教师与课程设置可以看出,这种培训形式注重的是内容的实用性与可操作性,但在专业知识与技能的系统性和理论性上则无法与大学中系统的专业教育相比。

(3) 考核形式与内容

苏州市基层文化从业人员统一培训统一考试,目前暂时采取开卷考试的形式,由苏州市人力资源与社会保障局、苏州市文广新局命题和阅卷,主要形式为由各个课程的老师与专家分别出试题形成考试题库,最后在题库中抽选试题组合成整套试卷(共 A、B、C 3 套)。这种题库化考核的形式属于标准化考试类型,由上级主管部门主持,任课老师集体出题,单个老师无法操作考试,有利于评估与鉴别培训的效果与培训人员成绩。

考试成绩根据出勤率和知识掌握程度这两项指标(权重分别为 20% 和 80%)来对考评对象进行考评,试卷总分为 100 分,60 分为取得资格证书的最低标准。从 2008 年起,苏州市基层文化从业人员资格认证开始启动,特别是在示范区创建的推动下,针对文化馆、"非遗"、图书馆从业人员开展了若干次培训活动。如文化馆从 2008 年到 2012 年 5 年间先后开展培训场次 155 场,具体分布见表 10:

表 10　2008—2012 年苏州市文化馆开展培训场次

文化馆历年活动场次
2008 年 38 场
2009 年 32 场
2010 年 29 场
2011 年 22 场
2012 年 34 场

由于考试采取开卷考试形式,其中 60 分为及格分,历次培训考试合格率均为 100%,表 11 是文化馆 2008 年、2009 年与 2010 年 3 年培训考试通过率情况。

表 11　苏州市基层文化馆从业人员持证上岗培训考试通过率情况

年份	成　　绩
2008	合格率 100%;90 分以上 38%;80 分以上 56%;70 分以上 5%;70 分以下 1%
2009	合格率 100%;90 分以上 60%;80 分以上 37%;70 分以上 3%
2010	合格率 100%;90 分以上 44%;80 分以上 48%;70 分以上 8%

以下是对"非遗"、文化馆和公共图书馆从业人员培训考试试卷的简要分析。

① 苏州市基层文化从业人员资格认证试卷分析

《苏州市基层文化从业人员资格认证》(2012)试卷题型共 3 种:选择题,每题 2 分,共 40 分;判断题,每题 2 分,共 40 分;简答题,每题 5 分,共 20 分。试卷包含了每门培训课程的内容,有对文化常识的考核,如:

文化遗产包括_____。

　　A. 自然遗产和物质遗产　　　　　　B. 物质遗产和非物质遗产
　　C. 自然遗产和非物质遗产　　　　　D. 自然遗产和人工遗产

有对文化历史知识的考核,如:

中国政府第一次自派代表,以国家身份参加的世界博览会是_____年的费城世界博览会。

　　A. 1851　　　　　　　B. 1855　　　　　　　C. 1876

也有结合理论知识对具体实践工作的考核,如:

如何借助时尚塑造品牌文化?

② 苏州公共图书馆从业人员持证上岗培训试卷分析

《苏州公共图书馆从业人员持证上岗培训》(2011)考试试卷共有6种题型：名词解释共30分，每题3分；填空题每题1分，共10分；单选题每题1分，共10分；多选题，每题2分，共20分；简答题，每题4分，共20分；论述题，每题10分，共10分。试卷题目与题型多样化，既能考察培训人员的专业基础理论知识，也能就其工作中出现的具体问题进行考核，如论述题：

读者活动开展是基层图书馆的基本业务之一，请你从自身角度出发来论述下在有限的资源和经费下，如何来尽最大努力统筹读者活动的质与量，扩大其社会效益。

下面将以2011年10月21日《苏州市公共图书馆从业人员持证上岗培训试卷》为例，分析各门课程知识在试卷中所占的权重比例。如下表12所示：

表12 2011年10月21日苏州市公共图书馆从业人员持证上岗培训试卷各门课程知识在试卷中所占的权重比例

课　程	所占分值(分)
读者工作	5
公共图书馆信息技术应用	8
公共图书馆原理	15
活动策划与宣传推广	10
文献分编	12
文献资源建设	24
信息检索与利用	26

从7门课程所占分值的分布上可以看出，该场考试中，分值所占比例最大的是《信息检索与利用》，这是操作性较强的一门课程，也是图书馆从业人员在日常工作中必须掌握的一项业务技术，但是从整体来看试卷的内容还是无法完全覆盖实际工作。

③ 非物质文化遗产保护从业人员培训试卷分析

《非物质文化遗产保护从业人员培训》(昆山，2011)试题，共有3种题型：填空题每题3分，共30分；填空题，每题3分，共30分；简答题，每题8分，共40分。试卷基本概括了课程培训的各部分内容，包括理论知识与实践知识。但单题分值较重，题量较少。试卷在简答题部分体现了结合实践工作的考察，如：

结合你所看过的一出昆剧，谈谈你对当前关于昆曲遗产保护传承工作的想法。

结合工作实际，谈谈你所在辖区内值得保护的民俗文化遗产。

从以上的试卷分析我们可以看出，试卷所出的题目及其目的主要有以下三个类型：典型试题，对从业人员固有知识和原有知识进行加强；发散型试题，对在职人员学习进行启发与引导；操作性试题，通过书面形式对原本需要实际操作的技能进行考核。无论何种题型，都需要注意将知识内容与从业人员的实际工作相联系，同时还要注意考核知识点的准确性与科学性。因此，在对培训人员进行培训之前，需要对师资进行统一培训，以提高培训的规范性。

4. 资格证书管理：建立了培训年度登记注册制

为了使文化从业人员适应多元化和多领域的时代要求，对于取得证书的人员，还应进行继续教育，也就是对从业人员取得的资格证书进行进一步的管理，苏州市建立了年度培训登记注册制。要求自取得《苏州市基层文化从业资格证书》的人员从下一年起，每年必须参加市(县)、区文化部门或上级有关部门举办的业务培训，每年培训时间不少于20课时，并将之列入本人年度学习培训记录，作为年度登记注册的依据。同时从业人员两年内须参加各级、各类继续教育和培训(含在岗、脱产培训),累计时间不少于80课时,方可登记注册。而对于工作变动后仍从事基层文化工作,当年仍继续参加业务培训并达到相应学时的,可以重新办理登记注册手续。

为减少制度实施的阻力,不致发生偏离,苏州市人力资源和社会保障局、苏州市文化广电新闻出版局专门制定相关的政策制度来指导基层部门贯彻实施,联合于2007年出台了《苏州市基层文化从业人员资格认证管理制度(试行)》(苏人办〔2007〕144号),在推进基层文化从业人员专业培训、资格考试、持证上岗、规范管理等方面取得了积极成效。在圆满完成两轮基层文化从业人员资格认证培训的基础上,又加强对基层文化从业人员和非公有文化团队的骨干及相关人员的定期培训,启动和推进图书馆、"非遗"保护等条线从业人员资格认证培训工作,逐步实施基层文化从业人员任职资格制度,推行持证上岗。实施苏州市基层文化从业人员资格证书两年一度年审、注册,明确提出各级基层文化从业人员自获得《苏州市基层文化从业资格证书》起两年内须参加各级、各类继续教育和培训(含在岗、脱产培训),累计时间不少于80课时,并将培训情况录入《资格证书》附页进行备案,作为年度继续教育注册的依据。进一步建立健全基层文化从业人员跟踪管理机制。2011年3月,苏州市人力资源和社会保障局、苏州市文化广电新闻出版局又联合印发了《关于进一步落实〈苏州市基层文化从业人员资格认证管理制度〉的意见》,在原有制度的前提下,进一步明确了实施对象,落实了培训和考评管理、证书颁发和后期考评管理监督的责任。其中,苏州市人力资源和社会保障局、苏州市文化广电新闻出版局共同负责基层文化从业人员资格认证的组织管理,包括组织报名、培训、考试、确定合格标准、注册、审核及相关管理工作。各市(县)、区人社部门和文化主管部门具体负责组织本地的申报、资格初审及两年一次的年检工作。而市人社局、市文广新局将《苏州市基层文化从业人员资格认证管理制度》的贯彻执行情况作为考核内容之一,考核结果报上级政府部门,从而确保基层文化从业人员资格认证制度落到实处。①

5. 苏州市基层文化从业人员职业资格认证激励机制分析

为了保证基层文化从业人员资格认证制度实施良性效果的产生以及制度的可持续发展,需要采取一定的激励措施切实保障制度的实施,要使《苏州市基层文化从业人员资格证书》在目前以及未来很长一段时间中作为苏州市基层文化人才职业资格的考核内容之一。从激励机制来看,主要体现在两个方面。

(1)激励机制一:专业技术职称评审的必备条件

苏州市规定,是否参加培训,通过考试取得《苏州市基层文化从业人员职业资格证书》,是已经在岗工作人员专业技术职称评审的必要条件与依据。向考试合格者颁发《苏州市基层文化从业资格证书》,作为具备上岗资质的证明,也可作为参加相应专业技术职称评审的依据。对已经取得职业资格证书的从业人员,所在单位不能无故将其调离工作岗位;对于受到撤职以上行政处分,严重违背职业道德并造成恶劣影响的,将取消其从业资格证书。这一激励措施能够鼓励目前已经在职的人员参加培训,提高业务素质。除相应的激励机制之外,还有一定的惩罚机制,也就是年度考核合格的牵制条件,在编的基层文化从业人员连续两轮未能完成在岗培训课时任务的,当年度考核不能评为称职。

(2)激励机制二:岗位初聘的先决条件

除针对已经在职的基层文化从业人员外,苏州市人社局与文广新局鼓励全社会有志于从事文化工作的人员参加培训,取得《苏州市基层文化从业人员资格证书》。是否拥有资格证书,将成为文化岗位初聘的先决条件。从2010年1月起,在全市全面实行基层文化从业人员持证上岗制度,乡

---

① 关于进一步落实《苏州市基层文化从业人员资格认证制度》的意见[EB/OL][2012-1-15]. http://www.suzhou.gov.cn/bmdw/swgxj/xxgk_1118/kjww_2192/whzccjssqk_2193/201111/t20111110_77440.shtml.

镇机构不再任命、录用未取得《苏州市基层文化从业资格证书》的人员担任乡镇文化站负责人或工作人员;乡镇、街道也不再任命、录用未取得《苏州市基层文化从业资格证书》的人员在社区和行政村负责或分管文化工作;基层文化机构向社会招聘工作人员,持有《苏州市基层文化从业人员资格证书》的,在同等条件下可以优先录用。苏州市规定对于参加培训并通过考核的从业人员颁发《苏州市基层文化从业人员资格证书》并持证上岗,同时对于取得资格证书的其他人员,纳入专业技术人员的管理范围,单位可根据工作需要报上级职称部门初定或评审相应的技术职务。对于未取得《苏州市基层文化从业人员资格证书》的从业人员,不予录用上岗。这一激励措施将促使社会上有志于从事文化工作的人员参加培训,对于提高文化从业人员的整体专业素质与知识素质具有重要意义。

（五）苏州市基层文化从业人员职业资格认证制度实施效果分析

1. 定量分析

苏州市基层文化从业人员职业资格认证制度实施效果的定量分析,是指对文化馆、非物质文化遗产以及公共图书馆行业从业人员在制度实施后业务的变化情况进行统计,如文化馆每年的文化创作活动、开展的新项目等,以及公共图书馆开展的读者活动、文献的流通情况等数据,从数据中分析制度的实施效果以及持证上岗培训项目对文化活动的影响。

表13是2011年6月后苏州市非物质文化遗产行业新增项目,与持证上岗培训项目实施之前的新变化。

表13　2011年6月后苏州市非物质文化遗产行业新增项目

项　目	变化情况
苏州市级非物质文化遗产项目	新增24项
苏州市级非物质文化遗产代表性传承人	新增54人
苏州下辖县（区）级非物质文化遗产项目	新增125项
苏州下辖县（区）级非物质文化遗产代表性传承人	新增156人
苏州全市新整理出版非物质文化遗产优秀成果	67项

表14与表15分别是2009年与2011年苏州市文化馆、文化站及文物保护基本情况,包括机构与从业人员数量、举办活动场次以及参加人数等指标。从表中可以看出,2009年苏州全市举办展览60个,组织文艺活动1640次,举办训练班378次,馆办艺术团体演出场次1007次。到了2011年,文化馆举办展览102个,组织文艺活动1653次,举办训练班396次,馆办艺术团体演出场次1 675次。很明显,2011年文化馆各个指标均比2009年有不同幅度的增加。除了文化馆以外,文化站以及文物保护单位各项指标与2009年相比也有不同程度的增加。

表14　2009年苏州市文化馆、文化站及文物保护基本情况

指标		全市	市区	常熟	张家港	昆山	吴江	太仓
文化馆								
机构数	（个）	11	6	1	1	1	1	1
从业人员	（人）	184	87	39	15	18	8	17
举办展览个数	（个）	60	33	10	2	5	4	6
组织文艺活动次数	（次）	1640	776	210	282	174	36	162

续表

指标		全市	市区	常熟	张家港	昆山	吴江	太仓
举办训练班班次		378	119	175	23	3	38	20
举办训练班培训人次	（人次）	41936	4522	35000	252	650	832	680
公共房屋建筑面积	（平方米）	43112	22529	9800	6700	2800	1283	—
#业务用房		31012	13729	8500	5000	2500	1283	—
馆办文艺团体演出场次	（场次）	1007	328	191	200	128	—	160
群众业余文艺团队	（个）	49	40	5	2	1	—	1
文化站								
机构数	（个）	95	49	10	9	11	9	7
从业人员	（人）	708	267	74	65	181	72	49
举办展览个数	（个）	656	310	55	61	65	67	98
组织文艺活动次数	（次）	6810	2133	811	1374	949	1073	470
藏书	（册）	3074625	861905	559121	335500	233293	875846	208960
举办训练班班次	（次）	2336	1590	99	33	108	87	419
举办训练班培训人次	（人次）	114850	88141	5000	1560	6335	3645	10169
公共房屋建筑面积	（平方米）	380535	142953	58673	44380	40239	66628	27662
#文化活动用房		270240	107414	39551	36048	21670	50903	14654
文物保护								
机构数	（个）	9	3	1	1	1	3	—
从业人员	（人）	66	51	5	1	7	2	—
文物藏品	（个）	10136	5377	—	—	4759	—	—
参观人次	（千人次）	116	116	—	—	—	—	—
公共房屋建筑面积	（平方米）	16631	5434	10785	116	296	—	—
#展览用房		1841	1841	—	—	—	—	—

表15 2011年文化馆、文化站及文物保护基本情况

指标	全市	市区	常熟	张家港	昆山	吴江	太仓
文化馆							
机构数(个)	12	7	1	1	1	1	1
从业人员(人)	223	96	39	45	16	10	17
举办展览个数(个)	102	69	14	6	5	2	6
组织文艺活动次数(次)	1653	705	215	250	260	48	175
举办训练班班次	396	93	173	7	6	113	4
举办训练班培训人次(人次)	58055	6355	34500	368	5000	11000	832
公用房屋建筑面积(平方米)	70731	46092	2000	7600	2593	7600	4846

续表

指标	全市	市区	常熟	张家港	昆山	吴江	太仓
#业务用房	54795	32849	2000	5000	2500	7600	4846
馆办文艺团体演出场次(场次)	1675	750	200	255	150	—	320
群众业余文艺团队(个)	408	164	15	95	13	21	100
文化站(个)							
机构数(个)	99	53	10	9	11	9	7
从业人员(个)	740	295	77	53	189	80	46
举办展览个数(个)	664	322	48	36	112	82	64
组织文艺活动次数(次)	5272	2351	506	640	698	587	490
藏书(册)	2373709	670456	424984	326104	285137	560343	106685
举办训练班班次(次)	2235	1148	354	136	263	153	181
举办训练班培训人次(人次)	143419	89133	11960	23383	7877	7100	3966
公用房屋建筑面积(平方米)	309970	130887	36153	44641	46509	27689	24091
#文化活动用房	226165	91307	33733	41334	17989	24750	17052
村(社区)文化室个数(个)	831	409	86	87	144	53	52
文物保护							
机构数(个)	9	3	1	1	1	3	—
从业人员(个)	70	52	6	3	7	2	—
文物藏品(件)	10161	5393	1	8	4759	—	—
参观人次(千人次)	155	155	—	—	—	—	—
公用房屋建筑面积(平方米)	15837	4640	10785	116	296	—	—
#展览用房	1841	1841	—	—	—	—	—

表16与表17分别是2009年与2011年苏州市公共图书馆的基本情况,其中2009年共计发放借书证466034个,2011年则是1023933个;2009年,书刊外借册次是5786582册次,2011年是6764076册次;2009年为读者举办各种活动949次,2011年这一数据是1343次,业务数据有大幅度增加。

表16 2009年苏州市公共图书馆基本情况

指标		全市	市区	常熟	张家港	昆山	吴江	太仓
公共图书馆								
机构数	(个)	11	6	1	1	1	1	1
从业人员	(人)	527	246	51	72	77	57	24
总藏量	(册、件)	7136179	2972985	1532602	667800	630000	1013792	319000
#图书		5828046	1903946	1460847	618000	555000	994453	295800
#古籍		564111	284314	205065	130	130	72839	1633

续表

指标		全市	市区	常熟	张家港	昆山	吴江	太仓
报刊		371360	189698	66915	34000	62000	12007	6740
累计发放有效借书证数	（个）	466034	164306	63828	52800	138000	42000	5100
书刊文献外借人次	（人次）	3236233	1586050	315488	341695	500000	300000	193000
书刊文献外借册次	（册次）	5786582	2003975	1608147	492460	1040000	430000	212000
为读者举办各种活动	（次）	949	279	347	88	74	138	23
参加人数	（人次）	322165	58423	94711	14600	42120	96571	15740
公共房屋建筑面积	（平方米）	146124	73146	12128	25250	18600	14000	3000
#书库		16581	8165	2191	4200	250	775	1000
阅览室		30394	12203	3045	6200	4000	3446	1500
阅览室座席数	（个）	5983	2718	356	1620	308	921	60
#少儿阅览室座席数		1678	859	200	398	83	98	40

表17　2011年苏州市公共图书馆基本情况

指标	全市	市区	常熟	张家港	昆山	吴江	太仓
机构数(个)	12	7	1	1	1	1	1
从业人员(人)	667	339	47	75	75	61	70
总藏量(册、件)	12189039	6767296	1635767	910044	1105817	1185041	585074
图书	7665738	2869658	1356311	833565	1084328	1033197	488679
古籍	454590	174793	205065	130	130	72839	1633
报刊	422497	267219	69451	50899	8359	15500	11069
累计发放有效借书证数(个)	1023933	556098	124250	71090	180000	67628	24867
书刊文献外借人次(人次)	2508174	592261	353963	295803	643265	430000	192882
书刊文献外借册次(册次)	6764076	2763332	773568	1533594	692852	600000	400730
为读者举办各种活动(次)	1343	556	431	91	101	138	26
参加人数(人次)	565619	114557	99031	12328	97500	207393	34810
公用房屋建筑面积(平方米)	153002	61059	12128	25250	18600	16000	19965
书库	17131	9415	2191	4200	250	775	300
阅览室	37752	15184	3045	6200	4000	3446	5877
阅览室座席数(个)	7717	3980	356	1620	397	921	443
少儿阅览室座席数	1843	965	200	398	83	98	99

注：表14－17数据来源为《苏州统计年鉴》2010—2012年卷。

苏州市基层人员资格认证制度项目实施中的课程设计里面有专门针对文化馆、文化站、公共图书馆举办艺术展览、群众活动、演出、表演、读者服务等设计的实践性较强的课程，我们从上面2009年与2011年不同的数据表中可以看出，2011年的各项指标都较2009年有较大幅度的增加，可以说明，项目实施带来的文化从业人员素质的提升为基层文化活动的开展和为群众更好地提供文化服务提供了保障。

2. 定性分析

(1) 提高了基层文化从业人员的服务效能

推进公共文化服务建设关键是靠文化从业人员队伍建设,因为大多数文化活动及服务都是通过基层文化从业人员策划组织的,从业人员的组织协调能力和文化素养很大程度上决定了文化产品的质量。文化从业人员素质参差不齐,必然会影响公共文化服务体系建设。苏州市聘请省、市文化造诣深厚的专家、学者和文化工作者对文化从业人员从理论和实践两方面进行授课,完善了文化从业人员的知识体系,提高了文化从业人员的综合素质,促进了文化从业人员从"单一文化人才"向"多元文化人才转变"。当课题组成员与学员交流培训感受时,大多学员们认为系统的培训对自己以后的工作大有帮助,在实践中提高了服务效能。

(2) 推动了基层文化从业人员职业共同体的形成与职业认同感的增强

苏州文化从业人员职业资格认证对象几乎涵盖了所有从业人员,对其统一培训统一认证,有助于形成文化从业人员共同体。虽然,文化从业人员的职业性质不像我国其他职业那么特殊,如律师是为了维护司法的公正、法律的庄严,所以要求具备"高等院校法律专业本科以上学历,或者高等院校其他专业本科以上学历、具有法律专业知识"者可以参加国家司法考试,但文化从业人员也有自己独特的思维方式、组织能力以及处事原则。如图书馆工作人员的知识素养不仅仅是了解文献的整理和查找,还应具备数据维护和基本研究的能力。文化从业人员要在一起交流,必须承认一些先验的理论和原则,遵守一定的精神,否则无法进行有效的沟通。苏州文化从业人员大多是具备丰富的实务经验却没有系统理论素养的老群文工作者,而文化基层部门的"新鲜血液"即高校毕业的年轻人虽然具备一定的理论素养,容易接受新鲜事物,但缺乏工作实践经验,所以老文化工作者和年轻的工作者在工作中很难进行良性互动。对其进行统一培训则架起了他们之间沟通的桥梁,以形成共同体并相互尊重。

当今社会中医生与律师的职业地位已经得到公认,二者都具有严格的职业认证制度与程序。苏州市基层文化从业人员资格认证项目的开展与实施,《苏州市基层文化从业人员资格证书》的办法以及苏州市人社局与文广新局一系列相关促进措施的颁布与实施,有利于在全社会的层面提高文化从业者的职业地位与职业排他性,提高文化岗位的准入门槛,进而增强全体工作人员的职业认同感,提升职业价值。

(3) 形成了基层文化从业人员职业资格认证"苏州模式"的雏形

韦伯的社会分层"三位一体"理论认为,社会分层的三个标准——金钱,权力和声望在一定的情境下是相互强化的,存在着密切联系。而我们都知道,在我国现有的行政、事业单位,"职称"作为权力、声望和金钱的载体,就自然成为员工实现社会分层和流动的重要砝码。因为苏州文化从业人员职业资格认证在国内还是首创,没有相关的可借鉴经验,在基层文化部门内部认可度也不高,所以为了提高文化从业人员参与认证的积极性,苏州在文化从业人员职业资格认证激励机制上做出了重要探索:只有取得《苏州市基层文化从业人员资格证书》的从业人员,公共文化单位方可录用上岗。对于在编的基层文化从业人员,参与培训获得认证和注册情况将作为以后评定中级职称的重要依据,而连续两轮未能完成在岗培训课时任务的,当年度考核不能评为称职。虽然在认证过程中这些激励措施在强度上还不够,但这是走出的第一步,形成了文化行业职业资格认证的"苏州模式"雏形,为以后文化从业人员资格认证制度的进一步完善奠定了基础。

(六) 苏州基层文化从业人员职业资格认证存在的主要问题

1. 培训缺乏层次区分

苏州市基层文化从业人员职业资格认证项目五年来的培训基本上是从业人员的在职培训,可以看出,培训人员没有进行层次和程度的区分,刚入职的从业人员与已经工作若干年的人员均参加统一培训,没有区分。培训不分年龄、性别、从业经验,也没有与从业人员的专业背景相结合,如公共图书馆从业人员中,如果有图书情报专业背景则不需要参加培训。在课程体系的设置上,缺乏分层分类,将不同行业、不同业务的人员分开进行培训。课程的设置由于缺乏一个具体可行的操作系统,所以目前大多从工作实用性出发,根据文化从业人员所在岗位所需知识进行培训。未来培训课程方面可以尝试借鉴专业教育机构的相关课程设置,在保证实用性与可操作性的基础上,进一步理论化与系统化。

2. 制度要素尚待完善

(1) 师资力量不足

培训师资力量不足,培训老师本身也没有进行统一的培训,来自不同机构与单位的授课老师如一线工作人员与高校科研人员的结构还需要根据培训目的与培训效果进行调整,尤其是对于培训教师与开设的课程内容是否完全匹配也需要进一步探讨,以形成课程性质与师资的配套:实务性——一线教员,理论性——大学教授。另外,教学方法也需要改进,尤其是操作性、实务性较强的课程的教学。目前大部分的授课老师与专家来自实践领域或是高等院校,这将导致偏重理论知识或是专业方向性太强,善于培训辅导的理论性太强,而实践经验丰富的资深文化工作者的授课能力又不足,师资力量呈现两极化的特征;且培训基层公共文化工作组织、管理、协调等方面知识和能力的师资力量也相对薄弱。

(2) 教材建设滞后

与培训课程设置不够完善一样的是,目前尚缺乏具有现实指导意义的、规范通行的教材。培训人员所使用的是授课老师自编的讲义与课件,尤其是涉及专业方向庞杂的文化馆条线和"非遗"条线。目前公共图书馆方面已有苏州图书馆原馆长邱冠华出版的《公共图书馆管理实务》(2013年1月)可以作为基层图书馆从业人员未来培训的参考教材。由于缺乏教材,学员只能在课上听授课教师讲解做笔记,而由于课时有限,学员通过培训了解到的可能只是整个文化系统中的一部分,而对教师尚未教授的内容则无法进行系统的学习。系统而稳定的教材的缺乏,以及适合本地情况的特色参考、辅助教材、案例等的不足,将直接影响职业资格认证制度化与常规化的形成。

由于文化从业人员职业资格认证尚局限于公共文化服务部门内部,没有与高等教育和职业技术教育等其他相关部门共同认证,所以证书等级只能通过考试将其分为合格和不合格两种,在激励从业人员在其岗位上发挥更大的潜能方面作用还有限。

(3) 考评方式单一

对于文化从业人员资格认证的考评,苏州市采用单一的试卷考评方法,而且是开卷考试的形式,这种方法存在一定的缺陷,对于不同年龄、不同学历、不同职业背景的从业人员采用同一种考评方式,在考评过程中难免会出现误差大、效果不理想的问题。如结合"文化从业"这一岗位性质,很多文化从业能力指标如文化创新能力、活动策划能力、与群众沟通能力等并不能通过考试很好地表现出来。卷面考试的形式很难把操作性、实践表演的内容考察出来,这也将会直接影响培训的效果与将来的实际工作。对于实践性的问题与知识如何进行考核是未来制度完善需要考虑的重要问题之一。

总的来说,目前的考试基本还是从理论上对培训人员进行考核,培训的效果与成绩基本由一张试卷所决定,且考试形式为开卷考试,尽管题库中的试题已尽量覆盖理论与实践知识,仍较难客观考察培训人员实际运用掌握培训技能的程度,如舞蹈与戏剧表演、公共图书馆活动策划、信息检索等技能。《苏州市基层文化从业人员资格认证》试卷题型较为单一,客观题大大多于主观题。一般来说,成人在职考试要具有开放性、思考性、操作性,至于学到的技能能否应用,目前的开卷考试形式很难达到这一标准,这就使得考试内容与实际工作内容关联不大,培训效果打了折扣,也使考试与培训目标相脱节。未来需要考虑的是考试形式多样化,既有卷面考试,同时增加对实际操作的考核。另外,考试结果通过率为100%,人人都过关不合理,它直接关系到试题科学性与合理性。

3. 激励力度不够

目前的激励机制尚未解决基层文化行业准入的问题,当然这是由目前最大的瓶颈障碍——体制所决定的。另外,现有政策下资格认证解决的是岗位初聘以及中级以下人员职称评定问题,中级以上的激励问题怎么解决值得进一步思考。

目前,现行行政管理体制和文化工作的行业特点使资格认证制度无法上升为职业准入制度。基层文化从业人员主要由当地政府聘用,加之文化工作尚无全社会通用的职业资格标准,因此即便在实施资格认证制度后,人社和文化主管部门对基层文化从业人员的聘用和调整并没有实质性的决定权。在目前的行政管理体制下,对于基层文化从业人员,只能停留在资格认证制度上,而不可能上升为"准入"制度。

4. 档案资料的数据库建设不足

对于已取得证书的从业人员评估和注册管理,只是规定参加各级各类培训,继续教育不少于80课时,但对于如何进行80课时的培训课时认证和评估,尚未有制度化的标准化体系建设。为实现长效管理和规范管理,基层文化从业人员台账档案资料还要进一步完善,建立相关的数据库。档案资料和数据库的建设需要跟上实际培训的进度,作为将来从业人员职业生涯发展的重要资料保障与参考依据。

(七)完善苏州基层文化从业人员职业资格认证制度的对策和建议

与发达国家相比,针对以上提出的若干问题,在现有体制下,为了进一步完善苏州基层文化从业人员职业资格认证制度,使之真正成为职业准入以及职业晋升的保障与条件,需要从以下几个方面考虑。

1. 党委政府加强重视

苏州基层文化从业人员职业资格认证制度的顺利实施与当地党委、政府的重视支持是分不开的。各级党委政府除进一步加大制度实施的宣传外,在实施过程中应尽量保证人、财、物资源的到位,避免缺位。此外,制度的激励机制更需要各级党委政府的制度和政策保证与支持。

2. 强化顶层设计

从国际视野来观察,苏州基层文化从业人员职业资格认证制度属于"日韩模式",即以政府主导的"统一考试"作为职业准入和晋升的依据。国际经验表明,认证制度的生命力和影响力取决于认证制度在就业和晋升中所发挥的实质性作用。就业和晋升与认证结果紧密挂钩,必然促进认证制度走向持续发展的良性循环;相反,如果认证制度游离于就业和晋升之外,认证制度必然难以为继。在我国,目前存在着人才使用单位与人才进入审批脱节的现象,文化行政主管部门在文化专业人才的准入上话语权不足,也还存在着专业资格认证与职业晋升脱节、公共文化机构"行政化"的倾向。因此,苏州基层文化从业人员职业资格认证制度的可持续发展,需要在顶层做好认证制度与职业准入、职业晋升的有效衔接。要突破现有的文化、人事等行政主管部门"铁路警察各管一段"的体制藩篱,设计全市统一的以基层文化从业人员职业资格认证为通道的职业准入和职业晋升机制,同时不断完善职业资格认证的实现方式,形成高等教育系统专业教育、职业资格认证统一考试、事业单位录用考试专业化相结合的职业资格认证格局。

3. 完善制度要素

(1)统一管理,优化师资

从微观来看,目前完善苏州基层文化从业人员职业资格认证制度短期可以做到的第一方面是统一管理,优化师资。主要针对培训内容的特色,增强师资力量,同时对培训教师或科研人员进行统一的培训;调整来自不同单位的人员,如一线工作人员、资深研究人员以及高校老师的师资结构,使得培训教师的研究领域或者所从事的领域能够与开设的课程内容完全匹配。另外,制度的完善还需要师资的长期相对稳定,也就是说培训内容需要相对稳定与定时更新。

(2) 完善教材,实现培训课程体系化

在基层文化从业人员职业资格认证培训过程中,由于没有统一的教材,授课老师只能根据自己专长和工作经历,参考一些理论书籍制作 PPT、编写教案。培训对象只能采用记笔记的方式和简要的培训大纲来记录自己的培训历程。这种培训教案的系统性与整体性的缺乏,使得培训人员获得的知识有限;在后期的培训注册过程中,由于师资变换,后期授课老师对前期培训内容不了解,可能会出现授课内容重复或是不衔接的现象。因此制度的完善迫切需要培训课程内容稳定,教材系统化、体系化,并长期延续下去。可以考虑由文化部门统一制定基层文化从业人员培训教材,经过专家们研讨认证,将文化馆、图书馆、非物质文化遗产保护等文化部门通用的知识体系进行整合,再将各部门特有的知识进行分类,形成知识体系,成为文化从业人员培训通用教材。这样,不同文化部门的文化从业人员可以实现某些课程共同培训,这既可以节约资源,也能提高效率。

(3) 改进考核形式,理论与实践相结合

目前的培训考核形式存在很大问题,就试题本身来看,题目缺乏开放性、思考性与操作性,无法考查从业人员的实践技能与技术应用,且目前的开卷考试形式更难达到这一目的,这就使得考试内容与实际工作内容关联不大,培训效果大打折扣,也使考试与培训目标相脱节。将来制度完善需要考虑的是考试形式多样化,既有卷面考试,同时增加对实际操作的考核,试卷试题无论是开卷还是闭卷都能够体现出对问题的深度思考以及从业人员自身工作实践经验的积累。

(4) 认证结果作为文化事业单位招聘的必备条件,提高认证制度的社会认可度

目前,苏州的公益性文化事业单位人员招聘已全部实行了公开招考制度。将苏州市基层文化从业人员职业资格认证结果作为文化馆、文化站、公共图书馆、非物质文化遗产保护等单位人员录用的必备条件,要求报考人员必须具有《苏州市文化从业人员资格证》,这是目前可以做到的,并且可以迅速提升职业资格认证社会认可程度,也是保证录用人员基本专业水平的有效方法。

每年的事业编制招考都会吸引众多的人参与,如 2012 年苏州事业单位共招募 458 人,超过 6000 人报名。[1] 如果实行将职业资格认证结果作为报考必备条件的措施,不仅宣传了文化从业人员职业资格认证制度,让更多的人去了解它,也在某种程度上强化了文化从业人员共同体,提高了文化从业人员的声望。

(5) 建立职业资格认证与大学专业教育相结合的准入机制

职业资格认证包括职业准入的认证与晋升的认证两个方面。在准入层面,目前应该走职业资格认证培训与大学专业教育相结合的道路,以实现职业资格认证社会成本的最小化。具体来说,将职业准入层面的资格认证与现有的大学专业教育相结合,建立大学相关专业、专业硕士毕业生进入不同层级公共文化单位的"直通"通道,不仅可以体现职业资格认证的社会化,节约职业资格认证的社会成本,同时也符合职业资格认证的国际惯例。

4. 建立切实可行的质量控制制度

质量是资格证书的生命力所在,严格的质量控制是完善的资格认证制度的最重要特征之一。苏州首创了文化从业人员资格认证制度。为保障该制度的切实实施,自 2007 年以来,苏州市人力

---

[1] 2012 年苏州市市属事业单位招聘 6000 人报名[EB/OL]. http://www.yjbys.com/sydwzp/4171813.html,2012 - 01 - 16.

资源和社会保障局、苏州市文化广电新闻出版局等相关部门曾先后制定并颁发了《苏州市基层文化从业人员资格认证管理制度(试行)》(苏人办〔2007〕144号),《关于进一步落实〈苏州市基层文化从业人员资格认证制度〉的意见》《关于开展〈苏州市基层文化从业人员资格证书〉两年一度年审、注册工作的通知》《关于进一步落实〈苏州市基层文化从业人员资格认证管理制度〉的意见》等,这些文件对于推进基层文化从业人员职业资格认证制度的步伐、保证认证的质量起了一定的作用。但是,由于这些文件只是停留在一些建议和意见的层面,不具备一定的法律效应,对于一些人员的调整和任用没有实质的决定权,所以基层文化从业人员职业资格认证制度无法升为准入制度。

总结英、德、韩等国的职业资格认证经验,我们发现这些国家都有一定的法律章程保障实施,如英国,由专门机构负责职业资格质量保障,制定专项的文件或规定并将其纳入相关的法律,建立了一整套质量控制体系,从标准制定,到考核组织实施,到考评人员管理都有严格的制度和章程,从而保证了国家职业资格的质量得到有效控制。虽然我国的文化从业人员资格认证制度尚处于起步阶段,不像律师资格证、注册会计师证发展得那么成熟,并有相关的行政法规和财政法规来保障实施,但我们可以此为目标,建立一整套质量控制体系,涵盖标准制定、认证组织部门以及严格的制度和章程等,推动资格认证制度逐步发展成为职业准入制度。

5. 完善后期评估注册管理制度,建立统一数据库

在对于已取得证书的基层文化从业人员的评估和注册管理中,规定参与各级各类培训的继续教育不少于80课时,但对于课时怎么计算,何种培训可以计入培训课时,取得培训课时的标准依据,从业人员培训台账档案资料如何记录,在后期管理制度中都没有具体涉及,这不仅会影响后期评估和管理的功能,还会影响从业人员资格认证制度的进一步实施。

在长效管理方面,可以借鉴韩国的"学分银行制"。1997年,韩国颁布了《学分认延法》。学分银行制是指学生将在不同教育机构的教育经历或取得的资格证书按照一定标准折算成学分积累起来,达到一定分数可申请学位。学分银行制的适用对象既包括在高校中取得的学分,也包括在学分认证对象学校和开设学分认证科目的教育培训机构里取得的学分,另外自考考试合格和国家技术资格考试合格都可以兑换学分。苏州市基层文化从业人员职业资格认证可尝试建立类似于"学分银行"的学时标准,根据培训的内容和培训级别、培训时间等指标建立课时计算标准,并对培训课时建立统一的联网数据库,做到每个基层文化从业人员的课时记录都公正、公开、透明。

二、国内外文化行业实施资格认证制度调研报告

(一)国内公共文化行业实施职业资格制度概况

1. 国家职业资格证书制度

国家职业资格证书制度是我国劳动就业制度的一项重要内容,也是一种特殊形式的国家考试制度。它是指按照国家制定的职业技能标准或任职资格条件,通过政府认定的考核鉴定机构对劳动者的技能水平或职业资格进行客观公正、科学规范的评价和鉴定,对合格者授予相应的职业资格证书。[①]

国家职业资格证书分为五个等级,即初级(国家职业资格五级)、中级(国家职业资格四级)、高级(国家职业资格三级)、技师(国家职业资格二级)、高级技师(国家职业资格一级)。

国家职业资格证书是劳动者求职、任职、开业的资格凭证,是用人单位招聘、录用劳动者的主要依据,也是境外就业、对外劳务合作人员办理技能公证的有效证件。已经从事相关职业的人员或准

---

① 参见文件:《关于印发职业资格证书制度暂行办法(人职发〔1995〕6号)》.

备从事该职业的人员,要按照职业技能鉴定的有关政策,根据自身的需求,以自愿为原则参加相应职业的培训和资格认证。

国家职业资格全国统一鉴定工作,根据职业技能鉴定工作"社会效益第一、质量第一"的宗旨,采取统一标准、统一教材、统一命题、统一考务管理和统一证书核发的原则,在全国范围内由劳动保障部门统一组织进行。其中,文化行业的职业技能鉴定是由文化部相关司局单位负责组织实施。①

根据《文化行业特有工种职业技能鉴定实施办法(试行)》,由文化部人事司负责综合管理和指导文化行业特有工种职业技能鉴定工作。其主要职责是:统筹规划文化行业职业技能鉴定工作(包括职业技能鉴定站的布局等),并制定有关政策、规定和办法;对文化行业特有工种职业技能鉴定工作进行管理并监督检查;负责组建和管理文化部职业技能鉴定指导中心;审核文化行业特有工种职业技能鉴定站,在报经劳动和社会保障部(现为人力资源和社会保障部)批准后,颁发全国统一的《职业技能鉴定许可证》和标牌;负责文化行业特有工种职业技能鉴定考评员的综合管理和资格审核,在报经劳动和社会保障部(现为人力资源和社会保障部)核准后,颁发考评员资格证卡;负责审核文化行业特有工种职业技能鉴定试题库,在报劳动和社会保障部批准后实施;负责文化行业特有工种《职业资格证书》的核发和管理工作;负责文化行业特有工种职业技能鉴定站的检查、评估工作。

文化部职业技能鉴定指导中心的主要职责是:组织实施文化行业特有工种职业技能鉴定工作;负责制定文化行业特有工种职业技能鉴定站建站条件和资格审查工作;组织制定文化行业特有工种职业技能标准、鉴定规范,组织编写培训大纲和教材,并组建相应的试题库;制定文化行业特有工种职业技能鉴定考评员的资格要求,并负责组织资格培训和考核;指导文化行业特有工种职业技能鉴定站开展工作;组织实施和管理技师、高级技师资格考评工作;开展职业技能鉴定及有关问题的研究与咨询服务;组织推动文化行业职业技能竞赛活动;承担劳动保障部门委托的有关职业技能鉴定工作。

职业技能鉴定站是承担文化行业特有工种职业技能鉴定的执行机构,其设立应具备以下条件:具有熟悉所鉴定工种(职业)的业务知识和组织实施能力的领导干部;具有与所鉴定工种(职业)及其等级、类别相适应的考核场地和设备设施;具有与所鉴定工种(职业)及其等级、类别相适应并符合国家标准的检测仪器;有合理数量的专(兼)职组织管理人员和鉴定考评人员;有完善的管理制度和办法。目前,除了文化部职业技能鉴定指导中心(与文化部文化艺术人才中心为一个机构两块牌子)负责组织实施文化行业职业技能鉴定工作,负责各地鉴定机构的业务指导和监督管理工作之外,全国各地的文化行业特有工种职业技能鉴定站主要有:上海市文化广播影视管理局人才培训交流中心、辽宁省文化艺术人才交流中心、浙江艺术职业学院、云南文化艺术中心、广西壮族自治区群众艺术馆、新疆文化艺术学校、湖南省群众艺术馆、吉林省艺术研究院、重庆市文化艺术研究院、甘肃文化艺术研究所、安徽艺术职业学院、河南艺术职业学院和湖北艺术职业学院。②

文化行业职业资格定点培训机构由文化部文化艺术人才中心负责组建,面向全国各类院校毕业生、文化企事业单位、文化社会团体从业人员,以促进就业、提高文化行业从业人员的职业技能为主要目的,提供专业技能培训等相关业务。文化艺术人才中心与培训机构为协议合作关系,双方权利义务通过协商确定。文化艺术人才中心主要职责有:负责组织管理文化行业职业资格定点培训工作;负责制定文化行业职业资格定点培训机构申报条件和资格审查工作;组织制定文化行业职业

---

① 参见文件:《关于同意成立文化部职业技能鉴定指导中心和印发〈文化行业特有工种职业技能鉴定实施办法(试行)〉的函(劳社部函〔2002〕3号)》。

② http://www.ccatmc.com.cn/whb/cms/jnjd/jdz/cy/jnjd-jdz-cy03.html。

资格培训教材、大纲;指导和监督文化行业职业资格定点培训机构开展工作;开展文化行业职业资格定点培训工作相关问题的研究和咨询服务。定点培训机构主要职责有:负责本行政辖区内的招生和安排教学计划;提供培训场地、办公用房及教学设备;负责聘用教师;保障经费,遵规守法并独立承担相应的经济责任和法律责任;协助本辖区内文化行业职业技能鉴定站组织考生鉴定工作;接受人才中心的业务指导和监督。目前,定点培训机构主要有:北京现代艺术研修学院、吉林省群众艺术馆、上海文广影视职业培训学校、湖北艺术职业学院、安徽艺术职业学院、浙江艺术职业学院、辽宁艺术职业学院、辽宁省图书馆、辽宁芭蕾舞团、云南文化艺术职业学院、广西艺术学校、西北民族大学音乐舞蹈学院、西南大学、重庆师范大学音乐学院、重庆市沙坪坝区鸣声文化艺术教育培训学校、湖南省文化艺术干部学校、河南艺术职业学院、重庆大学美视电影学院、西北师范大学、国家话剧院培训基地、演艺设备协会和国图培训中心。①

目前,文化行业的特有职业(工种)共包括33种②:

1. 文学艺术工作人员[2—10(GBM2—5)](只限于文化行业内部鉴定)

(1) 剧作家(2—10—01—03)

(2) 作曲家(2—10—01—04)

(3) 词作家(2—10—01—05)

(4) 戏剧导演(2—10—02—02)

(5) 舞蹈编导(2—10—02—03)

(6) 音乐指挥(2—10—02—04)

(7) 电影电视演员(2—10—03—01)

(8) 戏剧演员(2—10—03—02)

(9) 舞蹈演员(2—10—03—03)

(10) 曲艺演员(2—10—03—04)

(11) 杂技魔术演员(2—10—03—05)

(12) 歌唱演员(2—10—03—06)

(13) 皮影戏演员(2—10—03—07)

(14) 木偶戏演员(2—10—03—08)

(15) 民族乐器演奏员(2—10—04—01)

(16) 外国器乐演奏员(2—10—04—02)

(17) 其他乐器演奏员(2—10—04—99)

(18) 照明师(2—10—05—04)

(19) 美工师(2—10—05—07)

(20) 化妆师(2—10—05—08)

(21) 置景师(2—10—05—09)

(22) 道具师(2—10—05—10)

(23) 舞台监督(2—10—05—12)

(24) 画家(2—10—06—01)

(25) 篆刻家(2—10—06—02)

(26) 书法家(2—10—06—04)

---

① http://www.ccatmc.com.cn/whb/cms/jnjd/px/cy/jnjd-px-cy.html.

② 参见:中国文化人才网 http://www.ccatmc.com.cn/whb/cms/jnjd/ks/zl/jnjd_ks007.html.

2. 新闻出版、文化工作人员[2—12(GBM2—7)]
(27) 图书资料业务人员 (2—12—06—01)
(28) 缩微摄影人员 (2—12—06—03)
(29) 考古工作者 (2—12—07—01)
(30) 文物鉴定和保管人员 (2—12—07—02)
(31) 文物保护专业人员 (2—12—07—03)
3. 工艺、美术作品制作人员[6—21(GBM8—6)](只限于文化行业内部鉴定)
(32) 装裱工 (6—21—08—05)
4. 新增职业：社会文化指导师

如社会文化指导员(X4—07—01—07)的职业描述：在群众性文化活动中从事文化艺术传授、文艺表演和创作指导；整理、研究和开发民间文化艺术的人员。从事的工作主要包括：对社会文化活动进行咨询与指导；对社会文化活动进行专业能力辅导；策划、组织、排练各类演出；策划和实施群众性文化活动；管理和使用社会文化活动所需要的场地、设备、器材、服装、道具等；抢救、保护和开发利用民族民间文化艺术遗产。

2. 文化部基层文化队伍培训制度

培养一支高素质的基层文化队伍，是加强基层公共文化服务体系建设的重要内容，是满足人民群众基本文化需求、促进基本公共文化服务均等化的重要保证，是推动公共文化服务向广覆盖、高效能转变的重要途径，也是兴起社会主义文化建设新高潮、推动文化大发展大繁荣的必然要求。

为此，文化部于2010年10月下发了《文化部关于开展全国基层文化队伍培训工作的意见（文社文发〔2010〕33号）》的文件，计划用5年时间对现有24.27万县乡专职文化队伍和366.85万左右的业余文化队伍(包括业余文艺骨干、村/社区文化活动室工作人员等)进行系统培训，使专兼职结合的基层文化队伍素质显著提高，公共文化服务能力明显增强；逐步建立基层文化队伍培训长效机制，建立健全覆盖全国的基层文化队伍培训网络，建立网络远程培训服务平台，编辑出版基层公共文化服务系列教材，培养一支稳定的高素质的师资队伍，推动培训工作科学化、系统化、常态化；培训工作与深化公益性文化事业单位人事制度改革相结合，推进基层文化队伍培训规范化建设，实行培训合格持证上岗制度，加强岗位管理，逐步提高公共文化队伍整体素质。

为了有效实施开展大规模的培训工作，文化部建立了分级负责、分类实施的培训组织体系。由文化部负责指导各地培训工作、组织教材编写、建设远程培训平台、制作考试题库、培养省级师资、举办示范性培训，由各级文化行政部门负责组织实施基层文化队伍培训工作：省级、地市级文化行政部门负责组织培训县、乡级专业文化队伍；县级文化行政部门负责组织培训业余文化队伍。全国各地落实文化部的文件精神，在基层文化队伍培训过程中不断创新培训制度与方式。

(1) 北京市延庆县村级专职文化资源管理员

针对文化益民工程在实施过程中存在着专职文化工作管理和技术人员短缺、农村文化设施利用率低、文化工作浮于表面化等问题，延庆县为每个行政村配备一名有文化、有文艺特长、会组织活动、会用计算机、会做群众工作的文化管理员，建立并完善长效管理、监督机制，使农村文化阵地形成环境安全整洁、开放正常有序、活动积极健康的发展态势，实现"文化资源整合、文化功能完善、文化管理规范"的目标。为建好村级专职文化资源管理员队伍，延庆县还精心组织建立了由延庆县政府牵头，县文委、县财政局、县人力社保局协调保障的领导小组，制定了《延庆县村级专职文化资源管理员管理办法（试行）》，对工作过程中违反程序、疏于管理、营私舞弊、造成不良影响的，将追究当事人责任，严重的给予辞退、解聘处理。对年度考评优秀的管理员，给予通报表扬或物质奖励。

在延庆，作为文化资源管理员的指导机构，乡镇文化站负责农村文化信息资源整合与共享工作的指导和服务,以及管理员的业务培训。乡镇政府采取集中培训、以工代训和工作例会等形式对文化资源管理员进行经常性的教育培训,从政治理论到操作技能一应俱全。从大型活动的策划到具体的业务,通过专业化的指导,文化管理员对即将开展的工作进行了全方位预热。

2011年11月25日,北京市延庆县包括183名村级专职文化资源管理员在内的300余名文化资源管理员,在当地乡镇文化站站长的带领下进行系统的培训,并在历经一个多月的层层考核选拔之后,于12月1日起正式持证上岗。① 2011年全年,延庆县投资400万元,在376个行政村每村配备一名专职文化资源管理员。延庆也成为全市首个实现专职文化资源管理员全覆盖的区县。

以延庆县大榆树镇为例,2009年,该镇大力开展"村级专职文化资源管理员"队伍建设工作。村级专职文化资源管理员目前承担的主要工作包括:第一,益民书屋的日常管理以及图书流动。全镇的益民书屋实施了统一的规范化管理,建立了图书流动制度,各村定期把少儿、科技等6类图书流动互换。第二,电子设备的使用、管理与维护。全镇设一名技术顾问,帮助各村文化资源管理员解决使用和维护中的疑难问题。第三,利用文化资源开展服务。利用现有的文化资源和设备,拓展服务领域,丰富服务内容,发挥资源和设备的作用。第四,组织群众文化活动。围绕镇村中心工作,发挥管理员各自特长,组建村级群众文化团队,组织开展村级群众文化活动。如组建"农民合唱队""舞狮队""腰鼓队""秧歌队"等,开展"争做文明延庆人"、迎庆传统节日活动,举办农民运动会,等等。

在具体做法上有以下几个方面:

招聘。大榆树镇在全镇范围内公开招聘。镇党委发布《关于公开选拔村级专职文化资源管理员的实施意见》。招聘程序包括:考试辅导、笔试、面试、录用。2010年首次招聘录用25人,每个行政村配备1名专职文化资源管理员。

培训。通过请专家授课、岗位技能操作实践、相互交流等多种形式,对录用人员进行村级文化活动的主要内容、现有文化资源概况、设备的使用和维护技术等方面的业务培训。

管理。镇政府印发《大榆树镇村级专职文化资源管理员管理办法》,配套制定了13项管理制度(如"文化资源管理员考勤制度""文化资源管理员工作情况月报表"等),建立了11项日常工作记录制度(如"益民书屋借阅记录""数字影厅电影播放情况记录"等),创建了全镇益民书屋(图书馆)的标准化管理规程,使日常管理有据可依。

考核。镇政府印发《大榆树镇村级专职文化管理员考核细则》,每季度安排专人进村对文化资源管理员考核一次,年终进行全年综合考评。

补贴与激励。目前包括三部分:基础补贴:每人每月300元。绩效补贴:总额度为人均200元,根据每人工作业绩有所区别。年终奖励:总额度为5万元(人均2000元),根据年终考评结果发放。平均计算,一名文化资源管理员的年补贴为8000元。目前,该项经费全部由镇政府承担。

通过此种做法,大榆树镇的设施、资源有效利用率得到明显提升。仅在2010年第一季度,益民书屋就累计开放共2600多次,办理借书证3000张,全镇的益民书屋持证读者已经占到了总人口的20%。外借图书1800人次,持证读者外借率达到60%,全镇人口平均外借率达到12%。以上指标都已经远远超出了目前国内同类地域的平均水平。全镇19个数字影厅播放电影1356场,平均每个影厅72场,每个影厅每月播放24场。全镇利用电教设备组织党员开展学习"两会"精神、沈浩事迹等活动60多场次,平均每月20场次,每村2.4场次;2000多人次参加活动,平均每村80人次以上。在设施综合利用方面,下屯村对数字影厅进行改造,撤掉固定桌椅,为村民配发马扎,使原来功

---

① 北京延庆:农村文化设施有了专职管理员. (2011-12-22) [2012-11-12]. http://www.ccnt.gov.cn/sjzznew2011/sh-whs/shwhs_gzdt/201112/t20111222_225376.html.

能单一的数字影厅变为综合性的多功能厅,大大拓展了既有设施的使用功能。这一做法在全镇各村推广后,原来的数字影厅承担了大量的村民练歌习舞、演出排练、专门培训等活动,2010年一季度,有8000多人次受益。此外,全镇文化活动内容得到进一步拓展。各村文化资源管理员动脑筋、想办法,充分利用现有设施和资源,拓展群众文化活动的内容。刘家堡村定期组织党员和部分群众开展"惠农政策"专题学习;大泥河村在益民书屋开辟"延庆县重点新闻园地"读报角,为村民提供本地经济社会发展动态信息。2010年以来,全镇新增农民合唱团、农民健身操舞蹈队等农民文化活动团队8支,具有悠久历史、作为全镇品牌的舞狮队达到了100人的规模,促进地域性传统文化活动代有传人。

近三年,大榆树镇的文化设施设备建设已经投入近千万元。2010年实施文化资源管理员制度投入20万元。从实际效果看,20万元的人员投入赢得了近千万元设施设备和资源投入的有效利用,人员投入的杠杆作用明显。

可以说,延庆县群众文化生活的多姿多彩,与组建村级专职文化资源管理员队伍密不可分。利用数字影厅、益民书屋、文化大院等平台,向村民宣传惠民政策,进行科普教育,延庆县的文化活动开展得红红火火。价值数百万的文化资源也得到了充分利用,文化设施由"建得好"变为"用得好",文化设备由"不会用"变为"不够用",基本形成了"村村有品牌、活动出特色"的农村文化新局面。这不仅改变了村民的生活方式,更改变了村民的精神面貌和群众关系。①

（2）福建省村级文化协管员

2006年4月,福建省"两办"发布《关于加强农村"六大员"队伍建设的意见的补充通知》(闽委办〔2006〕24号),在村级原有"五大员"(农民技术员、社会治安综合治理协管员、计划生育管理员、国土资源和规划建设环保协管员、乡村医生)的基础上,增设村级文化协管员,形成福建省的村级"六大员"制度。2009年5月,福建省人民政府农村工作办公室等13个部门联合发布《福建省农村"六大员"管理办法(试行)》,标志着"六大员"制度的进一步完善。

农村"六大员"是以自愿为原则、义务性为主的服务农村工作岗位。以自愿为原则、义务服务为主是指工作岗位,不是专门职位,意味着一人可以多岗。"六大员"的管理体制是:县聘、乡管、村用。县级业务主管部门负责评聘审批、教育培训、业务指导,即业务归口管理;乡镇负责落实选聘具体工作和日常管理考核;"六大员"在村党组织领导下开展工作。

村级文化协管员的岗位职责是:宣传党的路线、方针、政策;根据本村的实际情况,协助提出村级文化建设规划及意见并组织实施;向村民宣传普及科学和文化知识,管理和维护好宣传文化站(中心、室)、图书室、"农家书屋"、科普和文化宣传栏等公共文化服务设施,做好传递科技、经济、文化信息工作,为村民致富和提高文明素质服务;注意发现本村非物质文化遗产,做好文化遗产保护工作;配合当地政府做好本村文化市场管理和广播电视村村通工作;组织开展移风易俗等精神文明创建活动、农村文化体育活动,丰富村民文化生活。

在村级文化协管员的选聘方面,县级业务主管部门制定聘任条件、程序、期限等具体规定,发布选聘公告。选聘对象一般为常驻本村村民。原则上一人一岗。村主要干部原则上不兼任"六大员"。有专长的村两委干部可以参加选聘,但两委干部聘任数额不得超过该村"六大员"总数的一半。选聘推荐名单由公开报名和村级党组织推荐相结合产生。推荐人数应多于聘用人数一倍以上。乡镇对推荐名单进行资格审查。县级业务主管部门和乡镇联合组织统一公开考试。根据考试成绩确定考核对象,由乡镇考核后提出初选名单,初选名单在本村张榜公示。公示期后,由乡镇确

---

① 康彦峻、桂智敏.延庆村村都有文化资源管理员.北京日报.2011-11-04(10).

定拟聘名单,报县级业务主管部门审批。审批合格者签订聘用合同,约定双方的权利义务、聘任期限、管理目标与考核办法等。

在管理、培训、考核方面,省文化厅归口管理村级文化协管员。省、市、县(区)建立农村"六大员"工作联席会议制度。省级联席会每年召开一次。各级政府农村工作办公室为综合协调部门。省、设区市、县(市、区)文化行政主管部门制订培训计划,做好文化协管员培训工作。当地政府将培训经费纳入预算统筹安排,省、市文化行政主管部门给予适当补助。县级文化主管部门制订农村文化协管员的年度工作计划,定期检查工作落实情况,并做好信息统计、上报工作。乡镇负责文化协管员的日常管理。村党组织直接领导文化协管员开展工作。同时,在村级文化协管员的管理考核方面还建立了村民评议监督制度。文化协管员"一年一考评,三年一聘用"。县级文化行政主管部门制定考核标准,乡镇根据考核标准,日常考核与年度考核相结合、村两委评议和权重测评相结合,具体实施考核。考核结果分为优秀、称职、不称职三档。不称职的予以解聘,并在一个月内重新选聘。文化协管员上岗前必须接受岗前培训。每年的业务培训时间不少于3天。

福建省村级文化协管员还享受政府的津贴补助政策,所需经费由省财政专款解决。有条件的市、县(市、区)可根据当地情况提高补贴标准。2008年之前,文化协管员政府津贴标准为每人每月50元,自2008年起提高到每人每月100元。年度考核为优秀和称职的,可以续聘。对连续三年考评为优秀的,优先列入村级后备干部加以培养。县(市、区)对年度考评为优秀的进行表彰,并给予适当奖励。

福建省村级文化协管员还建立了省、市、县分级培训制度。省艺术馆举办面向全省的示范性培训,同时指导市、县的培训。市、县分工协调组织面向协管员的培训。对村级文化协管员的培训做到了经常化、全覆盖。培训内容渐趋稳定,主要包括:福建省农村文化建设的形势分析;农村文化遗产的保护;农村文化市场的监管;农村群众文化活动的组织和开展;农村文化信息资源共享工程常识。在培训上采取了多样化的方式,包括:培训班授课;工作经验交流——2009年省文化厅召开全省村级文化协管员工作经验交流会;技能大赛——2009年省文化厅举办全省村级文化协管员文化技能大赛;建设示范点,现场指导——省艺术馆在南安市梅山镇蓉中村和泰宁县水际村建立示范点,现场指导文化协管员开展乡土文化活动;编印《福建省农村文化协管员工作手册》——省委宣传部和省文化厅共同编写了《工作手册》,将与农村文化工作有关的政策法规和应知应会常识以简明易懂的形式汇于一书,作为文化协管员日常工作的实用指南。

(3) 成都"公共文化百千万工程"

四川省成都市积极创新,在文化人才队伍建设方面进行了积极有效的探索实践,在2012年初启动实施了"公共文化百千万工程"。这既是建设坚实的公共文化人才队伍的工作举措,也是深入开展文化馆、站免费开放和建好管好用好文化设施的具体行动。

"公共文化百千万工程"是成都在文化人才队伍建设方面的创新型突破,即:通过建设100所以上市民文化艺术学校、1000名以上辅导员队伍、10000人以上的志愿者队伍,为成都公共文化服务体系建设提供强大的服务网络和人力资源保障,从而提高公共文化服务的针对性和有效性,充分发挥各级阵地的作用,切实让老百姓享受更多更好的公共文化服务。

成都市民文化艺术学校的遍地开花,是一次探索公共文化服务的创新之举。文化骨干和志愿者的培训,则为文化事业的发展提供了源源不断的动力。

百:把文化惠民做到实处,让全民共享公共文化成果

在成都龙泉驿区,提起市民文化艺术学校,可谓无人不知、无人不晓。作为成都市区(市)县市民文化分校中的第一家,2007年就挂牌成立的龙泉驿市民文化艺术学校,目前开办了声乐班、古筝班等各种免费培训班。现在,龙泉驿区的老百姓,无论哪个年龄阶段、哪个社会阶层都能在这里接受免费的艺术培训。

党的十七届六中全会提出,要完善覆盖城乡、结构合理、功能健全、实用高效的公共文化服务体系。把文化惠民落到实处,成都市民文化艺术学校是个有益尝试。

2010年,成都已经全面实现了市、县、乡、村四级公共文化阵地达标全覆盖,并建立了四级公共文化财政保障机制、公共文化人员配备标准、基本权益量化标准、服务质量考核标准,在"全域成都"构建起了城乡群众基本文化权益同保障共发展、城乡一体化的"15分钟公共文化服务圈"。

2012年起,成都市还开创了以市文化馆市民文化艺术学校为总校,各区(市)县设立公益艺术培训分校的文化艺术培训格局,将逐步在全市所有的文化馆、乡镇综合文化站、街道综合文化活动中心开设300余个"成都市市民文化艺术培训学校(辅导站)",让市民在家门口就能享受到高水准的免费文化艺术培训。

按照"工作统一部署、管理统一制定、人员统一培训、老师统一调配、服务统一标准、各校各有特色"的工作机制,分校的教师由总校成都市文化馆分派,总校组织聘任大专院校、省市专业院团的专业人才作为市级专家组教师团,有关专家被分派到区(市)县分校,承担授课工作和教学指导工作。

在市民文化艺术学校总校的带领下,成都全市各区(市)县的分校被注入鲜活的元素,培训活动开展得如火如荼。截至今年4月底,成都成立各区(市)县文化馆分校20个,乡镇(街道)文化辅导站52个,开设有舞蹈、音乐、器乐、摄影,以及各具特色的文化艺术辅导培训项目16个,开办各类培训班1727个。在培训内容方面,成都也突破传统教学内容,培训项目各有特色。成都市各地的艺术培训学校把免费培训内容与企业职工培训、农民工技能培训、非物质文化遗产生产性保护传承培训、传统民进手工技艺培训,以及民俗特色队伍的打造和就业等有机结合,形成了独特的成都市民公益培训特色。其中,成都市龙泉驿区文化馆市民艺术学校的公益培训项目曾获得第十五届群星奖项目奖。

同时,成都市对各级培训学校制定了硬性标准。市民文化艺术学校(辅导站)每年开办培训2至5期,每期不低于2个月,市级学校不少于8个培训项目,区(市)县分校不少于5个培训项目,基层培训站不少于3个培训项目。由于是政府买单、市民接受免费艺术培训,因此,培训受欢迎程度和报名人数远远超过了设想和预期。

千:充实文化人才储备库,实现人尽其才、才尽其用

2012年开始,成都预计建设1000名以上持证上岗的文化艺术骨干辅导员队伍。由市文化局制定考核上岗标准,依托驻蓉高等院校和市民文化艺术学校,为全市的公益性文化事业单位和参与公共文化服务的社会文化单位培训持证上岗文化艺术骨干辅导员。计划在2012年完成对区(市)县文化单位文化艺术骨干辅导员的培训工作,同时完成40%以上的村(社区)文化艺术骨干辅导员的培训持证上岗工作。计划在2013年完成100%的村(社区)文化艺术骨干辅导员的培训持证上岗工作。

"摆龙门阵"是成都人热爱的一项民间文化活动,针对此,今年8月15日,成都首批320名"故事骨干"培训在成都市委党校启动,目的是为成都的各类"故事会"和"论坛"培养人才。据成都市文化馆馆长贾磊介绍,成都市文化馆还将在今年9、10月份培训350名基层文化专干和420名基层文艺骨干,派驻各区(市)县,然后由各区(市)县文化局牵头,逐步完成村(社区)文化艺术骨干辅导员的培训执证上岗工作,最终实现全市所有文化艺术骨干辅导员的培训执证上岗,让文艺专家来到市民身边,带来专业的授课内容。

万:高素质人才队伍是推动文化大发展大繁荣的必然要求

文化"全域成都"的建设,仅仅依靠文化系统内部的力量是很难达到的。为从根本上解决公共文化服务人才紧缺的问题,保证文化人才队伍持续增长,成都决定启动建立10000人以上的文化志愿者队伍。一方面,通过庞大的志愿者队伍,可以更好地贴近群众、服务群众;另一方面,通过志愿者的招募,又能充分调动广大市民的文化热情,让他们积极参与到文化大发展大繁荣的工作中来。①

（二）美国的图书馆学高等教育认可制度

美国的图书馆员职业资格认证体系可分为两部分。一是"图书馆学高等教育认可"(Librarianship Higher Education Accreditation),由美国图书馆协会(American Library Association,简称 ALA)所属机构对图书馆学和情报学硕士学位的教育机构进行认可,全美有效。获得 ALA 认可的图书情报硕士学位,是将来成为专业图书馆员(Librarian)的重要前提。二是各类图书馆员的职业资格认证,包括公共图书馆员职业资格认证、大学图书馆员职业资格认证、学校图书馆员职业资格认证以及其他形式的认证。公共图书馆员职业资格认证,一般由各州根据相应的标准制定州立的认证标准和程序,可分为三类:强制认证(Mandatory Certification)——通过法律进行规范;自愿认证(Preferred Qualifications or Voluntary Certification)——无法律规范,但通常由各州图书馆协会主持,遵守协会规章制度;无认证(No Certification)——仍有法律或计划的存在。②

"图书馆学高等教育认可"制度保障了图书馆学教育培养的未来图书馆工作者的质量。美国图书馆协会(ALA)早在 1925 年就制定了《图书馆学院标准》,并于 1933 年、1951 年、1972 年、1992 年等多次修订。现行的标准是 ALA 认可委员会(COA)于 2008 年 1 月修订的《图书情报学硕士学位教育计划认可标准》。ALA 还制定了《认可过程政策与程序》,是认可委员会的认可工作手册,2012 年 5 月已修订到第 3 版。③

认可(Accreditation)是高等教育机构和教学计划自愿参加的一种评价制度,是在自评和同行评议基础上的一种活动,旨在提高学术质量和对公众所承担的责任。认可保证了高等教育机构满足相应的质量和完整性标准。《图书情报学硕士学位教育计划认可标准》认为:"认可保障了教育界、公众和其他机构和组织对一个机构或一项教学计划:(1)明确教育目标;(2)维护实现目标的条件;(3)充分地实现目标;(4)持之以恒地进行下去。认可是质量评价和提高质量的一种机制。"

认可既是过程也是条件。认可的过程通过制定和实施标准而对教育质量和教育活动的持续改进做出评价。认可的条件向公众提供了一种证明,表明某一机构或计划接受并实现了对教育质量的承诺。《图书情报学硕士学位教育计划认可标准》是陈述式的,而不是规定性的,其目的是通过制定评价教育效益的标准促进提高教育质量。有了这样的标准,不仅可以评价教育过程和资源,而且可以评价这些过程和资源的成功利用,以实现既定的目标。而且,寻求认可图书情报学硕士学位计划的机构有义务利用其评价的结果,对教学计划进行更全面和持续的规划、制订和改进。

ALA 认可的图书情报学硕士学位计划目前只限于美国、加拿大和波多黎各。1925 年至今共认可了 88 所高等教学机构,目前认可有效的有 58 所。ALA 只认可具有硕士学位授予权的院系,目前还没有机构认可图书馆学本科或相关的教学计划。

图书情报硕士学位(MLIS)常常被称为图书馆学硕士学位(MLS)。ALA 认可的院系授予的学位名称还包括情报学硕士、信息硕士、文学硕士、理学硕士等,学位名称由院系决定。认可委员会评价院系的依据是其是否遵循《图书情报学硕士学位教育计划认可标准》,而不是学位名称。

有些院系被加上旁注,表明这是一种有条件的认可(Conditional Accreditation),要求该学院必须做出改革,遵从《图书情报学硕士学位认可标准》,使得认可委员会能够在规定的日期以后做出

---

① 成都实施"公共文化百千万工程". 中国文化报. 2012 – 08 – 27(008).
② 初景利、李麟. 美国图书馆员职业资格认证体系. 国家图书馆学刊. 2005(3):29 – 35.
③ 参见:Directory of ALA-Accredited Master's Programs in Library and Information Studies. http://www.ala.org/accreditedprograms/directory.

认可。

得到 ALA 的认可表明该院系经历了自评的过程,经过了同行的评议,并满足《图书情报学硕士学位教育计划认可标准》的要求。认可委员会评价每一个院系,评定该院系是否符合《图书情报学硕士学位教育计划认可标准》中所规定的使命、目标和任务、课程设置、师资、学生、管理和经费以及物质资源和设施。通过认可的图书情报院系对毕业生就业产生了积极影响。

(三)美国公共图书馆管理者认证制度

美国 ALA 联合专业协会(ALA Allied Professional Association,简称 ALA-APA)是一个非盈利性职业组织,其工作目标是"提升图书馆员和图书馆其他工作人员的职业热情"。ALA-APA 的工作之一便是对工作能力达到较高水平的图书馆工作者提供个人认证。第一个开展的认证项目是公共图书馆管理者认证(Certified Public Library Administrators,简称 CPLA)。①

该项目计划起源于 1996 年,美国图书馆协会(ALA)下属的两个协会——公共图书馆协会(PLA)和图书馆管理协会(LAMA)常务理事会同意建立"公共图书馆管理者认证"计划,随后还被美国的专业和联合图书馆协会(the Association of Specialized and Cooperative Library Agencies,简称 ASCLA)所采纳。认证对象主要是公共图书馆中具有图书情报硕士学位、拥有 3 年以上管理经验的图书馆员。认证采取自愿参加的形式,旨在使公共图书馆管理者通过学习掌握专业知识和技能,提升职业实践水平,增加职业选择机会,向图书馆管理机构和业内同行展示已经取得的全国专业范围内认可的公共图书馆管理知识、技能,改善图书馆的服务质量。PLA、LAMA 和 ASCLA 已确定了这一认证项目。

CPLA 认证是全美通用的,是选拔图书馆管理人员进入高层管理的依据之一,通用性是与图书馆员职业资格认证最大的区别。CPLA 认证可以使公共图书馆管理者得到进一步的专业教育和更高水平的专业技能,从而扩展了晋升机会。申请 CPLA 认证的基本要求是候选人已获得 ALA 认可的图书情报硕士学位。CPLA 认证还要求候选人有以下三方面的活动:候选人必须有 5 年全职的公共图书馆管理经验;参与相关的学术活动,包括参加学术性的协会,撰写或编辑关于公共图书馆管理的期刊文章、杂志或书籍确,在全国性、区域性的或当地的学术会议的委员会当选成员或主席;完成 PLA/ ASCLA/ LAMA 联合委员会规定的 4 门核心课程和 5 门选修课程中任意 3 门,委员会对这 9 门课程的上课方式、课程内容、课程目标和考察方式都有详细的规定。每门课程的累积授课时间为 12~15 个小时,通过面授、网络远程教学、讨论、案例分析等方式开展,包括选择一个中型图书馆管理个案进行多角度分析研究的小组练习,给培训者以实际案例学习的机会。每门课程布置了大量的作业,只有作业成绩达到 90 分以上才能通过认证。②

现将 CPLA 认证的 9 门课程的名称与主要内容简介如下:

核心课程包括:

(1)预算和财务管理(Budget and Finance) 内容主要包括:了解预算职责和图书馆资金的来源,识别预算种类、项目和条目,制订预算程序和图书馆发展计划,为特定的图书馆服务活动提供操作方式,完成费用与收益的分析,建立财务控制处理现金流程,评估图书馆活动赞助的来源方法,等等。

(2)技术管理(Management of Technology) 内容主要包括:探讨图书馆发展目标与科技结合的可能性,监管技术预算,通过评估资源做出维持现状或采用新技术的决定,对采用新技术、新设备所需要的费用、技能和时间期限进行评估,对科技项目所需的环境进行评估,等等。

---

① 参见:http://ala-apa.org/certification/.
② 徐欣禄.美国公共图书馆管理者认证项目的借鉴与思考.图书馆建设,2011(11):13-15.

(3) 组织和人员管理(Organization and Personnel Administration) 内容主要包括：制定图书馆长期发展计划(如使命、战略计划)；编制运营预算；确定员工与董事会审核方式；学习项目、服务、资源等的审核方法。组织和人员管理的基本原则是：基于人员配备情况制定招聘、解雇和培训员工的政策，招聘、解雇员工政策应符合地方、州和联邦法律；理解必要的员工资源可有效地支持图书馆项目；应建立员工及时反馈机制，使其与图书馆目标看齐；确保评估组织机构的有效性；确保员工具备相应的技能和信息，并将其培养成有用的人才。

(4) 馆舍规划和管理(Planning and Management of Buildings) 内容主要包括：提高图书馆管理者对馆舍建筑物维护和设备管理的认识，创造适用于图书馆和数据中心的环境。在该课程结束后，图书馆管理者应学会评估现有图书馆建筑物的状况，处理图书馆馆舍维护问题和使用操作程序问题，制订馆舍建筑物扩展计划，妥善处理与馆舍和设备发展相关的政府部门、设备供应商等各方面利益者的关系，能够有效沟通并获得支持，制定满足图书馆主要功能的建筑规划以及改造馆舍和更新设备的操作计划；此外，还要了解馆舍新建和改扩建报批、经费争取等建设程序，掌握一定的建筑工程学知识，通过评估顾问的协助进行馆舍新建和改扩建，处理并解决建筑物计划委员会与图书馆建设要求之间的矛盾；等等。

选修课程包括：

(1) 前沿讨论(Current Issues) 内容主要包括：如何利用相关的信息分析国际、联邦、州和地方的经济形势及社会发展趋势，应用法律及社区人口统计学的相关知识，对当前图书馆管理议题、个案研究和阅读服务等进行评估。

(2) 宣传推广(Marketing) 内容主要包括：理解图书馆宣传推广管理、稽核的内涵，分析宣传推广机会，制定宣传推广策略，形成宣传推广产品，了解图书馆服务群体的需要，确定宣传推广力度，分析不利于图书馆形象的服务因素，起草宣传推广计划大纲，计算宣传推广材料和方法的成本，评估图书馆宣传推广的效果。

(3) 资金募集(Fundraising/Grantsmanship) 内容主要包括：分析图书馆的需要，制定发展策略，明确轻重缓急；识别并建立潜在的与社区、地方和国家的合作关系；了解为图书馆募款的组织方法及活动过程；建立可支持图书馆发展或服务项目的募款合作关系，分析企业机构募款的可能性，评估图书馆在捐款者心目中的地位；明确图书馆募款的意图(用于服务项目)，识别募款程序的潜在利益相关者，完善募款系统内项目策划、募款方式、赞助者利益关系；分析图书馆获得募款选项的多样性，了解不同募款选项的正反两方；了解各种募款的可操作性；为设备、服务及需要给予支援的项目制定募款计划等。

(4) 政治和人际网络(Politics and Networking) 内容主要包括：了解图书馆所在地的政治环境和社会发展状况，制订现实、有效的行动计划。在认证培训课程结束后，参与认证者能够描述其所在地区的社区服务人群的文化发展状况，评估当地的政治议题和决策过程，知道联邦、州和当地的法令与决议对决策的影响；此外，应建立与当地其他组织机构良好的关系，形成联盟并协同合作，掌握谈判、处理争执、解决矛盾等的技能，了解利用价值和道德规范影响政治效力的技能；识别主要群体，发展支持图书馆事业的小组(如图书馆之友)，有效地处理与当地媒体的关系，加强沟通，宣传图书馆的社会功能，从而赢得更多的支持。

(5) 多元人群服务(Serving Diverse Populations) 内容主要包括：掌握有效地为多元人群服务的知识和技能，收集多种族、多元文化和多种语言人群的不同数据，并为他们提供相应的图书馆服务；探究基于多元文化结构的资源和服务，从图书馆管理者角度理解多元文化服务观念；了解图书馆服务于不同人群的手段、方式、行为规范和思维方式等。

(四)英国的图书馆员职业资格认证制度

英国图书馆与情报专家协会(Chartered Institute of Library and Information Professionals,简称 CILIP)是英国图书馆和信息领域的专业机构,它的前身是英国图书馆协会(Library Association,简称 LA)。LA 成立于 1877 年,总部设在伦敦,是英国图书馆界的专业组织,也是世界上最早成立的图书馆专业组织之一。2002 年 4 月 1 日,LA 和英国情报科学家学会(Institute of Information Scientists,简称 IIS)[①]合二为一,统一后的机构就是 CILIP。此后,CILIP 接替 LA,负责英国图书馆和信息科学领域的具体事务。CILIP 的主要职能之一就是图书馆员的专业认证和在职教育。

CILIP 拥有图书馆馆员的专业认证资格,这个早在其前身 LA 存在时就已拥有。1877 年 LA 成立后,鉴于英国其他专业学会职业资格考试的成功经验,泰德勒(Henry R. Teddler)建议学会组织图书馆员专业资格考试,此提议在 1880 年的 LA 年会上引起了广泛讨论,并获得了通过。1884 年 LA 确定了统一的教学大纲,并于 1885 年举行了第一次考试,从而开启了英国图书馆发展史上"百年考制"的开端。

20 世纪 20 年代开始,英国图书馆协会的考试由 6 部分组成,通过 4 个部分者可授予助理馆员资格,通过全部考试者可授予馆员资格。考试分为预备考试(Preliminary Examination)与证书考试(Certificate Examination)两阶段。1909 年 LA 建立了全国图书馆合格专业人员注册制度,只有通过协会的专业资格考试,才可以注册成为专业馆员,当时处于发展中的公共图书馆普遍接受这一措施。1895 年,专为图书馆非行政职位的助理人员而设的英国图书馆助理馆员协会(Library Assistants Association)成立,1928 年成为英国图书馆协会的一个组成部分,LA 成为专业馆员资格认定的唯一机构。

为满足社会对图书馆专业人员数量和质量的需要,1919 年,伦敦大学(University College,London)在卡内基英国信托基金会的援助下,成立了英国第一所正规图书馆员学校——图书馆员学院(School of Librarianship),并由 LA 和该大学成立联合委员会监管。虽然它是第一个设立于大学的图书馆员学校,但其毕业生并没有获得图书馆界的普遍接受。二战后伦敦城市学院、伯明翰商学院、曼彻斯特技术学院等专业学校开设图书馆学专业,但这些学校的毕业生并没有享有 LA 的资格考试豁免权。直到后来多家大学开设图书馆学专业,学院数量和学生数量增加,图书馆员学校的地位才得以改善。1964 年 6 月 LA 发布了一项正式的教育政策,提出:"全日制教育应受到重视并视为取得专业资格的最佳途径,鼓励图书馆教育设于大学,提升图书馆学校品质,并认同其学位与文凭作为注册图书馆员资格的依据。"LA 开始考虑图书馆学校的内部考试,学校的课程只要经过 LA 审核,其毕业生即可不参加考试而直接申请专业资格。LA 对专业资格考试的控制大为削弱,英国图书馆员职业教育逐渐从传统的考试制度向以大学学位教育为主的形式过渡。1975 年未来专业资格工作小组(Working Party on the Future of Professional Qualification)成立,1977 年工作小组建议:凡 1981 年后进入图书馆学校就读者,毕业后即可申请专业资格。专业资格分为普通会员、高级会员和实习会员。高级会员仍由 LA 授予,但取得该资格的途径增加了。1982 年保琳报告(Paulin Report)中提出了资格认证的系列改革计划,LA 依据保琳报告逐渐取消了各级专业资格授予制度,1985 年 11 月完全废除了资格考试,至此英国长达百年的图书馆员资格考试时代宣告结束。[②]

目前英国图书馆员专业资格认可有三种机制:大学专业教育认可(Accreditation)、注册专业人员(the Chartered Professionals)和国家职业资格制度。

[①] 1958 年,一些在科技领域从事情报工作的专业人员从 LA 中分离出去,成立了英国情报科学家学会(Institute of Information Scientists, IIS)。参见 http://www.dajianet.com/world/2011/0427/155712.shtml.

[②] 英国图书馆员职业资格认可制度[OL][2012-03-07] http://www.zlunwen.com/culture/study/40323.htm.

大学专业教育认可，即由图书馆行业协会授予大学专业教育认可权，并对它们的相关课程进行审核，最初是由 LA 进行大学授权，2002 年后 CILIP 替代 LA 对图书馆馆员和信息从业人员进行专业资格注册。CILIP 拥有大学专业教育认可权，学生中只有修满 CILIP 认可的相关课程的人员才具备成为专业馆员的资格。

被 CILIP 指定的专门的图书馆院校有罗伯特高登大学阿伯丁商学院的信息管理系（http：//www.rgu.ac.uk/abs/postgraduate/）、阿伯雷斯威斯大学的信息研究学院（http：//www.dis.aber.ac.uk）、布莱顿大学的信息管理系（http：//www.brighton.ac.uk/cem/prospective/information/）、西英格兰大学的信息与图书馆管理学院（http：//courses.uwe.ac.uk/gp5112/）、科隆大学应用科学下属的信息科学学院（http：//www.fbi.fh-koeln.de/institut/institut.htm）、格拉斯哥大学人文技术与信息研究学院（http：//www.gla.ac.uk/departments/hatii/）、利物浦约翰摩尔斯大学商学院下的信息与图书馆管理中心（http：//www.ljmu.ac.uk/）、伦敦城市大学的信息科学系（http：//www.soi.city.ac.uk/organisation/is/is_scheme.html）、拉夫堡大学的信息科学系（http：//lboro.ac.uk/departments/ls/）、曼彻斯特城市大学的信息与传播系（http：//www2.hlss.mmu.ac.uk/information-communications/）、诺桑比亚大学的信息与传播研究学院（http：//www.northumbria.ac.uk/sd/academic/ceis/）、谢菲尔德大学的信息学院（http：//www.shef.ac.uk/is）和欧斯特大学教育学院下的图书馆学与信息管理学院（http：//www.socsci.ulster.ac.uk./education/library.html）。[①] 其中罗伯特高登大学、阿伯雷斯维斯大学和诺桑比亚大学还提供远程的教学服务。

注册专业人员。"百年考制"的终结可以说是图书馆协会对图书馆专业准入考试时代的结束，但图书馆协会保留并改进了专业注册认可制度，这种制度并非强制性的，而是一种出于自愿的资历或身份认可。注册馆员制度要求除了须获取图书馆学专业教育的学术资格外，还必须获得以实践为基础的各项技能和素质的认可。

CILIP 授予的职业资格分为两个层级，第一个层级是注册会员（Chartered Membership），第二个层级是注册研究员（Chartered Fellow）。多数会员在毕业两三年后成为注册会员。此外，注册者还可以通过两种途径进行在线注册：第一种途径是拿到 CILIP 承认的学位，拥有一年全日制的相关工作经验者，接受 CILIP 认可的培训和发展计划；第二种途径是虽然没有专业学位，但获取了 CILIP 认可或其他组织认可的资质，有两年全日制相关工作实践者，无须遵循个人发展计划的直接指导，只需在考核期结束后提供专业培训证书即可。

成为注册会员 5 年后才能正式申请进入研究员审核程序，申请同时需要提交如下证明：有能力承担须承担起来的工作；有能力处理复杂的专业问题；正在为本职业或特定领域做出贡献；正在发展个人的专业知识；正在保持和加强自身的专业竞争力。一旦登记注册，专业人员要保持自身知识、技能和理解力的及时更新。CILIP 通过短期课程、专业会议和交流等方式来支持持续性专业发展（Continuing Professional Development，简称 CPD）。

国家职业资格制度。1986 年，英国为提高国民素质，适应世界经济发展的新形势，对传统职业教育进行了一次重大改革，建立了面向成人（16 岁以上），以国家职业标准为导向，以实际工作能力和表现为考评依据的国家职业资格制度，作为国家标准，在全国通用。

在国家职业资格认证（National Vocational Qualifications，简称 NVQs）中，关于信息岗位的职业资格认证分为四个特定领域：信息和图书馆服务（ILS）；档案；档案服务和档案管理；旅游信息。ILS 于 1991 年 4 月成立，但直到 1995 年第一个国家职业认证标准（National Vocational Qualifications

---

[①] CILIP accredited courses[OL][2010-12-04]
http://www.cilip.org.uk/jobs-careers/qualifications/accreditation/courses/Pages/default.aspx.

Standard)才通过。国家职业认证标准覆盖了图书馆学、档案和信息管理。二级是 ILS 的基础级别，主要对应的是助理馆员，它包括资料处理、甄别和提供信息以及为用户服务；三级对应的是高级助理馆员或信息官员及行政人员，主要职责是提供和组织信息，为用户解决问题和保持质量标准；四级主要对应的是图书馆客户服务或信息管理者；五级对应的是高级管理者。每个等级划分为不同单元，每个单元被分为"必要"和"可选"两类，每个单元分为不同元素。下面以二级认证为例：

图书馆员二级认证是最基本的认证，主要规范的对象是读者服务助理馆员（Customer Service Assistants）、图书馆助理（Library Assistants）、信息助理（Information Assistants）。

A 必修部分：（申请者必须满足下面的任何条件）

  U1023932 为读者解决问题

  D/101/6605 维护资料组织，便利检索

  H/101/6606 查找和提供用户所需的信息和资料

B 选修部分：（申请者满足下面任一条件即可）

  U1025257 购买的支付处理

  U1022783 为读者提供和维护信息

  U1052490 确保信息技术的使用

  K/101/6607 指导读者

  M/101/6608 借阅资料的发布和恢复

C 选修部分：（申请者满足下面任一条件即可）

  U1025253 馆藏展览激发读者阅读兴趣，促进购买

  K/101/6610 为读者营造一个支持环境并进行维护

  T/101/6609 信息和资源的处理和保障

  U1052493 利用文字处理软件生产资料[①]

目前大学专业教育认可、注册专业人员和国家职业资格制度三种认证机制并列共存，获取任何一种即可。但严格意义上的职业资格认可途径主要是大学专业教育和国家职业资格体系，注册专业人员资格更多意义上是一种行业组织对身份和地位的认可。

（五）日本的"公民馆主事"职业资格制度

"公民馆"是目前日本各地普遍设置的公益性社会教育和文化活动设施。按照日本《社会教育法》(1949 年 6 月颁布，2012 年 8 月最新修订)的规定，公民馆的主要任务是通过开展贴近居民的各种教育、学术、文化活动，达到提升民众素养、增进民众健康、纯洁民众情操，进而振兴生活文化、增进社会福利的目的。[②] 与中国的情况比较，日本的公民馆和我国遍布城乡的文化馆、乡镇综合文化站、社区文化活动中心的性质功能大体相同。

根据日本文部省的最新统计，截至 2011 年底，日本全国共有公民馆 15400 所，数量是公共图书馆的 4.7 倍（公共图书馆 3274 所），是博物馆的 12.2 倍（博物馆 1262 所）；日本全国公民馆从业人员共 49257 人，数量是公共图书馆的 1.4 倍（公共图书馆从业人员 36246 人），是博物馆的 2.5 倍（博物馆从业人员 19800 人）；公民馆对公众的吸引力高于公共图书馆，如 2011 年日本全国人均利

---

① EDI Level 2 NVQ in Information and Library Service[OL][2010-04-23] http：//www.accreditedqualifications.org.uk/job-roles/qualifications/Librarian/50063303/EDI + Level + 2 + NVQ + in + Information + and + Library + Services + + qualification.seo.aspx.

② 社会教育法（昭和二十四年六月十日法律第二百七号，最终改正：平成二四年八月二二日法律第六七号）. 见：总务省 e-Gov · 法令データ提供システム. http：//law.e-gov.go.jp/cgi-bin/strsearch.cgi.

用公民馆 1.8 次，人均利用公共图书馆 1.5 次。①

1.《社会教育法》有关公民馆职员的规定

日本公民馆设置和运行的法律依据是《社会教育法》。公民馆在该法律中有专门一章，分量占到了整部法律的 40%，以至在日本有"《社会教育法》就是公民馆法"的说法。②

《社会教育法》中有关公民馆职员的规定如下：

● 公民馆设置馆长、主事和其他必要的职员。

馆长主持公民馆开展的各项活动的策划和实施以及其他必要的事务，管理本馆的职员。

主事根据馆长的指令，实施公民馆的各项活动。（第二十七条）

● 市町村设置的公民馆的馆长、主事及其他必要的职员，由当地教育委员会教育长推荐，教育委员会任命。

公民馆职员的在职研修，按有关社会教育主事及候补主事在职研修的规定执行。（第二十八条）

《社会教育法》中规定的公民馆职员制度要素是：公民馆设置馆长、公民馆主事和其他必要的职员（事务职员和技术职员）；公民馆的馆长、主事和其他职员实行任命制；公民馆职员建立在职研修制度。

2.《公民馆设置与运营标准》及相关政策文件有关公民馆职员的规定

《社会教育法》规定，文部大臣制定有关公民馆设置与运营的必要标准，用以指导市町村的公民馆建设。据此规定，日本文部省最早于 1959 年制定颁布了《公民馆设置与运营标准》，细化了《社会教育法》的规定，其中有关公民馆职员的规定如下：

● 公民馆应设置专任馆长及主事，主事的数量根据公民馆的规模以及开展活动的需要增加。

● 公民馆的馆长及主事，应由具有社会教育的理论和经验并且具有公民馆专门知识和技能的人士充任。③

1960 年 2 月，日本文部省就《公民馆设置与运营标准》的实施向各都道府县教育委员会社会教育局下发了一个政策性文件，该文件名为《关于实施〈公民馆设置与运营标准〉的若干意见》，其中就有关公民馆职员配置提出如下指导意见：

公民馆的设施、设备要充分发挥作用，公民馆的活动要取得实际成效，离不开完善的专任馆长、专任主事、专任事务职员和技术职员配置。因此，以下有关公民馆职员的事项应给予特别注意。

馆长和主事是公民馆有效运营的核心。对馆长和主事的任用应十分慎重，应选择那些具有公民馆事业专门知识、技能和经验等必要资质的人士出任馆长和主事。

都道府县教育委员会应为馆长、主事提供充分的在职研修机会，市町村要为其参加研修提供方便。④

1959 年《公民馆设置与运营标准》及 1960 年文部省实施意见对《社会教育法》有关规定的细化表现在：第一，强调公民馆馆长及主事应为专任职员；第二，强调公民馆馆长及主事是公民馆职员队伍的核心，应具有社会教育的理论和经验，具有公民馆事业的专门知识和专业技能；第三，都道府

---

① 文部科学省.平成 23 年度社会教育調査中間報告について.见：http://www.mext.go.jp/b_menu/toukei/chousa02/shakai/kekka/k_detail/1326752.htm.
② 横山宏、小林文人.公民館史資料集成・はじめに.エイデル研究所，1986：20.
③ 公民館の設置および運営に関する基準（昭和 34.12.28，文部省告示 98 号）.见：社会教育推進全国協議会.社会教育・生涯学習ハンドブック（増補版）.エイデル研究所，1992：41-42.
④ 「公民館の設置および運営に関する基準」の取扱について（昭和 35.2.4，文社施 54 号）.见：武田英治、山本順一编.図書館法規基準総覧（第 2 版）.日本図書館協会，2002：156-158.

县教育委员会承担着为公民馆职员在职研修提供机会的责任,市町村政府承担着为公民馆职员参加在职研修提供方便的责任。

《社会教育法》自颁布以来经过多次修订,与此相适应,《公民馆设置与运营标准》也在1998年和2003年进行过两次修订。2003年6月最新修订的《公民馆设置与运营标准》中有关公民馆职员的规定如下:

- 公民馆设置馆长,并根据公民馆的规模和开展活动的需要,设置主事及其他必要的职员。
- 公民馆的馆长及主事,应由具有社会教育的理论和经验并且具有公民馆专门知识和技能的人士出任。
- 为提高公民馆馆长、主事和其他职员的资质与能力,公民馆的设置者应为其提供在职研修的机会和条件。

比较一下2003年《公民馆设置与运营标准》与此前的区别,关键的一点在于取消了公民馆馆长、主事和其他职员必须"专任"这一规定,这与日本20世纪80年代以来在"行政改革""弱化国家规制,强化地方分权"背景下实施的公共设施"委托经营",以及2003年开始实施的公共设施"指定管理者制度"密切相关。取消对馆长、主事的"专任"要求,从职业资格制度的角度说,是放松了职业条件,弱化了职业吸引力。日本公民馆职员的专任率原本就不高,取消了"专任"规定以后,专任率更是一路下滑:2002年日本公民馆职员专任率为24.3%,2005年下降到23.2%,2008年下降到21%,2011年下降到18.4%。与公共图书馆和博物馆相比,公民馆职员的专任率最低(2011年公共图书馆专任率为34.4%,博物馆为49.6%)。[①]

3. 公民馆主事与社会教育主事

自1946年《社会教育法》、1959年《公民馆设置与运营标准》颁布以来,有关公民馆职员的规定有一个主旨原则一直没有变化,即要求公民馆的馆长、主事必须具有社会教育的理论和经验,并具有有关公民馆的专门知识和技能。怎样落实这一主旨原则?日本的具体做法是:在公民馆主事"任命制"的框架内,套用《社会教育法》中"社会教育主事"的资格要求,建立公民馆主事的资格要求。

社会教育主事是日本《社会教育法》规定在各级政府教育委员会设置的专业职位。公民馆主事资格之所以套用了社会教育主事资格,主要有两方面的原因。首先,从机构的角度说,公民馆在日本被纳入社会教育体系,并且被认为是最重要的社会教育机构,是社会教育的"地域中心"。[②] 其次,从工作性质的角度说,公民馆职员的主要工作任务就是开展形式多样的社会教育活动,包括:各类社会教育活动的策划和实施;为当地居民和市民团体提供学习情报和学习咨询;为开展社会教育活动的团体提供学习空间;促进当地民众和团体的联系与合作。[③] 从这个意义上说,公民馆是社会教育机构,公民馆职员是社会教育工作者。因此,公民馆主事的资格条件就套用了社会教育主事的资格条件。日本公民馆行业组织"全国公民馆联合会"在一份官方文件中曾经阐述过公民馆主事和社会教育主事的关系:公民馆主事具有社会教育理论和公民馆运营的必要的专业知识和专业技能,在公民馆从事实际工作;社会教育主事对公民馆工作提供专业性的建议和指导;所以公民馆主

---

① 文部科学省.社会教育調查-結果の概要-平成14年度、平成17年度、平成20年度、平成23年度(中間報告).见:http://www.mext.go.jp/b_menu/toukei/chousa02/shakai/kekka/1268528.htm.
② 文部科学省生涯学習政策局社会教育課.公民館(日本語版)パンフレット.见:http://www.mext.go.jp/a_menu/01_l/08052911/004/1292570.htm.
③ 文部科学省生涯学習政策局社会教育課.公民館(日本語版)パンフレット.见:http://www.mext.go.jp/a_menu/01_l/08052911/004/1292570.htm.

事和社会教育主事的专业知识和技能具有一致性。① 简单地说,取得社会教育主事资格,在地方政府教育委员会任职称为社会教育主事,在公民馆任职就称为公民馆主事。

4. 社会教育主事资格条件

按照《社会教育法》的规定,取得社会教育主事资格需要具备下列条件:

(1) 大学二年级以上、修完62学分或大专毕业,履修了社会教育主事讲习课程并合格,同时满足以下条件之一:

① 候补社会教育主事任职3年以上;

② 在政府机关、学校、社会教育机构或社会教育相关团体担任司书、学艺员或其他与候补社会教育主事同等职位3年以上;

③ 在政府机关、学校、社会教育机构或社会教育相关团体从事与社会教育相关的工作3年以上,掌握了有关社会教育必要的知识和技能。

(2) 持有教师资格证,并且在文部大臣指定的教育机构任职5年以上,履修了社会教育主事讲习课程并合格。

(3) 大学二年级以上并修完62学分,履修了文部省令规定的社会教育相关课程,有(1)之①—③的经历1年以上。

(4) 除上述(1)和(2)以外,履修了社会教育主事讲习课程并合格,经都道府县教育委员会认定,具有相当于(1)—(3)所规定的社会教育素养和经验者。

概括地说,取得社会教育主事资格的条件包括三大要素:第一是学历,要求大专以上;第二是接受了系统的专业教育,或是在大学履修了社会教育相关课程,或是履修了社会教育主事讲习课程;第三是有一定的在社会教育相关机构工作的实践经验。

5. 系统的社会教育专业教育:社会教育主事讲习及大学社会教育相关课程

接受系统的社会教育专业教育是取得社会教育主事资格的必备条件。系统的社会教育专业教育通过两个途径实现:一是履修由大学或其他教育机构举办的社会教育主事讲习课程;二是在大学学习期间履修文部省令规定的社会教育相关课程。

1946年《社会教育法》颁布后,日本文部省最初于1951年以"省令"的名义发布了《社会教育主事讲习等规程》,对由大学或其他教育机构举办的社会教育主事讲习以及大学中有关社会教育的相关课程做出了规定。该规程的最新修订是在2009年4月。有关社会教育主事讲习的主要规定如下。

(1) 参加社会教育主事讲习的资格。不是任何人都可以参加讲习,参加讲习者须具备如下条件之一:

① 大学二年级以上并已修满62学分,或大专毕业;

② 持有教师资格证者;

③ 在法律规定的社会教育机构、团体任职2年以上,或担任候补社会教育主事2年以上;

④ 在文部大臣指定的教育机构任职4年以上;

⑤ 文部大臣认可的具有与以上各条所列同等水平者。

(2) 社会教育主事讲习课程及学分。社会教育主事讲习应开设4门课程,共9学分。具体如下:

① 终身学习概论,2学分。主要内容包括:终身学习的意义、特点、发展历史;终生学习与家庭教育、学校教育、社会教育的关系;终生学习社会中教育机构的合作与体系化建设;终生学习法律政

---

① 全国公民館連合会.公民館のあるべき姿と今日的指標.见:横山宏、小林文人.公民館史资料集成.エイデル研究所,1986:565.

策;社会教育与社会教育行政、社会教育内容、社会教育方法与形态、社会教育设施、学习情报提供和学习咨询等。

② 终生学习计划,2学分。主要内容包括:地域文化与社会教育;社会教育调查数据利用、社会教育事业规划;社会教育对象的理解与组织化;学习情报的收集、整理与提供体系、学习咨询方法;社会教育的宣传推广;社会教育设施运营;社会教育评价等。

③ 社会教育专论,3学分。主要内容包括:国际化与社会教育;高龄化与社会教育;家庭教育与社会教育;青少年问题与社会教育;妇女问题与社会教育;环境问题与社会教育;和谐问题与社会教育;社会福利与社会教育;社会教育行政、视听觉教育、学校对外开放、志愿者活动、社会体育、健康教育、消费者教育、文物保护、企业内部教育、职业培训、民间教育等。

④ 社会教育实习,2学分。在社会教育机构的实践。

(3) 社会教育主事讲习课程成绩考核与证书授予。履修课程的成绩考核,采用闭卷考试、课程论文、课程报告等形式进行。履修课程成绩全部合格,由开办讲习的大学校长或其他教育机构的负责人向履修者颁发证书,并将合格者名单报文部大臣备案。

(4) 大学中有关社会教育的课程。这些课程针对在校大学生。大学二年级以上并修完62学分,再履修如下经文部大臣认可的社会教育相关课程并成绩合格者,也可以获得社会教育主事资格。

大学中社会教育相关课程与学分

课　　程	学分
终生学习概论	4
社会教育计划	4
社会教育实习或社会教育研究课题,任选一	4
社会教育专论: 社会教育专论1　现代社会与社会教育 社会教育专论2　社会教育活动、事业、设施 社会教育专论3 其他必要的内容	12

6. 小结

日本现行的公民馆主事/社会教育主事制度的主要特点表现在:

第一,公民馆主事/社会教育主事制度是一个专业资格制度。从理论上说,它既是一个"准入"制度——可以作为公民馆录用职员时对专业水平的要求,具有"准入门槛"的作用;也是一个公民馆从业人员的"晋升"制度——在公民馆及相关社会教育机构工作的从业人员可以通过这一制度晋升专业资格,如从候补社会教育主事晋升为社会教育主事。公民馆主事/社会教育主事制度既面向"社会人",也面向公民馆及相关社会教育机构从业人员,是一个开放的专业资格制度。

第二,获得公民馆主事/社会教育主事资格和接受系统的专业教育紧密相联。要想取得资格,必须接受由大学或其他教育机构实施的系统的专业教育。系统的专业教育有两种形式:一是在大学学习期间履修文部大臣认可的社会教育相关课程;二是履修社会教育主事讲习课程。大学或其他教育机构开设社会教育主事讲习须经文部大臣审查批准。

第三,参加社会教育主事讲习有条件限制,不是谁都可以。限制条件集中在两个方面:学历和从事公民馆及社会教育相关工作的年限。取得社会教育主事资格必须履修规定的课程,并经考试或审查合格。

日本的公民馆主事/社会教育主事制度虽然从1946年就写进了《社会教育法》，1951年又出台了较为详尽的"社会教育主事讲习规程"，但长期以来制度的执行状况并不尽如人意。突出的表现是，尽管公民馆职员的录用往往要求具有社会教育主事资格，但《社会教育法》规定的公民馆馆长和主事的"任命制"并没有把拥有社会教育主事资格作为任命的先决条件，这样带来的结果就是真正把社会教育主事资格确立为一种公民馆及相关社会教育机构职员录用制度的地方政府还很少，社会教育主事资格还没有普遍成为在公民馆及相关社会教育机构就业、晋升的先决条件，往往是有资格的人进不了公民馆，而许多从事公民馆工作的又没有公民馆主事/社会教育主事资格。最新统计显示，截至2011年底，日本公民馆职员中拥有公民馆主事/社会教育主事资格的占30.2%，专任职员拥有公民馆主事/社会教育主事资格的比例最高，为47.7%，其余兼任职员、临时职员平均在26.9%。① 问题是近年来由于经济长期不景气，再加上日本推行公共设施的委托经营、实行"指定管理者制度"，公民馆的用人机制发生了变化：专任馆员在大幅减少，临时馆员和派遣馆员在增加，2011年，日本公民馆职员中专任职员仅占总数的18.4%，公民馆职员的职业资格制度面临着严峻的挑战。

参考文献

[1] 张书娜.找准文化馆人自身发展定位,不断提升公共文化服务水平.大众文艺,2010(2).
[2] 薛红英、郝凤素等.美日图书馆专业资格认证制度对我国的启示.高校图书报,2005(12).
[3] 魏志春.公共事业管理.上海：上海教育出版社,2004.
[4] 高新亮.我国图书馆职业资格制度探微.云南档案,2010(3).
[5] 宋艳丽、孟瑞省.图书馆职业资格认证制度初探[J].职业时空,2005(11).
[6] 拉德克利夫布朗著、夏建中译.社会人类学方法.济南：山东人民出版社,1988.
[7] [德]马克思·韦伯著、韩水法译.新教伦理与资本主义精神.西安：陕西师范大学出版社,2002.
[8] 曹爱军、杨平.公共文化服务的理论与实践.北京：科学出版社,2010.
[9] 侯自芳.我国职业资格制度人才评价体系研究[D].国防科学技术大学,2006.
[10] 李作章.英国职业教育中的资格证书制度解析[D].北京师范大学,2007.
[11] 黎娜.英国,澳大利亚职业资格考评实践及对我国的启示[D].华东师范大学,2005.
[12] 刘育峰.四国职业资格制度及发展脉络.中国职业技术教育,2005(18).
[13] 2012苏州市市属事业单位招聘6000人报名.[EB/OL].http://www.yjbys.com/sydwzp/4171813.html,2012-01-16.

课题组：曹 俊　金武刚　朱 苟　许晓霞　沈霞娟　刘逸平
　　　　许轶璐　徐吟之　张 丽　冯 佳　陆晓曦　柳 英

---

① 文部科学省.社会教育調査・平成23年度(中間報告)・統計表一覧・公民館の職員数.见：http://www.e-stat.go.jp/SG1/estat/List.do?bid=000001041286&cycode=0.

苏州市乡村图书馆制度设计研究

内容摘要

　　社区和乡村是公共图书馆普遍均等服务的神经末梢。在苏州市,在公共图书馆覆盖城镇社区方面,采用经济高效的总分馆模式,而在乡村,尽管经过多次基层图书馆建设运动,但实际上农民从来没有享受到专业化、均等化的公共图书馆服务。农家书屋、全国文化信息资源共享工程基层服务点、党员现代远程教育中心、乡村图书室,都互相独立、各自为政、资源分散,农民享受不到应有的公共文化服务。在总结历次基层图书馆建设运动失败教训的基础上,苏州地区对农家书屋、共享工程基层服务点、党员现代远程教育中心、乡村图书室等的资源整合进行了积极的探索和实践,希望通过实行"四位一体",资源共享,用一份成本提供原来多种并分散的公共文化服务,在农村提供全覆盖的、普遍均等并有一定专业水准的公共图书馆服务,并使乡村图书馆实现可持续发展。2010年,苏州吴江市率先在三个乡镇开展试点,取得了一定的成效。本文希望借助城乡一体化发展和苏州创建国家公共文化服务体系示范区的历史契机,通过调查以总结实践经验,通过分析研究,以期形成一套支撑乡村图书馆经济高效、可持续发展的制度,从而全力推进乡村图书馆发展,实现公共图书馆服务城乡一体化,提升农民的文化信息素养,促进社会的公平正义与和谐稳定。

一、背　景

　　《中华人民共和国国民经济和社会发展第十二个五年规划纲要》指出:"建立健全公共文化服务体系……改善农村文化基础设施,支持老少边穷地区建设和改造文化服务网络。"[①]其实在更早的时候,党的十六大、十七大就已经提出了建立全覆盖的比较完备的公共文化服务体系方针政策。进入新世纪以来,公共图书馆在城市确实得到了快速的发展,许多城市新建了一批大体量、高标准的公共图书馆,一些地区在总分馆、区域性服务网络建设方面进行了各种探索,成功地加快了这些城市公共图书馆服务均等化的进程。

　　然而,公共图书馆在农村似乎一直未能找到能够提供普遍均等服务且保障其可持续发展的途径,历次基层公共图书馆建设运动均以失败告终。近10年来,公共图书馆服务体系建设速度、公共图书馆服务的专业化程度、公共图书馆服务的利用效益,一方面快速提高,另一方面呈现出地市级图书馆、县级图书馆、乡镇图书馆、乡村图书馆逐级递减的状况。离开了占总人口大多数的农民的公共文化服务,就背离了公共文化服务均等化的公平原则。因此,从公共图书馆服务的普遍均等来说,首先是要求服务设施能够覆盖到农村;其次是这种服务的数量和质量原则上应该与城市基本一致;最后,考虑到我国当前体制因素和农村的经济状况,服务必须以一种低成本、可持续的方式提供。

　　在这个过程中,农家书屋、共享工程、乡村图书室的建设借助政策优势在农村迅速铺开,已经基本覆盖。这些针对农村的公共信息服务,由几个条线分头实施,政策各异,都着重考虑在农村建设服务设施,而没有为保障这些设施的正常运行而提供应有的资金、人员、资源、机制等方面切实可行的保障政策和措

[①] 中华人民共和国国民经济和社会发展第十二个五年规划纲要. http://wenku.baidu.com/view/fcdf391755270722192ef7de.html. 检索时间: 2012年12月14日.

施,从而使得服务效益与初衷背离。据专项调研,约有三分之二的农家书屋无法维持正常开放。[①]

目前,依靠政策和行政手段的强势,60余万家农家书屋已覆盖了全国所有具备条件的行政村,比原计划提前了3年。[②]但在服务的正常化、专业化方面存在着很大问题,需要寻找保障正常开放、持续发展的实现方式和途径。另一方面,公共图书馆具有在人员、业务、管理等方面的专业优势,也在寻找向乡村延伸服务的途径。同时,尽管在省以上层面,涉及农村公共文化服务的文化和新闻出版分属两个条线,但到地市、县市,公共图书馆和农家书屋同属于文化广电新闻出版局,且都是公共资源,都希望为农民提供服务。

另外,在苏州市农村中,农家书屋、全国文化信息资源共享工程基层服务点、党员现代远程教育中心、乡村图书室,都各自为政、互相独立、资源分散,使得农民享受不到应有的信息服务和文化服务。从资源共享、普遍均等理念出发,我们通过调配,提出由县级政府主导、由县级公共图书馆牵头,把全县乡村中这四个方面的资源整合起来,实行"四位一体"管理,把乡村图书馆纳入县级总分馆体系,乡村图书馆同时持相应的四块牌子,为农民提供综合信息服务和图书馆服务,在公共图书馆和公共信息服务上实现城乡一体化,保障农村的基本文化权益。

虽然吴江市于2010年开始试点,但尚存在许多需要改进的地方。借助创建国家公共文化服务体系示范区,我们再次组织调查研究,希望通过研究和探索,完善整合农村公共文化服务的"四位一体"做法,建立起为农民提供普遍均等公共图书馆服务的制度,并且使服务成本最小化。

(一)信息公平的要求

信息公平是社会公平的重要组成部分,甚至可以说是社会公平的前提。新中国成立以来,农村与城市相比,剪刀差不仅存在于经济上,也存在于公共文化服务上,包括信息服务。无论是信息获取机会,还是信息获取的应用以及信息获取的质量,城乡差距都比较明显。信息获取的滞后导致农村在许多方面落后于城市,也使农村中人的素质、知识与城市人存在较大的差距。缩短城乡差距,加速城乡一体化建设尤其是公共服务的城乡一体化是当前政府面临的紧迫任务。我国是一个农业大国,农村人口多,第六次全国人口普查数据显示,乡村人口数为6.74亿,占全国人口的50.32%。[③]经济的发展、社会的进步、国力的强盛,离不开农村人口素质、学识、技能的提高。因此,农村公共文化特别是农村公共图书馆服务的均等化不仅是城乡一体化的重要内容,更是社会公平的直接体现。

(二)政府积极作为

党和政府一直重视农村公共图书馆服务的均等化问题,从新中国成立初期、人民公社图书馆到20世纪80、90年代的乡镇万册图书馆,数次开展农村基层图书馆建设运动,但由于经济、体制、技术等方面的原因,至少从目前的农村来说,正规的公共图书馆服务还是一个空白。

十六大后,党和国家提出建设覆盖全社会的比较完备的公共文化服务体系,为人民群众提供普遍均等的公共文化服务,这其中当然包括了乡村中的农民。不解决农村公共文化服务的长效化、专业化问题,即使在设施上全覆盖,也不可能实现服务上的普遍均等。

十七届六中全会,党中央在公共文化服务上提出了更高的要求。文化部、财政部以实事求是的工作作风,为实现公共文化服务的均等、专业和可持续的目的,开展创建国家公共文化服务体系示范区活动,探索和寻找既能符合各地实际、又符合公共文化服务可持续发展客观规律的制度、体系和模式。

---

① 邱冠华.四位一体 构建农村公共信息服务体系的建议.图书与情报,2010(5).
② 李丹.文化雨露遍洒城乡.经济日报,2002-11-5,http://www.jingji.com.cn/Item/Show.asp? m=1&d=3841.检索日期:2012年12月14日.
③ 马建堂.第六次全国人口普查主要数据发布.2011年4月28日.http://www.stats.gov.cn/zgrkpc/dlc/yw/t20110428_402722384.htm.

(三) 示范区创建的重要内容

与以往的基层图书馆建设运动不同,创建示范区的根本目的是通过实践和探索,设计出能够为全体市民(包括农民)提供专业、均等、持续服务的公共图书馆制度并且按制度构建起服务体系。因此,均等化、专业化、可持续是制度设计中需要着重考虑的问题。

实现农村公共图书馆服务的普遍均等是创建国家公共文化服务体系示范区的重要内容之一。如何摆脱农村公共图书馆建了关、关了建的宿命,使农村公共图书馆实现服务的均等、专业和持续,是摆在我们面前的重大课题,而创建国家公共文化服务体系示范区则为我们提供了一个千载难逢的历史机遇。

二、实地调研

目前,农村中乡村图书室、党员现代远程教育中心、共享工程基层服务点和农家书屋并存,无疑,这些服务设施都是政府提供的公共信息服务,而且存在着资源整合的空间,所以,我们对乡村公共文化信息服务的情况调查包含了这些服务内容。调研从2009年开始,前后共开展了4次,其中2012年2次,范围涵盖5个县市,主要内容是农家书屋、共享工程基层服务点和乡村图书室,也包括了一些乡镇图书馆(县级图书馆的分馆)。由于在此之前,党员现代远程教育中心与共享工程基层服务点已经按照省委组织部、省文化厅的文件精神进行了资源共享,因此,调研主要针对农家书屋和乡村(社区)图书室,兼顾党员现代远程教育中心与共享工程基层服务点。

(一) 样本基本情况

苏州五县市共有40个镇,除县市政府所在镇外,共有35个乡镇,我们随机选取了21乡镇、53个村(社区)进行调研。这些村(社区)的平均户籍人口3400余人,外来人口2200余人,常住人口为5000余人。村2011年人均年纯收入17000余元,远高于同年全国农村人均近7000元的水平[①],良好的经济条件为本地区农村公共文化服务的发展奠定了一定的物质基础。随着苏州城乡一体化建设的加速和新农村建设的推进,农村经济由传统模式向现代农村新模式发展,集体经济的发展壮大逐步替代了以家庭为单位的个体经营。随着生产力的不断解放和提高,村民有了更多的时间和精力去关注个人的发展和精神享受,公共文化也逐渐被认识、接受和重视。

(二) 调研内容

我们参照了《公共图书馆建设标准(建标108—2008)》《公共图书馆服务规范(GB/T 27703—2011)》"深圳图书馆街道图书馆定级必备条件"等建设和评估标准,并根据苏州农村地区公共文化服务的实际情况,全面而系统地对农村公共文化服务的建设情况进行调研。调研主要从基础设施、资源建设、专业服务、技术支撑、发展态势等方面入手,并将各方面细化,内容如表1所示。

表1 苏州农村公共文化服务发展现状调研内容表

基础设施	建筑面积、书架长度、桌椅数量、电脑数量及配置、宽带、资源播放设备、照明状况、取暖消暑设备等
资源建设	图书、期刊、报纸数量及质量、光盘、网络资源、资源配置等
专业服务	开放时间、资源播放次数、参考咨询、读者活动、读者流量、借阅量、宣传推广、读者培训
管理工作	设备管理与维护、业务统计、档案管理、声誉管理
发展态势	县市图书馆和乡镇分馆的统筹与指导、村(社区)的支持、人员培训等

---

① 中国新闻网. 中国农村居民2011年人均纯收入近七千元. http://finance.chinanews.com/cj/2012/01-20/3619353.shtml 检索时间:2012年10月29日。

在农村公共文化服务制度设计研究中,评估标准是一项重要内容。调研内容与评估标准是相对应的。在表1中,基础设施、资源建设、专业服务、管理工作、发展态势等在评估标准中将作为一级指标,其内容将作为具体的评价指标。在此需要特别说明的是,相较于一般的评级体系,此评价标准对基层公共文化服务的声誉管理做了一定的要求。农村公共文化服务处于新的起点,该阶段的发展比较脆弱,如果不能建设立良好的口碑,很容易破坏建设发展的局面,因此树立和维持良好的声誉对农村公共文化服务的发展具有战略意义。

(三)研究方法

在调研的过程中,一些可以量化的内容可以直接通过台账、登记簿和现场观察获得,如建筑面积、书架长度、电脑数量等基础设施情况,图书报刊数量、网络资源等资源建设情况,读者流量、报刊借阅量等专业服务情况。通过访谈、观察与座谈等方法可以获取定性的材料,如信息服务的效果、用户的评价、工作人员的感受等。

1. 访谈

主要是与村(社区)主要负责人(支书、村主任)、公共文化服务管理员、图书室读者及居住或路过公共文化设施的周边群众等进行访谈。

2. 观察

观察建筑的地理位置、照明采光、取暖消暑、资源播放设备等设施设备,以及读者阅读行为、图书排架质量、业务统计、档案管理等。

3. 座谈

与县市图书馆、镇图书馆、村(社区)图书室相关人员举行座谈,了解农村公共文化服务的历史、现状及未来的规划,县市图书馆、镇图书馆与村(社区)图书室在农村公共文化服务发展中的角色与责任等。

4. 统计学方法

对调研的数据资料进行统计分析,应用单样本检验法分析规律的开放时间是否影响读者流量等问题。

三、历史的经验教训和新时期受众背景

(一)历史的经验教训

20世纪50、60年代的人民公社图书馆(室)和80、90年代的乡镇万册图书馆都曾辉煌一时。50年代末期,"大跃进"、人民公社等推动了人民公社图书馆的发展,1958年9月统计,全国有农村图书馆(室)41万个。[①] 围绕人民公社图书馆的建设问题,一些图书馆和个人编著了指导建设的图书和相关资料汇编等。如福建省图书馆编著了《怎样办好人民公社图书馆》[②],林凤五编著了《怎样办好人民公社图书馆》[③]等,对人民公社图书馆的性质、任务、方针等进行了阐释,并在组织管理等方面提出了建议,浙江省图书馆编著了《人民公社图书馆工作参考资料》[④]。但人民公社图书馆的发展具有浓厚的政治色彩,偏重于意识形态的宣教,虽然取得了一定的效果,但由于资源、专业、管理、技术等条件的限制,很快失去了读者。

20世纪80、90年代,乡镇万册图书馆逐步兴起,掀起了农村图书馆事业发展的又一壮丽篇章,

---

① 黄宗忠.试论人民公社图书馆的建立与发展.武汉大学学报,1959(3).
② 福建省图书馆.怎样办好人民公社图书馆.福州:福建人民出版社,1960.
③ 林凤五.怎样办好人民公社图书馆.济南:山东人民出版社,1960.
④ 浙江省图书馆.人民公社图书馆工作参考资料.杭州:浙江人民出版社,1959.

到 90 年代中期,各地乡镇万册图书馆纷纷建成,尤其是苏南地区乡镇企业的突起,推动了当地乡镇图书馆的建设。1993 年底,吴江、无锡和张家港率先实现了乡乡镇镇建成万册图书馆的目标。① 1995 年,苏州市所辖六县(市)的 52 个乡镇建成万册图书馆②,随后又实现了全市 123 个乡镇的全覆盖。客观地看,在缺乏制度保障、资源共享机制、专业人员和相应技术条件的当时,万册图书馆从建设开始就注定了失败的命运。

进入新世纪,随着经济和社会的快速发展,党和国家提出不仅要让人民群众充分享受物质文明发展成果,更要共享文化大繁荣的成果,各地兴建起了一批公共图书馆的新馆舍。与此同时,平等、免费、无差别的服务理念开始在图书馆业界复苏,全国有不少图书馆探索服务均等化的途径和方式,服务网络、总分馆模式在全国一些地区应运而生,并展示出良好的效果。苏州地区的总分馆建设虽然是合作模式,但通过在思路、机制、技术等方面的创新而大获成功,县级图书馆将乡镇图书馆作为分馆纳入总分馆建设体系中,在制度、技术、资源、服务和人才等方面较之以前有了更为成熟的保障和支持。

十六大以后,在党和政府保障人民群众的基本文化需求、构建社会主义和谐社会的方针政策指导下,各级党委政府和各个部门都采取一定的措施,设立一些项目,把公共服务延伸到乡村。于是,组织部门的现代党员远程教育中心、文化部门的全国文化信息资源共享工程、八部委的农家书屋纷纷强势推进,加上长期在乡村并几经起落的乡村图书室,四种公共文化服务在苏州农村全面开花,表面上看乡村的公共文化信息服务已经与城市没有太大的区别,如果不考虑其服务的正常化和专业化,那么似乎已经实现了全覆盖。

(二) 新时期苏州乡村图书馆的受众背景

1. 城镇化发展

农业现代化促进了农业产业升级,并助推村级集体经济发展迅猛,农村集体总资产突破 1000 亿元,村均收入超过 500 万元。③ 有了强大的集体经济,农民的持续生产和收入增长就有了强大的基础,公益性的社会福利事业就能实现快速发展。随着苏州新农村的建设和城乡一体化进程的加速,农村居民的居住由传统的分散居住逐步变为集中居住。在"十二五"时期,农用地规模经营比重、镇村企业集中度均将达 90%,农村居民集中居住度将达 60% 以上。④ 这种集中居住的发展趋势为村民利用图书室和其他文化设施铺垫了便利的空间基础,相较于传统的分散居住,更有利于农村公共文化服务的建设和发展。

2. 经济收入大幅增加

2011 年,苏州农民人均纯收入达 1.7 万多元,同比增幅 16.3%,比城镇居民收入增幅多 3.1 个百分点。苏州城乡居民收入比由前年的 1.99∶1,达到去年的 1.94∶1,优于 3.13∶1 的全国平均水平,成为全国城乡居民收入差距最小的地区之一。⑤

3. 农民的文化生活需求

信息需求上,由于摆脱了传统的农业发展模式,家庭生产与劳作方式也随之改变,与此相对的是农民信息需求的变化。调研发现,相较于科技兴农等专业性强的书籍,村民更青睐休闲娱乐信息,如文学类的图书、休闲类的杂志、电影等。了解村民的信息需求对文献资源建设具有导向性,是文献资源建设的前提和基础。

---

① 薛秦昕、陈晓丽. 苏南乡镇万册图书馆的建立. 唯实,1994(12).
② 王学熙. 机遇 目标 措施——苏州市六县(市)乡镇全面建成万册图书馆的启示. 江苏图书馆学报,1995(2).
③ 徐建明. 坚持城乡一体发展 加快两个率先进程. 群众,2012(2).
④ 陆晓华、胡佳逸. 农村居民集中居住度五年内要超过 60%. 苏州日报,2011 年 2 月 17 日.
⑤ 胡佳逸. 全市率先基本实现农业现代化推进大会(蒋宏坤、阎立讲话). 苏州日报,2012 年 1 月 6 日.

社交需求上,苏州农村地少人多,农村经济的发展解放了大量的人力,村民收入迅速增长。如此,农民不再需要为了生计而忙碌奔波,既有大量的空闲时间用于提升自己的文化素养和丰富自己的精神世界,又因集中居住改变了原来的社交方式而需要有专门的社交场所。这就为农村公共图书馆服务提供了受众基础和空间,使其具有现实可能性。

四、苏州乡村图书馆发展现状

(一)建设主体的能力

1. 财政能力

(1)县市、乡镇、村财政状况

苏州经济发达,2011年地区生产总值10716.99亿元,人均生产总值100286元,一般预算收入为1100.9亿元。近5年来,苏州市及所辖五县市的经济发展迅速,一般预算收入不断攀升(见表2,图1),为公共文化的发展奠定了坚实的物质基础。五县市所辖乡镇2011年财政一般预算收入均超亿元,有的乡镇甚至超30亿元(见表3)。

表2　近5年来苏州及所辖五县市一般预算收入表　　　　　(单位:亿元)

	2007年	2008年	2009年	2010年	2011年
苏州市	541.8	668.9	745.2	900.55	1100.9
张家港	83.98	103.98	105	116.06	143
常熟	60.05	70.15	78.08	100.09	122.5
太仓	37.26	50.18	58.8	70	85.4
昆山市	85.56	115.69	133.13	163.13	200.22
吴江	48.1	53.09	70.2	90.28	112.88

数据来源:苏州、张家港、常熟、太仓、昆山、吴江统计网。①

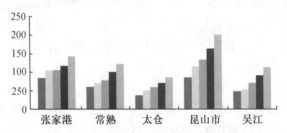

图1　近5年来5县市一般预算收入图

表3　五县市2011年部分镇一般预算收入表(单位:亿元)

张家港		常熟		太仓		昆山		吴江	
杨舍镇	27.84	虞山镇	34.2	城厢镇	10.41	玉山镇	35	松陵镇	15.6
塘桥镇	6.38	梅李镇	3.8	双凤镇	1.63	巴城镇	10.11	同里镇	3.02
金港镇	28.3	海虞镇	5.87	浏河镇	3.18	周市镇	6.76	汾湖镇	13.84
锦丰镇	23.85	古里镇	5.5	沙溪镇	4.19	陆家镇	8.9	平望镇	4.55
乐余镇	2.9	沙家浜镇	3.14	浮桥镇	2.51	张浦镇	10.56	横扇镇	15

---

① 有关数据都来源于各县市政府网站及统计网站,下同。

2011年全国县域经济科学发展交流年会上发布了"全国县域经济百强县(市)",苏州所辖5个(县)市均排前10位。① 经济的发展是文化繁荣的基础,更是文化事业发展的前提,苏州(县)市及乡镇发达的经济将成为农村公共文化服务强力发展的有力保障。然而,从调查数据可以看出,虽然总体上乡镇经济实力较为强大,但各乡镇之间的差距又非常巨大,上表中财政地方一般预算收入最高与最低的相差21倍,因此,我们不能不看到乡镇之间经济总量上的差异。

从上面的数据可以看出,苏州所辖5个县级市各级政府都有充裕的财力保障公共文化的发展,但由(县)市到乡镇直至村的财力逐级减弱。在现有条件下,对农村公共文化服务发展最有保障能力的是(县)市级政府,所以应由(县)市政府统一规划并出资作为支撑,有条件的乡镇和村可对本地公共文化的发展给予相应的投入,特别是馆舍的提供。

(2) 县市、乡镇、村公共文化投入情况

随着经济的高速发展,各级政府对公共文化的投入也逐渐加大。2011年,张家港市文化体育与传媒的财政预算支出12806万元,比2010年实绩增加1270万元,增长11%,上级财政追加502万元,全年达13208万元。2012年文化体育与传媒预算支出13200万元,比上年预算增加1600万元,增长13.8%。② 常熟市2011年文化体育与传媒的财政预算支出12600万元,完成年度调整预算的59.78%,增支5709万元,增长83.42%。③ 吴江市2011年文化体育与传媒支出8100万元,完成预算的96.43%,比2010年增长42.11%(主要原因是2011年省市两级新增安排文化产业引导资金)。2012年文化体育与传媒支出预算6900万元,比2011年初预算增长15%。2012年建立健全财政文化投入稳定增长机制,完善鼓励文化建设的财税政策措施,推动构建覆盖城乡的公共文化服务体系。④ 太仓2010年文化体育与传媒预算支出5558万元,2011年预算支出14426万元,增长170.56%(因广电传媒非税收入纳入预算管理,增幅较大)。⑤

除了县市公共文化的财政支出外,乡镇和村(社区)财政也对公共文化的发展给予了一定的财力支持。但乡镇及村(社区)的财力相对县市而言要薄弱得多,尤其到了村(社区)一级,由于每个村的经济发展不平衡,每年用于公共文化发展的费用也有相当大的差异。久而久之,这种经济上的不平衡会加大文化享受上的距离。因此,有必要由(县)市统筹规划,均衡各地的公共文化发展。

(3) 社会捐赠等

目前农村地区的社会捐赠主要为书刊,包括政法、民政、妇幼、企业、高校、社会等各条战线捐赠的图书期刊等。这些捐赠书刊在一定程度上丰富了农村公共文化,但捐赠书刊的价值就目前而言还是体现在充实藏书量的层面,其内容大都为种植和养殖类图书,且复本量往往又过多,显然不符合农村的阅读需求。

2. 专业能力

县市图书馆、乡镇图书馆与村(社区)图书室的服务能力从强到弱依次递减,在人力、物力、财力等各方面都存在明显的区别。这种区别不仅体现在自身所蕴含的服务能量(专业人才、文献藏量、

---

① 中郡第十一届全国县域经济基本竞争力百强县(市). http://www.china-county.org/a/jzlkxfz/11jpjjg/2011/0819/6734.html. 检索时间:2012年12月14日.

② 周兵.关于张家港市2011年财政预算执行情况和2012年财政预算草案的报告. http://www.zjg.gov.cn/home/zwgkinfo/showinfo.aspx?infoid=57e1ac6b-5714-4fec-aaf3-46676baf4515&categoryNum=030012 检索时间:2012年10月25日.

③ 潘建华.关于常熟市2011年财政预算执行情况和2012年财政预算草案的报告. http://www.cscz.gov.cn/disp/message?id=10297. 检索时间:2012年12月14日.

④ 张炳高.关于吴江市2011年财政预算执行情况和2012年财政预算(草案)的报告.

⑤ 周大伦.关于2010年财政预算执行情况和2011年财政预算(草案)的报告 http://www.tcrd.gov.cn/art/2011/12/27/art_12004_141991.html. 检索时间:2012年12月14日.

制度规范、服务理念等)上,更体现在外在的服务表现上。苏州所辖五县市公共图书馆进入新世纪以来都新建了馆舍,最小为11000平方米,张家港市有2个馆舍,面积达27000平方米。随着各(县)市图书馆新馆的投入使用,当地政府在资金、人员等方面都有较大投入,加上总分馆建设的发展,以各(县)市图书馆为总馆的总分馆体系日趋壮大。随着读者的增加、业务的扩大,各馆逐渐积累起的专业服务能力达到了前所未有的高度,乡镇图书馆和乡村(社区)图书室均无法与其相比。

因此,从专业能力的角度而言,(县)市图书馆理应承担起农村公共图书馆服务的重任,这是由历史的经验教训、体制状况、专业实力、管理能力等现实相结合而决定的。

3. 管理能力

良好的管理能力能使系统的运行提高效率,是组织高效率运转的关键因素。建设和提升农村公共图书馆服务离不开强有力的管理能力,一方面需要制定行之有效的规章制度和标准,另一方面要确保规章制度和标准在实际工作中的执行力。与此同时,还要根据实际不断调整,加强组织的学习能力,纠正现有制度和标准的偏差,从实践中来,并继续指导实践的发展。

目前在乡村,共享工程基层服务点与党员现代远程教育中心在技术、网络、资源上已经基本进行整合,乡村图书馆与农家书屋基本上合而为一。但从服务角度来看,这些设施并不能保证正常开放,要让其发挥出应有服务效应,既需要以制度加以规范,又有赖于资源整合,节约开支,使其服务成本不超出公共财政的支撑能力。而制度的制定、落实,资源的整合、管理的统一,需要政府的主导,需要不同部门之间的协调与合作。因此,统筹部门、人力、物力与财力,建立专业经济高效的农村公共文化服务体系,需要完善的制度和评价标准做支撑,确保逐步提升贯彻意图、实现预期目标的执行力。县市、镇和村在农村公共文化服务建设方面,统筹和管理各方因素的能力显然是由强到弱,这是由其行政能力、经济能力、文化能力等多重因素共同决定的。目前,苏州所辖5个(县)市已逐步建立以(县)市图书馆为中心馆、镇(办事处)图书馆为分馆、村(社区)图书室为基层点的总分馆体系,构成区域性的服务网络,实行联合采编、统一检索、一证通用、资源共享,并制定了各项规章制度,以保障总分馆体系的正常有序运行。

综合以上因素,农村公共文化服务体系的建设和完善应由政府主导完成,比较分析县市、镇、村(社区)的建设能力可知,无论是经济能力、专业服务能力还是管理能力,(县)市政府应作为建设的主体。在财政投入、政策制度的制定、公共文化建设的管理等方面,(县)市政府都具有最合适的条件。在实际工作中,各(县)市政府已通过(县)市图书馆开展了一系列的建设工作,并取得了较为显著的成效。但不少举措是(县)市政府的偶发行为,并没有通过合理完善的制度作为保障,甚至部分工作是由(县)市图书馆自发完成的,无疑更加加重了(县)市图书馆的工作。所以,从制度上明确县市政府作为农村公共文化服务体系的建设主体势在必行。

(二) 基础建设

调研的53个村(社区)都建有乡村图书室、农家书屋、共享工程基层点和党员现代远程教育中心,其中乡村图书室与农家书屋共享空间,共享工程基层点和党员现代远程教育中心共享网络连接。基层点虽然藏书多少不一、面积大小有别、设施新旧不齐,但都为村民提供了阅读信息、阅读空间和各种阅读设备。共享工程与党员现代远程教育中心网络畅通,可下载丰富的多媒体信息,农家书屋与村图书室配有一定量的纸质文献,如图书、杂志与报纸等,少数还提供光盘音像外借服务。传统的纸质文献与网络信息结合使各个基层点具备了提供公共文化信息服务的能力,如前文所言,如果不考虑其服务的正常化和专业性,公共文化服务在农村基本实现了全覆盖。

1. 硬件设施

调研数据显示,乡村图书室平均面积为73平方米,其中最小的面积为20平方米,最大的面积为350平方米,50平方米以下的有21个,50~90平方米的有21个,100平方米以上的为11个。50

平方米以下的阅览室占到近40%,可见不少基层点阅览空间明显不足。调研过程中发现,不少图书室的位置和布局不合理,仅有15个图书室设在1楼,大部分图书室设在2楼和3楼,还有少数在4楼。一些图书室设施简陋,卫生、通风和照明条件较差,阅读环境不理想,不利于村民利用图书室。

表4 乡村(社区)图书馆面积分布表

图书室(单位:平方米)	数量(个)	最小	最大
小于50(含)	21	20	350
50~100(含)	21		
100以上	11		

书架长度最长为180米,最短为12米,平均60米左右,40米以下有25个,其中30米及以下的图书室有22个,40~100米的有19个,100米以上的有9个。按照每米50本书的排架方法,将近一半的图书室藏书容量为2000本,41.5%的图书室藏书容量为1500本以下。座位数最多的为60个,2个图书室没有座位,其中2~10个的图书室为29个,12~20个的为16,20个以上的为6。相比书架与阅览座位数,阅览桌的数量更显不堪,多数图书室没有设置阅览桌。

表5 乡村(社区)图书室书架长度

图书室(单位:米)	数量(个)	最小	最大
小于40(含)	25	12	180
50~100(含)	19		
100以上	9		

阅览室的环境、书架、阅览桌椅的缺失将成为制约农村公共图书馆服务发展的瓶颈之一。阅览设施是承载公共图书馆服务的平台,加强平台建设不仅是当前示范区创建任务的迫切需要,更是实现农村公共图书馆服务持续性发展的重要保障。因此,乡村图书室的发展需要有起码的藏书、阅览空间,制定相应规范和标准,在发展伊始阶段做到未雨绸缪,为今后的发展,尤其是跨越式发展预留足够的空间。

2. 图书资源

乡村图书馆的图书资源主要由三部分构成,其一是20世纪80、90年代乡镇万册图书馆遗留下来的;其二是农家书屋建设,由相关部门统一配置;其三是捐赠图书,包括各条战线(公检法、民政等)、企事业单位和个人等的捐赠。具有良好文化信息服务意识和经济基础较好的村(社区)会不定期地自发购买部分图书,但数量有限。因此,由于历史原因以及缺乏现实的专业藏书指导,乡村图书馆的藏书发展面临不少的困难,突出表现在以下几个方面。

(1) 图书数量少。农村公共图书馆服务的发展一直以来都被作为经济发展的附属品,长期以来未能得到应有的重视,这就导致部分地区乡村图书室的建设被忽略,不能及时有效地建立足够数量的图书以提供阅读服务。在调研的乡村图书馆中,最少的藏书量为800册,最多的为10000余册,平均每个点藏书3200余册。其中,800~1500(含)册藏书的图书室有17个,1500~2000(含)册的有6个,2000~4000(含)册的有17个,4000册以上的有13个。有相当部分的基层点藏书量还不能达标,而对照平均5000余人的常住人口而言,其藏书量也是不够的,所以加强藏书建设的首要任务是增加藏书量,尤其是藏书量较少的图书室。在增加藏书量的过程中,不仅要考虑藏书的种类和复本,更需考虑藏书质量。

表6 乡村图书室(含农家书屋)藏书量

藏书量(册)	图书室(含农家书屋)	最少	最多
800~1500(含)	17	800	10000
1500~2000(含)	6		
2000~4000(含)	17		
4000以上	13		

(2)图书破旧。部分乡村图书馆的藏书主要继承了20世纪乡镇万册图书馆散落遗留的图书资源,这部分图书的时效性较差,少部分适合阅读的图书则破损严重,纸张脱落,内容缺遗,使村民的阅读积极性大打折扣。大量破旧图书占据书架,看似馆藏不少,但其实多非有效藏书,难以利用其开展服务。

(3)藏书结构不合理。苏州大部分农村地区的发展已摆脱传统的农业发展模式,其经济结构、人员素质、居住方式、生活习惯等也发生了巨大的变化,因此建立在此基础上的信息需求也必然随之改变。但农家书屋的统一配书及相关单位或个人的捐赠图书,一方面其对农村文化信息需求的意识还停留在传统的农业经济基础上,另一方面则完全不顾受众的知识信息素养,缺少对其信息需求的充分调研和认识。在调研中发现,一些图书已不能满足现代农业经济的发展需要,还有一些图书脱离了村民信息接受和消化的范围,不合时宜。通过观察与访谈,我们发现休闲型、科普型是村民主要的阅读类型,而农业专业性的资源并不是其阅读重点所在,所以资源的内容须偏向休闲。乡村图书馆藏书结构的建立应以受众信息需求调查为基础,不能一成不变地看待变化中的事物,也不能小而全。建立和完善合理的藏书结构是开展农村公共文化信息服务的基础,只有有的放矢,才能吸引越来越多的村民来利用图书馆。

3. 报刊

从公共图书馆统计、读者调查等结果来看,报纸和期刊是读者到馆阅读的主要对象。当前农民的科学文化素养、获取信息和知识的手段、信息供给渠道等都远低于城镇居民,报刊更成为读者重要的阅读对象和信息来源,对老年读者尤甚。调查发现,大部分乡村图书馆都订阅了基础的党报党刊等,但也有不少的报纸分散在各个办公室,并未放置于阅览室供村民使用;有的馆一些报架上还存放着几年前的泛黄破旧报纸;有的馆存放了30余种报纸,而有的阅览室却不见报纸踪影。调查数据显示,平均每个乡村图书馆订阅报纸不到10种,包括分散在村委会各办公室的报纸。相对于报纸,期刊的平均种数稍多,为13种,但这其中包括公开发行和内部刊物。总体而言,报刊种类偏少,且多为规定性的订阅,加之不能及时有效地提供给村民,因此无法满足一般性的休闲阅读,挫伤了村民利用乡村图书馆的热情和积极性。

4. 计算机网络

(1)计算机硬件设施

电脑与网络已在基层点实现了全覆盖,并能提供一定的网络信息服务。在调研的53个乡村图书馆中,17个有1台电脑,1个有3台电脑,3个有4台电脑,1个有5台电脑,11个有6台电脑,1个有7台电脑,4个有8台电脑,1个有9台电脑,12个有10台电脑,2个有20台电脑,平均每个馆有接近6台电脑。不过这些电脑中不仅包括读者用机,也包含了工作用机,而且部分电脑处于待修状态,不能使用,尤其是只有1台电脑的基层点,电脑的使用比较脆弱,一旦出现故障,网络信息服务就会停止。党员现代远程教育播放室多数都配置了投影仪或大尺寸电视机,加上共享工程的电脑,能够提供资源播放服务。

（2）宽带

虽然每个村都开通了宽带网络,但一些点的带宽不够,无法支撑网络信息服务,尤其是多媒体信息的接收、下载和在线播放。在调研过程中,我们曾在不同点尝试在线播放视频信息,一些点能够很流畅地在线播放,一些点则需要不断缓冲,还有一些点的网络不能支持在线播放。带宽不够给基层点的网络服务造成了不便,尤其是在电脑与网络高普及率的当下,如果基层服务点的资源优势不能通过硬件有效地展现和发挥,那么读者一旦失去就很难再挽回。调查发现,凡实行"四位一体"的乡村图书馆,均借用了党员远程教育的网络和共享工程要求安装的VPN虚拟专用网络,播放流畅,可以实现数字信息资源的安全传播,保护知识产权。

（3）网络资源

调查发现,未实行"四位一体"的乡村,不管是乡村图书馆还是共享工程基层服务点,均只能获取普通的互联网资源或共享工程安装到本地的资源。但实行"四位一体"的乡村图书馆,除可获取上述资源外,还可以获取各本(县)市总分馆系统内的网络资源以及邻近总分馆系统内资源共建共享的部分资源。以吴江为例,在吴江图书馆总分馆体系中,各图书馆(室)可以获取吴江图书馆自身外购的数字资源CNKI中国重要报纸全文数据库、CNKI中国工具书集锦在线、报载吴江消息索引数据库、超星电子图书馆、吴江古代地方志数据库和四库全书系列古籍全文数据库等,同时还可以获取六县市外购共建共享数字资源,如苏州图书馆的CNKI中国年鉴全文数据库、读秀学术搜索、中宏领导决策支持系统、万方数据库等,张家港图书馆的龙源期刊网、CCTV央视教育视频资源库和语言学习数据库等,常熟图书馆的数字动漫图书馆(点点书库)和起点自主考试学习系统,昆山图书馆的维普数据库、成考、法律视频数据库、艺术图片库和计算机技能自助式网络视频学习软件系统,太仓图书馆的CNKI中国期刊全文数据库和正保多媒体资源库,等等。

（三）服务能力

1. 服务人员

目前,乡村公共文化服务设施的管理人员绝大多数为大学生村官,少数为退休老师或妇女主任等。调研数据显示,46个村的管理人员为大学生村官,1个村为村主任助理,2个村为妇女主任,2个村为退休老师,2个村为专职。大学生村官的优势在于具备较高的文化素养和信息素养,接受信息和消化信息较快,对计算机网络设施和资源不陌生,能够兼顾多方位的公共信息服务。但大学生村官稳定性差,不能长久坚持,往往刚熟悉各项业务就要离开,从而造成农村公共文化服务的波动性较大。但相对于其他人员,大学生村官不失为农村公共文化服务管理人员的最佳人选之一。

2. 开放时间

调研发现,稳定的开放时间能吸引读者,不公示开放时间或不按公示时间开放则有损读者的热情。23个样本坚持每周5天以上定时开放的基层点,每次开放都能吸引读者来借阅图书或报纸期刊等,13个偶尔开放的样本有少量读者,17个基本上不开放的样本则几乎没有读者。在笔者调研的同时,有32个样本是开放的,有21个样本未开放。由于17个基层点几乎没有读者,我们在数据分析时主要考虑坚持定时开放与偶尔开放的差异性。

假设:坚持定时开放与偶尔开放的基层点读书流量没有显著性区别。

单样本检验(Independent Samples Test)结果显示如下:

开放性质	基层点数量	平均读者数	标准差	均值标准误
经常开放	23	17.5652	10.65076	2.22084
偶尔开放	13	4.4615	1.19829	.33235

方差齐性检验			均值 t 检验					
							95% 置信差	
F	Sig.	t	df	Sig. (2 – tailed)	均差	标准误差	Lower	Upper
方差齐次 18.062	.000	4.393	34	.000	13.10368	2.98306	7.04137	19.16599
方差不齐		5.835	22.975	.000	13.10368	2.24557	8.45809	17.74927

从表中可知,经常开放的样本平均每天的读者数为 17 人,偶尔开放的为 4 人,Sig = 0.000,小于 0.05,因此两者具有显著性的差异,假设不成立,即经常开放样本的读者数显著高于偶尔开放的样本。

由于调查中的样本中已经有一些是实行"四位一体"的乡村图书馆,即拉高了正常开放的样本数量,这意味着如果所有样本均没有实行"四体一体",则不开放的乡村图书馆比例还会提高。

3. 图书借阅

图书借阅是公共信息服务的重要内容,但在农村由于受文献资源缺少、开放时间不规律、服务不甚专业等诸多因素的限制,这一重要的服务内容在多数乡村图书馆处于停滞状态。而这也使原本就处于低潮阶段的农村公共文化需求更陷于被动。

4. 读书活动

相对城市居民而言,农村地区的文体活动不多,专门针对读书的活动更少。多数乡村图书馆由于其自身的能力有限(人力、物力、财力等),尚不能组织有效的读者活动。目前农村地区的读者活动多为各级政府组织的文体活动、上层图书馆开展的读者活动,组织者多为县市、乡镇政府,或县市、乡镇图书馆,乡村图书馆更多的是配合各级政府和上层图书馆开展各项活动。

5. 宣传

在农村,由于公共文化服务的长期缺失,农民对新发展起来的各项公共文化设施及服务并没有天然的嗅觉及敏锐度,基层公共文化从业人员需要加强服务的宣传,主动争取读者。调研中,我们采访了部分在馆读者和图书室周边群众。在对外开放且有读者的乡村图书馆中,25 名读者表示经常来阅览室,6 名读者表示偶尔来看书。此现象属于正常,而对周围群众的采访则有些令人吃惊。在图书室周边 50 米范围内采访了 70 名群众,62 人不知有图书室或农家书屋,8 人知道有,但只有 1 人去过。可见,公共文化设施不仅需要大力建设,更要极力宣传,让周边群众知道有信息资源可以用,进而通过推广培训,让他们知道怎么用,更应让其参与各项阅读推广活动。通过宣传吸引群众参与,民众的积极参与又进一步推动公共文化服务的发展,如此形成良性互动,相得益彰。

(四)业务系统

乡村图书馆馆藏文献不多,既没有相应的软件,又不具有技术人员,所以一般都没有使用计算机业务管理;但实行"四位一体"的乡村图书馆,则由县级图书馆为其安装业务管理系统,由县级图书馆提供技术支撑。尽管如此,由于县级图书馆编制较少,技术人员不足,而乡村面广量大,技术维护工作需求与技术人员数量不成比例。

(五)存在的主要问题

通过实地调研可知,目前苏州农村公共图书馆发展很快,各级政府和文化部门采取了各项措施提升其发展速度和水平,取得了一定的成绩。农村公共图书馆的布局已基本完成,具备了一定的服务能力,但发展不均衡,水平参差不齐,存在以下几种主要问题。

1. 基础设施建设欠缺

除党员现代远程教育中心外,乡村中分散的乡村图书馆、共享工程基层服务点、农家书屋都存在馆舍面积不足的问题,不足以支撑其起码的馆藏和服务需要,馆舍布局也不尽合理,使得农民在利用时存在障碍,对老人和小孩而言尤其如此。乡村图书馆、农家书屋、党员现代远程教育中心和共享工程基层点空间上相隔离,资源分散,造成读者在翻阅纸质资源的同时想要获取电子资源和多媒体资源存在诸多不便。

2. 资源整合尚待深入

乡村图书馆、农家书屋、共享工程基层点与党员远程教育点等都能以其拥有的信息资源为群众提供文化信息服务,但资源分散,各自为政,虽然目前采取了一定的措施试图将相关资源有效地整合在一起,并创造性地提出了"四位一体"的思路,吴江市开展试点并进行推广,但在实践层面还有许多问题需要解决,特别是工作人员的使用机制尚未建立,难以发挥乡村图书馆的服务效益。

3. 资源配置效率低下

资源配置效率低下体现在两个方面:一是单个基层点的资源结构,二是总分馆框架内的信息资源结构及调配。独立的基层点藏书数量及质量不高,内容特征与新时期农民的信息需求不符,部分图书的复本量过多,资源重叠,藏书结构不合理。在总分馆框架体系内的资源配置也不尽合理,主要表现为县级图书馆还无法按需求和结构自主采购农家书屋的配送图书,造成配送图书没有按照空间和人口分配优化配置,局部资源堆砌,与之相对应的是局部资源稀缺,致使整体资源的利用效率不高。因此,优化资源配置需要从微观和宏观两个层面进行,即作为独立服务单元的村(社区)基层点和总分馆体系。

4. 服务能力较差

宽泛地讲,服务能力体现在基础设施建设、资源配饰、服务人员和管理等方面,这里是指服务人员的主观能动性,主要指服务人员的专业素养与服务技能。目前从事服务和管理的人员主要为大学生村官,其专业素养较低,加之部分乡村图书馆不按公示时间开放(或不公示开放时间),就使得乡村图书馆的整体服务能力较差,与专业高效服务的要求相去甚远。所以,创新工作人员使用机制,降低乡村公共文化服务的人力成本,提升管理人员的服务能力,充分发挥其主观能动性,是实现"四位一体"整合、发挥乡村图书馆服务效能的重要条件。

5. 宣传力度不够

农村公共文化服务设施及其服务,不仅要重建设,更要重宣传。基层工作人员应采取一定的方式和措施让农民知道设施及服务的存在,并为其提供专业便捷的信息服务,吸引他们不断利用这些公共文化设施。但是在实际调研中这些方面做得明显不够,不少村民都不知农家书屋、村图书室、共享工程基层点和党员现代远程教育中心的存在,遑论利用?所以,加大宣传力度是今后基层工作中应着力加强的。

五、对策与措施

(一)建设主体的选择

1. 县级市政府作为建设主体

公共图书馆服务如果不能覆盖广大农民,普遍均等就无从谈起。因此,农村公共图书馆服务必须纳入政府职责范畴,形成制度。由于乡镇和村财力不足或不稳,(县)市政府财力充足且又可以在全市调配资源,便于协调各个条线、各个部门,使乡村中的各种公共资源得以整合,从而实现用一份成本为农民提供多种公共文化服务,因而县市级政府应作为农村公共文化服务体系建设的主体。在操作层面,县市级政府可委托县级图书馆进行体系建设,但从资金和政策方面给予充分的保证。

2. 乡镇和乡村除提供馆舍外,免除其他责任

农村公共文化服务体系建设离不开县市图书馆和乡镇分馆的指导,是建设覆盖全社会公共文

化服务体系的重要内容,乡村图书馆是国家公共文化服务体系在农村的末端。在农村公共文化信息服务体系的建设中,县级市政府为建设主体,乡镇和乡村由于各方条件的制约,除了提供馆舍和水电等设施外,应免除其他责任。

3. 有条件的乡镇、乡村可参与建设,作为有益的补充

由于苏州农村经济发达,不少乡镇和乡村也有充足的资金用于发展公共文化,因此,在实际的服务体系建设过程中,有条件的乡镇和乡村在统一建设之外,还可根据自身的实际情况适当投入,此举可作为当地公共文化建设的有益补充。如张家港的永联村、常熟的蒋巷村等,村级资金能够保证其持续稳定地发展公共文化服务。在调研的53个村和社区中,有19个村对当地公共文化的发展投入了一定的资金,从数百元到数万元不等,有的村每年都有一定的投入,有的村不定期投入,有的村一次性投入。

（二）纳入县市总分馆体系

苏州所辖五县市都已建立以县市馆为中心馆、乡镇图书馆为分馆的总分馆体系,节省了资源、提高了效益。调研中也发现,实行"四位一体"进行资源整合的乡村图书馆,比其他乡村图书馆开放更正常、服务更专业、成本更低、效益更高。这是因为实行"四位一体"的乡村图书馆不仅整合了党员现代远程教育中心、共享工程基层服务点和农家书屋的资源,而且有县级图书馆的指导和管理,实现了统一资源配置、统一服务标准、统一开展读者活动,从而在更大范围节省了成本、提高了效益。因此,必须以法规或文件的形式把县/乡镇/乡村的总分馆制加以制度化,实行市（县）总分馆内部的统一管理。①

（三）加强基础建设

1. 馆舍

馆舍主要分为党员远程教育播放室和阅览室两个部分,党员远程教育播放室同时可以兼作共享工程信息资源视频播放室和讲座等活动室,这个部分,绝大部分乡村都已经具备。阅览室的面积应不少于50平方米。

2. 设备

每个乡村图书馆配备5台以上电脑（读者使用）,以供共享工程基层服务点、电子阅览和计算机网络培训等共用。要求配备6只双面六层书架,2只五层期刊架,3只报架,24套阅览桌椅（包括8套少儿阅览桌椅）,1个工作台（包括工作电脑1台）,远程监控设备。

3. 图书

对农家书屋原有的图书,模糊产权问题,由县级图书馆分拣,并著录加工,进入统一流通。今后在农家书屋上投入的资金,直接下达到县级图书馆,如果是直接配送图书,则图书的品种应由县级图书馆进行选择,原则为10个点选1个复本。通过县级图书馆统一著录加工后的图书,再根据各个乡村图书馆的实际情况进行调配,至少应每月调配1次,每次调配不能少于100册图书。

4. 报刊

报刊是乡村（社区）阅读室的主要读物之一,特别适合于老年读者,应不少于50种。

5. 数字资源

党员现代远程教育的信息、共享工程的信息数据、图书馆自建的数据库、图书馆外购的数据库（包括电子图书、视频资料、休闲期刊、学术期刊等）均统一向乡村图书馆开通。

6. 网络

借用党员远程教育的网络,同时借用共享工程要求安装的VPN虚拟专用网络。利用VPN网

---

① 邱冠华. 四位一体 构建农村公共信息服务体系的建议. 图书与情报,2010(5).

络,可以实现数字信息资源的安全传播,保护知识产权。

7. 软件

借用各县级公共图书馆的计算机管理系统,在技术上可以保障在一个县级市内县级图书馆、乡镇分馆、乡村图书馆在一个平台上实现检索、资源共享、统一调配、通借通还。争取数年后,经过技术平台的改革和优化,实现文献资源在苏州大市范围内实现全流通。

(四)配备流动图书车

1. 按每80到100个乡村图书馆配备一台流动图书车

经估算,一辆流动图书车一天最多可服务4个点,但每周只能跑6天(需要留有车上图书的整理、调配等工作时间,车辆保养维修时间等),则以4个星期为一个周期,一辆流动图书车约可服务近100个点。所以,需要为每个县级图书馆配备2至3辆流动图书车。流动图书馆的任务一是为乡村图书馆调配文献资源,二是停靠在乡村图书馆附近,提供流动图书馆服务(包括开展读者活动)。根据经验,应选择车身长度8米以上的中型客车,能装载2000册以上的图书,并按流动图书馆的服务要求进行改装。[①]

2. 为乡村图书馆定期调配文献,并进行技术维护

乡村图书馆由于其自身硬件环境的限制,图书的数量有限,一般只有几千册,而其读者又是比较固定的群体,当固定的读者群将有限的资源阅览完后,资源就会相对贫乏,如果不及时更新和调整就容易让读者失去兴趣,而对单个乡村图书馆而言,仅凭一己之力无法及时有效地更新文献资源,但总分馆体系内的资源是海量的和延绵不绝的,统筹协调资源的配置能有效地解决村级文献资源相对贫乏的问题。解决此问题的有效途径就是根据基层点的数量配备一定数量的流动车,通过流动车调配图书文献,使相对封闭的藏书体系变得开放,资源配置更加灵活,能在更高和更广的层面上满足读者的信息需求。

与此同时,相关的技术人员与流动车同行,可为沿途停靠的基层点提供技术维护,集中解决技术层面的问题,力保信息交流通畅。

3. 为乡村提供定期的流动图书馆服务

流动车服务是流动图书馆服务的重要形式,在广大的乡村地区,流动车能够灵活便捷地根据实际情况开展现场阅读、办卡、借还书、预约图书等服务。尤其是乡村中小学和工厂企业等,流动车能够相时而动,提供集体阅读、集体办卡等服务。

(五)实行四位一体

当前建立农村公共文化服务体系最大的矛盾在于广布分散的信息资源与相对集中的信息需求之间的矛盾。因此实现乡村地区公共文化服务经济高效发展,必须要对现有资源及其配置方式进行整合和优化,建立乡村综合信息服务中心,实行"四位一体",用一份成本提供多种服务是行之有效的方式。具体而言就是整合党员现代远程教育中心、共享工程基层点、农家书屋和乡村图书室的资源,提高信息资源的利用率,为农村读者提供与城市居民无差别化的信息服务,提升村民的整体素养。具体而言,应采取以下措施:

1. 借助党员现代远程教育中心的场地和网络资源连结上下左右并提供视频播放;
2. 借助共享工程的技术装备和数字资源提供数字信息资源服务和远程信息服务;
3. 借助农家书屋和乡村图书馆的文献作为初始藏书;
4. 借助县级图书馆的专业化技术和管理、计算机管理系统、文献资源,实现专业化的管理和

---

① 邱冠华.四位一体 构建农村公共信息服务体系的建议.图书与情报,2010(5).

服务。

实行"四位一体",用一份成本提供多种服务,是经济效益与社会效益的有效结合,是实现农村地区公共文化服务经济高效专业持续发展的良好途径。其经济效益主要体现在节省人力、人员工资、场地等方面,如果不进行资源整合,现代党员远程教育中心、共享工程基层点、村图书室和农家书屋至少各需一名工作人员,即需要4名工作人员,并支付4人的工资,且需要4块场地。但整合相对分散的资源后,只需要1名工作人员和1块集中的场地,节省了3人的工资。而相较于经济效益,社会效益的意义更为重要,主要体现在以下方面:

1. 信息公平,保障农村信息权利;
2. 农村文化扫盲;
3. 支持村民终身学习;
4. 弥补农村学校课堂教育,支持课外阅读;
5. 保存地方文化;
6. 信息培训,缩小城乡数字鸿沟;
7. 促进城乡一体化进程;
8. 促进农村地区的稳定。

(六) 制定制度作为保障

历史的经验教训显示,农村公共文化服务的发展不能运动式地前行,应避免"人走政息",而需要完善合理的制度作为保障以实现持续性发展。首先,从宏观层面,县市政府应基于社会信息民主自由、权利公平,制定时代需求的发展规划,从制度上保障农村公共文化的发展;其次,从中观层面,应将农村公共文化服务的发展纳入以县市图书馆为中心馆的总分馆体系,制定统一的服务标准和评价标准,以保证建设和服务的一致和协调;再者,从微观层面,各个基层点应根据自身的实际情况,制定服务规范,如开放的时间、阅览室的规章、外借的规则等。

六、吴江试点[①]

(一) 试点过程

吴江是著名的鱼米之乡,经济发达、文化底蕴深厚,农村公共文化的发展具有良好的经济、文化和群众基础。吴江市历来重视公共图书馆事业发展,是人民公社图书馆、乡镇万册图书馆等基层图书馆建设的积极参与者,也是这些运动失败的见证者和承受者。吴江图书馆在2006年4月新馆开馆之际,就成为全省公共图书馆中第一个免费办证的图书馆,目前在乡镇、乡村和社区建有21个分馆,提供通借通还服务。同时,吴江几乎每个乡村都建有农家书屋、共享工程基层服务点和党员现代远程教育中心。

有着万册图书馆失败惨痛教训的吴江图书馆,许多年来一直努力扶持乡镇和乡村图书馆,为其提供必要的资源和专业支持。可能正因为如此,尽管20世纪90年代的乡镇万册图书馆失去了读者,但大多数乡镇仍然保留了乡镇图书馆的馆舍和藏书。2007年,吴江图书馆在吴江市政府的支持下,按照苏州图书馆总分馆模式,开始了新一轮的乡镇分馆建设,并于当年实现了乡镇分馆的全覆盖。由于体制、区域和自身实力等原因,吴江图书馆并没有像苏州图书馆那样对分馆直接委派工作人员,由此导致总馆无法对分馆实行直接管理,使得分馆服务的专业化程度有所欠缺,服务效益也远不如苏州的分馆。因此,吴江图书馆一方面继续开展分馆建设,另一方面努力游说政府主导总

---

① 主要参考潘丽敏《吴江市整合农村信息服务资源的探索与展望》(《图书与情报》,2011(3))一文,并根据现状做了一定的修改。

分馆建设,并争取对分馆人员的直接管理权。①

如前所述,尽管省级以上文化和新闻出版是两个部门,但到了市、县一级这两个部门就是一家人,因此,农家书屋的正常开放和专业化服务问题就成为县级文广新局需要关心的问题,而最直接、最有效的办法是请当地的公共图书馆参与其中。2010年11月下旬,吴江市分管市长、常务副市长、市长分别在《覆盖吴江的公共图书馆服务体系建设方案》上签字,认为"'四位一体'农村综合信息服务体系建设事关群众基本文化权利保障",同意由吴江市政府主导,解决乡镇分馆的管理问题,整合乡村农家书屋等,开展农村综合信息服务中心建设,2011年试点2到3个乡镇,2012年全面铺开,2013年全部完成。

同时,吴江图书馆为完善总分馆建设、保障"四位一体"建设的顺利实施,制定了一系列的规范制度和实施细则,如《建设"四位一体"农村综合信息服务体系的实施方案》《建设"四位一体"农村综合信息服务中心的基本条件》《公共电子阅览室阅览规则》《书刊借阅规则》等。

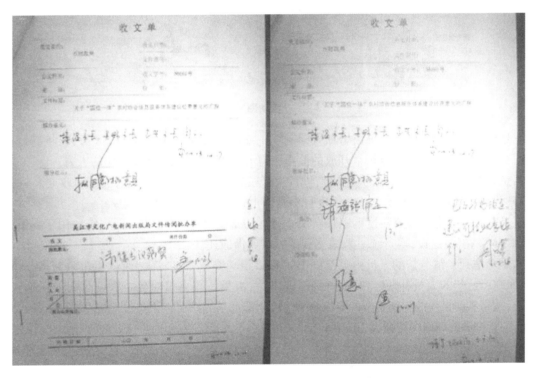

图2　吴江市领导关于"四位一体"建设的批文

(二) 进展

2011年7月,吴江市政府正式启动"四位一体"建设。

一是确定在同里、平望、横扇三个镇(56个村)进行试点。

二是为吴江图书馆购置了两台流动图书车。"四位一体"的长效机制中,图书定期调配更新和流动服务是一个比较关键的前提,都需要有流动图书车。两台流动车均由金龙客车改装而成,车身长度分别为9.5米和8米,车上安装了书架,配备了发电机、独立空调、外接电源接口等,其中一台还调置了高亮度屏幕、音响、上网本等设备。截至目前,流动车除为乡村图书馆调配图书外,本身借出图书27533册次,更多的市民通过图书流动车在家门口享受到了公共文化服务。

---

① 潘丽敏. 吴江市乡镇分馆建设的实践与体会. 图书与情报,2010(1).

图3 流动图书车

三是吴江市政府为吴江图书馆增加合同制职工编制8人,并承担人均2.88万元/年的经费,使吴江图书馆可以在不影响自身正常开放的前提下有开展"四位一体"建设工作的人力。

四是召开"四位一体"建设的动员会,进行大张旗鼓的宣传。2012年起,吴江市政府又将"四位一体"建设纳入市政府对乡镇考核的年度目标责任书,占年终百分考核的3%。

五是在吴江图书馆原有年度购书经费150万元的基础上,再增加45万元,统一用于乡镇分馆、"四位一体"的资源建设,实行统一采编、资源共享、通借通还。

六是考虑到乡镇分馆的人员由吴江图书馆直接招聘委派难度较大,改成由市政府按一个乡镇分馆18000元/年的人员补贴经费,拨付吴江图书馆,由吴江图书馆对各个乡镇分馆的工作人员进行考核,按考核结果发放年度奖金。吴江图书馆由于掌握了分馆工作人员人均6000元的奖金,因此,对分馆的指挥和管理情况将会大为改观。同时,正在各个分馆安装远程监控,以实现远距离管理。

七是市政府拨付专款更新了吴江图书馆的管理系统,使吴江图书馆的计算机业务管理系统适应总分馆的管理。

八是开展了对乡镇分馆、"四位一体"试点村工作人员的培训。

(三) 试点成效

吴江市同里镇作为试点乡镇之一,全镇12个村按吴江市政府要求,对场地、资金、图书等软硬件设施进行整合,率先完成了"四位一体"农村综合信息服务中心建设,并作为吴江图书馆的乡村分馆正式开放。从此,同里镇各乡村图书馆与吴江图书馆联网,村民可以持借书证在吴江图书馆、同里镇分馆和镇内各乡村图书馆进行通借通还。各项文化活动通过"四位一体"信息服务中心有效延伸到基层。通过"四位一体"农村综合信息服务中心这一平台,村民在家门口就能享受到社会公共服务,农村公共文化服务内涵得到有效提升。①

---

① 吴江图书馆.吴江首批"四位一体"示范点正式开放.江苏文明网,http://wm.jschina.com.cn/9654/201204/t983733.shtml. 检索时间:2012年12月14日.

通过"四位一体"整合资源,加强了总分馆体系和乡村图书馆建设,农村公共图书馆服务有了比较明显的提升,文献流通册次的增加是其直接的体现。

表8 2008—2012年吴江市各图书馆文献借还册次统计表　　　　（单位：册）

馆藏地点	2008年	2009年	2010年	2011年	2012年
吴江图书馆	322020	311308	283487	368892	358063
桃源分馆	5290	6700	5896	8258	41996
震泽分馆	18571	25849	24257	28471	35538
八坼分馆	7359	8214	6635	14209	27313
盛泽分馆	11808	14860	18243	28287	85381
汾湖分馆	5871	9406	10959	28196	52484
横扇分馆	11605	21513	27774	29595	45611
同里分馆	15921	21219	28056	35807	63619
七都分馆	1735	2594	2628	3344	3219
平望分馆	4959	10907	19992	31197	50877
开发区分馆					16713
地税分馆					1796
震泽农家书屋					2635
汾湖农家书屋					2414
平望农家书屋					898
横扇农家书屋					1154
松陵农家书屋					4303
桃源农家书屋					3674
七都农家书屋					4420
盛泽农家书屋					3666
同里农家书屋					17877
流动车库				6969	20564
吴江大厦				5852	13151
合　计	405139	432570	427927	589077	857366

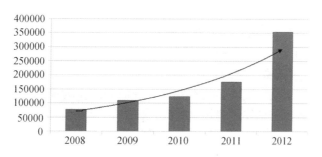

图4 2008—2012年吴江市各图书馆文献流通册次增势图

表8中2012年数据截至11月9日。柱形图（图4）表示9个分馆的文献流通量之和,由图可

见,随着总分馆建设的加强,近年来分馆文献流通量急剧增加,而且其上升的趋势明显(见图中趋势线)。表8中的农家书屋为各镇所有农家书屋合计数据,之前由于管理和服务的不规范,流通数据没有及时有效地进行记录,所以2011年及以前的数据为空。文献数据的从无到有显示出"四位一体"建设的成效,其管理逐步规范化。

(四) 存在问题

吴江试点在取得成效的同时,也存有一些问题。如"四位一体"建设后乡村图书馆工作人员的待遇没有得到落实,也没有明确由县还是镇政府负责。从目前情况来看,在3个试点镇的几十个乡村图书馆中,所有工作人员全部为兼职,兼职者主要是妇女主任、团支部书记,3个镇政府都答应要求各个试点村多多少少给一点兼职补贴,但由于各村的经济条件不同,答应的补贴从每月500元到1200元不等。从理论上说,乡村图书馆要提供专业化的服务,也需要专职、专业人员,如果一时无法做到,兼职人员也最好是大学生村官,因为他们有较高的文化素养,并由各镇负责按月支付一定的兼职报酬。当然,如果把资金给吴江图书馆,再由吴江图书馆统一支付,则管理效益会更好。

七、建议及评估标准

(一) 乡村图书馆制度设置建议

结合实地调研情况与吴江试点取得的成效,我们提出以下建议,以建立农村公共图书馆服务的制度。

1. 县市政府是农村公共文化服务的建设主体,有义务将党员现代远程教育中心、共享工程基层服务点、农家书屋与乡村图书馆的资源进行整合,建立乡村图书馆并作为县级图书馆的乡村分馆,实行总分馆的统一管理,用一份成本为农村提供多种公共文化服务,特别是公共图书馆服务。

2. 镇、村(社区)提供乡村图书馆的馆舍、水电等,免除其他责任。

3. 为县级图书馆配备流动图书车,每百个村不少于1辆,用于县级图书馆为乡村图书馆调配图书并开展流动服务。

4. 每个乡村图书馆配备1名工作人员,原则上是专职人员,县级政府提供人员补助,并拨付县级图书馆统一掌握,考核后发放。

5. 乡村图书馆的建筑面积不少于50平方米,另辟视频播放室。

6. 每个乡村图书馆配备读者用电脑不少于5台,有通畅的计算机网络。

7. 每个乡村图书馆的报刊征订不少于50种,由县级图书馆统一办理征订手续。

8. 乡村图书馆使用县级图书馆统一的计算机管理系统。

9. 统一开展读者活动,并做好宣传推介。

10. 乡村图书馆必须按公示时间开放,读者免证阅览,全县市使用统一的读者证,外借文献实行通借通还。

11. 县级图书馆须为乡村图书馆开放数字化资源。

12. 乡村图书馆须做好党员现代远程教育中心、共享工程基层服务点、农家书屋的相关服务工作,并由县级图书馆汇总工作上报相关上级部门。

(二) "四位一体"乡村图书馆评价标准

农村公共文化服务的建设和发展必须有完善合理的制度作为保障,评估标准是其中的重要内容。制定适时可行的评估标准是促进建设、保障服务的有力举措。我们根据苏州农村公共文化建设的现状,参考相关的建设标准和评估标准,制定了"四位一体"乡村图书馆的评估标准。

在前文中,我们提到,调研内容的指标体系与评估标相对应。调研内容包括基础设施、资源建设、专业服务、管理工作和发展态势等,这是评价体系的一级指标,其下又涵盖内容丰富的二级指标,二级指标包含评估细则和相应的分值,具体如下表所示。

表9 "四位一体"乡村图书馆评价标准

一级指标	二级指标	评价细则	分　值	合计
基础设施	建筑面积	1. 播放室不少于50平方米	5	35
		2. 阅览室不少于50平方米	5	
	书架数量	1. 6只双面6层书架	3	
		2. 2只5层期刊架	3	
		3. 3只报架	3	
	桌椅数量	1. 阅览桌不少于6个	2	
		2. 阅览座椅不少于24只	2	
	电脑数量	1. 电脑数量不少于5台（不含工作机）	3	
		2. 工作电脑1台	1	
	网络	1. 连通互联网，提供上网服务	2	
		2. 带宽不低于2兆	1	
	远程监控	1. 远程监控设备	1	
	播放设备	1. 投影设备；或2. 宽屏影视播放设备	2	
	照明设备	1. 良好的照明设备	1	
	取暖消暑	1. 良好的取暖消暑设备	1	
资源建设	图书	1. 有效藏书不少于2000册	5	27
	期刊	1. 期刊不少于30种	4	
	报纸	1. 报纸不少于20种	4	
	光盘	1. 不少于50种	1	
	网络资源	1. 连通总、分馆资源	4	
		2. 党员现代远程教育资源	3	
		3. 共享工程资源	3	
	资源调配	1. 每月一次	2	
		2. 每次调配不少于100册	1	
专业服务	开放时间	1. 开放时间向社会公示	4	24
		2. 每周不少于30个小时	3	
	资源播放	1. 每年播放次数不少于50次	2	
	参考咨询	1. 解答读者询问	2	
	读者活动	1. 积极配合各级阅读活动	1	
		2. 自己组织开展活动	1	
	到馆读者	1. 每年不少于3000人次	2	
	文献外借	1. 每年不少于1000册次	2	
	宣传推广	1. 积极宣传推广公共文化信息服务	4	
	读者培训	1. 培训读者利用纸质资源	2	
		2. 培训读者利用数字资源	1	

续表

一级指标	二级指标	评价细则	分　值	合计
管理工作	设备管理	1. 做好设备日常管理和维护	1	11
	业务统计	1. 读者流通人次	2	
		2. 文献借阅册次	2	
	档案管理	1. 工作台账保存	2	
		2. 业务统计资料保存	2	
	声誉管理	1. 维护公共文化服务的声誉	2	
发展态势	人员培训	1. 每年培训不少于40个课时	2	3
	基层支持	2. 配合读者活动开展、资金支持	1	
合计				100

　　此评价标准体系从基础设施、资源建设、专业服务、管理工作和发展态势5个方面，综合考核经过资源整合后乡村图书馆的建设及其服务效率。其中基础建设35分，资源建设27分，专业服务24分，这三项指标为评价体系的核心，在农村公共图书馆建设和发展中具有重要意义，对"四位一体"的建立和维护具有指导作用。管理工作与发展态势虽然赋予的分值较低，但不能说明其价值小于其他，只是现阶段的工作重心处于前三项内容。随着乡村图书馆的不断发展，此评价体系也会修订和完善，既能与实际相符，评价考核实践工作，又能指导实践工作。

参考文献

1. 邱冠华、于良芝、许晓霞. 覆盖全社会的公共图书馆服务体系：模式、技术支撑与方案. 北京：北京图书馆出版社, 2008.
2. 公共图书馆研究院. 中国公共图书馆发展蓝皮书. 深圳：海天出版社, 2010.
3. 于良芝、邱冠华、李超平等. 公共图书馆建设主体研究——全覆盖目标下的选择. 北京：国家图书馆出版社, 2011.
4. 于良芝、许晓霞、张广钦. 公共图书馆基本原理. 北京：北京师范大学出版社, 2012.
5. 潘丽敏. 吴江市乡镇分馆建设的实践与体会. 图书与情报, 2010(1).
6. 邱冠华. 四位一体 构建农村公共信息服务体系的建议. 图书与情报, 2010(5).
7. 潘丽敏. 吴江市整合农村信息服务资源的探索与展望. 图书与情报, 2011(3).

课题组：邱冠华　金德政　汪建满　潘丽敏　费巍　杨阳

从传统文化事业单位向现代公共文化服务机构转变
——苏州市公共文化中心职能定位研究

前 言

新中国成立以来,文化事业单位作为我国提供公益文化服务的主要载体,对保障广大人民群众的基本文化权益,促进全民文明素质提升,促进社会协调发展,发挥了十分重要的作用。随着我国经济社会的快速发展,人民群众对文化的需求不断高涨,对公共文化服务提出了更高的要求。尤其是当前,我国正处于全面建设小康社会的关键时期,加快推动公共文化服务体系建设,满足人民群众公共文化服务需求的任务更加艰巨。而同时,面对新形势新要求,我国文化事业发展存在一些亟待解决的困难和问题,其中的重要方面就是:提供公共文化服务的机构建设相对滞后,一些文化事业单位功能定位不清,政事不分、事企不分,机制不活;公益服务供给总量不足,供给方式单一,资源配置不合理,质量和效率不高;支持公益服务的政策措施还不够完善,监督管理薄弱。这些问题影响了公共文化服务体系的健康发展。

党的十八大报告强调,要增强国有公益性文化单位活力,要完善公共文化服务体系,提高服务效能。《中共中央、国务院关于分类推进事业单位改革的指导意见》(中发〔2011〕5号)对全国事业单位改革提出了具体要求,根据职责任务、服务对象和资源配置方式等情况,将"公共文化"与义务教育、基础性科研、公共卫生及基层的基本医疗服务等从事基本公益服务的事业单位列为"公益一类",强化事业单位公益属性,进一步理顺体制、完善机制、健全制度,充分调动广大工作人员的积极性、主动性、创造性,真正激发事业单位生机与活力,不断提高公益服务水平和效率,促进公益事业大力发展,切实为人民群众提供更加优质高效的公益服务;并对改革提出了具体目标,要求到2020年,建立起功能明确、治理完善、运行高效、监管有力的管理体制和运行机制,形成基本服务优先、供给水平适度、布局结构合理、服务公平公正的中国特色公益服务体系①。因此,传统文化事业单位如何适应当前公共文化服务体系建设的实际需要,如何贯彻落实中央关于事业单位改革的部署,实现向现代公共文化服务机构的转变,关系到公共文化服务的成效,关系到公共文化服务的体系化发展,是当前公共文化服务体系建设的重要内容。

为推进国家公共文化服务体系示范区创建,苏州市经过深入调研,根据苏州市社会经济整体发展状况,根据苏州市公共文化服务体系建设的实际情况,在全国率先开展了国有公共文化服务机构改革的探索,2011年7月,经苏州市编办批准同意,组建了苏州市公共文化中心②,中心由原来的苏州市文化馆、苏州美术馆、苏州市名人馆、吴作人艺术馆(苏州书法篆刻艺术院)、颜文樑纪念馆(苏州油画院)、苏州版画院(苏州桃花坞年画博物馆)、苏州粉画艺术院(杭鸣时粉画艺术馆)、苏州公共艺术研究院等8家公益性文化事业单位整合而成。苏州市公共文化中心的组建,以公共文化服务为核心,整合资源,形成合力,丰富和发展了传统公共文化机构的职能,促进了苏州传统文化事业单位向现代公共文化服务机构转变,对推动苏州特色的现代公共文化服务体系建设,对全国同类公

---

① 中央人民政府网站:http://www.gov.cn/jrzg/2012-04/16/content_2114526.htm。
② 苏州市公共文化中心以公共文化服务为核心业务,但就其涵盖范围看,并不包括图书馆和博物馆等,因此本课题涉及的公共文化职能仅就中心业务而展开。特此说明。

共文化服务机构建设和发展,具有重要意义。

本课题以苏州市公共文化中心职能定位为研究内容,结合当前公共文化服务体系建设的需要,结合公益性文化事业单位改革,以点带面开展研究,希望能对推动公共文化服务机构的建设和发展提供制度设计研究成果。

一、基本情况

2011年7月,苏州市编委苏编办(2011)101号文件印发了《苏州市公共文化中心(苏州美术馆、苏州市文化馆、苏州市名人馆)主要职责内设机构和人员编制规定》,整合"苏州市文化馆""苏州美术馆(颜文樑纪念馆)""苏州艺术馆(吴作人纪念馆)""苏州版画院"4家事业单位,成立苏州市公共文化中心,该中心为苏州市文化广电新闻出版局下属事业单位,挂"苏州美术馆""苏州市文化馆""苏州市名人馆"牌子,机构规格为相当于副处级。苏州市公共文化中心定性为公益类事业单位,经费渠道为全额拨款。并核准苏州市公共文化中心事业编制为90名,公益性岗位编制40名。至2012年6月,实有事业单位在编人员69名,其中,管理人员12名(大学本科10名),专业技术人员60名(硕士研究生4名,大学本科36名),高级职称15人,中级职称20人,初级职称13人。实有公益性岗位人员24名。

文件明确苏州市公共文化中心有4项主要职责:

一是组织、策划全市城乡群众文化活动,辅导社会文艺团队、群众性文艺创作,开展群众性文艺培训和群众文化学科的理论研究。

二是开展美术作品收藏、保管、展陈和修复,开展专业性和群众性美术培训和美术、艺术的学术研究、传承创新。

三是负责全市名城名人资料的收集、保护、展示、修复和研究。

四是开展全市非物质文化遗产的普查、保护、抢救、展示、传承推广和研究;组织开展境内外各项文化艺术交流活动。

根据文件精神,目前苏州市公共文化中心内设12个机构,分别为:综合部(办公室)、开发部、物保部、信息部、美术馆管理部、文化馆管理部、名人馆管理部、吴作人艺术馆(苏州书法篆刻艺术院)、颜文樑纪念馆(苏州油画院)、苏州版画院(苏州桃花坞年画博物馆)、苏州粉画艺术院(杭鸣时粉画艺术馆)、苏州公共艺术研究院。

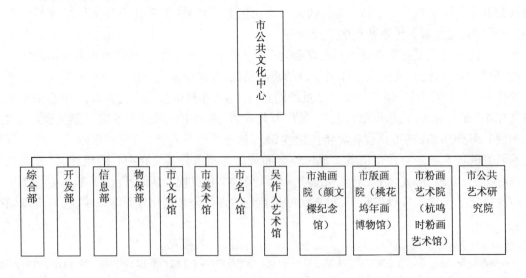

其中主要部门的基本情况如下：

1. 文化馆管理部

2011年9月，苏州市文化馆正式投入使用。苏州市文化馆所有人员均作为苏州市公共文化中心内设机构文化馆管理部工作人员，下设4个科室：活动策划科、艺术创作科、美术科、公共教育科，至2012年6月，共有业务人员30名，其中在编24名，公益性岗位6名，高级职称5名，中级职称7名。

2. 美术馆管理部

负责苏州美术馆新馆运营和管理。设施分地下一层和地上两层。一层建有面积800平方米的大展厅1个，面积300至400平方米的小展厅4个，1个恒温恒湿展厅、1个市民画廊以及121座多功能学术报告厅等一流设施。

苏州美术馆新馆目前共收藏各类美术作品870件，其中504件作品为新馆成立后收藏的作品。馆内藏品来源主要以捐赠为主，同时也有计划地进行当代艺术品的专项收藏。目前藏品主要是中国当代著名艺术家的代表作品和重大美术展览获奖作品，包含了朱士杰、颜文樑、谢孝思、周士心、杭鸣时、杨千、岳敏君等艺术家的作品，形成了国画、油画、粉画、版画、雕塑等10多个收藏品类的全面收藏。

苏州美术馆现有人员12名，其中有2名为研究生学历，其余都为大学本科学历。

3. 名人馆管理部

苏州名人馆是一座集中展示苏州历史名人精神风范的专业场馆，同时也是一座专业化程度较高的市民教育基地和城市形象展示窗口。

苏州名人馆作为苏州市公共文化中心内设机构，面积2368平方米，展陈面积1500平方米，展厅9个，以447名苏州历史名人为展示对象。展厅分为序厅、概述厅、先秦至宋元厅、明代厅、清代厅、民国至新中国厅以及状元宰相厅和院士厅，采用传统和现代相结合的布展手法，通过综合运用多媒体、超大环幕大屏、环幕电解屏、幻影成像、情景雕塑等手段，展现苏州名人风采和主要事迹，展示苏州人文渊薮以及苏州名人对苏州历史乃至中国历史的深远影响，融知识性、趣味性、娱乐性、参与性于一体。

苏州市名人馆现有人员8名，其中6名本科学历，2名大专学历，2名具有中级职称。

4. 吴作人艺术馆（苏州书法篆刻艺术院）

2011年吴作人艺术馆纳入新成立的苏州市公共文化中心，作为中心的内设机构。

馆内现藏有吴作人先生、吴作人夫人萧淑芳女士以及吴氏家人的绘画和书法作品110件，其中包括吴作人20世纪30年代创作的著名油画《缝》《青年》和《白色旋律》，50年代的油画代表作《过雪山》《孙中山和李大钊会见》以及70年代后创作的国画《牧牦图》《熊猫抱石》等精品力作。

5. 颜文樑纪念馆（苏州油画院）

2011年苏州美术馆搬迁新馆后，颜文樑纪念馆（苏州油画院）作为苏州市公共文化中心的内设机构留在沧浪亭后街原址。

颜文樑纪念馆（苏州油画院）现有编制4名，在岗5人，高级职称3人，中级职称2人。其中本科学历2名，大专学历3名。

6. 苏州版画院（苏州桃花坞年画博物馆）

苏州版画院现为苏州市公共文化中心内设机构，增挂苏州桃花坞年画博物馆牌子。

2006年，苏州桃花坞木版年画被列入国务院公布的第一批国家级非物质文化遗产名录。苏州桃花坞木版年画始于明，盛于清，与天津杨柳青年画并称"南桃北柳"。其制作以彩色套版为主，一版一色，兼用着色技艺。主要工序：绘画、刻制、印刷。其技法继承了宋代雕版印刷工艺。形式以门画、中堂、独幅画为主;内容有驱凶避邪、祈福纳祥、风俗时事、戏曲故事等。桃花坞木版年画凝聚着江南地域的民间灵气,与其他地方的年画相比较,更具精细、秀雅的艺术特色。它不仅在江南最为流行,而且影响广远泛及邻域。在明末清初,大量传入日本,对17世纪日本"浮世绘"版画产生了深刻影响,亦流传到德、英、法等国,饮誉世界。

目前,版画院有在编人员2名,公益性岗位1名,合同制职工10多名;其中,研究生学历1名,大专以上学历3名。

7. 苏州粉画艺术院(杭鸣时粉画艺术馆)

杭鸣时先生系中国著名的粉画大家、粉画艺术教育家,在中国粉画艺术界有着承前启后的历史地位,为国内公认的粉画艺术大师。2011年12月,杭鸣时先生将自己60多年来精心创作的各个历史时期的粉画代表作品捐赠给苏州市政府,作为苏州粉画艺术之藏品。苏州粉画艺术院(杭鸣时粉画艺术馆)为目前中国第一所粉画艺术馆。

新建成的杭鸣时粉画艺术馆(苏州粉画艺术院)位于苏州市沧浪新城太湖西路1199号,北依古城,南临石湖,环境优美、文化独特,是苏州大运河景观带的重要组成部分。房屋占地面积约1000平方米,总建筑面积达1580平方米。为了充分尊重粉画馆独特的艺术风貌,该馆采用地面一层为主、二层为辅的建设格局。一层分为3部分:中心部分是入口处、服务区;而西部为展区;东部为行政管理办公区。粉画艺术馆二层作为多功能辅助区,设置了画室、学术报告厅、粉画沙龙(小平台)、粉画动态写生区(大平台)4个部分,富有现代艺术色彩的几何造型、精巧的布局结构、完善的设施功能,使其成为一座集游览参观、学术研讨、休闲娱乐为一体的综合性艺术馆。

苏州粉画艺术院(杭鸣时粉画艺术馆)是公共文化服务体系的一部分,重点对我市及至全国著名艺术家的粉画类作品进行收藏和展示,并开展交流研讨,组织文艺沙龙,举办展览展示等活动。该院于2011年12月9日正式揭牌开馆。

8. 苏州公共艺术研究院

苏州公共艺术研究院正在筹建之中。

二、苏州市公共文化中心职能定位分析

苏州市将原分属群众文化、美术、非物质文化遗产、城市历史文化等类别的公益性文化单位组建为统一的公共文化中心,初步整合了公共文化资源,为下一步发挥文化资源集聚优势、提升公共文化服务能力奠定了重要基础。但如何进一步形成合力,实现内部资源的融合,还需要做深入的理论研究和实践探索,尤其需要对职能定位,根据公共文化服务建设和苏州城市发展的要求,进行梳理和把握。

作为全市公共文化服务的综合单位,苏州市公共文化中心的职能定位主要体现在两个层面:一是作为一级机构,要发挥全市公共文化服务业务指导和管理的职能;二是作为重要文化设施,要发挥全市公共文化活动和服务中心的职能。因此,从总体来看,苏州市公共文化中心的职能定位必须着眼于全市人民群众的基本文化需求,必须着眼于全市各级公共文化服务机构的职能作用,必须着眼于全市文化建设和发展的大局。

(一)职能定位形成路径分析

1. 根据公共文化需求定位

公共文化服务机构职能定位的依据,最主要的就是所服务群众的基本文化需求。从需求和供给的特点来看,文化需求包括基本文化需求和非基本文化需求。非基本文化需求主要通过货币消费方式从市场获取,为非基本文化需求提供的文化产品属于私人产品,处于文化产品的高端,越来越丰富的文化市场将较好满足大众差异化的文化需求;从根本上看,文化需求的基本和非基本性差

异并不大,受到经济社会发展、地域文化特点和人群文化消费特点等的影响。从保护广大群众基本文化权益的角度,将那些受到"市场失灵"影响而不能得到充分满足的文化需求,将那些受限于经济社会条件无法从市场获取文化产品人群的文化需求列入基本文化需求,作为公共文化服务的主要内容。

因此,作为统领苏州市公共文化服务的机构,苏州市公共文化中心应该针对全市广大人民群众的基本文化需求,确定职能和定位。这些需求至少应该包括:

（1）普遍意义的需求：读书,看报,看演出,看电影,看电视,听讲座,看展览,基本艺术培训。

（2）特殊群体文化需求：农民工,未成年人,老年人。

（3）苏州特色文化需求。

2. 根据原设机构定位

苏州市公共文化中心是由8个文化事业单位整合组建,因此,中心的职能定位应该包含原设机构的职能定位,其中包括:

（1）群众文化：包括群众文化活动、培训、辅导、群众文化艺术创作、群众文化理论研究。此职能原在市文化馆、市公共艺术研究院。

（2）非物质文化遗产保护：包括非物质文化遗产普查、名录建设、传承人保护、档案建设、"非遗"展示以及合理利用。此职能原在市文化馆。

（3）美术展览、研究和社会教育：收集整理、陈列展出美术作品,保管、修复美术藏品;组织各类美术创作活动和学术研究活动,开展美术教育培训工作。此职能原在苏州市美术馆、吴作人艺术馆、苏州市版画院、苏州市油画院、苏州市粉画艺术院。

（4）城市历史文化展示及社会教育：原苏州市名人馆以多种手段展现苏州名人风采和主要事迹。

3. 根据苏州文化整体发展定位

苏州是我国著名的历史文化名城,同时也是现代化程度较高的经济发达地区。长期以来,苏州市委、市政府高度重视文化建设。从整体来看,既要实现苏州优秀传统文化的传承和发展,也要充分体现苏州现代化发展的特色,将是苏州文化未来发展的基本模式。因此,苏州公共文化服务体系建设也必须适应和服务于这个基本模式的要求。至少应该包括:

（1）苏州特色优秀传统文化的传承、利用。

（2）现代公共文化服务的技术手段、产品生产和供给、理念和模式。

（二）职能任务分析

1. 主要任务

作为全市性的公共文化服务机构,应该明确机构所承担的主要任务,从其任务分析中确定职能定位。一是以文艺方式宣传党和政府的方针政策。二是提供基本公共文化服务,满足市民基本文化需求。三是引导文明风尚,提高市民文明素质,促进城市和谐发展。四是对全市公共文化服务机构进行业务指导。五是保护和利用地域特色文化。六是推动文化创造,促进城市文化品位提升。

以上这些任务可以大致分为两类:一类是作为国家设立的公共服务机构必备的职能任务,如提供基本公共文化服务,保护和利用地域特色文化,促进城市文化发展等,主要发挥教育职能,提升公民文明素质;另一类是作为具有中国特色的文化机构必须具备的职能任务,包括利用文艺形式宣传党和政府的方针政策,要充分发挥引导的职能作用。

2. 正确认识公共文化服务机构的引导功能

从我国公共文化服务机构的历史发展来看,所有的文化事业单位在设立后主要发挥了第二类即引导的作用,这是在我国特殊的历史发展过程中形成的,应该说,在长期的社会主义革命和建设过程中,我国传统的文化事业单位对推动社会主义文化建设和经济、社会发展发挥了十分重要的作用。

当前,充分发挥公共文化机构的引导作用,主要基于以下两个方面因素:一是随着科学技术的迅速发展,全球化浪潮呈现深入推进的态势,文化多样性危机成为制约各国文化发展和世界文明进步的重要因素,通过公共文化服务,保护传统文化遗产,并充分利用优秀文化传统,结合现代服务手段,创造既具优秀传统又富时代特色的文化产品,不仅有助于提高吸引力,还能积极引导广大人民群众接受优秀文化传统的熏陶,提高人的整体文明素质。二是为建设社会主义核心价值体系,各级公共文化机构必须主动担负起宣传引导的职责,为营造良好的社会氛围,鼓舞、团结民众,为全面实现小康做出自己的贡献。

3. 要重视公共文化服务机构现代公共服务功能的充分发挥

作为公共服务的重要内容,公共文化服务的推进和完善面临许多新的挑战。一方面,随着经济社会的发展,广大人民群众的文化需求不断高涨,对公共文化服务提出了更多更高的要求;另一方面,公共文化服务机构受制于体制机制的局限,还没有完全改变传统文化事业单位的特点和定位,"等、靠、要"以及不关注公众文化需求,都是这个转型时期的特征。

4. 拓展功能,承担起区域文化中心或主要力量的职责

长期以来,受到文化消费和文化服务多元化的影响,公共文化服务机构由于经费保障、队伍建设、设施运行等因素,无法体现文化资源和文化服务的优势,无法形成对社会的重大影响,甚至呈现出边缘化倾向。随着公共文化服务体系保障制度的完善,公共文化服务机构在自身建设中,应该以区域文化中心或主要力量来定位自身发展,注重集中、整合区域内各类文化资源,形成区域文化资源的富集区,在资源、人才、产品和服务等方面形成相对优势,以吸引广大公众,真正提高公共文化服务的效能。

(三)职能定位阐述

根据前述,作为一座拥有2500年建城史的我国著名历史文化名城的公共文化中心,作为我国城乡一体化快速发展、现代化程度较高的区域中心城市的公共文化中心,苏州市公共文化中心应该在原设定职能的基础上,结合城市发展目标和城市文化建设要求,参照发达国家和地区同类文化中心,实现高起点定位、高标准建设、高速度发展,成为我国地区公共文化机构的先行者。

1. 城市群众文艺中心。包括群众文艺创作、辅导,群众文化指导,社会教育;城市文化理论研究。
2. 城市文化保护中心。保护城市文化记忆,包括苏州名人馆、非物质文化遗产保护。
3. 城市文化活动中心。包括公共文化活动组织,对外文化交流。
4. 城市美术文化中心。包括苏州美术馆、吴作人艺术馆、苏州油画院、苏州版画院等,开展美术展览及美术社会教育。

三、苏州市公共文化中心内部职能初步调整后成效分析

新成立的苏州市公共文化中心的核心业务部门,包括了原有的文化馆、美术馆和名人文化馆,这三个部门所涉及的业务各具特点,内涵、形式和运行规律都有明显的不同。能否将这三个不同类型的业务进行整合,形成合力,将决定公共文化中心职能调整的成败。经过一年多的整合,苏州市公共文化中心呈现出原有职能逐渐融合、服务能力显著增强、资源集成化成效显著的特征。

苏州市美术馆转身为美术馆管理部后,结合公共文化中心整体职能要求,注重社会教育,充分发挥了美术馆美育功能,成为以全民为对象,以终身教育为范畴,兼具多种功能的公共艺术文化教育机构。为构建和完善更具有文化品质和高度的文化服务,苏州美术馆从2012年起策划组织实施

了"美育生活"系列专题公益讲座,引导市民自发走进美术馆,自主接受美术教育,自觉分享美术经验,提升人文素养,活跃艺术氛围并传承民族精神,在更广泛领域内承担起作为城市公共文化设施的主要功能。"美育生活"系列专题公益讲座主讲人由国内外各相关院校、机构的知名艺术家、评论家和学者担任。讲座开办周期为每月两场,每场约两个小时。讲座地点常设在苏州美术馆负一层学术报告厅内。美术馆发展全面的美术辅导和普及活动,通过开办培训班、考级等相关活动,如今年已经举办并取得良好社会反响的"小手模大制作""美术馆里的素描课"等,完成美术馆对社会审美、教化、启悟和激励的责任。苏州美术馆还成立了志愿社,自2012年5月15日成立以来,一直以"爱心奉献大众,艺术回馈社会"为信念,开展各种类型的服务活动,拉近广大市民与艺术的距离。截止至2012年12月,苏州美术馆志愿社现役志愿者共27人,志愿服务项目主要包含展览讲解、现场摄影、展厅维护、现场引导、讲座签到、讲座现场维护。

名人馆充分发挥对社会的影响力和号召力,创建了名人馆志愿团,推动志愿服务工作有序开展。开放半年多来,名人馆志愿团成为名人馆走向社会、服务公众的重要补充力量。2012年6月3日苏州市名人馆志愿团正式成立,成立大会审议并表决通过了《苏州市名人馆志愿团章程》和志愿者管理组第一届理事成员名单。志愿者们按照各自兴趣分别加入到讲解服务、参观导览、资料整理等工作小组。迄今为止,名人馆志愿团已有131名志愿者,他们之中有在校大学生、在职企事业单位人员,也有虽已退休但仍热心苏州文化的老苏州。志愿者们的服务时间总数已达2044小时,其中最多的一位志愿者已到馆服务100小时,资料组查找、提供的名人资料论文共计103篇。名人馆结合自身工作特点,已经与16位院士建立起联系。这16位院士亲自到访名人馆,其中如潘镜芙、王家骐、阮长耿等5位院士为名人馆题词,张祖勋和潘镜芙两位院士在名人馆院士厅"与院士对话"访谈台上接受了现场观众和媒体专访。

四、苏州市公共文化中心设立及其职能定位制度设计的意义

(一)对贯彻落实十八大重要精神,针对当前公共文化服务体系建设的薄弱环节,着重提升公共文化服务的效能,具有较强的现实意义

当前,公共文化服务体系建设从设施建设、财政保障、队伍培训,到重大项目实施、制度设计,初步形成了科学发展和快速推进的态势。但在实际运行中,如何提高效能的挑战始终存在。苏州市针对这个具有普遍性的问题,科学设计,积极引导,形成了通过公共文化机构职能建设提高服务运行效能的一整套制度设计措施和办法,并取得了实际运行的良好效果。

(二)对促进现代公共文化服务机构改革进行了富有成效的探索,具有现实的借鉴意义

当前,随着公共文化服务体系的不断完善,公共文化服务机构面临重大而现实的挑战,已经不仅仅是采取零星的改革创新服务就可以了,而是必须实现从传统文化事业单位完全向现代公共文化服务机构转变,这就需要在职能、定位以及职业意识、职业准则等方面进行全方位的改革和完善。苏州市公共文化中心的职能定位制度设计及其实施,为这个即将全面到来的改革提供了宝贵的实践经验。

(三)成为苏州市承担创建国家公共文化服务体系示范区工作的一个亮点

创建国家公共文化服务体系示范区的一个要求,就是要在区域内通过体制机制的创新,提升公共文化服务的质量,完善整个体系建设。苏州市公共文化中心将不同类别的文化资源进行整合,在体制机制上实现了大跨度的转变,实现了公共文化服务资源和服务产品的集成化供给,充分体现了示范区创建的重要意义。

课题组:徐春宏　沈霞娟　怀　念

苏州市人民政府办公室文件

（苏府办〔2011〕180号）

市政府办公室关于转发《苏州市公共图书馆总分馆体系建设实施方案》的通知

各市、区人民政府，苏州工业园区、苏州高新区、太仓港口管委会；市发改委、民政局、财政局、人社局、住建局、规划局、文广新局：

由市文广新局、财政局制定的《苏州市公共图书馆总分馆体系建设实施方案》已经市政府批准，现转发给你们，请认真贯彻实施。

二〇一一年九月十四日

苏州市公共图书馆总分馆体系建设

实施方案

（市文广新局 市财政局）

公共图书馆是公共文化服务体系的重要组成部分。发展好公共图书馆事业，构建布局合理、发展均衡、覆盖面广、全面开放的公共图书馆服务网络，是保障和维护好市民基本文化权益的重要途径。为深入贯彻《中共中央办公厅、国务院办公厅关于加强公共文化服务体系建设的若干意见》（中办发〔2007〕21号）精神，根据《国家公共文化服务体系示范区（项目）创建标准（东部）》（文社文发〔2010〕49号，以下简称《东部标准》）、《苏州市创建国家公共文化服务体系示范区建设规划》（苏府办〔2011〕54号）的有关要求，特制定本方案。

一、总体目标要求

以保障市民基本文化权益、满足市民基本文化需求为出发点，坚持公共服务普遍均等原则，加快构建由市区公共图书馆总分馆体系和县级市公共图书馆总分馆体系组成，资源共享、协同采编、统一检索、一卡通用、覆盖城乡的全市公共图书馆总分馆体系。到2012年底，全市已有103个（市区21个、县级市82个）图书馆。

在图书馆分馆的基础上，再建37个图书馆，其中市区再建16个，5个县级市再建18个，全市累计公共图书馆分馆达140个；至"十二五"期末，建成覆盖全市、通借通还的公共图书馆分馆累计不少于200个，主要是市区按每3万~4万服务人口建1个公共图书馆的要求，在2013—2015年期间再建约60个公共图书馆社区分馆。

二、具体建设标准

根据文化部、住建部和发改委编制颁布的《公共图书馆建设标准》（建标108—2008，以下简称《建设标准》）和《东部标准》，市、县级市（区）两级要在建设达标的市、县级市（区）图书馆的同时，根据辖区内常住人口为服务人口，按照科学布局、兼顾实际的原则，统筹规划、整体推进公共图书馆分馆的标准化建设。

（一）馆舍建设标准

苏州图书馆和若干个区级图书馆设在市区的社区分馆及各县级市设在城关镇的社区分馆建筑面积不小于300平方米，其中少儿阅览区面积不少于其建筑面积的四分之一。镇级图书馆分馆建筑面积不小于800平方米。少于3万人的撤并乡镇图书馆，按社区分馆标准建设。

（二）功能配置标准

市、县级市（区）图书馆内设藏书、借阅、咨询服务、公共活动与辅助服务、业务、行政办公、技术设备和后勤保障区，其中藏书、借阅、咨询服务、公共活动与辅助服务等区域业务用房占全馆建筑面积的85%。图书馆分馆向读者开放的业务用房不低于分馆建筑面积的90%，分馆内设有报刊架、成人阅览桌椅、少儿阅览桌椅、电脑、独立接入的计算机网络（带宽不低于10兆，并配有VPN专网接入）、空调、远程监控、音像柜、自助寄包柜等基本配置，每个分馆开馆时纸质图书不少于7000册（藏书空间不少于10000册）、报刊100种、音像资料2000张以上。

（三）图书资源标准

到 2012 年底，以辖区内常住人口为基数，全市公共图书馆整体藏书达到人均 1 册。其中，苏州图书馆按市区常住人口达到人均 0.63 册，各区级图书馆按各区常住人口达到人均 0.56 册，独立的区级总分馆须达到人均 0.9；各县级市总分馆按各县级市常住人口达到人均 1 册。

到"十二五"末，以辖区内常住人口为基数，全市公共图书馆整体藏书达到人均 1.2 册。苏州图书馆达到人均 0.8 册，各区级图书馆达到人均 0.9 册，独立的区级总分馆达到人均 1 册；各县级市总分馆达到人均 1.2 册。

（四）数字化服务标准

市、县级市（区）图书馆内都须建有标准配置的公共电子阅览室。各县级市（区）在建设图书馆分馆时，必须把它同时建成全国文化信息资源共享工程基层服务点，提供公共电子阅览服务，每周为社会公众提供免费上网服务的时间不少于 42 小时。

三、运行管理方式

苏州市区公共图书馆总分馆体系的运行管理方式：一是以苏州图书馆为总馆，区级图书馆及区内街道（社区）图书馆（室）为分馆。各相关区级图书馆同时挂苏州图书馆分馆＊＊区图书馆牌子，并将本区内的街道（社区）图书馆（室）纳入其中统一管理。实施这一运行方式的市区公共图书馆总分馆体系实行文献资源共建共享，由苏州图书馆统一采购、分编、加工和调配，统一使用苏州图书馆的计算机管理系统。二是有条件的区可按《建设标准》，独立建设并管理区级公共图书馆总分馆体系，将本区内的街道（社区）图书馆（室）纳入其中统一管理。

县级市图书馆总分馆体系的运行管理方式：以各县级市图书馆为总馆，以镇（含撤并乡镇、管理区、办事处）图书馆为分馆、基层综合信息服务中心为服务点、流动图书车为补充，实行统一采编、统一服务、通借通还。

苏州图书馆同时作为全市中心图书馆，负责统筹制定全市公共图书馆服务体系均须执行的设置标准、服务标准、技术标准、数字资源建设标准、评估标准，为全市公共图书馆建设服务提供业务辅导，开展分层次、有梯度的从业人员业务培训。

四、保障工作措施

各级各有关部门必须深刻认识推进公共图书馆总分馆体系建设的重要性，把公共图书馆总分馆体系建设的目标任务纳入当地经济和社会发展的总体规划，统一部署，加快建设。

（一）落实经费保障

苏州市区公共图书馆总分馆体系建设所需场馆、设施设备、文献采编、日常运行、业务活动、人员及免费开放等经费，由市、区两级财政给予保障。2011—2012 年创建国家公共文化服务体系示范区期间，购书经费按各区常住人口由市财政统筹，按市、区两级现行财政体制，以一定比例分担（独立管理的区总分馆经费由区财政全额负担）；2013—2015 年，购书经费由市财政统筹，按市、区两级财政分别承担，视财力情况逐年增加（独立管理的区总分馆经费由区财政全额负担）。县级市公共图书馆总分馆体系建设、购书经费及免费开放等所需经费由各县级市财政给予保障和统筹。

（二）加强队伍建设

市、县级市（区）政府部门要根据辖区内常住人口数量，综合公共图书馆总分馆体系的规模、场馆、馆藏文献数量等因素，为总分馆体系配备相应的专业人员编制。图书馆分馆工作人员应由总馆统一管理。全面实行从业人员资格认证制度，实行持证上岗，有效提升职业技能和职业素养，建立一支数量合理、结构优化、素质优良、业务娴熟、服务高效的公共图书馆服务人才队伍。

（三）健全考评机制

建立并实施公共图书馆总分馆体系考核评估制度（评估标准另行制定）。我市今后每两年将组织有关部门对全市公共图书馆的总分馆建设、管理、服务、质量、效益等开展考评，考评结果纳入本地区创建国家公共文化服务体系示范区和推进基层文化标准化建设的内容。各地要按照《建设标准》和《东部标准》，做好年度自查自评工作。同时，各级各相关部门要接受社会监督，及时公布总分馆建设进展情况，逐步形成政府、社会、群众共同参与的监督管理体系。

主题词：文化　公共图书馆△　建设　通知

抄送：国家公共文化服务体系示范区创建领导小组办公室，省政府办公厅、省文化厅、省财政厅，市委宣传部、市编委办、市总工会、团市委、市妇联。

苏州市人民政府办公室	2011年9月14日印发

共印：一〇份

关于贯彻《关于加强地方县级和城乡基层宣传文化队伍建设的若干意见》的实施意见

(苏宣发〔2011〕3号)

各市、区委宣传部、组织部、编办,各市、区发展和改革委、财政局、人力资源和社会保障局,市直宣传文化系统各单位:

  为深入贯彻落实中宣部等六部委《关于加强地方县级和城乡基层宣传文化队伍建设的若干意见》(中宣发〔2010〕14号)、省委宣传部《关于贯彻〈关于加强地方县级和城乡基层宣传文化队伍建设的若干意见〉的实施意见》(苏宣发〔2010〕6号)文件精神,适应加强新形势下基层宣传思想文化工作需要,进一步增强基层宣传文化队伍的创造力、凝聚力、战斗力,切实推进我市基层宣传文化队伍建设,现提出如下实施意见。

  1. 深刻认识加强基层宣传文化队伍建设的重要意义。基层宣传文化队伍主要包括市(县)、区、乡镇、村和街道、社区从事宣传思想文化工作的干部和文化工作者。这支队伍担负着用党的理论路线方针政策宣传群众、教育群众、服务群众的重要职责,在推动科学发展、促进社会和谐、繁荣文化事业中发挥着重要作用。多年来,全市基层宣传文化队伍按照"高举旗帜、围绕大局、服务人民、改革创新"的总要求,统筹兼顾,开拓进取,务求实效,着力统一思想、凝聚力量,建设先进文化、培育文明风尚。为促进城乡经济社会发展、推动社会主义新农村建设、满足人民群众日益增长的精神文化需求做出了重要贡献。做好新形势下的宣传思想文化工作,责任在市(县)、区,关键在乡镇、街道,落实在行政村、社区。随着苏州经济社会迅速发展,宣传思想文化工作面临的形势日益复杂,工作任务也更加繁重。从总体上来看,我市基层宣传文化队伍还存在着力量配备弱化、人员兼职过多、能力建设欠缺等薄弱环节。要从全市改革发展稳定大局出发,深刻认识到加强高素质基层宣传文化队伍建设的重要意义,切实增强责任感、使命感和紧迫感,采取有力措施把这项基础性、战略性工程抓紧抓好。

  2. 加强全市基层宣传文化队伍建设的总体要求。要高举中国特色社会主义伟大旗帜,以邓小平理论和"三个代表"重要思想为指导,深入贯彻落实科学发展观,解放思想,实事求是,与时俱进,坚持党管干部、党管人才原则,统筹兼顾、突出重点、整体推进,着力提高全市基层宣传文化队伍的思想理论素质和创新能力,着力充实力量和优化结构,不断提高队伍建设科学化水平,努力造就一支政治坚定、素质优良、扎根基层、服务群众的工作队伍,为推动苏州"三区三城"建设和文化大发展大繁荣提供坚强的组织保证和人才支持。要按照面向群众、服务群众、抓好基层、打好基础的要求,加强对基层宣传文化队伍建设工作的领导,在方向上牢牢把握,在工作上及时指导,在政策上大力支持,在投入上切实加强,把宣传思想文化工作纳入基层党建工作的整体格局,努力形成党委统一领导、有关部门各司其职、全社会大力支持的工作格局。

  3. 加强各市(县)、区委宣传部门领导班子建设。按照加强党的执政能力建设和先进性建设的要求,以改革创新精神全面推进各市(县)、区委宣传部领导班子的思想建设、组织建设、作风建设、制度建设和反腐倡廉建设。坚持用中国特色社会主义理论体系武装头脑,开展社会主义核心价值体系学习教育,加强学习型领导班子建设,切实增强政治意识、大局意识、责任意识,提高学习能力、工作本领和领导水平。按照德才兼备、以德为先的用人标准,把具有较强政策理论水平、组织协调能力、开拓创新意识、热爱宣传文化事业的干部选拔到各市(县)、区委宣传部长岗位;配齐各市

(县)、区委宣传部门领导班子成员,把熟悉新闻舆论、社会宣传、理论教育、文明创建、文化建设等工作的优秀干部充实到领导班子中。加强领导班子思想、组织、作风、制度和反腐倡廉建设,加大考核力度,对表现优异、实绩突出的年富力强的干部要重点培养、优先使用。

4. 充实基层宣传文化工作队伍。各市(县)、区委宣传部门设主任科员、副主任科员,配备比例不超过机关科级领导职务职数的50%。新录用、调任、交流进入的公务员,应具有大学本科以上学历。乡镇、街道党委必须配备专职宣传委员,并根据工作需要配备宣传文化干事,区划面积较大、人口规模和行政级别高配的乡镇可适当增加编制。全市各级各类开发区和3个城区新城的宣传文化工作要落实到具体工作部门。每个乡镇(街道)综合文化站(中心)至少应有3个编制,所需编制可在乡镇(街道)事业编制总编内调剂使用,经济发达的行政管理体制改革试点镇和城乡一体化发展综合配套改革先导区(镇)可适当增加专职人员编制。城区各街道要明确1名专职文化站长,每个行政村有1名党员干部负责日常宣传文化工作。行政村和社区应在现有的工作人员中指定专人负责所辖区的文化管理工作。城区各社区至少有1名工作人员负责组织协调开展社区宣传文化服务工作。行政村、社区都要利用村、居民小组长、楼组长等建立一支社会舆情信息员队伍。通过聘请城乡社区老干部、老战士、老专家、老教师、老模范,以及其他有一定专长的人员为义务宣传文化员(志愿者),在基层群众中培养更多的宣传文化人才。

5. 加强基层宣传文化队伍教育培训。加强基层宣传文化队伍教育培训工作是不断提高宣传文化系统干部素质的有效途径,切实将基层宣传文化干部培训纳入干部教育培训体系,建立完善分级分类、分工负责的培训体制,采取重实效、多层次、多形式的培训方式。

市委宣传部负责培训对象:市直宣传文化系统中层以上干部;各市(县)、区委宣传部中层以上干部;各乡镇(街道)宣传委员;以及各类专业干部。市委宣传部定期对各市(县)、区委宣传部和市直宣传文化系统主要领导、乡镇(街道)宣传委员进行培训,参训率达90%;用2～3年时间分期分批将市直宣传文化系统中层干部以及各市(县)、区委宣传部中层以上干部轮训一遍;不定期举办各类专业培训。

各市(县)、区委宣传部负责培训对象:本部干部;相应各市(县)、区的市(区)直宣传文化系统中层以上干部;各乡镇(街道)宣传干事、宣传文化干部、村(社区)宣传文化工作人员;以及各类专业干部。各类培训原则上每年不少于1次。

市级宣传文化部门负责培训对象:本部门本单位干部;相对口各市(县)、区宣传文化部门中层干部、乡镇(街道)宣传文化部门干部;以及各类专业干部。各类培训原则上每年不少于1次。

6. 加大专业技术人才队伍培养。进一步深化基层宣传文化事业单位人事制度改革,推行聘用制度、岗位管理制度、人事代理制度和新进人员招聘等制度。研究制定体现基层工作特点的宣传文化专业人才评价标准,建立和完善各类宣传文化专业人才的评价机制。各市(县)、区参照《苏州市姑苏文化产业人才计划实施细则》,制定适合本地区相应的《实施细则》。各级宣传文化部门对口培养本系统本领域基层专业技术人员,支持专业技术人才参加各类技艺评比竞赛和展览活动,并为他们创造机会。大力挖掘和扶持民间文化人才,抢救和保护民间优秀传统文化。将民间文化人才和非公有制经济组织及新社会组织中的文化人才纳入全市宣传文化人才发展规划,建立完善民间文化人才数据库。

7. 加强基层宣传文化干部管理。坚持党管宣传、党管文化、党管干部原则。进一步贯彻落实《关于市直宣传文化系统领导干部管理工作的通知》(苏组通〔2007〕12号文件),切实加强对宣传文化部门有关单位领导班子建设和重要宣传文化阵地领导干部的管理,各市(县)、区委组织部、宣传部要结合各地实际参照执行。各市(县)、区委宣传部作为同级党委主管意识形态方面工作的综合职能部门,负责指导宣传文化系统各部门各单位的工作。各市(县)、区委宣传部长任免要征求上级党委宣传部门意见;各市(县)、区委宣传部领导班子其他成员和宣传文化部门领导班子成员的任免要征求各市(县)、区委党委分管领导意见。各市(县)、区委宣传部负责指导宣传文化系统各部门各单位的工作,参与领导班子年度考核、民主生活会、述职述廉等。积极推进宣传文化系统干部交流任职和挂职锻炼,每年有计划安排基层宣传文化部门干部到上级宣传文化部门挂职锻炼;有重点地选派各市(县)、区宣传文化部门领导干部和工作骨干到乡镇、街道和上级机关、企事业单位进行多岗位实践锻炼;加大从乡镇、街道等基层宣传文化队伍中选调干部的力度,逐步提高宣传文化部门从基层宣传文化队伍中选调干部的比例。

8. 加大宣传文化队伍建设保障力度。制定"十二五"宣传文化人才规划,大力推动各级党委、政府加强基层宣传文化阵地和队伍建设。加大经费投入,市委宣传部从宣传文化发展专项资金每年安排一定的经费,用于宣传文化队伍教育培训和人才培养,并根据工作需要保证逐年增长。各市(县)、区党委政府要积极创造条件,设立专项资金,确保宣传文化队伍教育培训、人才培养等经费落到实处,并随着财政收入的增加,逐年加大对宣传文化队伍建设的投入。

9. 加强体制机制建设。认真落实宣传思想文化工作责任制,各市(县)、区党委和政府要经常专题听取宣传思想文化工作汇报,及时了解区域社会思想动态,帮助解决宣传文化工作的实际困难,认真研究解决宣传文化工作中的重大问题。各市(县)、区党委宣传部门要经常分析和研究基层宣传思想文化工作面临的新情况,加强与有关工作部门的沟通和协商,特别是对基层宣传思想文化工作力量配置和经费投入,要从政策和体制上予以统筹解决。要加快研制乡镇、街道宣传文化工作评估指标体系,组织有关方面专家和经验丰富的实践工作者开展调查研究,着眼操作性、可评估,科学合理确定评估方法,促进宣传文化工作成效得到量化、可视化,发挥指标体系的杠杆、导向作用。要探索建立乡镇、街道宣传干部考核评价机制,建立和完善符合基层宣传文化工作特点的岗位责任、目标管理、干部评价和激励机制。

10. 加强队伍建设的组织领导。各市(县)、区党委、政府要结合实际,切实加强对基层宣传文化队伍建设的领导,组织制定基层宣传文化队伍建设中长期规划,并纳入本地区干部人才队伍建设总体规划。各市(县)、区党委组织、机构编制部门,政府发展和改革、财政、人力资源和社会保障部门,要切实加强对基层宣传文化建设的指导和支持。各级宣传文化部门要经常向同级党委、政府汇报工作,主动加强与有关部门的沟通协调,积极争取支持和配合。

2011 年 1 月 26 日

关于进一步落实《苏州市基层文化从业人员资格认证制度》的意见

(苏文群字〔2011〕6号)

各市(县)、区人社主管部门,文化主管部门:

为贯彻落实文化部《关于开展全国基层文化队伍培训工作的意见》《乡镇综合文化站管理办法》等文件精神,进一步提高基层文化从业人员的综合素质,切实加强对基层文化从业人员的管理,苏州市人力资源和社会保障局、苏州市文化广电新闻出版局联合制定了《苏州市基层文化从业人员资格认证管理制度(试行)》(苏人办〔2007〕144号),在推进基层文化从业人员专业培训、资格考试、持证上岗、规范管理等方面取得了积极成效。为提高基层文化从业人员素质、加强对基层文化从业人员的准入管理,现就进一步贯彻落实《苏州市基层文化从业人员资格认证制度(试行)》提出如下意见。

一、指导思想和基本原则

(一)以科学发展观为指导,大力实施"人才兴文"战略,加强对基层文化从业人员教育培训,积极推进基层文化从业人员资格认定工作,不断提高从业人员素质,规范岗位用工管理,提高公共文化服务的能力和水平,为不断满足基层广大群众的精神文化需求提供人才保障。

(二)坚持岗位资质培训、持证上岗的原则。基层文化从业人员必须将业务能力、综合素质作为上岗条件,并通过学习培训、统一考试取得《苏州市基层文化从业资格证书》后方能上岗从事基层文化工作。已经在岗的人员应通过岗位培训、考试取得《资格证书》,并列入继续教育内容进行注册。

二、实施对象

(三)基层文化从业人员指苏州市各市(县)、区、乡镇、街道从事或准备从事公共文化工作的人员,包括苏州市乡镇、街道文化站在编的管理人员和工作人员;苏州市城镇社区、农村行政村负责文化工作的人员;通过社会招聘方式进入乡镇、街道文化站或社区、行政村从事基层文化工作的合同制人员或有关人员;图书管理人员、非遗保护工作人员。以上人员都应该通过培训、考试取得《苏州市基层文化从业人员资格证书》。

三、推进措施

(四)调查摸底。由各市(县)、区文化部门为主,协调各镇、街道等有关方面,填写《苏州市基层文化从业人员情况登记表》(以下简称《登记表》),并依据《登记表》统计结果,按苏州市培训计划编制相关培训批次与培训人数,并将培训名单及有关证明材料上报苏州市文化广电新闻出版局。有关方面应该督促所在单位的参培对象积极参培并为其提供便利条件。

(五)开展教育培训、组织考试。对基层文化从业人员进行全面、系统、实用的培训,培训内容一般包括文化相关方针政策、法律法规、文艺常识(文艺创作与欣赏)、图书馆管理、"非遗"保护等基层文化工作技能。培训结束后组织考试。

（六）颁发《资格证书》。考试合格者颁发《苏州市基层文化从业资格证书》，作为具备上岗的资质，也可作为参加相应技术职称评审的依据。

（七）加强继续教育和年度注册工作。对已经持有《苏州市基层文化从业资格证书》的人员和各级基层文化从业的人员全面实行定期在岗培训，两年内累计培训不少于80课时，并将培训情况录入《资格证书》附页进行备案，作为年度继续教育注册的依据。

（八）在编的基层文化从业人员，连续两轮未能完成在岗培训课时任务的，当年度考核不能评为称职。

四、组织领导和监督检查

（九）苏州市人力资源和社会保障局、苏州市文化广电新闻出版局共同负责基层文化从业人员资格认定工作，包括组织报名、培训、考试、确定合格标准、注册、审核及相关管理工作。各市（县）、区人社部门和文化主管部门具体负责组织本地的申报、资格初审及两年一次的年检工作。

（十）市人社局、市文广新局将《苏州市基层文化从业人员资格认证管理制度》贯彻执行情况作为考核内容之一，考核结果报上级政府部门，从而确保基层文化从业人员资格认证制度落到实处。

苏州市人力资源和社会保障局
苏州市文化广电新闻出版局
二〇一一年三月二日

附：苏州市基层文化从业人员资格认证管理制度（试行）

（苏人办〔2007〕144号）

一、指导思想

随着市场经济的不断发展和完善，公共文化服务体系建设成为一项紧迫而重要的任务，基层文化建设作为构建公共文化服务体系的一个重要内容，包括基层文化设计建设、基层文化体制机制改革及提高基层文化工作人员素质在内的诸多工作已经摆上工作日程，并成为保障广大群众基本文化权益的必要途径。为了进一步丰富基层文化活动，满足基层广大群众的精神文化需求，努力提高基层文化工作人员的综合素质，进一步加强对基层文化工作人员的管理，特制定以统一考试、持证上岗为主要内容的苏州市基层文化从业的资格认证制度。

二、适用范围

基层文化从业人员是指苏州各市（县）、区、乡镇、街道从事或准备从事公共文化工作的人员。包括：

1. 苏州市乡镇街道文化站在编的管理人员和工作人员；
2. 苏州市城镇社区、农村行政村负责文化工作的人员；
3. 通过社会招聘方式进入乡镇、街道文化站或社区、行政村从事基层文化工作的合同制人员或有关人员；
4. 苏州市非公有文化团队的骨干及相关人员。

三、报考条件

1. 遵守国家法律法规,自觉贯彻党的文艺方针政策,坚持文艺为人民服务和为社会主义服务的方向。遵守职业道德,有爱岗奉献的精神。

2. 已经在乡镇、街道文化站工作的人员和在社区、行政村负责或从事基层文化工作的人员(具有群众文化系列中级职称以上的,可以直接办理登记注册手续)。

从事基层文化工作满15年的,通过培训和考试可获得从业资格证书。

3. 年满18周岁,身体健康,获得中等专业技术学校或高中以上学历,具有一定专长。

四、考试办法

1. 苏州市基层文化从业人员资格认证考试实行统一培训、统一考试的办法,由苏州市人事局、苏州市文广局命题和阅卷。

2. 符合报考条件中第3项规定的人员,须经过专业技术能的面试(包括音乐、舞蹈、戏剧、美术等),合格者可参加培训;符合报考条件中第2项规定的人员可以直接参加培训。

3. 考试原则上每年组织一次,通过培训并考试合格者,颁发由市人事局、市文广局统一印制的《苏州市基层文化从业资格证书》。

4. 培训工作由苏州市文广局组织实施,各市(县)、区人事、文化主管部门配合。

5. 培训试用群众文化专业(大专)教材(内容包括文艺方针政策、法律法规、艺术创作及艺术欣赏、图书馆学基础知识、民间文化保护抢救及整理、乡镇文化站的功能及运用、群众文化活动的组织及开展等)。

五、资格认定

1. 取得《苏州市基层文化从业资格证书》的人员实行年度登记注册管理制度。

2. 自取得《苏州市基层文化从业资格证书》的下一年起,每年必须参加市(县、区)文化部门或上级有关部门举办的业务培训,每年培训时间不少于20课时,并列入本人年度学习培训记录,作为年度登记注册的依据。

3. 工作变动后仍从事基层文化工作,当年仍继续参加业务培训并达到相应学时的,可以重新办理登记注册手续。

4. 有下列情形之一的,不予登记注册:
(1)业务培训连续两年不达标的;
(2)弄虚作假,骗取文化从业人员资格的;
(3)受到撤职以上行政处分的;
(4)严重违背职业道德,并造成恶劣影响的。

5. 取得资格证书的人员,纳入专业技术人员的管理范围,单位可根据工作需要报上级职称部门初定或评审相应的技术职务。

六、本制度自发布之日起施行。

苏州市人事局
苏州市文化广播电视管理局
二○○七年三月

市委办公室、市政府办公室关于转发苏州市文广新局《关于加强"十二五"公共文化服务体系建设的实施意见》的通知

(苏办发〔2012〕7号)

各市、区委和人民政府,苏州工业园区、苏州高新区、太仓港口工委和管委会;市委各部委办局,市各委办局,市各人民团体,各大专院校和直属单位:

现将苏州市文化广电新闻出版局制定的《关于加强"十二五"公共文化服务体系建设的实施意见》转发给你们,请结合实际,贯彻执行。

中共苏州市委办公室
苏州市人民政府办公室
2012年1月17日

苏州市文化广电新闻出版局关于加强"十二五"公共文化服务体系建设的实施意见

为深入贯彻党的十七届六中全会精神,全面落实《苏州市国民经济和社会发展第十二个五年规划纲要》和苏州市《创建国家公共文化服务体系示范区建设规划》的工作要求,并按照公益性、基本性、均等性、便利性的工作原则,进一步推动我市公共文化服务体系建设,现制定出台《关于加强"十二五"公共文化服务体系建设的实施意见》,以着力完善公共文化服务网络,切实满足人民基本文化需求。

一、指导思想和主要目标

(一)指导思想

以邓小平理论和"三个代表"重要思想为指导,深入贯彻落实科学发展观,牢牢把握先进文化前进方向,坚持以政府为主导,鼓励社会力量积极参与,统筹规划、重心下移、加大投入、分步实施,完善公共文化服务网络,提高公共文化服务供给能力,保障人民群众基本文化权益,推动文化建设与经济建设、政治建设、社会建设协调发展,为我市建设"三区三城"和率先基本实现现代化提供强有力的文化保证。

(二)主要目标

以创建国家、省级公共文化服务体系示范区(项目)为抓手,建成较为完善、覆盖全社会的公共

文化服务体系,实现城乡、区域文化统筹协调发展,公益性文化单位公共文化服务水平得到显著提高,基本公共文化服务均等化有力推进,人民群众基本文化权益充分保障,社会文化生活质量明显提升,公共文化服务体系建设水平进入全国第一方阵。

二、工作任务

"十二五"期间,主要抓好以下六项任务:

(一)优化公共文化设施网络

统筹城乡基层文化设施建设。以政府为主导,加快构建完善结构合理、功能健全、实用高效的公共文化设施网络。注重项目建设与运行管理并重,实现资源整合、共建共享。着力拓展投资渠道,积极引导和鼓励社会力量通过兴办实体、资助项目、赞助活动、提供设施等形式参与公共文化服务。新建、改建一批市、县级市(区)级标志性文化设施。加快完成全市基层文化站、文化社区(村)标准化建设。建立健全文化阵地管理的长效机制。确保到2015年末,实现市、县级市(区)、镇(街道)、村(社区)四级公益性文化设施全覆盖;全市公共文化设施每万人拥有量力争达到3000平方米,人均公益性文化设施面积达到0.18平方米,其中新建公共文化设施全部达到或超过部颁、省颁标准。

1. 推进市、县级市(区)级重点文化设施建设。苏州中国昆曲剧院、非物质文化遗产展示中心、苏州市艺术剧院等重大项目建成并投入使用。规划建设张家港艺术中心、常熟江南文化艺术中心、昆山文化艺术中心、吴江市文广传媒大厦、吴中区现代文体中心、相城区御窑遗址博物馆、平江文化中心综合体、金阊新城体育文化活动中心、园区台湾诚品书店文化综合体及高新区文化艺术中心等一批重大标志性文化设施。

2. 推进镇(街道)文化站达标建设。严格执行国家《乡镇综合文化站管理办法》《乡镇(街道)文化站建设标准》和《苏州市基层文化标准化建设评选和命名工作的实施意见》,重点抓好国家和省级经济发达镇(开发区、新城区)、改革试点先导区、历史文化名镇以及城区街道文化站基础设施和功能建设。

3. 推进村(社区)综合文化中心标准化建设。切实将村(社区)综合文化中心建设纳入城乡规划和设计,并按照文化部《关于加强村级文化建设的指导意见》、苏州市《关于进一步加强苏州市社区文化建设的意见》要求,全力抓好城市街道(集镇)社区、新建社区(新城区、开发区)和新型农村社区(集中居住区)综合文化中心标准化建设,切实完善面向妇女、未成年人、老年人、残疾人的公共文化服务设施。

4. 推进全市基层广电设施建设。巩固苏州市有线数字电视"户户通"成果,努力实现广播电视对外来人口集聚区域的全覆盖。全面加强基层广电站建设。力争到2015年末,全市基层广电站全部达到苏州市"基本现代化广电站"标准。切实办好镇广播站和村广播室,实现有苏州特色的基层广播全覆盖。

5. 推进公共图书馆、文化馆(站)、美术馆等免费开放。严格执行文化部、财政部《关于推进全国美术馆、公共图书馆、文化馆(站)免费开放工作的意见》,创新全市公共图书馆、文化馆(站)、美术馆办馆思路和运作模式,稳步推进免费开放,确保社会效益最大化。全市范围内政府兴办的各类博物馆、艺术馆、科技馆、革命历史纪念馆等,按照要求逐步向社会免费开放。鼓励国有文化单位、教育机构等大力开展公益性文化活动。

(二)提升文化信息服务水平

积极利用现代科技手段,加快提升文化服务信息化水平。力争到2015年末,全市基本形成资源丰富、技术先进、服务便捷、覆盖城乡的数字文化服务网络。

1. 推进公共图书馆总分馆建设。按照《苏州市公共图书馆总分馆体系建设实施方案》的部署，基本建成资源共享、协同采编、统一检索、一卡通用的城乡公共图书馆总分馆体系。力争到2015年末，全市公共图书馆分馆达到200个，全市公共图书馆整体藏书达到人均1.2册（按辖区常住人口计算）。

2. 推进农村综合信息服务体系建设。全面整合农家书屋、党员现代远程教育服务中心、共享工程基层服务点和乡村图书室等资源，加快建设"四位一体"的"基层综合信息服务站"，努力为农村群众提供更为便利的公共信息服务。

3. 推进地方特色文化数据库建设。充分发挥苏州市古籍保护中心作用，积极开展全市古籍保护工作，着手建立古籍善本数据库。加快完成古籍书库的标准化改造，确保古籍保护工作继续走在全省、全国前列。加快建设地方特色文化数据库，打造网上博物馆、图书馆、美术馆及苏州评弹数据库等特色文化数据库群。

4. 推进公益性数字电影放映工作。继续实施电影"2131工程"，进一步完善农村数字电影流动放映工作，实现数字电影放映"一村两月三场"。对有条件的乡镇，鼓励和支持加快建设一个多厅数字电影放映院。

（三）做强文化惠民活动品牌

依托丰富历史文化资源和吴文化独特优势，继续办好"我们的节日"等主题活动，做优做强一批具有鲜明地域特色和较大影响力的文化活动，不断提升公益性文化活动的质量和水平。

1. 做优做强公益性文化活动示范品牌。以大力弘扬"崇文、融和、创新、致远"的苏州城市精神为契机，精心组织好中国昆剧艺术节、中国苏州评弹艺术节、中国国际民间艺术节、苏州阅读节等品牌，积极构筑立体、多维、开放的历史文化节庆互动平台，加快形成"一市（区）一品"或"一市（区）多品"的发展格局。

2. 培育打造群众性文化活动特色品牌。继续办好"群星璀璨"等文化惠民系列活动。依托传统节日、重大庆典活动和民间文化资源，积极组织群众喜闻乐见的文体活动，全市各类公益性展演（展示）活动年均不低于3万次。加快形成"一镇一品、一镇多品"以及"一村一品"特色文化活动品牌，鼓励举办各类基层民间文艺节、农民文化艺术节和镇（街道）、村（社区）文化节。继续推进"民间（特色）艺术之乡"和"文化示范镇、文化先进镇（街道）"建设。

3. 优化完善文化"三送""四进"工程服务品牌。扎实做好文化"三送"工程、舞台艺术"四进工程"以及昆曲、评弹、少儿喜剧、古琴等优秀艺术为在校学生公益演出活动。面向未成年人、老年人、残疾人及进城务工人员，积极开展形式多样的文化服务。"十二五"期间，全市范围内年均向基层送书10万册、送戏3000场次、送电影1.3万场次。

（四）加强文化遗产资源保护

深度挖掘"吴文化"资源，认真落实文化遗产保护政策和措施，创新文化遗产保护方式和工作机制，全面加大我市文化遗产的保护力度，全力打响全国历史文化名城品牌。

1. 推进物质文化遗产保护。结合第三次全国文物普查成果，稳步提高各级文保单位和控保建筑数量，稳步提高文物保护完好率。力争到2015年末，全市各级文保单位数量在"十一五"基础上增加15%左右，总量达到800处，省级以上文保单位完好率达100%，市级文保单位完好率达80%左右，控保建筑完好率达70%左右。

2. 加强非物质文化遗产保护。贯彻落实《中华人民共和国非物质文化遗产法》，进一步推进非物质文化遗产保护名录体系建设。各县级市、区因地制宜，加快建立并完善非物质文化遗产保护工作机构。进一步完善非物质文化遗产四级代表性传承人认定保护机制。确保列入联合国教科文组织非物质文化遗产名录项目和国家级保护名录项目的有效保护率达到100%，省、市、县级市（区）

级保护名录项目的有效保护率分别不低于80%、70%和65%。

3. 促进遗产资源的可持续保护利用。结合古城、古镇、古村落、历史文化街区综合整治，加快发展区域文化旅游，不断繁荣民俗文化节庆活动，加快提升区域文化魅力。认真抓好历史建筑的修缮、维护，有力推进历史建筑的开放利用，丰富特色博物馆、展示馆、纪念馆的建设品质，着力提升城市功能品位。研究制定促进遗产资源合理利用、扶持生产性保护的相关政策，建设生态性保护基地，推进非物质文化遗产生产性保护水平跃上新台阶。

（五）丰富公共文化产品供给

充分发挥公益性文化单位在公共文化服务中的骨干作用，面向基层、面向群众，着力提高生产能力和服务水平，切实满足人民群众的公共文化服务需求。加快构建公共文化区域大平台，通过采取政府购买、项目补贴等方式，大力支持文化企业生产公共文化产品，积极参与到公共文化服务领域。

1. 加强地方特色文艺产品的创作生产。重点抓好戏剧、音乐、舞蹈、曲艺、美术等各类文艺产品的创作和生产，强化苏州地域文化特色。继续打造一批能够站得住、留得下、传得开，经得起观众和时间检验的精品力作，不断满足广大群众日益增长的精神文化需求。充分发挥人民群众作为文化创造主体的作用，鼓励、引导广大群众参与文艺创作。

2. 加强广播影视、图书出版产品的生产引导。积极推进影视作品生产和广播电视频率频道、栏目节目的特色化、精品化建设。全市图书出版优质品率继续保持省内领先水平。

3. 提高文化产品的产业支撑和市场供给能力。大力发展文化产业，为公共文化服务提供坚实的产业支撑。充分利用市场机制，引导文化资源向公共文化服务领域流动，拓宽公共文化产品的选择空间。

（六）加快文化人才队伍建设

认真落实中共苏州市委《关于进一步推进姑苏人才计划的若干意见》、市委宣传部等六部门《关于加强地方县级和城乡基层宣传文化队伍建设的若干意见》，加快构建一支总量充足、门类齐全、结构合理、梯次分明、素质优良，适应新形势下文化发展要求的公共文化服务人才队伍。

1. 实施"姑苏文化人才"计划。按文化艺术、文化遗产保护、新闻传媒、文学创作和文化理论等专业类别，加快培养和引进一批领军人才和重点人才。进一步完善苏州市文化艺术拔尖人才培养、资助和奖励等配套制度，为各类德艺双馨、德才兼备的文化人才及重点后备人才的发展创造良好的条件。

2. 加强基层文化队伍建设。完善基层文化岗位设置，严格准入制度，明确岗位职责，加强考核管理。鼓励党政机关和企事业单位优秀年轻干部到村（社区）从事宣传思想文化工作，鼓励应届大学毕业生到基层文化部门、单位任职。壮大"文化志愿者"队伍，引导符合条件的社会各界人员参与基层文化服务。

3. 加强基层文化从业人员资格认证。严格落实《苏州市基层文化从业人员资格认证制度》。加强对基层文化从业人员和非公有文化团队骨干及相关人员的定期培训，推行持证上岗。

三、建设保障

（一）健全领导和工作机制

健全完善党委和政府统一领导、相关部门分工负责、社会团体积极参与的工作机制。各级政府作为加强公共文化服务体系建设的责任主体，要把公共文化服务体系建设纳入本地区经济社会发展规划，纳入财政预算。要把公共文化服务体系建设水平作为评价地区发展水平、发展质量以及创建文明城市、文化先进县（市）的重要内容，切实加强组织领导、统筹协调、政策扶持和督促检查。

（二）深化公益性文化事业单位改革

按照"增加投入、转换机制、增强活力、改善服务"的方针,深化公共博物馆、纪念馆、美术馆、文化馆、图书馆等公益性文化事业单位的劳动人事制度、收入分配制度改革。推行人员聘用制和岗位管理制度。加强财务管理和经济核算。建立健全人员、岗位激励、约束机制,不断提高公共文化服务的能力和水平。

（三）继续加大对公共文化服务的投入

建立并完善全市公共文化服务投入保障机制。文化体育与传媒支出不低于同级财政经常性收入的增长幅度,人均文化支出（按常住人口计算）高于全省平均水平。苏州市创建公共文化服务体系示范区建设资金由各级财政给予保障。市和县级市（区）公共图书馆、文化馆（站）、美术馆、博物馆等公共文化机构的建设和日常运行经费由各级财政承担,并视财力逐年增加。各级财政要加大对镇（街道）、村（社区）文化站（室）、农家书屋的经费投入。镇（街道）、村（社区）文化站（室）的经费,应列入同级财政预算支出,确保人员经费、业务经费的安排,并保持一定的增长比例。

（四）健全政策法规和绩效评估体系

加强文化立法工作,完善地方性文化法律法规体系。研究制定《苏州市基层公共文化设施管理办法》和《苏州市非物质文化遗产保护条例》,实现对公共文化的依法管理。加强公共文化服务体系制度设计研究,建立公共文化服务指标体系。完善各级文化设施和文化服务的测评体系,实施公共文化服务绩效考核。

下篇　创建成效篇

长效保障的公共文化服务制度支撑体系

制度建设是公共文化服务体系建设的前提条件,完善的制度体系是公共文化长效发展的有效保障,更是公共文化服务体系走向完善的根本标志。建立与当地公共文化发展实际相符的制度体系,并随着实践的发展不断完善,是避免公共文化"过山车式"建设的重要保障,也是医治"人走政息"痼疾的良方。苏州紧抓创建国家公共文化服务体系示范区的历史机遇,在创建过程中将制度建设放在极为重要的位置。针对近年来苏州公共文化发展中遇到的困难和问题,各级文化主管部门在创建初始就设立了相关的制度设计研究课题,并随着课题的陆续完成,将其转化为切实可行的制度,致力于形成健全的制度体系,以保障广大人民群众基本的文化权利。通过统筹规划、合理配置,制度体系建设取得了显著的成效,实现了制度设计与实践发展相结合、创建时效与长效机制相结合、文脉传承与时代创新相结合、区域示范与看齐国际相结合,做到了理论与实践相结合的高度统一。

一、苏州公共文化服务制度体系建设的背景

构建现代公共文化服务体系,加强公共文化服务是实现人民基本文化权益的主要途径。公共文化体系建设要坚持政府主导,按照标准化、均等化的要求,加强公共文化基础设施建设,完善公共文化服务网络,让群众广泛享有基本公共文化服务。加强文化建设,建立健全现代公共文化服务体系,离不开公共文化制度建设。

（一）宏观形势

1. 政策背景

坚持以邓小平理论、"三个代表"重要思想和科学发展观为指导,认真贯彻党的十八大和十八届三中全会精神,坚持社会主义先进文化的前进方向,坚持以政府为主导、鼓励社会力量积极参与,坚持城乡、区域文化协调发展,坚持把建设的重心放在基层和农村,统筹规划、加大投入、因地制宜、分步实施,着力改善农村和中西部地区公共文化服务网络,着力提高公共文化产品供给能力,着力解决人民群众最关心、最直接、最现实的基本文化权益问题,推动文化建设与经济建设、政治建设、社会建设协调发展。

2. 发展社会主义文化的必然要求

党的十七届六中全会指出,要坚持政府主导,加强文化基础设施建设,完善公共文化服务网络,让群众广泛享有免费或优惠的基本公共文化服务。公共文化是社会稳定、和谐、健康发展并形成社会凝聚力的最基本的因素。党的十八大提出要加强重大公共文化工程和文化项目建设,完善公共文化服务体系。大力发展公共文化事业,构建和完善公共文化服务体系,是繁荣发展社会主义先进文化、构建社会主义和谐社会的必然选择,是坚持以人为本、满足人民日益增长的文化需求、提高全民文化素质、提高全社会精神文明程度的重要保障,也是统筹城乡文化发展、推进和谐社会建设的

重要支撑。十八届三中全会进一步提出要构建现代公共文化服务体系,公共文化服务体系建设已经成为今后全国经济社会发展的一项长期战略任务,是各级党委、政府的重要职责。

3. 政府职能转变

党的十八届二中全会提出要建设职能科学、结构优化、廉洁高效、人民满意的服务型政府,要把经济、政治、文化、社会、生态等方面的体制改革有机结合起来,把理论创新、制度创新、科技创新、文化创新以及其他各方面创新有机衔接起来,构建系统完备、科学规范、运行有效的制度体系。有学者指出,提供充分的公共文化服务、满足公众对公共文化的需求、保障公民的基本文化权利,是服务型政府在文化领域体现其公共性特征的有效措施。在建设公共文化服务体系中,政府应秉持为社会和公众服务的公共性价值理念,积极履行公共文化服务与管理的责任和职能。①

4. 公益性文化工程建设

加强公共文化服务体系建设,对促进人的全面发展、提高全民族的思想道德和科学文化素养、建设和谐社会具有重大意义。公共文化服务体系建设的难点在农村,弱点在基层,公益性文化工程建设是公共文化服务体系建设的重要内容,是提升基层群众文化素养的重要举措,如广播电视村村通、全国文化信息资源共享、乡镇综合文化站和基层文化阵地建设、农村电影放映、农家书屋建设等。建立完善的制度体系,确保重大公共文化工程建设落到实处且随着时代的发展与时俱进,切实保障群众基本文化权益。

5. "五位一体"总体布局

文化建设是中国特色社会主义事业"五位一体"总体布局的有机构成,积极推进公共文化服务体系建设能更好地发挥文化对经济社会发展的推动作用。党的十七大以来,公共文化服务体系建设有了长足进步,制定了一系列重要的政策措施,各级党委、政府和文化部门按照中央的部署,以建立覆盖全社会的公共文化服务体系为目标,以保障群众的基本文化权益为着力点,以重点文化惠民工程为抓手,以文化设施为载体,以文化服务为核心,加大建设力度,公共文化服务体系建设呈现出蓬勃发展、整体推进、重点突破的良好态势。我国覆盖城乡的公共文化设施网络基本形成,为建立现代公共文化服务体系奠定了非常好的基础。②

(二) 苏州社会经济的发展

1. 经济发展的必然要求

改革开放以来,苏州经济社会快速发展,2012年全市完成地区生产总值1.2万亿元,比上年增长10.1%,人均地区生产总值(按常住人口计算)114029元。地方公共财政预算收入1204亿元,比2011年增长9.4%。③ 经济社会的发展,极大地提升了人民群众的生活水平,同时,人民群众精神文化需求日益增长。因此,需要切实加强公共文化服务体系建设,实现好、维护好、发展好群众基本文化权益。

2. 人文传统的传承

苏州历史文化底蕴深厚、特色鲜明,是国务院公布的首批24个历史文化名城之一,也是全国唯一的历史文化名城保护区。"崇文睿智"是苏州精神的重要内容,苏州的历史文化和人文特质具有深厚的群众基础。④ 苏州历史文化是公共文化发展的重要源泉,公共文化建设充分吸纳地方文化特色才能保持其生命力和活力,历史传统文化则要借助公共文化服务平台导入公共文化的价值理念,

---

① 闫平. 服务型政府的公共性特征与公共文化服务体系建设. 理论学刊,2008(12),70-73.
② 文化部. 十七大以来文化建设成就系列——公共文化服务体系建设专题新闻发布会. http://www.scio.gov.cn/xwfbh/gbwxwfbh/xwfbh/whb/Document/1173946/1173946.htm (检索时间: 2013年12月12日).
③ 苏州市统计局、国家统计局苏州调查队.2012年苏州市国民经济和社会发展统计公报. http://www.sztjj.gov.cn/Info_Detail.asp? id=19944 (检索时间: 2013年12月13日).
④ 钱建伟、马玉林."苏州精神"诞生记. 苏州日报,2013年5月8日.

并实现文化转换与创新。两者通过对接和互动而形成新的合力,必将使传统文化得以大力弘扬,公共文化实现大发展与大繁荣。

3. 城乡二元结构的改变

作为江苏省唯一的城乡一体化发展综合配套改革试点市,苏州近年来坚持以统筹城乡一体化发展来推进新型城镇化,城市化率已达72.3%,高于全国52.57%的平均水平。2012年底苏州城乡居民收入分别达到3.75万元和1.94万元,城乡居民收入差距缩小到1.93比1,成为全国城乡居民收入差距最小的地区之一。作为中国城镇化水平较高的地区之一,面对着城市规模的日益扩大,面对着农民变市民的身份转换,面对着庞大外来人口的不断涌入,快速发展的新型城镇化为苏州的文化建设特别是公共文化发展带来了前所未有的机遇和挑战。

4. 苏南现代化

国务院批准的《苏南现代化建设示范区规划》提出要充分挖掘苏南优秀传统文化,进一步丰富和提升文化内涵,突出地方文化特色,形成现代文明与传统文化交相辉映、城市文化与农村文化和谐共生的发展格局。这对加大文化建设,尤其是城乡一体化的公共文化服务体系建设提出了更具体和更高的要求。

(三)创建国家公共文化服务体系示范区

制度体系建设是创建国家公共文化服务体系示范区的重要内容,创建工作方案和创建标准对制度体系建设都做了明确规定和要求。《国家公共文化服务体系示范区(项目)创建工作方案》的创建原则要求结合实践,开展公共文化服务体系建设制度设计研究,充分发挥理论引领和专家的指导作用,通过体制机制创新,建立符合社会主义市场经济要求和文化自身发展规律的公共文化服务体系建设的新体制和新机制。《示范区创建标准(东部)》指出政府要有公共文化服务体系建设的相关规划和政策,要建立政府统一领导、相关部门分工负责、社会团体积极参与的管理体制和工作机制。以农村和基层为重点,制定统筹城乡文化发展的相关规划、政策、措施。建立政府与公共文化服务机构的专家咨询制度、公共文化服务机构运营的公众参与制度,形成政府宏观管理、行业协会参与、公共机构法人治理的管理模式,建立城市对农村的文化援助机制。

(四)苏州公共文化发展存在的不足

尽管苏州创建国家公共文化服务体系示范区的起点高,但对照创建工作方案和创建标准以及苏州市经济社会发展对文化的整体要求,公共文化建设还存在一些不足,具体体现为区域公共文化发展不均衡,各地公共文化建设的速度和质量还有待提升;公共文化发展的层次不均衡,城乡之间公共文化服务的均等化水平有待协调;公共文化建设的软硬件不均衡,尤其是基层公共文化设施的功能和作用还没有得到充分发挥;公共文化产品供给与需求不均衡,公共文化产品供给的主动性、针对性、有效性和及时性程度还有待进一步提高。解决公共文化发展中存在的问题和不足,需要不断完善制度体系,以制度为支撑,确保公共文化服务体系建设的长效发展。

二、苏州公共文化服务制度体系建设

苏州深厚的文化底蕴、经济社会的高速发展为苏州创建国家公共文化服务体系示范区营造了良好的人文氛围、奠定了坚实的物质基础,但同时也对公共文化服务体系建设提出了更高的要求。一是要在创建周期内圆满完成创建任务,且顺利通过每两年一次的复查;二是要将苏州的人文传统与公共文化发展高度融合,使其相得益彰;更为重要的是公共文化建设要与经济社会发展统一,公共文化建设不能脱离经济社会发展的实践,两者互为促进因素。此外,苏州公共文化服务体系的发展要在区域乃至全国范围起到示范引领作用,为我国公共文化的发展做出重要贡献。因此,制度体系建设显得尤为重要,是满足上述要求的重要举措和保障。苏州在创建国家公共文化服务体系示范区的过程中,以自身实际为出发点,根据创建要求和任务,将示范区创建周期与公共文化长效发展紧密结合,通过建立健全公共文化制度体系保障创建工作的圆满完成,促进苏州公共文化服务体系建设的可持续发展。

(一) 创建工作制度

创建制度是指围绕创建国家公共文化服务体系示范区工作制定的各项政策和制度,其主要目的是圆满完成创建示范区的各项工作,通过建立制度解决阻碍当前公共文化发展重点难点问题,实现公共文化服务体系建设的可持续发展。苏州各级政府及文化主管部门根据《国家公共文化服务体系示范区(项目)创建工作方案》和《示范区创建标准(东部)》《创建国家公共文化服务体系示范区(项目)过程管理几项规定》(暂行)的要求,出台了《苏州市创建国家公共文化服务体系示范区过程管理实施意见》①,制定了完善的制度体系,以保障示范区创建工作的顺利实施和圆满完成。制度体系包括组织领导制度、会议制度、制度设计研究、经费管理制度、检查督导制度、信息报送制度以及考核制度等,健全政府统一领导、相关部门分工负责的管理体制。各县市区分别出台了有关的示范区创建过程管理实施意见,建立健全创建机制,通过完善合理的制度建设确保各项工作有序推进,顺利完成示范区创建任务。

1. 组织领导制度

创建工作得到苏州各级领导的高度重视,为推进示范区创建工作,确保顺利通过验收审查,苏州及所辖县市区都成立了由主要领导任组长的创建工作领导小组及负责日常工作的创建工作领导小组办公室。

(1) 创建工作领导小组及职责

苏州市委市政府成立了由市委副书记、市长为组长,市委宣传部长、主管副市长为常务副组长,市委副秘书长、市政府副秘书长、市文明办主任、市文广新局局长为副组长,发改委、民政局、财政局、人社局、编办、住建局、规划局、体育局、工会、团委和妇联负责人及所辖县市区主要领导同志为成员的创建工作领导小组。② 苏州市国家公共文化服务体系示范区创建工作领导小组的成立对所辖县市区成立创建工作领导小组起到了引领和指导作用。张家港市、常熟市、太仓市、昆山市、吴江市(2012年9月1日撤市改区)、吴中区、相城区、平江区、沧浪区、金阊区(2012年9月1日撤平江区、沧浪区、金阊区三区而设置姑苏区)、工业园区、高新区等市、区分别成立了由政府主要领导任组长的创建工作领导小组。③

创建国家公共文化服务体系示范区是一项复杂的系统工作,涉及众多政府部门,顺利完成创建工作需要各部门的通力配合,如何形成合力并使其最大化也是创建工作的一大难点。创建工作领导小组由政府及与创建工作相关的部门主要负责人构成是示范区创建工作方案的重点内容,更是

---

① 《苏州市创建国家公共文化服务体系示范区过程管理实施意见》(苏公创字〔2012〕1号)。
② 《关于成立苏州市国家公共文化服务体系示范区创建工作领导小组的通知》(苏办发〔2011〕48号)。
③ 参见《关于成立张家港市创建国家、江苏省公共文化服务体系示范区工作领导小组的通知》(张政发〔2011〕111号)、《市委办公室 市政府办公室关于成立常熟市公共文化服务体系示范区创建工作领导小组的通知》(常办发〔2011〕58号)、《关于成立太仓市国家公共文化服务体系示范区创建工作领导小组的通知》(太委办〔2011〕45号)、《关于成立昆山市国家公共文化服务体系示范区创建工作领导小组的通知》(昆办抄〔2011〕第14号)、《关于调整昆山市国家公共文化服务体系示范区创建工作领导小组的通知》(昆办抄〔2012〕27号)、《市委办公室、市政府办公室关于成立吴江市国家公共文化服务体系示范区创建工作领导小组的通知》(吴办发〔2011〕82号)、《关于成立吴中区国家公共文化服务体系示范区创建工作领导小组的通知》(吴委办〔2012〕13号)、《关于成立相城区国家公共文化服务体系示范区创建工作领导小组的通知》(相委办〔2011〕54号)、《关于成立金阊区国家公共文化服务体系示范区创建工作领导小组的通知》(金委办〔2011〕58号)、《关于成立平江区"国家公共文化服务体系示范区"创建工作领导小组的通知》(平委办〔2011〕29号)、《关于成立苏州工业园区国家公共文化服务体系示范区创建工作领导小组的通知》(苏园区〔2011〕121号)、《关于成立苏州高新区国家公共文化服务体系示范区创建工作领导小组的通知》(苏高新管〔2012〕55号)。

确保创建工作顺利推进,提高创建效率的有效保障举措。

领导小组的职责包括贯彻落实中央、省、市制定的有关各项公共文化服务体系建设的方针、政策以及相关部署和决定,领导全市的创建工作;宏观指导和协调推进我市国家公共文化服务体系示范区创建工作,着力完善设施网络、服务供给、组织支撑、资金人才技术等公共文化服务体系建设的政策和措施;组织协调全市公共文化服务体系制度设计研究工作;研究提出全市创建国家公共文化服务体系建设相关资金投入规划和增长机制的建议;协调、监督及审议创建工作相关资金的使用;建立公共文化服务绩效评估制度,监督、检查全市的创建进展情况,督促、考核全市创建国家公共文化服务体系示范区达标目标和重点任务的完成情况,协调解决具体工作实施中的重大问题;以及其他有关事项。

(2)领导小组办公室及职责

创建工作领导小组全面统筹指导示范区创建工作,而具体的日常工作则由创建工作领导小组办公室承担。苏州创建工作领导小组办公室设在苏州市文化广电新闻出版局(下简称文广新局),办公室组成人员名单包括苏州市文广新局领导、苏州市财政局领导、县市区文广新局领导、市文广新局相关处室负责人以及苏州图书馆、苏州博物馆、苏州市公共文化中心等单位负责人。办公室下设督查组、综合组、制度设计课题研究组、联络协调组等4个内设工作部门。[①]

领导小组办公室的职责主要通过内设的工作部门来履行,综合组负责指导和检查各市(区)创建指标任务落实情况,研究制定推动各项创建目标任务完成的建议措施;负责社会满意度第三方测评准备工作,包括研究制定社会满意度第三方测评调查问卷及解读,建立各市、区备查名单库,每个市、区上报镇(街道)各4个、村(社区)(含共享工程基层服务点、公共电子阅览室)各5个,作为社会满意度第三方测评的主要候选对象;负责制定迎接文化部验收组的接待方案等。综合组负责与文化部公共文化司、省文化厅和市委、市政府的有关协调、联系工作;负责有关请示、报告、方案等的撰写、上报和催办;负责有关创建的各类数据的统计,负责示范区创建验收台账以及过程管理台账的收集和制作;负责苏州市创建国家公共文化服务体系示范区信息报送和宣传工作实施等。制度设计课题研究组负责苏州市公共文化服务体系制度设计研究的实施,包括课题文本、汇报材料及PPT的制作,以及相关政策法规的起草;负责总结提炼公共文化建设的"苏州模式";负责起草示范区验收所需文稿等。联络协调组负责与创建领导小组各成员单位的联系沟通;负责协调创建领导小组各成员单位按《苏州市创建国家公共文化服务体系示范区过程管理实施意见》规定的各项分解任务落实到位;负责文化惠民活动的实施等工作。

创建工作的决策、指挥和监督工作的顺利实施离不开完善的组织领导机制,由市长挂帅的创建工作领导小组保障了示范区创建工作的一致性、系统性和稳定性,为创建工作有序开展奠定了坚实的基础。创建工作领导小组办公室依据创建规划和要求,分工协作,协调和指导各项工作,制定具体的实施方案,并对创建工作进行督导,确保各项工作顺利有序地进行。

2. 会议制度

创建国家公共文化服务体系示范区是一项复杂的系统工作,苏州市从2011年4月入围首批创建示范区到2013年11月创建工作圆满完成,经历了创建启动、务实推进、整体提高三个阶段。每个阶段的工作重点各有侧重,根据创建工作的实际,为提高全市上下对创建工作的认识,总结阶段性创建工作,突破重点,解决创建工作瓶颈,增强执行力,在各阶段关键时期召开了全市各级各部门参与的示范区创建工作会议、创建启动阶段的动员大会、务实推进阶段的推进大会和整体提高的创

[①]《关于明确苏州市国家公共文化服务体系示范区创建工作领导小组办公室各工作组职责及组成人员的通知》(苏公创办字〔2012〕4号).

建大会等。

（1）动员会

2011年5月，苏州市召开创建国家公共文化服务体系示范区动员大会，全市各级各部门主要负责同志参加了会议。会议统一了全市上下的思想，充分认识到创建工作的重大意义。会议强调加强公共文化服务体系建设是一项长期的战略任务，从创建伊始苏州就将示范区创建的周期任务与全市公共文化服务体系示范区建设的长效发展相结合，将公共文化服务体系建设提升到战略的高度，将其纳入苏州率先实现基本现代化的重要内容。

针对公共文化服务体系建设工作中存在的差距与不足，会议提出了创建工作的重点和具体的任务。第一，加强公共文化设施网络建设。逐步形成覆盖城乡、结构合理、功能健全、实用高效的公共文化设施网络。重点推进基层文化设施标准化建设，建立健全长效管理机制，实现公益性文化设施市、县（区）、乡镇（街道）、村（社区）四级全覆盖。第二，有效整合公共文化服务资源。突破体制障碍，加大跨部门、跨领域、跨系统的文化项目和文化资源的共建共享力度，加强基层文化资源的整合。积极构建覆盖全市、城乡一体、资源共享、经济高效的公共图书馆总分馆体系。集中整合农家书屋、党员现代远程教育服务中心、共享工程基层服务点、乡村图书室的资源，建立"农村综合信息服务站"。第三，不断创新公共文化服务模式。公共文化服务需求越来越复杂化和多样化，要充分考虑到不同群体的文化需求，提供有针对性的多品种、多层次和多特色的公共文化服务。重视数字文化服务在公共文化体系建设中的重要作用，加大科学技术和现代传播手段的应用，强化公共文化服务的技术支撑，全面提升文化信息数字化建设的服务质效和服务水平。第四，推进文化体制机制改革。一方面，要加快形成责任明确、行为规范、富有效率、服务优良的管理体制和运行机制；另一方面，要扩大公共文化服务投入渠道，支持和服务民营文艺团体、民间文艺社团和农民自办文化初具规模，成为政府公共文化服务的重要补充。第五，开展制度设计研究工作。制度设计研究要与公共文化服务体系建设的实践相结合，进行创造性的探索和分析，借鉴国内外先进经验，提出创新的观点和思路，为示范区创建实践和相关政策制度的出台奠定理论基础。

动员会指出要有重点分阶段地做好公共文化服务体系建设，要将公共文化服务体系建设置于苏州全局工作的重要位置，同时在加强领导，建立健全工作机制，加大投入力度，完善投入机制，加强队伍建设等方面做了全面部署。动员会的召开标志着苏州创建国家公共文化服务体系示范区进入全面建设阶段，各级各部门密切配合，推动创建工作有序进行。

（2）推进会

党的十七届六中全会指出，坚持政府主导，加强文化基础设施建设，完善公共文化服务网络，让群众广泛享有免费或优惠的基本公共文化服务。为贯彻落实十七届六中全会精神，扎实推进国家公共文化服务体系示范区创建工作，继2011年5月年动员大会之后，2012年6月苏州市委、市政府召开了创建国家公共文化服务体系示范区推进会。会议的主要目的是落实文化部专项督查组督查意见，回顾总结创建工作情况，统一思想，安排部署下一阶段创建工作。

推进会总结了已开展一年多的创建工作，制订出台了苏州市《创建国家公共文化服务体系示范区建设规划》[1]，确定了创建的主要指标、重点任务和保障措施。市创建办出台了《苏州市创建国家公共文化服务体系示范区过程管理实施意见》[2]《苏州市公共文化服务体系制度设计研究工作方

---

[1] 《市政府办公室关于印发创建国家公共文化服务体系示范区建设规划的通知》（苏府办〔2011〕54号）.

[2] 《苏州市创建国家公共文化服务体系示范区过程管理实施意见》（苏公创字〔2012〕1号）.

案》①《苏州市创建国家公共文化服务体系示范区信息报送和宣传工作方案》②等文件,定期召开创建工作联络员例会并组织督导组赴基层督导创建工作进展情况,有效推动了创建工作的顺利进行。创建工作建立了四项保障机制,即组织保障机制、经费支撑机制、创新文化体制机制和长效建设机制等,推进了设施网络建设工程、文化惠民服务工程、数字服务提升工程、文化人才培育工程、制度设计研究工程等重点工程。

创建工作开始一年多来,苏州公共文化服务体系建设取得了阶段性成果,2012年4月文化部专项督导组对创建工作进行了中期督查,苏州创建工作以24个指标优、1个指标良,总体督查指标优良率100%的成绩圆满通过文化部组织的中期督查。结合专家督导组的督查意见与示范区创建标准,推进会指出了差距和不足,并针对差距提出下一阶段创建工作的重点,主要为进一步完善文化设施网络布局、进一步提升公共文化服务质效、进一步加强人才队伍建设和进一步强化制度建设等。创建工作要以基层建设为重点,以基础设施建管为依托,以提高公共文化服务能力为核心,以改革创新为动力,以重点文化惠民工程为抓手,以机制体制建设为保障,确保圆满完成各项创建任务。

(3) 创建会

2013年3月,为圆满完成创建任务,以优异的成绩通过验收考核,提升全市公共文化服务的整体质量和水平,市委、市政府召开了苏州市创建国家公共文化示范工作会议。会议指出即将开展的验收工作的主要内容,考察示范区创建城市在全面落实创建规划、全面达到创建标准、解决突出矛盾和问题,以及制度设计研究、创建过程管理、示范意义与价值等方面取得的成效。同时,会议也通报了验收形式,采取创建城市自查,省文化厅、财政厅审核并提出验收申请,文化部和财政部组织验收组实地检查,会议集中评议相结合的办法进行。其中,制度设计研究课题评审、过程管理考核及公共文化服务群众满意度第三方测评将作为验收工作的前置条件和必备条件。会议还公布了第一批国家公共文化示范区验收标准,分为6个部分,共30项76个指标。

对照验收标准,会议指出创建工作的差距和问题,如公共图书馆人均占有藏书,镇(街道)、村(社区)文体活动室、公共电子阅览室(含共享工程支中心、基层服务点)建设、公共数字文化建设、公共文化服务机构的服务标准以及公共文化服务的公众评价机制等。因此,创建的最后阶段一方面要全面推进公共文化服务体系硬件建设,另一方面要完善公共文化服务体系软件建设,充分展示苏州公共文化服务体系建设的经验成果,打造现有公共文化服务体系的"苏州模式"。

3. 分工负责制度

创建初期,按照示范区创建工作的要求,根据苏州公共文化服务体系建设的现状和经验,对照示范区创建标准定位差距,在公共文化设施网络覆盖体系,公共文化产品服务供给体系,公共文化人才、资金、技术、经费保障体系,公共文化政策法规和制度设计体系,公共文化组织支撑体系,公共文化绩效评估体系6大方面,细化出31个大项119子项创建任务。《苏州市创建国家公共文化服务体系示范区过程管理实施意见》将每一项工作都细化到具体单位、处室和责任人,在组织程序、关键环节、注意事项等各个方面都明确具体要求,确保创建的各项任务都落到实处。③

在细分责任的同时,为确保各负责单位顺利完成任务,县市区政府以及相关单位和部门与市政府签订了"创建国家公共文化服务体系示范区目标责任书",同时各县市区政府也与各部门及所辖镇、街道办事签订的目标责任书。目标责任书包括责任单位、责任管理时限、责任目标、验收考核等内容,其中责任目标是核心内容,对责任单位的创建工作做出了明确的指示。

---

① 《关于印发〈苏州市公共文化服务体系制度设计研究工作方案〉的通知》(苏公创办字〔2012〕1号)。
② 《关于印发〈苏州市创建国家公共文化服务体系示范区信息报送和宣传工作方案〉的通知》(苏公创办字〔2012〕2号)。
③ 《苏州市创建国家公共文化服务体系示范区过程管理实施意见》(苏公创字〔2012〕1号)。

各级各部门各单位目标责任书的签订,有效地推动了示范区创建工作的开展,一方面使创建工作有具体的目标和任务,便于工作开展;另一方面落实责任到具体单位和个人,增加了创建工作的紧迫感、责任感和使命感。通过签订目标责任书,全市创建力量被高度统一,保证了创建工作按时按质完成,不断提升公共文化服务体系建设的质量和水平。各级各部门切实在经济社会发展的大局中不断加强公共文化服务体系建设,在完成创建任务的同时也为后续的长效发展奠定了基础。

4. 制度设计研究

制度设计研究是总结经验、探索规律、解决问题的重要举措,通过深入开展制度设计研究,从公共文化发展的实践中发现普遍规律,提出符合苏州实际的针对性和可操作性较强的解决方案,逐步建立和完善符合市场经济规律、符合文化自身发展要求的公共文化服务制度设计体系,进一步增强公共文化服务体系建设的前瞻性和科学性,为公共文化服务体系建设,特别是制度建设提供有力的理论依据和决策参考,推动公共文化服务体系建设的提升。

制度设计研究课题的设置必须立足于实践中的难点和问题,针对公共文化发展中遇到的困境设立相应的研究课题,有针对性地开展研究。苏州制度设计研究工作开展较早,与创建工作同步,从苏州公共文化服务体系建设实际出发,探索解决实际问题的方法和策略。《苏州市公共文化服务体系制度设计研究工作方案》指出制度设计研究能充分发挥理论指导实践,政策推动工作的重要作用,积极探索苏州公共文化服务体系建设的模式、路径、方式、方法和措施,为公共文化服务体系建设提供理论准备和创新动力。在市级层面设立4个课题,分别是"总分馆制度设计研究""苏州乡村图书馆制度设计研究""苏州市公共文化中心职能定位研究"和"基层公共文化从业人员资格认证制度研究"。与此同时,县市区根据自身特点也设立了若干制度设计研究课题,如下表所示。①

表1 市(县)区制度设计研究课题

地区	课题名称	课题承担单位
张家港市	张家港市公共文化服务供给研究	张家港市文广新局
常熟市	城市标志性公共文化设施服务功能研究	常熟市文广新局
太仓市	太仓市基层公共文化服务供给研究——以璜泾镇为例	太仓市文广新局
昆山市	昆山市公共文化服务体系建设研究	昆山市文广新局
吴江市	整合社会资源促进公共文化延展服务路径研究——以吴江市区域文化联动为例	吴江市文广新局
吴中区	吴中区基层公共文化服务体系建设研究	吴中区文体局
相城区	相城区"阳澄湖"特色主题文化活动研究	相城区文体局
平江区	基于文化惠民的人才培养机制研究	平江区文科局
沧浪区	弘扬文化沧浪惠民品牌,精心打造10分钟公共文化服务圈	沧浪区文体旅局
金阊区	城乡一体化发展中的非物质文化遗产有效保护	金阊区文体局
工业园区	苏州工业园区城乡统筹一体化文化体育调查报告	工业园区社会事业局
高新区	高新区基层公共文化服务体系建设研究	高新区教育文体局

研究课题总结了公共文化各个领域的发展情况,更为重要的是研究成果为实践的进一步发展提供了理论指导。如"总分馆制度设计研究"课题通过制度设计研究和创建示范区实践相结合,设

---

① 《关于印发〈苏州市公共文化服务体系制度设计研究工作方案〉的通知》(苏公创办字〔2012〕1号).

计了一个符合客观规律和苏州实际的总分馆组织形式和服务模式,使其符合规律、布局合理、方便快捷、经济高效,从而保证公共图书馆设施的全覆盖、服务的普遍均等,是保障市民的基本阅读、信息获取、文化活动、终身教育等基本权利的制度。"乡村图书馆制度设计研究"通过制度设计,有效整合资源,实行集中管理和服务,形成支撑其经济高效、可持续发展的制度,并以制度为保障,大力推进农村公共文化信息服务,实现公共文化服务的全覆盖和普遍均等,以最低的公共支出为农民提供就近、便捷和专业的信息服务,保障农民的基本文化权益。同样,其他研究成果也相对应地对实践的发展提供了理论指导。公共文化服务体系建设需要把制度设计研究成果转化为推动公共文化服务体系建设的具体政策举措。

5. 财政保障制度

为全面完成国家公共文化服务体系示范区的创建任务,推进苏州市公共文化服务体系建设,市政府出台了《关于加强文化改革发展若干经济政策的意见》,明确提出完善公共文化投入保障机制,加强公共文化服务体系建设,各级政府要将公共文化设施建设纳入国民经济和社会发展规划,纳入土地利用总体规划和城乡建设规划,列入基本建设投资计划和财政预算。[①] 对公益性文化设施建设项目,各地应优先安排用地指标,按划拨方式供地,并在选址、立项、投入等方面给予倾斜保障,各类新建公共文化设施建筑面积不低于部颁、省颁标准。

市文广新局与市财政局联合出台了《苏州市创建国家公共文化服务体系示范区财政保障的实施方案》(以下简称"《方案》")。[②]《方案》提出要加大财政保障力度,完善公共文化投入保障机制。提高文化支出占财政支出比例,人均财政文化支出(按常住人口计算)高于江苏省平均水平。市和县级市(区)公共图书馆、文化馆(站)、美术馆、博物馆等公共文化机构的建设和日常运行经费由各级财政承担,并视财力逐年增加。各级财政要加大对镇(街道)、村(社区)文化站(室)、农家书屋的经费投入。镇(街道)、村(社区)文化站(室)的经费,应列入同级财政预算支出,确保人员经费、业务经费的安排,并保持一定的增长比例。全市范围内政府兴办的公益性文化单位,包括图书馆(室)、文化馆(站)、美术馆、艺术馆、博物馆、科技馆、革命历史纪念馆等,全部对外免费开放。各级财政要确保上述单位免费开放后的人员、日常运行和业务活动等经费。同时,要采取政府采购、项目补贴、定向资助、贷款贴息等政策措施鼓励各类文化企业参与公共文化服务。

《方案》明确了创建经费的使用范围,主要用于增建苏州图书馆二馆(文献资源存储集散中心);全市范围内政府兴办的公益性文化单位,包括图书馆(室)、文化馆(站)、美术馆、艺术馆、博物馆、科技馆、革命历史纪念馆等的对外免费开放;市、县级市(区)两级公共图书馆购书费及数字图书馆建设;市、县级市(区)两级公共电子阅览室建设;市、县级市两级图书馆、文化馆流动服务车;全国文化信息资源共享工程建设;"苏州市公共文化有线数字互动平台"建设;"舞台艺术创作、生产扶持专项经费"和"优秀戏曲遗产保护专项经费";市区基层公共文化设施建设专项引导;国家公共文化服务体系示范区建设工作经费、全市群众文化公共服务经费及其他有关方面的投入。

同时,《方案》提出要鼓励社会力量参与公共文化服务体系建设和深化政府购买公共文化服务产品的改革。党的十八届三中全会指出要推进文化体制机制创新,引入竞争机制,推动公共文化服务社会化发展。鼓励社会力量、社会资本参与公共服务体系建设,培育文化非营利组织。财政保障制度中有关社会力量参与公共文化服务体系建设的意见与十八届三中全会精神相符,为苏州公共文化服务体系建设的长效发展奠定了良好的基础。

---

① 《市政府关于加快文化改革发展若干经济政策的意见》(苏府〔2011〕231号)。
② 《关于印发〈苏州市创建国家公共文化服务体系示范区财政保障的实施方案〉的通知》(苏财教字〔2012〕22号,苏文财字〔2012〕10号)。

6. 督导检查制度

根据《市政府办公室关于印发创建国家公共文化服务体系示范区建设规划的通知》明确的目标任务,建立创建国家公共文化服务体系示范区考评督查制度,市创建办定期组织督查组对有关县级市(区)开展督查工作,指导、督促落实各项工作任务,对创建进程进行考评。[①] 市政府与各县级市(区)人民政府签订目标责任书,各县级市(区)根据其与市政府签订的目标责任书,建立自查工作机制,每半年组织1次自查,并形成自查报告报送市创建办。同时,市创建办邀请国家公共文化服务体系建设专家委员会专家、学者担纲示范区创建工作专家,就示范区创建过程中公共文化服务的重点、难点问题及课题研究等,进行专家咨询和研讨论证。

在示范区创建过程中,各级各部门单位首先做好了自查工作,其次接受市创建办定期的督导,再者于2012年4月接受文化部专家督查组的中期考核。2013年4月,在示范区实地验收评审之前,苏州四套班子领导对创建工作进行了最后的督查。督导检查是为了进一步推动示范区创建工作,尤其是针对公共文化服务体系建设中存在的问题及时提出整改意见和建议。示范区创建的实践显示,督导检查促进了创建工作的顺利和有效地开展,发现了工作中存在的问题和不足。各市(县)区均通过书面的《创建示范区中期自查报告》将自查情况及时反馈给市创建办,通过自查总结了创建工作,对照创建标准找出存在的不足,针对不足提出解决办法和措施。2012年4月文化部专家督查组对示范区创建进行了中期督导,在肯定创建工作的基础上也指出了存在的差距和不足。市创建办在文化部督查组反馈意见的基础上,结合我市实际,形成《苏州市创建国家公共文化服务体系示范区中期督查的报告》,从24个方面总结创建工作和下一步的任务举措。2013年4月,苏州市委、市人大、市政府和市政协四套领导班子组成4支督察小组,分赴各地各部门和各单位对创建工作做最后的督导检查。

督导检查是示范区创建过程管理工作的重要内容,督导制度的建立使创建工作紧扣创建标准,注重实效。督导工作增强了各创建单位的责任感和紧迫感,通过各种督查手段确保创建工作落到实处,达到甚至超过创建标准。

7. 考核制度

为保证各项工作任务的贯彻落实,在对照创建标准各项创建工作普遍达标的基础上,将制度设计研究、信息报送和新闻宣传工作等作为市创建办对各地创建工作督查考核的重要依据。考核制度兼顾主管能力与客观效果,一方面是对创建工作中各级各部门负责人是否履行职责,将创建工作落到实处进行考核,另一方面则是对照创建标准,考查是否对存在的问题和不足及时进行整改,创建工作的实效是考核的主要依据。

市创建办出台了《关于苏州市重大文化项目工作目标考核的指导意见》[②],指出要建立全市重大文化项目工作考核制度,指导和督促全市基层公共文化服务机构认真履行公共服务职能,规范重大文化项目活动,提高服务质量,保障城乡居民的基本公共文化服务权益。考核内容包括公共文化基础设施建设项目、文化精品工程项目和大型文化活动等。为从公众的感受动态反映公共文化建设与服务供给的效果和存在的问题,改进完善公共文化建设与服务供给状况、促进服务水平的提高,加强公共文化服务公众评价的机制建设,市创建办还出台了《关于完善苏州市公共文化服务公众评价的意见》[③],对公共文化服务建设的绩效、质量和形象等方面进行评估。

公共文化服务体系建设是保障文化民生、夯实我国意识形态基础、构建和谐社会的根本任务。

[①]《市政府办公室关于印发创建国家公共文化服务体系示范区建设规划的通知》(苏府办〔2011〕54号).
[②]《关于苏州市重大文化项目工作目标考核的指导意见》(苏公创字〔2012〕10号).
[③]《关于完善苏州市公共文化服务公众评价的意见》(苏公创字〔2012〕7号).

只有把公共文化服务体系建设纳入当地发展总体规划,纳入地方党政领导政绩考核指标体系,才能确保其在财政上、服务设施网络建设上得到切实保障,才能实现文化建设与其他领域建设的协调发展、和谐发展。[①]

8. 信息报送制度

为加强苏州创建国家公共文化服务体系示范区的宣传力度,营造浓厚的创建氛围,推动创建工作深入扎实开展,市创建办制定了《苏州市创建国家公共文化服务体系示范区信息报送和宣传工作方案》[②],指出了信息报送和宣传工作的重点,包括创建工作的重要意义、目标任务和方法步骤;市委、市政府和市国家公共文化服务体系示范区创建工作领导小组关于创建工作的重要部署、重要举措和重要活动,以及全市创建工作总体动态情况;各县级市(区)、各部门、各单位的好思路、好做法、好举措及取得的显著成效;近年来在公共文化服务体系建设中取得的突出成效和积累的成功经验;在创建工作中的新成绩、新亮点和取得的阶段性成果;在国家公共文化服务体系制度设计研究方面取得的理论成果;全面及时反映公共文化服务体系建设其他方面的工作7个方面。

《方案》提出建立联络员制度,各县级市(区)国家公共文化服务体系示范区创建工作领导小组办公室、苏州图书馆、苏州市公共文化中心等要重视宣传工作,确定1名具有较强综合分析和文字表达能力的工作人员担任信息员,负责信息的采集、筛选、加工、上报、传输、反馈和存储工作,并相对固定,保持工作连续性。同时,《方案》对宣传工作做出了具体要求。相对应地,各县市区也设立了信息报送和宣传工作方案,如太仓市出台了《太仓市创建国家公共文化服务体系示范区信息报送和宣传工作方案》。

信息报送制度的确立能使相关部门尽快掌握和了解基层公共文化建设的信息动态,以便于相关部门对创建工作的全局把控和开展绩效考核评估。尤其是联络员制度的建立,让创建工作的信息交流更为通畅,做到各种信息无损地上传下达。对示范区创建过程好的做法和举措进行宣传,彰显了苏州公共文化服务体系建设的特色,能进一步激励有关单位和个人,继续推进示范区创建工作。

各地各部门信息报送的时效、质量等情况被纳入创建工作年度督查和考核评估范围,创建办对信息报送工作完成较好的单位予以表彰,对信息报送工作完成较差的单位予以通报批评。市创建办将以信息员报送稿件的数量和信息采纳的数量之和按序排列,对优秀信息员进行评选表彰。

苏州市从2011年4月启动国家公共文化服务体系示范区创建工作以来,一直致力于制度体系建设,市委市政府以及市创建办围绕示范区创建的各项工作,以创建标准为依据,以苏州公共文化服务体系建设的实际为出发点,针对工作中存在的不足和需要完善的地方,出台了相关的政策文件,完善了做法和举措,形成了一套健全的示范区创建制度。

苏州公共文化服务体系建设具有良好的人文环境和社会经济基础,创建示范区是新时期一项重要的文化建设任务,作为中国经济发展先行区,苏州的创建工作并不仅仅依赖财政投入,而是通过不断建立健全公共文化制度体系作为保障,使各项创建工作在制度的指挥下有条不紊地推进。可以说,严格遵照所制定的完善的制度体系开展创建工作,是苏州取得佳绩、圆满完成创建任务的根本原因。苏州的创建工作完成了创建规划提出的任务,全面超过了文化部、财政部"东部创建标准"的要求,促进苏州市公共文化服务体系建设实现了新的跨越,上了一个新台阶,使苏州公共文化服务体系建设工作总体处于国内领先位置。

(二) 长效发展制度

在不断完善示范区创建制度体系的同时,苏州公共文化服务体系建设更注重长效发展,通过建

---

① 刘忱. 公共文化服务体系建设的实践考察与建议. 中共中央党校学报,2012(6),102-104.
② 《关于印发〈苏州市创建国家公共文化服务体系示范区信息报送和宣传工作方案〉的通知》(苏公创办字〔2012〕2号).

立公共文化服务体系长效发展制度,确保公共文化服务体系建设持续、稳定地推进。尤其是苏州作为首批创建示范区城市,在圆满完成第一个创建周期的任务之后,公共文化服务体系建设的重心将转移至示范区创建每两年一次的复查以及如何确保公共文化服务体系的可持续发展等方面。凭借创建示范区的历史机遇,苏州在通过健全的创建制度体系出色完成创建任务的同时,也建立了较为完善的公共文化服务体系长效机制,主要包括组织领导机制、财政投入机制、资源配置机制、人才培养机制、考核监督机制等。为推动苏州文化,尤其是苏州公共文化的长效发展,苏州市委市政府出台了一系列政策文件,以确保公共文化服务体系建设稳定有序地推进,如《苏州市文化发展"十二五"规划》①《市政府关于加快文化改革发展若干经济政策的意见》②《关于加强"十二五"公共文化服务体系建设的实施意见》③《苏州市公共图书馆总分馆体系建设实施方案》④《关于开展"四位一体"(村图书室、农家书屋、党员远程教育、文化信息共享)农村综合信息服务体系建设工作的通知》⑤等。

1. 有力的组织领导机制

2013年12月18日,苏州市委市政府召开了"苏州市国家公共文化服务体系示范区长效管理工作会议",此次会议的召开标志着苏州示范区创建工作的重心由创建转入长效管理,苏州市创建国家公共文化服务体系示范区领导小组及其办公室自然转为苏州市国家公共文化服务体系示范区长效管理领导小组及其办公室。这意味着从组织领导层面将示范区创建工作作为一项长期任务来抓,以示范区的后续管理工作推动公共文化服务体系建设的科学发展,实现公共文化服务体系的持续发展。会议下发了《关于建立健全国家公共文化服务体系示范区长效管理机制的意见》⑥,提出公共文化服务体系建设要着眼于常态管理,把解决重点问题与全面管理相结合,建立全方位、全覆盖的管理制度和工作模式。以制度形式明确组织保障机制、经费支撑机制、管理运行机制、人才保障机制等,将管理落实到基层,全面推进区域管理的目标责任体系。把建立健全示范区创建长效机制纳入全市文化发展的总体布局,在领导小组的组织协调下,强化各级党政部门级相关单位的工作职能,坚持牵头部门与职能部门相协调,坚持重点工作与长效建设相促进,坚持常态性督查与阶段性考评相结合,着力推进公共文化服务体系建设的可持续发展。

2. 积极的财政投入机制

财政投入要兼顾当前和长远,建立保障和改善公共文化服务的财政保障长效机制,统筹好财政支持公共文化服务体系建设短期与长期的财力安排,通过连续的财政投入,集中解决热点、难点问题,并根据发展需要适时完善基本公共文化服务项目内容,进一步加大财政投入。苏州市政府《关于加快文化改革发展若干经济政策的意见》⑦提出要加快公共文化服务体系建设,要求各级政府要把公共文化设施建设纳入国民经济和社会发展规划,纳入土地利用总体规划和城乡建设规划,列入基本建设投资计划和财政预算。城市规划建设要重视提高文化品位,保证公共文化设施的数量、种类、规模以及布局达到规定要求。对公益性文化设施建设项目,各地应优先安排用地指标,按划拨

---

① 《市委办公室 市政府办公室关于转发〈苏州市文化发展"十二五"规划〉的通知》(苏办发〔2011〕81号).
② 《市政府关于加快文化改革发展若干经济政策的意见》(苏府办〔2011〕231号).
③ 《市委办公室 市政府办公室关于转发苏州市文广新局〈关于加强"十二五"公共文化服务体系建设的实施意见〉的通知》(苏办发〔2012〕7号).
④ 《市政府办公室关于转发苏州市公共图书馆总分馆体系建设实施方案的通知》(苏府办〔2011〕180号).
⑤ 《关于开展"四位一体"(村图书室、农家书屋、党员远程教育、文化信息共享)农村综合信息服务体系建设工作的通知》(苏文群字〔2011〕21号).
⑥ 《关于建立健全国家公共文化服务体系示范区长效管理机制的意见》(苏公创字〔2013〕2号).
⑦ 《关于加快文化改革发展若干经济政策的意见》(苏府办〔2011〕231号).

方式供地,并在选址、立项、投入等方面给予倾斜,各类新建公共文化设施建筑面积不低于部颁、省颁标准。《苏州市文化发展"十二五"规划》①提出加大对公益性文化事业、人才建设的投入,确保地方财政每年对文化事业的投入增幅随着同级财政经常性收入的增幅逐步增长。以创建国家公共文化服务体系示范区为目标,着力增加对城乡基层文化发展建设的有效投入,建立完善重大公共文化项目专项投入良性运营机制,逐步健全公共文化事业财政投入绩效考评机制。

针对当前公共文化服务体系建设财政投入中存在的问题,需要通过加大文化事业的公共财政投入,发挥政府在建设公共文化服务体系中的作用;创新投入机制,发挥财政投入资金的最大效用;引导非政府组织、私营机构、社区等社会力量参与公共文化服务体系建设;加强对财政投入公共文化服务中资金的监督和管理,采取一定的绩效评估制度,提高公共文化财政资金的利用效率等对策,使公共财政在公共文化服务体系建设中发挥主导作用。② 在加大文化投入的同时,不断完善投入方式,提高服务效能,文化主管部门发挥有关政策的调控作用,科学合理安排资金使用项目。财政部门负责落实资金,按进度及时拨款。同时,定期对各项文化建设基金和专项资金项目进行监督检查和绩效考核,考核结果与下一年度资金安排挂钩,以进一步提高资金的使用效益。

3. 高效的资源配置机制

资源配置包括两个方面的内容,一方面是公共文化服务体系建设的硬件,另一方面是公共文化服务体系建设中的产品供给。不断完善设施网络建设是苏州公共文化城乡一体化发展的要求,统筹规划,合理布局,以城乡基层文化设施建设为重点,以流动文化设施和数字文化阵地建设为补充,继续加强公共文化设施建设,努力形成比较完备的市、县(区)、乡镇(街道)、村(社区)四级公共文化设施网络。《苏州市文化发展"十二五"规划》指出坚持以政府为主导,建、管、用并举,完善覆盖城乡的公共文化设施网络体系。苏州市区重点建设现代传媒广场、苏州新闻大厦、非物质文化遗产展示中心、苏州艺术剧院、中国昆曲剧院、苏州演艺中心二期、吴中区现代文体中心、高新区文化艺术中心等一批重大标志性文化设施,建设苏州文联文艺家之家。加快构建资源共享、协同采编、统一检索、一卡通用的城乡公共图书馆总分馆体系,全市新建公共图书馆分馆不少于 200 个。各县级市(区)继续建设一批体现区域特色的大型文化设施,加快推动图书馆、文化馆和镇(街道)文化站全部达到国家等级标准,实现评弹书场(票友活动场所)、"基本现代化广电站"镇(街道)全覆盖,建立起农家书屋、党员现代远程教育服务中心、共享工程基层服务点和乡村图书室"四位一体"的"基层综合信息服务站",高水平实现数字广播电视户户通。到 2015 年,全市公共文化设施每万人拥有量达 3000 平方米,人均公益性文化设施面积达 0.18 平方米,全面建立起覆盖城乡、结构合理、功能健全、实用高效的公共文化设施网络体系。

《苏州市文化发展"十二五"规划》指出要加强公共文化产品和服务供给。充分发挥公益性文化单位在公共文化服务中的骨干作用,面向基层、面向群众,着力提高生产能力和服务水平,提供适应人民群众需要的公共文化产品和服务。着力提升市和县级市(区)两级综合博物馆、文化馆、图书馆、美术馆等重点公共文化服务机构的现代化运作和管理能力,做优做强公共文化服务中心阵地和示范窗口。加强基层文化站人员的配置和管理,建立基层文化阵地建管用长效机制,繁荣群众文艺创作。加快提升文化服务数字化水平,推进数字博物馆、图书馆、美术馆、剧场、农家书屋建设,实现文化资源向数字化、共享型资源转化。

4. 积极的社会参与机制

近年来,苏州市在坚持政府主导、加大财政投入、提高公益性文化单位服务效能的同时,积极引

---

① 《市委办公室 市政府办公室关于转发〈苏州市文化发展"十二五"规划〉的通知》(苏办发〔2011〕81 号).
② 陈冬发.公共文化服务体系建设中公共财政投入机制研究.硕士毕业论文,上海交通大学,2008.

导和鼓励社会力量通过兴办文化实体、资助文化项目、参与文化活动、提供文化产品等形式参与公共文化建设。党的十八届三中全会提出要鼓励社会力量、社会资本参与公共文化服务体系建设,培育文化非营利组织。《市政府关于加快文化改革发展若干经济政策的意见》提出要鼓励社会力量参与公共文化服务体系建设,并给予一定的税收优惠政策。同时,鼓励对宣传文化事业的捐赠,鼓励发展各类公募或私募文化基金会,支持文化事业发展。《苏州市文化发展"十二五"规划》提出可以采取政府购买、项目补贴的方式,支持文化企业生产质优价廉、安全适用的公共文化产品,参与公共文化服务。充分利用市场机制的作用,引导文化资源向公共文化服务领域合理流动,拓宽选择公共文化产品的空间。发展专、精、特、新中小文化企业,鼓励、引导农民和社区居民自办文化企业,开发独特文化资源,丰富面向基层、面向群众的文化产品种类和数量。《关于加强"十二五"公共文化服务体系建设的实施意见》①提出要通过采取政府购买、项目补贴等方式,大力支持文化企业生产公共文化产品,积极参与到公共文化服务领域中来。《苏州市创建国家公共文化服务体系示范区财政保障的实施方案》②也提出要鼓励民营企业在政策许可范围内,通过共同投资、联合开发等途径参与国有文化单位的改革改制。鼓励和支持社会资本投资各类文化场馆的建设和运行开放,对社会效益良好的民资投资的场馆,各级要给予一定的奖励补助。鼓励社会各界以各种形式对各类文化事业的赞助,文化事业单位要发挥自身优势,通过与企业界的合作,全面展示文化品牌,吸引社会力量的广泛参与。鼓励对公共文化服务体系建设的捐赠,对捐助者给予一定的社会荣誉,对协助捐赠的中介机构或中介人给予一定的奖励。

苏州市的多个政策和文件都显示出对社会力量参与公共文化服务体系建设的鼓励与支持,社会力量参与公共文化服务体系建设也取得了明显的成效。如苏州全市现有书院 20 余所,其中,除德善书院是由苏州市文明办、语委办、文广新局、教育局、文联、苏州日报社联合主办外,其他书院一般均为企业资助兴办。张家港市公共文化服务"网格化"建设着力扩大社会力量参与公共文化服务体系建设,着力提高基层公共文化设施网络的运行效率。吴江区"区域文化联动"成为公共文化服务体系建设引领性大概念,政府与社会联动,即大力推动社会力量参与公共文化服务的体制性联动。社会力量参与公共文化服务体系建设拓宽了公共文化服务的社会基础,丰富了文化产品和服务供给,成为构建公共文化服务体系中的一大亮点。在示范区创建期间,市创建办还出台了《关于苏州市公共文化服务机构运营的公众参与的指导意见》③,鼓励和支持社会资本投资各类文化场馆的建设和运行开放,深化政府购买公共文化服务产品改革,鼓励对公共文化服务的捐赠资助,加强对民办公益性公共文化服务的引导支持等措施,建立健全社会力量参与公共文化服务可持续发展的长效机制。

5. 专业的队伍建设机制

苏州市从 2007 年 11 月起实施以"统一培训、统一考试、持证上岗"为主要内容的基层文化从业人员职业资格认证制度,是全国率先进行基层文化从业人员职业资格认证的城市。2007 年,苏州市人事局、苏州市文化广播电视管理局联合下发《苏州市基层文化从业人员资格认证制度(试行)》④,连续三年开展了两轮基层文化从业人员资格认证培训,来自各市(县)、区共 1570 余名基层文化馆(站)、村(社区)文化从业人员(中级职称以下)参加培训。创建期间,苏州市人力资源和社

---

① 《市委办公室 市政府办公室关于转发苏州市文广新局〈关于加强"十二五"公共文化服务体系建设的实施意见〉的通知》(苏办发〔2012〕7 号)。
② 《关于印发〈苏州市创建国家公共文化服务体系示范区财政保障的实施方案〉的通知》(苏财教字〔2012〕22 号,苏文财字〔2012〕10 号)。
③ 《关于苏州市公共文化服务机构运营的公众参与的指导意见》(〔2012〕8 号)。
④ 《苏州市基层文化从业人员资格认证管理制度(试行)》(苏人办〔2007〕144 号)。

会保障局、苏州市文化广电新闻出版局联合下发《关于进一步落实〈苏州市基层文化从业人员资格认证制度〉的意见》①,将培训工作纳入制度化、规范化轨道,逐步将实施对象扩展到苏州市各市(县)区乡镇、街道从事或准备从事公共文化工作的管理人员、图书管理和"非遗"保护工作人员;苏州市城镇社区、农村行政村负责文化工作的人员;通过社会招聘方式进入乡镇、街道文化站或社区、行政村从事基层文化工作的合同制人员或有关人员以及苏州市非公有文化团队的骨干及相关人员等,在全市范围逐步推行持证上岗。截至2012年底,全市共有2315人次(均为中级职称以下)参加培训并结业,其中,文化馆(站)923人次、图书馆类1212人次、"非遗"保护180人次,基本实现了基层文化从业人员培训的全覆盖。同时,从2011年起,正式实行基层文化从业人员持证上岗,并对已持证人员实行定期年审,将资格认证培训作为职称评定的必备条件,有效推动持证上岗制度化、规范化。

在实行资格认证、持证上岗制度的同时,苏州市文化广播新闻出版局还对全系统表现突出的青年艺术人才、青年文化研究人才进行表彰,苏州两家企业分别每年出资20万元、10万元对获得青年艺术人才奖和青年文化研究人才奖的30名青年文化人才进行奖励。表彰会上指出苏州公共文化的发展需要以培养和引进急需人才、高端人才、业务骨干为核心,以优化人才队伍结构、提高人才素质为重点,创新人才机制,提升育才水平,加大引进力度,营造聚才环境,促进人才成长。②

通过基层从业人员资格认证、持证上岗制度与青年人才培养制度相结合,建立了一支高素质的专业人才队伍,极大地推动了苏州公共文化服务体系建设专业化发展。一大批专业人才充实到公共文化服务队伍中,能为群众提供专业的公共文化服务,有助于提升公共文化服务的口碑和社会影响力,为长效发展奠定良好的群众基础。

6. 严谨的考核监督机制

《关于建立健全国家公共文化服务体系示范区长效管理机制的意见》③提出要进一步建立健全示范区长效管理的考核机制。将示范区长效管理工作纳入各级党委、政府年终综合目标考核,推动深化各项任务的落实。对在示范区长效管理工作中做出突出贡献的集体、个人、团队,以及涌现的创新服务举措予以表彰奖励。

健全的制度体系是保障公共文化服务体系长效发展的根本,通过不断完善制度来解决公共文化服务体系建设中出现的新问题,以制度体系规范公共文化发展,以发展的实际问题促进制度的不断完善,两者相得益彰,共同推进公共文化服务体系建设的不断提升。

(三)制度建设发展

示范区创建推动苏州公共文化服务体系建设实现了跨越式发展,下一步应将示范区创建过程中形成的基本经验、措施、政策上升为法规和标准等制度性文件。同时,紧紧抓住国务院批准《苏南现代化建设示范区规划》④的机遇,制定《苏州文化现代化行动纲领》,瞄准国际先进水平,着力创造出率先基本实现现代化地区的公共文化建设指标体系。

公共文化服务体系建设要不断建立和完善文化建设的政策保障机制,在已出台支持公共文化服务体系建设30多个政策文件和众多制度研究成果的基础上,下一步将研究制定《苏州市公共文化服务促进办法》等政策,建立对各类公共文化设施的管理与运行机制,提高使用效率,发挥好综合

---

① 《关于进一步落实〈苏州市基层文化从业人员资格认证制度〉的意见》(苏文群字〔2011〕6号)。
② 苏州文广新局. 苏州市文广新局召开青年艺术、文化研究人才表彰大会. http://www.cnssz.com/201304wgjrcbzdh/1.htm (检索时间:2013年12月20日).
③ 《关于建立健全国家公共文化服务体系示范区长效管理机制的意见》(苏公创字〔2013〕2号)。
④ 国家发展改革委. 国家发展改革委关于印发苏南现代化建设示范区规划的通知(发改地区〔2013〕814号). http://www.gov.cn/zwgk/2013-05/06/content_2396729.htm (检索时间:2013年12月21日).

服务功能,提供实用、优质、高效、便捷的服务,使公共文化服务更贴近生活、更贴近群众,不断满足群众日益增长和多样化的精神文化需求。出台《关于鼓励社会力量参与公共文化服务的意见》等文件,进一步鼓励和支持社会资本投资各类文化场馆的建设和运行开放。改进政府购买公共文化服务的机制和方式,支持各种民办公益文化服务,形成了社会力量参与公共文化服务的长效机制。

三、公共文化制度体系建设的成效

(一)完善高效的创建机制保障示范区创建成功

通过不断建立健全示范区创建机制,致力于制度体系建设,苏州市创建国家公共文化服务体系示范区工作取得了圆满成功。综合各项评分,最终得分位居东部第一。成立示范区创建工作领导小组,先后召开创建动员会、推进会、创建会等专题会议,定期听取工作汇报,强力推进创建工作。在市委市政府批准实施的"十大文化工程"中,示范区创建被列为首要工作。市人大常委会将示范区创建列为重点视察工作,市四套班子分管领导分赴基层督查。市政府和区县政府签订了创建责任书。创建工作形成了党委政府统一领导,文化部门组织协调,相关部门分工负责,社会各界积极参与的工作格局。

在这些制度的作用下,创建周期内,全市各级财政公共文化服务投入达42.75亿元(不含重大文化设施建设的投入)。此外,苏州还建立了以市带县(区)、以县(区)带镇(街道)、以镇(街道)带村(居委),以城带乡,以中心或骨干设施带基层设施的体系化运行制度。其中,苏州图书馆负责指导全市图书馆总分馆体系运行;市公共文化中心负责指导全市文化馆(站)以及群众文化艺术活动的体系化运行,积极为群众文化活动提供技术支持、骨干培训、竞赛评比、品牌建设等服务。在人才保障机制方面,从2008年起,苏州率先试行以"统一培训、统一考试、持证上岗"为主要内容的基层文化从业人员资格认证制度,先后有3782人次的基层文化从业人员通过了培训,实现了100%持证上岗。

(二)形成了"以效益为导向"的长效发展制度体系

国家公共文化服务体系建设示范区创建,推动形成了富有苏州特色的现代公共文化服务体系基本框架,实现了苏州公共文化服务体系从"能力导向"到"效益导向"的根本转变。形成"以效益为导向"的制度体系,主要包括公共文化服务体系建设纳入科学发展综合考评制度,公共文化服务体系建设纳入公共财政经常性支出制度,公益性文化设施均衡布局纳入城市建设总体规划,公共文化人才培训和资格认证制度等。这些制度的共同作用,有效地推动了苏州公共文化服务体系的稳定有序发展。同时,以示范区创建为契机,促进了制度体系建设的长效发展机制,制度建设随着实践的发展而不断完善。

费 巍

城乡一体的公共文化服务设施网络体系

公共文化服务场馆设施的网络化、体系化不仅是公共文化服务得以正常进行的基本依托,也是现代公共文化服务均等化、丰富化、高效化运行的基本条件,其可使人民群众平等、免费、便捷地享受政府提供的公共文化服务。

近几年,苏州在推进公共文化服务设施网络化方面实现了"两手抓,两手硬"。一手抓重大文化设施建设。苏州博物馆新馆、苏州演艺中心、苏州美术馆新馆、苏州市文化馆新馆、苏州名人馆、苏州评弹学校新校,以及昆山市文化艺术中心、张家港市文化中心、常熟市江南文化展示馆、太仓市图博中心和文化艺术中心、平江区市民活动中心、沧浪区图书馆、工业园区文化艺术中心等一批重点文化设施也先后落成并对外开放。一手抓公益性文化设施城乡一体全覆盖。为了构建城乡一体的公共文化服务体系,苏州市确定了"三同"目标:城乡文化权益"同等"、城乡文化发展"协同"、城乡社会文明"同步",全市现有13个国家一级馆公共图书馆,12个国家一级文化馆,各类博物馆、纪念馆、美术馆70余家。镇(街道)综合文化站、行政村(社区)综合文化设施、镇(街道)及社区(村)公共电子阅览室达标建设率均为100%。至2012年底,全市人均公共文化设施面积达0.24平方米,实现了市、县(区)、镇(街道)、村(社区)四级设施网络全覆盖。

为了提高全市各类公共文化服务设施运行的体系化,苏州市国家公共文化服务体系建设示范区创建办公室组织力量开展了相关制度设计研究,在设施体系化运行层面建立了一整套以市带县(区)、以县(区)带镇(街道)、以镇(街道)带村(居委),以城带乡,以中心或骨干设施带基层设施的相关制度,市中心图书馆负责指导全市图书馆设施的总分馆体系运行,市公共文化中心负责指导全市群众文化艺术活动设施的体系化运行。这样,各类公益性文化设施各归其位、各尽其用、各负其责。

一、以总分馆形式覆盖城乡的公共图书馆设施网络体系

怎样建立公共图书馆的设施网络,公共图书馆设施网络以怎样的形式覆盖城乡,这其中有两种可供选择的建设思路。一种是通常的、延续以往经验和做法的由行政逐级推动建设的思路(即一级政府建设一座图书馆);另一种是科学规划和布局,协调各方关系,突破行政体制制约,以总分馆的形式建立的资源充分共享、服务专业统一的公共图书馆设施网络体系。无论从历史经验还是从业界研究结论来看,按第二种思路建立起来的公共图书馆设施网络体系更加高效,更加规范,更加具有可持续发展的能力和前景。当然,也更加需要探索和创新的勇气。苏州市的公共图书馆设施网络建设就是选择了这样一条充满艰辛也更有成效的建设之路。

(一)苏州图书馆总分馆体系

20世纪末,苏州市政府决定投资1.16亿元,并拿出最好的地块建造苏州图书馆,这在当时是属于非常重要的文化工程,在国内也处于领先地位。苏州图书馆在完成新馆建设、拓展服务功能并取得良好社会效应的基础上,没有故步自封,而是进一步努力践行公共图书馆普遍均等的服务理念,积极探索公共图书馆服务体系建设。通过对上海、深圳等地总分馆的实地考察和国外总分馆制度的文献调研,厘清了思路,于2005年提出了《苏州市城区公共图书馆网络建设方案》,并积极付诸实践,通过运用"动态资产权""孵化式培训""扁平管理"等创新方式建立起合作基础上的全委托管理机制,创立了被专家和业界称为公共图书馆总分馆体系建设的"苏州模式"。

自2005年第一家分馆成立以来,苏州图书馆目前已建立起拥有1个总馆、57个分馆、2辆流动图书车和43个服务点的公共图书馆服务体系。

按照市政府办公室转发的《苏州市公共图书馆总分馆体系建设实施方案》(苏府办〔2011〕180号)的要求,苏州市全面推进总分馆体系建设,以达到创建示范区的要求。到2015年全市分馆将达到200家,其中市区将有100家分馆,我市的公共图书馆服务体系建设工作总体水平将处于全国领先位置。

1. 园林式的图书馆——苏州图书馆(总馆)

于2001年6月18日落成开放的苏州图书馆新馆坐落于人民路858号原市人大、市政府大院,占地16000平方米,总建筑面积25000平方米,是一座以"建筑风格园林化、内部功能现代化"为特点的国家文化部命名的一级公共图书馆。

苏州图书馆总体布局分成北、中、南三大区域。北区的主楼为文献借阅区,建筑面积约15000多平方米。主楼西侧沿人民路有一个供读者集散的小型广场,进入主楼是一个宽敞明亮的大厅。主楼中设置各类阅览室、综合外借室、计算机信息中心、科技情报中心、书库、行政办公区等;中区是以近代园林建筑"天香小筑"为主体的贵宾接待、读者休闲和古文献阅览区。沿人民路一侧为长约60米的空透式长廊和与车水马龙的繁华街景隔离的绿化带,动静结合。廊内陈列苏州籍两院院士格言录。东部沿张思良巷一侧是古典园林式的长廊,陈列苏州历代名人书画;南区为教育培训区,有2400多平方米的叠石为山、凿池汇水的书山学海的知识广场,环列着学术报告厅、展览厅、社会培训中心、少儿馆等。现存藏书328万册(件),其中古籍近20万册。设有苏州图书馆网站(www.szlib.com),拥有丰富的电子资源,其中电子图书44.6万册。馆内配设阅览座位1200余座。

苏州图书馆本着一切为读者的宗旨,努力为读者提供良好的服务。全年365天开放,每天服务12小时,基本服务全部免费。开馆以来,读者办证已达56.7万张,办证率位于国内大中城市公共图书馆前列,居全省第一。读者服务日均接待6000人次;年完成代检索课题70多项,解答咨询2万余条,开展活动700余场(次)。为开拓服务领域,整合信息资源,苏州图书馆长期开展《信息导航》以及《读友》等资料的编辑和推送服务。苏州图书馆已成为广大市民读书学习、信息获取、交互交流、文化休闲的理想场所。

凭借和依托新馆平台,苏州图书馆在此后的总分馆体系建设中承担起了母体——总馆这一角色的职责,在苏州市的公共图书馆服务体系建设中发挥了积极作用,产生了积极影响,也因此确立了自身在业界的地位。

2. 苏州图书馆总分馆体系建设

如前所述,苏州图书馆新馆落成开放后,因地段、环境、资源、服务等因素的提升,深受广大市民的欢迎,人气旺盛,盛况空前,读者接待量已大大超出了新馆最初的设计容量,服务能力已无法满足市民旺盛的文化需求。为此,苏州图书馆开始寻找事业发展的新空间,希望通过延伸馆外服务来满足市民对图书馆服务的需求,为更多的市民提供普遍均等的公共图书馆服务,实践公共图书馆的服务理念。

从2002年起,苏州图书馆先后与其他机构合作建起了4所分馆,其中一所分馆建在部队。其主要做法是将苏州图书馆的文献资源投向有一定基础的基层图书馆,实现部分通借通还,由于缺乏专业的管理、开放时间不足且不稳定、馆藏资源老化等原因,这几个分馆的运行情况并不乐观,渐渐失去了读者。这样的模式难以为继。在此情形下,苏州图书馆领导班子总结和反思分馆建设和20世纪90年代乡镇万册图书馆起落的原因,发现最主要的问题在于总分馆没有真正成为一个体系,总馆没有掌握分馆的管理权和控制权。在此基础上,苏州图书馆领导班子进一步对上海、深圳以及国外的总分馆建设进行调研,积极学习先进经验,厘清发展思路,于2005年初起草《苏州市城区公共图书馆网络建设方案》递交市政府,方案详细阐述了苏州当前公共图书馆发展的状况以及苏州图书馆对构建城区公共图书馆网络建设的思路和实施方案,确定了苏州图书馆在未来几年的发展战略。

确定了发展方向后,苏州图书馆开始积极实践,主动寻找分馆建设合作伙伴。2005年10月,原沧浪区政府愿意在新建成的沧浪少年宫内设立图书馆并全面委托给苏州图书馆管理,苏州图书馆由此开设了第一个分馆——沧浪少儿分馆。与以往的分馆不同,该分馆的建设采取了全委托模式,除资源外,人员也由苏州图书馆招聘管理,苏州图书馆负责该分馆的全面管理和运行。该馆正式对外开放后,吸引了大量的家长和小朋友,专业的服务、丰富的活动、合理的开放时间等使得该馆的运行效益非常可观,获得了一致的好评,也起到了良好的示范效应。之后苏州图书馆逐渐有了更多的合作伙伴,并由主动寻找变为有合作意向的基层政府或机构主动找上门来。到2010年底,已建立了26家分馆。

3. 苏州图书馆总分馆运行机制

随着分馆数量的不断增加,要保持总分馆体系的整体良好运行确非易事。苏州图书馆经过不断总结探索,逐步确立了一套相对行之有效的建设和管理运行机制。

(1) 建设机制

以基层政府或机构委托的方式开展合作,以合约方式规定各自的职责和权利,包括场所、经费、资源、管理和服务等各个方面,在合作期内双方遵照执行。

(2) 管理机制

总馆专设一个分馆管理部门,负责新建分馆的具体实施、日常管理(资源调配、人员管理)、协作协调等。同时,根据区位情况划分若干片区,由各片区内的大馆(一般为区级分馆)负责片区内的日常管理。

① 人员配备:由总馆统一招聘、派出并管理。区级分馆配备6~10名,社区分馆2~3名。每片区设馆长2~3名,主管1~2名。

② 日常管理:员工每天上班QQ签到,并实施实时远程监控。实行每星期例会制,各分馆派员参加,包括工作布置、学习培训、工作协调等;每月片区馆长例会制,同时,片区馆长参加每月中层例会;每月统计制;年底全体员工大会及联谊制。通过以上措施,进行上通下达、相互沟通、凝心聚力、联成一体。

③ 考核检查:每年两次,由馆部对各片区分馆进行抽查,检查各分馆的管理运行状况和目标责任的完成情况,并进行相应的奖惩。

(3) 资源调配:

由分馆管理部门牵头,采编部、借阅部配合,书商作外援负责物流。每月周转1次。

(4) 服务提供:

各分馆统一提供与总馆基本一致的服务,包括:免证阅览、免费办证、免费上网、通借通还、预约借书等,共用总馆的电子图书和数据库,可在网上进行参考咨询;同时开展讲座、展览、读书活动等。

(二) 县(市)区图书馆总分馆体系

苏州市的4个县市和其他的3个区自成总分馆体系,即作为独立的管理单元运行,并采取了不同的建设和管理运行模式。

1. 张家港市总分馆体系

2003年开始,张家港市图书馆在借鉴国内外总分馆制建设经验的基础上,积极探索推动总分馆建设,到2008年,8个镇级分馆实现"一卡通"服务的全覆盖。2006年市委、市政府出台了《关于进一步加强镇、村（社区）文化体育建设的意见》要求，推进全市镇、村"八个一工程"建设，到2010年建成镇、村分馆28个。2011年借助创建江苏省和国家公共文化服务体系示范区的东风，全面实施和完善图书馆总分馆建设，建立了以市图书馆为总馆，以镇（含现代农业示范园区、镇办事处）图书馆为分馆，以城区社区、村（社区）基层综合信息服务站为服务点，以流动图书车为补充的公共图书馆三级服务网络模式。

张家港市总分馆体系建设的特点是起步早，统一化程度较高，末端组织较为完善。该模式以张家港市图书馆为中心馆，建立市图书采分编中心、市图书流转中心、市阅读指导中心，实行统一的技术平台、检索平台和服务标准，对全市公共图书馆进行业务指导、文献保障、技术支持、专业培训和信息服务及辖区内公共图书馆的管理、监督和评估。目前，全市的村基层综合信息服务站也纳入了总分馆体系，实现了通借通还。

2．常熟市总分馆体系

常熟市于2006年开始在已建乡镇图书馆的基础上，按相关标准和要求挂牌组建常熟图书馆乡镇分馆，并以试点的形式逐步在全市展开。这一期间，沙家浜镇、尚湖镇成为首批市图书馆乡镇分馆，同时建成全国文化信息资源共享工程基层服务点，与总馆实行"一卡通"借阅服务。随后虞山镇谢桥分馆、梅李镇分馆、虞山林场分馆先后建立。

2008年9月，常熟市委办公室、市政府办公室转发《常熟图书馆分馆建设与管理实施细则》，在全市范围内推进乡镇分馆的建设。自此，一个以市图书馆为总馆，乡镇图书馆为分馆构建模式在全市铺开。至2008年底，全市11个乡镇（街道）、场全面建成了常熟市图书馆分馆。在此基础上，分馆建设不断向企事业单位、学校、部队延伸，先后建成海关、中医院、地税、边检站、通润集团等分馆，至2012年底，共建成分馆20个。

常熟市总分馆的特点是：分馆在行政上隶属镇文化站领导，业务上接受总馆管理。分馆设施、图书设备、人员及购书经费由当地政府投入，各镇（场）文化站具体负责管理。分馆与总馆共享技术平台，在资源建设上，统一采编、统一配送，在全市范围内实行大流通，同时共享总馆的电子读物及其他信息资源。

3．昆山市总分馆体系

昆山市实施了以实现"五个统一"（统一建设标准、统一购书、统一业务标准、统一服务规范、统一制作借阅卡）为目标的总分馆建设，由市图书馆与各区镇共建共享，并做到市镇联网，通借通还，使得昆山市民只要拥有一张读者卡，即可在全市范围内任何一家公共图书馆享受阅览文献、借还文献、查阅数字资源等服务，以及一卡通用的通借通还功能。

截至2013年8月，昆山图书馆共建成分馆30家，其中区镇级分馆10家，街道分馆16家，村级分馆3家，还有1家是为新昆山人服务的"张浦新昆山人分馆"。

昆山市总分馆的特点是：建设标准和业务规划的基本一致，资源的共建共享和大流通以及"市—区镇—街道—社区（村）"三级总分馆网络。

4．太仓市总分馆体系

太仓市图书馆总分馆体系建设始于2007年，以第一家分馆——沙溪分馆的建成开放为标志。在2010年，镇级分馆建设被纳入当年的政府实事工程，该市在所有建制镇共建成镇级分馆7个。在2012年，受公共文化服务体系示范区创建的推动，出台了《太仓市图书馆总分馆建设体系规划》，积极推进总分馆体系建设。接下来，又陆续建成8个村、社区级分馆。至目前为止，共有15个分馆建成运行，另有一辆图书流动车作为补充。目前，还有5个分馆在建设中，预计2014年内能够完成建设。

太仓市总分馆建设的特点是：由市馆统一采购乡镇分馆的软硬件设备以及图书资源，建设统一标准的镇级分馆。共享技术平台,文献资源充分共享,建立了三级网络。除人员之外,统一化程度比较高。

5. 吴江区总分馆体系

吴江图书馆自2002年开始探索、尝试建设乡镇分馆,首先在震泽、金家坝两个镇先行试点,摸索总分馆服务体系建设。2007年,全面推进图书分馆建设,总分馆建设被列入当年的吴江市政府十大实事工程项目之一,年底全面完成全区9个乡镇分馆建设。2008年着力推进非建制镇的社区图书分馆建设,又新建8家非建制镇社区分馆,标志着吴江的总分馆体系初步建设完成。

经过多年的完善和发展,至今,在全区范围内共建成29个图书分馆,其中乡镇分馆19个,其他分馆10个,遍布全区乡镇、街道、社区。分馆藏书共计近60万册,全部实现通借通还并实现全区范围内的文献资源共享。

吴江总分馆建设的特点是:起步早,覆盖面广。在资源建设、服务标准、活动开展、宣传推介等方面统一化程度较高,尤其是把对管理人员的考核奖励抓在手里,在一定程度上强化了对人员的统一管理。同时,探索了"四位一体"的建设模式,将全覆盖的图书馆服务进一步延伸到村一级。

6. 工业园区及吴中区总分馆体系

工业园区独墅湖图书馆自2011年9月起与各街镇、各机构合作建设图书馆分馆,在深入调研园区人口分布特征的基础上,科学规划分馆选址。截止到2012年上半年,苏州工业园区已建成分馆12个,服务网络覆盖了中新合作区、唯亭街道、娄葑街道、车坊街道、胜浦街道。

作为吴中区图书馆的总馆,吴中区图书馆目前处于拆建过渡阶段,新馆计划于2015底完成建设。在近两年的示范区创建活动推动下,吴中区图书馆先后与已建有文体中心的10个镇级图书馆开通了VPN,书目数据基本上进入区总馆,通过业务辅导、送书流通等形式加强合作。尚有金庭、越溪、横泾3个镇待其文体中心建成后与总馆开通VPN专线。建立了11个社区分馆,实行了VPN联网,可以进行通借通还。

(三)"四位一体"的农村公共信息服务中心

在各县市的总分馆体系基本覆盖乡镇和中心镇的基础上,为了进一步延伸总分馆体系建设,扩大图书馆服务的覆盖面,苏州图书馆通过调研农村现有的信息资源状况,提出了建立"四位一体"农村综合信息服务理论设想,并在原吴江市试点实施。"四位一体"即通过建立"农村综合信息服务站",集中和整合农家书屋、党员现代远程教育服务中心、共享工程基层服务点、乡村图书室资源等农村信息服务资源,将"农村综合信息服务站"作为末梢组织纳入县市总分馆服务体系之中,县、区级图书馆的流动图书车定期调配图书资源并开展流动服务。"农村综合信息服务站"通过利用各自的资源优势,"四位一体"开展农村综合信息服务,从而实现信息服务的城乡一体化。截至目前,吴江已建立"四位一体"的农村综合信息服务站232个,在全区各村全面完成"四位一体"农村公共信息服务中心建设。

二、遍布城市的综合文化馆站

(一)多馆合一的苏州市公共文化中心

苏州市公共文化中心是一个颇为独特的文化机构,它是将原分属群众文化、美术、非物质文化遗产、城市历史文化等类别的公益性文化单位,整合组建为统一的公共文化中心,是隶属于苏州市文化广播电视新闻出版局管理的多馆合一的公益性事业单位。中心包括苏州市文化馆、苏州美术馆、苏州市名人馆、吴作人艺术馆(苏州书法篆刻艺术院)、颜文樑纪念馆(苏州油画院)、苏州版画院(苏州桃花坞年画博物馆)、苏州粉画艺术院(杭鸣时粉画艺术馆)、苏州公共艺术研究院等艺术场馆。

中心主体为"三馆"（文化馆、美术馆、名人馆），坐落于人民路2075号，总建筑面积3.34万平方米，是苏州市"十一五"期间重点建设的重大公共文化设施项目和重要的文化标志性工程，于2011年9月正式成立并投入使用。"三馆"东临北寺塔，西接朴园，北依中国昆剧院，南与苏州丝绸博物馆毗邻。在景观形态、文化活动、遗产保护等方面实现了与桃花坞街区历史风貌的和谐相融，在苏州古城区形成了一个集公共文化活动、艺术展览展示、爱国主义教育、非物质文化遗产展示、市民休闲旅游等于一体的公共文化服务中心。

苏州市文化馆，是文化部命名的国家一级文化馆，建有可容纳557名观众的多功能剧场1座，可容纳200人的学术报告厅3个，以及公共电子阅览室、舞蹈排练厅、琴房、培训教室、录音棚等公共文化设施。

苏州美术馆建有面积800平方米的大展厅1个，面积300至400平方米的小展厅4个，1个恒温恒湿展厅、1个市民画廊以及121座多功能学术报告厅等一流设施。

苏州市名人馆展陈面积1500平方米。以苏州历史名人、状元宰相和两院院士共计445人为展示对象，采用传统和现代相结合的布展手法，通过综合运用多媒体、超大环幕大屏、环幕电解屏、情景雕塑等手段展现苏州名人风采和主要事迹，融知识性、趣味性、娱乐性、参与性于一体。

"三馆"另有约2000平方米的文化广场，提供各类公益性群众文化活动，同是也成为周边居民自娱自乐的公共活动场所。

（二）苏州演艺中心

苏州演艺中心是由苏州市政府斥资4.5亿元全力打造的，是苏州市中心目前最大的集演出、会展、培训于一体的综合性服务中心。苏州演艺中心地处石路商业圈南缘苏州古城金门之外，总建筑面积约42000平方米，可同时容纳1058人观看大型表演。

（三）县（市）区文化艺术中心

1. 苏州文化艺术中心（原科文中心）

苏州文化艺术中心坐落在美丽的金鸡湖畔，建筑面积约15万平方米，由演艺中心、影视中心、商业中心及文化馆等组成，包括1座1200个座位的国际标准"品"字形舞台的歌剧院级大剧院，1座近500个观赏座位的演艺厅，7间各具特色的豪华影厅和1间IMAX巨幅全景影厅及2.5万平方米的商业空间，艺术中心的影视中心是中国"金鸡奖"永久评奖基地，影视中心是苏州唯一的挂牌国家级五星影院。艺术中心的原创建筑设计为法国大师保罗·安德鲁，艺术中心曾获中国建国60周年百项经典工程殊荣，并获中国建筑业最高奖项——"中国建设工程鲁班奖"。

艺术中心管理通过ISO9001：2008国际质量管理体系认证，并被命名为"江苏省文化产业示范基地"。大剧院已成功加入亚洲太平洋地区剧院表演艺术中心联盟（AAPPAC），开幕至今引进了大量具有国际水准的高端演出，演出场次累计达到265台450场次，观众超过150万人。艺术中心是苏州电影协会副会长单位，是苏州电影市场的风向标。艺术中心还拥有旗下的科文芭蕾舞剧院（全国共有6家芭蕾舞剧院），每年都推出新作品，曾与德国斯图加特芭蕾舞团、我国台湾高雄交响乐团合作演出，蜚声海峡两岸。

2. 常熟江南文化艺术中心

常熟江南文化艺术中心位于常熟市东部文化片区竞文路8号，工程总投资3亿多元，占地面积4.3万平方米，总建筑面积2.1万平方米，由清华大学建筑学院设计，于2009年11月开工，2013年1月28日落成启用。

江南文化艺术中心主体项目为常熟大剧院和市文化馆新馆，是集艺术演出、节目排练、文化培训等为一体的现代化综合性文化设施。常熟大剧院可供歌舞剧、芭蕾舞、戏剧、综艺节目等演出使用，总座席约1200个。市文化馆新馆包括办公楼和多功能厅两个主体建筑，其中多功能厅设计布局为 350 座小剧场,可供声乐、戏剧等专业小型演出,以及群众文艺演出等。

3. 昆山文化艺术中心

昆山文化艺术中心是由昆山城市建设投资发展有限公司投资建设,北京市保利剧院管理有限公司接洽管理的重点文化建设项目,也是昆山市唯一一座专业演出艺术场馆。它坐落在西部副中心,地理位置优越、交通便利,位于城市森林公园南侧、体育中心西南侧,与体育中心隔水相望,环境优美,是昆山市建设完善"一体两翼"格局的重要步骤。

文化艺术中心一期建筑总面积 71255.8 平方米,由中国建筑设计研究所设计师、国内著名建筑大师崔恺担纲设计,地上 4 层、底下 3 层,整个建筑选取昆曲和并蒂莲作为母体,沿水体曲线布置,具有水乡的"神韵"。整体建筑包含大剧院和会议中心、影视中心、配套车库,是集文化交流、会议、展览、休闲、娱乐等多功能为一体的综合性文化建筑。

4. 张家港文化中心

张家港文化中心作为张家港全市公共文化服务的主阵地、主窗口,是传播文化艺术、开展文化交流、传承人文精神的重要场所。文化中心由科技馆、美术馆、城市展示馆、图书馆、文化馆、档案馆、大剧院和服务区 8 个功能建筑构成。中心占地面积约 230 亩,建筑面积 7.5 万平方米,总投资 7 亿多元,于 2009 年 9 月 26 日全面竣工投入使用。

5. 太仓市文化馆

太仓市文化馆为国家一级馆,位于上海东路 98 号,建筑面积 7648 平方米,2011 年 5 月投入使用。馆内设有展示厅、多功能厅、多媒体教室及舞蹈、戏曲、器乐、声乐排练厅、专业录影棚和小剧场等,配有流动演出车 1 辆。年组织开展各类文化活动 260 余场次。

6. 吴江区公共文化艺术中心

吴江区公共文化艺术中心现有馆舍面积为 7800 多平方米。总投资额 1.7 亿元。2008 年,被国家文化部评为全国一级文化馆。中心内部设施有演艺厅、舞蹈房、琴房、美术、书法培训等用房以及市艺术团、戏曲团队、音乐制作室等活动基地。中心拥有 240 余万元的灯光音响设备,1 台 80 万元的流动演出车,1 座拥有 1100 座位以及配备 5000 余万元灯光音响设备的现代化大剧院。

(四) 乡镇(街道)文化站

苏州全市 100% 镇(街道)建有面积不低于 500 平方米的综合文化站。根据《苏州市基层文化标准化建设评选和命名工作的实施意见》要求,常住人口在 10 万以上的镇(街道、开发区)不低于 3000 平方米,常住人口在 10 万以下的不低于 2000 平方米,城区街道不低于 1200 平方米,均设有多功能厅、图书室、培训教室和共享工程活动室并配备相应设备,有室外活动场地。全市镇(街道)公共电子阅览室(含共享工程基层服务点)设置率、达标率均为 100%。全市镇(街道)图书馆分馆建设实现全覆盖。全市范围内政府兴办的公益性文化单位,包括图书馆(室)、文化馆(站)、美术馆、艺术馆、博物馆、科技馆、革命历史纪念馆等,全部对外免费开放。2013 年,全市 91 个镇(街道)综合文化站参加第一次全国乡镇综合文化站评估定级,占全市现有文化站总数的 92%。其中被评为国家一级文化站的有 28 家,二级文化站 30 家,三级文化站 33 家。据统计,苏州市参评文化站上等级率达 100%,为全省第一;国家一级文化站数量居全省首位。

(五) 村(社区)文化活动室(中心)

村(社区)文化活动室(中心)是最贴近百姓生活的末端文化设施,它们的建设受到了苏州市各级政府的高度重视,全市村(社区)文化活动室(中心)的设置率为 100%,其中共享工程服务点设置率也达到了 100%,一些地区探索了多位一体的建设和管理机制。覆盖全市的三级公共文化设施网络基本建成,基本形成了"十五分钟公共文化服务圈",为社区居民提供了丰富的文化活动场所和项目,做到了文化惠民、便民、亲民。

三、包罗万象的博物馆（美术馆、纪念馆）群

（一）大师的封笔之作——苏州博物馆

苏州博物馆创建于1960年，为苏州地方综合性博物馆。现包括太平天国忠王府遗址、毗邻的新建馆舍和狮子林东侧的苏州民俗博物馆3个部分。太平天国忠王李秀成王府，是保存至今最完整的一座太平天国王府建筑，系全国重点文物保护单位。整座建筑占地面积7000平方米，风格雄伟壮丽，曲折宏敞。新馆为世界华裔建筑大师贝聿铭设计，是一座融中西设计理念于一体、传统与现代相交融的建筑新经典。其占地面积约10750平方米，分为3部分：中心部分是入口处、大厅和博物馆花园；西部为展区；东部为现代美术画廊、教育设施、茶水服务以及行政管理功能区等，该部分成为与忠王府连接的实际通道。坐落于古典名园狮子林东侧的苏州民俗博物馆就是一座展览苏州民间传统风俗的专业博物馆，建筑面积500多平方米，目前主要有"婚俗厅""食俗厅""节俗厅"三个陈列展览。苏州博物馆2008年被国家文物局公布为首批国家一级博物馆。

苏州博物馆新馆建设是苏州市"十五"期间的重点项目之一，受到社会各方面的极大关注。在市委、市政府的直接领导和高度重视下，经过多方努力，85岁高龄的世界著名建筑大师贝聿铭先生欣然接受市委、市政府的盛情邀请，亲自担任苏州博物馆的新馆设计。贝聿铭先生以擅长设计博物馆而享誉全世界，他曾应肯尼迪总统遗孀杰奎琳的邀请设计过肯尼迪博物馆，应密特朗总统之邀设计过罗浮宫博物馆，都获得了巨大成功，成为不朽的经典之作。贝聿铭先生在中国设计博物馆是第一次。他集毕生的智慧和感情为家乡苏州设计博物馆，以耄耋之年为家乡留下了一件不朽的作品，不仅使苏州博物馆获得极高的名人效应和品牌优势，同时，通过这个窗口，能进一步提高苏州的知名度，扩大苏州的影响，使世界进一步了解苏州，让苏州进一步走向世界。

苏州博物馆馆藏文物3万余件，设有吴地遗珍、吴塔国宝、吴中风雅、吴门书画4个系列的基本陈列，以出土文物、明清书画和古代工艺品为馆藏特色，不定期举办各类历史文物和现代艺术品特别展览，全年开展推广不同主题的展览与活动。

（二）博物馆城建设

苏州市区现有博物馆（美术馆、纪念馆）约30家，按照《苏州十大文化工程初步方案》，苏州市从2012年开始在中心城市逐年规划新建一批博物馆，到"十二五"末，总量达到百家左右，形成以国有为示范和引领，以行业、企业和民办为补充的完善的博物馆（美术馆、纪念馆）体系，成为名副其实的"博物馆之城"。据"十大文化工程"的进度安排，通过政府主导、社会参与，到"十二五"末，姑苏区博物馆（美术馆、纪念馆）总量达到50个，其他5个区各达到10个左右，总量达到百家左右。除苏州博物馆外，原有和新建成的博物馆主要有：

1. 苏州戏曲博物馆

苏州戏曲博物馆是由江苏省人民政府报告国家文化部并经文化部正式批准成立的全国性的专业博物馆，位于苏州古城区内中张家巷，坐落于全国重点文物保护单位全晋会馆内。会馆由清光绪年间山西寓苏商人集资兴建，是苏州历史上100多所会馆、公所中迄今保存最为完整的一座。其规模之大、雕饰之美亦是少见。苏州戏曲博物馆是中国地方性艺术历史专业博物馆。博物馆于1982年筹建，1986年10月14日建成开放。

戏曲博物馆有清代的吹鼓楼，主体建筑是一座古典舞台，台顶雕花穹窿藻井设计。东西两庑包厢和后部大殿组成具有东方古典美的剧场。西路有楠木厅、鸳鸯厅以及亭、廊、院、舍，清池假山等。吹鼓楼按传统格局陈列彩塑乐队，配以礼乐，以展示当年会馆迎宾的场面。古典舞台不定期地按传统形式演出昆剧、苏剧、评弹等剧（书）目。在鸳鸯厅设有仿清代茶园书场。馆设昆剧、苏剧、苏

州评弹 3 个陈列专室,并办有苏州民族乐器展览。将建筑文物与陈列文物融为一体,动静结合,视听结合,古今结合。

2. 苏州碑刻博物馆

苏州碑刻博物馆是一座收藏、陈列、研究和展览碑刻、拓片资料的地方专业博物馆,位于苏州市人民路文庙旧址,与沧浪亭隔街相望。苏州碑刻博物馆于 1985 年 7 月正式建成对外开放。

该馆现藏碑刻 1300 余方,其中宋代以来的传世名碑、明清苏州工商经济碑刻是该馆的珍贵藏品。还保存有明清以来的各类孤本、摹本拓片(本)2000 余张(册),也是馆藏文物中的重要藏品。该馆的基本陈列有"孔子文化石刻资料陈列""历代书法艺术五到陈列""清代苏州工商经济碑刻陈列""古代苏州农业经济碑刻陈列""天文图、地理图、帝王绍运图、平江图碑刻陈列""儒学碑刻陈列""图像碑刻陈列"等,其中以宋代"天文图、地理图、帝王绍运图、平江图碑刻陈列""清代苏州工商经济碑刻陈列"最具有代表性。宋代石刻四图《平江图》《天文图》《地理图》和《帝王绍运图》,具有极高的历史、科学价值。

3. 苏州丝绸博物馆

著名的文化古城苏州,不仅是一座园林之城,而且也是一座丝绸之府。中国是丝绸生产的发源地,苏州是全国丝绸中心,素有丝绸之乡的美誉。为了弘扬我国的丝绸文化,向国内外游人宣传我国丝绸工业发展的历史、现状,苏州丝绸博物馆应运而生了。1989 年 10 月苏州丝绸博物馆在明代著名画家唐寅祠故址举行开馆典礼,并展览了基本陈列;1991 年 9 月 20 日新馆竣工,这是我国第一所丝绸专业博物馆。它坐落在苏州北寺塔风景区内。建筑端庄典雅,新颖别致,占地 9460 平方米,将古老文明与现代风格有机地融合在一起。其建筑的主题就是"丝绸之路":把握古代丝绸之路与现代丝绸城的历史性联系,反映东西方文化交流的开放意识。博物馆的整体色彩以白色为主,以反映丝绸本色。在大门广场边,可以看到一条象征"丝绸之路"的东西通道,它与贯穿主楼南北的全封闭现代化白色墙面相交。墙面在入口处作一自然的曲折,象征着丝绸的柔软、飘逸,墙顶直立一排变体桑树,中间圆形镂空,又宛如丝绸之路上一段绵延的古城墙,在极浓烈的现代气息中,让人明显感到传统的吸引力。墙前分别装饰着采桑女、浣纱女和织绸女三尊汉白玉雕像,赋予博物馆以动态美。主楼顶部塔式盖顶建筑,让人联想起丝绸之路沿途的异国异域风情,又与博物馆遥对的北寺塔相协调。博物馆的内部装饰,也极为清新典雅。分布于各展室的各类雕塑,均出自我国著名的雕塑家之手。步入序厅,丝绸古国的辉煌历史形象生动地展现在眼前。中央石壁上刻着"蚕、桑、丝、帛" 4 个甲骨文字,简洁地概括了苏州丝绸博物馆的全部内容。左侧的巨幅石刻壁画,生动地再现了我国古代丝绸发展的沿革过程及其科技成就。靠近壁画,有一尊端庄美丽的古装妇女雕像,手里捧着蚕茧,眼神似在思考,她就是历史传说中第一位养蚕的"蚕神"——黄帝的妻子嫘祖。抬头仰望,顶上无数乳白色的半透明蚕茧形吊灯,将人们带入古代的蚕桑世界。

苏州丝绸博物馆是一座清新典雅、动静结合的博物馆,也是一座集收藏、陈列、科研、教育、复制、生产、购物、餐饮和旅游于一体的多功能博物馆。

4. 苏州园林博物馆

苏州园林博物馆最早位于拙政园住宅区域内,于 1992 年秋天建成开放,是中国第一座园林专题博物馆。苏州园林博物馆新馆现位于拙政园西侧,始建于 2005 年 10 月,于 2007 年 12 月 4 日建成开放。新馆建筑面积 3390 平方米,整个新馆分成序厅、园林历史厅、园林艺术厅、园林文化厅和结束厅几个部分,其中园林艺术厅详细展示了叠山、理水、花木、建筑等造园手法。

苏州园林博物馆新馆保持了粉墙黛瓦的苏州民居特色,与周围的拙政园、狮子林等园林经典代表作相协调。在内部有限的空间内,为了"咫尺之内再造乾坤",新馆主体部分没有设墙,可以按照陈列需求灵活增减隔断。展出的虽是古典园林,但新馆充分利用电脑、电子显示屏、电子地图等现代科技设备,用符合现代人生活的手法表现园林的精巧细致。此外,古代造园场景模型、150年前的虎丘塔模型、经复原的已经消失的园林遗迹模型等的布置,也使园林博物馆新馆成为参观者读懂苏州园林的"教科书"。

5. 苏州中医博物馆

中国第一家中医博物馆——苏州中医博物馆,坐落于明代大学士申时行的旧宅"春晖堂"。苏州历代名医辈出,从周代至今,有记录的名医已达数千家。把中医博物馆建在现修复后的"春晖堂",就是取中医药"杏林春晖,治病救人"之意。它主要陈列吴门医派的诊疗器具、医学典籍、吴中中医药方面的各种实物,以及名医家事迹及成就介绍,等等,是展现吴文化宝贵遗产之一的"吴门医派"及其传统中医文化的理想之所。

6. 苏州生肖邮票博物馆

苏州生肖邮票博物馆位于江苏省苏州市山塘历史文化保护街区明代吏部尚书吴一鹏故居玉涵堂西一路,建筑面积660平方米,其中展厅面积550平方米。馆内藏有1950年以来世界五大洲100多个国家和地区发行的全部生肖邮票9575枚,生肖封片931枚,贺年生肖邮资封片538枚,以及一批有关生肖邮票、生肖集邮方面的出版物。该博物馆是收藏、展示和利用生肖邮票,研究传播生肖文化和生肖集邮的专题类博物馆。

7. 苏州古代石刻艺术博物馆

苏州古代石刻艺术博物馆位于全国重点文物保护单位罗汉院双塔及正殿遗址内,占地面积3100平方米,建筑面积534平方米,是一座收藏、研究、陈列和展示苏州地区古代石刻、砖雕、石碑及遗址的艺术博物馆。该馆展出了包括古代佛像、石碑、石柱、石墩、须弥座、墓葬石刻等在内的150余件作品,这些作品的前后时间跨度长达1000多年。这也是苏州第一座石刻艺术博物馆。陈列区由唐、宋、元、明、清石刻展,碑廊,罗汉院遗址,两廊墓葬石刻展,砖雕艺术展等多部分组成。这些藏品材质多样,品类丰富,雕刻精美,充分展示了苏州地区古代石刻、砖雕、石碑及遗址的历史原貌。

8. 苏州巧生炉博物馆

苏州巧生炉博物馆位于相城区万里路元和文化创意园内,是国内首家集铜炉陈列、铜炉制作技艺展示与体验于一体的特色博物馆,总占地面积达2300平方米,博物馆陈列有陈巧生先生40年来制作的经典作品400余件。

9. 苏州城墙博物馆

苏州城墙博物馆位于相门城墙"肚子"里,为遗址类博物馆。分展览区、遗址区、休闲观光区及办公区四个部分,其中展览区主要展示苏州城墙的形成历史和发展历程,早期城墙的筑城之物——夯土、汉代水城门的水下门基础及水城门大青石门臼均为罕见的博物馆藏品。

即将启动建设的博物馆还将有:苏州无言斋民俗博物馆、苏州圆通寺玉器博物馆、苏州教育博物馆、苏州体育博物馆、苏州吴中区陆巷社区博物馆、苏州御窑金砖博物馆、苏州和合文化佛教博物馆、苏州无线电博物馆、苏州越城遗址博物馆、苏州紫檀阁苏作家具博物馆、苏州大运河遗产展示馆、状元文化博物馆、过云楼藏书馆等。

(三)其他特色博物馆(纪念馆)

苏州城区之外的各县市,也存在着大量各具特色的博物馆、纪念馆。其中有政府兴办的综合类博物馆,如太仓市博物馆、太仓郑和纪念馆、吴江博物馆、吴江柳亚子纪念馆、常熟博物馆、翁同龢纪念馆、常熟美术馆、张家港博物馆等,也存在着大量社会力量兴办的博物馆、纪念馆,如太仓的吴晓邦舞蹈艺术馆、宋文治艺术馆、太仓市朱屺瞻纪念馆、太仓维新遗址陈列馆、太仓市顺宝斋钟表博物馆、常熟的江南农家民俗馆。昆山锦溪镇更是以打造"中国民间博物馆之乡"为特色,已经拥有中国古砖瓦博物馆、中国历代钱币珍藏馆、华夏天文馆、华夏奇石馆、华东第一古董馆等13家博物馆。

其中,中国古砖瓦博物馆为锦溪首创,中国一绝,馆内藏品涉及瓦当、滴水、屋脊构件等14大件,2300多件展品囊括了从秦砖汉瓦民国时期的各种建筑砖瓦和构件,应有尽有,堪称一部卷帙浩繁的建筑史长卷。

为鼓励社会资本进入博物馆建设领域,苏州市文广新局研究起草了《苏州市民办博物馆扶持办法》,内容主要涉及对民办博物馆在场馆建设、馆舍租赁、免费开放、境外展览及学术研究等方面给予一定的政策倾斜或资金扶持,从而保证博物馆城建设工作呈现政府主导、社会参与的可持续发展态势。对比其他城市已出台的民办博物馆扶持政策,苏州的扶持办法主要体现了三大特点:一是将由国有企业兴办的博物馆纳入到扶持范围;二是对博物馆建设发展与苏州古建老宅保护利用相结合的项目加大扶持力度;三是将民办美术馆纳入博物馆序列加以规范和管理。

四、富有地方特色的公共文化设施网络

政府兴办的公共图书馆、文化馆(站)和美术馆博物馆是公共文化服务的主体和骨干力量。苏州市除了上述三大系统的设施网络之外,还存在大量富有地方特色的其他文化设施,如书院、评弹书场等。

(一)书院的复兴

书院,曾经是我国古代社会与官学平行交叉发展的一种文化教育模式,萌芽于唐末,鼎盛于宋元,普及于明清,是集教育、学术、藏书为一体的文化教育机构。苏州地区从南宋开始创建书院,经元、明两代的发展,至清代进入繁盛阶段。历史上苏州书院促进了本地文化和教育的发展。近年来,随着社会对传统文化价值的再认识和再重视,书院这一古老的形式在苏州得到了一定程度的复兴。

1. 德善书院

德善书院是由苏州市文明办、语委办、文广新局、教育局、文联、苏州日报社联合主办,苏州碑刻博物馆具体承办的苏州市首家公办地方书院。它位于苏州市人民路613号文庙府学崇圣祠内,占地400多平方米,于2013年4月23日书院正式成立并对外开放。

2. 太湖书院

2012年春,太湖书院由龚心瀚、殷瑞钰、王礼恒、胡文瑞、丘亮辉、王跃程等学者和社会贤达发起成立,它位于金枫南路198号10号楼内,以传承古代书院精髓,将传统与现代相结合,打造现代教育研究基地和决策智库为主旨,致力于研究和弘扬中国优秀的传统文化,推动东西方文明之间的交流和对话。

3. 虎丘书院

虎丘书院位于虎丘山麓,占地13亩(现已启动6亩),内设苏州图书馆虎丘书院分馆、地方文献馆、大讲堂、国学研究、专家讲坛、健身房、企业文化研究所等。经原江苏省政协秘书长吴熔先生倡议,苏州大学中国近代文哲研究所、苏州市唐文治国学研究会、苏州长光集团联合筹办,虎丘书院于2011年获苏州市文联批准重建。虎丘书院致力于弘扬和传承中华文化,以重振国学为宗旨,从事国学研究、国学教育、国学交流等公益文化事业。

(二)评弹书场

苏州评弹是中华优秀传统文化的瑰宝,是富有苏州地方特色的文化样式。书场建设是苏州评弹得以生存和发展的基石。近年来,苏州市委、市政府高度重视苏州评弹艺术的建设和发展,逐步改善评弹艺术生态发展环境,并通过年度农村、社区书场评估考核,按实际评选结果对优秀、先进、达标书场,同时给予不同程度的表彰和奖励,以此促进书场建设稳步发展、服务水准明显提高。截至2012年底,苏州全市共有评弹书场127家,当年接待观众3663472人次,平均每个书场年接待

28846.24人次。

苏州书场的建设和运行均依靠政府补贴维持,是苏州政府文化惠民的一大举措。早在2006年,市政府就要求苏州每个乡镇和街道都要建一个书场,有条件的社区也要建书场,以推动评弹艺术的传承、保护和发展。2012年苏州市委常委会通过的《苏州十大文化工程初步方案》也明确指出,鼓励社会力量多渠道组织开展面向社会的演出活动,对高雅艺术低票价演出给予扶持,对坚持公益演出和低票价演出的剧场、书场给予奖励。

(三)面向外来务工者的服务设施平台

苏州是全国第二大移民城市,新苏州人为苏州经济社会的发展做出了重要贡献。苏州的公共文化设施,不仅要让苏州本地人口受惠,还要有实质性举措让全体外来务工人员真正受益,保障他们的基本文化权益,实现基本服务均等化、一体化。

一方面,全市各级文化主管部门归口管理的各级国有美术馆、公共图书馆、文化馆全部向外来务工人员开放,并有针对性地开展面向外来务工人员及其子女的艺术辅导培训、图书阅读、艺术鉴赏等服务,如每年举办的"新苏州人展示展演"活动正日益成为外来务工人员展示艺术风采的良好平台;另一方面,在外来务工人员集中的区域专门设置为他们服务的文化设施。

1. 苏州图书馆景山分馆——外来务工人员的专属图书馆

位于高新区马涧路188号的景山公寓是外来务工人员集中居住区。为了使外来务工人员平等享受公共图书馆服务,满足他们求知学习和休闲娱乐的需求,苏州图书馆与高新区枫桥街道办事处合作建设了苏州图书馆景山分馆,专门为外来务工人员服务。分馆设在景山公寓内,包括成人阅览区和电子阅览区,馆藏图书11000余册,音像资料2400余盘,报刊100种,供读者免费使用的电脑10台。

与苏州图书馆其他分馆一样,景山分馆实行免证阅览、免费办证、免费上网、通借通还、预约借书,读者也可直接使用总馆的电子图书及数据库等数字资源,并可在网上进行参考咨询等。总馆还将把讲座、展览、读书活动延伸进分馆,有针对性地专门提供适合外来人员需求的相关知识和信息服务。

2. 工地书屋

为保障城市建设者的阅读权利,将图书馆服务延伸到城市的每个角落,促进苏州社会和谐发展,苏州图书馆主动联系相关工程建设部门工地,打破工地条件限制,将图书馆的服务送到建设工地。2012年10月,第一个"工地书屋"在苏州广电总台园区工地开放。该书屋前期投入书刊500册,后续不定期进行资源更新,该书屋运行至今,得到了工地外来建设者的一致好评。2013年年初,苏州图书馆又与苏州市土地储备开发有限公司协商,在苏州市晋元桥公租房项目工地再建"工地书屋",共建"书香工地"读书基地。"工地书屋"丰富了参与苏州市政建设的外来务工人员的业余生活,延伸了图书馆服务网络,加强了服务人群的覆盖。

3. 新昆山人俱乐部

昆山,作为全国百强县之首,经济发展快,企业数量多,是广大外来务工人员就业、生活、安家的重要目的地。目前,在昆山人口构成中,三分之二以上是新昆山人,保障好他们的基本文化权益,有效提高新老昆山人基本文化服务均等化、一体化水平,是昆山现代公共文化服务体系建设的重中之重。2012年7月,昆山市委、市政府专门就改善新昆山人文化民生出台《关于在外来务工人员集聚区建设新昆山人文化俱乐部的实施意见》,明确要求:在2012年至2015年间,选择在新昆山人集聚区按标准建设44个具备文艺排练、图书阅览、影视放映、健身娱乐、教育培训等功能的新昆山人文化俱乐部,覆盖全市城乡各区镇,确保新昆山人就近享受到优质均等的文化服务。同时还明确,在"十二五"期间,各区镇每年都要新增1家新昆山人文化俱乐部,进一步保障"新昆山人"的基本文化权益。目前,全市已有11家新昆山人文化俱乐部建成并投入使用,业已成为新昆山人求知的"园地"、娱乐的"舞台"、活动的"中心"。为确保新昆山人文化俱乐部的高效运行,昆山以属地管理、自我管理和服务管理相结合,将其纳入全市公共文化服务体系。属地管理,即由所在区(镇)或村(社区)统一管理,配备专兼职管理人员负责日常运行,面向当地新昆山人提供免费开放的基本文化服务。自我管理,即由各企业内部的新昆山人轮流值班、分室管理,着力培育新昆山人自我管理、自我服务能力。服务管理,即由市文化馆和区镇文体站对新昆山人文化俱乐部提供业务辅导,协助俱乐部建立文艺团队和开展文化娱乐活动。各区镇每年定期提供送电影、送演出、送展览、送讲座等文化服务。

五、苏州公共文化服务设施网络的特点

对于每个地区来说,健全的公共文化设施网络是该地区有效开展公共文化服务的基本前提,因而,设施网络建设也就成为公共文化服务体系示范区创建的首要内容。得益于经济社会的快速发展,苏州在文化基础设施建设方面无疑有着良好的基础和建设的实力。然而,建立怎样的设施网络,则关系到公共文化服务的均等性、便利性、丰富性和高效性。苏州市的公共文化设施网络建设以提供普遍均等和丰富的公共文化服务为出发点,在城乡一体的总体目标之下,主要呈现出以下特点:

(一)以全覆盖和丰富性为目标的网络布局

完善公共服务、保障公共服务的均等化,关系到社会的公平与和谐,因此越来越成为我国社会发展的重要目标。公共文化服务作为基本公共服务的重要组成部分,成为苏州文化发展的战略重点。公共文化服务设施是提供公共文化服务的载体,近几年来,苏州市在抓重大文化设施建设的同时,注重推进公益性文化设施城乡一体全覆盖,因为只有全覆盖的公共文化设施网络才能支撑起均等化的公共文化服务,才能为老百姓带来真正的便利,实现城乡一体化和经济社会协调发展的战略目标。

为了构建城乡一体的公共文化服务体系,苏州市确定了"三同"目标:城乡文化权益"同等"、城乡文化发展"协同"、城乡社会文明"同步",全市目前拥有13个国家一级馆公共图书馆,8个总分馆服务体系,12个国家一级文化馆,各类博物馆、纪念馆、美术馆70余家。镇(街道)综合文化站,行政村(社区)综合文化设施,镇(街道)、社区(村)公共电子阅览室达标建设率均为100%。至2012年底,全市人均公共文化设施面积达0.24平方米,多门类、多形式地实现了市、县(区)、镇(街道)、村(社区)四级设施网络全覆盖。

(二)以政府主导社会各界积极参与为特征的建设格局

对于一座城市来说,建几个文化标志性工程或许并不困难,许多城市都能做到,而且已经做到了,这充分彰显了改革开放的成果,但对于以全覆盖为目标的公共文化服务体系建设来说,就不是那么容易了。因为全覆盖就意味着面广量大的建设任务和其中复杂的关系协调,这包括建设责任主体的选择、职责划分及分工、社会资源的整合等,涉及政府与市场、政府与社会、不同级别的政府以及政府各部门间的关系和协调问题。苏州市在建设覆盖城乡的公共文化服务体系的过程中,以政府为责任主体,同时,社会各界也以自己的资源优势和专业优势发挥了积极的作用。

为社会提供公共服务是政府的基本职能之一,公共文化服务体系建设由政府主导也就理所当然了。2007年苏州市委、市政府下发了《苏州市"十一五"文化发展规划》(苏发〔2007〕13号),提出了建设文化强市的目标。在《关于进一步加强苏州市新农村文化建设和城区基层文化建设的实施意见》(苏办发〔2007〕24号)中,市委、市政府提出要做好新农村文化建设和城区基层文化建设各"五件实事",其中第一件实事分别为:加强农村公共文化设施建设和完善苏州城区基层公共文化

设施建设,并将两个"五件实事"纳入市政府对市(县)、区政府的考核内容,每年签订责任书,并对完成情况进行督察。在基层文化设施基本实现四级全覆盖基础上,我市近期制定并颁布了《苏州市基层文化标准化建设评选和命名工作的实施意见》《关于进一步加强苏州市社区文化建设的意见》等文件,不断完善基层文化设施的"建""管""用"机制。

苏州图书馆作为苏州地区公共图书馆行业的龙头馆,受本行业服务理念的引领,在政府尚没有明确要求的情况下,积极实践和推动本地区公共图书馆服务的普遍均等,创立了享誉业界的总分馆服务体系的"苏州模式",也为本地区创建首批国家公共文化服务体系示范区奠定了一定的基础。起草的《苏州市公共图书馆总分馆体系建设实施方案》于2011年由市政府正式出台。该方案按每3万常住人口设置1所分馆的标准进行设施网络规划,对全市公共图书馆总分馆进行了科学布局,并提出了建设标准和实施步骤。针对各区图书馆专业力量薄弱的实际,鼓励各区政府将区馆与分馆委托苏州图书馆管理,形成市区统一的总分馆管理单元。苏州图书馆抓住示范区创建的机遇,通过制度设计研究,在总结以往经验和已有工作成果的基础上,遵循图书馆运行的客观规律,结合苏州实际,顺势而为,将建设主体上移,总分馆体系建设纳入了政府主导,从而获得了制度保障,消除了总分馆建设原有合作模式中的不确定因素,实现了总分馆建设的新发展。

政府在公共文化服务体系建设中应起主导作用,但不应该是唯一的建设主体或者说供给主体。由于公共文化需求的多样性和多元化,社会力量参与公共文化建设、提供公共文化服务也是非常重要和必不可少的。为鼓励社会资源参与苏州博物馆城的建设,为市民提供更加丰富多元的文化产品与服务,苏州市政府出台了《苏州市民办博物馆扶持办法》,在民办博物馆的设置、免费开放、陈列展示、海外交流以及学术研究方面给予补助和奖励,并对发展方向进行了政策引导,规定优先发展和扶持填补本市博物馆门类空白和体现行业特性、地方文化特点,以及与我市经济社会发展和改革开放进程密切相关的专题性民办博物馆。鼓励在历史文化名城、名镇、名村、古村落区域内设立民办博物馆。鼓励利用文物保护单位和控制保护建筑设立民办博物馆。鼓励民办博物馆参与非物质文化遗产的保护、保存和展示。《苏州市民办博物馆扶持办法》同时规定,民办美术馆的扶持政策参照执行。

为民众提供公共文化服务,是当地政府的责任。因而,一个地方的公共文化设施网络建设应以政府为主导,形成以公益性文化事业单位为骨干、社会力量积极参与的建设格局。苏州市的公共文化设施网络,正在向以政府主导,以人民为主体,以公益性文化事业单位为骨干,引导社会力量参与,支持群众自我表现、自我教育、自我服务的现代体制机制转变,形成了以面向公众的公共图书馆、文化馆(站)、美术馆博物馆为主体,其他文化设施为补充的建设和体系格局。

(三) 以效益为导向的体系化的组织和运行机制

公益性文化设施建成以后,是否发挥了应有的作用,是社会各界普遍关注的一个热点问题。一些地方政府花巨资投入的公共文化设施,其所发挥的作用却非常有限,这无疑是公共财政的巨大浪费,不仅会招来许多的质疑之声,同时也会给当地的文化事业发展带来恶性循环的负面影响;而同样的公共文化设施在有些地方则作用发挥充分,甚至可用门庭若市来形容。对于如何让公益性的文化设施真正发挥作用,成为老百姓常去常用、乐去乐用的场所,而不仅仅是城市的标志性工程,苏州的经验是:

1. 效益意识贯穿文化设施规划建设、管理运行的始终

苏州的公共文化设施建设在规划之初就同步考虑了建设成投入使用后的作用发挥和效益问题。这首先体现在公共文化设施的选址规划上。苏州图书馆、苏州博物馆、苏州市公共文化中心等重大文化设施项目都在选址规划上经历了慎重的选择、争取、确定的过程。这些公共文化设施是为全体苏州市民服务的,理应考虑到大多数市民的方便到达和使用。所幸的是,无论是负责建设的文

化主管部门,还是市委市政府领导和其他相关部门,他们在这一问题上有着一致的认识。目前,这三大直接面向苏州市民服务的公共文化机构全部坐落在苏州古城区,即苏州城市的中心区域,交通便利。其次是建设过程中功能的反复论证。功能定位的准确与否,直接关系到文化设施建成后能否满足市民的真正需求以及由此带来的效益问题。上述三大文化设施的建设,都经历了需求调研、考察调研、功能反复论证的过程,从而保证了这些文化设施的功能能够满足老百姓的需求。再次,这些文化机构运行的效益指标始终作为文化主管部门考核管理的重要内容。正是这些多管齐下的措施,特别是将对效益问题的关注提前到文化设施的规划建设之初的举措,为今后这些文化设施作用的有效发挥奠定了坚实的基础。如今,这三大文化设施发挥的社会效益十分可观,排队进入这些文化场馆成为苏城的一道文化风景。

2. 体系化的组织和运行机制是各类各级公共文化设施高效运行的重要保障

事实上,公共文化设施作用发挥不充分甚至基本没有发挥作用的情况主要集中在基层,且具有普遍性。基层公共文化设施面广量大,单体规模与资源有限,专业人员匮乏,服务质量得不到保障,由此而带来的服务效益低下的问题,是提升公共文化服务整体效益的难点和重点。对于破解这一难题,苏州的文化工作者们进行了长期不懈的探索和努力,也取得了较为显著的成效。其中最为重要的是对体系化的组织和运行机制的探索和实践。

苏州图书馆的总分馆建设被业界誉为"苏州模式"。总分馆制尽管在发达国家和地区早已是图书馆建设、管理和运行的成熟模式,但在我国,由于受苏联的影响和体制机制的制约,形成了一级政府建设一座图书馆的传统模式及思维方式,如此建立起来的图书馆也就成了彼此互不关联的一个个信息孤岛,资源摊薄、成本提高、服务能力低下,生存危机始终伴随这些基层图书馆。因此,尽管在不同历史阶段都有建设基层图书馆的热情,也掀起过几轮基层图书馆建设的高潮,但大都热闹一时而归于沉寂。当前仍然固守这一思路而建设管理的基层图书馆也就很难避免服务效益和可持续发展前景的问题。苏州图书馆的总分馆建设,是突破传统和现有体制机制的可贵探索,是公共图书馆组织体系和运行机制的创新。总分馆实现了统一规划、统一资源建设、统一技术平台、统一管理(含人员)、统一服务标准,提高了苏州地区公共图书馆建设体系化程度,使得资源高度共享,服务统一规范,效益显著提升。2012 年,苏州图书馆总分馆体系服务人次达 699.14 万,其中总馆 277.31 万,分馆 409.62 万,流动图书车 12.21 万;借出图书 337.21 万册次,其中总馆 150.45 万,分馆 156.74 万,流动图书车 15.85 万。

此外,多馆合一的苏州公共文化中心和博物馆城的建设,"四位一体"的农村公共信息服务中心建设,以及张家港市公共文化服务网格化建设等,都是从不同的角度和在某种程度上对体系化组织和运行机制的有益探索。

许晓霞

全民参与的群众文化活动体系

群众文化活动是人类文化活动的始发和源头,所有的人类文化活动都是由最原始、最朴素的民众参与的群众文化活动开始的。历史证明,可持续发展的、具有强大生命力的文化活动,来自群众,必将回到群众。在国家公共文化示范区创建背景下的群众文化活动,在传统群众文化活动的内涵和外延上都有新的发展,形成了体系化,具有其新的构成和特点。

群众文化活动体系化,就必然在论证、策划、实施、绩效、评估等各个方面具备完整的思路及体制机制,即通过科学规划、建立制度,完善组织体系、引导、评估、激励等机制,形成活动的品牌化、参与的全民化、地域的全覆盖,从而建立全面有序和高效灵活的群众文化活动体系。

一、创建国家公共文化服务体系示范区背景下的群众文化活动

国家公共文化服务体系示范区创建背景下的群众文化活动成为文化惠民的重要载体和手段,组织开展示范性、导向性、引领性的群众文化活动,利用剧场、广场等阵地,举办特色性、示范引领性群众文化活动,并根据人民群众的需要,进一步精心设计体系化的群众文化活动,成为新形势下群众文化活动的必须。

国家公共文化服务体系示范区创建背景下的群众文化活动,不是零散的、个别的、彼此之间缺乏关联的、一般性传统意义上的文艺演出和展览等,而是广泛区域联动、城乡一体、阵地活动和流动活动相得益彰,动态演出活动和静态展览展示活动相结合,定期和不定期节奏相衔接,数量和质量、密度和高度有机配套,精心策划的群众文化活动体系。

2011年初,正是苏州市委市政府实施"两个率先"和再创"文化发展黄金期"重要战略时期,创建国家公共文化服务体系示范区既是苏州市公共文化服务发展的结果,也成为再上新台阶的背景。在这样的重大机遇之下,全市上下凝心聚力、齐抓共管、创新思路、全心为民,全面推动公共文化服务体系建设。截至2011年底,全市人均拥有公共文化设施面积为0.24平方米,基本实现公益性文化设施市、县(区)、镇(街道)、村(社区)四级全覆盖。"我们的节日""天天有"、市直属艺术团体的舞台艺术"四进工程·社区行"和"各广场主题活动"四大系列品牌文化惠民活动,让新老苏州人享受实实在在的文化熏陶,年均开展各类群文活动3万场次,惠及农村及社区群众5000万人次,相当于新老苏州人总人口的5倍;年均为基层送书超10万册、送戏超3000场次、送电影13000余场次。

创建国家公共文化服务体系示范区背景下的群众文化活动,是指在创建工作的大框架下,通过科学规划,建立健全相关的制度,以各个市(县)区文化主管部门牵头,由各市(县)区文化馆、各乡镇(街道)文化站、各社区居委会、村办文化活动室等方方面面层层组织实施,形成完善的组织体系,并实施相关政策优惠引导机制和科学的评估激励机制。下面就活动的品牌化、参与的全民化、地域的全覆盖等几方面,结合案例,分别予以阐述。

二、群众文化活动体系的构成

(一)群众文化活动体系的分类与特点

群众文化的基础是广大市民,其主要特征是具有非职业性、群众性、社会性、自娱性、传承性。作为群众文化中心内容的群众文化活动,在不同的地域、不同的范围、不同的层面,呈现出不同的形态特征。

按照传统的分类,从块面来划分,可分为农村、集镇和城市三大块。农村群众文化活动特征以季节性、地方性、通俗性为主。集镇群众文化活动以综合性、兼容性为主。城市群众文化活动以先导性、开放性、多层性为主。

从层面来划分,可分为企业文化活动、村落文化活动、军营文化活动、校园文化活动、家庭文化活动等。

从文化艺术活动门类来划分,可分为群众文学活动、群众戏剧活动、群众曲艺活动、群众音乐活动、群众舞蹈活动、群众美术活动、群众游艺活动、群众体育活动等。

从群众文化活动的外部形态来划分,可分为群众文化创作活动、群众文化表演活动、群众文化展览活动、群众观赏活动、群众阅读活动、群众培训活动、群众体育活动等。

创建国家公共文化服务体系示范区过程中的群众文化活动,在广泛区域联动、城乡一体的大背景下,已经自成体系,形成了新的特点。

群众文化活动体系的最根本的特点就是全民参与。各个阶层、各个年龄、各个文化层次、各个职业的群众,无论作为群众文化活动的主体还是群众文化活动的受众,无一不在这个体系的囊括之中。在全民参与的前提下,群众文化活动体系还有一个特点,那就是明确了四种重点服务对象:老年人、未成年人、农民工和残障人。群众活动向弱势群体倾斜,使他们享有与其他人平等的文化权益,是社会公平的有效体现。

下面根据实例,逐一介绍苏州群众文化活动体系的特点:

1. 全覆盖

(1) 不同年龄层次

建设公共文化服务体系最根本的目的就是实现服务的均等化,保障广大人民群众的基本文化权益,并且政策及服务明确向老年人、未成年人、农民工和残障人这些弱势群体倾斜。就年龄层次而言,老年人、未成年人是群众文化活动体系中关注度比较高的两个群体。

案例一:苏州市少儿艺术节

苏州市少儿艺术节是展示苏州少年儿童艺术风采、促进中外少年儿童间的文化交流、提高少年儿童艺术素质的重要品牌活动。这一活动受到了社会各界的广泛关注和大力支持。苏州市少儿艺术节两年一届,从6月1日国际儿童节开幕至8月底暑假结束,为期3个月,至2012年已成功举办6届。苏州市少儿艺术节由中共苏州市委宣传部、苏州市精神文明建设指导委员会办公室、苏州市关心下一代工作委员会、苏州市教育局、苏州市文化广电新闻出版局、共青团苏州市委员会、苏州市妇女联合会、苏州市文学艺术界联合会、苏州日报社、苏州广电总台组成组委会,组委会办公室提前3个月通过《苏州日报》《苏州广播电视报》、苏州市文化广电新闻出版综合信息网向社会推介苏州市少儿艺术节系列活动项目,所有的活动项目实行公开招标,12年来一直受到社会各界的广泛关注和大力支持。在大市范围内以少儿新创优秀节目汇报演出,声乐、器乐、舞蹈、戏曲、曲艺专场,美术、书法、摄影展览,才艺大赛,少儿经典影片展映,童话剧表演比赛等各种形式,在全大市开展。

少儿艺术节面向的是16周岁以下的少年儿童。12年来,在参加人数、活动场次、社会影响等多方面都数量很大、质量极高,赢得了孩子们和社会的广泛赞誉。

案例二:"1080讲堂"公益讲座

从2012年起至今,苏州市文化馆和苏州市广电总台合作,为老年群体开展《1080讲堂》公益讲座20场,讲解戏曲、评弹艺术鉴赏和端午民俗等老年人喜闻乐见的内容,并通过苏州广播电台1080千赫向社会各界听众播出。除了一年中最热的7月、8月两个月,基本是一个月一场,深受老年朋友喜爱。活动举办时,老戏迷们早早就来到现场,等待和他们心目中的明星面对面交流、零距离接触。很多老年朋友追随讲课的老师从无锡、上海等周边城市专门赶到苏州来听讲座,场面热烈、亲切、温馨。

(2) 不同文化背景

公共文化活动惠及不同人群、不同文化层次的人,让他们各取所需、得其所爱,是我们活动制度设计时就开始注意的一个环节。

案例一:苏州阅读节

自2006年以来,我市以阅读节为引领的全民阅读活动蓬勃开展,活动规模不断扩大,内容不断充实,方式不断创新,影响力日益提升。经过连续8届的打造、发展,"苏州阅读节"已经成为全国、全省知名的一个文化活动品牌,在提升市民文明素质、提升城市文化品位、弘扬苏州城市精神等方面发挥了重要作用。"苏州阅读节"举办的活动从首届的50项发展到第八届的1171项,活动项目不断增加,活动内容不断丰富,活动形式不断创新。8年来,共举办各项活动4000余项,共有2000多万人次参与"苏州阅读节"活动,取得了显著成效。一是全民阅读氛围日益浓厚,助推了学习型社会风气的形成。经过多年来的努力,全民阅读活动已经在全社会产生积极影响。党政机关干部进修式阅读,工人农民自助式阅读,青年学生成长式阅读,社区居民常识性阅读等等,阅读氛围逐渐浓厚。我市大力推进全民阅读工程的效果开始显现,有力地推动了学习型社会建设。二是市民阅读自觉性有了新提高,化育了崇文重教的人文精神。随着全民阅读活动的深入,市民的阅读自觉性在不断提高。三是阅读惠泽于民,丰富了大众的文化生活。在阅读节期间,各地各单位采取多种"快乐阅读"的方式引导市民参与,如居民、村民普及道德礼仪的"常识性阅读",小手牵大手的"亲子阅读",表演交流的"展示阅读",与名家对话的"互动式阅读",职工献计献策的"金点子阅读",以及"晒书会"上的鉴书、荐书、淘书等等,形式活泼,寓教于乐,吸引人众,激发了市民的阅读兴趣,增长了人们的求知欲望和服务社会的能动性,丰富了大众的文化新天地。

抓好乡镇图书馆和各行政村(社区)的村图书室、农家书屋建设,常年坚持系列活动,不断创新阅读方式,把阅读活动社会化、常态化,与市民日常生活工作结合起来,让阅读成为市民生活的一部分。

案例二:企业文化节

海峡两岸(昆台)文化交流月活动,以"乐享现代化昆山"为主题的昆台中小学生文化交流系列活动,包括"乐享现代化昆山"昆台中小学生共庆"六一"活动,"我运动,我健康"昆台中学生乒乓球、篮球友谊赛,"两岸情,一家亲"我国在昆台湾籍中小学生征文、摄影比赛和"我眼中的现代化昆山"昆台小记者采风活动4项活动;展览展示活动包括"台湾摄影作品昆山展""台商太太书画作品展"活动;文体交流活动由"诚信促发展、和谐筑双赢"昆山台企文化交流"六个一"系列活动——提炼一条企业精神、开展一次文体活动、办好一份企业报刊、建好一处文体活动场所、举办一次培训讲座、召开一次座谈会议,"周庄杯"海峡两岸象棋大师赛以及"中国·昆山第六届国际徒步大会"等几个单元组成,其在时间、规模、内容、形式等方面都做到了创新。昆山以率先基本实现现代化为总目标,以加快我市文化强市建设为总要求,积极开展多层次、多方位、多形式的对外文化交流,进一步扩大昆台两地文化交流的渠道,丰富文化交流的内涵,推动昆台两地文化交流实现融合式跨域发展,塑造昆山多元的文化交流品牌。

(3) 不同服务对象:农民工、残障人

在国家公共文化服务重点服务的4种人群中,对农民工与残障人举办的活动,具有一定的特殊性与时代特征。

案例一:走出去的专场演出

苏州市文化馆专门为残障人朋友送去的演出是量身订制、有的放矢的。首先,要考虑演出场地。选择在残障人活动中心是因为活动中心整幢大楼是残障人的"家",无障碍设施比其他场馆更加完善和贴心,方便所有残障朋友来到演出现场。其次,演出的内容,更是精心设计,既有适合盲人朋友们听的声乐、器乐、小品小戏节目,也有聋哑朋友喜欢的各种舞蹈……这些活动受到了他们的热烈欢迎。

案例二:工友们的免费文化大餐

苏州市外来务工人员集宿区的模式,曾受到过公安部的推广表彰。苏州高新区枫桥镇有一个居住了10000名外来务工人员的集宿区,苏州市文化馆把演出和展览同时送进了这个集宿区。没有舞台当场搭,没有展板当场架,精彩的文艺演出引来阵阵喝彩,一流的摄影作品更是吸引着年轻外来务工人员的眼球。这种集中送上门的免费文化大餐,使工友们不出大院,来到楼下就可以观看,开心之极。

(4)工、青、妇活动如火如荼

① 工会方面

苏州市总工会专门下发了《关于加强职工文化建设的意见》,我们充分认识到,加强职工文化建设是弘扬先进文化、推动社会主义文化大发展大繁荣的内在要求,是发展和谐劳动关系、促进社会和谐的重要手段,是建设文化强市、提升苏州发展软实力的重要方面。我们采取了切实有效的措施,加强阵地建设,注重品牌培育,完善制度建设,培养骨干队伍。我们健全了职工文化建设保障机制,加强领导,为职工文化建设提供组织保障;加大投入,为职工文化建设提供经费保障;扩大宣传,为职工文化建设营造良好舆论氛围。2012年,苏州市表彰了40个"十佳职工文化建设示范单位"以及"十佳职工文化活动品牌""十佳职工文艺团队""十佳职工体育团队"4项先进。以"姑苏职工大舞台"广场文艺演出、"劳动之美"职工艺术作品展示和"电影、文艺演出进企业365行动"为主要内容的"姑苏职工文化节"系列活动,"职工读书站""职工读书月""职工读书征文比赛""职工演讲比赛"等活动十分丰富多彩。

② 共青团方面

苏州市有400万青年人,共青团方面的活动,主要是结合青年特点,充分利用网络传媒,开展青年志愿者活动。团市委在全市范围内开展"我爱苏州·苏州有i"青年文化旗舰活动,从2012年至今,这项系列活动正在结出丰硕的果实。"i"既是中文"我"的英文表达,也是中文"爱"的谐音。该活动包含iVideo-影像苏州、iMap-行走苏州、iEnjoy-乐活苏州、i-Win-创业苏州、iDo-公益苏州、iLove-情暖苏州、iHope-祝福苏州等7个板块,分别从体验、分享、展示3个维度,提炼和创造具有鲜明时代特征与区域特色的苏州青年文化。73部视频309个影像记录青春"iVideo"主题活动受到青年人的热捧。作为"我爱苏州·苏州有i"青年文化旗舰活动率先启动的第一项子活动,"iVideo-影像苏州"视频图片征集评选活动得到了广大青年的热烈支持和广泛参与。活动号召青年通过手机、照相机、DV和摄像机等工具记录苏州基本实现现代化的变迁,展示新时期苏州青年的创新能力、动手能力和艺术修养,提升青年在苏州乐居乐业的归属感、认同感和成长感。"i-Hope-小梦想·大未来"主题活动,结合春节前走基层、送温暖、献爱心、"三下乡"等活动,在全社会营造共同关心关注弱势青少年群体的良好氛围。苏州市志愿者行动指导中心发起"2012年那些感动我们的人和事——谁是你心目中的TOP10"活动,遴选、展示优秀青年志愿者和团队典型,网站投票和微博互动吸引了近20万人次参与线上互动。

③ 妇联方面

家庭文化是社会文化建设的基础,以家庭为背景,开展"幸福苏州·我的家"家庭文化节是妇联群众文化活动的抓手。历时半年的家庭文化节,也是以系列活动组合拳的形式来开展的。活动分6个板块来进行:有"家庭才艺大比拼""感动苏州十大好婆媳寻访""和谐幸福家庭关系"姑苏女性大讲堂组成的"孝文化"板块;有"关爱流动儿童'蒲公英'行动""关爱孤寡老人'夕阳红'行动"

"关爱贫困单亲母亲'康乃馨'行动"组成的"志愿文化"板块;有"我家的幸福瞬间"摄影展、"家庭助廉书法摄影展"组成的"艺术文化"板块;有"我为廉洁文化进家庭献一策"活动、树立"廉洁家庭""廉内助""贤内助"典型、"反腐倡廉教育活动"组成的"廉洁文化"板块;有"秀出柔和美·展我新风采"苏州市妇女健身擂台赛、"家庭厨艺大赛""第三届苏州市'环保民星'"评选、"评选表彰第八届苏州市健康家庭"组成的"健康文化"板块;有"诵经典、扬美德、爱中华"苏州市流动儿童美文诵读活动、"幸福家园"儿童涂鸦展、"将幸福进行到底"家庭趣味运动会、"呵护心灵关注成长"姑苏女性大讲堂等组成的"亲子文化"板块。

2. 结构化

(1) 重大节庆活动与传统活动相结合

我国重大节庆日,既有政府规定的"五一""十一"等,也有基于传统民俗的春节、端午、重阳等,如何把弘扬核心价值观、宣传主旋律与传承优秀民族民间文化、保护非物质文化遗产相结合,是我们开展节庆活动的重要抓手和切入点,很多活动的构思策划都是基于这两者的巧妙结合及优秀创意。

苏州市根据中宣部、文明办《关于开展"我们的节日"传统文化节庆活动的实施意见》的精神,依托"江河湖海"兼具的水文化资源和"吴文化"独特优势,着力打造一批具有鲜明地域文化特色和较大影响力的文化节庆活动,近年来成功承办了两届中国国际民间艺术节、五届中国昆剧艺术节和中国苏州评弹艺术节、中国农民文艺会演等一大批品牌节庆活动,为苏州市民提供了内容丰富、特色鲜明的文化艺术盛宴。苏州辖区内各市、区充分发挥各自的特长和优势,围绕"江河湖海"水文化和吴文化,形成了周期性举办的张家港市"长江文化艺术节"、常熟市"江南文化节"、太仓市"郑和航海节"、昆山市"外企文化节"和"青春大舞台"、吴江市"运河文化节"、吴中区"太湖开捕节"、相城区"活力岛音乐节"、姑苏区平江"盛世观前"文化艺术节、沧浪"古胥门元宵灯会"和"端午民俗文化节"、金阊"轧神仙文化旅游节"、高新区"欢乐社区行"和工业园区端午节龙舟赛等一批极具地方特色、群众喜闻乐见的文化活动品牌。

中国昆剧艺术节、中国苏州评弹艺术节是由中华人民共和国文化部、江苏省人民政府共同主办,苏州市人民政府承办,苏州市文广新局具体实施的重大文化品牌活动。自2000年以来,已成功举办了五届。"十一五"至今,我市先后承办了第三届、第四届、第五届中国昆剧艺术节、中国苏州评弹艺术节,包括苏州昆剧院、浙江昆剧团、上海昆剧团、湖南省昆剧团、北方昆曲剧院、江苏省昆剧院、永嘉昆曲传习所等全国七大昆剧院团总计演出了36台经典大戏;此外来自我国香港、台湾的昆曲社团、中国戏曲学院、上海戏剧学校、苏州艺术学校、苏州中国昆曲博物馆等也陆续参加,规模不断扩大,到目前为止"两节"使国内的昆剧、评弹的专业院(团),海外的昆剧、评弹的社团、票友、爱好者以及昆曲理论研究的专家学者云集苏州,共襄盛事,开展昆剧和评弹演出、理论研讨会、史料陈列、戏曲人物画展以及虎丘曲会等丰富多彩的活动。每届的昆剧节和评弹节都成为昆剧、评弹艺术的大荟萃,成为昆剧和评弹艺术传承、创作成果的大展示。

中国国际民间艺术节由中国文联和江苏省人民政府共同主办,苏州市人民政府、江苏省文化厅、江苏省文联等单位联合承办,我局具体实施的第七届、第八届中国国际民间艺术在苏州已经举办了两届。两届艺术节共有来自五大洲的日本、韩国、斯里兰卡、新加坡、黎巴嫩、俄罗斯、匈牙利、德国、意大利、立陶宛、希腊、瑞士、爱尔兰、奥地利、美国、古巴、秘鲁、南非、坦桑尼亚、澳大利亚、库克群岛、埃及、白俄罗斯、西班牙、捷克、苏格兰、土耳其、巴西、阿根廷等30个国家的1600余名中外艺术家们在苏州5市7区演出共计100余场。艺术节演出贴近群众、贴近生活,吸引我市社会各界踊跃参与。巡演展演活动深入最基层的社区和乡镇,不仅全部演出实行免费观摩,还增加了不少互动表演,使之成为真正的艺术盛会、人民节日。艺术节既有真实、立体地展现各国异域文化特色的艺术表演,也有代表中国和苏州特色的多个优秀民间艺术品种组成的中国苏州代表团参与展演,同时又有突出"合作"精神的联袂演出,使艺术节真正成为中外文化交流的大舞台,向世界展示了苏州改革开放的美好形象。

"盛世观前"戏曲艺术节

"盛世观前"戏曲艺术节是姑苏区平江地区打造的一项优秀品牌活动,在苏州享有盛誉。2011年首届戏曲艺术节反响热烈,戏迷千里奔袭苏州过戏瘾,现场座无虚席、掌声不断,开幕式阵容十分强大,众多名家齐聚一堂,在苏州越剧界较为罕见:既有老一辈表演艺术家金采凤和南京越剧团的"竺派"传人竺小招,也有中生代的国家一级演员、上海越剧院的王志萍以及蜚声越剧界的"文武小生"、绍兴小百花的吴凤花,更有在两届CCTV"越女争锋"比赛中脱颖而出的金奖获得者、福建芳华越剧团的陈丽宇、裘丹莉、樊婷婷以及杭州越剧院的吴素飞等,可谓百花齐放、流派纷呈。据统计,各大媒体报道(转载)该活动的文章共计有128篇。

2012年第二届"盛世观前"戏曲艺术节,上海越剧院红楼团团长章瑞虹亲自前来祝贺演出,整体演员和乐队全来自于上院。越剧明星、南京越剧团的梅花奖获得者陶琪,上海京剧院的梅花奖获得者王佩瑜也将带来戏曲艺术讲座。新闻发布扩效应,快速及时造氛围,票务运作成功,"盛世观前"品牌化,"名家草根,同台演出""苏籍明星,娘家说戏""戏曲非遗,传承创新"等八大亮点共闪耀。

古胥门元宵端午民俗文化节

2002年,古胥门广场举办了首届胥门元宵灯会活动:威风锣鼓、百花洲龙狮队、跳加官、八仙过海、财神送宝等民俗团队一一亮相。

2003年,历史"垫底",民俗"开路",三香幼儿园的娃娃龙灯队、胥江幼儿园的蚌壳舞、荡湖船表演首次参演。是年,苏州市民间艺术家协会选送姑苏民俗十二绝参加灯会表演。"迎财神"去盘门、"闹元宵"到胥门,古胥门元宵灯会受到广大百姓的欢迎和喜爱。

2004年,民间工艺亮相胥门灯会,大型组灯进场,晚上开始燃放焰火。

2006年,胥门灯会开始借助传统节日,发掘、整理传统节日文化内涵,促进传统文化复苏。恢复了江南沿袭下来的古老习俗——"走三桥",并举办了姑苏风情传统叫卖大赛,受到市民的极大追捧。

2007年,元宵组灯再现了2500年前伍子胥"相土尝水,相天法地"建设阖闾城的盛况;古胥门元宵灯会入选苏州市非物质文化遗产代表作名录。

2008年,南京、苏州双城互动,两地民间工艺大师相互交流展示,互赠彩灯。百花洲公园姑胥馆设立世界华人灯谜大奖赛苏州选拔赛场,分成人组和学生组出线选手组队,获胜选手代表苏州赴新加坡参加世界华人灯谜大奖赛。

2009年,四川自贡灯亮亮相古胥门。古胥门元宵灯会与苏州市新春购物节、台湾小吃大拜年等活动同步赢来鼎盛人气。同年9月,古胥门元宵灯会被列入江苏省非物质文化遗产名录。10月,古胥门元宵灯会开始申报国家级非物质文化遗产。

2010年,第九届古胥门元宵灯会全力打造"我们的节日"。灯会主题:点亮未来。日本民间艺人携竹灯展参会,全民参与助威灯会申遗,节能技术首次被应用到灯会,同时举办大型单身男女爱情牵手活动,古胥门元宵灯会被评选为全国最具网络人气的十大灯会之一。

日本民间艺人携团队参展,在百花洲公园设立日本灯艺展示区,竹筒灯、许愿灯、同心灯、和谐灯、团圆灯、幸福灯、长寿灯、合家欢灯等首次与公众见面。在古胥门广场南侧龙津渔港大厅内,日本民间团队还为全市人民现场展示日本民俗文化,包括日本茶道表演、和服展示和试穿、榻榻米上品尝日本小吃、日本民间歌艺展示等。

2011年,古胥门元宵灯会以"世纪之光十年辉煌"为主题,创新活动形式,彰显花灯流派,凸显灯会的参与性、互动性、趣味性。为更好地树立古胥门元宵灯会品牌形象,继续申报国家级"非遗"名录,举办了"斗灯大赛"和"灯海拾忆——讲述我和古胥门元宵灯会的缘分"故事征集活动。古胥门元宵灯会越来越突出灯会的参与性和互动性,越来越吸引社区、草根阶层文化力量的关注。

苏州"端午节"划龙船,是越王勾践为褒奖伍子胥而提倡的纪念活动,比诗圣屈原死于汨罗江提前了300年(公元前278年)。清晨水边洗脸(亲水),吃粽子,伍子胥庙烧香,门前挂菖蒲、艾草,中堂上悬钟馗像,小孩穿老虎衫、老虎鞋,剪五毒剪纸,吃五黄饭(黄鱼、黄瓜、黄泥鸭蛋、黄金花菜、烧黄鳝),看划龙船,演《白蛇传》,室内烟熏白芍等五味中草药,看《白蛇传》,听《白蛇传》弹词……种种民俗,千百年来流传至今。以沧浪区百花洲伍子胥公园为中心,活动项目不下数十种:举行伍子胥祭礼,龙舟竞渡,龙灯狮舞,戏剧,歌谣,演唱,拳操,各式风味小吃……观众超过5万人次。近几年来,政府又将国际旅游节与端午节有机地结合在一起举行,更形成了盛况空前的态势。仅参与的龙舟、花船就不下50余艘。苏州端午节,已被列入首批公布的510项国家级非物质文化遗产代表作名录中。

"轧神仙"文化旅游节

苏州"轧神仙"庙会起源于宋代淳熙年间(1174—1194),至今已有800多年历史。它源于对道教神灵吕洞宾的崇拜和祭祀活动。传说农历四月十四日是八仙之一吕洞宾的生日。这一天,吕洞宾要化身下凡,来点化世人。衣衫褴褛的乞丐、挑夫走卒、香客游人……总之,这一天遇到的每一个人都可能是他的化身,因此大家都要到神仙庙去进香,在人堆里挤来挤去,希望"轧"到神仙,沾上点仙气,消灾祛病,益寿延年,交上好运。这一天,人们从四面八方赶到神仙庙来,商贩们也趁机赶来做生意,于是每逢其时,以神仙庙为核心的苏州阊门地区就形成了一个盛大的庙会。其主要内容包括打神醮、中医药界祭祀活动、民间祭祀、轧神仙、花市、商市等各种民俗活动。

从1999年开始,我们按照政府主导、市民参与的原则,每年都有组织、有主题地举办了规模盛大的轧神仙民俗活动。具体做法是:抓住民俗特色,构建载体,创设看点;依托民俗活动,办节办会,营造热点;强化民俗品牌,挖掘资源,形成亮点。金阊轧神仙庙会在媒体上也得到了尽情的展示。《人民日报》《解放日报》《新华日报》以及人民网、新华网等都相继作了报道,苏州主流媒体报社、电视台、电台也连续作了专题报道,10年来,共刊发、播出新闻3000余篇次。轧神仙庙会不仅在苏州极具品牌效应,而且在海内外也产生了很大的影响,对区域发展也显示出了强劲推动力,对提升区域竞争力和美誉度起到了很大的促进作用。据统计,节庆期间,石路、山塘商家营业额普遍增幅在50%以上。"轧神仙"活动也成为"苏州人的狂欢节",温文尔雅的苏州人在活动中也充分体验到了狂欢的乐趣。轧神仙庙会凝聚了人气,带动了商气,提升了名气,成为苏州老百姓家喻户晓的品牌活动。

800多年风雨荣衰,轧神仙活动始终以顽强的生命力延续至今。它的价值就在于其普遍的认同性和自发特性,这既是历史传承的结果,更体现了广大民众祈祷平安建设,构建和谐社会的美好心愿,通过将自己寄托于一种精神的满足而获得内心的充实。

(2)走出去和请进来相结合

走出去,就是把我们的公共文化服务产品送到基层第一线、走出省、送出国;请进来,就是把外面精彩的公共文化服务产品请进我们的广场、剧场,免费提供给老百姓享受。为有源头活水来,加强联动,首先走出去,才可能请进来。其次,苏州是个开放的城市,市民的内涵已经不仅仅是原籍苏州人,目前,苏州大市范围内,1200多万人口中,超过650万是外来人口,新苏州人、大量外来人口在本市定居,必然带来地域文化的交流融合以及文化需求的多样性。比较典型的走出去,是把我们公益性文化事业单位的演出展览送到学校、社区、军营、企业、福利院、农民工集宿区等等,并进一步走向全国,走向世界。请进来,我们不仅请国家一流的剧团、演员、专家来演出、交流、讲座,也请最基层的民营文艺团队来我们的舞台展演。

案例一:走出国门——民族的就是世界的

2013年2月22日至27日,第十二届"中菲传统文化节"——苏州文化展示周活动在菲律宾马尼拉市黎刹广场的中国园内举行。包括昆曲、评弹、缂丝、苏绣等10多个"非遗"项目在内的苏州文化艺术团向菲律宾民众充分展示苏州文化的迷人风采和中国人民的善良友好。精彩的表演和精美的手工艺展示受到了菲律宾官员和民众的热情追捧。在首日的开幕仪式后,年届八旬的马尼拉市阿尔福雷多·林市长盛赞苏州工艺的精湛技艺,他饶有兴致地亲手尝试桃花坞年画的印制工序,还与缂丝、剪纸等工艺师们亲切合影。接下来的数日,不仅在舞台前站满了鼓掌喝彩的菲律宾人,传统工艺的展台前更是人头攒动,售卖的苏州糕团柜台前甚至排起了10多米的队伍。马尼拉当地民众都交口称赞苏州的东西"太美了!"

"中菲传统文化节"由菲律宾马尼拉市自2002年起正式命名,以庆祝中国传统元宵佳节为主题,定于每年2月举办,之前已连续举办了11届。2013年第12届"中菲传统文化节"活动由马尼拉市政府、菲律宾国家公园管理处和中国驻菲律宾大使馆文化处共同主办,邀请苏州组团赴菲演出。随苏州艺术团一同赴菲律宾参加本届"中菲传统文化节"活动的除了昆曲、评弹、江南丝竹等表演类项目外,还有包括缂丝、桃花坞木刻年画、苏绣、苏扇、核雕、剪纸、苏州灯彩和传统小吃在内的多项苏州传统手工艺项目。这也是近年来苏州非物质文化遗产项目组团出国展示活动中规模最大、档次最高的一次。

案例二:走向全国——苏州味道独一无二

2012年8月31日晚,"大地情深"——国家公共文化示范区创建城市群众文化进京展演在北京世纪剧院拉开帷幕。作为第一批国家公共文化服务体系示范区创建城市,苏州精心打造了开幕演出《人间新天堂》。

整台节目结合评弹、古琴、江南丝竹、白茆山歌、打连厢等苏州优秀传统民间文化代表性元素,汇集歌舞、小品、戏曲等多种艺术表现形式,充分展示了苏州市公共文化服务体系建设以及群众文化活动的发展成果,让首都观众领略到了苏州古韵今风相融相契的城市风貌和"双面绣城市"的文化精髓。情景表演《月到枫桥》,秀出苏州如诗如画的千年文韵;民俗舞蹈《水乡节庆》让人看到了苏州百姓创造文化的智慧和一部鲜活生动的苏州历史;评弹表演唱《城乡新景》用苏州特有的传统艺术形式讲述现代苏州的城乡一体化新貌。

本次展演是文化部为深入贯彻落实党的十七届六中全会精神,全面检验和展示第一批国家公共文化服务体系示范区创建城市群众文化建设成果,为党的十八大胜利召开营造欢乐祥和的社会氛围而组织的一次全国性群众文艺优秀节目调演活动。活动由文化部主办,文化部公共文化司负责组织协调,第一批国家公共文化服务体系示范区创建城市人民政府承办。苏州味道独一无二,苏州的群众文化走向首都舞台,展现给全国的观众。

案例三:三送工程——温暖人心

苏州市文化科技卫生"三下乡"活动常年开展,每年的启动仪式都是在最基层的村镇举行。2013年的启动仪式,市委宣传部、市文明办、市文广新局、市教育局、市卫生局、市科技局、苏州日报报业集团以及相关单位和企业等20多家"三下乡"服务慰问团成员单位,现场向璜泾镇贫困家庭、贫困学子及镇图书馆、农技站等捐助爱心款和物资总计达78.13万元,创历史新高。市委常委、宣传部长、"三下乡"服务慰问团团长蔡丽新出席启动仪式,并向6个服务分团授旗。

启动仪式现场,服务慰问团成员单位捐赠了慰问金、农机、科普器材、图书、文具、羽绒服、棉被等。在会场外的广场上,各成员单位搭起台子,为周围居民、村民提供健康检查、法律咨询、科普宣传等服务,启动仪式还有精彩的文艺演出,吸引了当地许多观众。

2013年苏州市组建文化科技卫生"三下乡"服务慰问团,下设文化、科技、卫生、法律、生活和志愿等6个服务分团。各成员单位在2013年全年陆续开展理论下乡、文化下乡、科技下乡、卫生下乡、法律下乡、爱心下乡等活动。

2014年市文化科技卫生"三下乡"启动仪式在常熟市支塘镇举行,除了文艺慰问演出、广场咨询服务外,市委宣传部等27家市"三下乡"慰问团成员单位还捐赠了110.845万元的资金与物资。"三下乡"下设文化服务、科技服务、卫生服务、法律服务、生活服务、志愿服务6个分团,还将开展送书籍、文艺、电影下乡等活动。

案例四:广场演出季——受众翻番

苏州市公共文化中心每年的春秋两季都有连续一个月的广场演出。从2012年4月11日到5月15日,苏州市公共文化中心广场好戏连台,群星璀璨欢乐大舞台广场演出第一季着实让苏州老百姓享受到了一场文化惠民、城乡联动、资源共享的文化盛宴。

除了苏州市文化馆的4场歌舞、戏曲、小品、综合演出,来自张家港、常熟、太仓、昆山、吴江、沧浪、平江、金阊、相城、高新等县(市、区)文化馆的精彩节目纷纷亮相舞台,使观众们大饱眼福,连呼看得过瘾。

每逢有演出的日子,每天都有附近的居民早早地来舞台前抢位子,其中有不少新苏州人,还有从平江新城、金阊区等地赶来的热心观众;每到晚上演出开始,更是上百成千,观者如潮。据不完全统计,每次演出观众都超过1000人。有位阿姨说,"现在来中心看节目,觉得蛮有味道格",开心满足的笑容洋溢在她的脸上。有位72岁的老伯每次演出都会到场,一场不落地认真拍照,他还主动表示回去要在电脑上整理好照片给文化馆送来……这位老伯其实已从一名热心的观众自觉成为公共文化的义务宣传员与志愿者,十分令人感动。

常熟的舞蹈、太仓的江南丝竹、平江的戏曲……立足于苏州文化的多元化节目,深深地吸引着台下的观众;优秀的传统文化、正确的价值观、积极向上的生活情趣,通过演出,寓教于乐,在欢声笑语之中潜移默化地向观众传递。从散场的观众们的一张张笑脸上,我们看到了理性平和,看到了知足常乐,看到了和谐社会祥和温馨的幸福感。

群星璀璨欢乐大舞台广场演出,是在我市积极创建全国公共文化服务体系示范区,文化馆零门槛、全面免费开放的大背景下,经各县市区文化馆的大力支持和鼎立配合,在苏州市文化馆的精心组织下,由苏州市公共文化中心打造的一个品牌项目。从9月15日至10月15日,秋季的群星璀璨欢乐大舞台广场演出还持续一个月,为苏州的老百姓推出了更加精彩的节目。

2013年,春秋两季"我们的节日"系列广场演出按时进行,人头攒动,深受欢迎。文化的支撑,精神的富足,进一步提升了百姓的幸福指数,更大程度地保障了广大人民群众的基本文化权益以及不断增长的文化需求。

(3)动类与静类相结合

群众文化活动的创新一在于内容,二在于形式。演出与展览展示动静结合,是我们的一项尝试和创新。两年一度的苏州市少儿艺术节开幕式,我们首先打破了露天不能办展览的惯性思维,在园区的中央公园广场舞台对面搭起了100块展板,在舞台演出的同时,美术书法摄影展览拉开了帷幕。其次,引进动漫元素,真人扮秀,全场走动,形成一道流动的风景。再次,我们搭起8间动漫小屋,让其星星点点分布在场内。第四,现场挂起两件手绘儿童画的2.1米×3米的大T恤。第五,举办百米长卷当场画活动,100个小朋友当场作画。一个舞台演出与展览展示结合的新颖独特的开幕式,赢得了小朋友们的开心欢喜。

（4）传统和创新相结合

苏州是历史文化名城，传统文化底蕴深厚；苏州又是开放的城市，文化创新意识和世界同步，与世界接轨。所以，苏州的群众文化活动，既有传统文化浓浓的气息，又有鲜明的时代印记。

案例一：民间工艺展——山花烂漫

在我国灿烂的工艺美术史上，苏州工艺美术一直闪烁着奇光异彩。它历史悠久、技艺精湛、门类齐全、品种繁多。在全国工艺美术产品24个大类中，苏州占有22个。主要产品有苏州刺绣、缂丝、抽纱制品、织毯、红木雕刻、玉器、漆器、檀香扇、金银首饰、文房四宝和文化用品等近3000多个品种。苏州工艺美术品以精、细、秀、雅而蜚声中外，风格独特，具有浓厚的地方特色。苏绣、苏扇、苏式红木家具、苏裱、苏灯、苏锣、苏鼓、苏州戏剧服装、苏州缂丝、桃花坞木刻年画、姜思序堂国画颜料等，艺术水平很高，精致美观，丰富多彩，有浓厚的生活气息和民族风格，深受国内外人士的青睐。

苏州的民间艺术，历史悠久，源远流长，在中国民间艺术史上占有一定的地位。苏州的民间艺术，门类多，品种也多，有缂丝、刺绣、玉雕、木雕、牙雕、核雕、瓷刻、竹刻、剪纸、泥塑、草编、灯彩、九连环、民俗挂件等上千个品种。苏州的民间艺术，充分显示了苏州民间艺人的聪明才智，显示了吴地文化的风采。

一年一度的苏州市民间工艺大展，每次都吸引无数市民参观。老苏州人是来怀旧的，新苏州人是来了解苏州的。到桃花坞木版年画的印台上自己动手印制一张线版，体验一把非物质文化遗产的神奇魅力；零距离看一看乱针绣是怎么一回事，核雕的罗汉头是怎么一刀一刀刻出来的，檀香扇的拉花原来是这样的！

案例二：卡通动漫展——我型我秀

文化大发展既是民族凝聚力和创造力的重要源泉，也是综合国力竞争的重要因素；既是经济社会发展的重要支撑，也是我国人民的热切愿望。新的征程再次开启，纽约时代广场上"至圣先师"为原型的孔子动画构成了中国在新世纪的文化图景，重新书写了中华文化的印象。它给我们以启示：在国际竞争空前激烈的今天，在目前明显西方强大我方羸弱的文化语境中，社会主义核心价值体系如何赢得话语权、主动权，占领市场；五千年悠久的中华文化，如何以现代的手法、世界通用的语言输出国门，屹立于世界民族之林，是社会主义文化必须面对的挑战。作为文化创意最直接和有力的抓手，动漫这一事业可以说前途无量，有许多领域值得我们去开拓、涉足和占领。动漫是新时期群文工作可持续发展的新亮点，深受青少年喜爱，为普及动漫文化知识，引导青少年进行健康有益、积极向上的卡通动漫活动，伴随着两年一度的苏州市少儿艺术节，我们已经连续举办了四届卡通动漫精品展。这项活动由于从形式到内容都很新颖活泼，曾经荣获过"创新奖"。这项活动不仅仅是单项静态的展览，它还包括少儿卡通画比赛、动漫精品展览、COSPALY表演、我型我秀、涂鸦等子项目，互动性非常强，深受广大青少年欢迎。

案例三：网络文化节——微生活的盛宴

苏州市网络文化节创办于2011年，2013年是第三届。活动项目从第一届的几项单项活动，到第二届的四大系列19项活动，再到2013年的四大系列20几项活动，社会参与度与网民互动性日益增强。

2013年苏州市网络文化节的主题是"创意精彩网络，感悟美丽苏州"。2013年网络文化节活动在以互联网为主体的基础上，更注重对新媒体传播手段的开发利用，将网站、微博、微信、微电影、手机移动客户端等传播平台资源充分整合，既创新了形式，又增强了立体影响效应。

20项活动等你一起来SHOW

网络文化节期间，各参与单位将组织开展活动类、评比类、展示类、区县上板块类等四大系列网络文化活动，内容有软件创新大赛、公众开放项目、优秀政务微博评选、网络歌手大赛等，全部面向广大普通市民。

活动类9项:"网友行走美丽苏州"新闻采风活动、苏州志愿者智慧云服务平台开通上线、"随手拍文明　随手拍精彩"手机摄影征集大赛、"天翼杯"美丽苏州古城创意摄影大赛、寻找"苏州好声音"苏州市网络音乐节、微生活·苏州话说苏州事、"生活——在苏州"微电影剧本征集、"园林印象"中小学生微信作文大赛、"家在苏州,我炫苏州话"3G手机助学苏州话体验活动。

评比类3项:苏州市文明网站评选活动、"网民最喜爱的十大苏州政务网站"评选活动、苏州市政务微博评选活动。

展示类3项:苏州市移动互联网软件创新大赛暨移动应用软件展、优秀游戏动漫作品展、创意泵站公众开放日。

区县板块类5项:张家港网络微展示系列活动、"中国梦·太仓情"微视频大赛、"爱昆山·拍昆山——探访昆山之美"系列活动、吴江第六届网络歌手大赛、"寻找微博达人@吴江正能量"活动等。

其中,由苏州新闻网推出的"微生活·苏州话说苏州事"网络评选活动将利用微博、微信等新媒体传播工具,线上征集草根"苏州话"音视频,鼓励大家用苏州话讲身边事,营造学说苏州话、说好苏州话的良好氛围,使市民增进对美丽苏州的归属感和对苏州文化的认同感。

(二)群众文化活动团队建设

1. 文化馆站自身团队建设

近年来,苏州市文化馆以创建国家公共文化服务体系示范区和免费开放为抓手,打造文化活动品牌,各类群众文化活动丰富多彩。"家在苏州·欢乐大舞台"广场演出季、"梅花飘香"系列演出、"家在苏州·我们的节日"节庆演出活动、"家在苏州·情满水城"流动演出流动展览、"三下乡演出"、民间工艺展、"群众文化美术书法摄影大展"等群文演出和展览展示品牌活动,吸引了广大群众的积极参与,并受到了市民的广泛欢迎。

积极开展各类公益性培训、艺术辅导,馆办舞蹈队、声乐队、评弹队、京昆联谊会和动漫沙龙等业务团队不断发展壮大;群文创作欣欣向荣,多次获得全国、省市级重大奖项。

2. 4000多个民营团队的活动情况

在人民生活日益富裕的今天,音乐舞蹈、书法美术、戏剧曲艺等门类的创作和表演、展览和展示不再只是少数专家和专业人员的事,已成为广大群众抒发心声、陶冶性情、自娱自乐的必要、必然和必需。在这个基础上,以兴趣和爱好联结和自发组织起来的群众文艺团队,也有了更加旺盛的生命力。

目前,苏州大市范围内已有各种类型的群众文艺团队4000多个,他们通过自己的行动证明:群众文艺团队是群众参与文化、享受文化的最佳组织形式;也是促进社会主义精神文明建设、丰富群众精神文化生活的重要力量。城市街道和农村乡镇,就是他们展示艺术身手的大舞台。这些团队综合了企业文化、校园文化、节庆文化、民间文化的特质,吸收了不同类别文化的长处和各行各业的艺术人才。由于贴近社会、贴近生活,因此他们自编、自导、自演反映身边人和事的展演和展示,深受广大人民群众的欢迎。也正是有了这样的载体,群众文艺爱好者的才能得到了更好的发挥,身心得到了充分的愉悦。文化建设说到底是人的建设,只有人的心灵得到充分的愉悦和宁静,文化才能对社会发展起到举重若轻的内因作用。

各个市(县)区都有自己的民营团队,发展速度很快,如太仓市就从2006年的25支队伍发展到了2013年的210支队伍。其中90%是表演类,目前基本都是属地管理,在民政局登记或备案。

太仓市业余文艺团队名录(2013年,共210支)

1. 文化馆

序号	团队名称	负责人	联系电话
1	文化馆艺术团	倪 艳	138＊＊＊＊5985
2	文化馆戏曲艺术团	陆 瑛	158＊＊＊＊8683
3	太仓市福彩爱心艺术团(音乐会社)	杜顺成	189＊＊＊＊8966
4	太仓五洋丝竹乐团	张佳林	130＊＊＊＊8018
5	金秋艺术团	缪雅倩	159＊＊＊＊5299
6	娄东昆曲堂名社	徐锦元	189＊＊＊＊0388
7	银潮合唱团	王 玲	189＊＊＊＊4099
8	老干部夕阳红合唱团	徐兰娟	53531324
9	太仓市少儿广播电视艺术团 (声乐团) (舞蹈团) (古筝团) (民乐团) (钢琴俱乐部)	周煦青 李 洁 郝 珉 季 菁 颜 萍	139＊＊＊＊7721 138＊＊＊＊6311 138＊＊＊＊3843 159＊＊＊＊9802 139＊＊＊＊8404
10	太仓市京剧票友会社	钱祖培	189＊＊＊＊2178
11	娄江琴社	朱才元	151＊＊＊＊1366
12	政协联谊会艺术团	谈雨英	53525653 150＊＊＊＊5351
13	太仓市诗词协会(沧江吟社)	曹 浩	53527243
14	新希望艺术团	陆丽菊	189＊＊＊＊0523
15	新希望少儿广播合唱团	王新康	139＊＊＊＊1108
16	老园丁艺术团	陆丽菊 殷玲亚	189＊＊＊＊0523 53515510
17	新雅顿音乐艺术团	葛笑冬	138＊＊＊＊3450 137＊＊＊＊7070
18	彩霞艺术团	黄莉英	133＊＊＊＊7981
19	太仓市香塘锡剧团	严文章	158＊＊＊＊8778
20	太仓市雅鹿沪剧团	王 燕	139＊＊＊＊0908
21	夕阳红民心艺术团	陈菊珍	53521254
22	市残联阳光音乐社	张 屹	53718315
23	健雄学院中兴艺术团	霍 彧 吴英健	133＊＊＊＊9990 139＊＊＊＊2720
24	太仓市常青藤艺术团	缪志清	139＊＊＊＊6597
25	太仓荣文沪剧团	金 娥	139＊＊＊＊9956
26	太仓市星爵艺术团(登记)	陆培忠	131＊＊＊＊8568

续表

序号	团队名称	负责人	联系电话
27	太仓市云裳中阮艺术团（登记）	陈建中	133＊＊＊＊4600
	大还阁琴社（登记）	王 慧	

2. 城厢镇

序号	团队名称	负责人	联系电话
1	东区社区东港戏曲社	叶健芳	133＊＊＊＊3182
2	东区社区阳光舞蹈艺术团	郭培英	189＊＊＊＊0058
3	东区社区东港书画协会	姚林祥	53528340
4	中区社区阳光艺术团	朱冬芬	138＊＊＊＊8895
5	梅园社区太药红梅艺术团 （书画爱好者协会） （腰鼓队） （戏曲队） （舞蹈队） （秧歌队） （歌咏队）	曲秋云	55773621
		高涌泉	53514668
		曲秋云	55773621
		陆 耘	53533296
		李锦亚	130＊＊＊＊2610
		王巧珍	55778532
		周学成	53528028
6	县府社区挚友艺术团	张 焱	53522086
7	县府社区老年合唱队	王蕊华	53591788
8	南区社区琴韵丝竹戏曲社	朱 军 杨金花	139＊＊＊＊4786 136＊＊＊＊2809
9	南区社区戏曲文艺表演队	曹聘芳	53511665
10	南区社区书画协会	张志强	139＊＊＊＊9997
11	南区社区民间艺术戏曲团	朱继红	189＊＊＊＊8825
12	府东社区红霞艺术团	沈惠球	130＊＊＊＊6565
13	桃园社区景苑艺术团 （合唱队） （舞蹈队） （腰鼓队）	杨珏平	139＊＊＊＊3507
		吴有芳	53539580
		杨静倩	56786051
		杨钰平	153＊＊＊＊9610
14	康乐社区合唱团	赵莲英	130＊＊＊＊5010
15	康乐社区好艺术团	张惠娟	189＊＊＊＊9300
16	康乐社区老年书画协会	周文龙	53527386
17	弇山社区彩虹艺术团	曹美娟	53525626
18	西区社区合唱团	童艳萍	186＊＊＊＊9075
19	西区喜洋洋娱乐队	童艳萍	186＊＊＊＊9075

续表

序号	团队名称	负责人	联系电话
20	西郊社区秧歌队	张凤英	138＊＊＊＊2584
21	西郊社区腰鼓队	朱秀珍	139＊＊＊＊1975
22	西郊社区书法协会	杨德坚	53105066
23	南园社区艺术团（腰鼓队）（歌咏队）	陈菊珍	53521254
		李芬娣	53518488
		陈菊珍	53521254
24	新毛社区书画爱好者协会	章永诒	151＊＊＊＊5150
25	新毛社区文艺宣传队	唐建农	139＊＊＊＊5603
26	电站村腰鼓队	蔡丽琴	53426209
27	太丰社区艺术表演队	钱根林	133＊＊＊＊1283
28	南园文学社	孙仲秋	53576705
29	金仓湖艺术团	张小华	151＊＊＊＊7659
30	城厢镇摄影学会	张怡亮	137＊＊＊＊4364
31	城厢镇和悦人口与计生文宣队	柳艳琴	139＊＊＊＊8158
32	万丰同心文艺社	陆 燕	139＊＊＊＊7003
33	德艺艺术团	杨美华	133＊＊＊＊7707
34	东林腰鼓队	王萍亚	136＊＊＊＊8768
35	弇山社区七彩联社	王诗森	131＊＊＊＊6303
36	弇山社区书画协会	陆淡明	53557466

3．沙溪镇

序号	团队名称	负责人	联系电话
1	归庄社区舞蹈队	范桂兰	139＊＊＊＊9622
2	沙溪镇老年舞蹈队	潘根兄	158＊＊＊＊1525
3	半泾村莲湘队	沈小英	56672140
4	沙溪镇文联灯谜协会	单鑫华	138＊＊＊＊6704
5	鹤园文艺团	盛学岐	56683538
6	洪泾村民间舞蹈队	马向红	53212964
7	沙溪镇木兰舞蹈队	徐振亚	189＊＊＊＊0827
8	沙溪镇青年舞蹈队	周咏梅	138＊＊＊＊7258
9	沙溪镇老年艺术团	陈美亚	53211055
10	沙溪镇民间丝竹社	穆少虹	189＊＊＊＊5198
11	太仓市书法家协会沙溪分会	杨忠宝	53212998
12	岳王文艺团	王金凤	53522553

续表

序号	团队名称	负责人	联系电话
13	太仓《青藤架》	姚国红	153****0383
14	沙溪镇夕阳红舞蹈队	邹克授	53212698
15	香塘社区健身舞蹈队	周志云	139****9507
16	直塘社区文艺表演队	杜发荣	56695608
17	中荷村艺术团	沈永熙	138****1151
18	沙溪镇智博艺术团	吴琴秀	139****8290
19	香塘文艺团	陈美亚	53211055

4. 浏河镇

序号	团队名称	负责人	联系电话
1	浏河镇丝竹乐队	张秀凤	139****0868
2	闸北东方丝竹乐队	王振元	138****7878
3	新塘丝竹乐队	朱宁一	138****5235
4	木兰舞蹈队	李烈力	189****3932
5	新塘舞蹈队	沈彩霞	56619636
6	欢乐腰鼓队	赵玉娟	53611270
7	江海艺术团海鸥队	杨美娟	53636025
8	江海艺术团海螺队	朱丽明	53614069
9	江海艺术团海星戏曲队	朱文龙	53606868
10	江海艺术团海雁队	赵云娥	189****6118
11	江海艺术团军鼓队	陈峰涛	133****9919
12	江海艺术团海豚队	华健杏	189****3382
13	江海艺术团锣鼓队	支鑫林	53605670
14	江海艺术团海霞扁鼓队	陶锦云	53606153
15	江海艺术团海燕队	胡燕	138****3954
16	江海艺术团荡湖船队	韩步浩	138****0264
17	江海艺术团海狮队	华秀娥	53610386
18	江海艺术团歌咏队	陈增年	138****9557
19	江海艺术团连湘队	冯兰萍	53612608
20	江海艺术团舞龙一队	朱文龙	53606868
21	江海艺术团舞龙二队	徐彩娥	130****1466
22	国策宣传艺术团	邢向兰	53611098
23	古港艺术团	范学芹	139****5127
24	健雄艺术团	张秀凤	139****0868
25	浏河镇摄影协会	成光生	56693608

续表

序号	团队名称	负责人	联系电话
26	浏河镇书画协会	张晓龙	133＊＊＊＊7919
27	浏河镇文学协会	王更红	137＊＊＊＊1832
28	浏河地区灯谜协会	汤健安	138＊＊＊＊1018
29	浏河镇音舞戏曲协会	王振元	138＊＊＊＊7878

5．浮桥镇

序号	团队名称	负责人	联系电话
1	浮桥镇青年歌手演唱队	孔金鸣	56579905
2	浮桥镇戏曲爱好者团队	顾思文	53709840
3	金文沪剧团	张金元	188＊＊＊＊1838
4	锦超丝竹队	潘建新	139＊＊＊＊4006
5	东虹丝竹队	顾飞云	130＊＊＊＊3835
6	艺华丝竹队	陆建华	139＊＊＊＊8381
7	牌楼丝竹队	朱平凡	130＊＊＊＊5242
8	茜泾社区龙歌队	金蓓娜	189＊＊＊＊0578
9	建红社区舞蹈队	王秀英	56529912
10	新港花苑秧歌队	浦克亚	56589198
11	浮桥镇文学社	朱彩芬	53709840
12	浮桥摄影社	孙希林	53709840
13	浮桥镇软笔书法社	孙希林	53709840
14	浮桥镇硬笔书法社	孙希林	53709840
15	牌楼小学学生硬笔书法社	张 伟	56692067
16	九曲戏曲社	陆宗家	138＊＊＊＊4262
17	九曲民乐队	俞永元	51255332
18	三里村丝竹队	陆显良	
19	老娘舅丝竹社	张志浩	138＊＊＊＊4889
20	老娘舅戏曲表演队	陶敏娟	
21	茜泾村老年戏曲队	许惠娟	53645914
22	绿色警营文艺表演队	徐宝峰	138＊＊＊＊9199
23	建红社区女子月琴队	江国良	133＊＊＊＊2348
24	红星艺文社	石 矢	53844685
25	红星小区文艺宣传队	程祖根	139＊＊＊＊9611
26	新浮桥人表演队	刘长安	189＊＊＊＊3065
27	东虹艺术团	江国良	133＊＊＊＊2348

6. 璜泾镇

序号	团队名称	负责人	联系电话
1	璜泾镇永贵民乐团	孙小毅	138＊＊＊＊1212
2	太仓中润越剧团	史凤娟	189＊＊＊＊2223
3	璜泾镇文化中心少儿民乐团	孙小毅	138＊＊＊＊1212
4	太仓银鹿曲艺团	史凤娟	189＊＊＊＊2223
5	申久评弹团	吕友良	139＊＊＊＊3618
6	炳昌民乐队	吴炳昌	53810147
7	五岳庙民乐队	刘家清	139＊＊＊＊8185
8	耀宗民乐队	韩耀宗	138＊＊＊＊1820
9	雅鹿村民乐队	傅云昌	130＊＊＊＊8921
10	荣文村耀文民乐队	夏耀文	130＊＊＊＊8921
11	三马民乐队	马 龙	139＊＊＊＊3583
12	玉影山社区鹿鸣丝竹社	赵 健	159＊＊＊＊3212
13	璜泾镇兰燕老年舞蹈队	张 煜	153＊＊＊＊3628
14	璜泾镇兰燕青年舞蹈队	王 洁	139＊＊＊＊9480
15	璜泾镇团委合唱团	王旭聪	137＊＊＊＊8889
16	璜泾镇老年合唱团	叶 李	189＊＊＊＊2660
17	璜泾镇西塔文学社	吕友良	139＊＊＊＊3618
18	璜泾镇西塔书画协会	吴瑞衡	53810181
19	璜泾镇西塔摄影协会	史凤娟	189＊＊＊＊2223
20	璜泾镇西塔灯谜协会	顾锦达	153＊＊＊＊1061
21	璜泾镇花卉协会	陆宗球	138＊＊＊＊1738
22	璜泾镇青年歌手演唱队	陶仁良	139＊＊＊＊2667
23	外来务工人员演唱队	单 军	53315138
24	雅鹿村舞蹈队	周月芬	189＊＊＊＊2963
25	王秀村企舞蹈队	施映梅	139＊＊＊＊2792
26	王秀社区舞蹈队	蔡锦球	139＊＊＊＊1069
27	荣文村舞蹈队	黄佳玉	136＊＊＊＊3516
28	新明村舞蹈队	朱 倩	136＊＊＊＊2801
29	玉影山社区舞蹈队	夏云霞	138＊＊＊＊0883
30	璜泾镇天天艺术团	史凤娟	189＊＊＊＊2223
31	璜泾镇西塔文化艺术团	吕友良	139＊＊＊＊3618
32	璜泾镇风筝协会	倪善明	139＊＊＊＊3098

7. 双凤镇

序号	团队名称	负责人	联系电话
1	凤林腰鼓队	王　萍	56560958
2	双凤龙狮队	黄永生	138＊＊＊＊7250
3	汇湖丝竹社	张炳贤	133＊＊＊＊9715
4	停云丝竹社	徐松明	139＊＊＊＊8790
5	维新村业余文艺团队	柏黎清	137＊＊＊＊9593
6	双凤居委艺术队	顾雪芬	138＊＊＊＊5613
7	凤中村业余文艺团队	刘文英	137＊＊＊＊3849
8	泥泾村业余文艺团队	陈思啸	139＊＊＊＊1528
9	庆丰村业余文艺团队	沈丽琴	131＊＊＊＊6860
10	星海艺术队	俞红霞	56568997
11	新湖小学艺术队	滕金花	133＊＊＊＊0878
12	高阳工贸业余文艺团队	马丽珍	138＊＊＊＊2466
13	新湖村业余文艺团队	朱　坚	189＊＊＊＊3381
14	新卫村业余文艺团队	胡静芳	158＊＊＊＊6058
15	湖川居委艺术队	顾芳芳	139＊＊＊＊9920
16	双凤滚灯队	柏金明	138＊＊＊＊2838
17	黄桥村业余文艺团队	吴四宝	139＊＊＊＊9211

8. 新区

序号	团队名称	负责人	联系电话
1	太仓市好艺术团（纯舞蹈）	沈　力	189＊＊＊＊9221
2	太东社区长青艺术团	顾无畏 邵月娣	138＊＊＊＊2919 139＊＊＊＊2337
3	华盛园艺术团（戏曲）	毛月娣	139＊＊＊＊8404
4	大庆文艺团	童文兰	182＊＊＊＊5516 53100766
5	新阳光艺术团	曹　锋	139＊＊＊＊7880 138＊＊＊＊7100
6	香花戏曲社	陈永奎	133＊＊＊＊5315
7	香花舞蹈队	付月娥	137＊＊＊＊1821 182＊＊＊＊5067
8	太平社区东方戏曲社	展小英	189＊＊＊＊4187
9	太平社区群星文艺队	黄红叶	133＊＊＊＊6516
10	星光少儿舞蹈艺术团	杨君芳	139＊＊＊＊5441

续表

序号	团队名称	负责人	联系电话
11	陆渡秧歌舞蹈队	钱文娟	53451258 189＊＊＊＊8707
12	陆渡琮麒丝竹社	陆宗麒	139＊＊＊＊3988
13	陆渡中学梦之幻舞蹈队	张建芬	138＊＊＊＊0016
14	三港村丝竹社	金德昌	139＊＊＊＊4654
15	洙泾村丝竹社	王如明	133＊＊＊＊8909
16	洙桥村丝竹社	潘瑞龙	53457503
17	陆渡木兰扇队	张 珍	137＊＊＊＊9369
18	陆渡腰鼓队	钱文娟	53451258
19	洋沙庆洋艺术团	闻雪英	189＊＊＊＊1512

9. 科教新城

序号	团队名称	负责人	联系电话
1	南郊小学小雨滴合唱队	江 怡	138＊＊＊＊3731
2	利民社区夕阳红兄妹红歌队	赵文奎	53405080
3	利民舞龙腰鼓队	沈宝华	53405080
4	南郊社区娄江书画苑	陆培明	53506787
5	群星社区文艺团	沈志清	139＊＊＊＊0548

三、群众文化活动体系的品牌特色

群众文化活动是群众利用业余时间在职业工作之外满足自身文化需求的文化行为,它在公共文化服务体系中处于重要地位,是公共文化功能、价值的载体,是由群众文化活动本身、群众文化活动参与者(包括组织策划实施者与受众)、群众文化产品、群众文化相关工作、群众文化大的事业背景以及群众文化理论研究等诸多要素构成的一个体系。

综上所述,我们可以总结以下几点。

(一)特色

总体特色是全民参与,活动经常化、系列化、体系化。

1. 活动数量多

2012年全市年开展各类公益性展演展示活动3.8万场次,"三送工程"向基层送书超10万册,送戏超3500场次,送电影超2.1万余场次。

2. 活动类型多

具体表现为:重大节庆活动与传统活动相结合,走出去和请进来相结合,动类与静类相结合,传统和创新相结合。

3. 参与人数多

2012年全年开展群众文化活动惠及农村及社区群众3400万人次,重点服务老年人、未成年人、农民工和残障人。

由于我市群众文化活动经常性、非偶发、与节庆活动紧密相结合，老百姓无论作为演员、观众还是志愿者，积极参与群众文化活动都已成为老百姓生活不可或缺的有机组成部分。

（二）成效

在创建国家公共文化服务体系示范区过程中，苏州市创造出了一些具有区域性乃至全国范围示范借鉴意义的经验和做法，形成了示范区创建的苏州特色和亮点。体现苏州特色的创建亮点主要有24项，群众文化活动体系化建设就是其中的一项。

从苏州公共文化服务体系的实际运行看，占人口较大比例的基层人民群众比较喜爱的公共文化服务方式是自觉自愿地参加各类群众文化活动，或是自主组织群众文化团队开展活动。在实践中我们发现，在各类群众性文化艺术活动中，有的是全市人民期待的重要节日，有的是基层群众以较低成本获得身心娱乐的重要渠道，还有的是基层群众自我表现、提升能力、展示成果的重要载体。苏州市政府文化部门从实际出发，结合群众文化需求和爱好，一方面大力开展各类群众喜闻乐见、便利参与的文化艺术活动，另一方面积极引导和支持群众自编自演、自创自办、自娱自乐。经过这几年的努力，苏州已经形成了多层次、结构化、全民可参与的群众文化活动体系。具体表现在：

一是重大文化节庆活动精彩纷呈。苏州根据中宣部、文明办《关于开展"我们的节日"传统文化节庆活动的实施意见》的精神，依托"江河湖海"兼具的水文化资源和"吴文化"独特优势，着力打造一批具有鲜明地域文化特色和较大影响力的文化节庆活动，近年来成功承办了两届中国国际民间艺术节、五届中国昆剧艺术节和中国苏州评弹艺术节、中国农民文艺会演等一大批品牌节庆活动，为苏州市民提供了内容丰富、特色鲜明的文化艺术盛宴；苏州辖区内各市、区充分发挥各自的特长和优势，围绕"江河湖海"水文化和吴文化，形成了周期性举办的张家港市"长江文化艺术节"、常熟市"江南文化节"、太仓市"郑和航海节"、昆山市"外企文化节"和"青春大舞台"、吴江市"运河文化节"、吴中区"太湖开捕节"，相城区"活力岛音乐节"、平江区"盛世观前"文化艺术节、沧浪区"古胥门元宵灯会"和"端午民俗文化节"、金阊区"轧神仙文化旅游节"、高新区"欢乐社区行"和工业园区端午节龙舟赛等一批极具地方特色、群众喜闻乐见的文化活动品牌。苏州阅读节已成功举办了7届，成为推动苏州全民阅读、营造学习型城市的重要抓手，苏州市委、市政府被中宣部、国家新闻出版总署授予"全民阅读活动先进单位"。为了面向特定人群提供专题服务，苏州还创新开展了苏州市少儿艺术节、新苏州人优秀新节目展演、群众文化广场舞比赛等形式多样、内容丰富的活动。结合基层群众文化活动与健身融合的特点，苏州坚持文体融合、市县区联动，组织好每年一度的全民健身月和全民健身日活动，逐步形成了全民参与、具有本地特色的"苏州体育节"。这些重要节庆活动充分体现出与地方特色、与不同人群不同需求相适应的结构化特点。

二是文化惠民活动日趋繁荣。在打造重大节庆文化活动的同时，苏州坚持重心下移、面向基层，统筹各类文化艺术组织指导、艺术创作、活动策划、骨干培训、产品派送等资源，开展了以"我们的节日""天天有"、市直舞台艺术"四进工程"和"群星璀璨——城区各广场主题活动"为主要形式的"四大系列"文化惠民活动，受到各层面人群的广泛欢迎和参与。据统计，全市年均开展各类公益性展演展示活动3.8万场次，惠及农村及社区群众3400万人次。"三送工程"向基层送书超10万册，送戏超3500场次，送电影超2.1万余场次。全市范围内政府兴办的公益性文化单位全部实现免费开放，日益成为城乡群众提高"幸福指数"的文化福利。

三是群众特色文化和文艺团队建设快速发展。引导、鼓励、支持群众文艺团队健康发展是苏州基层公共文化服务的突出亮点。目前，全市共有"中国民间文化艺术之乡"10个(28个项目)，"全国群众文化先进社区"2个、"全国特色文化广场"4个；涌现民间业余文艺团队近4000支，每年开展各类活动近1.5万次。这几年，苏州精心构建的群众文化活动体系对基层群众文化活动形成了强有力的支持，这既表现在市公共文化中心及各级文化馆(站)对群众文化活动的悉心组织指导方面，也表现在市、县(区)搭建的艺术指导、技术服务、骨干培训、竞赛评比、品牌建设等平台所发挥的综合服务效能方面。苏州在群众文化活动体系化建设方面深感获益匪浅。

(三) 评估

评估反馈机制是确保群众文化活动体系朝着健康、有序方向可持续发展的保障。它分两个方面。一方面是来自属地管理各级文化主管部门以及相关机关事业团体的激励和表彰；一方面是来自基层老百姓的意见和建议。

比如，对民营群众文艺团队，政府文化主管部门主要从以下几个方面进行奖励扶持：

一是从政策层面上加大了奖励金额，从原来的每年20万元增加到了现在的每年100万元；二是组织专家组对民营文艺表演团体实行严格考核，奖励真正在演出活动中积极走市场演出的质量高的好的表演团体；三是组织好的优秀表演团体参加苏州市民营文艺表演团体展演活动，目前为止已举办了两届展演活动，对演出活动中优秀的20个表演团体及优秀节目进行了奖励；四是组织专家对表演团体进行艺术指导，并组织优秀演员参加职称评定考试，同时要求表演团体积极参加市文广新局组织的各种公益性演出活动，对优秀个人给予奖励。

1. 从上至下的激励与表彰

(1) 每年大市一级举行群众文化大会演，奖励新人新作，表彰优秀团队

① 各县级市也会相应举行大会演，评选出优秀作品参加大市一级大会演。

② 工会、妇联、共青团乃至纪检、司法、公安、税务等机关事业单位每年也将进行集中会演。

(2) 每年举行一次大市范围内的群众性广场演出，评选表彰优秀节目和团队

2. 从下至上的评估与反馈

所有的群众文化活动，我们坚持做到"两张表格"制度。

(1) 一张反馈表

主要内容有：时间、地点、场次、内容、工作人员人数、观众人数、是否免费、评价和意见等。

(2) 多张信息表

主要内容有：

个人基本信息：性别，年龄，受教育程度，身份。

个人对本次活动的看法：以选择题的方式从兴趣度、目的、观看参与频率、喜欢度、满意度、吸引力、意见和建议等多方面进行现场随机抽样试卷调查。

综上所述，苏州市群众文化活动体系建设，在创建示范区过程中，在构造核心价值体系、塑造老百姓素质、面向外来务工人员保障、城乡一体化建设、整合资源等方面起到了重要的作用。

怀 念

重心下移的公共图书馆总分馆体系

我国公共图书馆总分馆建设中的"苏州模式"起步于2005年,得名于2006年底,是国内第一个被业内专家和学者称为"模式"的总分馆体系。在创建"国家公共文化服务体系建设示范区"(简称示范区,下同)之前,"苏州模式"是一种职业创新,属"自下而上的全委托模式"[①],在创建示范区后,通过建立制度和规划布局,"苏州模式"成为由政府主导、市、县(区)政府为建设主体、县(区)为管理单元、内部实行统一管理的总分馆体系,同时也是由市、县总分馆体系组成的覆盖全市城乡的公共图书馆服务体系。

一、"苏州模式"的建设背景

"苏州模式"与国内许多地区的公共图书馆服务体系建设一样,是在党和政府建设全覆盖的公共文化服务体系的方针政策指导下,在国内现代公共图书馆理念复苏的大背景下,希望摆脱历史上基层图书馆一再失败的历史宿命而对普遍均等服务追求的探索和实践。

(一) 基层图书馆建设的历史回顾

公共图书馆从诞生的那天起,就肩负着把信息、知识传播到社会最基层,让每个社会成员都能够平等地享受到公共图书馆服务,从而实现社会信息公平的责任和使命。这种使命驱使着政府以及公共图书馆职业人不断地探索向基层延伸的建设体制、组织体系和服务模式。

1. 历史上基层图书馆建设的宿命

新中国建立以来,我国政府从提高人民群众科学文化素质,从而支撑经济发展和社会和谐的目的出发,数次开展基层图书馆建设。据于良芝教授的研究[②],1950年,文化部在《关于1950年全国文化艺术工作会议报告与1951年计划要点》中要求有条件的村镇应该设立图书室,发展农村图书网,但并未能巩固下来。[③] 1956年《全国农村发展纲要》再次规定,"从1956年起,按照各地情况,分7年或12年内普及包括农村图书馆在内的农村文化网"[④]。到1956年底,全国农村图书室达到了182960个;1958年,全国农村图书室的数量就已经达到了47万个。[⑤] 1963年为了配合"四清运动",又掀起过农村图书馆建设的新高潮。20世纪70年代初,在《红旗》杂志等的舆论推动下,再次出现了声势浩大的农村图书馆建设。八九十年代,各地又陆续出现了乡镇图书馆和村图书室建设,如江苏的万册图书馆、浙江的"东海明珠"工程。这些基层图书馆建设运动,均以失败告终。

苏州是公共图书馆起步较早的地区之一。1914年9月,苏州图书馆的前身——江苏省立第二图书馆在苏州可园向公众开放。苏州图书馆从建立起一直秉承公共图书馆服务理念,其探索普遍均等服务之路的足迹最早可以追溯到民国时期。1929年1月中华全国图书馆协会年会召开,苏州图书馆蒋吟秋先生在年会上宣读了论文《图书馆之使命及其实施》,阐述了公共图书馆的使命、均等化服务理念和思想[⑥];据苏州图书馆档案记载:1935年10月,苏州图书馆已经成为由1个总馆、2

---

① 邱冠华、于良芝、许晓霞:覆盖全社会的公共图书馆服务体系:模式、技术支撑与方案.北京:北京图书馆出版社,2008:54.
② 于良芝.我国基层图书馆的专业化改造.图书馆建设,2011(10):7-11.
③ 单敬兰、赵建华、赵保华:我国农村图书馆事业的兴趣和前景.中国图书馆学报,1991(2):82-85.
④ 沈红梅、吴荞:长三角地区农村图书馆建设的历史经验及发展启示.图书馆建设,2008(9):16-19.
⑤ 朱燕平.中国农村图书室建设第一个高潮的形成及影响.江苏图书馆学报,1999(6):60-63.
⑥ 苏州明报.1929年1月28日:第二版.

个分馆、7个巡回文库、1辆流动图书车和2所夜校组成的服务体系。就新中国建立后的基层图书馆建设运动而言,苏州最大规模的基层图书馆建设运动是乡镇万册图书馆建设。1993年,苏州吴江在全国率先实现乡镇万册图书馆的全覆盖,至1995年,全市所有乡镇全部建成万册图书馆。配合苏州市明星图书馆的评比,当时不少乡镇图书馆的藏书超过2万册,有的甚至超过3万册。然后,轰轰烈烈的乡镇万册图书馆运动也如同昙花一现,到90年代后期,几乎所有乡镇万册图书馆都失去了读者。笔者数次对本市的乡镇、乡村图书馆进行调查,在一些乡镇还能找到"万册图书馆"遗留下来的藏书,在吴江的松陵、平望两镇图书馆分别找到了"万册图书馆"的匾牌,这两块牌子似乎诉说着这段既辉煌又无奈的历史。尽管如此,"万册图书馆"运动为乡镇保存了一定数量的馆舍和藏书,使新世纪的乡镇分馆建设有了起码的物质基础,更为重要的是为乡镇分馆建设保留了公共图书馆理念的火种,这使得我市的图书馆人虽然历经基层图书馆建设运动失败的挫折和伤痛,但他们探索公共图书馆服务普遍均等之路的信念和斗志并没有因此被磨灭。

2. 新馆建设后的探索及教训

随着改革开放的不断深入,苏州市在经济发展和社会进步上取得了举世瞩目的成就,经济实力在全国各级城市排名中位列前茅。苏州是历史文化名城,是历史上藏书家、读书人最多的城市,苏州人才辈出,仅明、清两代就有1779名苏州人中了进士。这种耕读传家、崇文重教的传统一直影响到现在,使苏州市民具有较高的科学文化素质,这不仅表现在苏州籍的两院院士占了很大比重,而且体现在具有高素质的苏州市民是苏州经济奇迹和苏州社会稳定的重要因素。

经济和社会的快速发展使苏州市在公共图书馆建设上具备了物质条件,读书藏书和崇文重教的优秀传统在精神上催生了苏州的公共图书馆建设。另外,在实现经济和社会可持续发展上也需要公共图书馆支撑市民科学文化素质的不断提升。在这样的背景下,苏州市委市政府决定在苏州市区中心原市人大、市政府的办公用地上建设苏州图书馆新馆。2001年6月,苏州图书馆新馆落成开放。这座接待能力是老馆4倍的新馆,却从开馆的第一天起就每天处于超负荷状态,可谓人满为患。为了分流读者,2002年起,苏州图书馆先后与社区、街道、部队合作建起了4所分馆,由对方提供馆舍、物业费用、工作人员,由苏州图书馆提供文献资源,总分馆共同使用同一个业务管理系统,读者使用统一的读者证,外借图书可以通借通还。但除部队分馆有其特殊性外,其他分馆均很快就失去了读者。

2005年前的分馆建设为后来的工作留下了值得总结的经验和教训,回顾和剖析其教训,一是在分馆建设的目的上,主要是为了分流总馆的读者,而不是解决公共图书馆服务的均等化问题,可谓理念不清,因而缺乏总分馆建设的科学规划;二是没有深入研究总分馆的实质,追求总分馆的"形"而忽视总分馆的"神",如使用统一的读者证,在同一个计算机业务系统运行,文献资源统一采编,有统一的服务标准,读者可以通借通还,但总馆缺乏对分馆的管理权,分馆的工作人员由合作方委派,就不一定服从总馆的管理,不一定执行总馆的服务标准,甚至不按公示的时间准时开放,当读者没有接受到规范的服务而向总馆投诉时,总馆除了向合作单位抱怨外,其实没有更好的办法来改善分馆的服务,这使得读者逐步放弃了分馆;三是缺乏公共图书馆是一种制度的必要知识,因而对总分馆建设应该由政府主导、应当建立制度缺乏起码的认识,更没有策划和制定引导和争取政府主导总分馆建设、建立公共图书馆制度的方案和措施。

(二)普遍均等理念的确立

公共图书馆有其国际通行的服务理念:平等、免费、无区别。印度图书馆学家阮冈纳赞将其简洁地表述为"每位读者有其书";美国图书馆协会(ALA)以"适当且有效组织的资源,公平的服务政策,公平的信息的存录入口,正确、不存偏见且有礼貌地回复所有请求"①的伦理守则来解释服务理念。十六大后,我国统一表述为"普遍均等"。

1. 中国公共图书馆理念的觉醒

2004年,中国图书馆学会为纪念中国公共图书馆诞生一百周年,在苏州举办了以"回顾与展望:中国图书馆事业百年"为主题的年会。这次会议使业界回顾百年来中国公共图书馆事业所走过的历程②,重新思考公共图书馆存在的理由③,重拾缺失的百年来积淀的图书馆精神④,解脱了因历次政治运动而放弃了职业话语权而成为一种政治的附属品并实行差别服务的桎梏⑤,解封了百年来公共图书馆固有的平等、免费服务理念,展望了中国公共图书馆事业发展的路向,可以说是中国公共图书馆重新确立现代公共图书馆理念的里程碑。

这次会议唤醒了中国公共图书馆尘封了多年的固有理念。会议在苏州召开,因而对苏州图书馆服务理念的觉醒和确立影响更加巨大,对公共图书馆精神理解的加深,帮助和推动了苏州公共图书馆服务体系的建设。

2. 普遍均等服务的政策导向

十六大以来,党和政府提出了一系列保障人民群众基本文化权益的方针政策。如"加大政府对文化事业的投入,逐步形成覆盖全社会的比较完备的公共文化服务体系"⑥;"各级财政要加强对农村文化发展的投入,加强县文化馆、图书馆和乡镇文化站、村文化室等公共文化设施建设,构建农村公共文化服务体系"⑦;"以实现和保障公民基本文化权益、满足广大人民群众基本文化需求为目标,坚持公共服务普遍均等原则,兼顾城乡之间、地区之间的协调发展,统筹规划,合理安排,形成实用、便捷、高效的公共文化服务网络"⑧;党的十七大报告将"覆盖全社会的公共文化服务体系基本建立"作为2020年全面建设小康社会的目标之一,提出"围绕推进基本公共服务均等化和主体功能区建设,完善公共财政体系"⑨,即通过完善财政体系来保障公共文化服务体系服务普遍均等的资金需求;"人民群众的基本文化需求,是社会主义制度下人民群众必须得到保障的基本文化权益。因此,要以政府为主导,以公共财政为支撑,以公益性文化事业单位为骨干,以全民为服务对象,以基层特别是农村为重点,构建覆盖城乡的公共文化服务体系"⑩。十八大报告提出"完善公共文化服务体系,提高服务效能",要求公共文化服务不仅需要均等,还要经济高效。十八届三中全会提出"构建现代公共文化服务体系。建立公共文化服务体系建设协调机制,统筹服务设施网络建设,促进基本公共文化服务标准化、均等化"⑪;等等。这些方针政策,要求公共文化服务在设施网络建设中整合资源、降低成本、建立标准体系,使公共文化服务的普遍均等有标准、可评价,不仅为公共图书馆总分馆建设指明方向,而且提供了实现路径:公共文化服务体系从全覆盖、普遍均等到标准化和提高服务效能,是一个从无到有再到优的渐进的过程。

---

① 中国图书馆学会.中国图书馆馆员职业道德准则(试行) 附录 美国图书馆协会的伦理守则[M].北京:北京图书馆出版社,2003:38-39.
② 程焕文.百年沧桑 世纪华章——20世纪中国图书馆事业回顾与展望.图书馆建设,2004(6):1-8.
③ 于良芝.公共图书馆存在的理由——来自图书馆使命的注解.图书与情报,2007(1):1-9.
④ 范并思.图书馆精神的历史缺失.新世纪图书馆,2004(6):3-7.
⑤ 李超平.我国公共图书馆历史定位之反思——兼评21世纪新图书馆运动.图书馆,2006(2):1-4,18.
⑥ 中华人民共和国国务院.国民经济和社会发展第十一个五年规划纲要.第四十四章第二节.
⑦ 中共中央、国务院.关于推进社会主义新农村建设的若干意见.
⑧ 中华人民共和国国务院.国家"十一五"时期文化发展规划纲要.
⑨ 十七大报告第五款第七条.
⑩ 李长春.正确认识处理文化建设10大关系.求是,2010(3).
⑪ 中共中央.关于全面深化改革若干重大问题的决定(第40条).

3. 苏州图书馆办馆宗旨的确立

苏州图书馆有着悠久的均等化服务理念,早在民国时期就通过设立分馆和巡回文库、开展流动服务等努力提供均等化服务。在新世纪公共图书馆精神的感召下,在普遍均等理念的推动下,苏州图书馆修订馆藏发展政策和服务政策,确立了既符合公共图书馆普世价值,又在自我理解和创新基础上形成的办馆宗旨:"平等、免费、专业、礼貌、高效"。所谓平等,就是向所有人开放,不论读者的身份、年龄、地位、民族、宗教、健康、贫富等之间是否存在差别而提供一视同仁的服务;所谓免费,就是基本服务一概免费提供,消除市民利用图书馆的门槛;所谓专业,就是提供的服务,包括服务设计、服务过程以及为提供服务所需要的后台支撑(如环境布置、资源组织、技术运用、管理过程等)要体现和符合图书馆专业的规范要求①;所谓礼貌,形式上就是让读者高兴而来、满意而归,让阅读变成"悦读",其实质是服务政策和服务过程要体现和符合图书馆职业的道德规范;最后的"高效"就是服务效益要高,读者接受图书馆服务后一定会有收获和效益,但一般在短期内难以显现,这是图书馆服务的长远效益,另一方面的效益,其内涵是指不仅公共图书馆的服务在数量多、质量好的同时服务成本要最低,花费的公共资金要少,而且读者利用图书馆的时间成本和交通成本也要最低。读者利用图书馆的交通成本由两个方面决定,一是市民居所与图书馆之间的距离,二是采取什么交通方式;时间成本主要是指读者在接受图书馆服务时能否以最少的时间获取尽可能多的有效信息和知识,或者说在获取相同数量和质量信息和知识时所花的时间最少,这就要求图书馆能够有序地组织资源、专业而有效地提供服务。由此,苏州图书馆成为国内首家在办馆宗旨中明确提出"服务高效"的公共图书馆,而要实现这个服务高效,把图书馆建到市民身边,就成为必由之路。

二、"苏州模式"的探索与成效

(一)《苏州市公共图书馆网络建设方案》的形成

2004年下半年,苏州图书馆在确立现代公共图书馆服务理念,形成了既符合国际公共图书馆服务理念又体现自身创新精神的办馆宗旨的基础上,总结和反思了万册图书馆和分馆建设失败的经验教训,通过对国外总分馆文献的调研和国内开展服务体系建设地区的借鉴,形成了自己的总分馆建设思路,起草了《苏州市城区公共图书馆网络建设方案》,并上报市政府,希望政府主导、通过行政推动,来建设苏州市的公共图书馆总分馆体系。这个方案有以下主要内容:

1. 建议由市政府主导,作为城区公共图书馆总分馆的责任主体。这是为了在苏州市区建设一个统一管理的总分馆体系,因此,由市政府作为责任主体最为合适。

2. 集中市、区两级财政在公共图书馆上的建设和运行经费。由于苏州市、区两级财政都有相当大的实力,目前财政体系在事权和财权上的分割又相当明确,因此,为了便于绕开体制障碍,由市财政按一定口径(如人口数量)来集中区级财政的经费,作为转移支付,与市政府作为市区统一的总分馆责任主体对应起来。

3. 在市区按每2万人(户籍人口)一所图书馆的标准建设社区图书馆,并作为苏州图书馆的分馆,达到管理统一、资源统一、服务统一的覆盖全苏州城区的公共图书馆总分馆体系。将人口数量作为唯一的标准是为了便于计算分馆数量以及使方案容易获得批准。在制订总分馆建设总体规划时,并不能机械地按人口来布点,还要结合人口密度、交通条件等因素。

4. 5个县级市参照这个方法,由各市(县)政府作为当地公共图书馆总分馆的责任主体,各县级图书馆作为总馆,每县建设约20个乡镇、乡村分馆,并在广大乡村设立以共享工程基层点、党员远

---

① 于良芝、许晓霞、张广钦.公共图书馆基本原理.北京:北京师范大学出版社,2012:44-46.

程教育点、农家书屋、乡村图书馆相结合为基础的流动图书车服务点。

5. 全市6个总分馆体系构建成一个服务网络,实行联合采编、统一检索、一证通用、资源共享,从而实现全苏州市公共图书馆的全覆盖。

(二)"苏州模式"的形成

《苏州市公共图书馆网络建设方案》上报后,没有立即得到市政府的批准,本来,在普遍均等的理念在图书馆业界还没有完全确立起来、以GDP为主要政绩考核标准的当时,政府对为什么一定要建设总分馆、总分馆有什么优越性、能产生什么效益不理解是很正常的事情。所以,苏州图书馆设想自行按照方案进行试点,以彰显总分馆的优越性,从而推动市政府尽快决策,批准方案实施。于是,从2005年3月起的半年多时间里,苏州图书馆积极走访各区政府、街道办事处,寻找合作伙伴。虽然在半年多的时间中可谓处处碰壁,但宣传了公共图书馆的理念和图书馆在提高市民科学文化素质、建设和谐社会中的作用。

1. 沧浪少儿分馆的建设与成效

2005年7月,沧浪少年宫的建成开放为合作分馆的建设创造了条件。苏州图书馆具有提供图书馆服务的专业和技术要素,寻找合作伙伴是希望获取分馆建设的另两个要素:一是取得合作方提供的馆舍;二是获得合作方的出资,包括人员经费和购书经费。2005年10月,新建的沧浪少年宫图书馆在投入使用3个月后,因缺乏图书馆专业力量而无法提供正规的图书馆服务,于是沧浪区政府愿意按照我们原先联系合作时提出的方案,出资将沧浪少年宫图书馆委托给苏州图书馆管理。根据以前分馆建设失败的教训,这个分馆采用了全委托模式,即沧浪区提供分馆的场馆、设备、水电等费用,并每年向苏州图书馆支付一定的委托经费,主要是人员经费和购书经费,总馆和分馆的文献资源全部进入苏州图书馆的书目数据库且在合作期间不区分资产权,分馆的工作人员由苏州图书馆委派,分馆的所有管理、服务、活动等事务全部由总馆负责,沧浪区政府只考核分馆的办馆效益。2005年10月底,苏州图书馆通过合作(接受委托)方式建成的第一所直接管理的分馆——沧浪少儿分馆正式开馆。

原来的沧浪少年宫图书馆馆内图书没有分编加工,只提供到馆阅览而无法提供外借服务,采购的图书也非常随意,图书资源更新很少,实质是既没有专业人员提供专业服务,又因为独立存在而缺乏资源共享机制,少儿读者和家长都很有意见,到馆读者也越来越少。成为苏州图书馆的分馆后,图书资源统一采编调配,同样的购书经费使分馆有了更多的图书,读者使用苏州图书馆的读者证,不管是在苏州图书馆还是在分馆所借的图书都可以在总分馆之间通借通还;苏州图书馆抽调了本馆少儿部的2名工作人员到分馆工作,孩子们一见工作人员就高兴地说:"这是苏州图书馆少儿馆的阿姨,这是苏州图书馆。"由于分馆提供了与苏州图书馆相同的专业服务,包括与苏州图书馆一样积极开展少儿读者活动,因此,尽管沧浪少儿分馆是一种合作机制,但从读者角度看,分馆与总馆是一家,服务内容和质量也基本相同。因此,不管是参加少年宫活动的孩子,还是家住分馆附近的孩子,都愿意就近到分馆享受服务,沧浪少儿分馆读者如潮。

表1 沧浪少儿分馆开馆头6个月读者利用情况统计表

	2005年11月	2005年12月	2006年1月	2006年2月	2006年3月	2006年4月
到馆读者人次	2210	2641	1076	1248	2612	2878
借出图书册次	1613	1901	755	808	1673	1932

现在来看,大家对笔者使用"读者如潮"可能会有微词,但在分析了下面的因素后就可以认定其效益很高:一是比合作前的沧浪少年宫图书馆读者大增;二是2007年笔者在长三角、珠三角开展公共图书馆服务体系调研时,普遍认为一个社区分馆(包括独立存在的基层图书馆)如果到馆读者达

到30人次/天、外借图书达到10册/天,就可以认为其服务效益较高;三是沧浪少儿分馆只有150平方米馆舍面积,又由于设在少年宫内,作息时间只能随少年宫每周开放5天。随着影响的逐步扩大,沧浪少儿分馆的效益日益显现(见表2)。

表2 沧浪少儿分馆开馆至2010年(创建示范区前)读者利用情况统计表

	2005年	2006年	2007年	2008年	2009年	2010年
到馆读者人次	4851	35772	64510	114414	152823	114672
借出图书册次	3514	25149	45545	47522	46086	37571

沧浪少儿分馆的成功合作并开放,使苏州图书馆半年多来在寻找合作伙伴上坚忍不拔的勇气和屡败屡战的努力终于有了回报。随着沧浪少儿分馆的成功,沧浪区政府决定在2006年再合作建设3个分馆,这使得苏州图书馆总分馆从试点成功开始转向规模化发展。

2. 分馆建设的规范化运作

沧浪少儿分馆取得了很大成功,与苏州图书馆合作建设分馆花钱不多、市民称道,发挥了很好的示范作用,于是各区政府、街道办事处,甚至一些机构和学校也纷纷主动与苏州图书馆联系。主动上门联系建设分馆的基层政府和机构不断增多,带来的后果之一是苏州图书馆需要花费较大的谈判时间和成本。另外,建设分馆的合作伙伴能否保持一定的数量、分馆能否实现可持续发展的关键在于苏州图书馆能否保证分馆的服务质量和服务效益。为此,苏州图书馆还采取了以下措施:

① 制定了《社区分馆建设标准》,包括馆舍面积、空间布局、设备清单、开馆时间、资源配置、读者权益等,以规范社区图书馆的建设,同时也可以有效降低谈判成本。

② 在分馆安装了远程监控装置,以便实时了解和掌握分馆的运行和服务情况,还可分清分馆服务中一旦发生与读者纠纷时的责任。

③ 完善了网上咨询平台。由于分馆与总馆相比,工作人员少,专业业务水平也要低一些,有了网上咨询平台,可以及时解答分馆读者的咨询问题。

④ 使用VPN虚网,使分馆能够共享总馆的数字化资源,并在分馆的电脑上设置统一的引导界面,读者根据引导,可以方便地进入书目检索、电子图书、馆藏数据库资源、政府公开信息、共享工程等栏目。

⑤ 各个社区分馆根据当地的实际需求和每周不少于50小时的服务时间灵活安排开放时间。总馆根据各分馆的读者需求情况,为每个分馆配备7000册初始藏书、不少于100种的期刊报纸、3000张光盘,每月为分馆调配400至500册图书,部分是新书,部分是周转书,确保文献资源的丰富和及时更新。

⑥ 向分馆派遣的工作人员均是在总馆已经工作过一段时间、服务技能较为熟练的合同制员工,这些员工,由合作方出资,由苏州图书馆招聘和管理。

⑦ 建立与合作单位定期恳谈制度。一方面是向他们不断宣传公共图书馆理念,另一方面是通过他们了解掌握分馆服务中可能存在的问题;另外还可以向合作方提出开展新服务、新活动上的配合诉求。

⑧ 将读者活动延伸进分馆。分馆的读者人气一靠服务质量、二靠宣传推介,而讲座、展览、游戏、培训等读者活动既是服务的内容,也是宣传的有效手段。

即使如此,在具体的分馆建设上,由于每个分馆的场馆大小和形状、合作对象都不相同,合作方对分馆如何装修、选购设备、环境布置等工作都不熟悉,于是,苏州图书馆又规定了分馆的合作建设流程:

① 合作双方对拟建分馆的场馆、环境等进行实地勘察,符合分馆建设要求后,双方达成合作意向。

② 苏州图书馆参与社区分馆的布局和设计,提供馆内布局图和设备清单,对方负责装修和采购。

③ 签订合同后,苏州图书馆负责资源准备、申请办理分馆计算机网络、招收合同制职工并进行培训,选择派遣人员。

④ 移交馆舍后,苏州图书馆进行软件安装和调试,文献排架,内部布置,检查验收等。

⑤ 按商定的日期开馆,如果对方要求举办开馆仪式,则一般策划举办一项读者活动作为开馆仪式。

同时,苏州图书馆内部还有一套分馆建设控制流程——《苏州图书馆分馆(建设阶段)工作流程及规范》,涉及的工作有分馆馆舍勘察、布局设计和制图、设备清单开列、员工招聘和培训、资源建设和调配、专用设备安装和调试、技术维护、远程监控、远程咨询、开馆方案策划与组织、分馆档案收集与保管等,涉及的部门有办公室、采编部、设备部、技术部、借阅部、少儿部、辅导部、情报部、会展部等等。这样,各个部门在分馆建设过程中的每个时间节点都知晓自己应该完成的工作任务以及与哪个部门进行配合。

由于有这些规范,不管是合作方,还是苏州图书馆内部各个配合部门,对于合作建设分馆建设的工作内容既明确又可操作,非常有效率。

3. "苏州模式"的确立

2006年12月,中国图书馆学会在苏州召开"中图学会2007年新年峰会",会议针对全国一些地区开展公共图书馆联盟、总分馆建设的探索与实践,设立议题并展开了充分的讨论与研究,并最终设立了《图书馆服务网络模式研究》课题,以期通过研究成果指导各地的服务体系建设。课题由南开大学于良芝与笔者联合承担。与会领导和专家学者考察了苏州图书馆5所分馆中的4所,详细了解了苏州总分馆建设的做法、经验,检查了各个分馆的服务情况和服务效益,称赞苏州的总分馆是"符合《国家'十一五'文化发展规划纲要》对总分馆的建设要求、与国际接轨的'苏州模式'"。于是,"苏州模式"正式成为全国第一个以"模式"命名的总分馆体系。

对于"苏州模式",业界的专家学者表现出极大的关注,许多同行前来参观交流,不少专家学者来进行调研。南开大学于良芝教授通过实地调研后,在《国家图书馆学刊》上撰文对"苏州模式"进行了点评,认为"苏州模式"是在没有政府行政推动前提下的真正的职业创新行为,并总结其创新与特点如下:①

一是"紧密型总分馆关系"。分馆的工作人员由总馆派出,分馆的服务标准由总馆制定并监督实施,分馆读者享受和总馆读者同样的服务。苏州图书馆的总分馆关系可能是最接近真正意义的总分馆关系,这可以使总分馆形成良好的可持续发展前景,也有利于分馆的读者培养起利用图书馆的习惯。

二是"动态资产权"基础上的物流和通借通还。"苏州模式"的最大优点是解决了通借通还中的图书的资产权问题和物流问题,既提高了图书馆之间资源共享的效率,也方便了读者。

三是"孵化"式馆员培训。苏州图书馆分馆的工作人员由总馆派出,且都是从总馆有经验的合同制员工中挑选配备分馆人员,这保证了分馆人员的服务水准。

四是从市馆到社区分馆的扁平网络。苏州总分馆的紧密型关系,形成了服务网络的扁平而紧

---

① 于良芝.为了普遍均等的图书馆服务——评苏州图书馆的分馆建设.国家图书馆学刊,2007(3):18–19.

凑的结构,是理性设计的产物,使得总分馆管理简便、成本低廉、服务优化。

由于"苏州模式"缺乏行政推动、没有被纳入全市文化发展规划,因而于良芝教授也提醒苏州总分馆今后的发展将需要处理与区级图书馆的关系,需要纳入文化发展的总体规划,关键是需要有政府主导。而事实上,"苏州模式"后来的发展,确实一直围绕这几个问题展开工作。

(三)"苏州模式"的发展、成效及瓶颈

中国图书馆学会2007新年峰会在苏州召开,使苏州的总分馆建设既得到了业界专家和学者的肯定,也受到他们的指点。之后苏州的总分馆建设日臻完善,"苏州模式"不仅在业界、也在本市社会上形成了较大影响,得到了许多关心和支持,从而得到了进一步的发展。

1."苏州模式"的发展

(1)列入市政府实事项目。苏州总分馆建设取得了一定的成绩,受到了市民的好评、得到了专家学者的肯定,因而,苏州市政府虽然没有实行行政推动,但连续多年把社区分馆建设列入苏州市政府实事项目,进一步引起了社会的关注,也宣传了苏州总分馆建设的成效。

(2)分馆数量逐年增多。在开展总分馆建设前,苏州市区只有4座公共图书馆,分别为苏州图书馆、吴中区图书馆、平江区图书馆、独墅湖图书馆,按400万常住人口计算,平均每100万市民才享有一个图书馆。由于"苏州模式"的分馆都是新建,所以,到创建示范区前的2010年底,苏州市区已经有30个图书馆,平均每12.6万市民就享有1个图书馆。

(3)政府提供专项支持。鉴于总分馆建设的效益高、影响大、社会评价好,尽管在创建示范区前市政府没有主导总分馆建设,但一直关注、关心其发展,并给予了许多支持,包括2006年配备了第一辆流动图书车、增加了15名合同制职工编制,从2007年起每年增加了180万元的购书经费,2008年配备了图书调配专用汽车,2009年拨付专款更新计算机业务管理系统,并配备了第二辆流动图书车,2010年增加了5名事业编制。这既使苏州图书馆有了更多的资源开展分馆建设,向社会释放出市政府支持总分馆建设的信号,从一个侧面鼓励了各基层政府合作建设分馆,也推动了县级总分馆的建设。

2."苏州模式"的成效

"苏州模式"的总分馆采用紧密而又扁平的结构,所建设的分馆不分区级、街道还是社区,都选择在居民密集区域,许多是设在社区服务中心内,因而都是市民家门口的图书馆,市民利用起来十分方便,充分凸显出"苏州模式"低成本、高效益的特性,使得各个区政府、街道办事处对分馆在社区文化生活中的作用有了越来越清晰的认识。而这几年,正是苏州市社区服务中心建设的高潮期,于是,许多基层政府愿意在建设社区服务中心时在功能布局上为社区分馆留一块面积,有的基层政府为了设置分馆而对社区服务中心进行改造,往往宁肯舍去棋牌室而规划建设社区分馆。

(1)从被动到主动。沧浪少儿分馆的建立,彰显了委托管理后图书馆服务上的专业性,以及分馆建设投入上的低成本和分馆服务上的高效益。沧浪区政府于是协调所辖街道开展分馆建设,会同苏州图书馆制订了覆盖全沧浪区的社区分馆的布局规划,并按规划进行分馆建设的选址,至2010年共合作建成了7所分馆,其中就包括了3000多平方米的沧浪区图书馆。高新区狮山街道也是分馆建设的积极合作者,从2006年到2010年间,狮山街道通过与苏州图书馆合作建成了5所分馆,狮山街道杨志平主任在2010年1月份召开的分馆合作恳谈会上自豪地说:狮山街道前几天又开了1所分馆,现在8个社区中有5所分馆,按常住人口14万计算平均2.8万人有1个图书馆,2009年4所分馆到馆读者32万人次,人均进馆2.3次,打麻将的人越来越少,而读书的人越来越多,居民生活有了品质,社区也就更加和谐,所以,街道已经决定与苏州图书馆合作在所有8个社区中均建设分馆。① 随着分馆建设影响的不断扩大,苏州各基层政府从被动洽谈到主动联系,而苏州图书馆的工作重点则从原来主要与基层政府沟通合作建设分馆转向主要争取市政府主导总分馆建设。

(2) 效益稳步提高。由于坚持紧密型的总分馆结构,实行总分馆的统一管理,分馆提供了与总馆基本一致的服务,读者在分馆可以通借通还,可以通过预约借书而获取总馆或其他分馆的图书,可以在分馆使用总馆购买的数字化文献资源,可以通过远程咨询平台获得总馆的参考咨询,可以享受到总馆统一组织的包括讲座在内的读者活动和利用图书馆的知识培训,因此培养了读者对图书馆服务的预期和利用图书馆的习惯。虽然原以为分馆的增多会分流总馆的读者,但事实上,分馆数量的增加也扩大了读者群,总馆的读者数量不减反增,分馆的就近便捷和专业服务使原来不了解图书馆、不利用图书馆的市民成为图书馆的忠实读者。

表3 苏州总分馆历年服务效益情况表

年份	分馆数量（所）	总支出（万元）	到馆人次（万人次）	人均服务成本（元）	外借册次（万册次）	外借成本（元）
2006	5	1680	146.26	11.49	59.57	28.20
2007	10	1990	200.67	9.92	93.83	21.21
2008	14	2430	316.6	7.68	106.9	22.73
2009	21	2490	426.7	5.84	148.98	16.71
2010	26	2950	531.4	5.55	201.12	14.67

注：人均服务成本是以总支出除以到馆读者人次的结果,即每接待一名读者所需要花费的经费(假设其他服务成本为零);外借成本是以总支出除以外借册次的结果,即每借出一本图书所需要花费的经费(假设其他服务成本为零);两者的成本不能相加。

从表3可以清楚地看出,分馆数量的增加使得到馆读者、外借图书的数量都大幅增加,而总支出增加却有限,因而2010年的人均服务成本不到2006年的一半,在纵向上显示了"苏州模式"效益的提高程度。

我们如果再把2010年苏州总分馆的效益与全国地市级馆、县级馆做一个横向比较,可能更容易看到总分馆"苏州模式"的服务效益。

表4 苏州总分馆与全国市、县图书馆2010年平均水平比较表

2010年	场馆数（个）	到馆读者（万人次）	总支出（万元）	馆均到馆读者（万人次）	人均服务成本（元）
全国地市馆	334	10761	163761.1	34.22	15.22
全国县级馆	2512	17971	252480.3	7.15	14.05
苏州图书馆总馆	1	216.6	2484.5	216.6	11.47
苏州图书馆总分馆体系	27	531.4	2950	19.68	5.55
苏州图书馆分馆	26	314.8	465.5	12.11	1.48

从表4可以看出,2010年时,"苏州模式"中分馆的人均服务成本只有全国县级馆平均水平的11%,分馆平均到馆读者绝对数也比全国县级馆的平均水平高出近70%,即不仅相对效益高,而且绝对效益也高。

---

① 沧浪水的博客.2009年度分馆合作恳谈会.http://blog.sina.com.cn/s/blog_5e07a04f0100gqhp.html,2013-12-18检索.

（3）部分建设主体上移。于良芝教授在对"苏州模式"的点评中提出了两个担心：一是苏州总分馆的扁平结构可能会与区级图书馆之间的关系处理产生矛盾，二是对维护众多的合作伙伴会付出较大的管理成本。而这确实是苏州总分馆建设中需要解决的问题。通过一系列的努力，特别是分馆凸显出很高的服务效益，2007年金阊区政府率先将新建的1400平方米的区图书馆委托给苏州图书馆管理。按金阊区政府的估算，金阊区图书馆如果独立运行且要达到苏州图书馆分馆的专业服务水准，每年至少需要财政拨款300万元，而委托给苏州图书馆只需要每年支付几十万元。这使得苏州图书馆开始突破因总分馆扁平结构与各区图书馆可能产生的矛盾，而且也起到了示范作用。2008年，相城区新建了1800多平方米的区图书馆，相城区政府借鉴金阊区的做法，委托苏州图书馆管理，提供年度委托管理费53.72万元，并称苏州图书馆因此每年为其节省250万元的运行经费。2009年，平江区建成建筑面积2000多平方米的区图书馆，也采用了委托苏州图书馆管理的办法。

沧浪区是当时与苏州图书馆合作建设分馆最多的区政府，联系最为密切，经过长期的宣传和沟通，沧浪区政府于2008年底决定将全区原来由街道委托的分馆改由区政府统一与苏州图书馆签订委托合同，所需委托经费统一纳入区级财政预算，并在2010年将新建的3000多平方米的区图书馆纳入统一的委托管理合同，实现了全区分馆统一由区政府委托苏州图书馆管理，委托经费全部纳入区级财政预算，从而在沧浪区实现了事实上的建设主体上移。

至此，不仅"苏州模式"已经解决了与4个区级图书馆的关系问题，而且证明了在不改变现有行政体制和财政体制的前提下，公共图书馆的建设主体也可以绕开体制障碍而实现上移。

（4）全市县馆整体联动。苏州市区的总分馆建设彰显出的低成本、高效益和读者利用图书馆的就近快捷，带动了5个县级图书馆分别在当地开展总分馆建设，至2008年共建成62个乡镇（包括撤并乡镇后的居民聚集区）分馆，实现了5个县级市乡镇分馆的全覆盖。随即，又开展了向社区和乡村的延伸，至2010年底，5个县级市共建成分馆82个。

在这个过程中，常熟市政府为推进分馆建设专门发了文件，规定了常熟市政府和乡镇两级财政在分馆建设及运行上的责任，明确了常熟图书馆为总馆、各乡镇图书馆为分馆，图书统一采编、服务统一标准；张家港市在完成乡镇分馆全覆盖后，开始向乡村延伸，乡村图书室文献资源也由张家港市图书馆统一采编和配送，所有乡镇分馆、乡村图书馆都使用张家港图书馆的计算机业务管理系统，实现了全张家港市图书馆在一个平台上处理业务；吴江市是最早集中乡镇图书馆购书经费统一采编的县级市，在20世纪90年代后期万册图书馆失去读者后，一些乡镇保留了图书馆的馆舍、藏书和工作人员。为了使这些乡镇图书馆保存下来，吴江图书馆较早地实行了与乡镇图书馆的资源共享。2006起，吴江图书馆又按照"苏州模式"将乡镇图书馆全部纳入总分馆体系，实行总分馆内部资源统一采编、统一调配和通借还，并建立了对乡镇分馆工作人员的培训和考核制度，有效改善了乡镇分馆的服务。2010年底，吴江市政府为了将公共图书馆服务覆盖到乡村，根据苏州市文广新局《关于实行'四位一体'、建立农村公共信息服务中心的通知》的文件精神，在调查研究的基础上，形成了整合原有几个条线管理的乡村党员现代远程教育中心、共享工程基层服务点（公共电子阅览室）、农家书屋和乡村图书室的资源，用一份成本开展多种公共文化服务的思路和方案，并积极开展准备工作，而且规定了对乡镇分馆的考核得分纳入吴江市政府对各乡镇政府百分制考核，分值占3%。

3."苏州模式"的瓶颈

公共图书馆总分馆制并非我们的创新，而是国际上成熟和通行的运行上低成本、高效益，服务上就近快捷的组织形式和服务模式，有其固有的规律。在我国，发展总分馆最大的障碍在于一级政府建设和管理一个图书馆的行政和财政体制。所以，建设真正的总分馆的最好办法是在一个合适的区域（如一个地级市或一个县），由这个区域的最高级别政府（对应的是市政府或县政府）作为整个地区公共图书馆的建设主体,按照服务人口统一规划建设科学布局的总分馆体系。

总分馆的"苏州模式"其创新之处在于通过全委托管理而绕开了体制障碍,使苏州市区不同级别政府建设的独立运行的公共图书馆形成了一个统一管理的图书馆体系,并在这个体系内实现了人员统一管理、资源统一建设、服务统一开展,彰显了优越性。然而,既然是"绕开"而不是"无障碍",这就在本质上存在着不确定性,与全国大多数地区开展总分馆建设一样,"苏州模式"一直没有解决政府主导这个最基本的问题,其进一步发展也受到许多因素的制约,形成了瓶颈。

(1) 无法科学规划布局。总分馆的经济高效,除了资源共享外,还有一块来自于科学布局。在一级政府建设一个图书馆的体制下,一定会有建设盲区和重复建设并存的问题。建设盲区主要在区与区(或街道与街道)的结合部,这与战争中的攻防一样,结合部往往是防守的薄弱所在。不管是独立的图书馆还是分馆,都有一定的服务半径和覆盖范围,在现有体制下,即使在"苏州模式"中,由于分馆是合作建设,各区政府一般都不愿意将自己花钱建设的图书馆覆盖到其他区域,因而有些分馆就无法按照苏州图书馆制订的布局规划执行,这必然影响科学的统一布局,进而影响服务的普遍均等。另外,在合作建设分馆上,有的基层政府既有经济实力,积极性又非常高,因而要求每个社区都建有分馆,这又可能导致在某一区域分馆数量太密,有重复之嫌,说到底,是现在的规划缺乏约束力。解决这个问题的唯一途径是由市政府统一按科学标准进行布点规划。

(2) 建设主体多元。在缺乏市政府主导的前提下,合作模式的总分馆存在着多个建设主体,它们的出发点和落脚点与公共图书馆理念并不完全相同,存在着不同的诉求。这使得苏州图书馆在向市政府负责的同时,还要向各个分馆的建设主体(委托机构)负责,满足它们的诉求。公共图书馆有其固有的服务理念,作为总馆的苏州图书馆在践行理念的前提下,要同时满足多个建设主体的诉求,既难以做到,也增加成本。

(3) 合作模式不稳定。分馆的合作和委托,都是建立在一定条件之上的产物,如合作对方的领导需要有为辖区居民提供公共图书馆服务的观念,有合适的场馆、所有相应和稳定的经济实力;苏州图书馆需要有牢固的均等化服务的理念、相应的专业人员、技术力量、管理能力。而且,由于并没有法律法规或者制度制约,合作各方都没有法定的义务和责任,一旦合作的前提条件出现变化,如领导变换、财政能力变化等,合作协议就可能随之解除。解决这个问题的关键是建立公共图书馆制度。

(4) 总馆资源限制。总分馆建设的结果是分馆贴近市民、方便利用、服务专业,提高了市民对图书馆服务的预期,逐步养成了市民利用图书馆的习惯,因而持证读者、到馆读者日益增多。面对这种日益增长、相对无限的需求,总馆在专业人才、运行经费、文献资源、管理能力等方面所形成的专业服务能力却是有限的。这种限制非常不确定,使得总分馆建设永远无法做到全覆盖。

综上所述,总分馆"苏州模式"的进一步发展需要政府主导、建立制度。在政府缺位、制度缺失的前提下,依靠合作,无法实现总分馆的科学布局,无法实现设施的全覆盖,更无法实现公共图书馆服务的普遍均等。

三、创建示范区条件下的新探索

"十一五"以来,全国各地公共图书馆服务体系的探索和实践,都是在符合规律和结合实际两个方面上寻找平衡点,既有突破又有制约,形成了多种形式或者模式,成本和效益参差不齐,发展前景不尽相同,半路夭折的也不是个案。为了寻找制约因素,使新时期公共图书馆服务体系建设摆脱历史上基层图书馆建设运动失败的宿命,文化部、中国图书馆学会等设立了一系列研究课题,许多专家学者从公共图书馆服务体系的法治建设、法律保障、管理体制、核心价值、体系设置、组织结构、专业化改造、资源共享、技术支撑、成本效益、财政能力等不同的角度开展研究,这些研究成果最终大都指向了体制因素。

2011年,文化部、财政部不失时机地开展"创建国家公共文化服务体系示范区"活动,苏州市积极申报,成为首批创建城市之一。公共图书馆服务体系建设是创建示范区的重要内容之一,在创建标准(东部)中,明确提出需要开展公共图书馆总分馆建设的探索和研究。这成为公共图书馆解决政府缺位、制度缺失的绝好机会。我们抓住了制度设计研究的机遇,从顶层设计苏州市以总分馆为组织形式的公共图书馆制度,市政府采纳了制度设计研究的成果,颁布了《关于转发苏州市公共图书馆总分馆体系建设实施方案的通知》(苏府办〔2011〕180号),从而使"苏州模式"成为真正与国际接轨的总分馆制。

(一)从"职业创新"到"建立制度"

总分馆"苏州模式"是职业创新,其经济高效和就近快捷在于坚持人员的统一管理、资源的统一采编、技术的统一平台、服务的统一标准、组织的扁平结构;而其创新之处是全委托,避开了体制障碍。其实,全委托既可说是"苏州模式"的创新,也可说是"苏州模式"的软肋所在。因此,制度首先要坚持总分馆的客观规律,同时也要结合实际,并且在思路上要有所创新,使制度在规律与实际之间巧妙地结合。

1. 重心下移

建设总分馆的目的是实现公共图书馆服务的普遍均等,这首先需要设施网络的全覆盖,不仅要覆盖到城市社区,也要覆盖到农村,即每个市民(包括农民)能够平等地享受到政府提供的公共图书馆服务。因此,制度首先规定要完善总分馆建设规划,不仅要使图书馆覆盖到城市的社区,还要通过一定的形式把图书馆建到农民的身边,并提供专业化的公共图书馆服务。为此,整合农村现有多种公共文化服务资源,实行"四位一体",为农民提供正规的公共图书馆服务就成为制度的重要内容,这在后面的"网点设置"中充分得到了体现。

2. 建设主体

制度规定了苏州市政府是苏州图书馆(苏州市中心图书馆)的建设主体,各区、县政府是辖区内公共图书馆的建设主体。

建设主体其实是根据管理单元而产生的,但如果从管理体制角度来看,是建设主体决定了管理单元。所以,在制度中如何选择建设主体,不能就事论事,而需要系统思考。

建设主体的选择关键在于两个方面,一是选择多大的管理单元最合适,这在后面专门细说;二是财政能力,即承担建设主体的某一级政府需要有持续和稳定地支撑总分馆运行的财政能力。根据《公共图书馆法》立法支撑研究的成果,即使按照最节省的总分馆制来建设和运行全覆盖的公共图书馆服务体系,全国有52.6%的地级城市和85.3%县,其公共图书馆服务体系的年度运行成本也会超过当地财政地方一般预算收入的1%[①],而2010年全国公共图书馆的总支出仅占财政总支出的0.0716%[②]。可见,不寻找解决方案,大多数县级政府会缺乏支撑全覆盖的公共图书馆服务体系的财政能力,乡镇一级更难以有这种实力。但苏州市有得天独厚的条件,经过30多年的改革开放,其经济和社会的综合实力大增,市、区(县)均有建设和运行全覆盖的公共图书馆总分馆体系的财政能力,因此,苏州规定了区、县政府作为各辖区公共图书馆总分馆体系的建设主体,没有把市政府设计为全市唯一的建设主体,不仅是因为各区、县都有财政能力,也是为了使制度不要与现有体制完全相悖——毕竟行政体制不大可能会因为公共图书馆总分馆的建设需要而作较大的改变,从而有利于制度顺利通过审核。

---

① 于良芝、邱冠华、李超平、王素芳.公共图书馆设置及体系建设研究.北京:国家图书馆出版社,2011:78.
② 数据引自《中国图书馆年鉴》(2011卷)并加以计算而成。

3. 管理单元

制度规定苏州市公共图书馆以区、县划分管理单元,但鼓励在市区形成统一的总分馆管理单元。

管理单元是选择适当的区域建设规模合适的总分馆体系,既可实现最大限度的资源共享,而又不出现管理失灵。理论上,只要不是特大型城市,一个城市作为一个总分馆管理单元将最为经济高效,市民利用图书馆也最为方便,苏州也不例外。但设计制度既需要符合客观规律,也需要结合实际,特别是要考虑当前体制与设计的制度会产生多大的矛盾,如能巧妙地避开或化解这些矛盾将有利于制度通过各种审核。在管理单元的确定上,专业实力是另一个需要考虑的重要因素,即在一个管理单元中的总馆一定要有相应的专业实力,否则无法使总分馆体系正常运行,更不用说提供专业服务。在苏州,各县市图书馆专业实力都很强大,最小的县图书馆也有 11000 平方米馆舍,所以县市图书馆作为总馆不存在专业实力问题;但区图书馆大都专业实力薄弱,在创建示范区前,7 个区中已经有 4 个区将新建成的区图书馆委托给了苏州图书馆作为分馆。因此,制度设计中规定以区、县政府作为建设主体,以区和县作为总分馆管理单元,但允许和鼓励缺乏专业力量的区将区总分馆一并委托给苏州图书馆,由于各区缺乏图书馆专业力量,因此理论上各区政府会将区总分馆实现委托管理,这样有利于在苏州市区形成一个统一的总分馆体系。具体规定如下:

(1) 苏州图书馆是全市公共图书馆的中心图书馆,负责制定全市公共图书馆的设置规划以及采编、服务、技术、管理、考核评估等标准,指导全市公共图书馆业务工作有标准、按规范地开展。

(2) 各区政府必须设置统一管理、科学分布的总分馆体系。缺乏专业力量的区可以由区政府将区总分馆体系一并委托苏州图书馆管理。

(3) 市财政对实行委托管理的区,按照市、区两级财政的分成比例,向区补贴购书经费,拨付苏州图书馆统一使用。独立运行的区总分馆,市财政不予补贴。

(4) 县级市由各县级图书馆为总馆,在各镇政府所在地、撤乡并镇的人口聚集区设置统一管理的分馆,建立覆盖全县域的总分馆体系,以流动图书车定期服务各个乡村。

4. 网点设置

制度规定市、县政府都必须建设符合《公共图书馆建设标准》[①]规定的公共图书馆,区总分馆面积之和不低于建设标准的规定指标;每 4 万常住人口设置 1 个分馆,并进行科学布局;乡镇分馆建筑面积大于 800 平方米、社区分馆建筑面积大于 300 平方米;在乡村,把党员远程教育中心、共享工程基层服务点、农家书屋、乡村图书馆进行整合,设立乡村综合信息服务中心,用一份成本提供原来的多种公共文化服务,使其正常开放,并使用县图书馆的流动图书车为其调配图书和提供定时的停靠服务。这样,把公共图书馆服务覆盖到全市每个角落。

其中,制度规定区级总馆及分馆的建筑面积之和不低于《公共图书馆建设标准》规定的建筑面积,是因为至少对苏州来说,《公共图书馆建设标准》对区和县两级图书馆的建筑面积规定有些不尽合理,县级图书馆按城关镇常住人口计算,区图书馆按辖区常住人口计算,这样,区图书馆的面积会比县级图书馆大得多。但事实上,区图书馆要发挥的作用又远低于县级图书馆,所以,我们对这个标准做相应调整,把区级图书馆馆舍面积的一部分放到社区分馆去,但区总分馆体系的馆舍面积之和不能低于《公共图书馆建设标准》的规定要求。

5. 经费落实

制度规定作为建设主体的市、区(县)政府,必须保障公共图书馆总分馆体系所需要的经费支

[①] 中华人民共和国住房和城乡建设部、国家发展和改革委员会.公共图书馆建设标准(建标 108—2008).北京:中国计划出版社,2008.

出,2012 年底前各区(县)公共图书馆的藏书必须达到人均 1 册,区县政府必须按此标准安排购书经费,为此,全市共增加购书经费投入 4415 万元;2012 年后,市、县(区)两级政府按确定的比例安排购书经费,全市人均购书不少于 0.1 册/年,确保在"十二五"末人均拥有藏书 1.2 册。在各个总分馆内部统一资源建设,实行通借通还,在全市总分馆之间资源协同采购,实行馆际互借,既保障市民能够享受普遍均等的服务,又防止资源的重复建设,节约图书馆的运行成本。

6. 定期考核

制度规定按两个方面进行评估考核,一是对县、区政府的评估考核,主要考核设施网络的设置和建设以及专业人员编制和经费是否按规定到位。二是对图书馆评估考核,主要考核图书馆服务和管理是否按照采编、技术、服务、管理等标准和规范执行,业务指标是否达到创建示范区标准规定的指标要求。因此,建立了领导小组和专家委员会,制定了包括设置、采编、技术、服务、管理、评估等的标准和统计体系,每两年开展一次评估考核,并按考核情况进行反馈和奖惩。

(二)"苏州模式"的新发展

公共图书馆总分馆有其本身的客观规律,其建设和可持续发展的最大障碍来自于"一级政府建设一个图书馆"的行政管理体制。创建示范区成为公共图书馆总分馆发展千载难逢的机遇,是因为通过创建示范区可以借助制度设计对管理体制在总的框架内进行调整。总分馆的"苏州模式"正是在这方面进行了深入的研究,使"苏州模式"通过创建示范区获得了政府主导、制度建立,并使制度符合规律,突破了原来的发展瓶颈,科学规划了今后实现普遍均等服务和可持续发展的路向,使"苏州模式"进入了科学、健康又有制度保障的发展轨道,成为总分馆的新"苏州模式"。

1. 落实制度

苏州市在申报创建示范区时就志在必得,所以在申报的同时就按照创建示范的文件要求开展制度设计研究。由于其公共图书馆总分馆制度设计的初步研究在创建制作申报材料时就同步进行,因此在申报材料中就已经有总分馆制度的雏形。申报成功后,按照制度设计的中期研究成果,起草并颁布了《苏州市公共图书馆总分馆建设实施方案》,规定了市政府负责苏州图书馆(中心图书馆)的建设和运行,规划新建苏州第二图书馆,以使苏州图书馆的馆舍面积超过《公共图书馆建设标准》的规定面积;规定各区(县)政府作为各自的建设主体,负责辖区内的公共图书馆总分馆建设和运行,并实现人均藏书 1 册的指标要求。市、县(区)两级政府按照文件规定落实经费,仅苏州市本级财政在创建期的两年中就拨付苏州图书馆购书经费 4000 多万元。苏州图书馆按照《公共图书馆建设标准》以及已经制定完成的总分馆布局规划,告知各区政府应该增建的馆舍面积、网络布点,并迅速落实是否需要委托管理事宜,计算委托成本,商议委托细节,起草委托合同。同时,苏州市创建示范区办公室把各种标准的制定作为制度设计研究的重要内容,在全市统一了分馆设置标准、采编标准、技术标准、服务标准和评估标准,使全市创建的各项工作、总分馆的运行、服务和管理都按规范进行。沧浪、平江、金阊、相城、虎丘 5 个区政府在很短的时间内就确定将各自的区图书馆、共享工程区级支中心、已建和拟建的分馆全部委托苏州图书馆管理,并签订了委托合同。苏州工业园区是新加坡社区的邻里中心模式,邻里中心管理公司也与苏州图书馆签订委托合同,在所辖的各邻里中心内合作建设分馆。至此,苏州市理顺了总分馆建设的各种关系,并基本形成了市区统一的总分馆体系。

2. 科学布局

有了政府主导,有了制度、有了规划,总分馆建设以一种更快的速度发展。苏州图书馆从 2005 年 10 月建成第一所分馆,至 2010 年底整整 5 年,合作建成了 26 所分馆,自认为速度不慢。但在创建示范区的两年中(事实上是从 2011 年的 5 月至 2013 年的 4 月),新建分馆 30 所,增加的数量比 5 年建成的总和还要多;原来大多数分馆集中在沧浪区和虎丘区,而现在是遍地开花;在县市,原来各县级图书馆的分馆主要是乡镇分馆,创建示范区后,撤乡并镇的人口聚集区、城关镇的社区、人口多及条件好的乡村都建立了分馆,至2013年4月底,全市分馆数量达到172所。这些,都是因创建示范区而建立制度带来的好处。但在分馆的布局和建设上,制度带来的最大优越性是可以实现科学布局。

总分馆的科学布局是总分馆既能实现均等化服务又经济高效的重要因素。在城市中,分馆的布点设置,应该在按照服务人口数量的基础上,综合距离和地形、交通条件等因素,而并不需要每个社区建设一个分馆。但在合作建设分馆时期,因为制度缺失,合作双方都没有法定责任,所以在选址上提供馆舍的一方有更大的话语权,而且,苏州图书馆还要照顾到合作方建设分馆的积极性,即使选址未能按照规划,或者在某一区域存在分馆布局过密的情况,也往往不能过分坚持规划。这势必造成有的分馆覆盖范围过大,而有的分馆服务半径过小,不管是过大还是过小,都不利于普遍均等和经济高效。而现在有了制度,就能够做到按规划科学布局,在普遍均等的同时实现经济高效。

3．覆盖农村

相对城市而言,在农村实现总分馆的难度要大得多。每个图书馆(无论是否总分馆)的服务都有一定的覆盖范围,城市人口密度比农村要大得多,所以社区分馆的覆盖人群要比乡村分馆多得多,在相同面积的地域内,图书馆的密度也要高得多,而造成的结果就是,社区分馆在文献资源的更新、工作人员的调配上就相对容易,通借通还、预约借书的效率更高而物流成本更低。所以,各县级市创建示范区、落实公共图书馆总分馆制度的关键是在巩固乡镇分馆的基础上,把公共图书馆服务覆盖到农村,使农民能够享受到普遍均等的公共图书馆服务。

与以往建设基层图书馆不同的是,现在的公共图书馆服务体系建设有了更好的技术手段、交通和物流条件,借助数字技术和计算机网络,各个乡镇、乡村图书馆可以与县级图书馆在同一个计算机业务管理系统中运行,文献调配、通借通还、预约借书、远程咨询、远程监控等都不再因为距离而成为问题,因此,只要解决建设主体和管理单元问题,就可以实现服务的均等化、高效益,摆脱历史上基层图书馆建设运动昙花一现的命运。而创建示范区规定了苏州的市(县)政府为各市(县)唯一的建设主体,从而使得建设主体和管理单元问题能够迎刃而解。

前提解决后,各市(县)在创建示范区的过程中都进行了积极探索和实践,寻找既符合客观规律又结合自身实际的实现途径。至2012年底,全市已有市级总馆1个,县级市、区级总馆7个,分馆173个,不仅实现了乡镇分馆的全覆盖,而且在撤乡并镇的人口聚集区、社区和乡村增建了县图书馆的分馆,实行图书的通借通还,每个市(县)政府都为县级图书馆配备了流动图书车,全市共有流动图书馆9个。在创建过程中,各市(县)还把眼光盯住乡村公共图书馆服务的均等化,其中吴江市通过农村的"四位一体:农村公共信息服务"建设、张家港通过"网格化服务"建设,实现了公共图书馆在乡村的全覆盖。

2011年7月,吴江市政府经过大半年时间的准备,正式启动农村公共信息服务的"四位一体"建设项目,这个项目分成两个层面:第一层面是强化吴江图书馆对乡镇分馆的管理力度,第二层面是在乡村整合党员现代远程教育中心、共享工程基层服务点、农家书屋和乡村图书室的资源,实行"四位一体",用一份成本为农民提供多种公共信息服务。通过这个项目的实施,吴江市政府有望实现公共图书馆服务在城镇和乡镇的全覆盖。

为实现上述目标,吴江市政府采取了一系列的措施:针对乡镇分馆工作人员因由乡镇招聘管理、吴江图书馆无法实施有效管理、乡镇分馆服务专业化程度低下的实际情况,采取乡镇分馆工作人员由吴江图书馆直接考核奖励的办法,以此来提高吴江图书馆对乡镇分馆的管理和控制力度。具体做法是吴江市政府按照每年每个乡镇分馆工作人员6000元的考核奖励标准,拨付吴江图书馆,由吴江图书馆对各乡镇分馆工作人员进行定期考核,考核得分情况与个人的6000元奖金挂钩,由吴江图书馆直接发放给乡镇分馆的工作人员。吴江图书馆控制乡镇分馆工作人员人均年度6000元的奖励,有效提高了对乡镇分馆的控制和管理力度,此措施实施后,各乡镇分馆在按公示时间开放、服务质量提升以及读者活动开展上都有较大程度的改观。同时,将全吴江所有乡村中的党员现代远程教育中心、共享工程基层服务点、农家书屋和乡村图书室进行资源整合,集中建立"农村公共信息服务中心",用一份成本为农民提供原来的多种信息服务,并且将农家书屋的配书经费交由吴江图书馆集中采购图书,各信息服务点的文献信息资源统一采编、充分流动、通借通还,各信息服务点按公示时间开放服务。为解决各乡村信息服务点的资源更新和调配问题,吴江市政府为吴江图书馆配备了两台流动图书车,各乡村服务点作为流动图书车的停靠点,每个月停靠1次,每次不少于1小时,在提供流动图书馆服务的同时,为服务点调配图书。通过这些,吴江的农民也能够享受到正规的、比较均等的公共图书馆服务。

与此同时,张家港市开展公共文化网格化服务,把全市分成895网格,每个网格配备一名文化服务员,为人民群众提供均等化的公共文化服务。公共图书馆服务体系既依托网格,又顾及覆盖半径,通过总分馆、"五位一体"(相对于吴江的"四位一体",把公共电子阅览室从共享工程基层服务点中剥离)服务点、流动图书车、24小时自助图书馆,实现了公共图书馆服务的全覆盖。

4. 效益提高

通过创建示范区建立了苏州市的公共图书馆制度,明确了建设主体、管理单元,使总分馆在布局、建设、资源、服务、管理等方面都节省了成本,从而实现了办馆综合效益的最大化。

(1) 防止了重复建设。制度的建立,使科学布局成为可能,以常住人口数量为主要指标,综合考虑人口密度、地域形态、交通条件,完善布局规划,并严格按照规划建设分馆,既防止了分馆的重复建设,节省了建设成本,又不留建设死角而影响服务均等。

(2) 分馆数量快速增加。规定了区、县政府的责任后,各区县政府没有了犹豫余地,因而都按规划、按时间表积极开展工作,5个区与苏州图书馆在最短的时间内签订了委托合同,并且勘察馆舍、制定建设(或改造)方案、安排经费等同步进行,至2013年4月底,市区内增加了30所分馆,比创建示范区前的5年建设总和还要多。各县市不仅巩固原有的乡镇分馆,还按规定在原来撤乡并镇的人口聚集地建设分馆,在有条件的社区和乡村建设分馆,至2013年4月底,各县市共有分馆116所,加上9个流动图书馆、各个行政村的"四位一体"乡村综合信息服务点,公共图书馆的服务在苏州实现了全覆盖。

(3) 服务效益进一步提高。在创建示范区的两年间,总分馆在苏州得到大力宣传,加上分馆数量的大幅增加,服务形式和手段的创新,服务进一步标准化,读者大量增加,服务效益又有很大的提高。我们把表3再进行延续,可以清楚地看出效益的增长。

表5 苏州总分馆历年服务效益情况表

年份	分馆数量(所)	总支出(万元)	到馆人次(万人次)	人均服务成本(元)	外借册次(万册次)	外借成本(元)
2006	5	1680	146.26	11.49	59.57	28.20
2007	10	1990	200.67	9.92	93.83	21.21
2008	14	2430	316.6	7.68	106.9	22.73
2009	21	2490	426.7	5.84	148.98	16.71
2010	26	2950	531.4	5.55	201.12	14.67
2011	36	3570	621.5	5.74	211.1	16.91

续表

年份	分馆数量（所）	总支出（万元）	到馆人次（万人次）	人均服务成本（元）	外借册次（万册次）	外借成本（元）
2012	46	3851	698.6	5.51	334.9	11.50
2013	57	4181	769.3	5.43	362.5	11.53

注：到馆读者的人均服务成本是假设其他成本为零，外借图书的单位成本也是假设其他成本为零，所以两者不能相加。

从市区每个图书馆的服务人口来看，建设总分馆前是100万人，创建示范区前是13.8万人，到示范区验收时为6.78万人，均等化程度越来越高；从苏州图书馆总分馆的服务效益来看，不仅是到馆读者和外借图书的绝对数大幅增加，而且观察人均服务成本和外借成本，可以看出效益的相对数也大幅增加。

四、结语

2011年前，总分馆的"苏州模式"虽然通过职业创新，在一定程度上绕开了体制障碍，体现出了更高的服务效益、更方便快捷的服务、更广泛的服务覆盖，但它一直没有解决总分馆建设和发展中最基本的问题——总分馆建设由谁主导、是否有制度保障，这使得总分馆"苏州模式"存在着许多不确定因素，无法科学规划，不能保障可持续发展，更不可能实现公共图书馆服务在苏州市的全覆盖和普遍均等。

创建国家公共文化服务体系示范区，为解决总分馆"苏州模式"的基本问题带来了机遇。通过总结经验教训，分析总分馆的客观规律，并与苏州实际情况相结合，设计并建立了苏州市公共图书馆制度，实现了总分馆的政府主导，明确了建设主体、划分了管理单元，制定了建设规划，实现了科学布局，并通过"四位一体"整合了各条线在农村的公共文化服务资源，把公共图书馆服务覆盖到了农村，基本实现了公共图书馆服务在苏州市的全覆盖以及均等化、专业化，并展现出良好的服务效益和发展前景。这样就有效地保障了苏州市民的基本文化权益，也必定有助于提高全体市民的科学文化素质和价值判断能力，为苏州市的经济和社会发展提供知识和智力支撑。

参考文献：

1. 程焕文.百年沧桑 世纪华章——20世纪中国图书馆事业回顾与展望.图书馆建设，2004(6)：1-8.
2. 范并思.图书馆精神的历史缺失.新世纪图书馆，2004(6)：3-7.
3. 李超平.我国公共图书馆历史定位之反思——兼评21世纪新图书馆运动.图书馆，2006(2)：1-4，18.
4. 邱冠华、于良芝、许晓霞.覆盖全社会的公共图书馆服务体系：模式、技术支撑与方案[M].北京：北京图书馆出版社，2008.
5. 单敬兰、赵建华、赵保华.我国农村图书馆事业的兴趣和前景.中国图书馆学报，1991(2)：82-85.
6. 沈红梅、吴荇.长三角地区农村图书馆建设的历史经验及发展启示.图书馆建设，2008(9)：16-19.
7. 苏州明报.1929年1月28日：第二版.
8. 吴建中.21世纪图书馆新论(第二版)[M].上海：上海科学技术出版社，2003.

9. 李长春.正确认识处理文化建设10大关系.求是,2010(3).

10. 于良芝.我国基层图书馆的专业化改造.图书馆建设,2011(10):7-11.

11. 于良芝.公共图书馆存在的理由——来自图书馆使命的注解.图书与情报,2007(1):1-9.

12. 于良芝、许晓霞、张广钦.公共图书馆基本原理[M].北京:北京师范大学出版社,2012.

13. 于良芝.为了普遍均等的图书馆服务——评苏州图书馆的分馆建设.国家图书馆学刊,2007(3):18-19.

14. 于良芝、邱冠华、李超平、王素芳.公共图书馆设置及体系建设研究.北京:国家图书馆出版社,2011.

15. 中共中央.十七大报告.

16. 中共中央.关于全面深化改革若干重大问题的决定.

17. 中共中央、国务院.关于推进社会主义新农村建设的若干意见.

18. 中国图书馆学会.中国图书馆馆员职业道德准则(试行)附录 美国图书馆协会的伦理守则.北京:北京图书馆出版社,2003:38-39.

19. 中国图书馆年鉴2011卷.北京:国家图书馆出版社,2011.

20. 中华人民共和国国务院.《国民经济和社会发展第十一个五年规划纲要》.第四十四章第二节.

21. 中华人民共和国国务院.《国家"十一五"时期文化发展规划纲要》.

22. 中华人民共和国住房和城乡建设部 国家发展和改革委员会.公共图书馆建设标准(建标108—2008).北京:中国计划出版社,2008.

23. 朱燕平.中国农村图书室建设第一个高潮的形成及其影响.江苏图书馆学报,1999(6):60-63.

邱冠华

高效运行的公共数字文化服务体系

一、概述

公共数字文化服务体系是国家公共文化服务体系示范区创建的重要内容之一。公共数字文化服务体系的根本目的是利用信息技术拓展公共文化服务的服务范围,提升服务能力,使人民群众更加方便快捷地享受到公共文化服务,保障人民群众的基本文化权益。因此,苏州市把公共数字文化服务体系建设作为构建公共文化服务的重要内容,初步形成了由全市各级图书馆、博物馆、文化馆、美术馆等文化服务机构共同参与构成的公共数字文化信息服务平台。

苏州在创建国家公共文化服务体系示范区的过程中,文化事业投入大幅增长,公共文化基础设施发展迅速,一批重点文化工程取得丰硕成果,覆盖城乡的公共文化服务体系已经形成。在此背景下,结合人民群众不断增长的精神文化需求,将信息技术、数字技术、网络技术等现代科学技术和传播手段应用于公共文化服务体系建设,进一步加强公共数字文化建设,是适应时代发展的必然要求和战略选择。苏州各级政府和文化主管部门高度重视具有时代特征的公共数字文化服务体系建设。近年来,苏州通过加强公共文化服务体系建设中的数字网络技术应用,拓展和完善公共文化服务方式,在着力实施全国文化信息资源共享工程(以下简称"共享工程")、数字图书馆推广工程和公共电子阅览室建设并已经取得积极进展的同时,通过制度设计、资源整合、服务机制建设等,在以下几个方面进行积极探索和大胆创新:

(1)通过完善公共数字文化服务平台的软硬件配置,构建起多层次和多条线的公共数字文化服务体系,从政府主管部门到基层文化服务机构均有向社会大众提供数字文化服务的软硬件平台。一方面,苏州市本级及下辖县级市文化主管部门都开设了综合性数字文化服务网站,这些网站是面向市民的文化服务和管理平台。另一方面,全市的公共图书馆、博物馆、文化馆也根据所属专业条线,建立了市和县市相互联系的数字图书馆、数字博物馆和数字文化馆系统,通过馆际间建立的资源共建共享制度、技术标准或技术托管约定,实现本地区的文化信息资源共建共享和技术共享,并使整个公共数字文化服务体系能保持高效运行。

(2)以"共享工程"、数字图书馆推广工程和公共电子阅览室"三大数字文化工程"建设为抓手,实现文化资源进一步丰富和文化服务的全覆盖。通过技术共享来突破区级"共享工程"支中心建设中缺乏计算机专业技术人员的难点,实现全市各区100%建有区级支中心。在大力推进社区(村)级基层点建设的同时,通过对农家书屋、共享工程基层服务点、党员现代远程教育中心、乡村图书室等的资源整合,运用数字网络技术作为支撑,在全国率先创新设立了社区、农村的"四位一体"综合信息服务体系建设,使100%的城乡群众可以通过多种方式使用文化信息资源及享受数字图书馆、数字文化馆、数字博物馆和数字美术馆等的资源服务,实现了全市基层公共数字文化服务的全覆盖。

(3)大力推进公共数字文化资源建设。图书馆、博物馆和文化馆在文化数字资源建设方面均有丰硕的成果。市、县级市(区)两级均自建了地方特色文化数据库,仅苏州图书馆"文化苏州"网站就建有地方特色数字资源12个,特别是"苏州古籍方志数据库",其藏有314部古籍方志和18种民国报纸,在全国地市级图书馆中名列前茅。

(4)领先的新技术在公共数字文化服务建设中得到大量实际应用,有效地拓展了数字文化服务的渠道,提升了优秀文化信息资源的利用效率,产生了一批自主知识产权的技术成果。苏州图书馆的《古文献全文数据库加工平台》软件获得了软件著作权证书,该系统涵盖了古籍数字产品整个生命周期,在数据处理和应用、图像获得和保护等方面技术领先。苏州博物馆的文物三维数字化建模技术能全面地以数字化的方式来展示文物。"掌上苏图""掌上苏博"等移动阅读成效显著,"公共文化有线数字互动平台"借助有线数字网络,推动公共数字文化服务走进千家万户。

通过公共数字文化服务体系的制度实施,公共数字文化服务平台建设的进一步完善和推进,新技术和新媒体的开发利用,苏州在公共数字文化服务方式和载体方面得到极大的改进,资源、技术和服务不断提升,有效地保障了高效运行的公共数字文化服务体系。

二、全市公共数字文化服务体系基础建设

苏州市在公共数字文化服务体系建设中,首先着力于基础建设,其中软硬件平台建设是最基础的工作,是开展文化资源建设和公共数字文化服务工作的技术支撑和保障。苏州市通过推行公共电子阅览室和"四位一体"农村综合信息服务站建设,以及各级公共图书馆的总分馆体系建设,实现了公共数字文化服务点的全覆盖。利用互联网技术和虚拟专网(VPN)将市、县两级图书馆、博物馆、文化馆与基层数字文化服务点联系起来。建立了以数字网络技术为主要服务手段、覆盖城乡社区、农村的公共电子阅览室和"四位一体"基层综合信息服务体系。目前,苏州市本级及下辖4个县级市已全面完成公共电子阅览室和"四位一体"综合信息服务站建设,实现了全市基层全覆盖。苏州广电网络实现了城乡一体数字有线电视户户通。利用有线电视遍及城乡的光缆网络,构建了覆盖苏州市区及所辖县市的广电数据专网,数据专网构成了一个开放性、超大容量的综合业务传输网。这也为苏州文化服务利用互动电视等新媒体技术实现公共数字文化服务提供了基础保障。借助有线数字网络,苏州市"公共文化有线数字互动平台"已把公共文化数字服务送进社区、送到家庭,城乡居民足不出户,坐在家中就能使用电视遥控器点播收看电影、戏曲、讲座等丰富多彩的文化节目。

（一）各级文化部门的公共数字文化服务平台建设

苏州市的各级文化主管部门,按照体现公益性、基本性、均等性、便利性的要求,以现代科技为支撑,以公益性文化单位为骨干,以城乡群众服务为对象,构建了结构合理、发展平衡、网络健全、运营高效、服务优质的覆盖全社会的公共文化服务平台。通过文化服务平台,丰富了服务内容,扩大了公共文化服务区域,较大程度满足了广大人民群众的精神文化需求。

苏州市公共文化服务信息平台起名"文化苏州",是苏州市文化广电新闻出版局建立的面向市民的文化服务和管理平台,是对全市公益性文化资源的整合。服务平台首先对全市的文化服务项目进行全面梳理,拓展服务渠道,确定了公共文化服务和产品的基本目录,接着进一步整合各方资源,规范了公共文化信息发布程序,使全市的公共文化信息发布成为公共文化示范区建设的重要窗口。创新了服务模式,提升了公共文化服务水平,使得公共文化服务突出面向基

层、面向农村、面向企业,实现了重点下移、资源下移。完善了公益性文化场馆制度建设。确保公益性文化场馆免费开放、信息公示和服务承诺落实到位,建立起政府与公共文化服务机构的专家咨询制度、公共文化服务机构运行的群众参与制度。加强了公共文化志愿者队伍建设。面向社会广泛征集一批有文化素养、热心文化公益事业的志愿者,定期在公益性文化场馆无偿地为市民群众提供公共文化导览、导读、讲座、辅导、咨询等服务。通过覆盖全市的图书馆总分馆、文化馆站和"四位一体"农村综合信息服务站等文化网站服务,把丰富的数字文化资源服务于全市城乡居民,丰富了文化服务的内容,扩大了公共文化服务的区域。

苏州所辖各市(县)的文化主管部门也建设了公共文化服务平台,而且在形式和制度上均有创新。例如:张家港市在网格化公共文化服务网建设中,通过网站窗口的形式,在物理空间和信息网络两个方面建立了网格化的建设制度,统一部署公共文化服务具体工作,最大限度地向市民提供优秀的文化信息资源;《乐居昆山》是昆山市委市政府为推进昆山和谐幸福名城建设而重点打造的综合性地方门户网站,它由昆山市委宣传部主管,其中的《文化昆山》板块是向市民提供公共数字文化服务的平台。

苏州在大力推进政府部门的公共数字文化服务体系建设的同时,还大幅增加了对公共图书馆、博物馆、文化馆等文化事业机构的投入,全市图书馆、博物馆、文化馆都完成了能满足数字文化服务需要的硬件系统、应用软件系统、网络系统架构的建设。作为主要的公共数字文化服务机构,苏州市本级及所辖县市都建有数字图书馆、数字博物馆和数字文化馆,形成了面向不同用户群、不同终端类型的多层次、多样化、专业化、个性化的公共数字文化服务平台。

(二)高标准的数字图书馆网络硬件平台和丰富的应用软件系统

苏州数字图书馆是全市各级公共图书馆共同参与、服务器分布于各个图书馆、由各类应用软件组成的多层次的复杂系统。苏州图书馆和各县市图书馆的业务系统相对独立,但共同遵循一定的技术标准和规范,馆际间主要是利用虚拟专网(VPN)互联,实现本地区各个公共图书馆数字资源的共建共享。

苏州数字图书馆基础设施,包括网络设施、服务器、存储等硬件设备,基础设施是数字图书馆软件系统的载体,也是数字资源保存和服务的设备保障。按照《文化部财政部关于进一步加强公共数字文化建设的指导意见》(文社文发〔2011〕54号)以及2011年9月文化部下发的《数字图书馆推广工程省级、市级数字图书馆硬件配置标准》和《江苏省公共数字文化系统建设标准》的要求,全市各级公共图书馆根据实际服务的需要,在达到标准配置的基础上,进一步推进了数字图书馆软硬件平台建设的技术应用并扩大了整体规模。

截止到2013年6月,苏州市级和县区级公共图书馆间初步搭建完成了高速网络传输系统、海量数字资源存储系

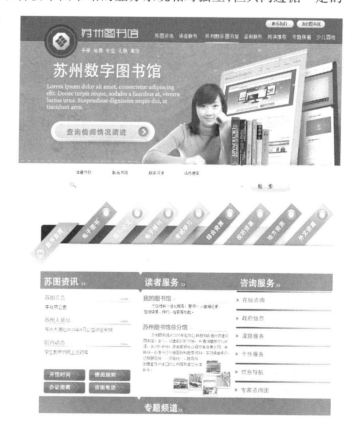

统、高性能服务器系统等硬件基础平台,全市各级图书馆拥有各类应用服务器185台;数据存储容量351TB;拥有互联网接入总带宽900M,VPN总带宽390M;拥有PC机1406台。苏州图书馆等已经实施了馆内免费无线上网全覆盖,供读者使用的计算机终端设备遍布各个读者活动空间。

在良好的网络和硬件环境基础上,软件应用系统得到比较全面的实施。主要涉及:服务于图书馆总分馆日常运行的业务管理系统;围绕数字资源生命周期管理的基础软件平台;保障设备层高效正常运行的网络和服务器管理平台;较为完整的数字图书馆软件平台;等等。

业务应用是数字图书馆应用系统的核心部分,贯穿了图书馆业务的全部流程,涵盖了数字资源的整个生命周期。苏州图书馆开发了一系列应用于各个业务环节的基础软件,其中"古文献数字化加工系统"包含了数字资源生成利用从采集、加工、挂库、发布的整个流程,该系统生产的"苏州历代方志库"是目前收录最全的苏州历代地方志数据库,被国家图书馆、上海图书馆、美国国会图书馆、纽约公共图书馆等收藏。

总分馆辅助管理系统,包含了"总分馆远程监控系统""电子阅览室上机管理系统""读者管理系统和读者自助验证系统"等,为各级图书馆开展各项业务工作提供了技术保障。

较好的网络和软硬件环境,为拓展公共数字文化服务的覆盖范围提供了基础保障,"掌上苏图""电视苏图"、盲人有声阅览服务等一系列创新服务项目得到了读者的广泛好评。苏州各级公共图书馆的数字文化服务,利用互联网、移动通信网、广播电视网等,服务终端涵盖了计算机、数字电视、智能终端、触摸屏等几乎所有新媒体终端。

图书馆网站建设是全市公共图书馆数字化建设的重要内容,也是图书馆开展数字文化服务的主要窗口。

表1　全市各级公共图书馆所建数字图书馆网站汇总表

所属图书馆	网　　址
苏州图书馆	http://www.szlib.com
张家港图书馆	http://www.zjglib.com
常熟图书馆	http://www.cslib.cn
昆山图书馆	http://www.51ks.com
太仓图书馆	http://www.tclib.com.cn
吴江区图书馆	http://www.wjlib.com
吴中区图书馆	http://www.wzqtsg.com/

续表

所属图书馆	网址
园区独墅湖图书馆	http://www.sdll.cn/
相城区图书馆	http://djt.szlib.com/xiangcheng
高新区图书馆	http://djt.szlib.com/gao/
姑苏区图书馆	http://www.gsqwhg.com/gsqtsg

随着网络应用的普及和 Web 技术的发展,网络环境越来越具备交互性更强、信息交流互动更方便的特性。这种交互性强、即时互动的应用,也被图书馆广泛应用。例如博客、微博、QQ 群等,被直接用于图书馆的信息发布和总分馆间的业务联络。仅苏州图书馆就开设了为读者服务的 8 个微博频道和 3 个博客。

表2 苏州图书馆信息发布和业务联络平台

微博	地址
苏州图书馆(蓝V)	http://e.weibo.com/suzhoulibrary
苏州图书馆志愿者协会(蓝V)	http://e.weibo.com/slv2008
苏州大讲坛	http://weibo.com/suzhoudajiangtan
苏州图书馆分馆	http://weibo.com/u/1599463771
苏州图书馆团支部	http://weibo.com/u/3148680180
苏州图书馆借阅部	http://weibo.com/szlibjyb
苏州图书馆-相城分馆	http://weibo.com/xclib
苏图天香读书会	http://weibo.com/u/3922895520
博客	地址
苏州图书馆分馆	http://blog.sina.com.cn/u/1599463771
苏州大讲坛	http://blog.sina.com.cn/suzhoudjt
相城分馆	http://blog.sina.com.cn/xclib

苏州图书馆不断尝试和拓展读者服务渠道,除了利用互联网的信息传播,还引进了北京时代光华卫星课程,旨在利用图书馆的各种优势,为苏州的企事业单位提供优质的培训服务。

该培训课程是借助现代卫星传播技术,在北京等地设立主播培训会场,通过卫星面向全国进行现场直播,苏州学员可在苏州图书馆聆听名师授课。培训课程都是根据企业实际需要而设置的全方位的培训课程体系,授课内容涉及人力资源、企业战略、个人发展、市场营销、综合管理、财务管理、生产经营等 15 大体系 400 余门课程,均为管理培训界最新、最前沿、最实用的知识;适合企业的高层、中层与基层管理人员;既有知识、理念、技能,又有热点、疑点、难点;针对性、实战性与可操作性极强。

为让更多的企业了解和参与时代光华课程这样优秀的资源,苏州图书馆开展了各种推广活动,定期组织优秀课程试听,每周安排人员到人才市场向各家招聘单位进行宣传,定期在网上(图书馆网站,苏州地区的人才网站,培训网站)刊登课程信息进行宣传,在宣传的同时,每一场讲座苏州图书馆都做好优质的服务,定期发送课表及课件,做好听众回访和沟通。

苏州图书馆卫星课程共播放 592 次,苏州各企事业单位有近 8000 名管理人员接受了培训。参加培训的学员均表示,卫星课程内容丰富,师资质量较高;学员们对苏州图书馆举办此类活动给予了很高的评价。

从2007年起,苏州市公共图书馆技术联席会议制度正式形成,建立起了馆际间"共知、互助、共建、共享"的交流平台,合理部署资源建设进程,强化本地资源数字化建设的规范性、交互性和合作环境。通过这个制度,已发布了各类业务规则和数字资源建设元数据方案等一系列规范性文件,为进一步实现全市范围内的资源共享打下了基础。

随着数字资源的持续增长,特别是创建公共文化服务示范区以来,苏州全市公共图书馆的数字资源得到大幅增长,目前可以提供服务的数据库资源达到101个。其中自建的本地特色数据库49个,通过互联网公开;联合采购的商用数据库52个,通过"共建共享"的形式在馆际间共享。为了方便读者使用,苏州图书馆推出了"信息资源整合检索平台",为读者提供"一站式"的馆藏书目、共享数据库和电子书联合检索。实现用户统一身份认证和应用系统单点登录,通过对数字资源的分类和权限规划,将应用按照规则统一界面入口。

表3 苏州全市公共图书馆计算机应用系统和数字资源汇总表

硬件网络	服务器	185台
	PC机	1406台
	网络带宽(M)	互联网接入:900M VPN接入:390M
	数据存储空间(T)	351TB
软件	使用的主要软件平台	图书馆集成管理软件(Interlib) 总分馆远程监控系统 电子阅览室上机管理系统 读者管理系统和读者自助验证系统 浪潮云海.云数据中心操作系统 上网优化管理系统 防火墙管理系统 SSL VPN 印刷型文献资源数字化加工平台 自动化办公系统 邮件管理系统
	数据库的数量(自建)(个)	49
	数据库的数量(外购)(个)	52
	电视图书馆	苏州图书馆、吴江图书馆
	移动图书馆	已建成4个,建设中3个

制表时间:2013年6月

(三)技术先进,内容丰富的数字博物馆

苏州博物馆官方网站建立于2006年,总访问量达到70.5万人次。苏州博物馆官方网站现已推出博物馆虚拟场景和藏品三维展示,让观众可以足不出户,轻触鼠标即可360度全方位地了解苏州博物馆。

"苏州博物馆百度百科数字博物馆"利用百度数字博物馆的平台为广大观众展示苏州博物馆的馆藏精品,使用户可以通过该聚合页面了解到博物馆相关的藏品信息,使博物馆藏品展示数字化、在线化、系统化、关系化。

目前,展示的馆藏已达48件,展示的文物内容分为瓷器馆、两塔瑰宝馆、工艺品馆、明清书画馆等五大块,并设有博物馆预约参观的链接及苏州博物馆的介绍和地图,进一步方便了观众的参观。

苏州博物馆移动应用在文物信息方面不仅包括了文物信息、文物图片、语音解说、背景音乐等,还增加了现在先进的视频播放与3D文物效果展示,各个

馆藏文物也按照器物类型、历史年代和展馆信息分类。通过展厅地图导览,用户能够更真切地了解苏博的展厅格局及展厅内最新的文物分布信息。用户可自行上传文物或游览照片至应用图库;根据自身网络情况,可选择文物下载后离线浏览或者在线浏览,也可直接转发相关内容到微博中;还可以通过应用登录"苏博网上商城"进行商品购买。

添加微信版苏州博物馆的公共账号,就可以拥有一个私人讲解员,尽享贴心服务。输入相应编号可以获得当前实时更新的展览活动信息,输入藏品名称就可以获得当前包含的77件馆藏精品的相关信息。苏州博物馆游客导览的微信助手,包括展览信息、藏品信息的查询,信息订阅和推送的功能。通过微信的公众平台,观众能够分享更多、更便利、更节省成本的数字化服务功能。例如:通过藏品编号导览索引,用户可以下载保存藏品图片;通过视频+文字+照片的全方位介绍,用户可以足不出户全面浏览博物馆;通过语音、图片、文字的形式对用户实现历史文化内容教育;等等。

苏州博物馆制定了馆藏文物数字化三维建模的方案。首批文物数字化三维建模共20件馆藏文物,现已初步完成制作。现在正在做两套不同精度的三维模型,高精度的模型用于数据的保存,低精度模型渲染后用于网络浏览,书画类文物实现动画效果。苏州博物馆还制定了三维数字化建模交互式浏览方案,用户可以通过在线浏览和本地客户端浏览两种方式浏览虚拟文物,并且能够取得文物的相关信息作为参考。

苏州全市其他博物馆也大都建设了各有特色的网站,各级各类博物馆通过网站窗口向市民提供博物馆的文化数字资源。

表4 全市博物馆网站汇总

所属博物馆	网站或微博地址
苏州博物馆	网址:http://www.szmuseum.com/ 微信号:szmuseum APP导航:http://www.szmuseum.com/default.php? mod = c&s = ss7996915
苏州碑刻博物馆	微博:http://e.weibo.com/szbkbwg? type = 0 网址:http://baike.baidu.com/museum/szbeike.html
苏州丝绸博物馆网站	http://www.szsilkmuseum.com/

续表

所属博物馆	网站或微博地址
苏州大学博物馆	网站：museum.suda.edu.cn 数字博物馆网址：bwg.suda.edu.cn
常熟翁同龢纪念馆	网址：http://www.wengtonghe.com/ 微博：weibo.com/u/3519601834
苏州工艺美术博物馆	网址：http://www.szgmb.cn/index.htm
苏州工艺美术博物馆	http://e.weibo.com/szgmb?ref=http%3A%2F%2Fhao.360.cn%2F
常熟方塔古迹名胜区 （常熟碑刻博物馆）	网址：http://www.cs-fangta.cn 微博：http://weibo.com/fangtagjmsq/home
苏州东吴博物馆	网址：http://www.szdwbwg.org/
苏州东吴博物馆	微博：http://e.weibo.com/szdwbwgwb/profile
张家港博物馆	网址：http://zjgmuseum.zjgonline.com.cn/
吴江博物馆	网址：http://www.wujmuseum.com/

（四）突破时空和区域的数字文化馆

苏州数字文化馆注重通过数字文化资源建设来延伸文化馆的主要职能。在数字文化馆平台上，将各类展览、讲座、培训等推送社会大众，实现文化馆的社会教育职能；展示文化活动，辅导和培训群众文艺骨干，并指导群众业余文艺团队建设，指导群文创作和理论研究，实现文化馆的群众文化指导职能。

全市文化馆都已经完成了本地数字文化馆的软硬件平台建设。各级文化馆均建有网站及信息资源共享平台，基层群众

可以通过多种方式使用文化信息资源及享受数字文化馆等资源服务。

为进一步拓宽文化服务方式，苏州市文化馆精心打造数字文化馆服务平台，通过数字化、网络化、虚拟化的表现形式，突破传统的时空和区域限制，为广大群众提供以互联网为依托的数字公共文化服务，力求达到服务对象的最大覆盖。苏州市文化馆（数字文化馆）包含了"馆貌概况""群文信息""文化活动""理论研究""艺术辅导""艺术鉴赏""远程指导"等板块，为市民群众提供场馆介绍、活动预告、免费开放项目、开放时间、展览、视频欣赏、电子期刊、在线指导等文化服务。并建立了苏州市公共文化中心官方微博，开通了微信公众平台以及中心短信平台，通过多种渠道及时发布活动信息。同时，建立文化信息资源共享链接，用户可通过数字文化馆享受更大范围内的文化资源服务。

表5 苏州市各级文化馆网站汇总表

所属文化馆	网站或博客
苏州市公共文化中心	网站：http://www.szpcc.com/ 微博：http://weibo.com/szsggwhzx
苏州数字文化馆	网站：http://www.szpcc.com/ 微博：http://e.weibo.com/szsggwhzx
昆山文化馆	http://www.kswhg.com
吴江文化网	http://www.szpcc.com
常熟文化馆	http://www.cswhg.com
张家港文化馆	http://www.zjgwhg.com
姑苏区文化馆	http://www.gsqwhg.com
吴中区文化馆	http://www.szwzwhg.com
相城区文化馆	http://xcwhg.szxc.gov.cn/

（五）城乡全覆盖的公共电子阅览室和"四位一体"综合信息服务站

按照《苏州市人民政府办公室关于印发创建国家公共文化服务体系示范区建设规划的通知》（苏府办〔2011〕54号）的要求，苏州市依托公共图书馆总分馆体系、文化馆（站），推进标准配置的公共电子阅览室建设。到2012年底，基本实现了公共电子阅览室的镇（街道）、社区全覆盖，县以下电子阅览室通过"四位一体"等形式全覆盖；全市100%有电子阅览室，100%的群众能享用到数字文化服务。

公共电子阅览室分布图

公共电子阅览室作为基层服务窗口，是汇聚共享工程、数字图书馆及互联网海量信息资源的公共数字文化服务终端。苏州全市各级电子阅览室是按照国家和江苏省有关电子阅览室建设标准来实施的，在电子阅览室规模、开放时间、硬件配置、数字资源供给、网络结构、软件管理平台等方面都达到或超过了相关建设标准，构建了内容安全、服务规范、环境良好、覆盖广泛的公益性互联网服务体系。该体系吸引广大人民群众积极参与健康的网络文化活动，正在把越来越多的优秀数字文化资源传送到社区、城镇和农村，从而活跃基层群众的文化生活。

1. 苏州市公共电子阅览室情况汇总

表6 苏州市公共电子阅览室情况汇总表

市级电子阅览室		
设备名称	配置及关键特性	建成情况
无线网络系统	支持802.11a/b/g/n；WPA2安全协议；无线网络管理和漫游	全馆覆盖
上网安全管理	与管理信息系统软件实现数据交换和系统集成	已部署
电子阅览室终端	《江苏省公共电子阅览室PC机配置标准》	72台超过配置标准
互联网接入带宽	电信和广电各100M互联网接入	已建成
公共电子阅览室管理平台	包括用户用机管理、资源发布和导航、上网行为安全管理、运行监管等系统功能	已部署
数字资源	包括共享工程、数字图书馆推广工程、本地自建数据库、全市公共图书馆外购数据库、OA资源、试用数据库、资源导航、政府公开信息、互联网资源等	已实施
县市级电子阅览室		
设备名称	配置及关键特性	建成情况
上网安全管理	与管理信息系统软件实现数据交换和系统集成	已部署
电子阅览室终端	《江苏省公共电子阅览室PC机配置标准》大于27台	全部超过配置标准
互联网接入带宽	100M互联网接入	全部已建成
公共电子阅览室管理平台	包括用户用机管理、资源发布和导航、上网行为安全管理、运行监管等系统功能	全部已部署
数字资源	包括共享工程、数字图书馆推广工程、本地自建数据库、全市公共图书馆外购数据库、OA资源、试用数据库、资源导航、政府公开信息、互联网资源等	已实施全市公共图书馆共建共享
乡镇、街道电子阅览室		
设备名称	配置及关键特性	建成情况
上网安全管理	与管理信息系统软件实现数据交换和系统集成	已部署
电子阅览室终端	《江苏省公共电子阅览室PC机配置标准》	≥12台
互联网接入带宽	电信和广电各2-10M互联网或VPN接入	已建成
数字资源	包括共享工程、数字图书馆推广工程、本地自建数据库、全市公共图书馆外购数据库、OA资源、试用数据库、资源导航、政府公开信息、互联网资源等	已实施
社区、村电子阅览室		
设备名称	配置及关键特性	建成情况
上网安全管理	与管理信息系统软件实现数据交换和系统集成	已部署
电子阅览室终端	《江苏省公共电子阅览室PC机配置标准》	≥10台
互联网接入带宽	电信和广电各2—10M互联网或VPN接入	已建成
数字资源	包括共享工程、数字图书馆推广工程、本地自建数据库、全市公共图书馆外购数据库、OA资源、试用数据库、资源导航、政府公开信息、互联网资源等	已实施

苏州地区对农家书屋、共享工程基层服务点、党员现代远程教育中心、乡村图书室等的资源整合进行了积极的探索和实践,通过实行"四位一体"实现资源共享,用一份成本提供原来多种并分散的公共文化服务。县以下电子阅览室除了通过前面所提到的图书馆总分馆体系和文化馆站来实现外,通过"四位一体"的形式,实现了公共电子阅览室的全覆盖,使得100%的群众可以享用100%的数字文化服务。

2. 苏州所辖县级市通过"四位一体"部署的公共电子阅览室情况

(1) 计算机硬件设施

电脑与网络已在基层点实现了全覆盖,并能提供一定的网络信息服务。多数都配置了投影仪或大尺寸电视,加上共享工程的电脑,能够提供资源播放服务。

(2) 宽带

凡实行"四位一体"的乡村图书馆,均借用了党员远程教育的网络和共享工程要求安装的VPN虚拟专用网络,播放流畅,可以实现数字信息资源的安全传播,保护知识产权。

(3) 网络资源

实行"四位一体"的乡村图书馆,除可获取互联网资源或共享工程安装到本地的资源外,还可以获取各本(县)市总分馆系统内的网络资源以及邻近总分馆系统内资源共建共享的部分资源。以吴江为例,在吴江图书馆总分馆体系中,各图书馆(室)可以获取吴江图书馆自身外购的数字资源CNKI中国重要报纸全文数据库、CNKI中国工具书集锦在线、报载吴江消息索引数据库、超星电子图书馆、吴江古代地方志数据库和四库全书系列古籍全文数据库等,同时还可以获取六县市外购共建共享数字资源,如苏州图书馆的CNKI中国年鉴全文数据库、读秀学术搜索、中宏领导决策支持系统、万方数据库等,张家港图书馆的龙源期刊网、CCTV央视教育视频资源库和语言学习数据库等,常熟图书馆的数字动漫图书馆(点点书库)和起点自主考试学习系统,昆山图书馆的维普数据库、成考、法律视频数据库、艺术图片库和计算机技能自助式网络视频学习软件系统,太仓图书馆的CNKI中国期刊全文数据库和正保多媒体资源库等。

(4) 应用与技术支持

借用各县级公共图书馆的计算机管理系统,在技术上可以保障在一个县级市内县级图书馆、乡镇分馆、乡村图书馆在一个平台上实现检索、资源共享、统一调配、通借通还。争取数年后,经过技术平台的改革和优化,实现文献资源在苏州大市范围内实现全流通。

三、积极推进三大公共数字文化惠民工程,着力数字文化资源建设

共享工程、数字图书馆推广工程和公共电子阅览室,这三大公共数字文化惠民工程是公共文化服务体系的基础性工程,是政府提供公共文化服务的重要手段,是实现广大人民群众基本文化权益的重要途径,是改善城乡基层群众文化服务的创新工程。在此基础上,广泛动员各方面力量,逐步拓展范围,带动数字美术馆、数字文化馆、数字博物馆、数字爱国主义教育基地等建设,大力整合汇聚非物质文化遗产、国有艺术院团、民间文艺社团等方面的数字化资源,不断丰富和加强公共数字文化建设,从而丰富公共文化服务内容,拓展公共文化服务阵地,整合公共文化服务资源,创新公共文化服务手段,提高公共文化服务水平,完善公共文化服务体系。

数字文化资源是公共数字文化服务体系最核心的内容,是实现"繁荣发展社会主义先进文化、全面提高人民思想道德素质和科学文化素质,构建社会主义核心价值体系"的重要保障。

(一)"全国文化信息资源共享工程"和数字图书馆推广工程建设

全国文化信息资源共享工程是文化部、财政部共同组织实施的国家重大建设工程,目标是依托各级图书馆、文化站等公共文化设施,在全国范围内实现共建共享,对于满足基层群众日益增长的

精神文化需求、完善城乡公共文化服务体系、构建社会主义和谐社会等方面都具有极其重要的意义。"共享工程"作为公共数字文化服务体系中的重要文化信息资源之一,也是各级图书馆、文化馆等文化服务机构创建和传播优秀文化信息的重要平台和渠道。

苏州图书馆建成了"共享工程"市级支中心,中心分为综合工作组、技术保障组、资源制作组,其职能如下:

综合工作组配合苏州市文广新局、苏州市级支中心加强对本级支中心、基层服务点的管理和协调工作;负责本级支中心、基层服务点宣传、服务工作资料的收集总结,建立本级支中心工作档案。

技术保障组负责本级支中心系统的日常维护和技术保障工作,建立完善支中心技术档案;为基层服务点提供技术支持,建立各基层服务点技术档案,完成数据拷贝及资源服务准备工作;培训基层服务点工作人员,解答日常服务工作中遇到的技术问题。

资源建设组负责制定本级支中心文化信息资源加工与制作的工作方针、内容、目标和进度,着重建设具有地方文化特色的资源;负责本级支中心共享工程网站的内容建设及网页设计;负责本级支中心、基层服务点有关共享工程活动信息的整理加工和网络发布。

共享工程苏州市支中心除了加强市区基层服务点建设以外,同时为各市、区提供技术支持和业务培训,根据实际情况编写共享工种基层手册,包括共享工程文件汇编、工享工程网站内容介绍、苏州市"共享工程"基层点建设工作流程、共享工程安装说明等。

市、县(区)共享工程支中心全部建成,按照"资源共享、优势互补、互利互惠"的原则,实现委托管理合作新模式。苏州图书馆与苏州市平江区、相城区、沧浪区人民政府签署了共享工程支中心机房、基层点设备维护的合作协议。由区人民政府负责提供区级共享工程的建设和维护经费,机房的建设工作和日常服务工作以及区属基层点的计算机设备维护工作分别委托苏州图书馆负责。从表面看这是一种简单的合作模式,却是苏州市在共享工程建设中的创新

之举,既节约了大量建设机房的费用和大量日常维护所需的人力成本,也使得区共享工程系统更加稳定、可靠和安全,使整个苏州市公共文化服务体系示范区建设得以顺利实施,并为市民提供稳定可靠、经济高效的数字化公共文化服务。

(二)组织国家和省中心的资源,向体系内各个层级的服务点加以推送和引导

利用共享工程支中心网站进行资源投放,有效整合资源,实现共建共享。组织国家中心、省级中心配发的光盘视频,定期上传音视频至共享工程网站共享视频栏目,供读者免费收看。部分刻录光盘后下发至各基层点,组织市民集中观看。为全市电子阅览室"共享工程"基层点制作引导界面,方便群众使用"共享工程"的信息资源。

苏州图书馆与中国移动合作的"掌上苏图"项目,将全国文化信息资源共享工程发布到了苏图的 WAP 网站上,使此项工程除了通过互联网、卫星宽带传输、光盘的传输途径外,还能够通过 WAP

网站把文化信息资源传播到群众身边。

共享工程苏州市支中心在实施共享工程建设的过程中,不断拓展共享工程的服务内涵和方式,针对城市人口老龄化趋势加快,老龄人口越来越多,大多数老年人缺乏数字阅读能力导致的数字信息鸿沟加大趋势,苏州图书馆自2008年开始在支中心和各基层服务点定期开展"扶老上网"学习班,提高老年人的数字阅读素养,帮助他们利用网络丰富生活,使其老有所学、老有所乐、老有所为。中心还积极响应国家中心和省中心下达的各类活动要求,组织各县、区、基层点开展相关活动。如全国"公共电子阅览室建设计划"百题知识竞赛、"阳光少年热爱党"——少年动漫设计制作比赛、"践行雷锋精神,推动惠民服务"系列活动等。

(三) 建设本地特色的地方文化信息资源

共享工程苏州市支中心不仅仅是资源的利用中心,还是资源的建设中心。在加快共享工程基层服务网络建设、构建文化信息资源共享平台的同时,苏州图书馆已自主建立了多种数据库资源,如古城风貌、苏州名人库、民间文化、吴门艺术、地方音乐、旅游库、古籍善本目录、民间文艺等,涵盖了文字、图片、音视频等多媒体格式,并可提供任意词进行全文检索。其中"苏州记忆"和"苏州历代方志库"是重点项目。

1. 苏州记忆

苏州记忆地方特色文化资源多媒体资源库,整合了苏州各类地方文化资源,统一平台,统一标准,消除信息孤岛,最终实现信息资源的快速交换与全面共享。

苏州地方文化资源可分为文字资料、图片资料、音频、视频四大类,目前存在资源分散、信息共享困难和信息资源利用率不高的情况。因此有必要利用现有的数据库技术、全文检索技术等构建一个统一的苏州地方特色文化资源库信息服务平台,实现苏州各类地方特色文化资源的全面整合,并提供灵活多样的全文检索及个性化服务。

本项目元数据标准重点参考DC元数据标准,因DC较简单,适合于网络应用。根据元数据标准开发的苏州记忆多媒体资源库采用B/S结构,分为服务器和客户端两个模块。服务器端主要由信息元数据规则定义系统、信息元数据分析系统、信息元数据展现系统、信息资源管理系统四大功能组成,分别实现元数据的定义、分析与展现和文化信息资源的录入、修改、删除、查看等功能。

服务信息元数据规则定义系统负责元数据规则的添加、删除、修改。信息元数据分析系统负责元数据的采集、存储、添加、删除、修改和维护。以XML文档方式确定的平台元数据结构和输入的元数据,可通过信息元数据分析系统建立XML和关系数据库之间的映射,并将其存入关系数据库。信息元数据展现系统由界面友好的WEB页面构成,主要负责与用户交互,用户输入查询条件,经系统解析并将解析后的信息发送给信息元数据分析系统,再将信息元数据分析系统返回的元数据信息呈现给用户。信息资源管理系统供用户录入、修改、删除文化信息资源。

苏州记忆主要包括苏州人物、古城风貌、吴地文化、苏州地方戏曲、地方文献剪报民间故事等部分。

2. 苏州历代方志库

根据《国务院办公厅关于进一步加强古籍保护工作的意见》(国办发〔2007〕6号)和《省政府办公厅关于进一步加强古籍保护工作的意见》(苏政办发〔2007〕85号)精神,苏州市政府出台了《关于进一步加强古籍保护工作的意见》(苏府办〔2008〕263号)的文件。该文件结合了我市的实际,就进一步加强我市古籍保护工作提出了指导性的工作纲领,明确了加强古籍数字化的要求。在此背景下,"苏州历代方志库""苏州民国报纸库""昆山历代方志库""吴江历代方志库""吴郡珍集"等一些地方古籍数据库建成。其中最具代表性的是"苏州历代方志库"和"苏州民国报纸库"。

苏州历代方志库是历经五年的研发建成的,是一套以苏州图书馆方志古籍馆藏为基础,全面搜集苏州地区其他图书馆的相关资料,以古籍文献为主要内容的全文检索数据库系统,具有极高的学术价值,为了解与研究苏州2500年的历史与文化提供了基础。苏州方志库包括苏州古代方志古籍共314部4665卷约30万个筒子页,字数近7000万。这314部方志古籍又可细分为府县志、乡镇志、其他人物、园林名胜志等。收录的古籍时间跨越唐、宋、元、明、清、民国6代上千年,每部方志均提供全文数据和对应的原版图像。同时苏州方志库实现了全文检索、字体转换、书签、原图打印导出、文字导出等功能,大大方便了读者的使用。

苏州民国报纸库包含苏州地区的民国报纸18种,共计55019个版面,数据总量达到10GB。收录时间为1921年到1949年,共28年。所有报纸均提供原版图像,可以按日期进行浏览,同时对报纸图像可以进行放大、缩小、局部放大和局部打印等操作。读者通过苏州民国报纸库可以全面了解苏州在民国时期的历史事件。

两个数据库的建成不仅保护了这些尊贵的典籍原稿,解决了长期以来图书馆古代文献"藏"与"用"之间的矛盾,而且显著提高了这些资料的使用效率,实现了资源的数据共享。

在数据库资源建设过程中,还研发了适用于开发各类古籍数据库资源的完整生命周期的古籍数据库系统加工平台,这个软件系统获得了国家颁发的软件著作权证书。古籍数据库系统加工平台项目得到了苏州市政府的肯定和大力支持,并获得2007年度政府服务业引导资金的扶持。

3. 县级市(区)自建地方特色文化数据库

苏州历史悠久,各县市(区)文化历史底蕴深厚、地方资源丰富。近年来各县区根据本地可开发资源、人力、物力和经费等情况,结合本地特色,制定地方数字资源建设计划,积极开展馆藏特色文献数字化、地方特色文化专题数据库、地方历史文化流媒体资源的建设工作。

表7　苏州县级市(区)自建数据库情况汇总表

吴江	常熟	张家港	昆山	太仓	吴中
报载吴江消息索引	常熟两院院士数据库	张家港非物质文化遗产	昆曲网	娄东书画数据库	吴郡珍集
吴江五百年地方志	历代名人数据库	张家港古籍电子版	昆山历代方志	太仓历史人物库	
垂虹讲坛	常熟地方文献数据库	河阳山歌	昆山名人网	太仓方志库	
VOD点播视频库	常熟非物质文化遗产数据库(CS平台)	长江戏曲数据库	昆石网	尔雅电子版	
吴江胜迹	轻纺产品数据库		随书光盘系统	信息参考	
吴江非物质文化遗产	金曾豪文学数据库				
	常熟老照片				
	徐兆伟日记				
	古籍地方志				

四、全市公共数字文化服务体系服务成果

(一)利用广电网络,构建数字互动平台和智慧城市

1. 公共文化有线数字互动平台

公共文化有线数字互动平台是利用苏州广电网络数字电视高清互动平台,将苏州所有的文化资源加以发掘,通过高清互动电视平台传输播出。广电网络作为公共文化服务的重要载体和阵地,

具有全覆盖和能提供实用、优质、高效、便捷服务的特点。每位苏州城乡居民和来苏工作人员随时可以选择和点播,从而实现公共文化服务的普惠化和均等化,做到公共文化服务到客厅。这是苏州市公共文化服务民众的又一创新举措,也是对吴文化的传承和世界遗产的保护,同时也为苏州本地影视制作产业提供了一个展示的平台,有利于促进苏州市文化产业的发展,扩大苏州文化的影响。苏州公共文化有线数字互动平台也是打造高效便捷的智慧城市和建设"文化强市"的重要建设内容。

苏州公共文化有线数字互动平台有硬件建设和软件建设两部分。硬件主要包括媒资系统建设、有线数字点播系统扩容、业务支撑系统建设、应用系统建设等;软件系统包括所有文化资源的整理整合、拍摄录音、编辑制作、转换上载及运行维护等。

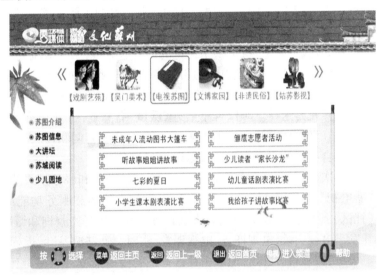

苏州公共文化有线数字互动平台被命名为"文化苏州"。根据苏州文化的实际特点和种类的区分,在"文化苏州"中开辟了书香苏城、姑苏剧院、姑苏影视、文博园地、艺苑奇葩、吴地非遗、苏州名人、文化在线等板块,基本涵盖了苏州的历史文化、曲艺精品、群众文化等多方面的内容,集中展示带有苏州文化特点的音频、视频节目和大量的文字图片,目前已上传各类节目 5000 余分钟,广大市民在家中通过电视机就可以随时品尝有关老苏州、新苏州、洋苏州的文化大餐,从而极大地满足了百姓的日常文化生活需求。

苏州公共文化有线数字互动平台 2012 年上半年投入试运行,2012 年 10 月 18 日成功上线。苏州市区拥有高清机顶盒的有线数字电视用户可以通过有线电视网络免费收看,2012 年底有 30 万户苏州市区用户,2013 年此平台向苏州全市开放,220 万有线数字电视用户都可以通过互动电视点播苏州各类文化节目。因此,公共文化互动平台是创建第一批国家公共文化服务体系示范区一项创新性的重点工作,是苏州市公共数字文化服务体系除网络、手机外的第三个服务平台,它使我市的公共数字文化服务实现了时空无盲点的全覆盖,有效地提高了整个公共文化服务体系的运行效能。

2. 创建"有线智慧示范社区和有线智慧乡镇"

从 2012 年开始,苏州市文广新局针对"三网融合"大趋势,提出在广电有线网络全面进行双向化建设的基础上,开展"智慧社区""智慧乡镇"的建设与推广;并于 2013 年下发创建"有线智慧示范社区"和"有线智慧乡镇"的办法,出台了具体建设标准。

"广电智慧社区创新项目"是广电系统为顺应"三网融合",利用计算机网络、物联网、云计算等高新技术,依托广电双向网络打造的一个以人为本的智能信息化系统,是集"电视、通讯、互联网"三大功能于一体的信息化服务工程,是可以实现双向互动的数字网络服务平台。

这一项目的创新点是:打破了既往电视平台封闭、单一的框架,首创开放式的"互动式"平台,让电视有了"看"与"用"的双重功能。其独到之处在于:与过去的电视平台相比,"看电视"的功能能给观众提供更丰富的高清、标清电视节目;"用电视"的功能,不仅使电视回看、时移、点播功能方便了观众,与封闭式的电视互动平台相比,还能给不同的观众对象提供丰富的个性化服务内容。广大电视用户一按遥控器,就能"看天下大事、知当地新事、享个性服务"。

这一项目的商业模式是:为政府、企事业单位、乡镇和村搭建了"智慧社区"平台,让用户免费享用"智慧社区"服务功能,有偿使用部分个性化的服务内容。

首先,"广电智慧社区创新项目"是广电网络生存与发展的需要,随着"三网融合"逐步推进,有线电视已不再是唯一的收看电视的平台。通过改进有线电视的服务,提供更多更好的内容来巩固广电宣传的主阵地,这是智慧平台的建设动因之一;另一方面,如何在国家信息化发展战略中发挥广电的作用,也是我们一直在思考的课题。目前城乡互联网普及率仍存在较大差距,2012年底,全国城镇居民中的互联网普及率已经达到约六成,而农村地区只有23.7%。据常熟的统计,农村家庭中电视机拥有量比电脑要多出1倍多,电视用户也比互联网用户多好几万户。从苏州本地的相关调查来看,有53%的人选择电视作为获取信息的主要渠道。这些数据说明,电视对于农村社区居民来说仍然是获取信息的主渠道,尤其是相当一部分知识层次不高的用户和中老年人。通过实施这一项目,升级传统电视,提供个性化的信息服务,对于观众流失现象而言,就是要以全新的服务模式把失去的观众拉回来,把更多的用户吸引到电视机前;而对于习惯于使用电视而不善于使用电脑、智能手机的观众来说,就是要让他们也能享受到信息化的成果。

事实正是这样。2012年底,沙家浜镇"智慧社区"建设启动,到2013年6月项目已基本完成,1万高清互动数字电视用户中新增200多户,央视新闻联播收视率比原来提高了12.5%,常熟电视台新闻综合频道的收视率比原来提高了15.6%。

其次,通过有线智慧平台建设,实现传播功能和服务模式的创新。这一项目的创新在于实现了"看电视"和"用电视"的双重功能,突出信息传播和服务功能的个性化。例如,推出镇(街道)、村(社区)各级信息发布平台,将分散在各个网站的各类查询和缴费支付功能整合集中到电视屏幕上,开发出电视会议、电视商务、电视课堂、实时交通路况、社区远程监控等独具特色的服务项目。

过去,镇村、社区普遍缺少社区资讯的传播渠道,"智慧社区"的传播具有定向性、封闭性,成为传播社区信息的专属平台,成为引导社区舆论的有力工具。除提供公共服务外,用户还可根据需要开通个性化的服务项目。比如居家养老的老人开通家庭远程监控以后,子女通过电视机就可以随时了解老人在家的生活情况。又比如开通"健康小屋"可以将自己的血压、脉搏、体温等数据上传到社区卫生服务站与社区医生交流。

在运作方面,可以形成广电投资搭建平台提供服务、政府(企业)购买服务、百姓免费享用公共服务、有偿使用个性化服务的模式,不增加用户负担。

目前全市"智慧社区"建设工作正在全面推进中。

2013年,江苏有线苏州分公司分别与黄埭镇、太平街道、香山街道、白洋湾街道签订了智慧社区总体框架协议,使签订框架协议的街道(镇)总数达到了8个,同时在横泾、东渚、城南、光福、黄桥、唯亭、斜塘等乡镇街道实现了智慧社区业务零的突破,目前实际实施了智慧社区业务的街道(镇)总数达到了21个,实现了苏州各区的全面覆盖。苏州分公司与太平街道合作,建设了集内容制作、节目编播、成果展示于一体的太平街道发布中心,将大屏、广播、电视社区等资源进行了整合,同时对街道现有大屏系统进行了联网改造,形成了街道一级的综合信息发布管理体系。

2012年5月,常熟市智慧城市建设全面启动,常熟广电被列为以智慧的形式和方式建设"智慧城市"的主力军,一是政府对此予以大力支持。常熟市政府在常熟广电10个乡镇广电站增挂了"农村信息化服务站"牌子,常熟市委十二届八次全体(扩大)会议把常熟广电"智慧社区"项目列为2013年全市重点工作,要求在"十二五"期末,常熟率先建成全国首个"广电有线智慧示范城市"。二是要有经济实力对基础网络进行升级改造。常熟广电智慧社区创建工作自从2012年7月启动以来,已于当年11月在古里镇康博村建成第一个"智慧社区",12月扩大试点,在沙家浜镇启动建设"智慧沙家浜"。今年5月,又有5个镇、社区正式签约建设"智慧社区",签约用户达到7.8万户,进入全面建设推进阶段。项目总投资14500万元,目前已完成投资4700万元。项目全部建成后,全市农村至少可新增高清互动用户20万端,随着高清互动电视的普及,还将带动互动点播等其他增值业务的发展。随着项目的进展,视频通话、游戏等新的功能、新的赢利增长点将不断被开发出来。可以预见,项目建成后,在带来社会效益的同时,将大大增强广电的赢利能力,从而形成广电自身发展的良性循环。

目前,吴江、张家港、昆山的智慧社区媒体平台已经搭建,智慧社区建设正在推进之中,太仓已建成一个智慧社区。

实践证明,"广电智慧社区创新项目"为广电媒体应对新媒体和"三网融合"的挑战探索出了一条新路。江苏省广播电影电视局副局长申彭建说:"这个项目是我们广播电视网络未来发展的一个方向。"最高人民法院院长周强和时任公安部副部长李东生带队,全国各省政法委书记和公安厅厅长到园区唯亭街道青剑湖社区进行调研,观看了"智慧青剑湖"电视社区栏目,相关领导在观摩并亲自体验了智慧社区在电视上的应用后一致给予了高度肯定。

中共中央政治局委员、国务院副总理刘延东同志在新华社报道《常熟广电打造荧屏上的"智慧社区"》的《国内动态清样》上批示:"常熟'智慧社区'模式也是系统推进教育、文化、健康医疗等方面信息化服务的好形式",并要求国家新闻出版广电总局、教育部、卫计委领导同志研究论证予以支持。2013年7月,常熟广电"智慧社区"的项目通过了国家新闻出版广电总局广播电视规划院组织的评审。

(二)新媒体应用,拓展数字文化服务途径

1. "掌上苏图"——移动的图书馆

为实现图书馆向全社会提供普遍均等的服务,结合当前通信技术的实际发展状况,苏州图书馆与中国移动合作开发了"掌上苏图"项目。苏州图书馆通过"掌上苏图"向读者提供免费信息查询服务。

"掌上苏图"于2008年9月建成。经过几年的发展,2013年"掌上苏图"已发展成一个信息整合平台,该平台不仅整合了移动OPAC等图书馆服务门户,支持各种移动终端随时随地地访问图书馆文献资源,最重要的是提供对图书馆各类数字资源的统一处理及检索服务。"掌上苏图"从最初的短信提醒服务、"全国文化信息资源共享工程"查询、书目查询、读者信息查询、图书馆信息查询、新书导读、电子图书和古籍浏览等,发展到目前已成为资源门户及信息整合平台。同时"掌上苏图"还为广大读者提供了个性化的移动服务以及即时互动应用,为读者带来全新的互联网时代的图书馆移动服务。

相比普通的手机图书馆,"掌上苏图"的一个亮点就是信息整合平台,它突破了读者只能通过电脑及互联网获取图书馆数据库资源的局限性,以及通过不同平台访问不同数据库的烦性,为读者提供一站式资源检索服务,提供了期刊、论文、外刊、外文论文、图书和图书馆信息等各种数据库资源的统一处理、统一搜索服务。读者可以一次登录,跨库检索苏州图书馆外购数据库资源、苏州地区公共图书馆共建共享的数据库资源、苏州图书馆馆藏资源和苏州图书馆动态信息等,并且能够在各种移动终端上实现文献资源全文阅读,从而降低了使用时间和成本,提高了图书馆数据资源的使用率。

"掌上苏图"的另一个亮点就是将"全国文化信息资源共享工程"引入手机平台,通过移动网络将海量的"共享工程"优秀文化信息资源以及贴近大众生活的现代社会文化信息资源提供给广大的手机用户。"掌上苏图"突破了通过互联网网站和基层点使用共享工程资源的局限性,开创了"全国文化信息资源共享工程"服务的一个新渠道,使读者通过手机可以随时随地查阅自己感兴趣的优秀文化信息资源。

随着信息整合平台的上线,随时随地一站式资源检索服务将会吸引更多的读者来使用"掌上苏图"。

"掌上苏图"是利用移动无线网络提供基于手机终端的图书馆信息服务的应用系统。"掌上苏图"在技术构建、资源创建和利用、读者与图书馆的信息沟通、读者服务等方面开辟了一种全新的模式。

"掌上苏图"具有数字化功能和移动通信功能。它以高效、即时、准确、低廉以及无所不在的移动无线网络作为图书馆与读者的联系纽带,系统不仅支持图书馆发起的信息推送以及回答咨询等服务,同时也支持读者发起的查询、预约、咨询和交流等业务。

"掌上苏图"利用现代通信技术来有效扩展图书馆服务的覆盖面,根据不同的信息类型,以合适的信息传送形式来提供相关的信息服务,其服务形式主要有短信、WAP、手机客户端(分为苹果、安卓系统)三种。

表8 "掌上苏图"功能列表

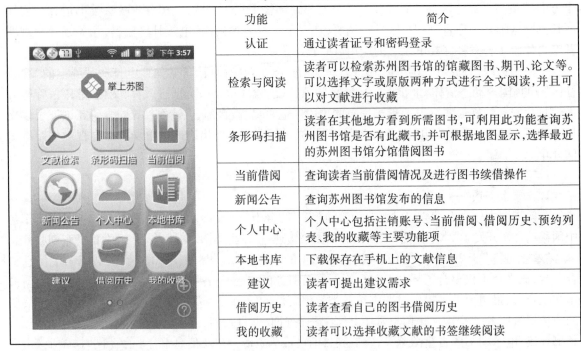

功能	简介
认证	通过读者证号和密码登录
检索与阅读	读者可以检索苏州图书馆的馆藏图书、期刊、论文等。可以选择文字或原版两种方式进行全文阅读,并且可以对文献进行收藏
条形码扫描	读者在其他地方看到所需图书,可利用此功能查询苏州图书馆是否有此藏书,并可根据地图显示,选择最近的苏州图书馆分馆借阅图书
当前借阅	查询读者当前借阅情况及进行图书续借操作
新闻公告	查询苏州图书馆发布的信息
个人中心	个人中心包括注销账号、当前借阅、借阅历史、预约列表、我的收藏等主要功能项
本地书库	下载保存在手机上的文献信息
建议	读者可提出建议需求
借阅历史	读者查看自己的图书借阅历史
我的收藏	读者可以选择收藏文献的书签继续阅读

"掌上苏图"的实施,对完善图书馆业务的管理、提高服务质量、提高信息化水平、普及阅读乐趣、提升图书馆职能和发挥更大的社会责任等方面都具有重要的意义。

"掌上苏图"的成功开通,意味着在延伸图书馆服务体系的建设中,有了一条更快捷、更方便、更广泛和更互动的新途径。

从行业发展来看,"掌上苏图"既能充分利用丰富的手机用户资源,又能够在手机媒体上推广移动图书馆服务这一全新的服务理念,借助移动通信和移动终端,实现摆脱地理束缚的移动阅读,使读者可以"行万里路而读万卷书"。

2. 无线苏博 无限体验

2011年10月,苏州博物馆和《国际博物馆》杂志共同创意策划了《苏州博物馆移动智能终端服务项目》。2012年4月该项目正式进入苹果商店及安卓平台,苏州博物馆成为全国首家免费为观众提供移动应用服务的博物馆。

苏州博物馆移动智能终端服务项目是基于无线网络、移动智能终端和博物馆之间的应用平台,它的服务对象是所有移动智能终端用户,也是博物馆传统讲解导览服务与现代科技手段巧妙嫁接的一种新形式。

《苏州博物馆移动智能终端服务项目》的设计原则是实用、安全、可靠、规范、开放并易于维护。

（1）内容

① 在馆区进行无线网络覆盖，为观众免费提供 WiFi 网络环境，便于浏览、下载。

② 建立网络安全认证机制，为网络安全管理提供可靠手段。

③ 为移动智能终端开发相关应用，主要包括移动 APP 应用和手机网站开发，方便观众了解苏州博物馆动态信息和馆藏精品、展览内容和建筑特色等，并轻松实现新浪微博的信息发布和分享。

移动智能终端 APP 应用面向所有智能终端用户（馆内观众，以及馆外甚至全球智能终端用户），为观众提供了 4 个智能平台 Iphone、Ipad、Android 和 Android Pad 的中英文版本，将苏州博物馆和馆藏文物推向大众，让他们对苏州博物馆的建筑、历史、展览和文物从图片、文字、语音和声像中获得更多感性认识。同时，可以为现场观众提供互动体验和及时分享，拉近观众和文物、观众和观众之间的距离，增加每件文物带来的现场冲击力，使观众更多地了解文物背后的故事与信息，即时了解博物馆的信息和内容，真正实现"把博物馆带回家"，扩大苏州博物馆在文化爱好者中的影响力，积累博物馆的客户资源。

（2）意义

① 《苏州博物馆移动智能终端服务项目》是国内首家在 Appstore 和 Market 上免费提供自助式导览的移动博物馆，为博物馆讲解导览提供了全新的技术方式，具有示范效应和推广价值。

② 该项目从博物馆整体层面上整合了博物馆各个信息流和信息点；同时又从观众的角度整合了博物馆感知、信息获取、展览评价以及到评论分享的流程，其中重要的是隐含着观众和博物馆信息的交换，观众在获取了博物馆有关的信息后，有渠道留下评点、议论，从而让更多的人在不同的场合了解、知晓和分享苏州博物馆。

③ 移动应用与苏州博物馆网站、官方微博等互联互动，在数字化信息平台层面上扩大了苏州博物馆在文化爱好者中的影响力，有助于逐步积累苏州博物馆的客户资源。

④ 移动 APP 进一步完善后可以做到辅助现场观展，让观展者了解文物更多的背景知识，提高对博物馆的兴趣点和认知度。

⑤ 通过信息推送手段，将博物馆展览与活动信息及时告知每一位潜在的观众。

⑥ 该项目特别适合对新技术新方法感兴趣的青年人，扩大了苏州博物馆的观众面，增强了观众和博物馆之间的黏着度；便于参观者和博物馆之间线上和线下的互动，有望形成一批博物馆的新观众。

⑦ 灵活的 APP 应用有利于把基本陈列内容做精，并且可以根据自己的需求随时添加相关临时展览的内容，同时得到观众的反馈。

⑧ 迅速提高博物馆免费开放后的讲解受众率。

《苏州博物馆移动智能终端服务项目》是一次具有前瞻性的尝试，苏州博物馆立足于人性化服务的理念，将该项目与馆区无线网络覆盖相结合，使信息技术与博物馆观众服务达到融合，并且充分利用自身独特的文化优势推动公共服务体系的创新。我们可以想见，在不久的将来，这一服务项目还将继续深化、优化，并推广到其他博物馆。

3. 文化馆"远程指导教室"

为推动社会主义文化大发展、大繁荣，夯实基层文化建设基础，苏州市文化馆通过部署在乡镇、街道文化站的远程指导网络服务点，提供群众文化活动的专业指导。通过加强基层文化队伍建设推进基层文化创新。

苏州市公共文化中心·苏州市文化馆远程指导网络是面向苏州各市（县）、区文化馆（站）、文化管理人员开放的远程指导网络。依托苏州市文化馆的优质培训资源，配备专业人员提供。

是一套专业的软件在线视频教学平台。实现高质量、高可靠性的音视频通讯、文档共享、远程会议管理等多种互动功能,有效地实现业务指导、基层从业人员培训、群文艺术培训等远程指导服务。

无论是从操作上、技术上还是从功能上来看,苏州市文化馆远程指导网络都是一套使用方便、效果最好、功能强大的在线视频教学平台。

目前,远程指导网络已部署到全市92个服务点,通过这些服务点可将优质培训资源高效地送到市民身边。

课程主要分为三大类:一类是基本知识,包括党的文艺方针政策和国家、省、市有关文化方面的法律法规,中华文化简史,苏州的历史和文化,苏州文物资源状况,苏州非物质文化遗产资源和保护状况等;一类是业务知识与技能,包括群众文化概论,非物质文化遗产保护概论,公共文化服务体系建设,文化资源的整合、共享、利用,文化站的建设与管理,群众文化活动的策划与组织,群众文化实用文体写作等;一类是文艺创作与文艺欣赏,包括文学、音乐、舞蹈、小戏、小品、书法、美术、摄影等各文艺门类的创作与欣赏,昆曲鉴赏,歌词、主持词的创作与欣赏等。教材除了采用现成的之外,大多由授课老师根据自身知识和经验结合培训要求进行编写。为了保证培训质量,苏州市聘请了省、市在文化艺术方面造诣较深的专家、学者、著名演员和资深文化工作者作为授课老师。

苏州市文化馆远程指导网络结合了目前的计算机网络技术,改变了传统的群众文化专业指导方式,扩大了优秀文化资源的传播面,将文化馆的服务直接融入日常开展的群众文化活动中。

五、苏州市公共数字文化服务体系的持续建设

苏州公共数字文化服务体系将在已有的建设成果基础上,及时总结经验,根据公共数字文化服务体系发展的需要,结合本地区的实际情况,不断完善和加强公共数字文化的体系建设,坚持政府主导,结合图书馆、博物馆、文化馆等业务条线,统筹兼顾、动态协调创新管理机制,提升管理和服务水平;继续完善和实施公共数字文化服务体系的顶层设计,总体规划、技术创新、绩效评估等,实现科学规划和全面可持续发展;提高公共数字文化供给能力,创新公共数字文化服务机制;积极探索和加强公共数字文化建设,为文化发展注入新的活力,繁荣和传播社会主义先进文化,推动社会主义文化大发展大繁荣。

公共数字文化服务体系建设是一项系统性、持续性的建设任务,涉及数字平台的软硬件运行维护,数字资源的持续追加,数字服务手段和终端的更新等方面。因此,在网络和资源体系方面,要依托各级公共图书馆、博物馆、文化馆和覆盖全市城乡的其他公共文化基础设施,将各类文化资源推送到基层。在资源丰富方面,既要充分共享国家和江苏省的共享资源,又要积极开发本地的文化数字资源。在服务延伸方面,要及时应用"大数据"时代的"云技术",开拓数字文化资源传播的新渠道。希望在公共数字文化服务体系的持续建设中,加快实现以下几项具体的建设任务:

(一)积极响应国家和江苏省公共数字文化服务体系建设,强化体系建设的规范化和标准化

公共数字文化建设包括数字化平台、数字化资源、数字化服务等基本内容,按照《文化部财政部

关于进一步加强公共数字文化建设的指导意见》(文社文发〔2011〕54号),以及2011年9月文化部下发的《数字图书馆推广工程省级、市级数字图书馆硬件配置标准》和《江苏省公共数字文化系统建设标准》的要求,继续建设完善数字化平台、数字化资源、数字化服务,实现公共文化服务的公益性、基本性、均等性、便利性。

对公共数字文化服务体系建设,通过规范管理、专业化培训、标准化服务以及统一标识,实现公共数字文化服务体系的规范化。强化国家和江苏省相关建设标准的实施,确保公共数字文化体系的稳定运行和有效监管。通过实时采集各级各类终端的运行情况信息及用户的个性化需求信息,实现对各级服务站点和个人用户的精细化管理。落实网络安全等级保护要求,应用网络安全技术、网络安全设施,保障用户上网安全。

重点实施共享工程、数字图书馆推广工程和公共电子阅览室三大公共数字文化惠民工程。主要工作内容包括:硬件设施按标准和实际应用继续增补完善;争取获得国家数字图书馆推广工程与苏州数字图书馆的直接联通;争取获得国家中心统一部署的标准化数字资源完整生命周期的软件系统;确保达到《江苏省公共数字文化服务体系建设标准》对地市级的要求;开发创新能支撑苏州公共数字文化服务的平台系统。

苏州市作为江苏省公共数字文化服务体系建设试点城市,将加快实现国家中心和省中心的具体工作部署,拓展公共文化服务阵地,整合公共文化服务资源,创新公共文化服务手段,提高公共文化服务水平,完善公共文化服务体系。

(二)苏州地方文化资源联合开发

加强公共数字文化资源建设,实现共建共享。继续强化区域内的数字资源合作共建,在苏州市公共图书馆间建立的联合采购共享数据库的基础上,联合开发苏州地方文化数字资源。以苏州记忆项目为实施对象,组织全市公共图书馆联合开发,按照符合国家和省在公共数字文化服务体系建设中的要求,制定统一的技术标准和全市的建设规划,来共同建设和共享本地的文化数字资源。

(三)图书馆公共文化服务平台

苏州图书馆已经开始结合"二馆"建设,实施"图书馆公共文化服务平台"的建设,进一步拓展数字图书馆服务功能,其中"一期"的建设内容有:

1. 手机自助借阅

为提升读者自助借阅体验,图书馆将开通读者手机自助借阅服务。读者利用自己的手机可安装苏州图书馆的手机自助借阅客户端,读者在需要借阅文献时,可以用手机直接完成外借操作。这项技术应用比读者使用自助借还书设备更为方便与直接,可以极大提高图书馆的借阅效率。利用手机借阅的技术开发,还为后续更多的数字文化服务打开了空间。

2. 网上借阅社区投递

图书馆网上借阅社区投递服务,是苏州图书馆借助云计算、移动应用等新的信息技术发展趋势,以全力为读者服务的理念而打造的具有极大创新的新型O2O图书馆模式,它使读者更加方便、快捷地得到苏州图书馆馆藏图书及信息资源的服务,对于建设新的现代化的公共图书馆、推进全民阅读、提高国民文化素质具有非常重要的意义。

为配合苏州图书馆二期建设,更大范围、更高效率地实现文化资源对全市群众的服务,加快图书的流转速度,减少读者平均借阅时间,苏州图书馆将开通网上借阅社区投递服务。图书馆将在社区投递点安装智能借书箱和还书箱。读者通过电脑或者智能终端设备访问网上借阅网站,查找到自己感兴趣的图书,选择送书社区地点,完成网上借阅。图书馆的分拣、物流系统将在规定的时间内将图书送至读者指定的取书地点,并短信通知读者取书。读者可以在任意时间凭自己的借阅证或者用接收到的短信密码自助取书。这样读者可以在一天24小时内的任意时间进行借书、取书、还书,大大地方便了读者,也实现了图书馆图书借阅的24小时开放。

由于这项技术应用是将整个总分馆体系中的所有印刷型资源和数字资源服务于社会大众,因此"网上借阅社区投递"的优势不仅仅在于技术本身,更在于所提供的文化资源大大超越了目前多地使用的自助借还柜和零星设置的24小时自助借还室。

3. 电子书移动借阅

苏州图书馆将在总馆和各个分馆、各个社区服务点、公共场所安装触控屏设备,读者可以在触控屏设备上进行馆藏数字资源的查询和阅读,同时读者还可以进行自助电子图书的借阅。读者只需点击触控屏系统中的"电子书借阅"按钮,即可打开选书界面。选定图书后,触控屏上除了显示该电子图书的基本信息外还会显示该图书的一个二维码信息,读者只需用手机或其他智能设备扫描该图书的二维码即可下载图书至自己的手机,从而完成电子书的借阅,以后读者就可以在自己的手机或智能设备上进行阅读,借阅到期后电子书会自动归还,读者无须再进行还书操作。通过电子图书自助借阅系统,读者不用花一分钱就能实现移动阅读,读者无须再到外借书库苦苦寻觅心仪的图书,也不用将厚厚的一本本图书借了又还,到触控屏上去自助下载即可,极大地方便了读者。

(四)注重人才培养和队伍建设

建立人才培养机制,为公共数字文化建设提供人力资源基础。充分发挥文化单位积极性,通过分级培训的方式,不断提高从业人员的思想水平和业务素质,培养一支既具备较高技术素质和专业知识,又具备实际技能的人才队伍。组织好本地区的专业培训工作,重点建设一批爱岗敬业的专业队伍,同时把社会工作者和志愿者作为人才队伍建设的有机组成部分,切实做好人才配置工作,以适应公共数字文化建设工作的需要。

汪建满

活力丰沛的公共文化产品生产和供给体系

公共文化产品的生产和有效供给,是公共文化服务体系建设工作中十分重要的一环。只有生产数量更多、质量更好、群众更加喜闻乐见的公共文化产品,才能不断满足人民群众愈益强烈的精神文化生活需求,才能建设优质高效、普遍惠民的现代公共文化服务体系。

为了丰富公共文化产品生产和供给,近年来,苏州市结合国家公共文化服务体系示范区创建,面向基层、服务群众,不断加大力度,生产了一大批体现苏州特色的公共文化产品,同时不断创新公共文化服务和资源供给方式,努力构建和完善的公共文化产品生产和供给体系,极大地丰富了群众的精神文化生活。

一、构建公共文化产品生产和供给体系的背景

(一)"十一五"时期的概况

"十一五"期间,苏州市公共文化服务的硬件和软件建设均取得了很大进展:公共文化服务体系建设初见成效,公共文化资源不断丰富,文化精品生产硕果累累,文化传承和创新相辅相成,城乡文化活动丰富多彩,文化体制改革不断深入。上述进展为"十二五"以来公共文化产品生产和供给体系的构建与完善奠定了坚实基础。

1. 公共文化服务机构壮大完善

苏州博物馆新馆、苏州科技文化艺术中心、苏州演艺中心等一批市级重点文化设施先后建成,各市(县)、区相继建成一批文化中心、图书馆、文化馆、博物馆,镇(街道)、文化站、村(社区)文化活动室、农家书屋等基本实现全覆盖。截至"十一五"末,全市共有市及县区级公共文化馆12个,公共图书馆12个(市级和县级图书馆分馆共108个),博物馆/纪念馆42个,美术馆11个。

2. 文化精品生产硕果累累

儿童滑稽剧《一二三,起步走》入选首届全国专业舞台艺术"优秀保留剧目大奖";2台滑稽戏入围国家舞台艺术精品工程"十大精品剧目";3台剧目获中宣部"五个一工程奖";3台剧目分获文化部"文华大奖""文华优秀剧目奖";另有多台剧(书)目获"中国戏剧奖""中国曲艺牡丹奖"等。我市优秀文艺人才分别在国家级各项评比中摘获4个"文华表演奖"、2个"文华编剧奖"、4个"文华导演奖"、1个"文华舞台美术设计奖"、4个"文华灯光设计奖"、2个中国戏剧"梅花表演奖"、2个"中国戏剧奖·曹禺剧本奖"、2个"中国戏剧奖·优秀表演奖"、1个"牡丹奖终身成就奖"、3个"牡丹表演奖"等,获奖数量位居全省之首。"十一五"期间,我市共获得全国"群星奖"(包括服务奖、群文之星)10项,获江苏省"五星工程奖"各门类金奖15项、银奖15项、铜奖25项;获省级以上其他赛事奖项9个。苏州美术厚积薄发,共有41件作品入选第十一届全国美展,在入选数量上实现历史突破;5件国画、油画作品获"中国百家金陵画展"金牌;7位画家入选"江苏省重大主题美术精品创作工程"。

3. 文化传承和创新相辅相成

苏州市注重在保护和弘扬优秀传统文化的同时,创新工作思路和举措,推动文化"在保护中创新,以创新促保护",促进优秀传统文化的有效保护与合理利用。一是继续构筑并完善了昆曲遗产两个"五位一体"和苏州评弹"五管齐下""五位一体"的保护格局,重点打造了一批既保护传统艺术又符合现代演出市场规律的优秀传统剧目。二是着力打造"新吴门画派"品牌,"新吴门画派——

苏州国画院中国画作品展"相继在北京、南京和上海以及欧洲6国巡展,成功入选文化部"全国画院优秀创作研究项目扶持计划",进一步奠定了"新吴门画派"在全国绘画流派中的重要地位。三是探索实践非物质文化遗产保护的创新之路,拥有联合国"人类非物质文化遗产代表作"6项,国家级名录项目29项,江苏省级名录项目79项,古琴、江南丝竹、白茆山歌、河阳山歌等民间艺术分别赴日本、韩国等国以及我国的港澳等地交流演出,极大地扩展了我市优秀文化的辐射面和影响力。

4. 城乡文化活动丰富多彩

苏州市先后承办了两届中国昆剧艺术节和中国苏州评弹艺术节,两届中国国际民间艺术节以及第十六届金鸡百花电影节、第十届中国戏剧节、首届中国农民文艺会演等国家级节庆活动。每年一届的"群众文艺大会演"、两年一届的苏州市少儿艺术节以及创新开展的"群星璀璨"文化惠民系列活动,直接受惠群众累计突破5000万人次。各市(县)、区每年组织开展的各类重要文化活动近4000次,各类民间文艺活动1.5万余次。

5. 文化体制改革不断深入

一是积极推进公益性文化单位内部机制改革,不断增强自身活力和公共文化服务能力。二是按照"区别特性、分类改革、积极稳妥、循序渐进"原则,实施5个市直文艺院团的体制机制改革,理顺关系、加强活力。三是通过"文企合作",加大社会运作的力度,通过与合景房地产有限公司、中国移动苏州分公司等企业合作,对评弹活动和演出、"四进工程"演出进行了项目合作,增强了文艺院团的市场竞争力。四是研究政策措施,加大了对民营文艺团体的扶持力度。

(二)"十二五"的发展环境

1. 文化软实力的重要性更加凸显

当今时代,"文化软实力"越来越成为衡量一个国家综合实力的重要因素。文艺创作生产作为文化软实力的重要组成部分,在引领风尚、教育人民、服务社会、推动发展等方面始终发挥着不可忽视的作用。党十七届六中全会和党的十八大都提出要"坚持以人民为中心的创作导向,提高文化产品质量","创作生产更多无愧于历史、无愧于时代、无愧于人民的优秀作品"。"十二五"期间,苏州市确定了"三区三城"的发展总定位,提出了建设"城乡一体的示范区""历史文化与现代文明相融的文化旅游城市"等目标,为文化产品的创作和生产指明了新方向,提出了新要求,即:要在创作生产中既能传承历史文脉,又能把握现实意义;既要涌现精品力作,又要兼顾城乡多层次需求。充分发挥"文化"这一苏州"第一优势",不断加强文化产品生产,着力推进文化软件建设,激发文化创造的活力,丰富城市文化内涵,为苏州赢得新一轮城市发展的胜势。

2. 创建示范区的契机

2010年底,文化部、财政部在全国范围开展国家公共文化服务体系示范区的创建工作,苏州市作为首批示范区创建城市之一,通过两年多的努力实践,以优异成绩圆满通过验收。国家公共文化服务体系示范区的创建实践,使全市上下充分认识到公共文化产品创作生产体系在公共文化服务体系中的重要作用,进一步明确了公共文化产品创作生产的出发点和归宿,即:积极追求和发挥文化产品的社会效果,为人民提供更多更好的公共文化产品。可以说,示范区创建工作,为苏州市公共文化产品创作生产体系的完善和发展提供了绝好的契机。

3. 人民群众的文化需求更加迫切

"十二五"初,苏州地区生产总值突破1万亿元,社会事业全面进步,文明程度得到显著提升。在物质生活不断改善的同时,全市人民对文化生活的需求也更加迫切,需要提供数量更多、质量更好、群众更欢迎的公共文化产品,不断满足日益增长的多元文化需求。同时,基层群众享受文化服务、参与文化创造的热情空前高涨,需要我们提供有针对性的公共文化服务,积极引导群众在文化建设中自我表现、自我教育、自我服务。

4. 公共文化产品生产的发展动力更加强劲

产品立足、品牌立身,面临优胜劣汰的激烈竞争,这既是公共文化产品生产的外在压力,更是内在的不竭动力。同时,"十一五"期间一大批重点文化设施的先后建成,公共文化产品生产和公共文化服务硬件基础的进一步优化和完善,也为公共文化产品生产和供给体系的发展提供了良好的客观条件。而随着文化体制改革的不断深入和文化产业的快速发展,公共文化产品生产的生机和活力将被进一步激发,这些都将极大地推动公共文化生产和供给体系的全面完善和发展。

二、公共文化产品生产和供给体系的构成

在"十一五"公共文化服务体系建设的基础上,"十二五"以来,伴随国家公共文化服务体系示范区创建工作的开展,苏州市不断探索建立完善的公共文化产品生产和供给体系,以满足人民群众精神文化需求为出发点和落脚点,壮大公共文化产品生产供给主体,拓展公共文化产品种类和形式,创新公共文化供给的方式和手段,提升公共文化服务效能,努力形成以政府为主导、以国有公共文化单位为骨干、以民营文化团体为补充、以文化品牌打造为中心、以人才培养为根基、以改革创新为保障的综合型体系。

(一)基本组成

苏州市公共文化产品生产和供给体系主要由公共文化产品以及产品生产和供给主体两个部分组成。

1. 丰富多样的公共文化产品

公共文化产品是用来满足人的公共文化需求的产品和服务。公共文化产品的数量、质量和供给方式直接影响到公民基本文化权利的享受度和满意度。因此,苏州市在公共文化产品生产上不断完善产品体系、丰富产品内涵、提高产品质量、创新服务和供给方式,力求提供种类齐全、质量稳定、能满足不同社会群体基本文化需求的公共文化产品和服务。苏州市的公共文化产品主要可以分为三种类型,即:娱乐型产品、信息型产品和服务型产品。

(1)娱乐型产品。娱乐型产品主要是指公共性的文艺演出、节庆活动、文博美术展览、公益电影等。娱乐型产品是最直接、最大众化也为最广大人群所接受的产品形式。"十二五"期间,我市城乡每年开展各类节庆和民俗活动近千场次,开展各类公益性展演展示活动 6 万场次,形成了一批群众喜闻乐见的文化活动品牌;年均向基层送戏 3500 场次,送电影 2.1 万场次;每年举办的各类文博展览 100 多期、美术展览 700 期;全市每年提供的娱乐型产品直接惠及全市群众近 5000 万人次。

(2)信息型产品。信息型产品是借助广播、电视、网络等媒介提供的各类数字文化产品。例如我市已经建成的数字博物馆、数字图书馆、网上文化馆、特色数据库、电子报刊(读物)、公共文化有线数字互动平台等。随着现代生活的形式不断变化和信息技术的飞速发展,信息型产品的重要性越来越凸显,已经成为丰富产品供给、提高供给效能的重要手段。

(3)服务型产品。服务型产品是公共文化机构利用自身资源开展的面向公众、形式多样的公共文化服务。例如公共图书馆开展的读者服务、博物馆开展的展陈讲解服务、各级各类公共文化服务机构开展的公益性讲座、培训、辅导等。服务型产品直接面向受众且有互动关系,因此对服务质量和需求满足度方面的要求更高,直接体现着公共文化服务机构的产品供给能力、服务意识和服务水平。

2. 各尽其责的生产和供给主体

苏州公共文化产品的生产和供给主体是由政府及相关行政部门、公益性文化单位、专业文艺院团和社会力量共同组成的多元化的、灵活性的主体结构。

(1)政府主导是关键。在我国现阶段,政府和相关行政部门是公共文化产品生产和供给体系

的重要组成部分。政府的主导性主要表现为：第一，通过自身机构，直接向全社会提供公共文化资源；第二，运用规划、布局等体制性手段对公共文化产品生产供给进行宏观指导；第三，采取资质认定、政府采购等必要的组织运行机制，推动公共文化资源生产供给各项工作的开展；第四，开展公共文化产品生产供给基本制度的设计和建设，维护公共文化资源供给体系长期稳定规范运行的基本保障。

（2）公共文化服务机构是核心。当前阶段，包括各级公共文化馆、图书馆、博物馆/纪念馆、美术馆、乡镇（街道）综合文化站（文化中心）等在内的公共文化服务机构拥有最丰富的公共文化资源，是公共文化生产和服务的基本队伍，是公共文化产品供给的核心依托，衡量公共文化服务机构价值和作用的重要标准，就是要看其是否能为广大人民群众提供公益性、基本性、均等性、便利性的公共文化服务。"十二五"以来，全市的公共文化服务机构得到了快速发展，设施面积大幅增加，功能档次全面提高，正不断发挥着公共文化产品生产和供给的核心作用。

（3）专业文艺院团是主力。我市5个市直专业文艺院团（江苏省苏州昆剧院、苏州市滑稽剧团、苏州市评弹团、苏州市歌舞剧院有限公司、苏州市锡剧团有限公司）在经过"十一五"期间体制机制改革以后，关系逐步理顺，活力逐渐增强，精品不断打造，队伍日益壮大。市直文艺院团现有文艺创作和演出骨干人员近400人，其中，高级职称83人，"梅花奖""文华表演奖"和"牡丹奖"得主13人；每年创作生产各类文艺作品近百个（件），每年公益性文化演出660多场，受到了市民群众的普遍欢迎和好评。凭借自身良好的思想素质、过硬的业务水平和整齐的人才队伍，苏州市直文艺院团当仁不让地成为公共文化产品生产和供给的主要力量。

（4）社会力量是补充。我市充分发挥社会力量在建设公共文化产品生产和供给体系中的重要作用，让民办非企业单位、民间社团、居民个体都成为有效公共文化产品的供给者和创造者。目前，全市已有民营文艺表演团体48家、各类行业/民办博物馆24家、行业/民办美术馆55家、文化骨干队伍12.15万人，文化志愿者队伍104.93万人。社会力量广泛参与公共文化产品和服务，已经成为我市公共文化服务体系建设的重要补充力量，并不断促使群众从自娱自乐到自我创造、自我实现的转变，从自我服务向公共服务的提升。

（二）主要任务和措施

公共文化产品生产和供给体系的完善是一个系统工程，需要理顺各个环节，明确目标任务，采取有效措施，切实保障人民群众进行公共文化鉴赏、参加大众文化活动等基本文化权益。归纳来讲，我市构建和完善公共文化产品生产和供给体系的主要任务和措施有六个方面：一是加强政府主导，完善投入机制；二是健全公共文化设施网络，创新服务运行方式；三是繁荣艺术创作，增强公共文化产品的供给能力；四是积极开展公益性文化活动，繁荣演艺市场；五是抓好文化队伍建设，提高公共文化服务水平；六是开展理论研究，加强制度设计。

1. 加强政府主导，完善投入机制

（1）持续强化政府主导。"十二五"以来，苏州各级政府和宣传、文化等部门都不同程度地介入到公共文化产品的生产和提供过程中，通过制定规划和政策、确定项目和指标等方式，对公共文化产品的生产和供给起到主导、监督和管理的作用。近年来陆续出台的《苏州市文化广电新闻出版业发展"十二五"规划》《苏州十大文化工程方案》《苏州市创建国家公共文化服务体系示范区建设规划》《关于加强"十二五"公共文化服务体系建设的实施意见》等一系列规划和指导性文件，都进一步明确了政府及相关部门在公共文化服务体系建设中的主导作用，为政府更加科学规划、规范管理、有效推动公共文化产品生产和供给体系的发展提供了政策保障和依据。

（2）不断完善投入机制。"十二五"以来，我市探索完善公共文化服务资金保障体系，深化政府购买公共文化服务产品改革，拓宽资金投入渠道，加强财政资金绩效管理，逐步形成以政府投入为主、社会力量积极参与的公共文化服务投入机制,努力实现公共文化服务投入主体的多元共治。一方面,逐步加大对公共文化的政府投入。2011年,我市出台了《关于加强文化改革发展若干经济政策的意见》,明确了"各级财政要确保创建资金的安排,保证公共财政对文化建设的增长幅度高于财政经常性收入增长幅度,人均财政文化支出高于全省平均水平"。《关于加强文化改革发展若干经济政策的意见》中明确市财政每年在预算中安排市级宣传文化发展专项资金用于文化精品创作生产、优秀传统文化保护、公共文化和重大文化活动开展、基层宣传文化队伍建设、图书馆图书购置、博物馆文物征集等。2012年苏州市级财政文化投入与一般预算支出占比超过4%。为了支持和配合国家公共文化服务体系示范区创建工作,我市又专门出台了《创建国家公共文化服务体系示范区财政保障的实施方案》,全市各级财政划拨了专项经费用于示范区创建工作。据统计,我市本级财政创建期间以及"十二五"期间公共文化服务投入将达2.8亿元(不含重大文化设施建设的投入);各县级市(区)2011—2012两年公共文化服务体系建设投入经费总计约为33亿元。多年来,苏州各级政府通过加大财政投入以及对重要公共文化产品、重大公共文化服务项目和公益性文化活动采取政府采购、项目补贴、定向资助、贷款贴息等政策措施,有效保障了公共文化产品的供给数量与供给质量,也扩大了公共文化服务范围,提高了服务质量,增强了服务效益。另一方面,充分调动社会力量参与公共文化服务的积极性。进一步从文化设施建设政策、税收政策、投融资政策、工商管理和价格政策等方面对社会力量参与公共文化建设加大扶持力度。为了支持民办公益性文化机构的发展,我市先后研究并出台了《苏州市民办博物馆扶持办法》《苏州市民办美术馆管理办法(试行)》《关于扶持农村、社区书场开展评弹长篇书目公益演出的奖励办法》等政策,鼓励和支持社会资本投资博物馆、美术馆、书场等各类文化场馆的建设和运行开放,对社会效益良好的场馆给予一定的奖励补助。以上措施对于促进公共文化供给的多元化和服务方式的社会化起到了积极作用。

2. 健全公共文化设施网络,创新服务运行方式

(1) 健全公共文化设施网络。公共文化设施是公共文化服务的"硬件",是各种公共文化服务活动、行为得以开展的基本依托。"十二五"以来,苏州美术馆新馆、苏州市文化馆新馆、苏州名人馆、苏州评弹学校新校以及张家港市文化中心、常熟市江南文化中心、太仓市图博中心和文化艺术中心、昆山市文化艺术中心等一批市、县(区)级重点文化设施先后落成并对公众开放。基层公共文化设施面积新增12万平方米,全市人均公共文化设施面积从"十一五"末的0.14平方米增长为0.25平方米。"十二五"期间,我市将一方面继续以市、区公共文化设施为骨干,继续建设一批重点文化设施——苏州图书馆二期(文献资源存储集散中心)和吴中区东吴文化中心、高新区文体中心等文化设施项目;另一方面巩固完善基层文化设施网络——100%的镇(街道)建有300平方米以上的综合文化站、100%的行政村(社区)建有不低于200平方米文化活动室(中心)。通过统筹规划、合理布局,全面形成覆盖全市、结构合理、功能健全、实用高效的公共文化设施网络。

(2) 建立标准化服务制度。在公共文化设施硬件不断完善的同时,迫切需要加快"软件"建设步伐,不断创新公共文化服务方式,提高文化设施的使用效率,提升公共文化服务效能。因此,建立公共文化服务机构标准化服务制度势在必行。我市通过制定《关于加强苏州市公共文化机构服务标准化建设的意见》,进一步明确了公共图书馆、博物馆、文化馆(站)、美术馆等公共文化服务机构的职能定位,要求它们充分发挥在公共文化服务中的骨干与示范作用,做到服务水平上升,服务重心下移。全市各级图书馆、博物馆、文化馆(站)等公共文化服务机构继续按照"增加投入、转换机制、增强活力、改善服务"的方针,制定了各自的建设指标、服务标准、工作规范等章程制度,从服务宗旨、资源管理、服务提供、服务保障和监督等各方面作了详尽的约束和规范。标准化服务制度的确立,进一步明确了公共文化服务机构在公共文化产品生产和服务中的基本职责,为公共文化产品供给提供了基本的队伍保障。

(3) 完善公众参与机制。公共文化产品和服务的供给对象是有思想、有追求、有审美能力的人民群众,这就决定了在公共文化产品生产和供给的全过程都要让群众参与其中,了解群众的需求、满足群众的愿望、接受群众的评价,引导和激发群众的参与意识和创造活力,力争"知群众之所需、供群众之所求、助群众之所创、展群众之所能"。为此,我市陆续出台了《关于完善苏州市公共文化服务公众评价的意见》《关于建立苏州市群众基本文化需求反馈机制的指导意见》《关于完善苏州市公共文化机构运营的公众参与的意见》等一系列制度文件,编印了《苏州市公共文化服务指南》;张家港市创新开展了"网格化"公共文化服务,推进实现公共文化服务的精细化、人性化和均等化;昆山市制定和实施了公共文化服务和产品评价激励机制。我市的公共文化生产供给正在探索形成生产方以需定产、供给方菜单提供、受益方自主选择的新模式。

(4) 推进文化数字化工程。充分利用科技创新手段,顺应城乡现代化建设的要求,加快文化数字化建设,为广大群众提供更加丰富、更加便捷的公共文化产品和服务。"十二五"期间,我市的文化数字化建设取得了快速发展。一是全国文化信息资源共享工程建设全面达标,苏州市、县级市图书馆为支中心,100%的镇(街道)和村(社区)建有标准配置的公共电子阅览室,"有线智慧示范社区(村)"加快建设,全市数字文化服务网络基本实现了全覆盖。二是加快文化资源数字化,丰富数字文化产品的供给。博物馆、图书馆以及表演艺术类的数字化建设正在加快推进,数字博物馆、数字图书馆和网上文化馆、网上剧院逐步建成完善。三是文化数字服务渠道不断拓宽。依托广电有线电视网络建设的"公共文化有线数字互动平台"已经进入千家万户,市民可以在家中点播电影、戏曲、讲座等公共文化数字节目;创新开发的"掌上苏图""掌上苏博"手机应用服务系统,使市民使用图书馆和博物馆数字资源更加便捷。今后还要继续发挥现代科技对公共文化建设的支撑和提升作用,整合现有数字文化资源,积极运用数字技术、网络技术和信息技术增加公共文化产品生产和供给,提升公共文化服务水平。

3. 繁荣艺术创作,增强公共文化产品的供给能力

(1) 实施文化精品工程。继续引导各专业文艺院团、艺术院校、文艺创作中心和各级美术院馆充分挖掘传统文化优势资源,把握保护、弘扬、发展优秀传统文化与满足当代人民群众审美新需求的关系,鼓励文艺工作者深入生活、深入实际、深入群众,努力推动符合人民群众需求的、思想精深、艺术精湛、制作精良、在全省乃至全国打得响的精品力作的创作生产。"十二五"期间,我市以戏曲、美术、书法、文学、广播影视、音乐、舞蹈等各类精品的创作和生产为重点,强调苏州地域文化特色,力争文艺创作生产综合实力位居全国同类城市第一方阵。自2012年起,苏州市级财政设立了市属文艺院团舞台艺术创作生产专项经费(500万元)和优秀戏曲遗产保护专项经费(500万元),用以推进我市文化艺术创作事业的可持续发展,推动优秀传统戏曲遗产的保护、传承和发展,发挥市属文艺院团在公共文化服务体系和文化强市建设中的主力军作用。专项资金的扶持极大地推动了专业艺术创作的大繁荣。从2011年以来的三年中,全市专业文艺院团、艺术院校和创作中心新创(含深加工和优秀传统剧目)作品20多台,各类评弹、器乐、舞蹈、小品、声乐等节目140多个。苏州滑稽剧团的滑稽戏《顾家姆妈》入围"国家舞台艺术品工程精品剧目"并荣获"中国戏曲学会奖""中国戏曲现代戏突出贡献奖",著名滑稽戏表演艺术家、两度"梅花奖"得主顾芗凭借在该剧中的出色表演,一举夺得"梅花大奖",该团的校园喜剧《青春跑道》获文化部第二届"优秀保留剧目大奖";苏州昆剧院青春版《牡丹亭》经过10年打磨,入围2010—2011年度"国家舞台艺术精品工程"精品剧目并获文化部"文华优秀剧目奖",昆剧《满床笏》入选2011年度"国家昆曲艺术抢救、保护和扶持工程"项目;另有4台剧目分别获"江苏省舞台艺术精品工程"资助剧目和精品剧目,3台剧目获江苏省"五个一工程"奖。

(2) 推动群众文艺创作的普遍繁荣。以繁荣发展为主题,以优秀作品为品牌引领,推动全市群

众性文艺作品创作的普遍繁荣。充分发挥人民群众创造文化、参与文化的作用,坚持统筹城乡发展,兼顾精英文化、大众文化、外来文化等不同层次、不同特点、不同门类艺术创作的全面发展,发挥群众文艺团队和民营艺术团体的重要作用,全方位、多渠道、不间断地为人民群众提供更多更好的艺术产品,不断提高人民群众的艺术欣赏水平。"十二五"期间,我市重点推进一批反映苏州城乡一体化建设、具有浓郁社会生活风情以及反映普通百姓所思所想的优秀群文作品的创作生产。同时,继续挖掘、整理、利用我市底蕴深厚、内容丰富的民间文化资源,使之成为文艺创作取之不竭的源泉。积极弘扬民间戏曲、民间音乐、民间歌曲、民间舞蹈等传统优势项目。创造条件、营造气氛,激发群众文化自觉,最大限度调动群众"要文化""办文化""创文化"的积极性和主动性,推动群众文艺创作的全面繁荣。据统计,"十二五"以来,我市共获得全国"群星奖"(包括服务奖、群文之星等) 4 项,获国家级赛事一、二、三等奖(金银铜奖)分别为 5 项、4 项和 1 项,获省级赛事一、二、三等奖(金银铜奖)分别为 9 项、10 项和 11 项。

(3)提高产业支撑和市场供给能力。"十二五"以来,我市充分发挥宣传文化发展专项资金和市文化产业发展资金的引导作用,加快优化文化产业发展环境,全市初步形成了以文化艺术、出版印刷、广播影视为代表的核心文化产业群,以文化旅游、演艺娱乐、会展广告为代表的外围文化产业群,以文化用品、文化设备的生产制造和销售为代表的相关文化产业群。我市制定实施了一系列政策措施,扶持文化企业的发展壮大,鼓励各类文化企业参与公共文化服务,生产更多价格合理、形式多样的公共文化产品,丰富面向基层、面向群众的文化产品的种类和数量。2012 年,市级文化产业发展专项扶持资金投入 1060 万元,命名了 110 家苏州市级重点文化企业,形成了 7 个国家级、5 个省级、28 个市级文化产业示范基地。苏州市文化产业实现营业收入 2600 亿元,增加产值 660 亿元,在全市 GDP 中占比 5.6%。文化产业的良好快速发展,为公共文化服务提供了坚实的产品支撑。

4. 积极开展公益性文化活动,繁荣演艺市场

(1)开展丰富多彩的文化活动。进一步繁荣文化惠民活动,通过各种文化活动,推送更多更好的公共文化产品,优化公共文化服务质量。一是继续举办好中国昆剧艺术节、中国苏州评弹艺术节、中国戏剧节等重大文化活动,以公益性演出为导向,让城乡居民有更多机会欣赏到文化艺术精品,不断提高文化艺术修养。二是鼓励各地深入开展诸如"长江文化艺术节""江南文化节""郑和航海节""运河文化节"等极具地方特色的文化品牌活动和民俗节庆活动,使丰厚的民间艺术和特色文化因素有效融入公共文化产品生产和供给,使特色文化活动成为推动公共文化产品生产和服务体系不断繁荣的重要支点。三是持之以恒开展送艺下乡(拥军慰问)等活动,大力推进"舞台艺术四进工程"以及"我们的节日""天天有""广场主题活动"等系列品牌文化惠民活动,深入社区、农村、企业、部队、学校演出,在为人民群众服务中锻炼队伍、磨砺作品,提高整体创作能力和水平。四是持续开展"群众文艺大会演""社区文化艺术节"和"新苏州人优秀新节目展演"等主题活动,为基层群众提供各种展演展示平台,推动群众性公共文化创作生产的大繁荣。

(2)加强活动和演出载体建设。"十二五"期间,我市全力推进文化演艺设施的规划建设,结合城市建设布局,规划建设一批集合文化艺术演出、文化娱乐休闲、群众文化活动等功能的文化设施和场所。一是推进大型文化演艺设施的建设。规划建设苏州艺术剧院,苏州昆曲剧院建设项目正在加快推进。同时还将在西部生态科技城、北部高铁新城、南部滨湖新城规划建设具有地标性质的文化演艺设施。二是积极扶持评弹书场建设和发展,鼓励全市各镇创办多种经济成分的评弹书场,有条件的街道、村和社区也应积极创办书场或票友活动场所。截至 2012 年底,全市已建有评弹书场 127 家,演出场次 24437 场,听众 366.4 万人次。三是以昆曲、评弹、儿童剧、吴歌吴舞等优秀民间艺术优势创作力量为依托,结合民俗节庆、民间风俗、传统节日等举措,推动全市文化载体和思想道德教育基地建设。四是结合历史文化名城保护和非物质文化遗产的保护传承,进一步做优古镇、

园林、历史街区等演出基地、演出点,形成物质与非物质遗产交相辉映的格局。五是推进贴近群众的基层文化活动和演出载体建设。立足基层、立足本土,充分利用社区、广场、公园、校园等设施,加大开放力度,提高利用率,主动为群众自发的文化活动提供使用场所、设备等方面的便利。

(3) 活跃民间演出市场。通过项目外包、政策优惠、资金扶持等手段,活跃民间演出市场,使之成为公共文化产品生产和供给体系的有效补充。一是在已有30多个演出经纪机构的基础上引进培育一批高知名度的演艺经纪公司和演出场所精英机构,推动成立苏州剧院联盟。二是对高雅艺术演出给予扶持,鼓励社会力量多渠道组织开展面向社会的演出活动。市文化与财政部门共同出台了《苏州市支持高雅艺术演出活动实施办法》,每年安排专项经费100万元,对在苏州市区举办具有世界级、国家级水准和民族特色的演出活动给予资助,鼓励高雅艺术演出活动实行低票价。三是扶持民营文艺表演团体的发展。继在2009年出台《关于支持和服务民营文艺表演团体发展的若干意见》之后,我市又颁布了《苏州市支持民营文艺表演团体发展奖励办法》,不仅放宽了民营文艺表演团体的市场准入条件、演出审批办法,加大了对民营文艺表演团体创作生产的引导,更激励了优秀民营文艺表演团体主动参与面向群众的公益性文化演出的积极性和自觉性。四是对坚持公益性演出的书场给予奖励。随着农村、社区群众欣赏评弹演出需求的日益旺盛,在全市城乡基层评弹书场建设力度不断加大的同时,我市出台了《关于扶持农村、社区书场开展评弹长篇书目公益演出的奖励办法》,对坚持开展评弹长篇书目公益演出、合法经营、群众满意的书场给予奖励,进一步加强了书场的有效管理,促进了评弹公益性演出的持续开展。

5. 抓好文化队伍建设,提高公共文化服务水平

(1) 实施"姑苏文化人才"计划。文化人才队伍是构建公共文化服务体系的基础性和关键性因素。我市始终树立人才是第一资源的观念,大力实施"人才兴文"战略,近年来围绕《姑苏人才计划》和《2008—2015年文化人才队伍建设实施规划》,加大改革力度,创新人才引进、培养、使用机制。一是按文艺创作、文化服务、文化管理、文化运营、理论研究等分类,每个门类每年重点培养(或引进)1~3名领军人才,4~10名重点人才。二是重点加大对年轻新一代业务骨干、领军人才的培养力度。一方面通过挂职锻炼、横向交流、推荐承担省市重要研究项目或重大创作演出活动等形式,在实践中培养人才;另一方面发挥老艺术家、老专家、老领导的作用,通过传、帮、带,为更多的年轻人搭建事业平台,扶持他们更快更好地成长。三是加强艺术职业教育。以苏州评弹学校、苏州市艺术学校等艺术职业教育为龙头,发挥硬件优势,加强师资力量,提高学历教育层次,培养多门类艺术创作及艺术理论研究等各类高素质人才。

(2) 加大基层文化队伍建设力度。基层文化队伍活跃在公共文化服务第一线,其专业素养和业务能力直接关系到公共文化产品生产和服务水平。一方面,我市率先施行基层文化从业人员资格认证制度,提高相关从业人员的业务能力和公共文化服务水平。根据中宣部等六部委《关于加强县级和城乡基层宣传文化人才队伍建设的若干意见》,我市下发了《贯彻〈关于加强地方县级和城乡基层宣传文化队伍建设的若干意见〉的实施意见》,积极探索基层文化队伍建设新路径。从2008年起开始施行基层文化从业人员资格认证制度,5年来通过专业资格认证培训并实现持证上岗的基层文化从业人员达3782人次,基本实现了基层文化从业人员培训全覆盖。在此基础上,结合示范区创建要求,我市文化和人事部门又联合下发了《进一步落实〈苏州市基层文化从业人员资格认证制度〉的意见》,建立基层文化从业人员跟踪管理机制,为基层文化人才队伍的优化管理提供坚实保障。另一方面,大力发展公共文化服务社会团体,壮大文化志愿者队伍。各级公共文化服务机构开展了面向社会团体、文化骨干、文化辅导员、文化志愿者甚至包括中小学艺术教师在内的各种公共文化服务能力培训,涉及领域包括艺术创作、表演和指挥、活动策划组织、文化管理、文化鉴赏、陈列讲解、图书分类检索等,每年开展的培训辅导近千课时,极大地提高了社会团体乃至居民个体参

与文化、创造文化的意愿和能力。

（3）营造良好的人才生态环境。优秀文化人才提供良好的发展环境、创业环境,建立长效的激励机制。一是加大向国家、省、市推荐成绩突出各类人才的力度,目前享受国务院特殊津贴专家有6人,中宣部四个一批培养对象有1人,省委宣传部五个一批培养对象有1人,省级"有突出贡献中青年专家"有2人,第四期省"333"工程培养对象第二层次有1人、第三层次有5人;市杰出人才奖有1人,提名奖有1人,文化创新创业领军人才有1人,重点人才有3人等。二是开展拔尖舞台艺术人才岗位考核奖励以及两年一度的全市舞台艺术中青年艺(技)术考核活动,实施苏州市舞台艺术"新苗奖""新人奖""新星奖"和"传承·园丁奖"评选和奖励等措施,有利于形成老、中、青、新各层次、各专业、各艺术门类人才纷纷涌现、梯次成长、各尽所能的人才培养和使用新局面。三是与苏州苏明装饰股份有限公司、苏州市建设集团有限公司联合开展"苏明杯"青年艺术人才评选奖励以及"建设杯"青年文化研究人才评选奖励工作,每年拿出30万元,用以鼓励青年人才潜心钻研专业业务、提升专业水平。四是将民营文艺表演团体人才管理纳入全市文化人才管理体系,组织专家对民营文艺表演团体进行艺术指导,并组织优秀演员参加舞台艺(技)术考核和职称评定考试,对积极参加各种公益性演出活动的优秀个人给予奖励,为民营文艺团体的优秀艺术人才营造了良好的发展空间。

6. 开展理论研究,加强制度设计

（1）加强制度设计研究。结合我市"十二五"公共文化发展的战略目标,针对公共文化服务体系建设亟须解决的问题,开展课题研究和制度设计,提炼出一批推进公共文化服务体系建设的制度和政策。国家公共文化服务体系示范区创建以来,我市制定了《苏州市公共文化服务体系制度设计研究工作方案》,围绕公共文化设施网络、公共文化服务供给、公共文化人才资金技术支撑等方面,确定了以1个文化部命名课题("公共文化服务多元化投入机制研究")、4个市级重点课题和12个市(县)区级课题为主要内容的制度设计研究课题体系。从选题、组建课题组到开展研究和形成成果,历经近2年时间,多次邀请国内专家指导完善,最终形成了近10万字的研究报告和16个极具实践意义的政策文本。"苏州公共图书馆总分馆制度设计研究""苏州市基层文化从业人员职业资格认证制度研究"等课题组成的系列性研究成果圆满通过了文化部专家组的评审。同时,在公共文化服务体系建设实践中总结提炼了"群众文化活动体系化建设""基层公共文化从业人员专业认证和持证上岗制度""公共文化服务网格化建设"等24个亮点,得到了文化部领导与专家的一致肯定。制度设计研究所取得的成果为全面构建完善公共文化产品生产和供给体系积累了有效经验,提供了理论支撑。

（2）广泛开展文化课题研究。研究出台《苏州市文化研究课题管理办法》,设立苏州市文化研究课题专项资金,充分发挥市文化研究中心、博物馆、文化馆、高等院校等单位的研究功能,广泛调动社会力量参与文化研究。一方面文化研究项目要向公共文化服务领域倾斜,另一方面广泛开展与公共文化服务领域密切相关的艺术理论、文化遗产保护、文化产业、文化市场管理等领域的研究工作,共同服务公共文化产品生产和供给体系的实践。

（3）完善政策保障机制。在已经出台的支持公共文化服务的诸多政策文件和众多制度研究成果的基础上,进一步提炼在公共文化产品生产和供给体系建设过程中形成的基本经验、基本措施、基本政策,研究制定《苏州市公共文化服务促进办法》《苏州市群众基本文化需求反馈办法》《苏州市公共文化服务公众评价办法》等政策,有条件的争取上升为地方立法、地方标准等制度性文件,健全公共文化服务的地方性法律法规保障体系。

三、公共文化产品生产和供给体系的实效

经过多年(特别是"十二五"以来)的探索和实践,我市公共文化产品生产和供给体系不断发展、渐趋完善,产品数量不断增加、质量显著提高、服务不断创新、效能逐步提升、群众参与度和满意度持续增加。公共文化产品生产和供给体系的发展有力助推着公共文化服务体系整体的健全和完善,也为苏州城乡一体科学发展、率先基本实现现代化提供了强大动力。

(一)免费开放——提供更加优质的公共文化服务

以博物馆/纪念馆和"三馆一站"免费开放为契机,我市的公共文化服务机构积极探索公共文化产品生产和供给新机制,充分运用公共文化设施阵地和资源,创造了很多公共文化服务的新方式,大量生产和有效提供了各种类型的公共文化产品,公共文化服务效能也有了显著提升。

1. 苏州博物馆探索免费开放的最佳做法

2008年起,苏州市的国有博物馆/纪念馆全部实行免费开放。免费开放使广大居民进入博物馆/纪念馆实现"零门槛",观众数量明显增长,各级国有博物馆/纪念馆努力提升开放服务水平,想方设法地为更多观众提供更好的公共文化产品和服务。以苏州博物馆为例,作为我市博物馆系统的龙头,苏博是首批国家一级博物馆。近几年其在全国的综合排名保持在前15位,在地级市博物馆中名列第一。2006年新馆落成开放,年均接待海内外观众达100万余人次。2008年实行免费开放以来,苏州博物馆始终坚持"免费不免责任,免费不减服务,免费不降质量"的原则,切实履行展示宣传人类文化和国民教育的职能,不断强化公共服务意识,通过创新服务形式、拓展服务内涵获得了显著的社会效益。

(1)丰富更新基本陈列,举办高质量的临展特展。先后举办了"吴门画派之沈周特展""吴门画派之文徵明特展"等高水准特展,通过增加展览数量,扩大展览信息,不断进行公共文化产品的再生产,既增强了博物馆的时代感和历史责任感,又扩大了博物馆本身的影响力、号召力、宣传力,让更多市民走进博物馆,享受更好更丰富的公共文化服务。

(2)面对伴随着不断增加的观众人数而激增的展厅讲解和导览服务需求,结合实际,采用常规讲解、专家讲解、中小学生讲解、特殊人群讲解等多种方式为公众提供讲解服务。2012年全年接待观众人数144.3万人次,提供讲解531批次,其中讲解员展厅深度讲解工作完成1750批次,观众讲解受众率达26.07%。2012年苏州博物馆推出的"特色讲解导览"服务项目获得国家文物局委托中国博物馆协会组织免费开放做法评选"最佳讲解导览"奖,苏州博物馆成为唯一一家地市级获奖单位。

(3)坚持开展社会教育活动。编撰了"苏州博物馆年度特展和社会教育活动指南",帮助观众有效地利用苏州博物馆教育资源。每年推出大型教育活动50余场,其中围绕传统节日的"四时民俗"活动、针对青少年的文化教育活动"艺术在苏博"等活动形成了系列和品牌,广受社会各界关注和赞誉。年均参与活动的观众总人数近万人次。

(4)利用新技术,提供更加人性化的导览服务。在传统讲解方式的基础上,创意策划了"无线苏博,无限体验"的移动智能观众导览项目,并成功开发出APP软件应用系统,馆内外所有智能终端用户可以通过智能平台随时了解博物馆展览、活动、文物信息等资源,真正实现"把博物馆带回家"。

在苏州博物馆的带动和表率作用引导下,全市国有博物馆也积极改善基础设施,改造基本陈列,增加临时陈列,拓展服务项目,为推动公共文化服务和文化传播贡献力量。苏州碑刻博物馆更新了基础陈列,恢复了"现代书法碑廊"展示和"农业经济碑廊"展示,成立了碑刻技艺展示体验中心;苏州戏曲博物馆做大做强昆剧"星期专场"和"吴苑深处"评弹书场两大品牌项目,全年"星期专

场"演出19场次、评弹演出246场,完成近2万册(件)馆藏资料的数字化转换工作。据统计,2012年全市国有博物馆(纪念馆、陈列馆)举办各类展览125期,参观人次达217.14万,公共博物馆已然成为展现苏州城市文明和市民现代生活的大客厅。

2. 公共文化中心创新"一条龙"服务机制

苏州市公共文化中心是由文化馆、美术馆、名人馆等8家公益性文化事业单位整合而成,2011年9月正式成立。"中心"以公共文化服务为核心,将不同类别的文化资源进行整合,形成合力,实现公共文化服务机构集约化管理,以及公共文化产品和服务集成化提供。"中心"成立以来,发挥集聚效应,实现公共文化服务一条龙,为市民提供分层次、多元化的文化活动供给,市民走进"中心"便可享受到演出、展览、公共教育等多种文化服务,足不出户亦有流动演出、流动展览送入社区,还可通过网络畅享数字文化服务,满足多样化的文化需求。免费开放以来,"中心"已累计接待观众达百万人次,2012年活动场次较2011年翻两番,受益人群较2011年增幅达50%。

(1) 公共文化产品和服务的内容多元化。"中心"实行各馆联动,为各类群体打造各色多元的文化服务活动,不断扩大公共文化服务规模。2013年,中心共举办各类群众文艺演出、展览展示活动70多场。"家在苏州·欢乐大舞台"系列广场演出季活动、"梅花飘香"系列演出、"家在苏州·我们的节日"系列庆祝活动、"家在苏州·情满水城"流动演出等成为群众喜闻乐见的活动品牌。

(2) 根据群众需求定制公共文化产品和服务。为了确切了解群众的公共文化服务诉求,提高免费开放服务质量,"中心"制定了群众基本文化需求反馈机制,采取填写活动反馈表(针对被服务单位)和发放满意度调查问卷(针对市民群众)等方式,了解群众需求,改进服务措施。继续面向特殊人群开展公共文化服务,如为老年群体持续开展《1080讲堂》公益讲座,讲解戏曲艺术鉴赏和端午民俗等老年人喜闻乐见的内容,并通过广播惠及社会各界听众;组织赴吴中区、相城区、吴江区下辖的镇、村等外来务工人员集中居住区举办流动演出;赴中小学校开展面向少年儿童的流动演出和普及性艺术培训;针对残障人士组织了赴残疾人活动中心的慰问演出等,受到了广泛欢迎,受益人数近10万人次。

(3) 建设群文数字服务平台,使基层群众可以通过多种方式享受公共文化信息产品和资源服务。完成数字文化馆建设并开通网上群文活动信息浏览、网上艺术点播、电子杂志、在线辅导等内容,方便市民在家享受公共文化服务;建设群众文化远程指导网络,该网络可连接92个市(县)、区文化馆、乡镇(街道)文化站进行业务远程指导,从而进一步提升了基层文化从业人员、群文骨干和文艺爱好者的艺术水平和管理能力。

3. 公共图书馆总分馆体系助力书香城市建设

苏州作为拥有深厚文化底蕴的历史文化名城,自古以来就有着浓厚的爱书、读书氛围。公共图书馆是"人民的终身学校",肩负着公共服务、社会教育等多重职能。苏州图书馆自2007年起实行免证阅览、零门槛进馆,2009年底所有基本服务全部免费,早于2011年全国公共图书馆的免费开放。面对城乡一体化的快速发展、面对更多类型更多层次读者的涌入、面对不断激增的读者服务需求,苏州市公共图书馆系统努力践行普遍均等理念,全心全意为读者服务。2005年起,苏州图书馆探索构建统一管理的总分馆,把服务的触角逐步延伸到了社区,创立了被业界和专家学者誉为"苏图模式"的公共图书馆总分馆体系,为推动学习型城市和"书香城市"的构建做出了积极的贡献。

(1) 通过总分馆体系延伸服务。近年来苏州图书馆致力于构建覆盖全市的总分馆体系,截至2012年底已建有1个总馆、57个分馆、2个流动图书馆以及20个流通服务点。总分馆体系内部实行统一资源建设、统一服务标准、统一开展读者活动。2012年苏州图书馆持证读者达到64万,同比2010年增长60%,办证率在国内大中城市公共图书馆名列前茅,居全省第一。总分馆之间实行通借通还,提供免费办证、借阅、电子阅览以及图书预约等常规免费服务;此外还提供预约借书、送书上门、远程咨询等服务,全年总分馆共接待读者699.14万人次,同比2010年增长13%;借出图书337.21万册次,同比2010年增长68%。另外,苏州图书馆还率先开展了"工地书屋"建设和"未成年人流动图书大篷车"服务。前者直接将图书阅览室办到建筑工地,使之成为外来务工人员精神文化需求的新家园。后者则深入城乡社区学校,定点定期开展循环服务,年均服务未成年人读者8万人次,解决了部分城乡接合部未成年人图书借阅难的问题,使更多的未成年人享受到了公共文化服务的成果。

(2)依托馆藏资源,开展优质服务。一方面不断丰富和利用馆藏资源,为公众提供更多、更新、更实用的公共文化资源和服务。2012年分编图书和音像资料共10多万种、70多万册(盘);征集地方文献549种,全馆已拥有文献374.7万册(件)、数据库资源28种。编印《善用图书馆》读者手册、《苏州图书馆服务指引》《读友》《缤纷阅读》等定期资料免费发放给读者,宣传和帮助读者更好地利用图书馆资源和服务。全年提供咨询条目2199条,完成网上在线咨询785条,图书馆网站访问人次达170.57万。另一方面,不断强化数字资源建设和推送,充分发挥作为全国文化信息资源共享工程苏州市级支中心的作用,建设"电影天地""舞台艺术""精品文化资源库"等众多数据信息栏目,年均播放影片400多部,接待浏览和观影读者近5万人次。2008年,苏州图书馆与中国移动合作创新开发了"掌上苏图"项目,并率先将"全国文化信息资源共享工程"引入手机平台,截止到2012年底,"掌上苏图"的各类短信发送量已经超过350万条,WAP网站累计访问用户数达到60余万人次。手机媒体上推广移动图书馆服务这一全新的服务理念,借助移动通信和移动终端,摆脱地理束缚的移动阅读,使读者可以"行万里路而读万卷书"。

(3)通过多种形式开展读者活动,营造全民读书的氛围。苏州图书馆2012年全馆举办各类读者活动682项,相比2010年增加了75项,参与人数超过13万人次。其中,帮助老年读者了解网络世界的"扶老上网"活动、富有特色的少儿阅读活动"悦读宝贝"计划、为外来务工人员及其子女提供服务的"小候鸟开心驿站"活动、丰富盲人读者文化生活的"盲人爱心电影"活动等已经成为极有影响的活动品牌。以普及知识、传播文化为宗旨的"苏州大讲坛"系列讲座活动已连续举办550期,获得省委宣传部"江苏优秀讲坛"称号。

当前,苏州正在全力构建"书香城市",以公共图书馆为活动主体的"苏州阅读节"已连续举办8届,每年举办系列主题读书活动1000多项,全市城乡近500万人参与,全民阅读的良好城市氛围正在逐渐形成。作为提升市民文明素质和城乡文明程度的重要载体,苏州的公共图书馆正将浓浓的书香撒布到"书香城市"的每个角落。

(二)精品迭出——奉献更加丰盛的公共文化大餐

随着体制改革的全面完成,苏州市直文艺院团积极探索转换思路、创新机制,将公共文化产品生产和服务纳入自身发展轨道。一方面,着力打造精品力作,努力推出更多体现时代精神、反映人民意愿的作品,用优秀的作品鼓舞人,唱响主旋律;另一方面,重心下移,加强面向基层、面向群众的文艺作品创作和辅导,用大量贴近实际、贴近群众、贴近生活的作品丰富群众的文化生活。同时,我市的专业美术院馆全力打造"新吴门画派"品牌,传承历史文脉,关注时代民生,成为公共文化产品创作生产的一支重要力量。

1. 专业艺术为群众创作更多优秀作品

"一切进步的文化创作生产都源于人民、为了人民、属于人民"。我市专业文艺院团始终坚持以人民为中心的创作导向,秉承"三贴近"原则,努力为人民群众提供更好更多的精神食粮。

(1)实施精品战略,推出一批立得住、传得开、留得下、深受人民群众喜爱的艺术精品。苏州市滑稽剧团一直以来坚持"贴近生活、反映实际"的艺术生产特色,以平均3~5年的周期,连续创作出《快活的黄帽子》《小城故事多》《一二三,起步走》《青春跑道》《笑着和明天握手》《顾家姆妈》等一系列契合时代精神、彰显地域特色、适应市场需求的原创精品,多次囊括了国内舞台艺术领域的最高奖项。校园题材剧目《一二三,起步走》和《青春跑道》,常年为在校学生公益演出,多次参加国家、省、市"高雅艺术进校园"巡演活动和公益演出活动,每年演出超百场。江苏省苏州昆剧院实践社会化运作方式及海内外合作机制,联合港、澳、台地区社会精英合作打造的中国昆曲青春版《牡丹亭》,自2003年启动以来,已于海内外巡演230场,演出足迹遍及大陆27个城市及台、港、澳地区,并献演美国、英国、希腊、新加坡等国舞台。直接进场观众48万人次,青年观众比例达75%,通过其他媒介观看欣赏超过1亿人次。尤其值得一提的是青春版《牡丹亭》的"大学校园行",该剧目从苏州大学的首演开始,先后在国内外28所大学演出了85场,对于传播优秀传统文化、丰富大学校园文化生活起到了巨大推动作用。

（2）加强"创群众所需、为群众所演"的定向创作和演出。近年来,我市的专业文艺院团、评弹学校、艺术学校广泛深入基层,与乡镇、社区、部队、学校以及企事业单位结对共建,在为基层群众奉献精品佳作的同时,根据单位和群众的需要创作和演出了许多文艺节目。例如,苏州市评弹团以"11.27"特大电信诈骗案为蓝本创作演出了《天网》,将艺术与生活紧密联系,既推广了评弹艺术,又宣传了反诈骗知识;苏州歌舞剧院与苏州工商局联合创作的音乐剧《好人李伟光》,以舞台剧形式来树典型,宣传消费维权知识,社会反响非常热烈;苏州评弹学校为苏州市财政局创作辅导的弹词小组唱《公共财政惠三农》,用艺术语言传唱政府的三农政策。每年我市专业文艺定向创作各类文艺作品数十个,很好地起到了愉悦身心、寓教于乐的作用。

2. 四进工程将文艺演出送到群众身边

2005年,苏州市委宣传部、市文明办、市文广新局联合开展了苏州市舞台艺术"四进工程"活动。这是一项以高质量的舞台艺术"进社区、进乡镇、进学校、进企业"为主要内容的公益性文化服务活动,旨在通过广场文化的形式,将市直文艺院团、苏州市文化馆等每年创作的舞台艺术精品展示给市民群众,让基层群众有更多机会欣赏到舞台艺术精品,也使艺术家、优秀演员更广泛、更深入地走向基层、走近群众。"四进工程"活动的组织始终贯穿着"让群众选、让群众演、让群众评"的方式。年初预排节目菜单供市民选择,根据市民的喜好与需求,排定演出时间和内容,体现了群众的自主性;演出时有针对性地穿插当地群众自编自演的节目,增强了与群众的互动性;演出结束后,向观众发放意见反馈表,现场打分,激发了群众的参与性。8年多来,"四进工程"累计演出"综艺""喜剧小品""评弹""歌舞器乐""苏锡剧"等不同形式的文艺节目专场800多场,直接受益群众100万余人次,真正做到了让精品文化"走下去",把市民群众"请出来",让普通市民在家门口欣赏所喜爱的专业文艺演出,在品尝丰富多彩的文化大餐的同时,切实感受我市公共文化服务体系建设的惠民成果。

3. 新吴门画派为文化名城增添新色彩

苏州美术历史悠久,名家辈出。"吴门画派"曾长期占据中国画坛的主导地位,把中国文人画推向顶峰。作为传统"吴门画派"延伸、拓进与发展,"新吴门画派"在保持崇尚文雅、清新雅逸的审美情趣的同时,更加积极关注时代民生、追求和谐大美。新时期,苏州美术人不断推动"新吴门画派"品牌建设,通过美术作品反映现实,通过美术教育陶冶情操,不仅开创了艺术时代的新风,也为公共文化服务体系建设、为苏州文化名城增添了浓墨重彩的一笔。

（1）创作生产更多美术作品。"十二五"以来,我市美术家广泛深入生活,挖掘素材、提炼主题,坚持反映现实、关注民生的创作导向,共创作各类美术作品3千余件,近20位画家在全国、省各级展赛中摘金夺银,50多位画家入选参展,为苏州美术收获荣誉,苏州美术整体的生产创作水平已经在全国、全省地级市中领跑。

（2）举办各类美术展览和活动。全市的美术院馆积极开展丰富多彩的各层次、各种类美术展览活动近400个,吸引观众300多万人次。在2012"吴门画派"文化年系列活动中,苏州国画院联合相关学校举行了"新吴门画派进校园"活动,包括与中学合作建立美术教育基地,为苏州大学艺术学院师生举办艺术专题讲座等,以高端书画艺术为载体,不断培养当代青年学生的民族认同感及责任心,进一步深化了素质教育内涵。除了这些展览活动,苏州的美术家们还积极参加"双拥""三送""文化下乡"等公益文化活动,为基层群众书字送画,体现了苏州美术人高度的社会责任感和人文关怀精神。

(三)全民参与——完善更加开放的生产供给机制

公共文化产品归根到底是为了满足全体公民的基本文化需求,而公民的文化需求不仅仅是被动接受文化产品和服务,更需要主动参与文化和创造文化。我市在完善公共文化产品生产和供给体系的实践中,不断解放思想,创新工作思路,一方面强化公共服务意识和职能,另一方面在政策、机制和措施上全面创新,积极开发多元化、灵活性的文化产品生产和供给主体,让文化企业、非营利组织、民间文艺团体乃至居民个体都成为有效公共文化产品的供给者,都成为公共文化服务体系的有机组成部分。

1. 方兴未艾的民营文化力量

"十二五"以来,随着文化事业的发展和繁荣,我市民营文化发展势头迅猛。在各项政策措施的扶持和推动下,民营文化越来越多地参与到公共文化服务中,逐渐成为公共文化产品生产和供给体系不可或缺的力量。

(1)民营文艺表演团体蓬勃发展。民营文艺表演团体是在改革开放和文化体制改革的时代背景下应运而生的,它们常年扎根基层、服务人民,与国有院团和群众文艺团队互为补充,在市场搏击中不断发展壮大,对于繁荣基层文化市场、丰富城乡文化生活、满足人民群众精神文化需要,具有重要意义。但是从总体来说,我市的民营文艺表演团体还比较弱小,缺乏可持续发展能力。针对这一现状,我市采取切实有效措施,先后出台了《关于支持和服务民营文艺表演团体发展的若干意见》以及《苏州市支持民营文艺表演团体发展奖励办法》,积极支持、鼓励和引导民营文艺表演团体健康发展。几年间,民营文艺表演团体从一开始的20多家增加到48家,演职人员6000余名,演出门类涉及声乐、舞蹈、戏剧、曲艺、器乐等。在政策的引导和扶持下,民营文艺表演团体以富有活力的体制机制,短小精悍的演出队伍,自主经营、自我发展,努力探索老百姓喜闻乐见、易于接受的演出方式,积极开拓演出市场,走出了一条面向基层、面向观众、面向市场的繁荣发展之路。据不完全统计,全市民营文艺表演团体每年演出场次在8800场以上,接待观众超过6000万人次,为繁荣苏州文化事业、壮大苏州文化产业做出了积极贡献。今年,我市组织开展了"民星舞台——2013年苏州市民营表演团体演出周"活动,为各民营文艺表演团体成功搭建汇报的展台、交流的平台和表演的舞台,15家民营文艺表演团体在一周时间内向市民集中展演了8场优秀节目,1万余市民到场观看演出,从而进一步提升了民营文艺表演团体的影响力。

(2)苏城演出市场红红火火。2013年,"苏州剧院联盟"正式成立,通过建立统一的节目平台、票务平台、营销平台和艺术教育平台,节目运作和票务联通初见成效,全年"苏州剧院联盟"10家专业剧院共演出600余场,观演人数超50万人次,与去年相比增长了10%,扩大了苏州演出市场的影响力和吸引力。同时,积极发挥财政有限资金作用,繁荣演出市场。自2012年《苏州市支持高雅艺术演出活动实施办法》实施以来,累计对32项高雅艺术演出项目给予了资助,提供100元以下的低价票近6000张,既带动了更多的高雅艺术演出项目落户苏州,提升了苏州演出市场的品味和档次,也让更多的市民有机会欣赏到精彩的演出。

(3)民办博物馆如雨后春笋。苏州市现有博物馆(纪念馆、陈列馆)37家,其中注册登记的民办博物馆(包括行业、企业及个人兴办的)超过20家,基本形成了以苏州博物馆为龙头、国有博物馆为主体、专题博物馆为特色、民办博物馆为补充,类型多样、主题多元的格局。新近实施的《苏州市民办博物馆扶持办法》明确了对社会力量兴建博物馆的在土地、资金、税收等方面给予扶持和引导。同时,鼓励民办博物馆实行免费开放,对免费开放的民办博物馆,根据免费开放天数、参观人数等情况予以补助或奖励。这些措施都极大地促进了社会力量兴办民办博物馆和参与公共文化服务的积极性。随着《苏州市民办博物馆扶持办法》及后续配套性文件的出台,苏州的博物馆城建设工程进入了快速推进阶段,第一批启动的博物馆中,生肖博物馆、巧生炉博物馆、古代石刻艺术博物馆三家博物馆已经建成开放,第二批启动的 10 个博物馆项目也已确定。预计在 3 年时间内,通过政府主导、社会参与,分步新建 50 个左右的专题博物馆,到"十二五"末,总量达到 100 家左右。

(4)民办美术馆建设步入正轨。一座城市文化发达不发达,美术馆的发展水平是一个重要的衡量标准。正因如此,作为美术馆体系的重要组成部分,民办美术馆的发展状况备受关注。苏州市除了文化主管部门直属管理的 10 个美术馆以外,还有各类行业馆 22 个,民办馆 33 个。这些民办美术馆每年举办各类美术展览活动 200 多期,吸引观众近 100 万人次,起着普及文化、提高群众文化素养的积极作用。但是,民办美术馆登记类型不一,在功能定位和运作模式上也不尽相同,这在很大程度上影响了它们公共文化服务功能的发挥。为了进一步体现政府公共服务和文化惠民的理念,建立公共文化产品供给多元化机制,苏州市文广新局和民政部门联合制定的《苏州市民办美术馆管理办法(试行)》于 2013 年 10 月正式施行,这是全国首个民办美术馆管理办法,填补了国内民办美术馆管理的法制空白。这一办法的出台就是为了鼓励社会力量投资兴办更多的非营利性机构性质的民办美术馆,同时对于规范民办美术馆的活动和展览内容、引导它们更好地融入苏州的公共文化服务体系将起到积极作用。

2. 如火如荼的文化志愿服务

文化志愿者,来源于社会,又服务社会。他们自愿利用自己的业余时间和自身文艺特长,为他人提供公益性文化服务。一支具有一定规模和较高素质的公共文化服务志愿者队伍对于缓解市民群众不断增长的公共文化需求和文化从业人员相对不足的矛盾、提高文化工作的社会参与度,有着积极意义。党的十七届六中全会将文化志愿服务纳入了加强基层文化队伍建设的重要内容。苏州的公共文化服务体系建设日新月异,为有志于公共文化服务的志愿者们提供了更多施展技能、奉献爱心的机会;而更多文化志愿者的加入,又使得更多的社会民众有机会享受到公共文化服务,从而形成了可喜的良性循环。

(1)"苏博志愿社"在进步中成长。成立于 2006 年的"苏博志愿社",现有注册志愿者 150 多人,经过 6 年多时间的发展,已经成为中国博物馆志愿者团队中的优秀代表。6 年来,志愿者们已经为 130 余万博物馆观众提供义务服务达 63334 小时。据统计,几乎每 10 名来苏博的观众中就有 1 人接受到了志愿者的服务。每一位注册苏博志愿者都经过严格的筛选、面试、培训和考核,他们热爱公益、热爱文博、满怀服务社会的奉献热情。志愿者们的服务岗位也从众所周知的展厅讲解、大厅引导服务发展和参与到博物馆工作的诸多方面:社会教育服务、古籍整理、观众问卷调查以及关爱外来务工人员子弟等。苏博志愿者中全年服务时间超过 100 小时的有 13 人,有 6 人累计服务时间超过了 1000 小时。苏州博物馆志愿者团队扎实的工作、规范的管理、和谐的团队精神,赢得了社会各界的广泛关注和高度赞誉。2011 年,苏博志愿者团队荣获"中国博物馆十佳志愿者团队"称号,成为苏州文化志愿者示范品牌。

(2)到图书馆"听故事姐姐讲故事"。每逢双休日下午,苏州图书馆幼儿阅览室总是活跃着一支被小朋友们亲切地称为"故事姐姐"的志愿者队伍。这支主要来自苏州市高等幼儿师范学校的志愿者队伍于 2005 年正式成立,他们通过集体阅读、游戏阅读等形式给学龄前儿童开展文学启蒙教育,并围绕主题开展游戏活动。10 年来,先后参与的志愿者达 1705(人次),共开展活动 341 场,累计活动时间680多小时,受益的小朋友多达12000多人次。"到图书馆听故事"成了苏州许多学龄前孩子周末的"必修课",很多家长自豪地说:我的孩子就是听着"故事姐姐"的故事长大的!

(3)公共文化中心"文化志愿者在行动"。苏州市公共文化中心利用自身资源优势,努力打造"苏州市民文化艺术素养提升志愿服务工程",建立市民文化艺术提升志愿者协会,广泛提供文化志愿服务。由专家型、专业型以及普通志愿者等不同类型的志愿者组成的志愿者协会不仅依托"中心"隶属的文化馆、美术馆、名人馆、艺术馆、油画院、版画院等内设部门及外设馆为阵地,提供导览、讲解、"非遗"保护宣传等工作,还走进福利院、走进残疾人服务中心、走进上万人居住的农民工集宿区,把精彩的文艺演出和精美的展览送到特别需要关爱的特殊人群中去。2013年,"苏州市民文化艺术素养提升志愿服务工程"被评为全国"文化志愿者基层服务年"示范项目,作为优秀典型受到了文化部的通报表扬。

为了推动市民群众自发参与公共文化活动,鼓励文化志愿服务的开展,我市自2002年起就开展了以"十佳广场文化活动""十佳文艺团队""十佳文化辅导员""十佳文化社区"为主要内容的"四十佳"评比表彰活动。如今,全市常年活跃在基层一线的业余文艺社团有4000余个,文化志愿者队伍近千支,人数104.93万人,遍布苏城的文化志愿者成为我市公共文化服务体系一道靓丽的风景。

3. 不拘一格的全民参与机制

在公共文化服务体系示范区创建的过程中,苏州各地在实践中积极探索全民参与公共文化服务的新机制,涌现出很多新思路、新举措。

(1)常熟市推进校地图书馆合作。常熟市图书馆与常熟理工学院等学校图书馆发挥各自优势,开展全方位、实质性的合作,采用"双卡通用""通借通还"方式,有效打破了图书资源借阅服务瓶颈,并成立了科技文献信息查询中心、地方文献阅览研究中心、公共图书流转服务中心三大中心,从而有效推动了校地图书馆资源的建设与共享,促进了校地图书馆业务的交流,为校地图书馆事业的发展提供了一个新的平台。

(2)太仓市推动文企合作。一是开展"文企联姻",全市6个民营文艺表演团体和31个业余文艺团队被"雅鹿""五洋"等知名企业冠名,同时还有近200家企业以各种形式出资扶持业余文艺团队的发展和举办文化活动。二是开展"文化百行"活动,给企业职工送书、送戏、送展览、送电影、送培训等,合作共建"职工书屋"、职工文化活动中心、职工文化广场。三是举办"民企文化节""社企文化节""村企文化节"等活动,实现文化与企业、地方与企业多方联动、共建共荣,既丰富了企业员工的文化生活,又促进了地方经济的繁荣发展。

(3)吴江区实行"四位一体"综合信息服务。2010年起,吴江在全区乡镇图书分馆和农家书屋全覆盖的基础上,在乡村把农家书屋、共享工程基层服务点、农村党员现代远程教育中心、村图书室的资源整合到一起,设立"农村公共信息服务中心",在一个馆舍中挂4块牌子,实行统一管理,用一份成本提供多种公共服务。目前,全区250个行政村均建立了集管理、服务和活动于一体的农村公共信息服务中心,使基层百姓在家门口就能享受到文化信息服务,受到了群众的热烈欢迎。

(4)高新区探索辖区资源共享。苏州高新区充分利用随着国际教育园的入驻所带来的一流文化活动场馆和师资力量,一方面通过区、街道与各大院校建立院地共建合作关系,逐步使这些场馆设施能为辖区居民所使用;另一方面动员6所大专院校的艺术教师组建文化特色师资队伍,为辖区居民开展文化辅导培训和活动组织。

参考文献：

① 巫志南. 公共文化资源供给体系基本问题研究. 国家公共文化服务网：http://www.cpcss.org/_d271342333.htm,2011年3月3日.

② 巫志南. 现代服务型公共文化体制创新研究. 华中师范大学学报（人文社会科学版）,47(4),2008：110-116.

③ 曾军. 中国城市公共文化服务报告. 中国都市化进程报告2011,2011(07)：97-104.

④ 宋建武、张宏伟. 对公共文化产品概念的研究. 中国公共文化服务发展报告2009,2009：97-104.

⑤ 解学芳. 公共文化产品供给绩效与文化消费生态研究——以上海为例. 统计与信息论坛,2011(26-7)：104-111.

⑥ 韩冰. 公共文化服务模式之变. 瞭望,2013(19)：18.

许秩璐

承古惠今的特色文化保护传承和弘扬体系

一、概述

党的十八大报告指出"文化是民族的血脉,是人民的精神家园",要"建设优秀传统文化传承体系,弘扬中华优秀传统文化"。文化是一座城市的灵魂,它是城市发展的强大引擎。优秀文化的传承和创新能为城市的建设提供源源不断的精神动力并转化成物质财富;它更是生活于此的人民群众的心灵归依处,在这里人们接受熏陶、相互认同,从而迸发出强烈的幸福感。苏州作为国务院首批公布的24个历史文化名城之一,又是全国唯一的历史文化名城保护区,悠久的历史文脉、深厚的人文积淀、丰厚的遗产资源,是苏州生生不息、代代相传的精神纽带,也是苏州文化的一大优势。国家公共文化服务体系示范区的创建,为特色文化资源更好地融入当今苏州人民群众的现实生活,更好地丰富城乡群众日益增长的多层次、多元化的精神文化需求提供了契机、创造了条件、搭建了平台。为此,创建期间,我市坚持以政府为主导,以公益性文化事业单位为骨干,积极引导社会力量参与,着力构筑特色文化保护传承和弘扬体系,挖掘优秀传统文化资源,彰显苏州文化独特个性,凝聚和谐社会建设共识,为社会经济协调发展提供动力源泉。

二、苏州特色文化概况

(一) 悠久的历史文脉

苏州是吴地文化的重要发祥地和代表,也是国内和世界上现存最古老的城市之一。文化底蕴的厚重深邃和文化内涵的博大精深,是苏州成为中华文苑艺林渊薮之区的重要原因。

公元前514年,吴王阖闾令伍子胥建城,至今已有2500多年历史,苏州古城先后为春秋吴国、三国东吴古都。虽经数千年沿革,苏州古城始终保持"三横三竖加一环"的水系及小桥流水的水巷特色,1000年前宋朝平江图所展现的"河街相邻,水陆平行"的双棋盘格局保留至今、清晰可见,被称为城市中的"活化石"。正因为得益于水的滋润,吴地先民才创造了数不清的历史文化遗存,酿成了苏州独特的风土人情。丰富的吴地文化精华不仅体现在千年古城、水乡古镇、园林胜迹、街坊民居等丰富多彩的物化形态上,体现在昆曲、评弹、苏剧、吴门书画、刺绣、手工艺等门类齐全的艺术形态上,还体现在文化心理的成熟、文化氛围的浓厚上。

千百年来,苏州名人辈出,共诞生了50位文武状元,数量之多,遥居全国各城市首位。明清全国状元共出204名,而苏州即产生了34名,因此被誉为"状元之乡"或"状元之城"。苏州涌现了散文家徐祯卿,昆曲创始人魏良辅,小说家冯梦龙,诗人高启、钱谦益、吴伟业,以及金圣叹、叶燮等文坛耆老。如今,苏州的文运依旧昌盛,昔日的"状元之乡",今天已卓然演化成"院士之府"。目前,苏州籍的两院院士有112人,数量居全国各大城市之首。他们身上凝聚的文化精神,既是苏州历史遗产的重要结晶,又是弘扬苏州现代城市精神的重要支撑。

综观苏州的城市文化传统,绵延既久、从未间断。究其原因,在于它在保持个性的基础上,善于吸纳,巧于融合,适时顺变。正是这些特性在开放兼容中不断地强化着苏州文化的特点和个性,不断丰富着苏州文化的蕴涵和提升着苏州文化的品位,"苏州城市因文化而闻名,苏州经济因文化而繁荣,苏州人民因文化而儒雅"①,文化已然成为苏州的第一品牌和最大优势,成为苏州加快发展的核心竞争力。迈入21世纪,苏州市出台了《2001—2010文化强市建设规划纲要》,2004年制定了《"文化苏州"行动计划》,苏州亦成为全国最早提出"文化立市"的城市之一。"文化苏州"目标的提出,基于苏州源远流长、富有特色、魅力和辐射力的文化资本,在传承好吴文化人文精神的基础上,将苏州特有的历史文化底蕴与现代文明和谐交融、有机组合,进一步弘扬"崇文睿智,开放包容,争先创优,和谐致远"的城市精神。

(二)丰厚的遗产资源

2500多年悠久的历史赋予了苏州博大而丰富的文化遗产。丰富的文物遗存和多样的"非遗"资源构成了苏州独特而灿烂的文明景观。它们既是传统文化传承的载体,更是现代文明发展的依托;它们不仅是苏州的骄傲,也是我们国家和民族的骄傲,重视并充分挖掘利用得天独厚的文化条件,成为"文化苏州"建设的重要方针之一。

1. 文物资源

苏州共有保存完好的古典园林60余座,其中有9座列入世界文化遗产名录,它们集中体现了中国造园艺术的精华。全市现有2座国家历史文化名城(苏州、常熟),10个国家历史文化名镇(周庄、同里、甪直、木渎、沙溪、千灯、锦溪、沙家浜、东山和凤凰),2个国家历史文化名村(明月湾、陆巷),5个江苏省历史文化名镇(东山、金庭、光福、震泽、汾湖),还有一批苏州市级历史文化名镇名村和历史街区。全市现有各级各类文物保护单位778处,其中全国重点文物保护单位59处,数量名列全省第一,全国第八;省级文保单位112处,约占全省总数的四分之一;市级控制保护建筑289处,仅古城区就有开展保护建筑237处。全市现有博物馆、纪念馆70多家,馆藏文物总计9万余件,其中一级文物298件、二级文物1737件、三级文物16390件。仅苏州博物馆馆藏文物3万余件,其中一级文物253件、二级文物1144件、三级文物15405件。已实行免费开放的公益性博物馆有20余家。

2. "非遗"资源

苏州共有7大类50多个代表项目。其中,昆曲、古琴和宋锦、缂丝、香山帮传统建筑营造技艺、端午节6项先后被联合国教科文组织列为"人类口述和非物质文化遗产代表作"。全市拥有国家级"非遗"项目29项,省级"非遗"项目79项,市级"非遗"项目118项,县区级"非遗"项目352项;拥有国家级非物质文化遗产代表性项目传承人39位,省级传承人76位,市级传承人279位,县区级传承人282人,数量、品级居全国各城市前列。特别是其中的传统技艺和传统美术历史悠久,在全国工艺美术11大类中,苏州就拥有10大类共3000多个品种。这些项目涉及生产实践和生活需要的多个领域,至今仍有许多项目与百姓生活紧密相关。全市拥有"中国民间文化艺术之乡"10个(28项),江苏省特色之乡25个,苏州市民间文化艺术之乡60个,2000多支民间文艺团队在各市(区)"一镇一品""一镇多品""一村一品"建设中发挥着不可替代的作用。

三、苏州构筑特色文化保护传承和弘扬体系的主要做法

文化是苏州的"第一优势",优秀传统文化更是苏州发展的"第一资源"。苏州历届市委市政府高度重视特色文化建设,将其作为全面推进文化事业繁荣发展的重要举措和主要抓手。在推进过程中,坚持以政府主导,以各级公益性文化事业单位为骨干,鼓励引导社会力量参与,积极构筑与苏州经济社会协调发展相适应、与苏州文化发展战略相协调的特色文化保护传承和弘扬体系,着力延续富有中国特色、苏州特点的历史文脉,使优秀传统文化在再创造的实践中成为人民广泛认同、自

---

① 原省委常委、苏州市委书记王荣在接受中央电视台《文化访谈录》栏目专访上的讲话.

觉遵循和爱护的生机勃勃的人生节目,成为城市可持续发展的资本和动力。截至目前,全市已形成了各级党委、政府重视,社会广泛参与,有规划和实施计划、有保护性法规、有保护范围和保护措施、有专门机构、有专项资金("五有"),上下联动、点面结合、循序渐进、依法管理的工作局面。

（一）政府主导

1. 总体规划、合理布局

规划是龙头,是构筑特色文化保护传承和弘扬体系的前提和基础。作为国务院首批公布的历史文化名城,自20世纪80年代起,苏州市就开始编制城市总体规划和历史文化名城保护规划。2002年起,苏州市着手组织编制《苏州市历史文化名城保护规划》,于2007年作为苏州市城市总体规划的专项规划;同年,修编完成。历经多年的不懈努力,苏州古城风貌和特色风姿依旧,成为全国古城保护最好的较大城市之一。2012年,苏州经批准设立国家历史文化名城保护区后,又开始制定更为全面系统的保护规划——《苏州历史文化名城保护规划(2013—2030)》,该规划将文物遗存、"非遗"保护纳入保护范畴,充分体现历史文化与地域特色以及当地居民生活健康发展,相互协调、相辅相成的保护核心。

在《苏州市文化发展"十二五"规划》中,将构建文化遗产保护传承体系作为"十二五"时期的重要发展目标,提出"创新文化遗产保护和传承机制,推进遗产资源的合理开发利用,推动有市场前景的文化遗产资源、项目,在与产业和市场的结合中实现更好保护和传承,在参与创造物质财富和精神财富的实践中焕发新的生机与活力"。在《苏州市十大文化工程》中,"国家历史文化名城保护示范区推进工程"以及"非物质文化遗产生产性保护工程"也被列入其中,以此来进一步增强中心城市文化引领能力和辐射能力,充分展示城市文化新形象。苏州对于文化遗产保护工作的"乐此不疲",已经从一种态度上升为了一种精神。

2. 多措并举、保障到位

（1）组织机构建设

领导机构的健全,是保护工作顺利开展的重要保证。苏州市设有文物保护管理委员会,下设办公室(文管办),文管办与苏州市文化广电新闻出版局(苏州市文物局)合署办公,作为具体实施部门,把特色文化保护传承作为全局工作的重中之重。文广新局下还设有苏州市非物质文化遗产保护管理办公室(以下简称"非遗办"),通过研究拟定全市文物、"非遗"事业中长期发展规划及全市地方性文物、"非遗"保护法规、政策等,各县(区)也相应成立了文管办和"非遗办"("非遗中心"),强力推进全市特色文化保护工作。2005年,我市建立了由市领导挂帅、9个相关部门参与的非物质文化遗产保护工作联席会议制度,市(县)、区也相应建立了协调机制和专门机构,通过定期召开例会,实现了对全市非物质文化遗产保护工作的统一协调和全面指导。

（2）政策法规制定

近几年,我市在认真贯彻国家有关法律法规的同时,通过调查研究,结合苏州实际情况,研究制定了一系列有关特色文化遗产保护的地方性法规、规章和政策。截至目前,苏州已出台古城保护、文化遗产保护相关的地方性法规规章20项,包括6项地方性法规,4项政府规章和10项规范性文件,内容涵盖了古城古镇保护、古典园林保护、古建筑保护、河道水系保护、昆曲保护、古树名木保护、古村落保护、地下文物保护等方面,初步形成了与国家现行法律相配套的、符合苏州实际的较为完善的特色文化遗产保护地方性法规规章体系。

文物保护方面,苏州相继出台《苏州市古建筑保护条例》《苏州市古村落保护办法》《城市紫线管理办法(试行)》《苏州市城市紫线图则》《苏州市文保单位保护范围、建控地带图录》《苏州市市区依靠社会力量抢修保护直管公房古民居实施意见》《苏州市区古建老宅保护修缮工程实施意见》《苏州市区古建筑抢修贷款贴息和奖励办法》等近20部文物保护地方性法规规章,为苏州古城保护提供政策支撑。其中,《苏州市古村落保护办法》明确提出:"古村落应当保持原有的生活状态,适度发展旅游和文化产业,防止无序和过度开发。"同时,《苏州市古村落保护办法》中还明确了政府责任,规定将古村落保护纳入本地区国民经济和社会发展规划,并在每年的财政预算中安排专门资金用于古村落保护,古村落较多的镇还应当设立古村落保护管理机构。在实施保护性修复工程前,当地政府应当编制详细规划并进行公示,征求公众意见。而 2013 年 10 月开始实施的《苏州市民办博物馆扶持办法》,则针对我市的民办博物馆发展,在馆舍建设、馆舍使用、陈列展览、开放运行、对外交流、学术研究等方面制定了相关扶持政策和激励措施。《苏州市古村落保护办法》规定新建、改建和扩建的民办博物馆,最高可获补助 200 万元。《苏州市古村落保护办法》的出台旨在通过政府的支撑和指导来解决民办博物馆的生存之困,使其更好地参与公共文化服务,为广大民众提供更多的精神食粮。

"非遗"保护方面,从 2004 年以来,我市先后制定了《中国民族民间传统文化保护工程苏州市综合性试点总体实施方案》《苏州市民族民间传统文化保护办法》《苏州市民族民间传统文化保护专项资金管理办法》《苏州市非物质文化遗产代表作申报评定暂行办法》《苏州市非物质文化遗产代表性项目申报与管理办法》《苏州市非物质文化遗产代表性传承人认定与资助暂行办法》《苏州市非物质文化遗产保护示范基地命名与奖励实施意见》等一批政府规章和规范性文件,制定颁布了备受关注的国内第一部"非遗"专项保护地方性法规《苏州市昆曲保护条例》,以及《进一步繁荣发展苏州评弹艺术工作十年规划》等,为非物质文化遗产的保护提供了全面有力的政策保障。2013 年 8 月 26 日,苏州市第十五届人民代表大会常务委员会第八次会议审议通过《苏州市非物质文化遗产保护条例》。9 月 27 日,江苏省第十二届人民代表大会常务委员会第五次会议批准了《苏州市非物质文化遗产保护条例》,该条例于 2014 年 1 月 1 日起施行,从而使苏州成为全国 17 个有地方立法权的同类较大城市中第一个为非物质文化遗产保护立法的城市。《苏州市非物质文化遗产保护条例》遵循指导性、创新性、前瞻性和可操作性四大原则,通过制定保护规划,建立分级保护、分类保护、文化生态保护扶持机制等措施,不断完善保护工作体系,创建"政府有限主导、部门密切配合、社会广泛参与"的大格局,以更好地体现苏州实际、具有苏州个性、用足苏州空间。

(3)经费投入保障

苏州是全国同类城市中最早设立非遗保护专项资金的城市。根据《苏州市民族民间传统文化专项资金使用管理办法》(后改为《苏州市非物质文化遗产专项资金使用管理办法》)要求,从 2005 年起每年拨款专项资金 300 万元,用于全市的"非遗"保护工作。2008 年,我市在总结全市"非遗"保护工作实际的基础上,对专项资金使用采用了三个"三分之一"的模式,即:三分之一用于名录项目抢救保护经费;三分之一用于传承人专项经费(分为项目传承资助经费和传承人补助经费);还有三分之一用于非遗保护基础性建设经费(包括"非遗"普查、各级名录与传承人申报、基地建设、培训普及、宣传传播和保护工作奖励等)。同时,为加强专项资金的使用和管理,还与获得专项资金的单位和传承人签订项目责任书。2010 年起,明确要求获得专项资金的传统技艺与传统美术项目的保护单位和传承人制作能体现当前技艺水平、具有一定代表性的作品,并纳入项目责任书。作品完成后交由资金下达部门集中保管,在苏州市"非遗"展示馆建成后收藏、展示。同时,为进一步规范该专项资金的使用,提高项目保护单位和传承人的积极性,我市还积极实行名录项目抢救保护经费和项目传承资助经费申报制度,建立健全跟踪考核机制。从 2012 年起,又增加了传统戏曲专项保护资金,每年 500 万元。这些,都有力地推动了我市"非遗"保护工作的开展。

(4)人才队伍建设

事业发展,人才为先。近年来,我市认真贯彻落实中宣部等六部委《关于加强地方县级和城乡基层宣传文化队伍建设的若干意见》精神,市委宣传部等六部委结合苏州实际,下发了《关于贯彻

《关于加强地方县级和城乡基层宣传文化队伍建设的若干意见》的实施意见》,并先后制定《关于进一步推进姑苏人才计划的若干意见》(苏发〔2010〕20号)、《苏州市中长期人才发展规划纲要(2010—2020年)》《苏州市文化艺术体育创新人才评价办法(试行)》《苏州市姑苏文化产业人才计划实施细则(试行)》,以及《关于进一步落实〈苏州市基层文化从业人员资格认证制度〉的意见》等政策文件,将人才队伍建设作为工作的重中之重,积极探索实践加强人才队伍建设的发展之路。一方面通过公开招聘等形式吸收了一批优秀大学生,为文物、"非遗"保护工作注入新鲜的血液,不断更新和优化专业人才队伍结构;另一方面,以基层文化从业人员持证上岗培训为重点,加强对新晋、在职人员的岗位培训。文博方面,近年来先后举办了文物法律知识、文物行政管理、文物行政执法、古建筑维修工程规范、第三次全国文物普查等相关业务培训,邀请省、市有关专家前来授课,受训人员达1000多人次,行政管理、业务技术和执法水平大幅度提高,取得了良好的效果。"非遗"方面,组织开展了多轮的基层文化从业人员资格认证培训,先后有2212多人次参加培训并取得上岗资格,实现了100%持证上岗。

3. 因地制宜、分类推进

近年来,苏州坚持实施"一城、二线、三片、五个历史街区"全面战略措施,加强对古城历史风貌的保护。自2000年以来,先后实施了平江路、山塘街保护整治工程和环古城风貌保护整治工程,以及桃花坞历史文化片区的整治与更新工程、大运河申遗等,既加强对重要文物古建筑的保护,也重视对城市肌理、空间格局、局部环境以及民俗风情等的保护,在集中体现苏州地方文化和城市独特风貌的同时,结合苏州古城区街巷整治,提升老街坊居民居住环境质量,惠及广大百姓。

同时,我市根据非物质文化遗产项目的特点和现状,采取抢救性保护、记忆性保护、生产性保护和区域性整体保护等方法实行分类保护。其中,对存续状态受到威胁、濒临消失的非物质文化遗产代表性项目,实施抢救性保护;对丧失传承人、客观存续条件已经消失或者基本消失的非物质文化遗产项目,实施记忆性保护;对存续状态较好、有一定的消费群体,具有市场潜力和发展优势的非物质文化遗产项目,在有效传承其核心技艺和文化内涵的前提下,通过培育和开发市场、完善和创新产品或者服务等形式,实施生产性保护;对非物质文化遗产资源丰富、代表性项目集中、特色鲜明、形式和内涵保持相对完整、自然生态环境和人文生态环境较好的传统村镇、街区等特定区域,实施区域性整体保护。

(二)社会参与

特色文化保护传承和弘扬,重在公众参与。近年来,我市依托各级博物馆、文化馆(站),广泛吸纳社会团体、企业、传承人和志愿者参与,通过搭建面向社会、面向基层、面向群众的体系化服务格局,将原生态民俗与传统智慧、历史体验与现代生活、经典技艺与创新创造、遗存保护与文化服务有机结合,使"活"的民间生活记忆、"活"的民间智慧和创造、"活"的生活体验场景,全面融入群众现实生活,全面融入公共文化服务。

1. 广泛性

(1)文化遗产普查

自1982年苏州被国务院确定为首批国家级历史文化名城以来,为清理全市文物资源,摸清历史文化遗存家底,我市先后6次开展对文物、园林和古建筑的普查,并划定了文物保护单位保护范围及建设控制地带。在2009年结束的第三次全国文物普查中,全市共调查文物点4217处,登录不可移动文物3841处,其中新发现文物点1919处,复查文物1922处。新发现和复查数量均居全省前列。在普查过程中发现的太仓海运仓遗址和苏州志仁里,入选国家《2008年第三次全国文物普查重要新发现》,张家港黄泗浦遗址入选江苏省第三次全国文物普查"十大新发现"。

为营造浓厚的社会氛围,我市还联合苏州日报、姑苏晚报、苏州电视台等本地主要媒体,组织开展了苏州市第三次全国文物普查"十大新发现"评选活动,引导更多的群众加入文物保护行列。全市组织60余名古城保护志愿者开展文物口碑资料调查。其中,常熟开展的"五老三宝"活动(即组织老干部、老专家、老文化、老常熟、老知识分子等一起来查宝、寻宝和护宝),太仓聘请镇志撰写员参加普查文字记录和相关口碑资料整理工作等创新举措,也极大地推动了普查工作的民间参与力度。

根据第三次文物普查活动结果,我市公布了49处第六批文物保护单位,包括古城区18处、吴中区25处、相城区5处、高新区(虎丘区)1处。在这些新公布的文物保护单位中,既有传统的古建筑、古桥梁、名人故居,也有此次文物普查重点关注的乡土建筑、工业遗产、中华老字号、20世纪文化遗产等新类型。张家港、常熟、昆山、吴江等县(区)也新公布了一批文物保护单位和控制保护建筑。目前,全市新公布文物保护单位和控制保护建筑合计达222处,占新发现总量的12%。

同时,我市从2005年底启动全国非物质文化遗产普查工作,历时3年半,到2009年6月全面完成。全市共新发现非物质文化遗产线索2094条,全市公布"非遗"项目2938个。

(2) 文化遗产日

2004年,借"世遗会"在苏州召开的东风,苏州确定了每年的6月28日作为"遗产保护日",提出了文化遗产的保护应注重其原真性、整体性、可读性、物质遗产与非物质遗产保护的结合性和可持续性的方针原则。至此,已成功举办了10届"文化遗产日"主题活动。2014年6月28日是苏州第10个文化遗产保护日,也是第28届世界遗产大会在苏州召开10周年纪念日。围绕今年国家文化遗产日"让文化遗产活起来"、苏州文化遗产保护日"走近文化遗产"两大主题,从6月14日至6月28日,组织了一系列主题活动。"青少年德育教育基地"挂牌。6月14日,工业园区文萃小学将与苏州大运河遗产展示馆合作共建校外德育教育基地。苏州大运河遗产展示馆位于胥门万年桥西南侧,已于去年6月28日建成并向社会免费开放,此次将挂上"青少年德育教育基地"牌子,引导青少年走近文化遗产,更好培养他们"爱祖国、爱家乡"的热情,激发他们的创新潜能。安装新一批文物保护标志牌。我市以2013年5月公布的第七批全国重点文物保护单位为试点,统一设计制作和安装文物保护标志牌,标志牌的背面对每一处文物建筑的价值、特点做解读说明,以便让公众更好地了解文物古建筑的文化内涵。第四届苏州"非遗"汇展。涉及传统音乐、传统舞蹈、曲艺等类别,具体包括连厢、山歌、江南丝竹、木偶昆曲、开口船拳等。昆剧、评弹、锡剧、苏剧、滑稽戏、小品、民乐民歌等18台专场演出也纳入本次汇展。故宫学院苏州分院成立。按照市政府与故宫博物院签署的《故宫博物院与苏州合作框架协议》相关约定,故宫学院苏州分院正式成立。

2. 多样性

(1) "非遗"论坛。"中国非物质文化遗产保护·苏州论坛"是由文化部非遗司、"中国艺术研究院·中国非物质文化遗产保护中心"主办,苏州市人民政府承办的一项国家级的高规格、大规模的学术会议。自2005年起,已成功举办了4届,先后围绕"非物质文化遗产保护的理论、实践、方法""文化生态保护区的设立及保护模式""非物质文化遗产生产性保护""'非遗'传承人保护及传承机制建设"等热点进行探讨,在推动非物质文化遗产保护工作的实践探索方面发挥了重要作用,共有来自全国各省、自治区、直辖市文化厅(局)和新疆生产建设兵团文化局负责人,非物质文化遗产生产性保护工作成效显著的企业代表,国家非物质文化遗产保护工作专家委员会部分委员及有关高等院校、研究机构专家学者等参与。在此推动下,我市先后抢救、整理了40余个门类的非物质文化遗产资料达6000余万字。《昆曲遗产保护、继承、弘扬工程》课题荣获文化部首届创新奖唯一的特等奖,《苏州戏曲志》《苏州文化丛书》三辑21册、《中国昆曲论坛2003—2005》《苏剧前滩》《苏州评弹史稿》《书坛口述历史》《苏州评弹旧闻钞》《弹词目录汇抄·弹词经眼录》《吴歌遗产集粹》《中国白茆山歌集》《中国芦墟山歌集》《中国河阳山歌集》《姑苏竹枝词》《苏州水乡情歌》《中国吴歌论坛》《苏州民间器乐曲集成》《苏州民间舞蹈志》《苏州民间音乐集成》《桃花坞木刻年画》《中国木版年画集成·桃花坞卷》《苏州古版画》《昆曲与苏州》《苏州端午节》《苏州民间工艺美术》《苏州明清家具》《苏州传统礼仪节令》《苏州民间故事大全》等一批有质量的文化遗产研究性成果以及各种音像制品、光盘、画册等相继出版,涌现了一批遗产保护科研人才,周良同志由于评弹研究成绩突出,获得中国曲协颁发的牡丹奖终身成就奖。可以说,这一论坛的召开,对于整合和利用资源,营造艺术表演、管理实践、理论研究和文艺评论的互动空间和交流氛围,搭建国家层面的非物质文化遗产保护的实践与理论研究平台起到了良好的推动作用。

(2) 民间文学刊物

近年来,我市各级政府高度重视群众性文学艺术创作。以吴江区为例,先后出台了《吴江区文化人才计划实施办法(试行)》《关于开展2013年〈吴江文库〉申报工作的通知》等政策、措施,通过定期举办"伟业杯""魅力民企·乐居吴江"征文比赛等形式,进一步激发全民文化艺术创造能力。目前,吴江区下辖9个镇区均成立了文学社团,如垂虹、梅堰、耕乐、晓钟、绸都、湖风、莺湖等,每年编印4期文学刊物,每年开展不少于6次文学活动,真正做到了"一镇一刊一社团",被《中国文化报》誉为群众文化的"吴江现象"。

3. 地方性

(1) 昆曲普及工程

我市作为昆曲的发源地,多年来高度重视昆曲的传承、弘扬、普及,充分利用昆曲的"原生地"历史资源条件,以"原真性"保护为特征,以"原生态"建设环境为重点,逐步构筑起了以昆曲节(中国昆剧艺术节和虎丘曲会)、馆(中国昆曲博物馆)、所(苏州昆剧传习所)、院(江苏省苏州昆剧院)、场(一批昆曲演出场所)和"建立中国昆曲研究中心,办好苏州昆曲学校,打造昆曲之乡和活跃曲社活动,做优昆曲电视专场和建立昆曲网站以及昆曲演出传播、海外交流中介机构,制定昆曲保护法规"这两个"五位一体"为支点的,内部充分交流与外部衍伸开放的"生态型""基地型"网络化体系,形成了政府推动,社会支持,专家学者、艺术家、企业家联手,贴近人民、贴近观众的遗产保护系统工程。2007年5月9日,我市启动实施"非遗传承、弘扬、普及工程",深入推动昆曲艺术"全国著名高校行",先后进入苏州大学、北大、北师大、南开、南大、复旦、同济以及浙大、香港城市大学、香港中文大学、香港大学、中山大学等数十所高校,巡演达102场次。2007年5月起,在市委宣传部、文明办的支持下,我市文化部门和教育部门联合启动了"幽兰飘香——昆曲走进百万未成年人"普及工程,至2013年5月底,我市已演出1000余场公益演出,100多所中小学校、80万余名中小学生走进剧场观看演出,有力地推动了昆曲艺术的普及。同时,为营造良好的昆曲文化生态,我市还注重培育民间的昆曲活动,在苏州市大儒中心小学、玉山中心小学等诸多中小学开展"小昆班"特色教育活动,进行昆曲基础知识的课外培训;协助昆山市政府打造"昆曲之乡"的特色文化品牌,昆山的昆曲活动有声有色;进一步扩大虎丘曲会的影响,鼓励引导昆剧传习所和各个层次的业余曲社开展丰富多彩的活动。

(2) 公益性评弹书场进社区

评弹,被誉为"中国最美丽的声音"。"十一五"以来,我市在总结昆曲遗产生态性建设的实践经验的基础上,坚持对苏州评弹传承保护以"光前裕后,传承创新"为宗旨,通过"五管齐下"培育项目土壤,探索传承保护工作。截至目前,已抢救、传承优秀长篇书目近百部、中篇书目30多部和短篇书目260多部,并逐步形成了4位国家级传承人与15位市级以上传承人为主的传承人群体,投资1.6亿元重建苏州评弹学校也在每年招收60名苏州评弹学员的基础上,着力做好对于受众的培养。评弹书场作为苏州评弹开展演出的基本场所,巩固、扩大评弹艺术的演出阵地,对于改善评弹艺术生态发展环境起到了积极的推动作用。近年来,苏州市委市政府高度重视公益性评弹书场建设,各级政府共出资2000万元用于全市128家评弹书场的建设运行。截至2012年底,全年接待观众3663472人次,平均每个书场年接待28846.24人次。其中,全年演出场次300场以上的共有50

家、200至300场的有6家、100至200场的有22家、100场以下的有49家。仅吴中区就有专门评弹书场13家,其中三分之二坚持全年演出,吴中区评弹团2010年共演出2635场,观众达30余万人次,其中下社区、村演出1966场,占总演出场次的75%。工业园区长期坚持开展评弹书场的有胜浦书场、娄葑斜塘荷花公园(每周二)、莲花四社区(每周四)、团结社区(每两个月)、唯亭青苑社区等,就胜浦镇而言,镇政府每年光邀请评弹演员演出费用就达10万,胜浦书场因长期坚持开展长篇书目公益演出,听书人次每天基本维持在110人左右。同时,自2006年起,苏州市文广局和市财政局联合下发《关于扶持农村、社区书场开展评弹长篇书目公益演出的奖励办法》(苏文广财字〔2006〕5号、苏财科字〔2006〕7号),通过年度农村、社区书场评估考核,按实际评选结果对优秀、先进、达标书场给予不同程度的表彰和奖励,以此培育、扩大评弹演出阵地,完善城乡评弹书场布局,更好地满足人民群众精神文化需求和促进评弹艺术推陈出新。截至2012年底,全市先后有143家全年完成长篇书目演出,超过300场次的优秀、先进、达标书场获得表彰奖励。

4. 国际性

近年来,我市紧紧围绕现代化、国际化新苏州的建设目标,积极实施文化"走出去"战略,通过鼓励、扶持昆曲、评弹、"新吴门画派"、传统手工艺等优秀文化艺术产品和项目走向海外,在不断拓展文化交流渠道的同时,在国际社会有效提升了文化苏州的影响力和美誉度。

(1) 青春版、中日版《牡丹亭》海外巡演

近年来,我市创新对外文化交流模式,拓展对外文化交流渠道,采用市场运作方式,筹集社会资金开拓海外市场,推动昆曲艺术走向世界舞台。在入选2012年度文化部外联局文化产品与服务"走出去"扶持项目基础上,继续实施文化走出去战略,通过对外文化交流和国际商演使得昆曲的传承传播走出华语世界,走出亚洲,走向更为广阔的世界舞台。

青春版《牡丹亭》誉满我国港澳台地区及美国、欧洲、东亚等地,实现海内外展演达150余场次,直接进场观众超过20万人,受到了各地观众尤其是广大青年学子的激情追捧。青春版《牡丹亭》先后献演第28届世界遗产委员会会议、第七届中国艺术节、第七届北京国际音乐节、第16届澳门艺术节、第七届亚洲艺术节等。2012年9月26日至10月8日,青春版《牡丹亭》赴美国密歇根大学音乐学院及孔子学院和纽约亚太文化艺术中心进行昆曲知识及示范表演讲座和演出,并在大学开展文化交流活动。包括国家一级演员沈丰英和俞玖林表演的《牡丹亭》中的主要折子戏以及《小宴》《活捉》《下山》等昆剧经典折子戏,吸引了美国主流社会人士以及不同年龄、阶层、族裔、职业观众的争相观摩,场场爆满。中美两国政府和文化界对演出给予了高度评价。包括纽约的《明报》《世界日报》《星岛日报》《侨报》《华语电视》《时报》、纽约中国广播网等在内的10余家当地主流媒体对此次演出进行了报道,称此次演出是代表中国昆曲在纽约最成功的一次表演。这也是青春版《牡丹亭》继2006年美国西部巡演以来在美国东部的首次展示,是中国昆曲走入美国主流社会的又一次尝试,为今后打开美国东部以纽约为代表的文化中心演出市场奠定了基础。

中日版《牡丹亭》2013年2月7日至2月18日在巴黎夏特莱剧场连演7场,每天2400余张90至10欧元不等的戏票几乎被抢购一空。《世界报》《费加罗时报》等法国媒体都对演出盛况予以报道,《解放报》记者以"此般胜景在夏特蕾怕是有一段时间难以重现了"这样的笔触来记录和评价此次演出。《人民日报》、新华通讯社、凤凰卫视、中国国际广播电台深度报道了此次演出。该剧首次踏上亚洲以外的国际舞台,也是首次以纯粹商演模式献演欧洲著名剧场,完成了中国昆曲作为国际主流艺术走向世界的有益尝试,完成了利用昆曲自身魅力通过社会化运作成功进行国际商演的有效尝试,得到了广泛认同。

(2) 新吴门画派海外巡展

发轫于明代的"吴门画派",以沈周、文徵明、唐寅、仇英为代表,在长达150多年的兴盛期内,占

据了当代中国画坛的主导地位。作为当代苏州画家群体崛起的一个新的标志,"新吴门画派"更成为传统"吴门画派"延伸、拓进与发展的崭新成果。2007年以来,"新吴门画派"先后在北京、南京、上海以及欧洲、日本、美国等地巡展,组织了多场学术研讨和专题介绍,积极开展推广交流等活动,收获了来自各界的广泛好评。2011年,"新吴门画派"成功入选文化部"全国画院优秀创作研究项目扶持计划"。作为2012年"吴门画派"文化年系列活动的重要亮点,"新吴门画派——苏州国花园中国画作品展"赴美国巡展,成为继2010年开展的欧洲、亚洲巡展之后在美洲大陆的首次整体亮相,受到了当时正在欧洲访问的国务院总理温家宝的高度关注,并得到了充分肯定:"欧盟各国与中国之间应该有更多的文化交流,文化交流远远超过了政治和经济等领域的交流,它有着更深刻的影响。"为期两周的展览受到了众多美国观众及主流媒体的广泛关注,赢得了美国民众的积极评价,扩大了"新吴门画派"的国际知名度和影响力,为国外受众了解中国当代社会的发展风貌提供了独特的艺术视角,实现了走向全国、走向世界的突破。中外媒体普遍认为:本次展览不仅展示了中国传统艺术的独特魅力,也诠释了中国当代美术积极关注时代民生、追求和谐大美的民族情怀。

(3)苏州手工艺惊艳海外

近年来,苏州传统手工艺等"非遗"项目先后赴美国、法国、德国、拉脱维亚、日本、韩国、菲律宾等国家以及中国香港、台湾、澳门地区开展各类展示活动。2013年元宵节期间,作为首个中国组团的城市,苏州赴菲律宾马尼拉市参加"第十二届中菲传统文化节暨苏州文化展示周"活动。本次文化节以苏州传统文化为主题,结合元宵文化,通过游园会形式举办。此次文化周期间,共展示了包括缂丝、苏绣、核雕、苏扇、桃花坞木刻年画、剪纸、灯彩、苏式糕团等在内的10多个"非遗"手工艺项目,多位国家级、省级传承人进行了现场展示。5天时间里共演出了6场,获得了当地华人华侨、马尼拉市民的热烈追捧,马尼拉市长阿尔弗雷多·林对苏州文化交流团将精彩纷呈的艺术形式带到马尼拉市民的家门口表示感谢,中国驻菲律宾大使馆也热烈祝贺苏州文化展示周的成功举办,并感谢此次苏州文化交流团为支持国家外交、促进中菲双边关系作出的努力和取得的成绩。

四、苏州特色文化保护传承和弘扬所取得的成效

(一)科学的保护体系逐渐完善

苏州市是全国最早建立"非遗"名录的地级市。2005年6月,苏州市就在全国地级市中率先公布了12项首批苏州市非物质文化遗产代表作名录。到2013年6月,苏州市已建立了国家、省、市和县四级非物质文化遗产名录保护体系。苏州市现有国家级名录项目29项、省级名录项目79项、市级名录项目159项,各市、区的县级名录项目450项。值得一提的是,苏州还拥有联合国教科文组织"人类非物质文化遗产代表作名录"项目6项。苏州的"人类非物质文化遗产代表作名录"项目的数量位居全国各类城市之首(南京5项,北京、杭州各2项)、国家级非物质文化遗产项目的数量位居全国第三(北京61项,杭州25项)。建立各级"非遗"项目名录并非最终目的,真正的目的是把保护传承落到实处。"非遗"的传承是最体现以人为本的,这就必须通过认定代表性传承人,通过一定的传承方式来实现。目前,苏州已经初步形成四级非物质文化遗产项目代表性传承人认定保护机制,拥有国家级非物质文化遗产项目代表性传承人39人、省级非物质文化遗产项目代表性传承人76人、市级非物质文化遗产项目代表性传承人279人,所属各市、区也认定了各自的县级非物质文化遗产项目代表性传承人。到2012年底,苏州市所属各市、区将全部认定县级非物质文化遗产项目代表性传承人。

(二)全市民间艺术之乡建设各具特色

"中国民间艺术之乡"是1987年文化部为推动民间文化艺术事业的繁荣发展、丰富活跃基层群众文化生活而设立的一个文化品牌项目。全市原有"中国民间文化艺术之乡"25个,江苏省特色之

乡25个,苏州市民间文化艺术之乡60个。2011年在文化部组织开展的2011—2013年度"中国民间艺术之乡"评选活动中,我市共获得10个全国民间艺术之乡称号,内容涵盖音乐、舞蹈、戏剧、曲艺、美术、书法、摄影、民俗、民间文学等28个门类。其中,张家港"中国民间艺术之乡"包含戏曲、山歌、书画3个项目,常熟"中国民间艺术之乡"包含白茆山歌、徐市灯谜、王庄戏曲、虞山艺术4个项目,太仓"中国民间艺术之乡"包含江南丝竹、龙狮、书画4个项目,昆山"中国民间艺术之乡"包含戏曲、昆曲、舞龙、水乡民俗4个项目,吴江区"中国民间艺术之乡"包含戏曲1个项目,吴中区"中国民间艺术之乡"包含书画、工艺雕刻、水乡妇女服饰3个项目,工业园区胜浦镇"中国民间艺术之乡"包含民间音乐1个项目,高新区"中国民间艺术之乡"包含刺绣、少儿书画2个项目。所有的这些艺术之乡,可以说都源于各市、区对于优秀民间文化价值和作用的充分挖掘以及创新发展,通过项目的打造、团队的培养,在满足广大基层群众基本文化权益的同时,进一步增强社会凝聚力,弘扬社会主义核心价值观。张家港通过文化资源的整合,构建了一个"政府搭台,群众唱戏,政府买单,群众看戏"的戏曲文化服务体系,打造了包括长江流域12省、市、自治区的以"长江流域戏剧艺术节"为代表的跨区域戏曲文化活动品牌,打造了遍及全市188个行政村、以"协调张家港·文明欢乐行"大型公益文艺巡演为代表的地方戏曲文化活动品牌,累计共创作各类戏曲作品120余件,小苏剧《童心无忌》和锡剧小戏《吴二赖讨田》《喜搬家》先后荣获"群星奖"金奖及"群星"大奖。

(三) 特色文化场馆得到长足发展

1. "非遗"展示场馆

"非遗"展示场馆是弘扬和传承苏州优秀传统文化,提升区域文化软实力的重要载体。近年来,我市将"非遗"展示馆建设融入"文化苏州"中,依靠政府推动和全社会参与,先后建成了中国昆曲博物馆、中国苏州评弹博物馆、苏州工艺美术博物馆、吴门中医博物馆、桃花坞木刻年画博物馆和张家港河阳山歌馆,常熟古琴艺术馆、评弹艺术馆和白茆山歌馆,太仓江南丝竹馆,昆山昆曲博物馆、顾坚昆曲纪念馆,吴江丝绸馆、芦墟山歌馆,吴中区香山古建工坊、甪直水乡妇女服饰展示馆,相城区御窑金砖博物馆,姑苏区白洋湾山歌展示馆,园区胜浦三宝(山歌、宣卷和水乡妇女服饰)展示馆,高新区刺绣展示馆等一批不同类型的"非遗"展示馆、"非遗"展示中心和"非遗"陈列室,充分展示苏州丰厚的"吴文化"和"江河湖海"水文化资源。除在各公共文化场馆中有非遗的专题陈列展示外,还设定了一个专门的非遗展示馆。

2. 苏州市名人馆

苏州市名人馆是苏州市公共文化中心所辖场馆之一,是集中展示苏州名人精神风范的专业场馆,也是专业化程度较高的市民教育基地和城市形象展示窗口。馆内陈列以苏州历史名人、状元宰相和两院院士共计447人为展示对象,分为序厅、概述厅、先秦至宋元厅、明代厅、清代厅、民国厅、新中国厅以及状元宰相厅和院士厅。开馆以来,观众参观热情高涨,新老苏州人、外籍友人以及企事业单位、大中小学校师生、部队官兵和街道社区纷纷组织前来参观。名人馆通过引领社会公众"观名人·知历史",营造"我为苏州骄傲、苏州为我骄傲"的良好社会氛围,从而更好地发挥出优秀文化引领社会风尚、推动社会发展的作用。一年多来,苏州市名人馆共计接待观众131050人次,为30387名观众提供免费讲解场次827场,讲解受众率27.99%,发放宣传册42245万余册,开展"苏州名人展"主题巡展、"走近名人、放飞理想"系列课外教育等特色活动60余场次,特色项目"与院士对话",积极搭建起了公众与名人、院士交流的平台,已吸引中国科学院院士王志珍、吕达仁、王家骐、程耿东,中国工程院院士钱易、潘镜芙、张祖勋、阮长耿等10多位院士先后到馆。

3. 特色书院

书院是我国古代社会独具特色的文化教育模式。苏州地区从南宋开始创建书院,经元明两代的发展,至清代进入繁盛阶段。历史上苏州书院促进了本地教育的发达,培养了大批人才,繁荣和振兴了学术。近年来,随着经济社会的发展,书院建设日益为我市各地政府所重视。据统计,全市现有各类书院 20 余所,面向市民定期举办传统文化公益性讲座,面向中小学学生举办基础国学知识普及培训,并定期开展中外语言文化交流活动,积极参与国际汉学推广工作。其中,德善书院是由苏州市文明办、语委办、文广新局、教育局、文联、苏州日报社联合主办,苏州碑刻博物馆具体承办的苏州市首家公办地方书院。2013 年 4 月 23 日正式成立并对外开放以来,已开展各类活动 35 场,参与人数达 2250 人次,为积极推进苏州"德善之城"建设,促进我市精神文明建设水平提升发挥了作用。由龚心瀚、殷瑞钰、王礼恒、胡文瑞、丘亮辉、王跃程等学者和社会贤达在历史文化名城苏州发起成立的太湖书院,则将传承古代书院精髓、打造现代教育研究基地和决策智库定为发展目标,致力于研究和弘扬中国优秀的传统文化,推动东西方文明之间的交流和对话,扩大中华文化在当代世界的影响,提高我国的文化软实力与核心竞争力。位于虎丘山麓的虎丘书院,致力于弘扬和传承中华文化,以重振国学为宗旨,从事国学研究、国学教育、国学交流等公益文化事业。书院开设有江苏省作协国际写作中心(筹)、道德大讲堂、图书馆、文学馆,并邀请一大批知名专家学者就苏州古文化相关话题与市民网络互动。除此之外,还有常熟的游文书院、学爱精庐,太仓的娄东书院、安道书院、尊道书院、商尹书院,昆山的石湖书院、玉峰书院、富春书院等。作为非学历、公益性教育机构,书院在开展国学经典及传统文化艺术的教育传播、提升市民传统文化素养、营造城市人文氛围方面起到了极大的推动作用。

4. 特色博物馆

2012 年我市启动实施博物馆城建设,作为我市"十二五"时期"十大文化工程"之一,计划用 3 年时间在古城区再建 50 家左右的公共博物馆,整个市区累计将建成 100 家博物馆。综观全市,经过 20 年的发展,已逐渐形成了以苏州博物馆为龙头,国有博物馆为主体,行业博物馆、民办博物馆协调发展的新格局。苏州博物馆成立于 1960 年,为苏州最早建成、反映地方历史文化的综合性博物馆,是苏州文物收藏、保护、研究、展示的中心。2006 年 10 月 6 日,由世界著名建筑大师贝聿铭设计的苏州博物馆新馆落成并正式对外开放。2008 年苏州博物馆被评为首批国家一级博物馆,近几年其在全国的综合排名保持在前 15 位,在地级市博物馆中名列第一。每年接待国内外观众 100 多万,2012 年接待观众量达 144.3 万,成为苏州城市的文化客厅。苏州市区现有的 37 家国有博物馆、纪念馆(陈列馆),其中 20 家分布于苏州古城平江历史街区、拙政园历史街区、山塘历史街区以及枫桥寒山寺等片区,多为利用修复的文物古建筑作为馆舍建成开放的,而其中,中国昆曲博物馆、苏州评弹博物馆则实现了文物古建筑保护与非物质文化遗产"活态"保护的完美结合。随着城市区域的延伸扩展和公众对文化需求的日益增强,近年在吴中区、相城区、工业园区、高新区(虎丘区)以及吴江区等新建区,也相继建成了一批展示地方文化特色的专题博物馆、陈列馆。民办博物馆方面,2012 年建成并对外开放的有吴一鹏故居玉涵堂的生肖邮票博物馆、潘世恩故居的状元博物馆、顾文彬故居的过云楼陈列馆、相门城楼的苏州古城墙博物馆以及苏州大运河遗产展示馆等。同时,为鼓励社会力量兴办更多反映苏州文化特色、填补本市博物馆门类空白的各类专题博物馆,2012 年,我市研究出台了专项扶持民办博物馆的政府规范性文件——《苏州市民办博物馆扶持办法》及其《实施细则》,鼓励民资建设各类专题博物馆,为当地市民和中外游客深入了解苏州、感受苏州深厚历史文化底蕴提供更多的去处和平台。昆山市锦溪镇政府制定扶持政策,对藏品档次高、有特色并有志于开办民间博物馆的收藏爱好者,免费为其提供场所,帮助布馆,广泛吸引社会和民间资本,创办了 8 个不同类型的民间博物馆。同时依靠市场运作,使民间博物馆的发展走上了良性循环的道路,为锦溪旅游业的发展营造了浓郁的文化氛围,此举得到了中央、省、市有关领导的充分肯定。

(四)群众特色团队和活动品牌得到彰显

1. 基层群众文艺团队建设

基层群众文艺团队以其群众基础的广泛性、文化创造的原生性、文化享有的民主性、文化传递的普遍性及文化传承的自觉性,受到广大人民群众的热衷与青睐,成为广大人民群众丰富和满足日常精神生活的一个重要文化支点,也成为推进公共文化服务体系均等化、便民化的重要和有效载体。近年来,我市各级政府通过政策引导、平台搭建、人才培养等多措并举,大力推进基层文艺团队建设。市财政专门设立基层文艺团队扶持资金,实施以奖代补,自2009年起,已对市区100个基层文艺团队进行奖励补助。自2002年起开展的"苏州市群众文艺大会演",通过政府搭建平台、群众自发参与、免费公益性演出的形式,集中展示优秀文艺团队的最新成果。通过12年的运转,惠及城乡群众20万人次,已成为"群众创建、群众参与、群众享受"的有效阵地,成为苏城市民一年一度的文化节庆品牌。截至目前,我市拥有诸如张家港市评弹票友社、常熟虞山古琴社、太仓双凤龙狮队、昆山锦溪宣卷队、七都镇木偶昆剧团、吴中区胥口书画、园区胜浦打连厢队等2000多支群众文艺团队,文化骨干队伍12.15万人,文化志愿者队伍104.93万人,各群众文艺团队已成为群众文化生活的重要组成部分。

2. "一镇(街道)一品""一村(社区)一品"建设

近年来,全市广泛开展了"一镇一品""一镇多品"以及"一村一品"建设活动,各地结合当地特色举办各类民间文艺节、农民文化艺术节和镇、村、社区文化节。每个街道均已建有一支代表当地文化特色的文化团队和一项特色鲜明的活动品牌。优秀传统文化在发扬光大的同时散发出了新的时代气息,已深深植根于人民之中,成为人民群众共同的精神家园。张家港市以特色文化"一镇多品,一区一品"为培育目标,把业余艺术团队建设和镇、村年度考核挂钩,出台了张家港市村级业余团队扶持和成果奖励制度。目前,全市各镇、村、社区的320多支业余艺术队伍中,有123支以上以戏曲艺术表演为主。有专兼职文艺工作人员467人,业余创作骨干106人,业余艺术团队321支10348人,其中工行京剧票友社被评为"全国先进票友社团",蔡长生义务文艺演出队伍被评为"江苏省服务农民服务基层文化工作先进集体"。在这个"戏曲大舞台"的影响下,许多企业也纷纷建立了艺术团队,融入了外来职工们带来的各地地方戏曲,各具特色的戏曲队伍已遍布全市。常熟市在尚湖国际文化艺术节的带动下,虞山古琴节、白卯山歌节、沙家浜龙舟节和徐市灯谜节等"乡风文明村镇行"活动红红火火;太仓市的百团大展演,昆山市的昆曲节庆活动,吴江市的"十镇联演(映)"和工业园区的"六进社区"活动等备受群众欢迎。

3. 文化志愿者队伍建设

文化志愿者队伍,是基层文化队伍的重要补充力量。自2011年以来,全市通过组织开展"公益小书房""群文大讲堂""小小历史讲解员""艺术传承基地""盲人之家""雏鹰志愿者"等品牌活动,引导文化志愿者自愿参与、义务工作、提升自我、服务社会,在全社会营造"传递爱心,传播文明"的氛围。截至2012年底,全市仅注册的文化志愿者就有1万多人,一批特色鲜明、具有较高社会影响力的特色文化志愿者队伍不断涌现。苏州市"非遗"保护志愿者队伍组织成立于2013年6月,由80位热心文化事业的市民组成,这其中既有在校大学生,也有工作在不同行业行业的中青年,还有已经退休却闲不住的老人;他们中既有生于斯长于斯的"老苏州",也有被苏州传统文化所吸引的"新苏州"。苏州市"非遗"保护志愿者队伍根据《苏州市非物质文化遗产保护志愿者工作章程》规定,其工作范畴主要包括:利用各种传播渠道和方式,配合开展"非遗"保护知识的展演、宣讲工作;参与"非遗"项目的抢救性保护和有关社会活动;积极提供信息和数据,做好"非遗"保护工作;等等。自成立以来,该组织先后开展了为苏剧"承"字辈联谊会整理资料、与昆曲传习所"传"字辈老昆剧艺术家座谈等志愿服务活动。苏州市名人馆志愿团成立于2012年6月,共有志愿者108人,其主要构成既有各院校的大学生、研究生(如苏州大学、苏州园区外包职业学院、苏州科技学院、同心圆志愿者协会等);也有刚参加工作不久的年轻职员;还有已退休的老师、企业职工。他们中有土生土长的老苏州,也有来苏学习、工作的新苏州。自成立以来,组织开展了"苏州市名人馆院士主题巡展""'走近名人·放飞梦想'苏州市名人馆教育名人专题公益教育活动""'观名人·知历史'暑期学生公益教育活动"等30多项共计100多场活动,在宣传名人文化的同时彰显了志愿者精神,在互动中让学生接受了文化艺术的熏陶。市文化馆由业余舞蹈队、声乐队、评弹队、京昆联谊会、动漫沙龙组成的志愿者团队,多年来先后参加了"家在苏州 欢乐大舞台"广场演出、"家在苏州 我们的节日""家在苏州 情满水城"群众文艺走基层演出等文化惠民演出活动,为市民提供了优质的公共文化服务。苏州博物馆志愿者团队成立于2007年,至2013年,苏博志愿者团队已招募了9批志愿者,先后有600余人参与了苏博的志愿服务。截至目前,苏州博物馆注册志愿者141人。苏博志愿者来自社会各个阶层,其中社会在职人员占68%(自由职业9%、学校教师15%、其他在职44%),大专院校学生占20%,退休者占6%,还有6%的全职太太。在年龄结构方面:主体为25~50岁中青年人,约占70%。截止到2012年底,志愿者们已为130余万博物馆观众提供义务服务达63334小时,接受志愿者各项服务的观众受众面达15%。2012年,苏博志愿者为公众提供了总计11630小时的服务。根据统计,几乎每10名苏博观众中就有1人接受到了志愿者的服务。2012年,志愿者全年服务时间超过100小时的有13人,陈东、卫士英等志愿者累计服务时间超过了1000个小时。2011年,苏博志愿者团队荣获"牵手历史——第三届中国博物馆十佳志愿者团队"称号。

4. 特色文化助推产业发展

非物质文化遗产的文化附加值通过生产性保护的开展得到前所未有的发掘,传统技艺和传统美术项目市场前景日益广阔,成为地方经济转型升级的重要依托。在一些资源优势较好的镇、村,非物质文化遗产项目已经成为当地的支柱性产业。2004年,吴中区胥口镇书画成为文化部产业司和中国美协命名的全国首批2个文化产业示范基地之一;光福镇已形成工艺雕刻一条街,工艺雕刻成为当地的重要产业。以"一所(苏州刺绣研究所)一馆(姚建萍刺绣艺术馆)一街(镇湖街道)"为载体的苏绣文化产业群,2006年被命名为"国家级文化产业基地"。玉石雕刻、淡水珍珠加工等产业基地也显示出强劲的发展势头。

高新区镇湖街道素有"刺绣艺术之乡"之称,现有绣娘8000多人,加上苏绣行业相关从业人员12000多人,占全街道劳动人口的70%,劳动力就业率超过95%,农民人均纯收入由2002年的5923元增加到2012年的18000多元。一条长三里多汇集300多家经营作坊和工作室的刺绣街,成为集刺绣设计、制作和销售为一体的特色街。2012年该街道刺绣年产值超从2002年的2.7亿元增加到12亿元,刺绣业已成为当地经济的支柱产业,成为镇湖农民增收致富的一条重要途径。目前,镇湖人均年收入的70%左右来自刺绣产业。经过多年的努力,镇湖刺绣对外影响不断扩大,品牌不断提升,1998年和2000年,镇湖先后被江苏省文化厅和国家文化部命名为"中国民间艺术之乡"。2006年,镇湖刺绣被列入国家第一批非物质文化遗产保护名录,镇湖被文化部命名为"国家文化产业示范基地",被国家旅游局命名为"全国农业旅游示范点"。

吴中区"非遗"资源丰富,一批传统技艺和传统美术项目已形成行业,并互为依托、互相促进,成为当地经济社会发展的新生力量。碧螺春茶叶专业合作社53家,入股农户1.0424万户,农户入股茶园面积1.74万亩。2010年,碧螺春产量达162吨,产值达1.8亿元,户均收入1万余元。香山街道舟山村一个村的核雕从业人员就达2000余人,拥有各级工艺美术师50余人,年产值达1亿多元,核雕收入占当地农民家庭收入的70%至80%。

源远流长的文化遗产,是苏州文化的脊梁和灵魂。"文化苏州"战略目标的持续推进,将在传承好吴文化人文精神的基础上,更好地彰显苏州这座历史文化名城的文明进程,进一步弘扬"崇文睿智,开放包容,争先创优,和谐致远"的新时期城市精神,真正体现"双面绣城市"的精髓,将苏州特有的历史文化底蕴与现代文明和谐交融、有机组合,演绎出一首经济与文化互动发展、共同繁荣的交响乐章。

接 晔

异彩纷呈的县区公共文化服务体系

苏州下辖张家港、常熟、昆山、太仓4个县级市,以及吴江、吴中、相城、姑苏、工业园区、高新区6个城区。为了最大限度地发挥这些县级市、区特色文化资源在公共文化服务中的作用,苏州着力引导各县级市、区在完善基本公共文化服务的基础上,努力形成富有鲜明地方特色的公共文化服务体系,并取得了一定的成效。

一、背景

(一)国内外文化发展的良好契机

1. 国际环境

第二次世界大战后,特别是冷战后,文化的功能急剧膨胀,世界各国对自身的文化发展给予高度重视。文化软实力竞争日益成为综合国力竞争的重要内容,文化能够在国际关系中产生重大影响已是不争的事实。文化软实力对内体现为民族凝聚力、创造力、发展力、向心力、感染力,对外则体现为国家影响力、亲和力、吸引力。联合国教科文组织在《文化政策促进发展行动计划》(1998)中提出,世界经济发展可以最终以文化概念来定义,强调社会发展的最高目标是文化的繁荣。[1]

就国际环境而言,在我国的文化建设与文化交流过程中,既有国际影响力的不断上升,国际社会对中国模式和中国文化高度关注所带来的有利契机,也有西方国家加紧对我国实施文化渗透,西方价值观冲击所带来的不利影响。两者纠缠在一起,相互影响。构建和谐世界,开展不同文明之间的平等对话,维护人类文化多样性,日益成为推动世界和平发展的潮流。在经济全球化、世界多极化浪潮中,西方强势文化企图一统天下,发展中国家则要竭力维护自己的文化特性。在文化软实力竞争中,西强我弱的状况没有根本扭转,我国文化软实力与我国国际地位不相适应,也与我国文化资源大国的地位不相适应。中华文化"走出去"的渠道有待拓宽、方式方法还有待完善,文化贸易逆差局面有待进一步扭转。[2] 国际环境迫使中国要实施文化发展战略,即要运用各种类型的国家资源,以与国家基本政策协调一致的战略实现全社会的文化大发展大繁荣。

2. 国内机遇

(1)经济社会的发展

国际经验表明,当一个国家人均GDP达到1000~3000美元时,就进入了矛盾凸显期,往往会遇到发展的瓶颈,出现经济与社会之间的失衡。早在2004年,我国的人均GDP就已经达到1000~3000美元,也开始进入这样一个阶段。[3] 2013年,江苏省人均GDP为12049美元,超过世界平均水平。[4] 而苏州2013年的人均地区生产总值(按常住人口计算)已达到人民币12.32万元,按年平均

---

[1] The Stockholm Conference[EB/OL]. [2014 – 08 – 18]. http://portal.unesco.org/culture/en/ev.php – URL_ID = 18717&URL_DO = DO_TOPIC&URL_SECTION = 201.html.

[2] 蔡武. 正确看待我国文化发展面临的国际环境. 求是,2010(19):64.

[3] 李小佳. 解放日报:跨越人均GDP1000 – 3000美元之坎. (2004 – 12 – 27)[2011 – 10 – 08]. http://theory.people.com.cn/GB/40551/3081605.html.

[4] 2013江苏人均GDP为12049美元 超世界平均水平[EB/OL]. (2014 – 07 – 05)[2014 – 09 – 28]. http://sz.sohu.com/20140705/n401819547.shtml.

汇率计算有近 2 万美元①,都远远超出了 3000 美元。在这一时期,随着物质生活水平的迅速提高,群众的精神文化需求也逐渐在向更高的层次发展,人民群众不断增长的精神文化需求与公共产品、公共服务供给不足以及公共服务水平低下之间形成了矛盾,且日益成为制约经济社会协调发展的重要因素。这既对公共文化服务的提供提出了新要求,也为公共文化服务赢得了广大的受众和潜在的社会资源。

(2) 中央政策的引导

建立健全公共文化服务体系,是新世纪以来我国文化体制改革的重要内容和文化建设的重要目标。公共文化服务体系建设既是国家文化建设的重要组成部分,同时也是国家基本公共服务(包括教育、医疗卫生、社会保障、环境等)的一个重要方面。2001 年,《经济、社会和文化权利国际公约》在中国正式生效。特别是党的十六大以来,党中央、国务院出台了一系列关于公共文化建设的重要文件。尤其是 2007 年 8 月,中共中央办公厅、国务院办公厅下发了指导我国公共文化服务体系建设的纲领性文件——《关于加强公共文化服务体系建设的若干意见》,提出"按照结构合理、发展平衡、网络健全、运行有效、惠及全民的原则,建设覆盖全社会的公共文化服务体系"。2010 年底,文化部、财政部联合主导公共文化服务体系建设,下发了《文化部财政部关于开展国家公共文化服务体系示范区(项目)创建工作的通知》,并于 2011 年初实施。2011 年 10 月,党的十七届六中全会专题研究文化改革和发展,全会通过的"决定"明确指出,"要以公共财政为支撑,以公益性文化单位为骨干,以全体人民为服务对象,以保障人民群众看电视、听广播、读书看报、进行公共文化鉴赏、参与公共文化活动等基本文化权益为主要内容,完善覆盖城乡、结构合理、功能健全、实用高效的公共文化服务体系"。党的十八大又提出了"加强重大公共文化工程和文化项目建设,完善公共文化服务体系,提高服务效能"的目标。2013 年 11 月,党的十八届三中全会明确提出:"要完善文化管理体制,建立健全现代文化市场体系,构建现代公共文化服务体系,提高文化开放水平。"

这些都为苏州着力发展公共文化服务体系创造了良好的外部环境与氛围。特别是国家公共文化服务体系建设示范区创建,为苏州全面解决公共文化服务体系所面临的突出矛盾和问题提供了最佳契机。

(二) 苏州构建各具特色的公共文化服务体系的有利条件

近几年,苏州认真贯彻执行中央一系列关于加强公共文化服务体系建设的文件,紧密结合国家公共文化服务体系建设示范区创建,把工作重点聚焦到"完善体系、提高效能、彰显特色、惠及全民"上来。苏州市委、市政府先后将公共文化服务体系建设纳入《"文化苏州"行动计划》以及"十一五""十二五"文化发展规划。2011 年 1 月,中共苏州市委发布《关于率先基本实现现代化的决定》,把"繁荣文化事业,完善公共文化服务体系","满足人民群众多元化、多层次、多方面的精神文化生活需求"摆在重要位置。2012 年 1 月,苏州以创建国家公共文化服务体系建设示范区为契机,专门制定了《关于加强"十二五"公共文化服务体系建设的实施意见》,强调要完善基层文化设施网络、繁荣文化惠民活动,全面提升公共文化服务硬件、软件建设水平,确保 2013 年国家公共文化服务体系建设示范区创建成功,并提出了积极借鉴国内外先进经验,充分体现省内率先、全国示范,持续保持领先优势的高标准高要求,为构建各具特色的公共文化服务体系创造了极为有利的条件。

1. 公共文化基础设施突飞猛进

公共文化服务场地设施的网络化、体系化不仅是公共文化服务得以正常进行的基本依托,也是现代公共文化服务均等化、丰富化、高效化运行的基本条件。

---

① 2013 年苏州市国民经济和社会发展统计公报[EB/OL]. (2014 - 06 - 11) [2014 - 09 - 28]. http://www.suzhou.gov.cn/xxgk/gmjjhshfztjxx/ndgmjjhshfztjsjfb/201404/t20140418_377146.shtml.

(1) 实现公益性文化设施四级设施网络全覆盖

为了构建城乡一体的公共文化服务体系,苏州市确定了"三同"目标:城乡文化权益"同等"、城乡文化发展"协同"、城乡社会文明"同步"。全市现有12个国家一级馆公共图书馆,县(区)级博物馆、纪念馆、美术馆53个,镇(街道)均建有单独设置并达到部颁标准的综合文化站,行政村(社区)综合文化设施设置率和达标率分别达100%和90%以上,镇(街道)、社区(村)公共电子阅览室设置率和达标率分别达100%和接近90%,至2012年底,全市人均公共文化设施面积和公益性文化设施面积分别达0.24平方米和0.19平方米,基本实现公益性文化设施市、县(区)、镇(街道)、村(社区)四级设施网络全覆盖。

(2) 建立公益性文化设施管理运行制度

为了提高全市各类公共文化服务设施运行的体系化,苏州市国家公共文化服务体系建设示范区创建领导小组办公室组织力量开展了相关制度设计研究。在设施体系化运行层面建立了一整套以市带县(区)、以县(区)带镇(街道)、以镇(街道)带村(居委),以城带乡,以中心或骨干设施带基层设施的相关制度,苏州图书馆负责指导全市公共图书馆总分馆体系的建设和运行,市公共文化中心负责指导全市群众文化艺术活动设施的体系化运行。这样,各类公益性文化设施各归其位、各尽其用、各负其责。

2. 文化惠民活动高潮迭起

从苏州公共文化服务体系的实际运行看,占人口较大比例的普通居民比较喜爱的公共文化服务方式,是自觉自愿地参加各类群众文化活动,或是自主组织群众文化团队开展活动。在实践中我们发现,在各类群众性文化艺术活动中,有的是全市人民期待的重要节日,有的是基层群众以较低成本获得身心娱乐的重要渠道,还有的是基层群众自我表现、提升能力、展示成果的重要载体。苏州市政府文化部门从实际出发,结合群众文化需求和爱好,一方面大力开展各类群众喜闻乐见、便利参与的文化艺术活动,另一方面积极引导和支持群众自编自演、自创自办、自娱自乐。经过这几年的努力,苏州已经形成了多层次、结构化、全民可参与的群众文化活动体系。

(1) 重大文化节庆与"四大系列"惠民活动

苏州根据中宣部、文明办《关于开展"我们的节日"传统文化节庆活动的实施意见》的精神,依托"江河湖海"兼具的水文化资源和"吴文化"独特优势,着力打造一批具有鲜明地域文化特色和较大影响力的文化节庆活动,近年来成功承办了2届中国国际民间艺术节、5届中国昆剧艺术节和中国苏州评弹艺术节、中国农民文艺会演等一大批品牌节庆活动,为苏州市民提供了内容丰富、特色鲜明的文化艺术盛宴;苏州辖区内各市、区充分发挥各自的特长和优势,围绕"江河湖海"水文化和吴文化,形成了周期性举办的张家港市"长江文化艺术节"、常熟市"江南文化节"、太仓市"郑和航海节"、昆山市"外企文化节"和"青春大舞台"、吴江市"运河文化节"、吴中区"太湖开捕节"、相城区"活力岛音乐节"、平江区"盛世观前"文化艺术节、沧浪区"古胥门元宵灯会"和"端午民俗文化节"、金阊区"轧神仙文化旅游节"、高新区"欢乐社区行"和工业园区端午节龙舟赛等一批极具地方特色、群众喜闻乐见的文化活动品牌。苏州阅读节已成功举办了7届,成为推动苏州全民阅读、营造学习型城市的重要抓手,苏州市委、市政府被中宣部、国家新闻出版总署评为"全民阅读活动先进单位"。为了面向特定人群提供专题服务,苏州还创新开展了苏州市少儿艺术节、新苏州人优秀新节目展演、群众文化广场舞比赛等形式多样、内容丰富的活动。结合基层群众文化活动与健身融合的特点,苏州坚持文体融合、市县区联动,组织好每年一度的全民健身月和全民健身日活动,逐步形成了全民参与、具有本地特色的"苏州体育节"。这些重要节庆活动充分体现出地方特色,体现出与不同人群不同需求相适应的结构化特点。

在打造重大节庆文化活动的同时,苏州坚持重心下移、面向基层,统筹各类文化艺术组织指导、艺术创作、活动策划、骨干培训、产品派送等资源,开展了以"我们的节日""天天有"、市直舞台艺术"四进工程"和"群星璀璨——城区各广场主题活动"为主要形式的"四大系列"文化惠民活动,受到各层面人群的广泛欢迎和参与。据统计,全市年均开展各类公益性展演展示活动3万场次,惠及农村及社区群众3200万人次。"三送工程"向基层送书超10万册,送戏超3100场次,送电影超1.35万余场次。全市范围内政府兴办的公益性文化单位全部实现免费开放,日益成为城乡群众提高"幸福指数"的文化福利。

(2) 群众广泛参与

引导、鼓励、支持群众文艺团队健康发展是苏州基层公共文化服务的突出亮点。"十一五"以来,苏州市陆续制定出台了多项政策,鼓励文化企业参与文化产品的生产和供给。2010年,多元化市场投入公益性文化的资金达253.2万元。同时,制定并落实了吸引社会力量参与公益文化事业建设的有关政策,先后出台了《关于支持和服务民营文艺表演团体发展的若干意见》《支持民营文艺表演团体发展奖励办法(试行)》。目前,苏州共有"中国民间文化艺术之乡"10个(28个项目),"全国群众文化先进社区"2个、"全国特色文化广场"4个,34家民营文艺表演团体,民间业余文艺团队近4000支,1000余名演职人员常年扎根基层、服务人民,与国有院团和群众文艺团体互为补充,年演出场次在8800场以上,开展各类活动近1.5万次,接待观众超过6000万人次,为繁荣苏州文化事业、丰富基层文化生活发挥着不可替代的作用。近几年,苏州还精心构建群众文化活动体系,对基层群众文化活动形成了强有力的支持,这既表现在市公共文化中心及各级文化馆(站)对群众文化活动的悉心组织指导,也表现在市、县(区)搭建的艺术指导、技术服务、骨干培训、竞赛评比、品牌建设等平台所发挥的综合服务效能。苏州市民参与群众文化活动热情高涨,市民整体文化素养明显提升,苏州在群众文化活动体系化建设方面深感获益匪浅。

3. 基层公共文化服务队伍水平整体提升

文化人才队伍建设是公共文化服务活动正常有效运行的基础和保证。近年来,苏州市委市政府制定实施《姑苏人才计划》,大力加强培养和引进文化高层次人才、领军人才和重点人才的力度,规范和加强基层文化队伍建设,并在对基层文化从业人员试行资格认证方面走在了全国的前列,做出了可贵的探索和实践。

(1) 基层队伍编制得到落实

为规范和加强基层文化队伍建设,苏州市对基层文化站(室)的人员编制做了明确规定,乡镇(街道)综合文化中心落实3名以上人员编制,实行基层从业人员持证上岗制度,不仅使基层文化队伍专业素养得到提升,也保证了基层文化队伍的持续稳定,有效解决了基层文化专干不专职、不专业、不专心的"三不专"现象。截至"十一五"末,全市95个镇(街道)文化站专兼职工作人员共609人,全市1764个村(社区)文化活动室(中心)现有兼职工作人员共1764人。市级文化单位业务人员占职工总数高于70%,县级文化事业单位业务人员占职工总数近80%,基层文化人才队伍建设水平经过不断努力正在逐步提升。

(2) 基层队伍培训力度加大

从2008年起,苏州市连续3年开展了两轮基层文化从业人员资格认证培训,来自各市(县)、区的1570余人参加培训并结业,基本实现了基层文化从业人员培训全覆盖。同时,苏州市还积极探索把培训工作与建立持证上岗制度相结合,从源头上保证了基层文化队伍的较高素养。

(3) 基层文化从业人员资格认证制度确立

为了提高基层文化从业人员的综合素质,切实加强对基层文化从业人员的管理,2007年11月,苏州市提出实施以"统一培训、统一考试、持证上岗"为主要内容的基层文化从业人员资格认证制度。为了保证各项工作的顺利进行,苏州市人事与文化主管部门联合下发《苏州市基层文化从业人员资格认证管理制度》《关于〈苏州市基层文化从业人员资格认证管理制度〉(试行)的实施意见》等文件,并陆续下发了敦促公共图书馆、文化馆等文化机构开展工作人员持证上岗培训的通知。2008年进行首轮培训和考试,到现在已历经5年的探索实践。2011年,苏州市被确定为全国首批31个国家公共文化服务体系示范区创建市之一,也是江苏省唯一获此殊荣的城市,在全市积极创建公共文化示范区的契机之下,基层文化从业人员资格认证工作将培训覆盖面扩展到公共图书馆和非物质文化遗产保护,全年累计培训基层公共图书馆从业人员1212人次,"非遗"保护从业人员180人次。

2011年11月,为进一步提高基层文化从业人员素质、加强对基层文化从业人员的准入管理,苏州市文化广电新闻出版局、人社局颁布了《关于进一步落实〈苏州市基层文化从业人员资格认证制度〉的意见》,提出对进一步落实2007年颁布的《苏州市基层文化从业人员资格认证制度》的建议与措施,包括调查摸底,填写《苏州市基层文化从业人员情况登记表》、开展教育培训、组织考试、颁发资格证书以及监督检查等措施。苏州市乡镇、街道文化站在编的管理人员和工作人员、城镇社区、农村行政村负责文化工作的人员,通过社会招聘方式进入乡镇、街道文化站以及社区、行政村从事基层文化工作的合同制人员都将进行统一资格认证考试,全部持证上岗,以提高基层文化工作人员综合素质,通过加强基层文化队伍建设推进基层文化创新。

(三)苏州构建现代公共文化服务体系存在的突出问题

创建示范区,是苏州市公共文化服务大发展的新起点,根据党的十八大和党的十八届三中全会提出的文化建设新任务,对照创建标准和现代公共文化服务体系建设的新要求,苏州市在原有的公共文化服务体系建设和服务中还存在一些矛盾和问题,需要通过创建示范区的探索和实践来解决。其中需要解决的主要问题有:

1. 发展不均衡,基层服务效能不高

几年来,苏州的公共文化的服务体系投入很大,特别是在硬件上已经得到了很好的改善。但另一方面,苏州在城乡公共文化的产品发展上还存在不均衡现象:一是城乡公共文化资源分布不均。全市较为高端文化艺术资源、场所主要集中在中心城区,农村基层地区公共文化资源仍较为单一和低端,公共文化产品还不够丰富、群众真正参与的热情还不够,即便区县之间也存在一定程度的分布不平衡现象。二是受设施、从业人员等因素制约,城乡公共文化资源供给与服务不均。农村基层地区的基本公共文化设施人均面积较之市区仍然偏低,人员队伍流动性较大,使得部分村、部分社区的基础文化设施利用率还比较低,公共文化服务不到位,致使基层公共文化的服务效能亟待提升。

2. 供需不匹配,基层需求难以满足

苏州不断加大公共文化资源向社区、向基层延伸的力度,但许多资源并不能满足百姓的需求,尤其是面向基层的文化资源仍采用单向配送、统一内容的模式,相比城乡居民日益增长的精神文化需求,苏州市公共文化产品的总供给量仍需增强,特别是贴近城乡居民生活、符合居民自娱自乐需要的优秀原创群文作品的数量和质量还有待进一步提高,能够"接地气"的优秀文艺作品还相对匮乏。

3. 资源与服务重复浪费,高耗低能

当前,来自不同系统、不同渠道的公共文化资源和服务形成了交叉重叠,这些资源的购置不仅浪费了社会公共财力,也由于管理维护造成了诸多人财物的浪费。特别是在基层,公共图书馆分馆、农家书屋、惠民书屋、职工书屋、科普宣传、党员教育等存在多种资源和服务。尽管苏州已尝试在一些系统间进行整合,但与党的十八届三中全会提出的建设"一站式"服务的基层综合性文化服务中心尚有差距。

4. 传统文化资源的影响力有待进一步提升

苏州文化底蕴深厚,尽管传统文化遗产资源保护利用水平正在日趋增强,但一些传统文化仍然面临着社会认知度不高的问题遭受,外来文化与现代文明的冲击,缺乏传承与保护机制,还缺乏对各类优秀传统文化的深入挖掘等。应当认识到,传统文化对经济结构的调整应发挥更大作用,使其对社会的贡献力及影响力进一步提升。

二、各县级市、区的实践探索

为了最大限度地发挥6个中心城区和4个县级市的特色文化资源在公共文化服务中的作用,着力引导各市(区)在完善基本公共文化服务的基础上,针对苏州市在创建示范区和构建现代公共文化服务体系中需要解决的突出问题,努力探索,形成有效破解上述难题的"一市一特"的公共文化服务体系。目前,张家港、常熟、太仓、昆山等市以及吴江区、姑苏区的公共文化服务体系建设特色极为鲜明。

(一)各具特色的创新与突破

1. 张家港市公共文化服务"网格化"建设,创造出了公共文化服务向普遍均等全覆盖迈进的实现方式

针对公共文化服务不均衡、基层公共文化服务效能不高的问题,近年来,张家港对公共文化服务实施网格化管理。网格化公共文化服务是基层公共文化服务的延伸和拓展,与社会管理等领域的网格化不同,其核心要义不是"管理"而是"服务",最终目的就是切实保障人民群众的基本文化权益,全面激发人民群众的文化创造活力,实现基层公共文化服务的全覆盖和共建共享。此种做法对于全国各地因地制宜地"提高公共文化服务均等化"具有普遍的典型引路、示范带动意义。

具体而言,就是在原市、镇、村(社区)三级服务网络的基础上,将全市按一定标准划分成为若干个"文化网格",使这些文化网格成为政府公共文化服务和广大群众参与文化建设的基本单元,将全市境内所有区域、所有群众均纳入公共文化服务范畴,享受普惠、均等、便捷的公共文化服务,让文化网格成为群众自我娱乐、自我创造、自我服务的平台载体。也即是在以政府为主导的基础上,以提高公共文化服务均等化为目的,以广大基层人民群众为对象,以文化志愿者服务为主要形式,以街道社区、镇村基层文化设施为依托,合理划分最基层的公共文化服务网络,明确服务范围、服务对象、工作职责和服务标准,建立一支扎根基层、服务群众、乐于奉献的"网格文化服务员"队伍,着力推动实现基层公共文化资源重心下移、共建共享,基层公共文化服务内容丰富、均等提供,推动形成公共文化服务网络无盲点均衡覆盖,全面提升基层公共文化服务科学发展上水平。

2. 常熟市引导和鼓励社会力量广泛参与公共文化服务,形成"多元化供给"的服务模式

为有效解决部分地区基层资源供给与服务不到位的问题,常熟市针对本地实际,积极鼓励、引导社会力量参与公共文化服务,使之成为政府公共文化服务的有益补充。在国家公共文化服务体系示范区创建过程中呈现出的突出亮点是广泛的社会参与性。一是坚持政府主导,市、镇两级财政提供基本保障,按照现代公共文化服务体系建设的基本要求,完善设施体系和服务网络。二是在政府主导基础上,充分发挥有实力的街道、社区、村的作用,鼓励利用自有资金强化特色,如蒋巷村利用自有资金大力开展富有当地特色的文化建设。三是积极引导和鼓励社会力量参与,通过政府直接出资或提供场地出租优惠等方式,支持企业、个人创办为群众免费提供文化服务的特色场馆,如苏作红木博物馆、星海无线电博物馆,鼓励本地企业、银行冠名支持"文化惠民村村行";四是吸引辖区内高校协同开展公共文化服务,如常熟市图书馆与常熟理工学院共同推进"校地合作"机制创新,采用"双卡通用""通借通还"方式,有效打通了图书资源借阅服务瓶颈。五是帮助外来务工人员和农民工展现来自原籍的"异乡异地"文化风采。由于社会力量的广泛参与,常熟基本形成了立体化

的公共文化产品创作生产和服务供给,特色群众创作、特色文化传承、特色博物馆、特色民间民俗活动丰富多彩,构成了来源丰富、品种多样、主体多元的公共文化资源供给新格局。常熟公共文化服务的基本经验可以简要地概括为:政府主导,社会参与,馆站一体,多元投入,共建共享。

3. 太仓市以多种形式扶持文艺精品创作和生产,形成"全民创作"的独特风景线

太仓素有文化艺术创作传统,历史上曾数度成为全国美术创作的高峰,这一文脉在国家公共文化服务体系示范区创建过程中得到完美延续。近年来,太仓扶持文艺作品创作力度不断加大。通过加大投入、整合资源、开展活动、奖励扶持等途径,重点扶持文艺精品的创作和生产,鼓励多创作、多演出、多生产、多出名家名作,推动实现群众文化艺术创作生产的精品化、品牌化、长效化。市文化馆(站)文艺工作者及广大文艺爱好者自觉坚持"三贴近",不断开拓创作题材领域,涌现了一批体现太仓特色的优秀文艺作品。文化行政部门通过开展"太仓文化繁星奖"和"群众文艺创作节目大赛",举办小戏小品培训班、舞蹈培训班、摄影培训班等,积极调动基层群众和业余文艺爱好者的创作热情,文艺作品的创作数量和创作质量每年都有大幅度提升。全市连续数年创作的文艺作品都在600件以上,涌现出了歌曲《心中的祝福》《母爱绵绵》《请君来作沙溪游》《飘香的中国》《穿越黄金水路》,舞蹈《渔歌唱晚》,小戏《老板挑担》等一批在国家和省级以上比赛中获奖的优秀作品,成功排演了《金桂飘香》《吴健雄》等大型舞台文艺演出。群众文艺创作、群众文化活动呈现出多样化发展趋势,诗、书、画、歌、戏、舞、摄影、沙溪农民画和连环画皆形成特色团队或特色群体。繁荣的群众文化艺术创作,为全市群众文化活动的开展提供了强有力的支持,"人人参与文化,人人享受文化"的理念成为全市人民群众的共识。

归结起来,太仓群众文艺创作和活动之所以繁荣发展,一是得益于政府做基础、保基本、给资金、送资源,公益性文化事业单位给予的指导、培训,以及综合服务平台的支持;二是得益于举办"群众文艺创作节目大赛",开展星级团队和星级演员评比,表彰优秀团队和个人及配套奖励,以及政府购买、推介和支持巡演等机制创新;三是得益于《关于进一步加快文化强势建设若干经济政策》《太仓市群众文化发展资金使用管理办法》《关于加强地方县级和城乡基层宣传队伍建设的若干意见的实施意见》等制度建设成果的转化。有专家这样概括太仓的公共文化服务特点:政府主导、人民主体;政府保障、社会参与;政府扶持、群众创作;政府搭台、群众展示;政府联动,普惠大众。

4. 昆山市以"新昆山人"俱乐部建设为切入点,着力打造"融合创新"的公共文化服务

昆山市努力发挥自身文化特点,通过"融合创新",整合各类文化资源,满足各类百姓的公共文化需求。其公共文化服务体系创新主要体现在6个方面:一是推动"昆台文化"、两岸文化融合创新。昆山将4000家外资企业的10万台商、百万外务工人员视为昆山市民的重要构成,并纳入昆山公共文化服务体系。昆山大力建设的"台商精神家园"不只是从亲商留商、发展经济的策略层面考虑,还从保障各类群体"基本文化权益"的角度,从完善公共文化服务体系、改善全社会文化民生的角度推动"昆台文化"全面融合。二是推动新老昆山人基本公共文化服务融合创新。在昆山人口构成中,80%以上是新昆山人,昆山各级党委、政府把做好新昆山人的公共文化服务作为现代公共文化服务体系建设的重中之重。三是推动城乡公共文化服务一体化的融合创新。结合日益提速的城市化进程,昆山按照苏州市确定的"同等、协同、同步""三同"目标,在资金支持、设施布局、产品派送、服务提供、队伍建设、制度保障等方面,全面实现城乡一体运行。四是推动优秀传统文化走向百姓文化生活的融合创新。五是推动专业艺术、精品创作与基层特色群众文化建设融合创新。昆山文化馆(站)、艺术团体把对基层特色群众文化团队和骨干的组织、指导、创作、培训、平台服务等作为各自必须履行的公共文化服务基本职责,基层特色群众文化由于得到专业力量的支持,品种不断丰富、规模不断扩大、水平不断提升,精品特色化和特色精品化成为昆山群众文化的突出亮点。六是形成党委、政府高度重视,各部门通力协作的机制创新。围绕公共文化服务体系建设,昆山科教

文、工青妇、发改、经济、城建、旅游、台办甚至农业等部门已形成主动参与、积极配合、高度协同、合力推进的生动局面。

昆山目前已率先建成惠及城乡基层的图书馆总分馆体系、富有鲜明特色的群众文化活动体系、较为完善的公共数字文化服务体系、进入百姓生活的文化传承和弘扬体系以及提供坚实保障和支撑的公共文化制度体系。"昆台融合"和"新老融合"使昆山经济、社会、文化、生态多方面获益,"城乡融合"和"古今融合"提高了昆山现代城市建设的均衡性、丰富性和特色化,"专特融合"和"力量融合"打破了部门分界、行业分割、层级分离的"孤岛"运行格局,推动形成组织协同、设施互联、资源共享、能力互通的现代化、体系化、制度化、高效化发展崭新局面。昆山在现代公共文化服务体系建设的征途上,将沿着"融合创新"的"昆山之路"继续前行。

5. 吴江区整合农村文化资源的"四位一体"平台,用一份成本提供多种公共服务,显著提升了服务效能

2011年7月,吴江以保障农民基本文化权益为目的,以建立全覆盖的农村公共文化服务体系并实现可持续发展为核心,以农村公共文化服务的普遍均等、服务专业、经济高效为抓手,启动建立农村公共信息服务体系试点工作。2012年度,吴江图书馆"四位一体"项目被列为区政府实事工程之一,并通过了若干文件,形成了一系列推进吴江乡村公共文化资源整合的政策框架。

"四位一体"的总体目标是整合乡村的农家书屋、共享工程基层服务点、农村党员现代远程教育中心、乡村图书室这4种公共文化资源,使之成为一个中心,即"四位一体"农村公共信息服务服务中心。一个馆舍挂4块牌子,并将其作为公共文化服务体系的最末端,力图实现统一的建设标准、统一的业务管理、统一的服务标准、统一的管理体制,将农村公共文化资源整合进一步向规范化、标准化、制度化方向推进,以实现共建共享、优势互补。吴江图书馆利用"四位一体"农村公共信息服务中心,精心策划和组织"我们的节日"系列传统活动,形成品牌化、系列化运作模式。通过免费办证、公共电子阅览室全面覆盖、流动车定点服务、联动展览、"垂虹讲坛"、组织少儿阅读等,大力开展形式多样、内容丰富的全民阅读活动,把活动大力推向农村,惠及更多的市民群众。目前,吴江"四位一体"建设项目已惠及全区,开展内容丰富、形式多样的辅导、咨询、培训等惠民服务,并引导基层群众,特别是未成年人正确认识和使用互联网,提升了农村公共文化服务均等化水平,提高了乡镇(村)居民的文化素养[①]。吴江以公共文化服务均等化为指导,以一份成本提供多种服务为目标,以"四个统一"为龙头,以提升农村公共文化服务为突破口,建构了较为完善的"四位一体"乡村公共文化服务体系新模式,受到了国家公共文化服务体系建设专家委员会的充分肯定,吴江图书馆的乡村公共文化服务体系建设已步入全国先进行列。[②]

6. 姑苏区依托"观前、石路、古胥门"等繁华热闹地段,形成大型民俗文化活动品牌

苏州市姑苏区依托"古胥门元宵灯会""盛世观前""轧神仙""夜泊枫桥""端午祭祀"等大型民俗文化活动品牌,围绕"我们的节日""天天有"市直舞台艺术"四进工程"和"群星璀璨——城区各广场主题活动"等群众文化系列活动,形成了"大型活动月月有、特色活动周周有、阵地活动天天有"的群众文化活动体系化格局。所辖街道形成"一街一品、一街多品"和各社区"一社一品"的特色群众文化品牌创建氛围,如石路街道"邻里节",虎丘街道"山塘风情旅游节",以及"古韵平江路""凤凰街美食狂欢节""激情啤酒节"等活动。体系化运行的群众文化活动,为社会力量参与公共文化服务和深入开展文化志愿服务拓展了空间。同时,社会力量参与带动了大量人才、资金、资源进入文化领域,加快推进了群众文化团队建设和品牌创建。全区现有各类群文团队400个,其中"手

---

① 林理. "四位一体"与"末端创新":江苏吴江公共信息服务中心建设引人关注[N]. 中国文化报,2013-05-24.
② 杨阳. "四位一体"格局下农村公共文化资源整合初探——以吴江区图书馆为例[J]. 上海文化,2013(12):28-32.

拉手"文艺团队、苏州市萍花艺术总团、"同心结"群文团队等品牌团队38个。2012年,姑苏区在"大地情深"进京展演、省莲花奖舞蹈大赛、省五星工程奖、市新人新作奖评选等活动中获得30多项金银奖。

(二)主要典型

1."网格化"的文化服务模式

为贯彻落实党的十七届六中全会精神,江苏省张家港市率先在全国探索实施网格化公共文化服务,充分发挥基层文化设施的功能和作用,广泛调动基层群众参与文化建设的积极性、主动性,着力增强公共文化服务的针对性、有效性,促进文化管理向文化服务、"送文化"向"种文化"、专业文艺"唱主角"向群众文化"挑大梁"转变,构建城乡公共文化均等化服务体系,推动社会主义文化大发展大繁荣。

(1)完善"网格化"文化服务政策保障

张家港市出台一系列政策措施,大力发展基层公共文化服务,着力构建较为完善的文化发展保障体系。2012年,网格化公共文化服务项目被列入市政府实事工程,市、镇两级财政安排专项资金扶持"网格化"公共文化服务活动的开展。

表1 张家港市级网格化公共文化服务相关政策文件一览表

序号	文件名	发文单位	发文时间
1	关于印发张家港市基层公共文化设施提升工程三年行动计划(2011—2013)的通知	张家港市人民政府办公室	2011年10月
2	关于张家港市开展"网格化公共文化服务"的实施意见	中共张家港市委宣传部张家港市文化广电新闻出版局	2011年11月
3	关于进一步加强"十二五"公共文化服务体系建设的意见	中共张家港市委员会张家港市人民政府	2011年11月
4	关于张家港市深入推进文化民生工程的实施意见	中共张家港市委宣传部张家港市文化广电新闻出版局	2011年12月
5	关于印发张家港市2012年实事项目的通知	中共张家港市委办公室 张家港市人民政府办公室	2012年4月
6	关于印发《张家港市群众文艺团队和民营文艺表演团队扶持奖励办法(暂行)》的通知	中共张家港市委宣传部 张家港市文化广电新闻出版局	2012年4月
7	关于命名张家港市首批示范文化网格的决定	中共张家港市委宣传部 张家港市文化广电新闻出版局	2012年4月
8	关于印发《张家港市2012年"幸福港城"网格化公共文化服务活动实施方案》的通知	中共张家港市委宣传部 张家港市文化广电新闻出版局	2012年4月

(2)科学划分"文化网格"

张家港对市域范围内的"文化网格"进行科学划分,根据村、社区人口居住密集度、文化关联度和群众意愿以及属地情况、文化特点,整合辖区内企业、学校、医院、机关、武警部队等单位拥有的公共文化资源,因地制宜地把全市村(社区)划分成955个"文化网格"。每个网格进行统一编号。

(3)组建网格文化员队伍

通过举荐、报名两种方式,从基层选拔热爱文化、有志愿服务精神、有一定文艺专长、有较强组织协调能力的包括新市民在内的文化志愿者担任网格文化员。网格文化员负责了解群众文化需求,发现文艺人才,传递文化资讯,引导组织群众成立文艺团队,开展各类特色文化活动。市、镇两级专门组织开展网格文化员培训,明确工作职责。截至2013年5月底,全市已有720名网格文化员持证上岗。

(4) 建立"文化网格"培育辅导机制

张家港市在制定了有阵地、有网格文化员、有团队、有活动、有特色"五有"示范网格建设标准之后,充分发挥示范引领作用,推进文化网格建设。张家港发挥文化馆、图书馆、艺术中心等文化单位的辅导职能,组织群文工作者和专业文艺骨干对全市文化网格实施分片包干、一对一辅导,不断提高文化网格建设水平。[①]

(5) 助推文化服务新举措

张家港市网格化公共文化服务坚持重心下移、资源下移、服务下移,注重发挥网格文化员的引导带动作用,强调服务方式多元化、服务内容精细化,创新推出了"四大特色服务"进网格。每年编印《张家港市文化地图》,全面反映各级各类文化设施使用情况和群众性文艺团队发展状况。每季度编印一期《张家港市公共文化服务指南》,利用报纸、广播、电视、网站等媒体平台,向全社会公布各类文化信息,提供文化咨询服务,及时发布文化活动情况。实行全市网格文化服务点布点挂牌,公示服务功能、服务时间、服务项目、服务团队。率先在全国县(市)中开通"无线张家港"手机客户端,实时提供各类文化便民信息、新闻资讯。通过网格文化员每家每户上门服务,及时把各类文化信息、文化资讯最大化地传递给基层群众,收集、汇总群众意见、需求,定期反馈。针对不同群体需求,开展定向式文化服务,"文化网格"成为群众文化供需主阵地。

通过推行网格化公共文化服务,张家港市公共文化服务实现了"四个转变":一是文化公共资源实现"有限利用"向"高效整合"的转变。通过实施网格化公共文化服务新举措,打破了"各自为政"的小格局,盘活了文化资源,激发了活力,达到了文化资源的整合与共享,形成了网格化公共文化服务"联合体",提高了文化资源的综合利用效率。二是文化部门职能实现"组织管理"向"引导服务"的转变。通过实施网格化公共文化服务新举措,推动了各级文化部门职能的转变和服务方式的创新,从单一组织管理转向引导服务,从"要我服务"转向"我要服务"。三是文化服务方式实现"单一供给"向"多元互动"的转变。通过实施网格化公共文化服务新举措,改变了以往公共文化服务以政府为主导的单一供给服务方式,充分发挥了网格文化员的引导、服务作用,调动全社会力量参与公共文化服务,促进了政府与群众、网格与网格之间的文化互动和交流,实现了文化产品在文化网格间的多元供给和交互供给。四是文化活动对象实现"被动接受"向"主动参与"的转变。通过实施网格化公共文化服务新举措,改变了公共文化服务把群众作为被动接受对象的做法,文化活动的主体更加明确,实现了广大群众从被动接受文化服务向主动参与文化建设的转变,激发了广大群众的积极性和创造力,催生了繁荣群众文化的生长点。

从张家港市的实践来看,网格化公共文化服务模式有着进一步拓展的空间。张家港市正在进一步总结经验,创新理念,完善机制,深化服务,进一步抓好文化网格的阵地建设、活动建设、队伍建设和品牌建设,进一步完善城乡公共文化均等化服务体系,积极探索我国基层公共文化服务体系建设的新路子。

2. "一主多辅""融合创新"的多元文化生态

昆山率先在苏州实现现代化稳步推进。在此背景下,昆山以"融合创新"为显著特征的现代公共文化服务体系,在有效保障人民群众的基本文化权益、更好地满足人民群众的基本文化需求,推动昆山经济社会健康稳定发展中日益发挥出显著作用。在当前全国推动社会主义文化大发展大繁荣的社会环境中,在昆山率先实现社会主义现代化的关键阶段,认真贯彻落实党的十八届三中全会和十七届六中全会精神,总结和提炼现代公共文化服务体系建设的"昆山之路",对于进一步提高认

[①] 杨芳、陈世海. 小网格 大服务[J/OL]. 群众, 2012(9). http://qz.jschina.com.cn/21023/201209/t1072984.shtml.

识、明确方向、凝聚力量、加快发展具有重要意义。

(1) "昆台文化"的融合创新

昆山是台商高度聚焦、集聚发展的重点城市,4000家台资企业和10万多台商台胞,既是中华血脉相连的同胞兄弟,也是昆山市民的重要构成,他们长期工作、生活在昆山,事业、人生已经与昆山紧紧地连在了一起,其中不少人已经把昆山作为第二故乡。昆山各级党委、政府不仅秉持"亲商、安商、富商"理念,更从长期在昆台湾同胞应有基本文化权益角度,把面向长期投资、创业、工作、生活在昆山的台商、台胞提供完善的公共文化服务,积极开展昆、台之间公益性文化交流,作为昆山现代公共文化服务体系建设的重要内容。具体表现在:一是紧紧围绕广大台商台胞的现实需求,加强昆台文化交流合作,打造台商台胞的大陆"精神家园",让广大台商台胞在昆山充分感受到"同创同乐、共建共融"的精神文化氛围。二是彰显昆山历史底蕴和文化特色,多方融入我国台湾的文化元素,营造具有昆、台融合形态的文化环境,如每年举办"海峡两岸(昆台)文化交流月活动""昆山台湾中秋灯会""昆山台企运动会"等大型活动,推动昆台两地文化交流融合。三是建设在昆台商文化信息服务网络,协助台商台胞畅通与昆山各部门的联络,也便利台商台胞之间联系。

在促进昆台文化融合中,昆山文化部门主动参与,实质互动,"长流水、不断线",扮演了重要角色。2010年,昆山市组织文化界代表首度赴台参加昆台文化旅游产业合作招商活动,通过书法、昆曲,进行文化交流。2011年,昆山市主办了"台湾著名书画家陈阳春、郭香玲昆山书画展""台湾画院昆山联展"。除了展览,还举办研讨会、笔会、讲座、采风等活动,其中台湾画院代表团一行16人来昆参加书画展及系列活动。2011年和2012年,昆山市文化交流考察团也两度走进台湾,组织了昆山文艺节目赴台与台湾艺术家联袂献艺"月圆中秋·温馨融合"昆台联谊会。2012年,首届海峡两岸昆台文化交流月在昆山市周庄"台湾老街"开幕。交流月期间还举办台湾摄影家作品昆山展、周庄赴台旅游推介会、昆台中小学生文化交流系列活动、昆台旅游直通车等多项文化交流活动。

"台商精神家园"建设和昆台文化交流活动的频繁开展,丰富了面向台商台胞群体的公共文化服务,有效保障了在昆台商台胞的基本文化权益,增强了昆山文化的吸引力和影响力,也发挥了文化在亲商、安商、富商中的突出作用,对于改善两岸关系、促进祖国统一有明显的积极意义。

(2) 新老昆山人的均等化服务

昆山多年蝉联全国百强县之首,经济发展快,企业数量多,是广大外来务工人员就业、生活、安家的重要目的地。在昆山人口构成中,三分之二以上是"新昆山人","新昆山人"中大量是以农民工为主体的外来务工人员,保障好他们的基本文化权益,提高新老昆山人基本文化服务均等化、一体化,是昆山现代公共文化服务体系建设的重中之重。

2012年7月,昆山市委、市政府专门就改善"新昆山人"文化民生发布《关于在外来务工人员集聚区建设新昆山人文化俱乐部的实施意见》,明确要求:市统一规划和财政补助,各区(镇)负责落实,在2012年至2015年间,选择在"新昆山人"居住、工作相对集中的集体宿舍、打工楼、居住中心等便于外来务工人员参与文化活动的场所,均按标准建成44个具备文艺排练、图书报刊、电子阅览、影视放映、健身娱乐、教育培训及户外篮球场等功能的"新昆山人文化俱乐部",覆盖全市城乡各区镇,确保"新昆山人"就近享受到优质均等的文化服务。在此期间,各区(镇)必须每年新增1个"新昆山人文化俱乐部"。

为了确保"新昆山人文化俱乐部"的高效运行,昆山以三种方式将其纳入城市公共文化服务体系。一是属地管理。"新昆山人文化俱乐部"由所在区(镇)或村(社区)统一管理,配备专兼职管理人员负责日常运行,面向当地"新昆山人"提供免费开放的基本文化服务。二是完善制度。市文化部门负责制定和实施"新昆山人文化俱乐部"建设标准、服务标准和内部管理制度,并定期监督检查标准和制度执行情况。三是系统支持。市文化馆和区(镇)文体站负责对"新昆山人文化俱乐部"

提供业务辅导,协助俱乐部建立文艺团队和开展文化娱乐活动。各区镇文休站定期送电影、演出、展览、讲座等。四是志愿服务。逐步建立区域内文化志愿者参与的管理员队伍,采用由长住企业的"新昆山人"轮流值班、分室管理等措施,培育"新昆山人"的自我管理、自我服务能力。

群众性文化活动是新老昆山人参与度较高的公共文化服务重要形式,其中又以农民工参与居多。昆山把开展多层次、多渠道、多品种的群众文化活动作为惠及新老昆山人的重要手段。2012年,全市举办的群众性文艺演出达2000场,广场文艺"周周演""欢乐文明百村行""青春大舞台——文艺演出进外企"、外企文化艺术节、区区镇镇艺术节、市民大讲坛、鹿城故事、周末音乐会,图书、文艺、讲座、电影进社区活动,文化馆、图书馆流动服务车送书送戏,不同年龄段的十佳歌手大赛和广场舞比赛等群众文化活动层出不穷、不断推新。昆山市文化馆围绕农民工题材开展艺术创作,如原创歌曲《农民的爱情》、舞蹈《天行健》和小品《大宝的婚事》《寻家短信》等,《寻家短信》曾参加"温暖之春——2012年慰问全国农民工春节晚会",分别在央视三套、七套播出,受到党和国家领导人的高度赞赏。市文化馆还组织业务人员对农民工子弟学校进行文艺作品的创作、编排、辅导。昆山也注重发挥农民工中的文化能人在乡镇、社区农民工文化工作以及群众文艺团队建设中的骨干作用,市职工艺术团成员主要为热爱文艺的在昆务工者。

昆山市图书馆结合营造"书香城市",把面向"新昆山人"提供阅读服务摆在重要位置,先后在统一企业、乐金公司、合正电子、泰德兴、华道数据、四海电子、苏杭电子、好孩子等外企和民企,及各农民工子弟学校建立图书流通点,签订图书流通服务协议,配备专门人员负责,定期更换图书,让广大外来务工者就近享受精神文化食粮。

(3) 承古惠今的古今文化融合

古今融合、承古惠今最具体地体现为昆山6个中国民间文化艺术之乡。锦溪镇,老街的夜色下能听到唱宣卷和沪剧;淀山湖镇,村头街角能看到村戏曲队自编自演的大戏;巴城镇,老街上飘逸着书、墨的芬芳;周庄镇,河埠桥旁能欣赏到水乡民俗表演;玉山镇,亭林园内不只是昆曲馆里"天天演"昆曲,丝竹之声和婉转唱腔也随处可闻。在现代化快速进程中,昆山独特的古典"阳春白雪"依然枝繁叶茂,和者甚众。

为了传承和弘扬优秀历史文化,昆山文化部门结合昆山历史文化特点,举办了《顾炎武全集》编纂出版学术研讨会,《草堂雅集》《玉山名胜集》《玉山璞稿》首发式暨作品研讨会,以及"在现代和传统的结合中推进文化发展"特聘专家座谈会;还组织了中国民间特色艺术之乡建设论坛、首届中国少儿戏曲教育论坛、第二届古镇保护与发展(周庄)论坛等,积极筹办纪念顾阿瑛诞辰七百周年国际学术研讨会。一系列深入的研讨、交流,为梳理历史文脉,找寻文化源头,确立文化定位,在观念、理论、载体上做了充分准备。同济大学院仪三教授说:"昆山很好地从地方特色、传统特色中吸收了丰富营养"。2008年,昆山成立"文化研究中心",这在全国县级市中实属首创,"文化研究中心"在短短几年中开展了富有成效的昆山传统文化研究、昆曲研究、文化应用与发展研究,定期编撰了《昆山文化研究》,并且以"建言"形式为市委、市政府提供决策参考。昆山市文化馆积极开展非物质文化遗产保护,编撰《昆山民族民间文化精粹》——《昆曲卷》《文艺卷》等系列丛书;开办《鹿城故事》讲坛,既讲述昆山历史、人文,也讲述百姓身边的真实故事。市昆仑堂美术馆聘请国内著名专家担任学术顾问,组织开展课题研究,创办了《昆仑堂》学术期刊。

特色历史文化资源既需要传承,更需要进入百姓的现实文化生活,成为公共文化服务体系不可或缺的重要构成,在这方面,昆山不仅让古代经典文化艺术呈现于当代人的文化生活场景之中,更致力于让现代人接触和喜爱优秀传统艺术,提升文化素养和审美情趣。"小昆班"是昆山"从娃娃抓起"一步步培育成的特色文化品牌,自1987年第一中心小学开办全国首家"小昆班"开始,20多年来从未间断过,石牌、千灯、周市等小学相继开设"小昆班",昆山这片土壤走出了柯军、李鸿良、王建农、俞玖林、新版《红楼梦》中薛宝钗扮演者李沁等一大批昆曲人才。2008年,中国戏剧家协会昆山小梅花培训基地在巴城镇石牌中心校揭牌;2009年,昆山市小梅花艺术团成立,有效整合了现有少儿戏曲"小昆班"资源,统一教学计划,统筹师资力量,集中编排节目,开展文化交流,使小昆班不断走上大舞台。2010年,昆台文化旅游产业合作发布会在台北举行,"小昆班"成为昆山靓丽的"文化名片"和文化交流的使者。

古今融合,为文化艺术产品的创作生产增添了强劲动力,《玉出昆冈》是贯通昆山人文古今的艺术力作,昆舞《胜如花》《玉笛传韵》分别将昆曲元素融合进古典舞蹈和昆笛乐曲,《姹紫嫣红》则将《浣纱女》《游园》《小宴》等昆曲折子戏片段进行巧妙组接和演绎,这些均属特色传统文化大树根基上开出的富有现实生命力的绚烂文化之花。

如今,顾炎武的"天下兴亡匹夫有责",归有光的高尚情操,朱伯庐的治家格言,已经成为昆山家喻户晓的理念操守、乡规村约,是激励新老昆山人奋发向上的"正能量";名闻遐迩的昆曲也经由公共文化服务走向社区、学校,是社区百姓最爱观赏、最想学练的艺术样式,也正在成为小学音乐教育的必修内容。"古今融合"渗透在昆山文化的全过程和各方面,成为昆山城市特色文化的内在构造和城市魅力的重要来源,也使昆山公共文化服务体系建设深深扎根于优秀传统文化的土壤之中,让昆山全体市民享受到丰富雅致、韵味独特的公共文化生活。

(4)专业特色艺术的融入

昆山人口结构的多层次特点,反映在公共文化服务方面,直接表现为需求多样性。一方面,大量企业家、台商台胞、海外客商以及白领人士希望能经常欣赏到国际水准、国内一流的高雅艺术;另一方面,基层人民群众的表现能力、欣赏水平和参与诉求也在不断提高,特别是群众文艺团队期望得到专业水准的艺术指导和配套服务。昆山文化部门认为,建设现代公共文化服务体系,说到底是以人民群众的基本文化权益为依据,以尽可能满足各层次群众基本文化需求为标准,为基层群众服务、为基层群众文艺团队提供艺术指导是各类公益性文化事业单位及专业文化艺术工作者的重要职责。基于这一认识,昆山高度重视发挥专业机构、专业文艺工作者的骨干作用,在加强适合各层次群体需求公共文化产品生产供给的同时,把工作重心转移到对各类特色群众文化活动的专业艺术指导方面,在专业与特色的融合中提升群众自我服务的能力,从而也增强了公共文化产品和服务的供给能力。

为了让高雅艺术融入市民日常文化生活,昆山利用新建并投入使用的文化艺术中心,采取政府补贴、专业机构运营、公益与市场科学安排的办法,使昆山市民每年可欣赏到百场以上国内外一流演出。文化艺术中心结合昆山传承弘扬"百戏之祖"昆曲的特点和要求,设有多功能厅作为戏剧专业演出、昆曲艺术讲座和戏剧论坛场所,可在为国内重要昆剧院团、专业机构提供服务的同时,借各方之力将原创昆曲剧目推向全国、走向海外,努力打造独具特色的昆曲原创、制作和演出基地。

"专特融合"更集中地表现在全市专业文艺工作者深入实际、贴近群众,因地制宜地创作、指导、展示特色群众文化。市宣传文化部门在抓普及性文艺作品创作的同时,注重支持专业文艺工作者与群众文化活动的深度融合。主要举措为:一是结合具体作品创作,面向基层群众文艺骨干开展准专业性文艺创作培训和观摩;二是成立"专特融合"的文艺创作指导中心,结合新品创作、优品展示和精品推介,整合优质资源,组织各类赛事,提供平台服务,为优秀的群众文艺创作和群众文化活动的体系化建设提供有力支撑。全市文化馆(站)、艺术团体在"专特融合"中发挥了突出的骨干作用,坚持不懈地加强对基层特色群众文化的指导和扶持,持续不断地推进特色化精品和精品的特色化。据不完全统计,近3年"专特融合"创作和表演逾千项,其中获国家、江苏省、苏州市三级奖项的分别为122、109、257项。

(5) 城乡文化一体化的发展

在覆盖城乡的 4 级公共文化设施网络体系全面建成之后,昆山各级党委、政府并未就此止步,而是在此基础上全面实现城乡一体运行,推动形成城乡文化发展 5 个"一体化":

① 城乡设施运行一体化。为了提高全市文化设施整体运行效率,昆山出台《基层公共文化设施管理运行办法》,加强基层公共文化设施的标准化使用管理,建立相应的指导、监督制度,充分发挥城乡各级文化设施功能。

② 城乡基本文化服务一体化。围绕边远乡村居民到达主要公益性文化设施距离较远的问题,昆山采用固定设施与流动服务相结合的办法,以流动服务车、流动服务队方式定期对边远地区进行定点供给,确保边远地区也能感受到服务的便利性;围绕基层公共文化机构提供服务的内容和能力相对不足的问题,昆山文化馆、图书馆、美术馆等骨干机构,组织专业人员、配备专门器材,下基层帮助重点乡镇文化站和村文化室开展服务,确保基础较弱的机构也能提供优质的服务。

③ 城乡文化活动一体化。昆山"欢乐文明百村行"已经办了多年,主要是城区文化走进乡村、乡村特色文化进城展演、乡村与乡村之间特色文化交流互动的巡演活动,真正做到让百姓喜闻乐见的优秀群众文化活动走遍全市城乡。"元宵花灯节暨昆山市特色民间文艺团队展演",各镇和城区街道都选送了最具特色的文艺团队,分别在分布于城乡民居聚集区的文化广场上展演。"广场文艺周周演""区区镇镇艺术节"活动从 2012 年开始已经成为区镇互动、城乡共演的日常舞台。将市级资源支持的重点文艺活动较为均衡地安排于各乡镇,是昆山深化"城乡融合"的有效举措。"江浙沪非遗系列展示交流活动"轮流在城乡各区镇举办,如巴城镇"长三角民歌邀请赛",千灯镇"中秋诗会",周庄"国际旅游节"和水乡民俗文艺《四季周庄》长年演出,锦溪镇"江南民间音乐节",张浦镇"姜里庙会",开发区"青春大舞台",以及在中心城区玉山镇举办的"十佳歌手大赛""文明行业文艺会演"、昆山阅读节,等等。经过这几年坚持不懈的推进,已经逐步形成全市城乡一体、合理布局、错位竞争的体系化文化艺术活动。

④ 城乡特色文化精品培育一体化。《玉出昆冈》是昆山历时 3 年、排练 250 余场次、集聚城乡各方资源和力量打造的反映昆山地方文化特点的艺术精品,曾在上海世博会上海城市文化广场精彩亮相,受到海内外观众的一致好评,该作品整台演出从全市城乡范围内精选节目,演出人员从全市城乡文艺骨干中挑选组合,其中有锦溪镇的宣卷、陆家镇的陆家浜鼓手、周市镇的茶盘舞等,原汁原味、趣味盎然。2011 年昆山市举办"非物质文化遗产传承年"系列活动,重头戏是一台原生态民间文艺展演,其中有市级非物质文化遗产代表性项目、代表性传承人技艺现场展演,来自各乡镇的舞龙、舞狮、民歌、特色舞蹈等民间绝技,让昆山城乡百姓大开眼界。

⑤ 城乡文化人才培养一体化。2009 年,昆山出台《关于加强昆山文化人才队伍建设的若干政策》,把全市城乡文化从业人员、群众文化骨干、热心参与文化建设的社会力量等均纳入文化人才培训体系,市文广新局每年举办 2 期公共文化服务体系建设培训班,市文化馆和市图书馆也分别举办专业业务培训班至今,并组织实施了"苏州市基层文化从业人员职业资格认证培训"。目前,来自村和社区的基层文化从业人员全部实现了持证上岗。城乡文化人才培养、培训的一体化,为昆山公共文化服务体系建设提供了坚实的人才保障。

(6) 各部门的通力合作

按照中央关于"推动社会主义文化大发展大繁荣"的精神,围绕国家公共文化服务体系建设示范区创建,昆山党委、政府坚持"大文化""大格局"建设路径,着力形成党委、政府主要领导亲自负责,宣传、发改、财政、住建、文广新、科技、教育、旅游、体育、人社、规划、民政、农业、工会、共青团、妇联、司法等各部门以及各区管委会、各镇人民政府通力协作、联合推进的机制和制度。在示范区创建和率先实现现代化的推动下,昆山在全国同类城市中率先实施城市公共文化设施建筑设计方案的文化部门一票否决制,率先在昆山广播电台、电视台开播公共文化服务栏目,率先设立文化研究中心,率先推进公共文化服务与科技、旅游、体育、开发区建设、新农村建设、美丽乡村建设、外来投资客商文化生活以及外务工人员文化权益保障等紧密融合在一起,形成公共文化服务资源、功能、力量高度融合的大格局。

"力量融合"还突出表现在昆山积极引导和鼓励社会力量参与公共文化服务,实现政府力量与各种社会力量的高度融合。政府文化部门积极配合台商协会,开展面向广大台商台胞的特色文化服务,支持以台商为主体创办"台商投资企业运动会",支持大中型台资企业自办阅览、演艺设施,协助台商举办面向员工的各种文化艺术活动,帮助台资企业建立文化艺术团体。昆山各项大型文化艺术活动也全面向社会开放,鼓励各种社会力量以捐赠资助、冠名赞助、承办协办、提供服务等方式主动参与。这些举措,既为昆山公共文化服务体系建设增添了新的动力,也为企业、社会组织和个人奉献爱心、履行社会责任、扩大知名度和影响力打开了新的空间。

3. 社会力量广泛参与的"多元化供给"体系

近年来,常熟市委、市政府认真贯彻落实党的指示精神,想方设法、因地制宜,引导和鼓励各种社会力量以各种方式参与文化建设,逐步形成了全社会关心、支持、参与公共文化服务的良好氛围。民营企业和企业家、民间社会组织、一些先富起来的社会人士,因地制宜参与文化服务,成为常熟文化建设的一道风景线。这一现象的出现,主要得益于常熟各级党委、政府和文化部门坚持不懈、积极作为和因势利导的引导、鼓励和推动。社会力量的进入,拓宽了常熟公共文化服务的社会基础,丰富了文化产品和服务的生产供给,更加有效地保障了全市人民群众的基本文化权益,初步形成了社会力量参与公共文化服务的"常熟模式"。

(1) 优化设施体系等社会力量参与的基础条件

常熟各级党委、政府把公共文化服务体系建设列入重要议事日程,把公共文化服务纳入全市经济社会发展规划,持续加大财政投入力度。"十一五"期间,全市公共文化设施资金投入总计10.11亿元,其中重大文化设施资金投入约6.86亿元,基层文化设施资金投入约3.25亿元,相继建成图书馆、美术馆新馆,完成博物馆、翁同龢纪念馆、古琴艺术馆等改扩建工程,形成常熟文博一条街。基础设施的改善,为各种社会力量进入提供了良好的条件。在农村文化建设领域,常熟持续实施农村"双六工程",新建和扩建了一批镇村文化设施,并相继投入使用,使城乡文化设施得到全面提升,为社会力量发挥作用奠定了良好的基础。据统计,目前,常熟公共文化设施总面积达到47.83万平方米,人均拥有公共文化设施面积0.32平方米。进入"十二五"以来,常熟以创建国家公共文化服务体系示范区为契机,在保障原有公共文化设施正常运行的同时,总投入3.3亿元、建筑面积2.1万平方米的江南文化艺术中心于2012年建成开放。该中心包括文化馆新馆、大剧院、多功能厅,是一座集艺术演出、排练、培训、综合娱乐活动等功能于一体的地标性建筑。① 常熟多层次、网络化、均衡分布的公益性文化设施,是各种社会力量参与文化建设、展示文化才能、体现社会价值的大舞台、大平台。

(2) 引导社会力量参与创作生产

在公共文化设施基本实现全覆盖的同时,常熟市委、市政府注重调动社会力量的积极性,加快公共文化产品生产、开展公共文化活动、深化公共文化服务。主要做法是:

设立文化名人工作集聚区。常熟人文底蕴深厚、人才荟萃,是涵养文化、培育名人的好地方。文化名人是具有专业素养、引领能力的文化领军人物群体,他们参与公共文化服务的能力强、效果

---

① 常熟投资3.1亿建江南文化艺术中心 建筑面积2.1万平米[EB/OL]. (2012-05-29) [2014-02-28]. http://native.cnr.cn/city/201205/t20120529_509737241.shtml.

好、影响大。常熟为了充分发挥文化名人的作用,特地划拨区位良好、风景秀丽的地段,设立文化名人工作集聚区,并配备各种便利的服务条件。目前,常熟已成立了8个名人工作室,初步建成了常熟文化名人工作集聚区,文化名人从事文化产品创作生产和文化传承传播有了良好的条件和环境。

设立文化艺术人才奖励基金。为了吸引、培养和用好文艺人才,激励各类文艺人才的创作热情,更好地实现文艺人才的价值,营造大师辈出、新秀成长、氛围浓郁的文化环境,常熟根据中央《关于进一步支持文化事业发展的若干经济政策》(国办发〔2006〕43号)和江苏省《关于加快文化事业和产业发展若干经济政策的通知》(苏政发〔2006〕113号),采取政府引导、吸收海内外组织或社会各界人士捐赠的方式,设立了"常熟文化艺术人才奖励基金"。2009年8月22日,常熟市文广局与常熟开关制造有限公司签订协议,"常熟文化艺术人才奖励基金"吸收常熟开关制造有限公司捐赠的100万元。来自各种社会力量捐赠的资金,为常熟公益性文化发展注入了新的动力。"常熟文化艺术人才奖励基金"既面向社会各种文艺人才征集作品,也面向青年才俊定向提供支持;既聚焦优秀人才和团队打造文化艺术精品力作,也面向全国开展言子文学奖、黄公望美术奖、翁同龢书法奖、严天池音乐奖、沙家浜戏剧奖、江南曲艺奖、江南舞蹈奖、江南摄影奖8个奖项的全国性评选活动。近年来,一大批从"常熟文化艺术人才基金"运作中获益的优秀作品分别获得中宣部"五个一工程奖"、文化部"群星奖"和"沙家浜戏剧奖""中国戏剧奖·小戏小品奖"等全国性奖项。

(3) 吸引社会力量参与各类文化活动

近年来,常熟以建设江南文化名城为目标,成功举办中国(常熟)江南文化节、中国古琴艺术节、尚湖国际民间艺术节等重大文化节庆活动。这些节庆活动吸引了群众的广泛参与,共享文化发展成果。根据国家文化部、财政部精神,图书馆、博物馆、美术馆、文化馆等公共文化设施向公众免费开放,社会效益显著提高,仅市图书馆2012年到馆读者就突破100万人次。在各项文化活动的举办、承办、协办中,政府文化部门注重活动项目与各类企业的出资协办、冠名赞助、品牌推广等互动对接,每年各类文化活动吸引社会赞助资金100万元以上。2012年,常熟全新推出"农民工大舞台",主要面对外来务工人员集中的企业进行发动和组织,政府文化部门与所在企业密切协作、联合运作,不仅为全市的群众文艺舞台增添了异乡异地的风采,也为外来员工的文化生活提供了新的展示平台,普遍受到农民工和企业的热忱欢迎和积极参与。

(4) 鼓励社会力量投资兴办文化实体

近几年,常熟在推进文化基础设施建设的过程中,不仅用足用好市、镇两级公共财政的资金,而且鼓励有实力的村利用自有资金进行文化专项建设。蒋巷村是全国新农村建设的典范,村级经济比较发达,拥有多家有规模、运营稳定的企业。蒋巷村在大力发展经济的同时,结合本村实际,利用自有资金和资源,建立起了富有地方特色的农家民俗馆和农耕文化园,不仅成为保存江南农耕文化的良好载体,也打造成了常熟文化旅游的知名品牌,取得了以社会效益为主、经济效益共同增长的良好效果。常熟还注重发挥各种社会力量兴办文化设施的热情,如在业内拥有很高声誉的苏作红木家具博物馆和星海无线电博物馆,就是分别以民营企业禧徕乐投资发展有限公司、宇龙集团公司作为投入主体建设的。实践证明,这类带有私人博物馆性质的文化设施建设,不仅在特定领域文化保存、传承和推广中具有积极意义,也是丰富文化设施和服务的有效路径。

(5) 借助高校力量积极开展相关课题研究

这几年,常熟结合公共文化服务体系建设实际,加强了公共文化服务制度设计研究工作。在各项研究中,注重借助、发挥常熟周边和辖区内各类高校科研能力。如联合上海大学,组织实施了以"城市标志性公共文化设施服务功能研究"为题的课题研究,对即将落成的江南文化艺术中心内部现代化大剧院和多功能厅、文化馆等文化服务设施进行功能布局,对苏南经济发达地区城市标志性公共文化设施功能拓展、"江南文化"品牌打造以及中小城市公益性文化机构可持续运行等方面开展研究。又联合常熟理工学院,开展"常熟吴文化生态实验保护区规划纲要"编制。联合研究或课题研究的社会化,既提高了地方课题研究水平,又拓展了项目推进的智力支撑。①

4. 农村公共文化资源整合的"四位一体"统一管理

吴江图书馆的"四位一体"解决了因顶层设计不足而造成的高耗低能问题。以"区、镇、村"三级管理机制实现了"四个统一",改变了农村公共文化多元投入、管理松散的局面,吴江农村公共文化资源管理得以改善,形成了一级投入、统一管理的可持续发展局面,实现了公共图书馆服务在农村的普遍均等和公共文化的城乡一体化。

(1) 科学统筹配置硬件平台,实行统一建设标准

吴江全区250个行政村均建立了集中采购、统筹管理、标准统一和服务常态于一体的"四位一体"农村公共信息服务中心。吴江图书馆充分利用这些硬件平台与互联网等高新技术,建立先进实用、安全可靠、开放互联的农村公共电子阅览室。区政府有关部门通过法规或文件形式,建立保障农村公共信息服务中心与吴江图书馆、乡镇图书分馆的长期合作运行机制,规定党员远程教育播放室面积须达50平方米以上、阅览室面积50平方米以上、书籍1500册以上、期刊30种以上、报刊10种以上,电脑5台,等等。统一建设标准的制定为统一规划和管理奠定了基础。

(2) 完善业务系统对接,实行统一业务管理

农村公共文化资源的整合,首先面临的就是业务系统的对接。吴江图书馆因为原来的计算机业务管理系统难以实现总分馆管理,所以在实施农村公共文化资源整合时,统一更换了计算机业务管理系统,实现了吴江全市的图书资源在同一个计算机业务管理系统下的统一管理。建立公共电子阅览室信息资源导航系统,引导基层群众用户访问互联网上优秀的文化信息资源。组织"四位一体"馆员参与软件使用及业务知识培训,保证了"四位一体"农村公共文化服务中心的专业服务水平。

(3) 依托专业图书馆员,实行统一专业服务标准

吴江图书馆全体职工中,大专及以上学历的人员占97%,本科及以上学历的人员占71%,专业职称中正高1人、副高3人、中级8人,其队伍结构专业化程度在全部公益性文化机构中较高,有较强的专业实力,有能力开展对"四位一体"服务点的业务指导工作。以公共图书馆服务体系人才队伍为依托,吴江图书馆于2012年度组织"四位一体"服务点的基层馆员参加"苏州市基层公共图书馆从业人员持证上岗培训",提高了乡镇(村)基层服务点服务人员的专业素质,保障了"四位一体"农村公共文化资源服务的专业服务水平。

(4) 图书馆职能明确,实行统一管理体制

吴江图书馆对全区250个行政村的农家书屋原有图书进行回溯建库,完成了总馆业务管理系统的更新升级,确保了资源的共建共享和通借通还。与此同时,吴江区政府从2012年起将"四位一体"建设纳入市政府对乡镇考核的年度目标责任书,并占年终百分考核的3%,从而有效增强了乡镇领导对整合农村公共文化资源的紧迫感和责任心。在此背景下,针对吴江图书馆缺乏对乡镇分馆的权力权威的问题,市政府对9个乡镇分馆的工作人员增加人均6000元的年度考核奖金,拨付给吴江图书馆进行统一使用。吴江图书馆在对各分馆进行年度考核后,对合格者进行发放,从而提高了吴江图书馆对各乡镇分馆的管理权威,加强了其对镇级分馆的指挥力度,实现了总分馆内部的统一管理。此外,"四位一体"农村公共文化服务体系还积极吸纳社会力量参与其中,特别针对乡镇(村)分馆、"四位一体"农村公共信息服务读者满意度进行统一测评,并将测评结果作为乡镇(村)

---

① 虞文盛. 常熟社会力量参与公共文化服务成为新亮点[N/OL]. 中国文化报,(2013-06-26)[2014-03-28]. http://news.idoican.com.cn/zgwenhuab/html/2013-06/26/content_4908091.htm?div=-1.

分馆评判"四位一体"农村综合信息服务水平的重要标准,使"四位一体"统一管理有了切实可行的依据。

吴江"四位一体"农村公共信息服务服务中心作为公共文化服务体系的最末端,力图实现统一的建设标准、统一的业务管理、统一的服务标准、统一的管理体制,为将农村公共文化资源整合进一步向规范化、标准化、制度化方向推进做出了积极的努力。

三、取得成效

按照党的十七届六中全会提出的目标要求,党的十八大关于"完善公共文化服务体系,提高服务效能"的精神,以及十八届三中全会的具体规定,苏州市把工作重点聚焦到"完善体系、提高效能、彰显特色、惠及全民"上来,全市的公共文化服务体系建设进入了一个整体推进、科学发展、全面提升的新阶段,走出了一条"城乡一体化、率先现代化"的现代公共文化服务建设之路。

(一)公共文化服务设施利用率进一步提高

公共文化服务体系,效益是导向,设施是基础。设施网络体系作为公共文化服务的载体和阵地,针对一些基层文化设施的功能和作用发挥还比较有限,甚至存在弱化的倾向,基层文化单位缺乏规范的管理制度等问题,苏州市以创建国家公共文化服务体系建设示范区为抓手,着力做好公共文化设施"规划建设"和"管理使用"两方面的工作:一方面继续加大"建"的力度,推进重大文化设施建设。"十一五"以来,全市重大文化设施资金投入共计 200 多亿元。苏州博物馆新馆、苏州演艺中心、苏州美术馆新馆、苏州市文化馆新馆、苏州名人馆、苏州评弹学校新校等一批市级重点文化设施先后建成,张家港市文化中心大剧院、常熟市江南文化展示馆、太仓市图博中心和文化艺术中心、平江区市民活动中心、沧浪区图书馆、工业园区文化艺术中心等一批县级市(区)重点文化设施也先后落成并对外开放。在此基础上,苏州市还努力加快公益性文化设施城乡一体全覆盖。重点加强镇(街道)、社区(村)文化设施建设,确定了"三同"目标,特别是在居民区或者人员稠密的地方建设文化设施,满足基层群众就近、方便享有公共文化服务的需求。另一方面,苏州市还重点突出"软件建设",在"管好"和"用好"上下功夫。从人民群众的实际需要出发,全面推进基层文化标准化建设,建立对各类公共文化设施的管理与运行机制,建立了一整套基层设施相关管理制度,提高使用效率,发挥好综合服务功能,从而进一步发挥基层文化载体在文化建设中的重要作用,公共文化设施利用率显著提升。

(二)社会力量参与面进一步扩大

社会力量参与公共文化实践在苏州势头强劲,打破了公共文化过度依赖政府投入的瓶颈,使文化成果更加快捷、方便、优质地惠及全体人民。改革开放,特别是"十一五"以来,苏州市陆续制定出台了多项政策,鼓励文化企业参与文化产品的生产和供给。2010 年,多元化市场投入公益性文化的资金达 253.2 万元。与此同时,苏州还制定并落实了吸引社会力量参与公益文化事业建设的有关政策,先后出台了《关于支持和服务民营文艺表演团体发展的若干意见》《支持民营文艺表演团体发展奖励办法(试行)》。目前,苏州拥有 34 家民营文艺表演团体,1000 余名演职人员,常年扎根基层、服务人民,与国有院团和群众文艺团体互为补充,年演出场次在 8800 场以上,接待观众超过 6000 万人次,为繁荣苏州文化事业、丰富基层文化生活发挥着不可替代的作用。私人开办博物馆是个人资源社会化的具体体现。苏州锦溪镇拥有中国陶都紫砂博物馆、中华历代古钱币珍藏馆、中国古砖瓦博物馆、华夏奇石馆等 14 家民间博物馆,被誉为"中国民间博物馆"之乡,这是政府与民间联手办博物馆的典型代表。明清家具雕刻艺术博物馆,是由两位苏州市民斥资 2 亿元打造起来的,被称为苏州众多私人博物馆中的"扛鼎之作"。私人博物馆的建立,大多依靠私人收藏,依靠自己的渠道,其专业化特点非常明显,他们发挥孜孜不倦的精神在民间淘宝,藏品往往独具价值,这对公立博物馆是一种非常有益的补充。另外,苏州园林作为各地园林的标本,是苏州的又一独特之处。不惜巨资建造的私家园林,成为公众"享用"的景区,也成为苏州地区社会力量参与公共文化服务体系建设的亮点。江苏吴江的静思园,一期占地 66 亩,景色如画,宁静清幽,赏心悦目,闻名遐迩,为民营企业家陈金根先生私家园林。历史上的园林,往往是古代商贾巨子、文人学士、名家隐士们营造起来的,主要供自己和家人享用。而陈金根先生开建私人园林,则是为了传承文明,造福社会,续写苏州造园历史。静思园的社会意义,远远超过"私人园林"这样狭隘的定义,静思园的建成,被誉为吴江经济开发区的一方绿洲,成为公众怡情益智、休闲娱乐的文化公园。由此可见,在政府大力兴办公共文化事业之时,社会力量参与公益文化的建设与发展,在其功能与价值体现上,与政府兴办公共文化有着异曲同工的效果,并能够有效弥补公益性文化产品、文化服务供给不足的问题,两者互为补充,相得益彰。

(三)公共文化服务产品供给能力进一步增强

提供实用、优质、高效、便捷的服务,是公共文化服务体系建设、改革和发展的出发点和落脚点。通过国家公共文化服务体系示范区的创建,苏州市把强化服务能力、提高服务质量、改善服务效益作为工作重点,在提高服务的利用率和提升服务的专业化水平上取得了明显突破。首先是加大"创"的力度。一方面是创作数量更多、质量更高、更贴近生活、更贴近群众的公共文化产品,不断满足群众日益增长和多样化的精神文化需求;另一方面,公共文化产品为更好地实现重心下移、资源下移,各市(县)、区在原有特色品牌的基础上,创新性地开展更多群众喜闻乐见、丰富多彩的文体活动。其次是改进"送"的方式。继续加大对农村群众、弱势群体和特殊群体"送文化"的力度,改变单向输送的方式,大力开展文化需求和满意度调查,实行有针对性的配送;引入项目招标等竞争机制,对一些公共文化产品、文化服务项目,采取政府采购、项目补贴、定向资助等方式,通过竞争来提高公共文化产品质量。第三是提升"种"的水平。加强对公共文化活动的指导,通过举办全市群众文艺大会演、农民文化艺术节、组织基层优秀剧节目展演等方式,激发基层群众举办公共文化活动的积极性,增强群众自我服务能力。第四是创新"统"的机制。全力推进公共图书馆总分馆建设和"四位一体"农村综合信息服务体系建设,基本实现 15 分钟免费文化圈,积极组建"苏州市群众文化活动总团",进一步提升公共文化服务水平和效益;加快现代科技应用步伐,建设数字图书馆、数字文化馆、数字美术馆等覆盖全市城乡的数字文化服务网络,仅苏州图书馆"文化苏州"网站就建有地方特色数字资源 12 个,特别是"苏州古籍方志数据库"有 285 部古籍方志和 18 种民国报纸,使基层群众可以通过多渠道享受公共文化资源与服务。

(四)群众文化艺术团队进一步壮大

群众文化的创作、表演、宣传需要优秀群众文化艺术团队的支撑,群众文化艺术团队是推动基层精神文明建设、构建和谐社会的重要内容。本着"为民服务"的宗旨,在苏州市国家公共文化服务体系示范区创建期间,各乡镇、街道党工委、办事处及街道文体中心大力扶持,一方面将对文艺活动有热情、愿意投身其中的广大群众聚集起来组成文化艺术团队,参与基层文化建设和群众文化活动;另一方面,聘请热爱文艺工作、有一定文化底蕴和专业基础的老师担任团队的辅导老师,使得文化艺术团队从小到大,逐步发展成具有一定规模和影响力的业余文艺团队,全市群众文化艺术团体得到蓬勃发展。目前,苏州有基层群众文化队伍 2230 多支,年均开展各类活动 1.5 万场次。2012年,苏州市还举办了群众文化"十佳"评比活动,共有 10 个文化艺术团队被授予"十佳团队"称号。其中,城南街道清风艺术团自 2005 年成立以来,多次参与市、区、街道的各种文艺会演,共参加规模以上演出及比赛活动 36 次;街道、社区等小型演出 100 多次,取得了一定的成绩。艺术团还经常深入基层,组织进社区、进敬老院、进企业慰问演出,团员们注重外出学习交流,较好地实践了"活跃社区文化、构建和谐城南"的宗旨。2008 年、2009 年,清风艺术团获得吴中区委宣传部、区文体局颁发的"优秀业余文艺团队奖";2009年获吴中区委宣传部、区文体局颁发的"吴中区广场文体活动优秀组织奖";2012年获苏州首届社区广场舞活力赛团体组织奖;2012年团队的扇子舞《欢聚一堂》荣获首届苏州群众文化广场舞大赛铜奖,广场舞《自由飞翔》荣获苏州首届社区广场舞活力赛一等奖、苏州市第二届广场健身舞总决赛一等奖。在政府群众文化团队建设、评级和活动资助的制度下,苏州市群众文化艺术团队得到持续壮大,极大地推动了群众性文化活动的广泛深入开展,不仅有利于充分发挥人民群众文化创造积极性,让蕴藏于人民中的文化创造活力得到充分发挥,更有利于吸引优秀文化人才服务基层,壮大基层文化人才队伍。

（五）公共文化服务制度支撑体系进一步保障

制度化建设是公共文化服务体系建设的根本性问题,健全的制度体系是公共文化服务体系走向完善的根本标志。在国家公共文化服务体系建设示范区创建的全过程中,苏州始终将制度建设放在极为重要的位置,狠抓制度设计研究,致力于形成制度体系。经过这几年坚持不懈的努力,苏州公共文化服务制度体系的框架基本形成,以制度形式明确了人民群众的基本文化权益,各级政府的责任,公共财政的保障范围,各类公益性文化设施免费开放和基本公共文化服务项目,各类公益性文化服务机构的基本职责,公共文化服务人才队伍建设要求,社会力量参与公共文化服务的基本权益和责任,引导和鼓励基层群众自我表现、自我教育、自我服务的渠道和方式,以及文化志愿服务方式等。现已形成的制度主要包括：各级党委政府公共文化服务体系建设纳入科学发展考评的制度,公共财政为公共文化服务体系建设提供基本保障的制度,公益性文化设施网络全面均衡覆盖的布局和建设规划,公益性文化设施管理运行制度,公益性文化事业机构服务标准,公共文化人才培训和资格认证制度,引导和鼓励社会力量参与公共文化服务的制度,群众文化团队建设、评级和活动资助的制度,文化志愿者队伍建设运行制度,关于推进公共数字文化服务体系建设的相关制度。规范、严密、系统的制度体系涉及公共文化服务的方方面面,为苏州公共文化服务体系的长期、稳定、高效运行提供了可靠保障。

四、成功原因分析

结合国家公共文化服务体系示范区创建,苏州初步形成了现代公共文化服务体系建设的基本框架,形成了持续推进公共文化服务体系现代化建设的"苏州模式"。究其原因,"苏州模式"的成功之处在于：

（一）党委政府高度重视

党委政府的高度重视是公共文化服务效能全面提升的保证。自苏州市成功入选首批31个国家公共文化服务体系示范区创建城市名单后,苏州市委、市政府就将创建工作作为苏州市"十二五"期间的重要任务来抓,进一步完善公共文化服务体系,打造"文化苏州"城市品牌,再创文化发展"黄金期",并明确提出要"全力以赴,力争创建成为江苏省首个国家公共文化示范区,发挥苏州在全国公共文化建设中的示范、引领作用",具体体现在政策、管理与工作机制、经费保障等方面。

1. 健全政策保障

苏州市委、市政府历来重视公共文化服务体系建设。近年来,先后多次召开全市文化工作会议和基层文化建设工作会议,以"十一五"文化发展规划为蓝本,着重加强基层文化建设,出台了《关于进一步加强苏州市新农村文化建设和城区基层文化建设的实施意见》,并将基层文化建设列为市政府对各市、区政府的考核内容,每年签订责任书,规定时间节点扎实推进。通过上下努力,圆满完成了新农村文化建设和城区基层文化建设各"五件实事"（新农村文化建设"五件实事"：一是加强农村公共文化设施建设;二是丰富农民群众精神文化生活;三是推进农村有线电视"户户通"工程和农村广播全覆盖工程;四是健全、完善农村文化市场体系;五是加强农村文化遗产保护。城区基层文化建设"五件实事":一是完善苏州城区基层公共文化设施建设;二是推进文化信息资源共享工程;三是活跃基层文化活动;四是加强基层文化队伍建设;五是健全基层文化建设工作机制)。2010年10月,在"江苏省文化发展绩效评价体系"(包括文化发展、政府投入、文化服务、文化消费4大类15项指标)考核中,苏州位列全省第一。

2. 完善机制保障

近年来,苏州市逐渐建立起了政府统一领导、相关部门分工负责、社会团体积极参与文化服务工作的管理体制和工作机制。市规划部门和文化主管部门紧密协作,编制了苏州市文化设施建设布局规划,就全市范围的文化设施进行科学化、网格化设计的布局,努力打造"十五分钟文化圈";市财政部门会同文化部门对文化事业经费做了精心编制,"十一五"期间年均公共文化事业经费投入占财政总支出的比例不低于1%;市编办、人事和文化主管部门就基层文化从业人员的编制、培训、资格认证等工作做了会商并出台了相关政策;市体育、工会、共青团、妇联等部门积极参与,工人文化宫、青少年宫、妇女儿童活动场所等设施完备,且均实行免费开放。各级政府在逐年加大对基层文化事业投入的同时,在整合公共文化服务资源、推进投入方式的多元化、提高整体服务能力方面,探索并完善了符合各地实际且行之有效的基层文化工作新举措。

3. 落实资金保障

"十一五"期间,苏州全市公共文化财政呈逐年上涨趋势,年均增长幅度超过18%。市级财政专门设立了"公益性基层文化设施建设引导资金"和"宣传文化发展专项资金",用于扶持基层文化设施建设和基层公益性文化项目。2007年起,市政府下发了《关于加快文化事业和文化产业发展若干经济政策的意见》,建立"苏州市新农村文化建设奖励引导专项资金"。各市、区也相应设立了农村、社区文化建设专项资金,纳入本级财政预算,确保了农村和城区重点文化设施建设和文化活动开展的资金需要。据统计,"十一五"期间,苏州市级和县级市(区)级重大文化设施资金投入总计42.1亿元;全市基层文化设施资金投入总计约40亿元。包括图书馆购书经费、博物馆文物征集经费、文艺创作和生产经费、重点文化艺术活动经费、免费开放补助经费以及其他方面经费在内的公共文化服务专项资金全市总计达9.7亿元。

(二)公共文化在社会和谐发展中作用凸显

城市因文化而闻名,经济因文化而繁荣,人民因文化而儒雅。有着2500多年建城史的苏州,被赋予了深厚的文化底蕴。文化是苏州的独特品牌。改革开放以来,苏州市委、市政府始终坚持"把文化繁荣作为提升发展的第一依托","把增强文化软实力作为率先基本实现现代化的核心内涵"。国家公共文化服务体系示范区创建工作的积极推进,更好地发挥了文化对经济社会发展的引领、推动作用。网络完善、结构合理、覆盖城乡的公共文化服务体系,作为苏州市文化建设的重要组成部分,正在全社会有效发挥着弘扬社会主义核心价值体系,建构积极、健康、向上文化氛围的重要作用,在更高层面上彰显了苏州这座历史文化名城的现代化进程。

通过不断推进公共文化硬件设施建设,使公共文化设施除了具备文化艺术展示的功能之外,还具备了文化教育的功能,承担起了提升全社会文化素养的社会责任和历史使命。在全市完善的公共文化硬件基础上,苏州以文化艺术精品工程为龙头,积极组织创作生产一批具有鲜明地方特色、体现深刻人文精神、反映当代主旋律,能在当地、全省乃至全国产生重大影响的艺术作品,通过深入开展丰富多彩的文化惠民活动,最大限度地满足群众日益增长的多层次、多样化公共文化需求,极大地增强了人民群众的生活幸福感,更好地发挥了文化引领风尚、教育人民、服务社会、推动发展的作用。苏州市下辖县级市行政村的"四位一体"综合信息服务站建设,以及借助有线数字网络的"公共文化有线数字互动平台",将公共文化服务送进社区和家庭,并为确保城乡群众通过多种方式使用数字文化信息资源等服务,向科技不断提出新的诉求,推动了科技水平的迅速发展与提升。苏州市基层文化从业人员培训与资格认证制度的实施,对基层文化队伍建设新路径的探索,是稳定公共文化基层人员队伍的有效尝试;苏州市构建党委政府领导,文化等有关部门联手,专家委员会参与,联络员网络体系协作,公共文化服务信息平台支撑的"五位一体"的管理体制和工作机制,逐步形成了苏州党委领导、政府负责、社会协调、公众参与的工作格局和长效机制,有效提升公共文化服务质效,促进了城乡文化事业的均衡化发展,确保全市城乡居民的文化权益、文化利益得到充分的保障和实现。

实践证明:苏州公共文化的社会效益正逐步彰显,在经济发展确保文化发展的前提下,苏州文化软实力的增强反过来又会促进当地经济硬实力的提升。大力发展公共文化事业,构建和完善公共文化服务体系,是繁荣发展社会主义先进文化、构建社会主义和谐社会的必然选择。苏州正在开辟一条新时期文化建设的发展之路和特色之路,也必能在公共文化的沃土上塑造出现代城市的文明之魂,最终使百姓受益。

(三)公共文化服务理念不断创新

党的十八届三中全会指出,现代公共文化服务体系具有"以人民为主体的服务理念"。苏州市始终秉承这一理念,历来坚持把保障人民群众基本文化权益、满足人民群众基本文化需求作为现代公共文化服务体系建设的出发点和立足点,坚持把公共文化服务体系建设作为公共服务型政府履行基本职能、改善和发展文化民生的内在要求,作为开放的国际条件下和全球化时代浪潮中维护公共文化生活公平正义和健康有序、促进社会和谐稳定、建构中华民族共有精神家园的重要保障,也坚持把推进公共文化服务体系现代化建设作为苏州率先实现现代化的重要内容和战略任务,努力在推动基本公共文化服务均等化、城乡公共文化服务一体化、全市公共文化服务体系化和制度化方面为全国提供示范和借鉴。

苏州市还不断创新工作思路,使公共文化事业驶入快车道:全市公共文化数字化服务体系初步建立,公共图书馆总分馆体系进一步健全,在其所辖的县级市(区)中,张家港市开展了"网格化"公共文化服务建设、常熟市开展文化主管部门与各镇(街道)的挂钩结对共建活动、昆山市制定和实施公共文化服务和产品评价激励机制、吴江突破以行政区划为界限配置公共文化服务资源的体制限制而开展"区域联动"和创建达标督查工作……全市开拓创新,一大批富有成效的服务创新理念与机制不断涌现,极大丰富和提升了苏州市的公共文化服务效能。

此外,苏州市还率先意识到文化事业单位作为我国提供公益文化服务的骨干力量,普遍存在着功能定位不清、机制不活,公益服务供给总量不足、方式单一,资源配置不合理、质量和效率不高,支持公益服务的政策措施不够完善、监管力量薄弱等诸多问题。2011年7月,苏州市先将文化馆等8家公益性文化事业单位整合而成"苏州市公共文化中心",以公共文化服务为核心,将不同类别的文化资源进行整合,形成了合力,在体制机制上实现了大跨度的转变,实现了公共文化服务资源和服务产品的集成化供给。苏州市公共文化中心的建立与运行,为全国同类传统文化事业单位向现代公共文化服务机构的转变提供了示范和借鉴。

(四)公共文化服务机构服务能力不断提升

只有大力提升公共文化设施的服务能力,公益性文化机构才能被公众更为充分地利用,公共文化服务机构的社会职能才能得以充分彰显。苏州首先瞄准全国领先、国际先进的目标,一手抓好重大项目建设,高标准推进苏州文博中心、苏州图书馆二期等重点项目,建设系列博物馆,打造博物馆城;一手抓好农村、社区文化基础设施全覆盖、标准化建设的再提升,健全公共图书馆总分馆体系,构建完善、优质、高效的现代公共文化设施体系。通过"动态资产权"实现文献资源的统一采编调配和通借通还,通过由总馆向分馆直接派遣工作人员实现紧密型的统一管理,通过"孵化式培训"提高了馆员职业素养进而保障了总分馆服务质量的一致,实现了总分馆服务的方便快捷和经济高效。

另外,随着2007年底中国的博物馆首次提出免费参观,2011年2月,文化部、财政部又联合出台了关于中国美术馆、公共图书馆、文化馆(站)免费开放的意见。在此背景下,苏州市各级文化主管部门归口管理的各级国有美术馆、公共图书馆、文化馆不断丰富免费开放的内容和形式,积极引导各类人群走进博物馆、图书馆、文化馆(站),并通过制定《苏州市公共文化服务指南》(城区),确定了包括农民工等弱势群体和特殊人群在内的基本文化服务内容和量化指标,免费向公众派发。由此,越来越多的公众开始愿意走入公共文化服务机构,迫使公共文化服务机构不断提升服务能力。再次,新成立的苏州市公共文化中心使各馆相互联动,扩大了公共文化服务规模,增强了文化品牌活动的整体效果,满足了人民群众多样化的文化需求,公共文化中心管理下的各场馆服务能力有了显著提升。2012年,活动场次较2011年实现翻两番,受益人群较2011年增幅达50%,成为我国区域性公共文化机构的先行者。为了更好地发挥苏州市文化馆作为龙头馆的示范、引领作用,指导县(区)、镇(街道)文化馆(站)、业余文艺团队及骨干,提升他们的公共文化服务能力、水平、质量,为群众提供更好、更优质的文化活动,不断扩大工作覆盖面和影响力,苏州市公共文化中心管理下的苏州市文化馆建立了远程交互业务指导与培训系统。该系统利用数字文化馆平台,依托苏州市文化馆的优质培训资源,配备专业人员,面向苏州各市、县(区)文化馆,乡镇(街道)文化站文化从业人员、文化骨干、文化辅导员等提供业务指导、人员培训、群文艺术交流等远程指导服务。目前,苏州市文化馆已与13个县(区)级文化馆、95个镇(街道)文化站相互连接,为各文化馆(站)服务能力的提升提供了统一平台,从而为全社会公众提供更为专业的服务。

参考文献:

1. 蔡武.正确看待我国文化发展面临的国际环境[J].求是,2010(19).
2. 林理."四位一体"与"末端创新":江苏吴江公共信息服务中心建设引人关注[N].中国文化报,2013-05-24.

曹　俊

苏州市创建国家公共文化服务体系示范区大事记

2011 年 1 月

10 日上午,苏州市创建办召开办公会议,学习创建示范区东部标准。

26 日,苏州市出台《关于贯彻〈关于加强地方县级和城乡基层宣传文化队伍建设的若干意见〉的实施意见》(苏宣发〔2011〕3 号)。

27 日上午,苏州市创建办召开办公会议,苏州市文广新局各处室参加。

2011 年 2 月

9 日下午,苏州市创建办召开办公会议,根据创建要求,对示范区《创建申报书》《研究方案》《创建规划》《基本情况》等材料的制定工作进行分工。

10 日,苏州市创建办召开办公会议,研读东部标准。

17 日下午,苏州市创建办召开办公会议,主要研究制定《创建示范区实施意见》。

18 日上午,苏州市创建办召开办公会议,对照东部标准,梳理苏州已出台的相应文件、需要市委市政府出台的政策、创建示范区总经费投入等内容。

18 日下午 2:00,苏州市文广新局汤钰林局长、成从武副局长向苏州市委常委、宣传部长徐国强就示范区创建作专题汇报。徐国强部长提出:苏州创建示范区是一件好事,符合苏州市率先基本现代化、城乡一体化的要求,我们要形成"十二五"文化建设规划。

18 日下午 4:00,苏州市创建办召开办公会议,研究《创建申报书》《创建规范》以及苏州创建示范区存在差距等内容。

21 日上午,阎立市长听取苏州市创建示范区专题汇报。

25 日上午,苏州市创建办召开办公会议,继续修订完善实施意见、创建规划,制定各县市区目标责任书,制订苏州市公共图书馆服务体系建设行动计划。

28 日至 3 月 1 日,苏州市文广新局参加了 2011 年国家公共文化服务体系制度设计研究工作会议和全国基层文化队伍培训工作管理者培训班。

29 日,经市编办正式批准,苏州市古籍保护中心正式挂牌,与苏州图书馆合署办公,并增加 5 名人员编制。

2011 年 3 月

2 日,苏州市文广新局和市人社局联合下发《关于进一步落实〈苏州市基层文化从业人员资格认证制度〉的意见》(苏文群字〔2011〕6 号)。

14 日,苏州市出台《市政府办公室关于印发创建国家公共文化服务体系示范区建设规划的通知》(苏府办〔2011〕54 号)。

15 日,苏州市政府向文化部递交苏州市创建国家公共文化服务体系示范区申报材料:《创建国家公共文化服务体系示范区申报书》《申报创建国家公共文化服务体系示范区情况报告》《苏州市申报创建国家公共文化服务体系示范区的情况陈述》《公共文化服务体系制度设计研究方案》《市政府办公室关于印发创建国家公共文化服务体系示范区建设规划的通知》(苏府办〔2011〕54 号)。

23 日,苏州市出台《中共苏州市委 苏州市人民政府关于印发〈苏州市中长期人才发展规划纲要

(2011—2020)〉的通知》(苏发〔2011〕19号)。

29日,苏州市出台《市政府关于印发苏州市国民经济和社会发展第十二个五年规划纲要的通知》(苏府〔2011〕66号)。

29日上午,苏州市创建办召开办公会议,研究示范区创建规划和实施意见。

2011年4月

6日下午,苏州市创建办召开办公会议,研究制定县市区政府目标责任书、工、青、妇、体育等有关部门责任书。

20日下午,苏州市创建办召开办公会议,研究《苏州市公共图书馆服务体系行动计划》等文本。

22日上午,苏州市创建办召开办公会议,研究财政投入经费等。

23日,第六届苏州阅读节开幕仪式,《阅读救自己》《阅读,让城市更美丽》《学习,让城市更精彩》三书首发式,以及苏州图书馆面向新生婴幼儿的读书计划——"悦读宝贝计划"启动仪式在苏州图书馆广场隆重举行。民进中央副主席兼秘书长朱永新,苏州市领导徐国强、朱玉文、王鸿声、府采芹,人民出版社代总编辑辛广伟,人民出版社副社长、新华文摘杂志社社长李春生,我国台湾著名出版人高希均等与近千名苏州市民一起参加了此次活动。今年的阅读节,共收到各市、区,市各有关部门和有关单位在广泛深入组织开展各类阅读推广、阅读交流和阅读辅导活动的基础上,向组委会推荐的重点活动1400余项,经组委会筛选,共有832项被确定为本届阅读节活动,其中主题活动8项,重点活动40项,系列活动784项。

同日,苏州图书馆举办纪念"世界读书日"广场诵读活动,机关、部队、市立医院、小学生、中学生、社区、盲人协会、民间社团8个单位组成8个方阵齐声朗诵,吸引了上千名市民观看。

24日,我市被文化部、财政部确定为首批31个"国家公共文化服务体系示范区"创建城市之一。

2011年5月

4日下午,苏州市创建办召开办公会议,研究苏州市公共图书馆总分馆方案。

11日下午,苏州市创建办召开办公会议,研究实施意见、公共图书馆实施方案、财政投入方案。

25日上午,市委常委、宣传部部长徐国强调研我市示范区创建情况。

27日,我市出台《关于成立苏州市国家公共文化服务体系示范区创建工作领导小组的通知》(苏办发〔2011〕48号)。

31日上午,市委、市政府召开苏州市创建国家公共文化服务体系示范区动员大会。市长阎立,市委常委、宣传部长、市人大副主任徐国强,副市长王鸿声等出席会议。各市(县)、区政府、苏州工业园区、苏州高新区管委会向阎立市长递交《加强公共文化服务体系建设目标责任书》。

2011年6月

2日,文化部在山东省青岛市召开了创建国家公共文化服务体系示范区工作座谈会。会上,示范区创建工作领导小组办公室与28个第一批创建地区的政府签订了《创建责任书》。苏州市王鸿声副市长作了《继往开来、务实创新,全面推进公共文化服务体系建设实现新跨越》交流发言。

18日,苏州图书馆举办纪念新馆开馆10周年系列活动:向1000名婴幼儿免费赠送"阅读大礼包",包内有儿童读者证、活动指南、《亲子阅读》、阅读测量尺和一本绘本;第31个分馆——新城邻里中心分馆正式开馆;邀请中山大学程焕文教授为全市图书馆员作业务培训;与北京大学信息管理系联办的"江南文献研究所"正式揭牌;举办"十年回顾展"。

20日下午,苏州市创建办召开办公会议,讨论实施意见、实施方案、市直属单位分工、出台考核细则、掌握各县市区工作动态等内容。

22日上午,苏州市文广新局召开创建示范区办公会议,研究分析创建示范区的过程管理、宣传工作、季度考核、档案收集、课题研究等问题。

2011年7月

4日,苏州市创建办召开办公会议,部署社文和"非遗"会议、"十二五"创作工作会议等会议计划。

6日,太仓市出台《市政府办公室印发〈太仓市创建国家公共文化服务体系示范区实施意见〉的通知》(太政办〔2011〕67号)

8日,吴江市委、市政府举行"四位一体"农村公共信息服务中心建设启动仪式,同时,两台流动图书车投入使用。

21日,太仓市召开创建国家公共文化服务体系示范区动员大会。

28日,太仓市文广新局召开创建国家公共文化服务体系示范区布置会。

2011年8月

3日,苏州工业园区管委会出台《关于印发〈苏州工业园区文化繁荣行动计划〉的通知》(苏园管〔2011〕23号)。

18日,创建国家公共文化服务体系示范区联络员工作会议在北京召开。国家公共文化服务体系建设专家委员会部分专家、第一批创建国家公共文化服务体系示范区代表等近60人参会。

18日,太仓市文广新局召开创建国家公共文化服务体系示范区现场会。

22日,苏州市创建办召开办公会议,研究示范创建过程管理、宣传方案等内容。

26日下午,苏州市创建办召开全市文化艺术创作工作会议。

26日,昆山市出台《市政府办公室印发〈关于加强公共文化服务体系建设的实施意见〉的通知》(昆政办发〔2011〕117号)。

29日,吴江市出台《市政府办公室关于印发吴江市加强公共文化服务体系建设的实施意见的通知》(吴政办〔2011〕101号)。

29日,平江区召开创建"全国公共文化服务体系示范区"工作动员大会。

本月,平江区出台《关于印发〈平江区创建"国家公共文化服务体系示范区"实施方案〉的通知》。

2011年9月

7日,常熟市出台《常熟市创建国家、省公共文化服务体系示范区建设规划》(常政办发〔2011〕99号)。

7日,沧浪区出台《中共沧浪区委办公室 沧浪区人民政府办公室关于转发〈沧浪区建设8·10为民服务圈的实施方案〉的通知》(沧委办〔2011〕30号)

14日,苏州市政府下发《苏州市公共图书馆总分馆体系建设实施方案》(苏府办〔2011〕180号)。

21日,常熟市委、市政府召开全市创建国家、省公共文化服务体系示范区动员大会。

21日,吴江市召开全市创建国家公共文化服务体系示范区动员大会。

2011 年 10 月

11 日下午,市委常委、宣传部长蔡丽新,副市长王鸿声一行前往市文广新系统调研创建示范区工作。市委副秘书长蔡公武,市政府副秘书长陆俊秀,市委宣传部副部长、市文明办主任缪学为等参加调研。

14 日,相城区出台《关于印发〈相城区落实苏州市创建国家公共文化服务体系示范区建设规划的实施意见〉的通知》(相政办〔2011〕70 号)。

14 日,金阊区出台《金阊区落实苏州市创建国家公共文化服务体系示范区建设规划的实施意见》(金文创办〔2011〕1 号)。

17 日,苏州市基层公共图书馆从业人员持证上岗培训班开学典礼在吴江市图书馆举行,市文广新局党委副书记、副局长成从武出席开学典礼并作动员报告,239 名吴江市基层公共图书馆从业人员参加了此次培训。

25 日下午,相城区召开了全区宣传思想文化工作会议。

28 日,张家港市出台《关于印发〈张家港市基层公共文化设施提升工程三年行动计划(2011—2013)〉的通知》(张政办〔2011〕57 号)。

2011 年 11 月

1 日,苏州市文广新局召开创建示范区工作会议,研究过程管理、宣传方案等,以及 4 个制度设计的研究报告。

10 日,市政府下发《苏州市文化广电新闻出版业发展"十二五"规划的通知》(苏府〔2011〕202 号)。

15 日,张家港市出台《关于张家港市开展"网格化公共文化服务"的实施意见》(张文广新〔2011〕94 号)。

17 日,张家港市出台《关于进一步加强"十二五"公共文化服务体系建设的意见》(张委发〔2011〕88 号)。

17 日,昆山市出台《关于加快文化强市建设的实施意见》(昆发〔2011〕4 号)。

23 日,张家港市文广新局召开创建国家、江苏省公共文化服务体系示范区工作讨论会。

24 日下午张家港市召开创建国家和江苏省公共文化服务体系示范区动员大会。

24 日,相城区出台《关于批转〈相城区文化体育事业"十二五"发展规划〉的通知》(相政发〔2011〕74 号)。

30 日,苏州市高质量完成江苏省公共文化服务体系示范区申报工作,推荐张家港、常熟 2 个县级市申报创建江苏省公共文化服务体系示范区(县级),吴中区木渎镇、相城区北桥镇、工业园区唯亭镇等 9 个镇(街道)申报江苏省公共文化服务体系示范区(乡镇、街道)。

30 日,苏州工业园区管理委员会出台《关于印发〈苏州工业园区文化繁荣专项扶持资金管理暂行办法〉的通知》(苏园管规字〔2011〕11 号)

2011 年 12 月

2 日,苏州市出台《中共苏州市委关于贯彻落实党的十七届六中全会〈决定〉全面建设文化强市的意见》(苏发〔2011〕46 号)。

3 日,张家港市文广新局召开创建江苏省公共文化服务体系示范区迎检工作会议。

7 日,太仓市文广新局召开创建国家公共文化服务体系示范区年终推进会。

12 日,张家港市出台《关于印发〈张家港市"港城英才计划"实施意见(试行)〉的通知》(张委发

〔2011〕93号）。

17日，"新吴门画派——苏州国画院中国画作品展"（日本巡展）在金泽市海之未来图书馆隆重举行。

17日，张家港市出台《关于张家港市深入推进文化民生工程实施意见》（张委宣〔2011〕49号）。

31日，统计至今日，苏州图书馆今年新增分馆10所，分馆总数达到36所。

2012年1月

是月，苏州市出台《苏州市创建国家公共文化服务体系示范区过程管理实施意见》（苏公创字〔2012〕1号）、《关于印发〈苏州市公共文化服务体系制度设计研究工作方案〉的通知》（苏公创办字〔2012〕1号）、《关于印发〈苏州市创建国家公共文化服务体系示范区信息报送和宣传工作方案〉的通知》（苏公创办字〔2012〕2号）等多项措施，全面推进国家公共文化服务体系示范区创建工作。

5日，张家港召开全市"网格化"公共文化服务建设推进会。

6日上午，苏州市创建办召开办公会议，研究制度设计研究课题讨论会事宜。

6日，江苏省文化厅、江苏省财政厅联合下发《关于命名首批江苏省公共文化服务体系示范区的决定》（苏文社〔2012〕1号）。苏州市及张家港、常熟2个县级市，太仓市璜泾镇、昆山市陆家镇、吴江市平望镇等9个镇（街道）荣获首批"江苏省公共文化服务体系示范区"称号。

6日，苏州市召开《中国文化报》记者座谈会，采访苏州城乡一体化进程、文化建设等情况。

7日，张家港召开"网格化公共文化服务"启动仪式暨网格文化团队优秀节目展演活动。

7日至8日，苏州市公共文化服务体系制度设计研究课题讨论会召开。国家公共文化服务体系建设专家委员会副主任李国新，国家公共文化服务体系建设专家委员会副秘书长戴珩，国家公共文化服务体系建设专家委员会委员巫志南，省文化厅党组成员、南京图书馆党委书记方标军，市文广新局党委副书记、副局长成从武等出席会议。

16日上午，苏州市创建办召开办公会议。苏州市文广新局副局长成从武就北京培训事宜向汤钰林局长做专题汇报，并着手为春节后创建办工作人员集中办公、分工工作、迎接文化部督导等事项做准备。

17日，苏州市出台《关于加强"十二五"公共文化服务体系建设的实施意见》（苏办发〔2012〕7号），作为"十二五"期间全市公共文化服务体系建设的指导性文件。

29日上午，苏州市创建办召开办公会议，研究苏州市"三馆一站"免费开放、与财政沟通免费开放经费、培训会议等事宜。

30日，苏州市新三馆（文化馆、美术馆、名人馆）正式对外免费开放。

2012年2月

1日，吴中区出台《关于印发〈吴中区创建国家公共文化服务体系示范区的实施意见〉的通知》（吴政办〔2012〕7号）

2日，张家港市出台《张家港市创建国家公共文化服务体系示范区过程管理实施意见》（张公创字〔2012〕2号）。

13日，苏州市公共图书馆从业人员持证上岗（城区）培训班正式开班。

15日至16日，由苏州市创建办主任、市文广新局党委书记、局长汤钰林，副主任、党委副书记、副局长成从武带队的市创建办督导组对吴中区、相城区、平江区、沧浪区、金阊区、工业园区、高新区开展国家公共文化服务体系示范区创建工作进行了专题督导。

15日，常熟市出台《常熟市创建国家公共文化服务体系示范区过程管理实施意见》（常公创字

〔2012〕1号)。

17日,张家港市文广新局召开2012年创建国家公共文化服务体系示范区工作季度例会。

27日,昆山市文广新局召开编印《公共文化服务指南》会议。

20日,市创建办召开办公会议,研究示范区培训班开班事宜。

24日至25日,苏州市创建国家公共文化服务体系示范区培训班在苏州图书馆学术报告厅举办,来自各市(县)、区文化主管部门、各镇(街道)办事处、各镇(街道)文化站(文体中心)及创建工作相关单位的350余名同志参加。

29日至3月1日,国家公共文化服务体系示范区创建城市市长研讨班在北京举办,共有30位创建城市负责人参加,文化部党组书记、部长蔡武出席并讲话,研讨班由文化部党组成员、杨志今主持。苏州市王鸿声副市长率市文广新局有关同志参加会议并发言。

2012年3月

3月初,常熟市文广新局组织全市各镇(街道)文化站长和文化馆、图书馆相关人员赴上海市闵行区进行参观学习。

1日,昆山市文广新局召开"东部标准解读"会议。

1日,太仓市出台《太仓市创建国家公共文化服务体系示范区过程管理实施意见》(太公创字〔2012〕1号)。

1日,相城区出台《相城区落实创建国家公共文化服务体系示范区过程管理实施意见》(相公创字〔2012〕1号)。

1日,高新区出台《区党政办关于转发〈苏州高新区创建国家公共文化服务体系示范区实施意见〉的通知》(苏高新办〔2012〕47号)。

3日,"我们的节日"——"盛世观前"第二届戏曲艺术节开幕式暨"龙凤呈祥"戏曲名家名段演唱会在开明大戏院隆重开幕。

4日上午,苏州市创建办召开办公会议,传达文化部督查流程、大地情深进京展演等事宜。

7日,市政府副市长王鸿声、副秘书长陆俊秀一行实地考察建设苏州图书馆文献资源存储集散中心备选地块,并主持召开专题会议。相城区人民政府、市财政局、市文广新局分管领导陪同并参加会议。

11日下午,苏州市文广新局召开各市县区局长、局各有关处室,传达文化部督查通知,并部署迎检工作。

14日下午,市创建国家公共文化服务体系示范区第二次联络员工作会议召开。各市(县)、区国家公共文化服务体系示范区创建工作领导小组办公室负责同志,苏州图书馆、博物馆、市公文中心、市文化研究中心、苏州市文广新局相关处室主要负责人等共30余人参加了会议。市国家公共文化服务体系示范区创建工作领导小组办公室主任,市文广新局党委书记、局长汤钰林,市国家公共文化服务体系示范区创建工作领导小组办公室副主任成从武同志出席会议并讲话。

16日,昆山市文广新局召开"东部标准解读"会议。

16日,张家港市文广新局召开创建国家公共文化服务体系示范区迎检工作会议。

下旬,吴江市创建工作领导小组成立"示范区创建督查组",对全市8个镇(区)文体站、48个重点村(社区)以及部门不达标村(社区)进行了为期5天的实地督查。

20日,昆山市出台《昆山市创建国家公共文化服务体系示范区过程管理实施意见》(昆山创办字〔2012〕1号)。

21日,太仓市召开创建国家公共文化服务体系示范区现场推进会。

23日,苏州市创建办召开办公会议,研究示范区创建工作手册内容、制作等事宜。

23日,昆山市文广新局召开"公共文化服务体系建设联络员例会"。

26日,苏州市创建办召开办公会议,研究进京展演、示范区创建经费等事宜。

31日,市财政局、市文广新局联合出台《苏州市创建国家公共文化服务体系示范区财政保障的实施方案》(苏财教字〔2012〕22号、苏文财字〔2012〕10号)。

2012年4月

月初,张家港市出台《张家港市群众文艺团队和民营文艺表演团体扶持奖励办法(暂行)》。

2日,苏州市创建办召开办公会议。研究工作手册、会务手册、文件汇编材料等事宜。

2日,吴中区出台《吴中区创建国家公共文化服务体系示范区过程管理实施意见》(吴公创字〔2012〕1号)。

8日,张家港召开全市网格化公共文化服务现场推进会。

8日,"家在苏州·情满水城"群众文艺演出在高新区景山公寓开演。此次演出由市文化广场新闻出版局主办,市公共文化中心和市文化馆承办,高新区枫桥街道办事处协办,是系列巡演的第三站,共吸引了500多名外来务工人员前来观看,并获得一致好评。

9日上午,苏州市创建办召开督查筹备检查会。

11日,苏州市"群星璀璨 欢乐大舞台"广场系列活动在市公文中心文化广场拉开帷幕。本场演出是广场系列活动的第一场,在接下来的一个多月的时间内,中心文化广场还将有15场各具特色的演出陆续上演,为苏州市广大群众提供优质的精神文化食粮,共享文化成果。

12日至14日,由文化部社会文化司副司长李宏带队,以国家公共文化服务体系建设专家委员会委员、上海社会科学研究员巫志南为组长的国家公共文化服务体系示范区(项目)第十五督查组对苏州市示范区创建情况进行中期督查和评估。省文化厅巡视员王世华,市创建工作领导小组副组长、市政府副市长王鸿声,市创建工作领导小组副组长、市政府秘书长陆俊秀,市创建办主任、市文广新局党委书记、局长汤钰林,市创建办副主任、市文联党组书记、主席成从武等陪同督查。

18日,昆山市"非遗"展示暨第二届姜里文化庙会开幕式在张浦镇姜里村东庙广场开幕。

18日至19日,相城区举办了为期两天的公共文化服务体系示范区创建工作培训。

月底,"决胜现代化 幸福新生活——2012年昆山市广场文艺周周演暨欢乐社区行"在市民文化广场开幕。

4月20日至5月5日,吴江市示范区创建办成立专题小组,在各镇(区)创建办的积极配合下,开展"镇(区)评弹书场建设"调研工作。

23日,第七届苏州阅读节在苏州图书馆举行启动仪式,市领导蔡丽新、王鸿声、府采芹,以及中国图书馆学会副理事长、北京大学信息系博士生导师王余光教授等出席仪式。各市、区、市各有关部门和有关单位向组委会推荐重点活动1800余项,经组委会筛选,共有947项被确定为本届阅读节活动,其中主题活动11项,重点活动45项,系列活动891项。

同日,苏州图书馆开展纪念"世界读书日"广场诵读活动。

2012年5月

9日,以"跨越"为主题的2012"活力高新 欢乐社区行"活动启动仪式在镇湖街道刺绣艺术馆前广场举行。

10日,国家"农民工文化服务示范项目"评比活动全面完成,此次评比活动涵盖全国,共选出40个农民工文化服务示范项目,其中江苏省2个,吴江市"区域文化联动"成为全国首批农民工文化服务示范项目之一。

15日,首届苏州市群众文化广场舞比赛在市公共文化中心广场开赛,来自各县市、区的19支代表队共800余名选手参加了比赛。

16日至23日,由江苏省文化厅主办、苏州市文广新局承办的2012年"春雨工程"——新疆部分文化馆长赴苏培训班圆满举办。24位来自新疆维吾尔自治区伊犁哈萨克自治州、克孜勒苏柯尔克孜自治州的州、县文化馆长以及新疆建设兵团部分文化馆馆长参加了培训班。

24日下午,苏州市创建国家公共文化服务体系示范区推进会召开,会议通报了文化部第十五督查组关于苏州市创建国家公共文化服务体系示范区工作情况的反馈意见;研究讨论了拟议中的《苏州市公共文化服务体系建设绩效评估制度(试行)》和《苏州市公共文化服务体系建设考核指标(试行)》;部署下阶段示范区创建各项重点目标任务。

26日,苏州图书馆继续开展"悦读宝贝计划",向新生婴幼儿免费赠送"阅读大礼包"1000份,有新生婴幼儿的居民踊跃报名参加活动。

2012年6月

7日,由苏州市人民政府、美国波特兰市政府、苏州波特兰友好协会共同主办的"新吴门画派——苏州国画院中国画展"美国展,于美国当地时间波特兰文化艺术中心盛大开幕。

8日,市委常委、宣传部长蔡丽新在市文广新局局长陈嵘的陪同下,调研苏州图书馆及总分馆建设情况。

10日,吴江市第二届少儿戏曲艺术节隆重开幕。

13日至14日,中国图书馆学会主办、苏州图书馆协办的"公共图书馆服务规范"培训班在苏州图书馆举行。

14日至15日,全国第六届全民阅读论坛在太仓市举办,150多位代表出席了论坛。

17日至19日,中国图书馆学会阅读推广委员会推荐书目委员会、图书评论委员会2012年工作会议在吴江市召开。

21日上午,市委、市政府召开苏州市创建国家公共文化服务体系示范区推进会。市委常委、宣传部长蔡丽新,市政府副市长王鸿声,市委副秘书长蔡公武,市政府副秘书长陆俊秀,市委宣传部副部长、市文明办主任缪学为及市文广新局党委书记、局长陈嵘等出席会议。各县级市(区)政府(管委会)、各有关部门、人民团体分管负责人,各地宣传、财政、文化部门,各镇(街道)负责人近200人参加了会议。

6月30日至7月2日,由文化部和江苏省人民政府主办,文化部非物质文化遗产司、中国艺术研究院·中国非物质文化遗产保护中心、江苏省文化厅、苏州市人民政府等共同承办的第四届中国非物质文化遗产保护·苏州文化论坛在苏州市相城区举办。

2012年7月

1日,苏州图书馆文献资源存储集散中心建设方案专家咨询会在苏州图书馆多功能厅召开。会议由市文广新局党委书记、局长陈嵘主持,国家公共文化服务体系建设专家委员会副主任、北京大学教授李国新,江苏省文化厅党组成员、南京图书馆党委书记方标军,国家公共文化服务体系建设专家委员会委员、北京市人民政府文化顾问冯守仁,中国图书馆学会副理事长、首都图书馆馆长倪晓建,北京大学副教授张广钦等5位专家学者应邀参加。

4日,张家港召开网格化公共文化服务座谈会。

13日,昆山市委宣传部工作例会专题讨论创建工作会议。

同日,昆山市创建国家公共文化服务体系示范区领导小组且发布《昆山市公共文化服务指南》。

17日,苏州市公共文化服务体系制度设计研究课题中期评估会在苏州召开。国家公共文化服务体系建设专家委员会副主任委员、北京大学教授李国新,国家公共文化服务体系建设专家委员会委员、上海社科院研究员巫志南,国家公共文化服务体系建设专家委员会副秘书长、江苏省文化馆副馆长戴珩,国家公共文化服务体系建设专家委员会副秘书长、中国文化报社编委陈彬斌等出席会议。苏州市文广新局党委书记、局长陈嵘到会,与专家学者就苏州市公共文化服务体系建设做了深入探讨和交流。

18日,平江区政府与苏州图书馆正式签订《平江区公共图书馆服务体系委托管理协议》,这是首个按市政府颁布的《苏州市公共图书馆总分馆建设实施方案》要求将平江区图书馆及其分馆一并委托给苏州图书馆管理的区级公共图书馆总分馆。

同日,吴江市召开创建国家公共文化服务体系示范区暨文化产业发展推进会。

26日,中共昆山市委宣传部督查新昆山人文化俱乐部建设情况。

23日下午,市创建办召开办公会议,研究部署"大地情深"工作会、"晋京展演"筹备会议。

27日,金阊区政府与苏州图书馆签订《金阊区公共图书馆服务体系委托协议》,将金阊区图书馆及各街道、社区图书分馆一并委托给苏州图书馆管理。

2012年8月

1日,昆山市文广新局召开区镇文体站长工作例会专题听取创建汇报。

3日,"玉出昆冈"2012昆山市优秀传统文艺节目苏州巡演于工业园区湖东邻里中心大广场举行了首场演出。此次"玉出昆冈"巡演活动共7场,将在苏州市区、张家港市、常熟市、太仓市、吴江市、吴中区演出。

8日至25日,苏州市公共文化中心举办迎接十八大——2012苏州市群众文化美术书法摄影作品大赛。

9日上午,苏州图书馆召开第二图书馆建设工作会议,讨论第二图书馆的功能布局。苏州市文广新局社文处、计财处、办公室,苏州图书馆,苏州市规划设计院等负责人员出席会议。

10日,昆山市召开创建国家公共文化服务体系示范区工作推进会。

同日,由中共吴江市委宣传部、吴江市文广新局主办,吴江市公共文化艺术中心承办的喜迎十八大·吴江市"欢乐广场"文艺巡演暨第四届广场舞蹈大赛活动在吴江市滨江新城横扇影剧院全面启动。

14日,苏州市创建办召开办公会议,研究"大地情深"——"人间新天堂"苏州群众文化晋京演出事宜。

16日至17日,文化部公文司司长于群带领国家公共文化服务体系建设专家委员会的相关专家,对张家港市网格化公共文化服务模式进行专题调研。

17日,即将晋京展演"人间新天堂"的江苏省苏州市代表队在工业园区独墅湖影剧院预演。文化部公共文化司于群司长,江苏省文化厅党组书记、厅长徐耀新,江苏省文化厅巡视员王世华,苏州市委常委、宣传部长蔡丽新,苏州市文广新局党委书记、局长陈嵘,苏州市文联党组书记、主席成从武,苏州市文广新局副局长徐春宏等出席观看。

同日,张家港召开网格化公共文化服务情况汇报会。

18日,苏州市第六届少儿艺术节闭幕式暨少儿优秀创作节目汇报演出在工业园区青少年活动中心剧场隆重举行。

8月下旬,常熟市文广新局对全市各镇(街道)示范区创建工作进行了中期督查。

26日，常熟市尚湖镇"仁和杯"锡剧票友大赛在王庄戏曲馆拉开帷幕，来自全市各地的近50名锡剧爱好者参加了比赛。

27日，昆山市政协听取示范区创建情况汇报。

28日，苏州首家外来务工人员图书馆——苏州图书馆景山分馆开馆。

29日，平江区文科局召开平江路文化艺术节方案策划专家座谈会。

31日，"决胜现代化 喜迎十八大"2012首届昆山市城区街道群众文化广场舞比赛在昆山市老年活动中心举办，共有13支城区街道的队伍参加了比赛。

同日，"人间新天堂"江苏省苏州市代表队在京首演，拉开了"大地情深"国家公共文化服务体系示范区创建城市群众文化进京展演的大幕。250多位群众演员用评弹古琴、江南丝竹、水乡歌舞等富有地方特色的节目，将"人间新天堂"苏州之美淋漓尽致地展现在了人们面前。精美绝伦的表演，倾倒了全场1500多位观众。

2012年9月

4日，中共十一届苏州市委第33次常委会议审议通过《苏州十大文化工程初步方案》，作为《苏州市文化发展"十二五"规划》的实施配套，重点打造一批文化建设新品牌、新亮点，全力加快提升城市软实力，使文化成为苏州转型发展的新引擎，推动苏州率先基本实现现代化。

6日，昆山市文广新局召开创建工作小组会议。

9日，吴江市汾湖文体站编排的芦墟山歌《五姑娘·结识私情》在第六届中国原生民歌大赛中荣获多人组合组铜奖。

11日，苏州市创建办召开办公会议，研究、推进制度设计研究工作。

15日，苏州工业园区胜浦镇"文化关爱"阳光行动暨园区第二届全民阅读季闭幕式举行。

20日下午，市创建办召开创建国家公共文化服务体系示范区联络员工作会议，组织学习《苏州十大文化工程初步方案》，并落实、研究部署下阶段国家公共文化服务体系示范区创建重点工作。

23日，常熟市新市民文化艺术节正式启动，本届艺术节将持续3个月，陆续举办"感恩虞山——真情服务"电影进工地、进企业活动，"激情虞山——我最闪亮"新市民卡拉OK比赛，"情动虞山——你我同行"新市民趣味运动会，"情满虞山——心手相牵"文艺骨干进企业活动，"情洒虞山——美好瞬间"新市民摄影比赛，"情融虞山——创新创优"十佳新市民评选等系列活动，以期达到全方位展现新市民风采，营造健康高雅、文明和谐的文化氛围的目的。

25日至26日，国家公共文化服务体系示范区创建工作现场经验交流会在张家港市召开。会议总结交流首批创建国家公共文化服务体系示范区工作经验，部署推进示范区创建工作，确保首批示范区创建目标如期完成。文化部党组成员、副部长杨志今，公共文化司司长于群，财务司副司长马秦临，公共文化司副司长张永新，财政部教科文司文化处处长宋文玉，江苏省副省长曹卫星，文化厅厅长徐耀新，巡视员王世华，苏州市副市长王鸿声及张家港市领导出席会议。文化部国家公共文化服务体系建设专家委员会部分专家、全国31个省（自治区、直辖市）以及新疆生产建设兵团的文化部门负责人，以及首批国家公共文化服务体系示范区创建城市有关负责人等300多人参加会议。

29日，常熟市举行"喜迎十八大 颂歌献给党"群众歌咏大赛。

9月29日至10月2日，"我们的节日·第十一届吴江市广场纳凉晚会活动周"在吴江公园成功举办。

2012年10月

1日至7日，常熟市群众文艺百团大展演在石梅广场拉开大幕，来自全市各镇（街道）的优秀文艺节目组台展演,给全市人民献上了3场精彩纷呈的文艺表演。常熟市群文百团大展演已持续4届,本次会演共选调节目32个,精彩的节目受到了广大群众的热烈欢迎。

8日,市政府周乃翔市长主持召开了苏州第二图书馆(存储集散中心)建设专题会议,常务副市长周伟强、副市长王鸿声、市委副秘书长蔡公武、市政府副秘书长陆俊秀、周勤第出席,市发改委、市财政局、市国土局、市规划局、市住建局、市文广新局、市环保局等部门参加。

18日,由市委宣传部、苏州市文化广电新闻出版局主办,苏州市公共文化中心、苏州市文化馆承办的"喜迎十八大 家在苏州 欢乐大舞台"系列演出活动顺利落下帷幕。

22日,昆山市政府集中学习"江苏省农村公共文化服务管理办法"。

23日至28日,第三届同里庙会暨"九九重阳"文化系列活动在同里古镇退思广场成功举办。

26日,苏州图书馆打造的首个"工地书屋"亮相苏州广电总台园区工地,书屋面积近20平方米,前期投入书刊500册。

2012年11月

是月,国家公共文化服务体系建设专家委员会专家调研苏州市示范区创建工作。专家组一行先后调研了苏州市各市、区,听取了各地的专题汇报,就各地如何整合资源、发挥优势、打造品牌,更好地加强公共文化服务体系建设等方面提出了指导意见。

3日,苏州虎丘书院正式成立,苏州图书馆第45所分馆——虎丘书院分馆同时开馆,由苏州图书馆和北大信息管理系合作建立的江南文献研究所同步举办2012年学术年会。

7日,在第十届江苏省"五星工程奖"评奖活动中,苏州市一举斩获20金18银20铜,1个公共文化服务项目,2个群文之星,获奖总数和金牌数位居全省第一,奖数之多,成绩之好,为历年之最。

11日晚,由苏州市文广新局主办的"2012年苏州市群众文化优秀作品大会演"正式拉开帷幕。在接下来的一周里,由各市、区和苏州市文化馆共2200余名基层群众带来的13台风格各异、特色鲜明、形式新颖的精彩演出将在姑苏区古胥门广场和园区湖东邻里中心广场陆续上演,为广大市民送上丰盛的文艺大餐,为庆祝党的十八大胜利召开营造喜庆热烈的良好氛围。

13日,苏州市创建办召开办公会议,对创建示范区工作进行总结。

13日下午,苏州市文广新局召开了文化志愿服务工作会议,副局长陆菁到会并讲话。

23日,文化部在广东省东莞市召开国家公共文化服务体系示范项目创建工作经验交流会,交流示范项目创建工作经验,并对下一阶段创建工作作出部署。文化部党组成员、副部长杨志今,文化部公共文化司副司长张永新,广东省文化厅副厅长杜佐祥,广东省东莞市副市长喻丽君出席会议。会议由文化部公共文化司司长于群主持。苏州市文广新局副局长徐春宏出席了会议。

25日,苏州市创建办对昆山开展专题调研。

月底,由常熟市文化广电新闻出版局编辑出版的常熟首本全面导航全市公共文化资源、面向公众、面向社会免费提供的公共文化服务指南《常熟市公共文化服务一本通》正式与公众见面。

2012年12月

3日至22日,由苏州市文广新局和市人社局联合举办的2012年苏州市基层文化从业人员职业资格认证培训班圆满结业。

5日,苏州图书馆成功举办"扶老上网"计算机技能总决赛,18位花甲老人在电脑前展开角逐。

5日至6日,文化部在北京召开国家公共文化服务体系建设专家委员会工作会议暨国家公共文化服务制度设计研究2010年课题评审和验收工作会议。苏州图书馆研究员邱冠华被文化部聘为国家公共文化服务体系建设专家库成员。

11日至13日,吴江区创建办开展了2012年示范区创建岁末督查。

13日,吴中区文体局组织专家评审小组,对本区各行业的21名文化艺术人才进行评审讨论,共推荐吴中区文化艺术名家5名、吴中区文化艺术重点人才13名。

14日,太仓市文广新局召开创建国家公共文化服务体系示范区座谈会。

15日,本日起,"苏州博物馆藏文物精品展"在美国圣地亚哥艺术博物馆展出,将展至2013年3月17日。

21日,昆山市文广新局召开关于报道"昆山公共文化服务经验和启示"会议。

24日,苏州市公共文化服务体系制度设计研究课题结题会召开。国家公共文化发展中心主任李宏,国家公共文化服务体系建设专家委员会副主任、北京大学教授李国新,国家公共文化服务体系建设专家委员会委员、上海社科院研究员巫志南,国家公共文化服务体系建设专家委员会副秘书长、江苏省文化馆副馆长戴珩,国家公共文化服务体系建设专家委员会副秘书长、中国文化报社编委陈彬斌,江苏省文化厅巡视员王世华,苏州市文广新局副局长徐春宏等出席会议。苏州市文广新局党委书记、局长陈嵘专程到会,与专家学者就苏州市公共文化服务体系建设作了深入的探讨和交流。

28日,"幸福网格乐翻天"才艺PK赛总决赛在张家港市广电大厦演播厅隆重开赛。

31日,统计至今日,苏州图书馆今年新增分馆9所,分馆总数达到45所。

2013年1月

6日,苏州市召开创建国家公共文化服务体系示范区工作推进会,各市、区文化行政主管部门分管负责同志、文化科长,苏州图书馆、市公共文化中心负责同志等参加了会议。市文广新局副局长徐春宏出席会议并讲话。

16日,苏州市委宣传部发文表彰2012年度苏州市宣传思想文化工作创新奖、创新提名奖项目,共有20个项目获得创新奖,12个项目获得创新提名奖。苏州市文广新局申报的《实施"新苏州人文化融合工程",让新苏州人共享文化改革成果》荣获创新奖。

同日,由苏州市委宣传部发起,会同市教育、公安等28个部门和单位共同举办,由苏州市公共文化中心·苏州市文化馆承办的2013年苏州市暨太仓市文化科技卫生"三下乡"活动启动仪式在太仓市璜泾镇文体中心举行。

23日,高新区何山社区举行"红红火火过大年"军民联谊活动。

29日,姑苏区召开区文化工作会议暨国家公共文化服务体系示范区创建工作推进会。

2013年2月

7至16日,中日版《牡丹亭》在巴黎演出。

1至28日,2013江苏·苏州金鸡湖灯会暨第四届苏台灯会在苏州工业园区金鸡湖畔月光码头举行。

7日,横泾街道举办"生态家园·美丽横泾"2013年迎新年群众文艺会演。

10日,张家港市文汇广场举行"红红火火过大年"民俗文化表演。

10日至12日,常熟市第七届新春民俗庙会系列活动在石梅广场举行。

12日,昆山市龙乐易镇广场举行千灯镇新春广场文艺天天演活动。

同日,"阳澄湖镇2013新春文艺汇演"在相城区湘城广场举行。

13日,"梅花飘香"苏剧锡剧专场演出在苏州市公共文化中心大剧院内隆重开演。

22日至26日,应菲律宾马尼拉市政府的邀请,苏州文化代表团一行43人参加在菲律宾首都马尼拉市举办的"第十二届中菲传统文化节暨苏州文化展示周"系列活动。

24日,姑苏区平江科文中心大剧场举办姑苏元宵书会——"金蛇纳福"2013江浙沪名票名段演唱会。

28日,姑苏区出台《姑苏区创建国家公共文化服务体系示范区过程管理实施意见》(文创办〔2013〕5号)。

同日,高新区图书馆暨苏州图书馆玉山文化活动中心分馆正式对外开放。

2013年3月

5日上午,苏州市文广新局党委书记、局长陈嵘,副局长徐春宏率局艺术处、文化市场处、文管办、市公文中心、市美术馆协会相关人员专程就园区民办美术馆建设、发展情况进行调研。园区管委会副主任夏芳、园区服务业发展局副局长刘夏陪同调研。

5日,2013年吴江区戏曲惠民巡演暨"鲈乡戏台·乐居生活广场"启动仪式在松陵公园隆重举行。

6日,姑苏区召开各街道文化站站长工作会议,各街道交流工作情况。

同日,太仓市召开全市文化工作会议暨国家公共文化服务体系示范区创建推进会。

7日至10日,苏州市文广新局党委书记、局长陈嵘,副局长尹占群率局社文处、苏州图书馆相关人员专程赴杭州和广东就公共图书馆建设进行专题调研。

8日至9日,柬埔寨世界遗产国家委员会主席罗斯布拉先生考察苏州市文化遗产管理与保护工作。中国文化遗产研究院副研究员温玉清陪同考察。

12日至21日,姑苏区区政府对全区17个街道调研示范区创建工作情况。

14日,苏州市文广新局召开推进公共文化有线数字互动平台内容建设协调会。

15日下午,苏州市文广新局召开全市文广新系统艺术创作工作座谈会议。

20日,苏州市非物质文化遗产保护缂丝专业继承人人才培养合作签约仪式在苏州技师学院举行。市人社局副局长郑如源、市文广新局副局长徐春宏、苏州技师学院院长甘志雄、市"非遗"办主任龚平、副主任王燕、缂丝国家级传承人王金山等参加了签约仪式。技师学院教师代表、缂丝专业学生代表及家长等参加了签约仪式。

21日下午,2013年苏州市"非遗"专家座谈会在市文广新局召开。市文广新局副局长徐春宏、市"非遗"办主任龚平及苏州市非物质文化遗产保护专家委员会的14位专家出席了座谈会。

22日上午,市委、市政府召开苏州市创建国家公共文化服务体系示范区工作会议。市委常委、宣传部长蔡丽新,市政府副市长王鸿声,市委副秘书长蔡公武,市政府副秘书长陆俊秀,市文广新局党委书记、局长陈嵘,市财政局副局长朱晓平等出席会议。

22日下午,苏州市创建国家公共文化服务体系示范区联络员工作会议召开。各市、区文化行政主管部门分管负责同志、文化科长,苏州图书馆、市公文中心负责同志等参加了会议。市文广新局副局长徐春宏出席会议并讲话。

23日,在美国圣地亚哥艺术博物馆举办了3个月的"苏州博物馆藏文物精品展"圆满落下帷幕。本次展览精选苏州博物馆藏文物21件,类别涵盖出土文物、书画、刺绣等,为当地观众集中展示了苏州悠久的历史文化。

2013年4月

4月8日,苏州市创建办召开办公会议。研究创建后期工作分工。

4月,江苏省"书香之县(市、区)""书香之乡(镇、街道)""书香之家"评选活动近日揭晓,我市张家港市、吴江区获全省首批"书香之县(市、区)"称号,此外还有3个乡镇、7个家庭入选全省首批"书香之乡(镇、街道)"和"书香之家"。

10日,吴江区召开全区创建国家公共文化服务体系示范区推进会。

12日,由中共苏州市委宣传部、市文明办和苏州市文广新局启动了"讲文明、树新风"2013年舞台艺术"四进工程"活动,苏州市文广新局组织系统各文艺院团举办了一场精彩的文艺演出。市委常委、宣传部部长蔡丽新,市委副秘书长蔡公武,市文广新局副局长徐春宏等领导出席并观看了演出。

13日晚,常熟市委宣传部联合常熟市文化广电新闻出版局开展的"情满常熟,幸福同行"2013年常熟市群众文艺公益巡演行动启动仪式在常熟市虞山高新园达富电脑生活区广场隆重举行。

15日,吴江区出台《吴江区创建国家公共文化服务体系示范区过程管理实施意见》(吴公创办字〔2013〕3号)。

20日上午,以"凝聚阅读力量·实现中国梦想"为主题的2013年度张家港市"全民阅读月"启动仪式在该市保利大剧院隆重举行。

20日下午,为期5个月的苏州工业园区第三届全民阅读季拉开帷幕。

23日上午,苏州图书馆举行纪念"世界读书日"广场诵读活动。

24日,苏州市人大常委会朱建胜副主任率视察组对我市国家公共文化服务体系示范区创建工作进行了视察。市政府王鸿声副市长、陆俊秀副秘书长、市文广新局陈嵘局长、市发改委翟俊生副主任、市财政局朱晓平副局长、市人社局孙伟书记、市编办徐焱副主任、市文广新局徐春宏副局长等陪同视察。

25日,第八届苏州阅读节启动仪式在苏州文庙举行,同时德善书院启用。省委宣传部部务委员、省文明办副主任韩松林,市领导蔡丽新、顾仙根、王鸿声、王跃山、蔡公武、陆俊秀、缪学为等出席仪式,千余名市民参加活动。

25日,由中共苏州市委宣传部、市文广新局主办,市公共文化中心、市文化馆承办的2013年"家在苏州·欢乐大舞台"广场演出季活动在苏州市公共文化中心文化广场正式拉开了帷幕。

28日晚,张家港市2013年"幸福网格乐翻天才艺PK赛"启动仪式暨首场比赛在市园林广场举行。

2013年5月

5月,苏州市评弹团携中篇弹词《雷雨》赴京、沪两地著名高校清华大学、中央音乐学院、北京师范大学、中国戏曲学院、中国传媒大学、复旦大学、上海师范大学、上海交通大学8所院校巡回演出,与高校学子进行"零距离"的亲密接触。

2日至4日,应韩国全州市邀请,苏州市文广新局特组织"纸韵——苏州民间传统剪纸艺术展"赴韩参加全州韩纸文化艺术节的展览活动。

9日,姑苏区召开各街道文化站站长工作会议,布置示范区创建工作。

13日,由陈嵘局长带队的苏州市示范区创建制度设计研究课题组赴京参加了第一批创建示范区制度设计研究课题评审工作会议。我市的系列性制度设计研究课题成果得到了专家评审组的充分肯定和一致好评,为苏州国家公共文化服务体系示范区创建正式进入最终验收赢得了"入场券"。

15日,苏州市创建办召开示范区创建办公会议,研究部署苏州市公共文化服务平台建设、过程管理台账等事宜。

16日,苏州市创建办召开办公会议,部署文化馆、图书馆等公共文化设施外围宣传示范区创建标准,营造迎检气氛。

17日,苏州市创建办召开办公会议,研究迎检工作。

21日,苏州市创建办召开办公会议,研究苏州市验收专题片、汇报稿等。

24日上午,苏州市创建国家公共文化服务体系示范区联络员工作会议召开。各市、区文化行政主管部门分管负责同志、文化科长,苏州图书馆、市公文中心负责同志等参加了会议。市文广新局副局长徐春宏出席会议并讲话。

28日,我市组织苏绣、苏扇、缂丝、宋锦、玉雕、核雕、苏州剧装、常熟花边、桃花坞木刻年画、苏州碧螺春茶、采芝斋苏式糖果和苏式卤汁豆腐干等12个"非遗"项目参展在南通体育会展中心举办的"江苏省非物质文化遗产技艺大展",这次展览展期5天,是第8个中国"文化遗产日"江苏省主题活动的重要内容。

31日,苏州市创建办派员陪同市人大、市政协开展对示范区创建的督查。

2013年6月

月初,苏州市创建办编印了10万册《苏州市国家公共文化服务体系示范区创建服务指南》,统一发放至居民家中,广大市民也可至城区各文化场馆免费领取。

4日,市政府王鸿声副市长和陆俊秀副秘书长前往市区新建的苏州巧生炉博物馆、苏州古代石刻艺术博物馆和苏州生肖邮票博物馆调研视察。苏州市文广新局陈嵘局长和文管办相关同志全程陪同。

8日上午,"第三届苏州市文化遗产汇展系列活动"开幕式在苏州市公共文化中心隆重举行。苏州市人大副主任顾先根、苏州市副市长王鸿声、苏州市政协副主席王跃山、苏州市委副秘书长蔡公武、苏州市政府副秘书长陆俊秀和苏州市文明办副主任邱惠霞等出席开幕式。

同日,苏州市举行第三届苏州市文化遗产汇展系列活动开幕式,公布了第六批苏州市非物质文化遗产代表性项目名录。施耐庵传说、伍子胥传说、苏州红木雕刻技艺、浒墅关草席制作技艺和祭孔仪式等41个项目成为苏州市非物质文化遗产代表性项目;苏州道教音乐(常熟道教音乐)等19个项目入选前五批"非遗"代表性项目扩展名单。

9日,苏州市人大法工委主任徐鸣岳、教科文卫工委主任王根伟、市法制办法规处处长陆雅等一行8人来苏州市文广新局就市人大《苏州市非物质文化遗产保护条例(草案)》(以下简称《条例(草案)》)一审中提出的意见和建议进行修改论证。局长陈嵘、纪委书记李振林、政策法规处和"非遗"办相关同志参加了修改论证。

11日,苏州市创建办召开办公会议,研究苏州图书馆文献集散中心(苏州第二图书馆)、制度设计研究工作。

18日上午,苏州市文广新局党委书记、局长陈嵘在第四届中国成都国际非物质文化遗产节现场观摩了苏州参展的苏绣、桃花坞木版年画等项目作品,并向国家级苏绣项目代表性传承人姚惠芬等了解了项目保护传承和参展交流等情况。

19至22日,由中央文化管理干部学院院长张旭带队,以国家公共文化服务体系建设专家委员会委员、国家公共文化服务体系建设专家委员会副主任、北京大学李国新教授为组长的国家公共文化服务体系示范区验收组对苏州市示范区创建情况进行实地验收。省文化厅巡视员王世华,苏州市副市长王鸿声,苏州市文广新局局长陈嵘,苏州市文广新局副局长徐春宏等陪同。验收组听取了王鸿声副市长代表苏州市创建工作领导小组所做的在创建国家公共文化服务体系示范区实地检查的汇报,查阅了多达194本的台账资料,实地考察了苏州市公共文化中心、苏州图书馆、德善书院、姑苏区四季晶华社区以及常熟、昆山等多处公共文化设施。

24日,苏州市创建办召开办公会议,讨论我市示范区创建亮点。

2013年7月

1日,苏州图书馆盛南分馆开馆,分馆总数达到56所。

5日,江苏省全民阅读工作经验交流会在张家港举行。国家新闻出版广电总局副局长邬书林在会上就有关全民阅读推广工作做了专题报告。苏州市委常委、宣传部长蔡丽新参加会议并致辞。

上旬,苏州市人大常委会副主任顾仙根率苏州市非物质文化遗产保护立法调研组赴昆山、太仓市和姑苏区开展调研。调研组召开了有关县市区人大及政府有关部门、相关镇(街道)及非物质文化遗产保护管理单位、传承人以及部分人大代表参加的法规征求意见座谈会,广泛深入听取意见。

11日,苏州市美术工作座谈会在苏州图书馆召开。

同日,苏州市文广新局召开了民营表演团体负责人座谈会,会议就今年10月份开展的"家在苏州·民星舞台"演出周进行初步讨论。苏州市文广新局副局长陆菁主持会议。苏州市文广新局相关处室负责人以及20余家民营表演团体负责人参加了座谈会。

29日至31日,文化部公共文化司在北京组织召开第一批国家公共文化服务体系示范区验收评审会议,对申报参加第一批次验收的14个市(区)进行集中评审。苏州市由省文化厅巡视员王世华,苏州市副市长王鸿声,苏州市文广新局党委书记、局长陈嵘,苏州图书馆研究员邱冠华组成的答辩组,通过情况汇报、专家提问、评审打分等环节,获得了集中评议分95.3077分的高分,比第二名高出4分,居14个市(区)之首。综合此前进行的制度设计研究、群众满意度、过程管理及实地验收评分,苏州的国家公共文化服务体系示范区创建最终得分为90.93分,比第二名高出2.02分,位居东部第一。

30日,《苏州市民办博物馆扶持办法》经市政府第十五次常务会议审议并获得通过。这标志着我市博物馆管理领域首个市政府规范性文件的即将正式出台,也为我市博物馆城建设工作的加快推进提供了政策保障。

2013年8月

3日晚,由文化部、教育部等单位联合主办的第五届中国少年儿童合唱节在常熟大剧院完美落幕。由江苏省推荐的苏州工业园区青少年活动中心圆融·花季青少年合唱团、常熟市文化馆小荧星少儿合唱团在比赛中发挥出色,双双摘得本次合唱节的最高奖"小百灵"杯金奖,这是迄今为止江苏省青少年合唱团体所获得的最好成绩。

13日,第二届国家公共文化服务体系建设专家委员会成立大会在北京召开。苏州市公共文化中心主任曹俊入选为专家。

13日,苏州市创建办召开办公会议,讨论研究示范区创建经验及长效机制。

22日,苏州市召开公共文化立法工作座谈会。

23日,省政府公布了江苏省第七批历史文化名镇名村,苏州市常熟古里镇入选省级历史文化名镇,吴中区东山镇杨湾村、三山村,金庭镇东村入选省级历史文化名村。

26日,《苏州市非物质文化遗产保护条例》经苏州市十五届人大常委会第八次会议审议通过,该条例将按照程序提交省人大常委会批准后颁布施行。

2013年9月

5日,市委常委、宣传部长蔡丽新视察了部分文化单位,调研博物馆城建设和市公共文化中心服务运行情况。

6日,国家公共文化服务体系示范区(项目)创建工作会议在上海召开。各省(区、市)文化厅(局)及新疆生产建设兵团文化广播电视局负责同志和社会(公共)文化处处长,第一批、第二批示范区(项目)创建城市政府领导和文化局长,以及国家公共文化服务体系建设专家委员会代表,共200余人参加了会议。苏州市委常委、宣传部长蔡丽新交流发言。

7日,由国家公共文化服务体系建设专家委员会主办的"公共文化服务体系建设市长论坛"在上海举行,来自第一批示范区和第二批创建示范区城市的60余名市长,国内文化、社会等领域的专家学者等,参加了以"公共文化服务:政府·市场·社会"为主题的研讨。温铁军、祁述裕、巫志南、李国新等专家及部分城市市长发表了主题演讲。

附 录

1. 示范区创建过程
1.1　申报阶段
1.1.1　关于苏州市创建国家公共文化服务体系示范区工作情况的汇报

苏州市创建国家公共文化服务体系示范区工作情况的汇报

市政府：

根据《文化部 财政部关于开展国家公共文化服务体系示范区(项目)创建工作的通知》(文社文发〔2010〕49号)、江苏省文化厅《关于组织申报国建公共文化服务体系示范区(项目)的通知》(苏文社〔2011〕1号)文化精神，对照国家公共文化服务体系示范区(项目)创建标准(东部)，现将我市目前创建工作做如下汇报：

一、对照示范区创建标准，目前我市公共文化服务体系已完成的工作

(一)公共文化设施网络体系日益完善

1. 市和县(区)级重大文化设施建设。苏州博物馆新馆、苏州科技文化艺术中心、苏州演艺中心、苏州美术馆新馆、苏州市文化馆新馆、苏州名人馆、苏州评弹学校新校等一批市级重点文化设施先后建成；各市(县)、区也相继建成一批文化中心、图书馆、文化馆、博物馆。全市共有县(区)以上公共图书馆12个，均为国家一级馆；10个文化馆中有8个是国家一级馆，2个国家二级馆；另建有市及县(区)级博物馆、纪念馆42个，美术馆11个。

2. 加强乡镇(街道)、行政村(社区)级文化设施和文化活动场所建设。目前，全市100%的乡镇(街道)建有单独设置的综合文化站，其设备配置、活动开展、人员配备、综合管理等达到发改委、文化部制定的《乡镇(街道)文化站建设标准》。行政村(社区)综合文化设施达标建设覆盖率95%以上，全面完成农家书屋在我市所有行政村的全覆盖。

3. 全国文化信息资源共享工程实现全覆盖。大力提升了城乡文化队伍的自动化、信息化建设水平，全面提升了基层群众从多渠道获取优秀文化信息的能力。至"十一五"末，在全市范围实现了文化信息资源共享工程"县县有支中心、乡乡有基层服务点"以及"村村通"的目标。全面建成广播电视覆盖体系，在全国率先实现城乡一体化数字电视整体转换。广播电视双入户工作扎实推进，农村广播电视"户户通"工程全部完成，全市数字电视总用户达215万户，居全省各市之首。

(二)公共文化服务供给能力逐渐增强

4. 文艺作品的创作力度不断加大。全市的广大文艺工作者自觉坚持"三贴近"，不断开拓创作题材领域，涌现了一批体现苏州特色的优秀作品。仅"十一五"期间，就有1台剧目入选文化部新中国成立60年来"首届优秀保留剧目大奖"，2台剧目入围国家舞台艺术精品剧目，1台剧目获"文华大奖"，5部戏剧和文学作品获中宣部"五个一工程奖"等，6个作品获得"群星奖"。还有一批优秀

广播、电视节目、栏目和美术、群文作品获"星光奖"等全国性奖项。同时,每年面向基层群众创作的各类文艺作品万余件。丰富多彩的文艺作品极大地满足了我市群众的文化欣赏需求。至"十一五"末,我市共获得两届全国"群星奖"10 项殊荣,两届江苏省"五星工程奖"9 金 11 银及 7 项服务项目奖。

5. 文化活动的惠民程度不断增强。在打造重大节庆文化活动的同时,我市统筹开展了以"我们的节日""天天有"、市直舞台艺术"四进工程"和"群星璀璨——城区各广场主题活动"为主要形式的"四大系列"品牌文化惠民活动,也受到各层面人群的广泛欢迎和参与。据统计,全市每年开展的各类公益性惠民展演展示活动 3 万次,惠及农村及社区群众累计突破 5000 万人次。年均为基层送书 10 万余册、送戏 3283 场次、送电影 1.5 万场次。"全国群众文化先进社区"2 个、"全国特色文化广场"4 个;涌现民间业余文艺团队近 4000 支,每年开展各类活动近 1.5 万次。

6. 公共文化服务方式不断创新。从 2005 年起,逐步实现了统一采购、统一编目、统一配送和通借通还的公共图书馆总分馆制。目前全市共有公共图书馆总分馆 108 个(其中,市级图书馆分馆 26 个;县级图书馆分馆 82 个,各县级市建制镇、非建制镇图书馆分馆建设基本实现了全覆盖),拥有图书流动服务车 4 台,年均基层服务出车 600 次以上。同时,为实现农村公共信息服务的经济、高效和可持续,我市在全国率先开展了"四位一体"(村图书室、农家书屋、党员现代远程教育中心、文化信息共享工程基层服务点)农村综合信息服务体系试点工作,基本实现了 15 分钟免费文化圈。目前,我市已基本形成资源丰富、技术先进、服务便捷、覆盖城乡的数字文化服务体系,广大城乡基层群众均可以通过多种方式使用文化信息资源及享受数字资源服务。市、县两级均自建有地方文化数据库,仅苏州图书馆"文化苏州"网站就建有地方特色数字资源远超过 3 个,特别是"苏州古籍方志数据库"就有 285 部古籍方志和 18 种民国报纸。

7. 公共文化服务的产业支撑和市场供给能力不断提升。"十一五"以来,我市制定出台了《关于加快苏州市文化产业发展若干政策意见》等多项政策,以加快优化文化产业发展环境,鼓励文化企业参与文化产品的生产和供给。基本形成了以文化艺术、出版印刷、广播影视为代表的核心文化产业群,以文化旅游、演艺娱乐、会展广告为代表的外围文化产业群,以文化用品、文化设备的生产制造和销售为代表的相关文化产业群。2010 年,多元化市场投入公益性文化的资金达 253.2 万元。制定并落实了吸引社会力量参与公益文化事业建设有关政策,先后出台了《关于支持和服务民营文艺表演团体发展的若干意见》《支持民营文艺表演团体发展奖励发展(试行)》。目前苏州有 33 家民营文艺表演团体,1000 余名演职人员,他们常年扎根基层、服务人民,与国有院团和群众文艺团体互为补充,年演出场次在 8800 场以上,接待观众超过 6000 万人次,为繁荣苏州文化事业、丰富基层文化生活发挥着不可替代的作用。

(三)公共文化服务保障措施日趋健全

8. 政策保障。苏州市委、市政府历来重视公共文化服务体系建设。近年来,苏州先后多次召开全市文化工作会议和基层文化建设工作会议。2004 年 6 月,市委宣传工作领导小组下发《"文化苏州"行动计划》,提出了"文化立市"理念;2007 年苏州市委、市政府下发了《苏州市"十一五"文化发展规划》(苏发〔2007〕13 号),提出了建设文化强市、文化名市的目标。在《关于进一步加强苏州市新农村文化建设和城区基层文化建设的实施意见》(苏办发〔2007〕24 号)中,市委市政府提出要做好新农村文化建设和城区基层文化建设各"五件实事"。新农村文化建设"五件实事"是:加强农村公共文化设施建设;丰富农民群众精神文化生活;推进农村有线电视"户户通"工程和农村广播全覆盖工程;健全、完善农村文化市场体系;加强农村文化遗产保护。城区基层文化建设"五件实事"是:完善苏州城区基层公共文化设施建设;推进文化信息资源共享工程;活跃基层文化活动;加强基层文化队伍建设;健全基层文化建设工作机制。这两个"五件实事"都纳入了市政府对市(县)、区政府的考核内容,每年签订责任书,并对完成情况进行督察。在基层文化设施基本实现四级全覆盖基础上,我市近期制定并颁布了《苏州市基层文化标准化建设评选和命名工作的实施意见》《关于进一步加强苏州市社区文化建设的意见》等文件,不断完善基层文化阵地的"建""管""用"机制。

9. 机制保障。在我市各级党委的高度重视下,各级政府不断提高认识,统一思想,履行职责,发挥作用,将公共文化服务体系建设纳入了政府中心工作,制定规划,明确目标,加强对文化部门和基层政府工作的指导,努力把工作深入基层,逐渐建立起了政府统一领导、相关部门分工负责、社会团体积极参与的管理体制和工作机制。各级政府在逐年加大对基层文化事业投入的同时,在整合公共文化服务资源、推进投入方式的多元化、提高整体服务能力方面积累了许多有益的经验,探索并完善了符合各地实际的、行之有效的基层文化工作新机制。张家港投入巨资,确定了镇、村全面建成"八个一"的目标;常熟市以"六个一工程"为抓手,推进农村基础设施建设;各地也纷纷围绕阵地、队伍、活动内容与方式、文化环境建设,提出了切合各自实际的工作目标,不断健全工作机制,落实了工作措施。

10. 资金保障。"十一五"期间,在各级政府的重视下,我市公共文化财政呈逐年上涨趋势,年均增长幅度超过18%。市级财政设立了"公益性基层文化设施建设引导资金"和"宣传文化发展专项资金",用于扶持基层文化设施建设和基层公益性文化项目。2007年起,市政府下发了《关于加快文化事业和文化产业发展若干经济政策的意见》,建立苏州市新农村文化建设奖励引导专项资金,各市(县)、区也相应设立了农村文化建设专项资金,纳入本级财政预算,扩大公共财政覆盖农村的范围,确保了农村和城区重点文化设施建设和文化活动开展的资金需要。据统计,"十一五"期间,苏州市级和县(区)级重大文化设施资金投入总计42.1亿元;全市基层文化设施资金投入总计4亿元,建筑总面积8.5万平方米;而包括图书馆购书经费、博物馆文物征集经费、文艺创作和生产经费、重点文化艺术活动经费、免费开放补助经费以及其他方面经费在内的公共文化服务专项资金总计达9.7亿元。

11. 人才保障。一方面,根据《姑苏人才计划》,培养和引进文化高层次人才、领军人才和重点人才。另一方面,规范和加强基层文化队伍建设,对基层文化站(室)的人员编制做了规定:乡镇(街道)综合文化站(中心)至少应有3个编制,经济发达的行政管理体制改革试点镇和城乡一体化发展配套改革先导区(镇)可适当增加专职人员编制;城区各街道要明确1名专职文化站长,每个行政村有1名党员干部负责日常宣传文化工作;行政村和社区应在现有的工作员中指定专人负责所辖区的文化管理工作;城区各社区至少有1名工作人员负责组织协调开展社区宣传文化服务工作。同时制定了以"统一培训、统一考试、持证上岗"为主要内容的苏州市基层文化从业人员职业资格认证制度,苏州市人事与文化主管部门联合下发了《苏州市基层文化从业人员资格认证管理制度》和《关于〈苏州市基层文化从业人员资格认证管理制度〉(试行)的实施意见》,从2008年起连续三年开展了两轮基层文化从业人员资格认证培训,来自各市(县)、区共1570余人参加培训并结业,基本实现了基层文化从业人员培训全覆盖,在对基层文化从业人员试行资格认证方面,走在了全国的前列,做出了可贵的探索和实践。截至"十一五"末,全市96个镇(街道)文化站专兼职工作人员共609人,全市1746个村(社区)文化活动室(中心)现有兼职工作人员共1744人。市级文化单位业务人员占职工总数高于70%,县级文化事业单位业务人员占职工总数近80%。

12. 理论保障。苏州市在公共文化服务体系建设中取得了不少典型的研究成果,不仅连续获得三届文化部创新奖,而且在"群星奖""江苏省理论创新工程"中获奖。2010年,在文化部的国家公共文化服务体系制度设计研究工作中,苏州市承担江苏省申报的"公共文化服务经费保障机制研究"课题的二级子课题——"公共文化服务多元化投入机制研究"的课题研究工作,不断研究、探索公共文化服务体系可持续发展的制度体系。

二、对照示范区创建标准,目前我市公共文化服务体系的现状、差距和下一步改进措施

(一)公共文化设施网络建设方面

1. 图书馆、博物馆、文化馆(站)、影剧院等公共文化设施完善,布局合理,方便群众参加活动。实现市有图书馆、博物馆、文化馆等公共文化设施,县有图书馆、文化馆,乡镇(街道)有综合文化站,行政村(社区)建有文体活动室(文化广场)。

目前状况:苏州市和10个县(市)、区均通过"全国文化先进县(市)、区"复检,以苏州博物馆新馆、苏州科技文化艺术中心、苏州演艺中心、苏州美术馆新馆、苏州文化馆新馆、苏州名人馆、苏州评弹学校新校等一批市级重点文化设施先后建成,各市(县)、区相继建成一批文化中心、图书馆、文化馆、博物馆,基本实现市、县(区)、乡镇(街道)公益性文化设施三级全覆盖,全市行政村(社区)综合文化设施达标建设覆盖率95%以上。全市共有市及县区级博物馆、纪念馆42家,美术馆11个,公共图书馆总分馆108个,文化馆12个,乡镇、乡镇(街道)文化站112个,拥有国家、省和市级民间艺术之乡分别为25个、25个和60个,"全国群众文化先进社区"2个,全市大小文化广场近百个,其中4个广场被评为全国"特色文化广场"。至"十一五"末,全市公共文化设施总面积254.55万平方米,人均公益性文化设施面积0.14平方米,达到国内同类城市先进水平。

★ ①存在差距:

(1)高新区目前无公共图书馆、文化馆。

(2)对照创建标准,部分图书馆、文化馆馆舍面积不达标。

图书馆:苏州图书馆缺9961平方米,常熟图书馆缺9000平方米,吴江市图书馆缺1350平方米,吴中区图书馆缺8400平方米,相城区图书馆缺6200平方米,平江区图书馆缺4800平方米,沧浪区图书馆缺3800平方米,金阊区图书馆缺5400平方米。

文化馆:张家港市文化馆缺400平方米、常熟市文化馆缺5800平方米、太仓市文化馆缺154平方米、昆山市文化馆缺5400平方米、吴江市文化馆缺3091平方米、吴中区文化馆缺3399平方米、相城区文化馆缺4900平方米、平江区文化馆缺4400平方米、沧浪区文化馆缺3500平方米、金阊区文化馆缺2700平方米。

(3)相城区、园区文化馆未参加评估定级。

解决途径:

(1)高新区图书馆、文化馆目前已按建设标准规划建设中。常熟市文化馆目前在规划建设中,建筑总面积21000平方米。

(2)在两年创建中,不可能使这些面积未达标的图书馆达标,我市的做法本身是总分馆结构,采用了以按人口设置分馆的办法,因而可以大大提高图书馆的使用效益。希望政府积极主导总分馆建设并切实推进,在人、财、物上予以保障。

关于苏州图书馆面积缺口上,一方面是为达到人均1册藏书而需要大量的藏书空间,另一方面由于苏州图书馆办馆历史长,有许多珍贵藏书沉积,这些图书是宝贵财富,但目前流通率不高,应该退出流通予以保藏。建议调拨适当面积的房屋,作为苏州图书馆(也可以作为全苏州市公共图书馆)的保存本书库,这样面积也达标了,书也有地方保存了。

(3)馆舍面积未达标的市、区文化馆责成各级政府将文化馆建设纳入当地国民经济和社会发

---

① 带★是提请市政府特别引起重视,原文中就如此。

展规划,纳入城市规划,建设符合国家标准的公共文化馆。

(4) 相城区、园区文化馆今年将参加全国第三次文化馆二级馆评估定级。

责任单位:市、县(区)各级政府、各级财政部门和文化主管部门。

2. 图书馆建设。市、县两级图书馆达到部颁二级以上标准;公共图书馆人均占有藏书1册以上;市、县两级图书馆平均每册藏书年流通率1次以上;人均年增新书在0.04册次以上;人均到馆次数0.5次以上。

目前状况:我市12个公共图书馆为国家一级馆。按936.95万常住人口计算,公共图书馆人均占有藏书0.74册(其中市区人均藏书0.69册);市、县两级图书馆平均每册藏书年流通率0.82次(市区0.943次);人均年增新书在0.04册;人均到馆次数0.91次。

★ 存在差距:

按公共图书馆人均占有藏书1册以上的创建指标来算,我市需要936.95万册藏书才达标,缺口241.8万册。目前我市公共图书馆人均占有藏书比创建指标差0.26册(市区0.31册);市县两级图书馆平均每册藏书年流通率比创建指标差0.18次(市区0.057次)。

解决途径:

(1) 政府主导总分馆建设并切实推进,"四位一体"建设全面推行,并提高读者每次允许外借的图书册次。

(2) 市委市府需要对公共图书馆的购书经费增加投入,预计"十二五"末人均占有藏书1册,提高读者每次允许外借的图书册次,同时图书年流通率也将上升。

(3) 高新区公共图书馆目前已按建设标准规划建设中。

责任单位:各级文化主管部门、财政部门。

3. 群众艺术馆、文化馆建设。市辖两级群众艺术馆、文化馆达到部颁二级以上标准,县文化馆达到部颁二级以上标准。

目前状况:我市8个文化馆被评为国家一级馆,2个文化馆被评为国家二级馆。相城区文化馆当时正规划建设中未参加全国第二次评估定级。园区文化馆2009年成立。

★ 存在差距:高新区无文化馆,相城区、园区文化馆未参加2008年评估定级。

解决途径:高新区文化馆目前正按建设标准规划建设中。相城区、园区文化馆今年将参加全国第三次文化馆二级馆评估定级。

责任单位:高新区文体局、相城区文体局、园区社会事业局。

4. 乡镇(街道)综合文化站建设。100%的乡镇(街道)建有单独设置的综合文化站,其设备配置、活动开展、人员配备、综合管理等达到发展改革委、文化部制定的《乡镇(街道)文化站建设标准》。

目前状况:"十一五"期间,我市公益性文化设施实现市、县(区)、镇(街道)、村(社区)四级全覆盖。基本完成镇(街道)、村(社区)两级文化站、文化活动室全覆盖任务,全面完成农家书屋在我市所有行政村的全覆盖。100%的乡镇(街道)建有单独设置的综合文化站,其设备配置、活动开展、人员配备、综合管理等达到发展改革委、文化部制定的《乡镇(街道)文化站建设标准》。

存在差距:无。

解决途径:无。

5. 村(社区)文体活动室(文化广场)建设。结合村级(社区)行政组织办公场所建设,100%的行政村(社区)建设面积不低于200平方米的文化活动室(中心),每个文化活动室都建成全国文化信息资源共享工程基层服务点。

目前状况:我市行政村(社区)综合文化设施达标建设覆盖率95%以上。全市农家书屋1107

家,全面实现农家书屋全覆盖。全市有"全国群众文化先进社区"2个,大小文化广场近百个,其中4个广场被评为全国"特色文化广场"。100%的行政村(社区)建设面积不低于200平方米的文化活动室(中心),每个文化活动室都建成全国文化信息资源共享工程基层服务点。

存在差距:无。

解决途径:无。

6. 公共电子阅览室(含文化信息资源共享工程支中心、基层服务点)建设。依托公共图书馆、文化馆站,市及所辖县建有标准配置的公共电子阅览室。100%的乡镇(街道)、社区建有标准配置的公共电子阅览室,实现全覆盖。

目前状况:我市公共电子阅览室是在原共享工程基层服务点的基础上升级,并进行相应的达标配置。目前100%的乡镇(街道)、社区建有标准配置的公共电子阅览室,实现全覆盖。

存在差距:无。

解决途径:无。

(二)公共文化服务供给方面

7. 以统筹城乡发展、推动基本公共文化服务均等化为目标,公共文化服务面向基层、面向农村,实现重心下移、资源下移。积极组织城市文化行政部门和单位开展农村文化服务活动。农村和社区依托传统节日、重大庆典活动和民族民间文化资源,开展群众喜闻乐见、丰富多彩的文体活动,群众受众率和参与率达到本省(区、市)的先进水平,人均参加文体活动的时间每周不少于7小时。

目前状况:

(1)"十一五"期间,我市创作和演出的一大批优秀作品分获"文华大奖""群星奖"、中宣部"五个一工程奖"和"星光奖"等全国性奖项,获奖数量位居全省之首。同时,每年面向基层群众创作的各类文艺作品万余件。丰富多彩的文艺作品极大地满足了我市群众的文化欣赏需求。

(2)我市先后承办第三届、第四届中国昆剧艺术节,第三届、第四届中国苏州评弹艺术节,第七届、第八届中国国际民间艺术节,第十六届金鸡百花电影节、第十届中国戏剧节、第八届中国民间文艺"山花奖"颁奖、首届中国农民文艺会演等国家级节庆活动。

(3)各市(县)、区也充分发挥各自的特长和优势,注重展示吴文化和"江、河、湖、海"水文化的深厚底蕴,形成了诸如中国(张家港)长江艺术节、常熟尚湖国际民间艺术节、太仓江南丝竹节、昆山国际文化旅游节、吴江区域文化联动、吴中区太湖开捕节、相城区莲花岛七夕节、金阊区"吴地端午民俗文化艺术节""'轧神仙'民俗文化节"等一批极具地方特色的文化活动品牌,受到各层面人群的广泛欢迎和参与。各市(县)、区组织开展的各类重要文化活动每年近4000次,各类民间文艺活动1.5万余次。

(4)创新开展以"我们的节日""天天有"、市直舞台艺术"四进工程"和"群星璀璨——城区各广场主题活动"为主要形式的"四大系列"品牌文化惠民活动,吸引市民纷纷参与。据统计,每年开展各类公益性惠民展演展示活动3万次,直接受惠群众累计突破5000万人次。

(5)我市精心举办的每年一届的苏州阅读节,自2006年以来已成功举办5届,共举办丰富多彩的阅读活动2800余项,参与读者1300余万人次,创立"苏州晒书节""名家大讲堂""经典诗文诵读"等品牌活动,苏州市委、市政府被中宣部和新闻出版总署授予"全民阅读活动先进单位"称号。

(6)开展"一镇一品、一镇多品"特色文化活动,推进"民间艺术之乡"和特色文化镇村建设工作。拥有国家、省和市级民间艺术之乡数量分别为25个、25个和68个。制定市"民间艺术之乡"命名标准,并把特色文化建设逐步延伸到村落、农村中小学校,推动具有特色、丰富多彩、市民喜闻乐见的文化活动开展。开展"特色民间艺术之乡、特色业余文艺团队、特色文化家庭、特色文化标兵"评选表彰活动,促进群众文化整体水平的较大提高。

存在差距：无。

解决途径：无。

8. 弱势群体和特殊人群的基本文化服务权益得到有效保障。城市各类公共文化设施免费或优惠向农民工、老人、少年儿童和残疾人开放，设置方便残障人士以及老年人、少年儿童的活动区域和服务项目。市、县两级图书馆设立盲人阅读区，配备设备和盲文读物。县级以上文化馆经常性组织针对上述特殊人群的各类文体活动，开展面向农民工的文化培训等。

目前状况：目前我市公共文化设施均免费向所有人开放。市、县两级图书馆均根据人群分布情况，科学设置了方便弱势群体和特殊人群的活动区域和服务项目。市、县6个图书馆均有少儿阅览室和盲人阅览室，吴中区、平江区、沧浪区、相城区四馆有少儿阅览室，沧浪区馆有盲文阅览室。苏州图书馆的分馆中有4个专门的少儿分馆，分别设置在沧浪少年宫、市妇儿活动中心、胥江实验中学、园区青少年活动中心。另外，在普通的社区分馆中，一般均有四分之一面积用于少儿阅览服务。县级以上文化馆设置了方便残障人士的无障碍通道和卫生设施等硬件设备，设置方便残障人士以及老年人、少年儿童的活动区域。各级文化馆均有经常性的专门针对老年人、少年儿童、外来务工者和残障人士的各类比赛或慰问演出活动、培训班、免费讲座等。

★ 存在差距：

目前金阊区、园区、独墅湖图书馆无少儿阅览室，吴中区、相城区、园区、金阊区、平江区无盲文阅览室。沧浪区等文化馆由于建期较早，未安装无障碍设施和卫生设施等硬件条件。

解决途径：

（1）高新区图书馆已按标准在规划建设中。无少儿和盲文阅览室的图书馆针对创建标准增设这两块阅览室区域。

（2）各级财政部门加大对文化馆资金投入，对建期较早的文化馆舍进行相应的改造。

责任单位：各级财政部门、各区文化主管部门。

9. 社会力量积极参与公共文化产品的生产和供给，引入竞争机制，面向市场，采取项目补贴、资助和政府招标采购等方式，通过集中配送、连锁服务等多种方式，有效解决公共文化产品供给问题，实现提供主体和提供方式多元化。

目前状况：2010年我市文化产业预计实现营业收入1400亿元，文化产业增加值预计约350亿元，比2009年增长约25%，在全市GDP中占比为4%，在服务业增加值中的占比约8%，基本形成了以文化艺术、印刷出版、影视传媒为代表的核心文化产业群，以文化旅游、演艺娱乐、会展广告为代表的外围文化产业群，以文化用品、文化设备的生产制造和销售为代表的相关文化产业群。文化产业总体规模不断壮大，政策体系日臻完善，产业氛围日益浓厚，"走出去"步伐不断加快。文化产业正在成为我市经济的一个新的增长点。我市还出台多项政策鼓励文化企业参与文化产品的生产和供给：《关于加快苏州市文化产业发展若干政策意见》《苏州市文化产业发展投资指导目录及说明》《苏州市文化产业发展资金管理办法》《苏州市金融支持文化产业发展实施意见》《苏州市文化产业担保基金管理办法》等。

2010年多元化市场投入公益性文化253.2万元。

存在差距：无。

解决途径：无。

10. 图书馆、文化馆（站）、博物馆实现免费开放。各级公共文化设施电子阅览室为社会公众提供免费上网服务时间每周不少于56小时。

目前状况：我市图书馆、文化馆（站）、博物馆已实现免费开放。各馆的共享工程均免费提供服务。苏州图书馆及分馆部分提供免费上网服务，县、吴中区图书馆均没有免费提供上网服务。独墅湖图书馆对园区高教区外的市民收取办证注册费。

★ 解决途径：

（1）独墅湖图书馆按国家有关文件精神实行免费开放，需要政府增加免费开放补贴。

（2）已建公共电子阅览室的图书馆、文化馆全部实行免费开放，需要政府增加免费开放补贴。

（3）未建公共电子阅览室的图书馆、文化馆参照创建标准建立相应的电子阅览室并免费提供上网服务，各级财政部门增加相应的免费开放补贴。

责任单位：各级财政部门、市、县（区）文化主管部门。

11. 图书馆每周开放时间不少于56小时。文化馆（站）、博物馆每周开放时间不少于42小时。

目前状况：苏州图书馆自2001年新馆开馆起，已连续10年实行365天"天天开放"，开放时间为9:00至21:00（12小时/天），每周开放时间84小时。文化馆（站）、博物馆每周开放时间均超过42小时。

存在差距：无。

解决途径：无。

需要沟通：社区分馆开放时间是否需要达到56小时。

12. 基本实现每个行政村每月看1场以上电影、每年看5场以上戏剧或文艺演出，每年组织8次以上规模较大的群众文体活动。

目前状况："十一五"期间已实现每个行政村每月看1场以上电影、每年看5场以上戏剧或文艺演出，每年组织8次以上规模较大的群众文体活动。

存在差距：无。

解决途径：无。

13. 创新公共文化服务方式。市、县图书馆建立统一采购、统一编目、统一配送的总分馆制，实现通借通还。市、县两级图书馆、文化馆配备1台以上流动服务车，图书馆每年下基层服务次数不低于50次，文化馆每年组织流动演出12场以上，流动展览10场以上。

目前状况：我市的总分馆从2005年起步，采用与区政府或街道办事处合作的方式，由基层政府提供分馆的馆舍、设备，并出资委托苏州图书馆管理，在合作的基础上实现了统一采购、统一编目、统一配送和通借通还，目前全市共有公共图书馆总分馆108个（其中，市级图书馆分馆26个，县级市图书馆分馆82个），市、县流动服务车10台（2010年流动服务车下基层服务出车646次，文化馆每年组织在各乡镇街道、村流动演出、送戏到基层、到企业12场以上，组织摄影、书法、美术等作品展览10场以上），各县级市建制镇、非建制镇图书馆分馆建设基本实现全覆盖。苏州的总分馆建设被国内图书馆专家学者誉为符合《国家"十一五"时期文化发展规划纲要》中对总分馆的要求、与国际接轨的"苏州模式"，荣获"全国第十四届群星服务奖"和"江苏省第四届公共图书馆优秀服务成果特等奖"。

同时，为实现农村公共信息服务的经济、高效和可持续，我市在全国率先开展了"四位一体"（村图书室、农家书屋、党员远程教育、共享工程基层服务点）农村综合信息服务体系试点工作，基本实现了15分钟免费文化圈。

★ 存在差距：

（1）契约式的总分馆缺乏制度保障，既无法按科学标准布局，又存在许多不确定因素，难以保证持久稳定地为市民提供普遍均等的公共图书馆服务。

（2）常熟、昆山和我市7个区图书馆无流动图书服务车，常熟、太仓、昆山、吴中区、相城区、金阊区、园区、高新区文化馆无流动服务车。

解决途径：

（1）建议市委市政府尽快出台《苏州市公共图书馆服务体系建设行动计划》，这一行动计划的出台将成为我市创建国家公共文化服务体系示范区的一大亮点和创新举措。

（2）各级财政加大资金支持力度，为市、县图书馆、文化馆配备流动服务车。

责任单位：各级财政部门。

14. 全国文化信息资源共享工程建设。基本形成资源丰富、技术先进、服务便捷、覆盖城乡的数字文化服务体系，县县有支中心、乡乡有基层服务点，实现"村村通"；100%的基层群众可以通过多种方式使用文化信息资源及享受数字图书馆、数字文化馆、数字博物馆、数字美术馆等的资源服务。

目前状况：目前，我市已基本形成资源丰富、技术先进、服务便捷、覆盖城乡的数字文化服务体系，基本实现"县县有支中心、乡乡有基层服务点"，实现"村村通"，广大城乡基层群众均可以通过多种方式使用文化信息资源及享受数字资源服务。

★ 存在差距：目前城区片除吴中区均无共享工程支中心。

解决途径：未建文化共享工程支中心的区级图书馆，目前采取两种解决措施，一是因缺乏专业技术人员而无法保障支中心正常运行的，可以委托苏州图书馆，将服务器托管在苏州图书馆的计算机中央机房。因托管服务器、对基层服务点的技术指导和维护、软件安装、数据更新、人员培训等，可与接受托管单位协商委托事宜。二是各区自建全国文化信息资源共享工程支中心。

责任单位：区文化主管部门。

15. 依托全国文化信息资源共享工程和国家数字图书馆工程，市一级建设3个以上地方特色数字资源库，建立网上图书馆、网上博物馆、群众活动远程指导网络。

目前状况：苏州图书馆有"文化苏州"网站，其中苏州地方特色数字资源已超过3个，有"苏州老照片""苏州名人""苏州民间文化""苏州地方文献"，特别是"苏州古籍方志数据库"共有285部古籍方志和18种民国报纸。苏州图书馆还承担了中美合作中文信息共享平台项目的建设，其发布资源全部为苏州地方文化资源。目前正在建设苏州评弹数据库。各县级图书馆也均自建了一些地方文化数据库。苏州博物馆官方网站共有9大栏目，包含28个子栏目，向公众展示了馆内的基本概况、展览信息、藏品信息及各类活动信息、学术研究等内容，网站设有虚拟场景展示，建立了馆藏家谱数据库、馆藏品资料数据库、数字资产数据库，方便了馆藏资源的利用和保护。

存在差距：无。

解决途径：无。

（三）公共文化服务组织支撑方面

16. 政府有公共文化服务体系建设相关规划和政策，建立政府统一领导、相关部门分工负责、社会团体积极参与的管理体制和工作机制。以农村和基层为重点，制定统筹城乡文化发展的相关规划、政策、措施。建立政府与公共文化服务机构的专家咨询制度、公共文化服务机构运营的公众参与制度，形成政府宏观管理、行业协会参与、公共机构法人治理的管理模式，建立城市对农村的文化援助机制。

目前状况：我市先后出台了《"文化苏州"行动计划》《关于扶持加强公益文化事业建设的若干意见》《苏州市"十一五"文化发展规划》《关于进一步加强苏州市新农村文化建设和城区基层文化建设的实施意见》等。

存在差距：无。

解决途径：无。

17. 切实按照国务院《公共文化体育设施管理条例》和文化部、国土资源部、建设部编制的《公共图书馆建设用地指标》《公共图书馆建设标准》《文化馆建设用地指标》《文化馆建设标准》《乡镇综合文化站建设标准》《城市社区体育设施建设用地指标》等标准,无偿划拨公共图书馆、文化馆(站)、博物馆、体育馆(场)等公益性文化设施建设用地,公共文化设施门类齐全,布局合理、服务便捷。

目前状况:按照国务院《公共文化体育设施管理条例》和文化部、国土资源部、建设部颁布的《公共图书馆建设用地指标》《公共图书馆建设标准》《文化馆建设用地指标》《文化馆建设标准》《乡镇综合文化站建设标准》《城市社区体育设施建设用地指标》等标准,所有公共图书馆、文化馆(站)、博物馆、体育馆(场)等公益性文化设施建设用地都为政府无偿划拨,公共文化设施门类齐全,布局合理、服务便捷。

苏州的图书馆建设不仅率先实行了免费开放,实现了四级全覆盖,而且在全国率先开展了"四位一体"(村图书室、农家书屋、党员现代远程教育中心、共享工程基层服务点)农村综合信息服务体系建设试点工作,使得15分钟免费文化圈在苏州城乡基本得以实现。

存在差距:无。

解决途径:无。

18. 以示范区建设为平台,将分散在不同部门的公共文化服务资源和项目有效整合,实现基层公共文化服务资源的共建共享,形成综合、系统、运行有效的公共文化服务网络,体现便民惠民,提高整体服务能力,发挥综合效益。

目前状况:苏州市区的总分馆模式和吴江已开始进行试点"四位一体"(村图书室、农家书屋、党员现代远程教育中心、共享工程基层服务点)农村综合信息服务体系建设。

★ 存在差距:各市(县)除吴江外均未开展此项工作。

解决途径:将此项创建工作纳入与市(县)签订。目标责任书中。

19. 加快推进公益性文化事业单位改革,形成责任明确、行为规范、富有效率、服务优良的管理体制和运行机制。制定并落实吸引社会力量参与公益文化事业建设有关政策,民营文艺团体、民间文艺社团和农民自办文化初具规模,成为政府公共文化服务的重要补充。

目前状况:"十一五"期间,图书馆、文化馆、博物馆等完成劳动人事、收入分配、社会保障等制度改革,管理水平和服务效率显著提高。我市出台了《关于进一步推进姑苏人才计划的若干意见》《苏州市基层文化从业人员资格认证管理制度(试行)》《关于苏州市基层文化从业人员资格认证管理制度(试行)的实施意见》《苏州市属文艺院团深化改革实施意见》等。文化体制改革取得新突破。深化文化市场管理体制改革,实现行政许可、行政管理和行政执法职能"三分开",实施文化市场综合执法,不断促进文化市场走向繁荣和规范。深入推进文艺院团和出版体制改革,苏州市歌舞团、苏州市锡剧团和苏州大学出版社、古吴轩出版社顺利完成转企改革。

制定并落实了吸引社会力量参与公益文化事业建设有关政策,先后出台《关于支持和服务民营文艺表演团体发展的若干意见》《支持民营文艺表演团体发展奖励发展(试行)》。目前苏州有33家民营文艺表演团体,1000余名演职人员,他们常年扎根基层、服务人民,与国有院团和群众文艺团体互为补充,年演出场次在8800场以上,接待观众超过6000万人次,为繁荣演出市场、丰富基层文化生活发挥着不可替代的作用。

★ 存在差距:苏州民营文艺表演团体总体还比较弱小,演出剧节目思想内涵和艺术质量还不够高,人才的引进、培养和管理还比较困难,在继承、借鉴基础上通过创新推动自身可持续发展等方面还存在差距。

解决途径:

(1) 建立民营文艺表演团体信息数据库,为支持其发展提供科学支撑。

(2) 放宽民营文艺表演团体市场准入。
(3) 完善民营文艺表演团体管理措施。
(4) 加大对民营文艺表演团体创作演出的指导和鼓励。
(5) 加强民营文艺表演团体人才培养与管理。
(6) 继续安排专项资金给予支持。
(7) 落实支持民营文艺表演团体发展的相关经济政策。

(四) 资金、人才和技术保障措施落实方面

20. 公共文化服务体系建设纳入政府重要议事日程,纳入当地国民经济和社会发展总体规划,纳入对地方政府的考核指标体系,纳入政府目标管理责任制,纳入财政预算,纳入城乡建设整体规划。

目前状况:苏州图书馆已经完成了分馆布局规划的制定,常熟对总分馆建设有政府文件,吴江的"四位一体"建设有政府办文单。苏州市委、市政府被中宣部和新闻出版总署授予"全民阅读活动先进单位"称号。"苏州市昆曲遗产保护、继承、弘扬工程""长江流域文化资源的整合、共享和利用""区域文化联动"连续3届入选文化部创新奖。

★存在差距:公共图书馆服务体系建设需要有政府的法规或文件,进入苏州市国民经济和社会发展总体规划,进入城乡建设规划,纳入财政预算,进入考核指标体系等。

解决途径:建议市委市政府尽快出台《苏州市公共图书馆服务体系建设行动计划》。

21. 公共文化服务体系建设经费得到落实。建立完善公共文化投入保障机制,近3年财政文化体育与传媒支出不低于同级财政经常性收入的增长幅度,人均文化支出(按常住人口计算)高于本省平均水平。

目前状况:

在各级政府的重视下,我市公共文化财政呈逐年上涨趋势,"十一五"年均增长幅度超过18%。期间,苏州市级和县(区)级重大文化设施资金投入总计42.1亿元;全市基层文化设施资金投入总计4亿元,建筑总面积8.5万平方米;而包括图书馆购书经费、博物馆文物征集经费、文艺创作和生产经费、重点文化艺术活动经费、免费开放补助经费以及其他方面经费在内的公共文化服务专项资金总计达9.7亿元。人均文化支出(按常住人口计算)为73元(2010年我市文化事业财政补助总收入68140.93万元),高于我省平均水平。

存在差距:无。

解决途径:无。

22. 乡镇(街道)综合文化站的人员编制3名以上,行政村和社区有至少1名财政补贴的文化管理员(文化指导员)。

目前状况:根据中共苏州市委宣传部等六部委《关于贯彻〈关于加强地方县级和城乡基层宣传文化队伍建设的若干意见〉的实施意见》(苏宣发〔2011〕3号),每个乡镇(街道)综合文化站(中心)至少应有3个编制,所需编制可在乡镇(街道)事业编制总编内调剂使用,经济发达的行政管理体制改革试点镇和城乡一体化发展综合配套改革先导区(镇)可适当增加专职人员编制。城区各街道要明确1名专职文化站长,每个行政村有1名党员干部负责日常宣传文化工作。行政村和社区应在现有的工作人员中指定专人负责所辖区的文化管理工作。城区各社区至少有1名工作人员负责组织协调开展社区宣传文化服务工作。

存在差距:无。

解决途径:无。

23. 市级文化单位业务人员占职工总数不低于70%,县级文化事业单位业务人员占职工总数

不低于80%。

目前状况：市级文化单位业务人员占职工总数不低于70%，县级文化事业单位业务人员占职工总数不低于80%。

存在差距：无。

解决途径：无。

需要沟通：业务人员是指大专以上，还是有职称人员？职工总数是否包括公益性岗位（编外员工）？

24. 县级文化单位在职员工参加脱产培训时间每年不少于15天，乡镇街道、村、社区基层文化专兼职人员参加集中培训时间每年不少于5天。

目前状况：县级文化单位在职员工参加脱产培训时间每年不少于15天，乡镇街道、村、社区基层文化专兼职人员参加集中培训时间每年不少于5天。

为提高基层文化从业人员的综合素质，切实加强对基层文化从业人员的管理，2007年，我市制定了以统一培训、统一考试、持证上岗为主要内容的苏州市基层文化从业人员职业资格认证制度，苏州市人力资源和社会保障局与苏州市文化广电新闻出版局联合下发了《苏州市基层文化从业人员资格认证管理制度》和《关于〈苏州市基层文化从业人员资格认证管理制度〉（试行）的实施意见》，并从2008年起连续三年开展了两轮基层文化从业人员资格认证培训，来自各市（县）、区共1570余人参加培训并结业，基本实现了基层文化从业人员培训全覆盖，在对基层文化从业人员试行资格认证方面走在了全国的前列，做出了可贵的探索和实践。从2011年开始，苏州将在全国率先推行"基层文化从业人员持证上岗制度"，对取得从业人员职业资格证书的文化从业人员进行继续教育轮训，每年举办5期，每次培训时间不少于40课时。

存在差距：无。

解决途径：无。

25. 利用网络、声讯、通讯等现代信息技术建立公共文化服务平台和公共文化服务技术支撑系统，实现当地文化信息资源的共建共享。

目前状况：我市建有"掌上苏州——手机图书馆"，文化苏州网，昆曲、评弹电视书场，广播电台有戏曲栏目，县市区建有相应文化网站。利用网络、声讯、通讯等现代信息技术建立了公共文化服务平台和公共文化服务技术支撑系统，实现了我市文化信息资源的共建共享。

★ 存在差距：沧浪区、相城区、平江区、金阊区4个区馆为苏州图书馆分馆，无网站。

解决途径：建立数字文化苏州网站（涵盖图书馆、文化馆、博物馆、美术馆等资源服务内容），实现文化信息资源的共建共享。无网站的区馆在苏州图书馆网站建立相应链接。

（五）公共文化服务评估方面

26. 建立并实施公共文化服务绩效评估制度。形成政府、社会、服务群体共同参与的监督管理体系，建立起政府、文化和财政部门、公共文化机构、重大文化项目工作考核机制。

目前状况：多年来，在我市各级党委的高度重视下，各级政府不断提高认识，统一思想，履行职责，发挥作用，将基层文化建设纳入了政府中心工作，制定规划，明确目标，加强对文化部门和基层政府工作的指导，努力把工作深入到基层，有效形成了政府统一领导、相关部门分工负责、社会团体积极参与的管理体制和工作机制。

存在差距：无。

解决途径：无。

27. 实行文化工作目标责任管理制，将服务农村、服务基层情况和群众满意度作为重要考核指标。

目前状况：自2004年6月我市市委宣传工作领导小组下发《"文化苏州"行动计划》，提出"文化立市"理念后，2007年苏州市委、市政府下发了《苏州市"十一五"文化发展规划》，提出了建设文化强市、文化名市的目标。在《关于进一步加强苏州市新农村文化建设和城区基层文化建设的实施意见》中，市委市政府提出要做好新农村文化建设和城区基层文化建设各"五件实事"（新农村文化建设"五件实事"是：加强农村公共文化设施建设；丰富农民群众精神文化生活；推进农村有线电视"户户通"工程和农村广播全覆盖工程；健全、完善农村文化市场体系；加强农村文化遗产保护。城区基层文化建设"五件实事"是：完善苏州城区基层公共文化设施建设；推进文化信息资源共享工程；活跃基层文化活动；加强基层文化队伍建设；健全基层文化建设工作机制），并将两个"五件实事"纳入市政府对市（县）、区政府的考核内容，每年签订责任书，并对完成情况进行督察。2010年苏州市委、市政府将"三区三城"确定为苏州"十二五"发展的总目标，其中"城乡一体示范区"和"历史文化与现代文明相融的文化旅游城市"目标的提出，为推动全市文化建设与经济、社会、生态文明建设的融合发展创造了难得的机遇，提出了更高的要求。

存在差距：无。

解决途径：无。

（六）其他方面

28. 在公共文化服务体系建设进程中，积极探索实践，创新公共文化服务体系建设体制机制，创新公共文化服务方式和手段，并已取得显著成绩，在全省乃至全国产生较大影响，具有典型示范作用和推广价值。

目前状况：苏州市在公共文化服务体系建设中，注重经验总结和理论研究，取得了不少典型的研究成果。《昆曲遗产保护、继承、弘扬工程》《长江流域文化资源的整合、共享和利用》《区域文化联动》3个项目相继获得文化部3届创新奖。苏州的总分馆建设起步早、成本低、效益高，是一种自主创新式的构建模式，其中的"动态资产权""孵化式培训""扁平结构"等做法和管理机制均为首创，被国内图书馆专家教授称为"苏州模式"而受到充分肯定，并荣获"全国第十四届群星服务奖"。

存在差距：无。

解决途径：无。

29. 结合具体实践，参与文化部国家公共文化服务体系制度设计课题研究工作，针对公共文化服务体系建设的共性问题，总结经验，并形成课题研究成果，为国家制定有关政策提供依据，为同类地区的发展提供借鉴。课题报告通过专家组验收。

目前状况：

（1）2010年，在文化部的国家公共文化服务体系制度设计研究工作中，苏州市承担江苏省申报的"公共文化服务经费保障机制研究"课题的二级课题——"公共文化服务多元化投入机制研究"的课题研究工作，努力探索公共文化服务示范区框架结构。

（2）围绕国家"公共文化单位免费开放与公益性服务研究"课题，确定"公共图书馆服务体系建设"研究子课题。

（3）围绕国家"公共文化资源供给体系研究"课题，确定"基层文化服务资源'四位一体'模式"研究子课题。

（4）围绕国家"社会文化活动机制研究"课题，确定"社会文化活动品牌打造"研究子课题。

（5）围绕国家"公共文化服务人才队伍建设研究"课题，确定"基层文化从业人员资格认证制度"研究子课题。

（6）围绕国家"公共文化服务技术支撑研究"课题，确定"公共文化服务技术创新思路和现代技术手段"研究子课题。

(7) 围绕国家"公共文化服务评价考核体系研究"课题,确定"苏州市公共文化服务评估命名体系"研究子课题。

存在差距:无。

解决途径:无。

30. 涉及广播电视、新闻出版、体育等部门的工作内容,按照部门要求达到相应标准。

目前状况:

(1) 广播电视:全面建成广播电视覆盖体系,在全国率先实现城乡一体化数字电视整体转换。广播电视双入户工作扎实推进,农村广播电视"户户通"工程全部完成。地面移动数字电视逐步推广,全市数字电视总用户数居全省各市之首。广播电视新技术运用、新媒体和新产业发展呈现良好态势。

(2) 新闻出版:稳步推进出版物发行企业和印刷企业优化调整,印刷复制业连续多年在全国同类城市中位居前列。强化市场监管,加强正面引导,新闻出版行业规范有序。不断提升新闻出版公共服务能力,苏州市委、市政府被中宣部和新闻出版总署授予"全民阅读活动先进单位"称号。

农家书屋建设工程。2006 年我市建立农家书屋 106 家,初见成效;2007 年增建农家书屋 382 家,实现翻番,已建书屋接近规划总数的 50%;2008 年再建书屋 447 家,使农家书屋建成数达到规划总数的 90% 以上;2009 年实现农家书屋建设全覆盖,全市建农家书屋 1107 家,提前一年全面实现农家书屋建设的目标。

(3) 体育:我市构建完善了市、县级市(区)和镇(街道)三级全民健身网络和管理体系,实施"千村体育健身工程"建设,各乡镇文体站建设率达 100%。坚持市县区联动,组织好每年一度的全民健身月和全民健身日活动,逐步形成全民参与、具有本地特色的"苏州体育节"。

存在差距:无。

解决途径:无。

31. 涉及工会、共青团、妇联等部门的工作内容,达到中央关于公共文化服务体系建设的相关政策要求。

目前状况:我市工会、共青团、妇联等部门积极参与,形成了推动公共文化服务体系建设的合力。我市工人文化宫、青少年宫、妇女儿童活动场所等设施完备,均实行免费开放,在公益性文化服务中起到了积极作用。

存在差距:无。

解决途径:无。

三、目前我市已出台公共文化服务体系建设的相关政策法规和文件 30 余个

(一) 已出台的相关文件

1. 《苏州市"十一五"文化发展规划》(市委、市政府)(苏发〔2007〕13 号)。
2. 《苏州市"十二五"文化发展规划》(修订中)。
3. 《"文化苏州"行动计划》(苏发〔2004〕24 号)。
4. 《苏州市民族民间传统文化保护办法》(苏州市人民政府令 51 号)。
5. 《关于进一步加强苏州市新农村文化建设和城区基层文化建设的实施意见》(市政府(苏办发〔2007〕24 号)。
6. 《关于进一步推进姑苏人才计划的若干意见》(市委、市政府)(苏发〔2010〕20 号)。
7. 《关于贯彻〈关于加强地方县级和城乡基层宣传文化队伍建设的若干意见〉的实施意见》(苏宣发〔2011〕3 号)。

8.《苏州市文化体制改革工作方案》(苏发〔2009〕45号)。

9.《苏州市建设社会主义系农村行动计划》《苏州市提高市民文明素质行动计划》(苏发〔2006〕第17号附件3、4)。

10.《苏州市2008年度科学发展观工作实绩综合考评办法实施细则的通知》(苏办发〔2008〕51号文)。

11.《苏州市基层文化从业人员资格认证管理制度(试行)》(市人事局、市文广局联合)(苏人办〔2007〕144号)。

12.《关于苏州市基层文化从业人员资格认证管理制度(试行)的实施意见》(苏文广群字〔2007〕31号)。

13.《关于支持和服务民营文艺表演团体发展的若干意见》(市财政、市文广新局联合发文)(苏文规字〔2009〕15号)。

14.《关于开展全市党员干部现代远程教育与文化信息资源共享工程共建共享工作的通知》(农村党员干部现代远程教育领导小组办公室、市文广新局(苏文广群字〔2007〕28号))。

15.《关于进一步加强苏州市社区文化建设的意见》(苏文群字〔2011〕4号)。

16.《关于苏州评弹艺术传承发展工程的实施意见》(苏宣文〔2006〕2号)。

17.《关于建立苏州评弹艺术传承人制度的实施意见》(苏文广财字〔2006〕4号,苏财科字〔2006〕6号)。

18.《关于扶持农村、社区书场开展评弹长篇书目公益演出的奖励办法》(苏文广财字〔2007〕5号)。

19.《进一步繁荣发展苏州评弹艺术工作十年规划纲要》(苏文广艺字〔2005〕第8号)。

20.《关于扶持加强公益文化事业建设的若干意见》(苏文广政字〔2004〕26号)。

21.《关于扶持奖励苏州市民间文艺团队的暂行办法》(苏文规字〔2010〕1号)。

22.《苏州市基层文化标准化建设评选和命名工作的实施意见》(苏文群字〔2010〕21号)。

23.《苏州市民间文化艺术之乡(特色文化之乡)命名办法》(苏文广群字〔2006〕第22号)。

24.《关于开展"苏州市文化示范镇""苏州市文化先进镇(街道)""苏州市特色文化广场"和"苏州市'服务农民、服务基层'文化工作先进集体"等评比表彰的通知》(苏文群字〔2009〕18号)。

25.《关于加快苏州市文化产业发展若干政策意见》(苏州市人民政府)(苏府〔2009〕182号)。

26.《苏州市文化产业发展投资指导目录及说明》(苏州市文化产业发展领导小组办公室)(苏文产办规字〔2010〕第2号)。

27.《苏州市文化产业发展资金管理办法》(苏州市人民政府)(苏府办〔2010〕268号)。

28.《苏州市金融支持文化产业发展实施意见》(苏州市委办公室)(苏办发〔2010〕104号)。

29.《关于转发苏州市民族民间传统文化保护专项资金管理的通知》(苏府办〔2004〕147号)。

30.《苏州市文化产业担保基金管理办法》(市财政,市文广新局联合发文)(苏文产字〔2010〕17号)。

(二)拟请市政府或有关部门出台的相关政策

1.拟请市政府出台或市政府、市政府办转发的

(1)出台《关于进一步加强苏州市公共文化服务体系建设的实施意见》,适时召开进一步加强苏州市公共文化服务体系建设工作会议,与各市(县)区签订目标责任书。

(2)出台《苏州市"十二五"文化经济政策》。

(3) 出台《苏州市公共图书馆服务体系建设行动计划》①。
(4) 转发《创建国家公共文化服务体系示范区建设规划》。
(5) 转发市文广新局、财政局《关于开展公共文化服务体系示范区(项目)创建工作的通知》。

根据《文化部　财政部关于开展国家公共文化服务体系示范区(项目)创建工作的通知》(文社文发〔2010〕49号)、江苏省文化厅《关于组织申报国建公共文化服务体系示范区(项目)的通知》(苏文社〔2011〕1号)。

2. 依据上级有关法律、法规出台
(1) 出台地方规章《苏州市基层公共文化设施管理办法》。
(2) 依据国家非物质文化遗产法，苏州市人大拟制定出台《苏州市非物质文化遗产保护条例》。
(3) 根据文化部、财政部创建进展情况，拟请市政府依据创建要求相应制定有关政策、文件。

附表1

	2010年		创建指标	目前状况	存在差距
人均藏书指标（藏书量/常住人口数）	全市藏书量695.15万册（其中市区藏书240万册）	常住人口936.95万（市区常住人口350.58万）	1册	0.74册（其中市区人均藏书0.69册）	0.26册（市区0.31册）
年流通率（图书外借量/全市藏书量）	年图书外借567.07万册次（市区226.32万册）	全市藏书量695.15万册	1次以上	0.82次（市区0.943次）	0.18次（市区0.057次）
人均年增新书（年增新书量/常住人口数）	年新增图书37.561万册	常住人口936.95万	0.04册次以上	0.04册次	基本达标
人均到馆次数（年读者到馆数/常住人口数）	年到馆读者853.32万人次	常住人口936.95万	0.5次以上	0.91次	达标

附表2

公共图书馆	创建指标(平方米)	目前状况(平方米)	存在差距(平方米)
苏州图书馆	34442	24481	9961
张家港市图书馆	16500	27000	达标
常熟市图书馆	20000	11000	9000
太仓市图书馆	9800	13000	达标
昆山图书馆	17500	18600	达标
吴江市图书馆	15350	14000	1350
吴中区图书馆	11600	3200	8400
相城区图书馆	8000	1800	6200
平江区图书馆	6800	2000	4800

---

① 此文在颁布时名称改为《苏州市公共图书馆总分馆体系建设实施办法》。

续表

公共图书馆	创建指标（平方米）	目前状况（平方米）	存在差距（平方米）
沧浪区图书馆	6800	3000	3800
金阊区图书馆	6800	1400	5400
园区图书馆	6800	23000	达标
高新区图书馆	6800	0	6800

参考指数：图书馆的设置面积按《公共图书馆建设标准》的计算表格进行换算，其函数如下（X 为万人口数，计算出来的面积为万平方米）：

人口数 10 万至 20 万的，按 $Y = 0.022 \times X + 0.01$ 计算图书馆面积；

人口数 20 万至 50 万的，按 $Y = 0.01X + 0.25$ 计算图书馆面积；

人口数 50 万至 100 万的 按 $Y = 0.012X + 0.15$ 计算图书馆面积；

人口数 100 万至 150 万的 按 $Y = 0.013X + 0.05$ 计算图书馆面积；

人口数 150 万至 400 万的 按 $Y = 0.0072 \times X + 0.92$ 计算图书馆面积；

人口数 400 万至 1000 万的 按 $Y = 11/3000 \times X + 7/3$ 计算图书馆面积。

附表 3

文化馆	创建指标（平方米）	目前状况（平方米）	存在差距（平方米）
苏州市文化馆	12000	12000	达标
张家港市文化馆	8000	7600	400
常熟市文化馆	8000	2200	5800
太仓市文化馆	6800	7846	达标
昆山市文化馆	8000	2600	5400
吴江市文化馆	7000	4909	2091
吴中区文化馆	6800	4601	2199
相城区文化馆	6000	3100	2900
平江区文化馆	4600	3600	1000
沧浪区文化馆	4600	4500	100
金阊区文化馆	4600	5300	达标
园区文化馆	6000	8000	达标
高新区文化馆	6000	0	6000

苏州市文化广电新闻出版局

2011 年 1 月

1.1.2 创建国家公共文化服务体系示范区申报书

创建国家公共文化服务体系示范区申报书

申报地区： 江苏省苏州市
填报时间： 二〇一一年二月二十三日

中华人民共和国文化部、财政部制

填写说明

一、第1项"创建示范区负责人"应填写当地党委或政府的主要领导;"创建示范区管理机构"应填写当地创建示范区领导小组办公室或文化行政部门;"创建示范区管理机构负责人"应填写当地创建示范区领导小组办公室或文化行政部门主要领导。

二、第2项"有关工作成绩"包括申报创建示范区所在地在公共文化服务体系建设上取得的由省级以上部门命名的"先进单位""试点单位"等称号;召开过省级以上会议进行典型经验宣传推广,或在省(部)级以上会议做过典型经验发言等方面内容。

三、第3项"申报理由"主要填写申报地区近年来开展公共文化服务体系建设的基本情况、取得的基本经验和做法特点、相关政策及保障措施和下一步开展公共文化服务体系建设的主要思路及政策保障措施等。

四、第5项"申报地上级人民政府意见"指申报主体为副省级城市所辖县(区)人民政府,须填写副省级城市人民政府意见。如申报地上级人民政府为省级人民政府,则此栏不填,填写第7项即可。

五、第6项"省文化厅、财政厅意见"应写明申报地区申报成为创建示范区,在本省范围内与同类地区比较,其主要特色及是否具有示范性。

六、第8项由文化部社会文化司组织国家公共文化服务体系建设专家组填写。

七、此申报书可在文化部政府门户网站(www.ccnt.gov.cn)下载,表格各项栏目可根据内容自由扩展版面。本表一式5份,各单位盖章后送文化部社会文化司。

八、表格一律用电脑填写,准确无误,不得弄虚作假。凡填写内容不实、有虚假成分者,一经发现,取消其申报资格。

1. 基本情况

	创建示范区所在地		江苏省苏州市	
	创建示范区负责人	阎 立	职务	苏州市人民政府市长 苏州市创建国家公共文化服务体系示范区领导小组组长
创 建 示 范 区 管 理 机 构	机构名称	苏州市创建国家公共文化服务体系示范区领导小组办公室	联系电话	0512-65247851
	机构详细通讯地址	苏州市公园路38号	邮编	215006
	机构负责人	汤钰林	职务	苏州市文化广电新闻出版局局长 苏州市创建国家公共文化服务体系示范区领导小组办公室主任
	负责人联系电话	0512-65247851	传真	0512-65115907
	电子邮件(E-mail)		Szwgx01@126.com	

2. 有关工作成绩

荣誉称号或专项工作名称	批准机关及文号或会议名称	命名或会议时间
全国文化模范市(苏州市)	文化部、人事部	1995年
全国文化先进单位(苏州市)	文化部	2009年
全国文化先进县(市、区) (张家港市、常熟市、太仓市、昆山市、吴江市、吴中区、相城区、平江区、沧浪区、金阊区等10个县、区)	文化部	2009年
"全民阅读活动先进单位" (苏州市委、市政府)	中宣部、国家新闻出版总署	2009年
《苏州市昆曲遗产保护、继承、弘扬工程》	文化部创新奖特等奖	2005年
《长江流域文化资源的整合、共享和利用》	文化部创新奖	2007年
《区域文化联动》	文化部创新奖	2009年
全国服务农民服务基层文化建设先进集体(常熟市文化馆、张家港市文化馆、图书馆)	中宣部(中宣办发〔2010〕14号)	2006-2010年
全国特色文化广场活动示范基地 (常熟市虞山镇)	中国群众文化学会(中群字〔2010〕8号)	2010年
江苏省精神文明建设工作先进单位 (苏州图书馆、苏州市文化馆、张家港市文广新局、常熟市图书馆、太仓市文化馆、吴中区文体局)	江苏省委宣传部、文明办	2010年
江苏省"文化民生"活动先进单位 (苏州市文广新局、苏州市沧浪区文化体育旅游局、常熟市文广新局)	江苏省文化厅	2010年

续表

荣誉称号或专项工作名称	批准机关及文号或会议名称	命名或会议时间
江苏省文明图书馆 (苏州市图书馆;张家港市图书馆、吴江市图书馆、常熟市图书馆、太仓市图书馆、昆山市图书馆、苏州市吴中区图书馆、苏州市金阊区图书馆、苏州市独墅湖图书馆、苏州市沧浪区图书馆、苏州市平江区图书馆)	(苏文社〔2010〕7号)	2006—2009年度
江苏省公共图书馆工作先进集体(苏州图书馆少儿部;苏州图书馆采编部)	(苏文社〔2010〕7号)	2010年
国家民族民间文化保护工作试点城市 (苏州市)	文化部、财政部	2004年
全国文化信息共享工程示范县(市) (张家港市、常熟市)	文化部	2009年
全国古籍保护重点单位 (苏州图书馆、常熟市图书馆)	文化部	2007年
江苏省"城乡一体化改革"试点城市 (苏州市)	江苏省委、省政府	2007年
全国文化馆工作会议(苏州市)		2008年
江苏省文化信息资源共享工程建设现场会(苏州市)		2009年
全国博物馆学会主办的首届全国经济百强县(市)博物馆馆长论坛暨县级博物馆馆长研讨会 (常熟市)		2010年

3. 申报理由

一、苏州市创建国家公共文化服务体系示范区的基本条件

苏州位于长三角地区的太湖之滨,是江苏省第二大城市,也是经国务院批准的较大的市,共辖5个县级市(张家港市、常熟市、太仓市、昆山市、吴江市),7个区(吴中区、相城区、平江区、沧浪区、金阊区、工业园区、高新区)。苏州是中国经济高度发达的地区,2010年,全市地区生产总值达9000亿元,居全国各类城市第5位。

苏州是国务院首批公布的24个历史文化名城之一,是吴文化的发祥地和重要代表,是传统文化发达、历史底蕴深厚的风景旅游城市。苏州现有2个国家历史文化名城(苏州市、常熟市),8个中国历史文化名镇(周庄、同里、甪直、木渎、沙溪、千灯、锦溪、沙家浜),2个中国历史文化名村(明月湾、陆巷),平江路与山塘街入选中国历史文化名街。苏州市的9处古典园林被列为世界文化遗产;昆曲等6个项目入选联合国教科文组织"人类非物质文化遗产代表作"名录;全国重点文物保护单位34处;国家级"非遗"项目24项;国家级民间文化艺术之乡25个。可以说,苏州的历史底蕴和文化资源在全省全国都具有突出的地位和优势。2004年,苏州获评中国十大活力城市,评选委员会的评价是:"一座东方水城让世界读了2500年。一个现代工业园用10年时间磨砺出超越传统的利剑。她用古典园林的精巧,布局出现代经济的版图;她用双面刺绣的绝活,实现了东西方的对接。"这是对苏州经济、社会和文化建设协调发展的充分肯定。

刚刚过去的"十一五"时期,是苏州发展史上综合实力提升最快、城乡面貌变化最大、人民群众得实惠最多的时期,也是我市公共文化服务体系建设发展最好的时期。呈现出四大亮点:

一是在城乡一体化发展中加快推进公共文化服务体系建设。按照党的十七大关于形成城乡一体化发展新格局的决策部署,苏州紧紧抓住列为江苏省唯一的城乡一体化发展综合配套改革试点市的有利时机,着力建立了城乡一体政策体系,基本确立了城乡一体化改革发展在全省全国的品牌地位,涌现出张家港市永联村、常熟市蒋巷村等经济、社会与文化综合发展,在全省乃至全国具有典型意义的社会主义新农村。覆盖城乡的公共文化设施网络体系基本形成,公益性文化设施实现市、县(区)、镇(街道)、村(社区)四级全覆盖。全市公共文化设施总面积254.55万平方米,每万人拥有公共文化设施面积2884平方米;图书馆、文化馆(站)公益性文化设施总面积101.83万平方米,人均公益性文化设施面积0.14平方米,达到国内同类城市先进水平。2005年,苏州被文化部、人事部评为"全国文化模范市";2009年,苏州市和10个县(市)、区全部被文化部命名为"全国文化先进单位县(市)、区(先进单位)",位居全省首位。

二是打造具有苏州城市特色的文化惠民活动品牌。根据中宣部、文明办《关于开展"我们的节日"传统文化节庆活动的实施意见》的精神,苏州依托"江河湖海"兼具的水文化资源和"吴文化"独特优势,着力打造一批具有鲜明地域文化特色和较大影响力的文化节庆活动。近年来,成功承办了两届中国国际民间艺术节、四届中国昆

续表

剧艺术节和中国苏州评弹艺术节、中国农民文艺会演等一大批品牌节庆活动；苏州所辖的各市（县）、区充分发挥各自的特长和优势，围绕"江河湖海"形成了诸如"长江文化艺术节""江南文化节""郑和航海节""运河文化节""太湖文化论坛"等一批极具地方特色、群众喜闻乐见的文化活动品牌。我市精心举办的每年一届的苏州阅读节，自2006年以来已成功举办5届，共举办丰富多彩的阅读活动2800余项，参与读者1300余万人次，已成为推动全民阅读、营造学习型城市的重要抓手。中央文明办的领导同志专门做了重要批示："苏州阅读节办得好！是讲文明树新风的重要载体，是深化文明城市创建的标志性工作，要认真总结苏州阅读节活动经验并大力推广。"苏州市委、市政府也被中宣部、国家新闻出版总署授予"全民阅读活动先进单位"。

三是逐步改进工作机制和管理体制。我市出台了《关于进一步加强苏州市新农村文化建设和城区基层文化建设的实施意见》，明确提出要做好新农村文化建设和城区基层文化建设各"五件实事"（其中新农村文化建设"五件实事"是：加强农村公共文化设施建设；丰富农民群众精神文化生活；推进农村有线电视"户户通"工程和农村广播全覆盖工程；健全、完善农村文化市场体系；加强农村文化遗产保护。城区基层文化建设"五件实事"是：完善苏州城区基层公共文化设施建设；推进文化信息资源共享工程；活跃基层文化活动；加强基层文化队伍建设；健全基层文化建设工作机制），并将两个"五件实事"纳入市政府对市（县）、区政府的考核内容，每年签订责任书，并对完成情况进行督察。2010年10月，在"江苏省文化发展绩效评价体系"（包括文化发展、政府投入、文化服务、文化消费等4大类15项指标）考核中，苏州位列全省第一。

四是不断创新公共文化服务方式，注重制度设计研究。在公共文化服务体系建设的实践中不断创新思路，积累经验、总结提炼，形成了公共文化服务的新形式和研究成果。2005年在文化部首届创新奖评选中，我市的《昆曲遗产保护、继承、弘扬工程》获得唯一的特等奖；《长江流域文化资源的整合、共享和利用》《创新农村公共文化服务——谈区域文化联动在新农村文化建设中的积极效应》先后获得第二、第三届文化部创新奖。而苏州的总分馆制以其自主创新式的构建模式，以全国首创"动态资产权""孵化式培训""扁平结构"等做法和管理机制，被国内图书馆专家教授称为"苏州模式"而受到充分肯定，并荣获了"全国第十四届群星服务奖"。

2010年苏州市委、市政府在科学分析苏州未来经济社会发展特色和优势的基础上，将"把苏州建设成为科学发展的样板区、开放创新的先行区、城乡一体的示范区，成为以现代经济为特征的高端产业城市、生态环境优美的最佳宜居城市、历史文化与现代文明相融的文化旅游城市"（"三区三城"建设）确定为苏州"十二五"发展的总目标，继续将城市文化建设摆在城市发展的战略位置，对于推动全市文化建设与经济、社会、生态文明建设的融合发展具有重要指导意义。

苏州市经济、社会和文化发展所取得的显著成绩，以及"十二五"期间进一步推动转型升级、率先基本实现现代化的发展目标，都为在更高起点上开展国家公共文化服务体系示范区创建工作奠定了坚实的基础。

二、苏州市公共文化服务体系建设的主要情况

（一）公共文化设施网络体系日益完善

1. 市和县（区）级重大文化设施建设。苏州图书馆新馆、苏州博物馆新馆、苏州科技文化艺术中心、苏州演艺中心、苏州美术馆新馆、苏州市文化馆新馆、苏州名人馆、苏州评弹学校新校等一批市级重点文化设施先后建成；各市（县）、区也相继建成一批文化中心、图书馆、文化馆、博物馆。全市共有县（区）以上公共图书馆12个，均为国家一级馆；10个文化馆中有8个是国家一级馆，2个国家二级馆；另建有市及县（区）级博物馆、纪念馆42个，美术馆11个。

2. 乡镇（街道）、行政村（社区）级文化设施和文化活动场所建设。目前，全市100%的乡镇（街道）建有单独设置的综合文化站，其设备配置、活动开展、人员配备、综合管理等达到发展改革委、文化部制定的《乡镇（街道）文化站建设标准》。行政村（社区）综合文化设施达标建设覆盖率95%以上，全面完成农家书屋在我市所有行政村的全覆盖。

3. 全国文化信息资源共享工程实现全覆盖。大力提升了城乡文化队伍的自动化、信息化建设水平，全面提升了基层群众从多渠道获取优秀文化信息的能力。至"十一五"末，在全市范围实现了文化信息资源共享工程"县县有支中心、乡乡有基层服务点"以及"村村通"的目标。全面建成广播电视覆盖体系，在全国率先实现城乡一体化数字电视整体转换。广播电视双入户工作扎实推进，农村广播电视"户户通"工程全部完成，全市数字电视总用户达215万户，居全省各市之首。

（二）公共文化服务供给能力逐渐增强

1. 文艺作品的创作力度不断加大。全市的广大文艺工作者自觉坚持"三贴近"，不断开拓创作题材领域，涌现了一批体现苏州特色的优秀作品。仅"十一五"期间，就有1台剧目入选文化部改革开放30年"首届优秀保留剧目大奖"，2台剧目入围国家舞台艺术精品剧目，1台剧目获"文华大奖"，5部戏剧和文学作品获中宣部"五个一工程奖"等，10个作品获得"群星奖"。还有一批优秀广播、电视节目、栏目和美术、群文作品获得"星光奖"等全国性奖项。同时，每年面向基层群众创作的各类文艺作品万余件。丰富多彩的文艺作品极大地满足了我市群众的文化欣赏需求。

2. 文化活动的惠民程度不断增强。在打造重大节庆文化活动的同时，我市统筹开展了以"我们的节日""天天有"、市直舞台艺术"四进工程"和"群星璀璨——城区各广场主题活动"为主要形式的"四大系列"文化惠民活动，受到各层面人群的广泛欢迎和参与。据统计，全市每年开展的各类公益性惠民展演展示活动3万次，惠及农村及社区群众累计突破5000万人次。年均为基层送书10万余册、送戏3283场次、送电影1.5万场次。全市"全

续表

国群众文化先进社区"2个、"全国特色文化广场"4个;涌现民间业余文艺团队近4000支,每年开展各类活动近1.5万次。坚持市县区联动,组织好每年一度的全民健身月和全民健身日活动,逐步形成了全民参与、具有本地特色的"苏州体育节"。

3. 公共文化服务方式不断创新。从2005年起,逐步实现了统一采购、统一编目、统一配送和通借通还的公共图书馆总分馆制。目前全市共有公共图书馆总分馆108个(其中,市级图书馆分馆26个;县级图书馆分馆82个,各县级市建制镇、非建制镇图书馆分馆建设基本实现了全覆盖),拥有图书流动服务车4辆,年均基层服务出车600次以上。同时,为实现农村公共信息服务的经济、高效和可持续,我市在全国率先开展了"四位一体"(村图书室、农家书屋、党员远程教育、文化信息共享)农村综合信息服务体系试点工作,基本实现了15分钟免费文化圈。目前,我市已基本形成资源丰富、技术先进、服务便捷、覆盖城乡的数字文化服务体系,广大城乡基层群众均可以通过多种方式使用文化信息资源及享受数字资源服务。市、县两级均自建有地方文化数据库,仅苏州图书馆"文化苏州"网站就建有地方特色数字资源12个,特别是"苏州古籍方志数据库"就有285部古籍方志和18种民国报纸。

4. 公共文化服务的产业支撑和市场供给能力不断提升。"十一五"以来,我市制定出台了《关于加快苏州市文化产业发展若干政策意见》等多项政策加快优化文化产业发展环境,鼓励文化企业参与文化产品的生产和供给。基本形成了以文化艺术、出版印刷、广播影视为代表的核心文化产业群,以文化旅游、演艺娱乐、会展广告为代表的外围文化产业群,以文化用品、文化设备的生产制造和销售为代表的相关文化产业群,文化产业增加值位居全省第一。2010年,多元化市场投入公益性文化的资金达253.2万元。制定并落实了吸引社会力量参与公益文化事业建设有关政策,先后出台《关于支持和服务民营文艺表演团体发展的若干意见》《支持民营文艺表演团体发展奖励办法(试行)》。目前苏州现有34家民营文艺表演团体,1000余名演职人员,常年扎根基层、服务人民,与国有院团和群众文艺团体互为补充,年演出场次在8800场以上,接待观众超过6000万人次,为繁荣苏州文化事业、丰富基层文化生活发挥着不可替代的作用。

(三)公共文化服务保障措施日趋健全

1. 政策保障。苏州市委、市政府历来重视公共文化服务体系建设。近年来,苏州先后多次召开全市文化工作会议和基层文化建设工作会议。2004年6月,市委宣传工作领导小组下发《"文化苏州"行动计划》,提出了"文化立市"理念;2007年苏州市委、市政府下发了《苏州市"十一五"文化发展规划》(苏发〔2007〕13号),提出了建设文化强市、文化名市的目标。在基层文化设施基本实现四级全覆盖基础上,我市近期制定并颁布了《苏州市基层文化标准化建设评选和命名工作的实施意见》《关于进一步加强苏州市社区文化建设的意见》等文件,不断完善基层文化阵地的"建""管""用"机制。

2. 机制保障。在我市各级党委的高度重视下,各级政府不断提高认识,统一思想,履行职责,发挥作用,将公共文化服务体系建设纳入了政府中心工作,制定规划,明确目标,加强对文化部门和基层政府工作的指导,努力把工作深入到基层,逐渐建立起了政府统一领导、相关部门分工负责、社会团体积极参与的管理体制和工作机制。市规划部门和文化主管部门紧密协作,编制了苏州市文化设施建设布局规划,就全市范围的文化设施进行科学化、网格化的布局规划,努力打造"十五分钟文化圈";市财政部门对文化事业经费做了精心编制,"十一五"期间年均公共文化事业经费投入占财政总支出的比例不低于1%;市编办、人事和文化主管部门就基层文化从业人员的编制、培训、资格认证等工作做了会商并出台了相关政策;市体育、工会、共青团、妇联等部门积极参与,工人文化宫、青少年宫、妇女儿童活动场所等设施完备,均实行免费开放。各级政府在逐年加大对基层文化事业投入的同时,在整合公共文化服务资源、推进投入方式的多元化、提高整体服务能力方面积累了许多有益的经验,探索并完善了符合各地实际的、行之有效的基层文化工作新机制。张家港投入巨资,确定了镇、村全面建成"八个一"的目标;常熟市以"六个一工程"为抓手,推进农村基础设施建设;各地也纷纷围绕阵地、队伍、活动内容与方式、文化环境建设,提出了切合各自实际的工作目标,不断健全工作机制,落实了工作措施。

3. 资金保障。"十一五"期间,在各级政府的重视下,我市公共文化财政呈逐年上涨趋势,年均增长幅度超过18%。市级财政专门设立了"公益性基层文化设施建设引导资金"和"宣传文化发展专项资金",用于扶持基层文化设施建设和基层公益性文化项目。2007年起,市政府下发了《关于加快文化事业和文化产业发展若干经济政策的意见》,建立"苏州市新农村文化建设奖励引导专项资金",各市(县)、区也相应设立了农村文化建设专项资金,纳入本级财政预算,扩大公共财政覆盖农村的范围,确保了农村和城区重点文化设施建设和文化活动开展的资金需要。据统计,"十一五"期间,苏州市级和县(区)级重大文化设施资金投入总计42.1亿元;全市基层文化设施资金投入总计约40亿元;而包括图书馆购书经费、博物馆文物征集经费、文艺创作和生产经费、重点文化艺术活动经费、免费开放补助经费以及其他方面经费在内的公共文化服务专项资金总计达9.7亿元。

4. 人才保障。一方面,根据《姑苏人才计划》,培养和引进文化高层次人才、领军人才和重点人才。另一方面,规范和加强基层文化队伍建设,对基层文化站(室)的人员编制做了明确规定。同时制定了以"统一培训、统一考试、持证上岗"为主要内容的基层文化从业人员资格认证制度,苏州市人事与文化主管部门联合下发了《苏州市基层文化从业人员资格认证管理制度》和《关于〈苏州市基层文化从业人员资格认证管理制度〉(试行)的实施意见》,从2008年起,连续3年开展了两轮基层文化从业人员资格认证培训,来自各市(县)、区共1570余人(中级职称以下)参加培训,基本实现了基层文化从业人员培训全覆盖,在对基层文化从业人员试行职业资格认证方面走在了全国的前列,做出了可贵的探索和实践。截至"十一五"末,全市95个镇(街道)文化站专兼职工

续表

作人员共609人,全市1764个村(社区)文化活动室(中心)现有兼职工作人员1764人。市级文化单位业务人员占职工总数高于70%,县级文化单位业务人员占职工总数近80%。

5. 理论保障。苏州市在公共文化服务体系建设中取得了不少典型的研究成果,不仅连续获得3届文化部创新奖,而且在"群星奖""江苏省文化理论创新工程"中获奖。2010年,在文化部的国家公共文化服务体系制度设计研究工作中,苏州承担江苏省申报的"公共文化服务经费保障机制研究"课题的二级课题"公共文化服务多元化投入机制研究"的课题研究工作,不断研究、探索公共文化服务体系可持续发展的制度体系。

(四) 公共文化服务面临的主要矛盾和问题

在新的发展基础和起点上,特别是根据党的十七大提出的文化建设的新要求新任务,对照公共文化服务体系示范区创建标准,我市的公共文化服务体系建设中还存在一些矛盾和问题,主要有:

1. 我市公共文化设施建设投入力度较大,但对照国家公共文化服务体系示范区创建标准,特别是基层公益性文化设施建设的面积、质量等标准,我市对公共文化设施的建设力度和管理水平还有待增强,基层文化设施的功能和作用仍需进一步发挥。

2. 我市文艺创作在全国摘金夺银,但相比城乡居民日益增长的精神文化需求,我市公共文化产品的总供给量仍需增强,特别是贴近城乡居民生活、符合居民自娱自乐需要的优秀原创群文作品的数量和质量还有待进一步提高。

3. 我市文化遗产资源保护利用水平日趋增强,但对我市经济结构的调整仍需发挥更大作用,对国民经济的贡献力及影响力还有待进一步提升。

4. 我市文化人才队伍建设经过不断努力正在逐步改善,但总体的结构问题和门类体系建设还有待进一步完善。

三、苏州市创建公共文化服务体系示范区的思路和措施

(一) 基本原则

苏州市创建公共文化服务体系示范区要坚持科学规划、以人为本的原则;坚持制度建设、机制创新的原则;坚持统筹城乡、整体推进的原则;坚持改革创新、争先率先的原则;坚持保证基本、惠及全民的原则。

(二) 工作目标

紧紧围绕苏州"三区三城"建设定位,坚持科学发展主题,突出转型升级主线,落实文化惠民政策,切实提高公共文化服务能力和水平,有效保障广大人民群众基本文化权益,满足人民群众多样化、多层次、多方面的精神文化需求。要使苏州的公共文化服务体系建设总体水平不仅在全国处于领先位置,而且力争向国际同类先进城市看齐。

(三) 主要任务

1. 公共文化设施网络体系建设

创建期间我市公益性文化设施建设要进一步向基层、农村深入,以完全实现公益性文化设施市、县(区)、乡镇(街道)、村(社区)四级全覆盖。

——实施县、区级文化馆达标建设。根据《文化馆建设用地指标》《文化馆建设标准》,加强县、区级文化馆达标建设。到2012年,全市文化馆均达到国家一级标准。

——实现基层公益性文化设施全覆盖。创建期间,重点推进全市行政村(社区)文化活动室(中心)建设,到2012年,完全实现公益性文化设施市、县(区)、乡镇(街道)、村(社区)四级全覆盖,全市人均公益性文化设施面积达0.16平方米。

——实现公共电子阅览室全覆盖。依托公共图书馆总分馆体系和各级文化馆站,推进标准配置的公共电子阅览室建设。到2012年底,基本实现公共电子阅览室的镇(街道)、社区全覆盖。

——实施评弹书场(票友活动场所)覆盖工程。在"十一五"县、区实现评弹书场(票友活动场所)全覆盖的基础上,积极推进乡镇评弹书场(票友活动场所)建设。到2012年,基本实现评弹书场的乡镇全覆盖。

——探索政府统筹文化设施的建管用机制。根据《苏州市基层文化标准化建设评选和命名工作的实施意见》《关于进一步加强苏州市社区文化建设的意见》等文件要求,全面推进基层文化设施标准化建设,建立健全文化阵地管理的长效机制。

2. 公共文化服务供给网络体系建设

创建期间,强化服务能力、提高服务质量、改善服务效益是工作的重点,要在提高服务的利用率和提升服务的专业化水平上取得明显突破。

——实施公共图书馆总分馆体系建设。在"十一五"全市建有公共图书馆总分馆108个的基础上,制定《苏州市公共图书馆服务体系建设行动计划》(暂名),市、市(县)区两级政府分别承担市、市(县)区两级公共图书馆服务体系的建设和管理责任。城区采用以苏州图书馆为总馆,区、镇(街道)、社区图书馆为分馆的总分馆模式,构建覆盖城区范围内的公共图书馆总分馆体系;五市(县)参照城区公共图书馆总分馆标准(建制镇、非建制镇各建2个),将乡镇图书馆纳入各市(县)的总分馆体系,实行统一管理。到2012年底,全市要建成公共图书馆总分馆140个,至"十二五"末,苏州全市将有1个总馆、12个二级分馆、200个社区(乡镇)分馆。

——实施文化惠民活动品牌创建系统工程。从群众需要的出发,做好文化惠民活动"四大工程",不断推进文化惠民活动向纵深开展。

续表

  工程之一：统筹实施以群星璀璨"我们的节日""广场活动天天有"、市直舞台艺术"四进工程"和"城区各广场主题活动"为主要形式的"四大系列"品牌文化惠民活动，开拓多种形式的文化"三送"和"四进"活动，不断提升活动质量。力争年均各类公益性展演展示活动达3万次、公共文化服务活动年均惠及农村及社区群众约3000万人次、年均向基层送书10万册、送戏3000场次、送电影13000场次，实现数字电影放映"一村两月三场"。
  工程之二：做亮做强"中国昆剧艺术节""中国苏州评弹艺术节""太湖国际论坛""苏州阅读节"等重大品牌文化活动，打造独具特色的历史文化名城艺术节庆活动。
  工程之三：各县(市)、区按照"一市(区)一品"或"一市(区)多品"的发展战略，发挥各自特长和优势，充分展示吴文化和"江、河、湖、海"水文化的深厚底蕴，做大做强各具特色的品牌。同时，广泛开展"一镇一品、一镇多品"以及"一村一品"，鼓励举办各类民间文艺节、农民文化艺术节和镇、村和社区文化节。落实"两个一流"：每个街道都有一支一流的文化团队，都有一项一流的活动品牌。加强"民间(特色)艺术之乡"建设，至2012年，国家级民间(特色)艺术之乡总数力争达30个。
  工程之四：继续推进图书馆、文化馆、博物馆无障碍、零门槛进入制度，不断提升基本公共文化服务质量和水平，在原有品牌基础上新增两个以上创新服务品牌。图书馆、文化馆(站)、博物馆免费或优惠向弱势群体和特殊人群开放，完善方便残疾人以及老年人、少年儿童的活动区域和服务项目，主动开展丰富多彩的文化活动。
  3. 公共文化服务数字化建设
  创建期间，公共文化服务在新技术应用方面要普及与提高并重，以技术创新促进管理创新、服务创新。
  ——加快"四位一体"农村综合信息服务体系建设。在"十一五"实现全市农家书屋全覆盖的基础上，各市(县)、区政府要集中和整合农家书屋、党员现代远程教育服务中心、共享工程基层服务点、乡村图书室的资源，建立"农村综合信息服务站"。到2012年底，基本完成"四位一体"农村综合信息服务体系建设。
  ——加强地方特色数字资源库建设。依托全国文化信息资源共享工程，建立网上图书馆、网上博物馆、群众活动远程指导网络。市一级要建设3个以上的地方特色数字资源库。
  ——推进电影数字化建设。苏州城区按每10万人口布局建设1家规范化的数字电影放映院(厅)，各市(县)中心城区合理布局建设2~3家规范化的数字电影放映院，逐步在人口较多的乡镇建立数字电影放映院，最终达到每个建制镇有1家多厅数字影剧院。
  ——推动农村广电网络建设。适应新农村特点，大力办好镇广播站和村广播室，实现有苏州特色的农村广播全覆盖。今后两年，全面推进全市建制镇基本现代化广电站达标建设。至2015年有线高清互动数字电视城乡覆盖率达100%。
  4. 人才队伍建设
  结合我市公共文化服务体系建设的实际，"十二五"期间，人才队伍建设要在全面提高从业人员职业素养和职业技能、优化人才队伍结构和吸引高端人才方面取得突破；积极探索人才队伍建设中职业准入的实现方式，取得典型经验；加强吸引社会人力资源以志愿者形式参与图书馆服务的制度建设。
  ——实施"姑苏文化人才"计划。积极实施"姑苏文化人才"计划，按文艺团体、图书馆、博物馆、文物保护、书画创作、工艺美术、文艺创作、文化研究、艺术教育、"非遗"保护等10个类别，每个类别每两年重点培养(或引进)1~2名"文化艺术名家"(领军人才)，5~10名重点人才。研究制定较为科学、合理的苏州重点人才评价标准。
  ——实施基层文化从业人员职业资格认证上岗制度，推行持证上岗。在"十一五"完成对1570余名基层文化馆(站)、村(社区)文化从业人员资格认证培训的基础上，认真贯彻落实中宣部等六部委联合下发的《关于加强地方县级和城乡基层宣传文化队伍建设的若干意见》(中宣发〔2010〕14号)，加大基层文化队伍建设力度。制定《关于进一步加强〈苏州市基层文化从业人员资格认证制度〉的意见》，将培训工作纳入制度化、规范化轨道，逐步将实施对象扩展到苏州市各市(县)区乡镇、街道从事或准备从事公共文化工作的管理人员、图书管理和"非遗"保护工作人员，苏州市城镇社区、农村行政村负责文化工作的人员，通过社会招聘方式进入乡镇、街道文化站或社区、行政村从事基层文化工作的合同制人员或有关人员以及苏州市非公有文化团队的骨干及相关人员等，在全市范围逐步推行持证上岗。
  ——建立健全扶持激励机制。通过"以奖代补"等形式，加大对产生重大社会和经济效益的文化艺术精品和文艺拔尖人才的奖励和扶持力度，努力形成出人才和出成果的互动双赢格局。
  5. 学术研究和理论建设
  创建期间，依托各级图书馆、各级文化馆(站)和文化研究中心，重点开展服务于公共文化服务体系建设发展的制度设计研究和各类学术研究。
  ——参与文化部公共文化服务体系制度设计研究课题。我市积极参与文化部公共文化服务体系制度设计研究的子课题项目。2010年，承担江苏省申报的"公共文化服务经费保障机制研究"课题的二级课题——"公共文化服务多元化投入机制研究"的课题研究工作，计划于2011年3月份完成子课题研究工作。
  ——开展苏州市公共文化服务体系建设发展的自主研究。一方面，围绕创建工作的不断推进，重点进行政策制度建设研究，计划进行(包括已在进行中)的有《关于进一步加强苏州市公共文化服务体系建设的实施意见》《苏州市"十二五"文化经济政策》等，推动一系列规划、政策和指导意见的出台。另一方面，根据苏州实际情况，针对公共文化服务体系建设中的重点、难点问题，开展重点领域的研究，如《苏州公共文化服务体系建设的国际比较研究》《公共图书馆服务体系建设》《基层文化从业人员资格认证制度》等课题，及时总结经验，形成课题研究

续表

成果,为国家制定有关政策提供依据,为东部地区的发展提供借鉴。

（四）保障措施

为确保我市创建国家公共文化服务体系示范区规划各项任务的落实,需要有必要的保障措施,主要包括建立组织支撑体系、落实文化经济政策、创新文化体制机制、加大政策保障力度。

1. 建立组织支撑体系

与构建公共文化服务体系相适应,健全完善党委统一领导、政府组织实施、党委宣传部门协调指导、行政主管部门和各责任单位分工负责、工青妇等群众团体积极参与的管理体制和工作机制。出台《关于进一步加强苏州市公共文化服务体系建设的实施意见》《创建国家公共文化服务体系示范区创建规划》等文件,并与各市(县)、区人民政府签订目标责任书。

2. 落实文化经济政策

认真贯彻落实国家、省、市已出台的各项文化经济政策,研究制定《苏州市"十二五"文化经济政策》,加大公共财政对公益性文化事业的投入,逐步健全公共文化事业财政投入绩效考评机制。

——市级财政继续保障重点文化设施建设的投入。"十二五"期间各级文化事业经费拨款占统计财政支出的1%,文化事业经费在"十一五"拨款实绩的基础上,年均增长15%~20%,增长幅度不低于经常性财政支出的增长幅度。增设文化领军人才专项资金、市区群众文化设施建设专项资金等。对列入国家、省舞台艺术精品工程的重点剧目和昆剧中列入国家、省"昆曲抢救保护扶持工程"的剧目,市财政继续给予奖励。对重大文化节庆活动获得国家、省承办资金的,予以资金配套。

——加大对转企改制文艺院团的财政扶持。市级财政对转企后的文艺院团投入保持不变,并且在2009年基础上逐年递增,拨款方式改为项目拨款。转企院团享受规定的各项政策,给予减免所得税、对增交的营业税进行补贴等扶持。

3. 创新文化体制机制

按照中央、省、市关于深化文化体制改革的部署和要求,推进文化体制改革,增强文化发展的生机和活力。

——深化宏观管理体制改革。加快建立健全党委领导、政府管理、行业自律、企事业单位依法运营的文化管理体制和富有活力的文化产品生产经营体制机制。充分发挥政府的主导作用,充分调动社会各方面的积极性、主动性、创造性,努力形成文化建设多元投入、协力发展的新格局。

——深化公益性文化单位改革。对公共博物馆、纪念馆、美术馆、文化馆、图书馆等提供公共文化服务的单位,按照"增加投入、转换机制、增强活力、改善服务"的方针,深化劳动人事制度、收入分配制度等的改革,不断增强活力,切实提高服务群众的能力和水平。

——深化文艺院团改革。对一般艺术院团,按照"创新体制、转换机制、面向市场、壮大实力"的方针,重塑文化市场主体。对保留事业性质的文艺院团,按照"政府扶持、转换机制、面向市场、增强活力"的方针,积极推进内部机制改革创新,建立有效的人员流动机制和经营管理机制,不断发展壮大。

4. 加大政策保障力度

加强文化立法工作,建立和完善文化政策法规体系,把文化建设纳入法制化轨道。加快《公共图书馆法》立法进程,力争在"十二五"期间出台。启动《公共图书馆法》实施细则和配套规章的研究与制定工作,颁布并实施《公共图书馆服务标准》,逐步建立公共图书馆标准体系。争取出台《苏州市基层公共文化设施管理办法》(暂名),完善文化建设政策保障机制,研究制定扶持公益性文化事业政策,进一步完善相关配套政策。大力扶持文化事业发展,完善文化市场准入、财政支持、税收优惠、投融资和人才建设等方面的政策措施,鼓励个人、企业、社会团体进入国家政策未禁止的文化领域。

负责人签字：　　　　　　　　　　　　　（申报地区人民政府公章）

2011年2月23日

续表

4. 制度设计研究主要内容和预期成果

苏州市公共文化服务体系制度设计研究的主要内容包括参与文化部公共文化服务体系制度设计研究课题和围绕本地公共文化服务体系建设开展的自主研究两部分。

（一）参与文化部公共文化服务体系制度设计研究课题

我市积极参与文化部公共文化服务体系制度设计研究的子课题项目。2010年，苏州承担了江苏省申报的"公共文化服务经费保障机制研究"课题的二级课题——"公共文化服务多元化投入机制研究"的课题研究工作。我市在多方调研的基础上，初步形成了提纲和概述，计划于2011年3月份完成子课题研究工作。

（二）围绕本地公共文化服务体系建设开展的自主研究

1. 政策制度设计研究

围绕国家公共文化服务体系示范区创建和苏州市公共文化服务体系的推进，重点进行政策制度建设的研究。计划进行（包括已在进行中）的相关政策制度研究以及试点实施工作有：《关于进一步加强苏州市公共文化服务体系建设的实施意见》《创建国家公共文化服务体系示范区建设规划》《苏州市"十二五"文化经济政策》《苏州市基层公共文化设施管理办法》等。稍后还要在"国家非物质文化遗产法"出台后，根据本地工作实际，研究制定出台《苏州市非物质文化遗产保护条例》或相关实施细则。通过一系列规划、政策和指导意见的研究出台，解决我市公共文化服务体系建设中的重点、难点问题，积累制度建设经验，健全公共文化服务的保障体系。

2. 重点研究课题

（1）"苏州公共文化服务体系建设的国际比较研究"课题

主要内容：苏州经济社会发展在全国处在领先位置，公共文化服务体系建设也走在了前列，但是与发达国家的同类城市相比较还有差距。在国家公共文化服务体系示范区创建工作中，要充分发挥苏州在全国的排头兵作用，不仅仅局限于国家的创建标准，更要广泛参照国外发达城市在公共文化服务方面的先进经验和做法，科学定位，制定符合苏州实际的发展指标体系。

时间安排：2012年内完成。

预期成果：相关理论研究成果。

（2）"公共图书馆服务体系建设"课题

主要内容：苏州的总分馆建设起步早、成本低、效益高，是一种自主创新式的构建模式，其中的"动态资产权""孵化式培训""扁平结构"等做法和管理机制均为首创，被国内图书馆专家教授称为"苏州模式"而受到充分肯定，并荣获"全国第十四届群星服务奖"。在多年实践基础上进行"苏州市公共图书馆服务体系建设"的研究，不仅可以及时总结有关经验，而且可以为下一步出台相关政策制度奠定基础。

时间安排：2012年内完成。

预期成果：《苏州市公共图书馆服务体系建设行动计划》。

（3）"基层文化从业人员职业资格认证制度"课题

主要内容：随着社会发展和对公共文化服务需求的不断增长，文化从业人员（尤其是基层文化从业人员）的数量和质量越来越不能满足发展的需要。为此，从2008年起，苏州市开始实行基层文化从业人员职业资格认证工作，每年对基层文化从业人员进行一定时间的培训，考核合格者颁发从业资格证书，并持证上岗。今后将继续推行这一举措，并逐步涵盖图书、"非遗"等方面的从业人员。

时间安排：2011年内完成。

预期成果：《苏州市基层文化从业人员资格认证管理制度》及相关实施办法。

（4）"基层文化服务资源'四位一体'模式研究"课题

主要内容：我市在基层（村级）文化服务上，正在探索文化信息资源共享工程服务点、党员远程教育点、村级图书室以及农家书屋"四位一体"的建设模式。吴江作为试点市，已经由当地党委、政府明确并开始实施。下一步将尝试制定相关建设标准，并在全市范围推行。

时间安排：2011年内完成。

预期成果：《苏州市基层文化服务资源'四位一体'模式建设指导意见》（暂定名）。

（5）"文化惠民活动品牌打造"课题

主要内容：近年来，苏州市在社会文化活动中注重凸显地域特色、打造重大文化活动品牌（可以归纳为"江河湖海"。做"江"：长江文化艺术节；"河"：运河文化节；"湖"：太湖文化论坛；"海"：郑和航海节），取得了很大的成效。下阶段将就文化惠民活动的品牌打造做深入的课题研究。

时间安排：2012年内完成。

预期成果：相关理论研究成果。

（6）"公共文化服务技术创新思路和现代技术手段"课题

主要内容：苏州全市范围大部分公共图书馆、文化馆、博物馆建有网站或数字馆。苏州图书馆已经开通的"掌上苏州——手机图书馆"服务获得了江苏省"五星工程"服务奖。下阶段将继续研究利用网络、声讯、通信及现代信息技术手段建立公共文化服务新技术平台的创新思路和技术手段，提供更丰富更便捷的公共文化服务。

续表

时间安排：2012年内完成。
预期成果：公共文化服务技术创新思路和多项现代技术手段。
3. 其他具有地方特色的研究课题
  另外，根据我市的公共文化服务体系建设中的有关重点、热点问题，初步确定了"城乡一体化发展中的同质化农村公共文化服务体系建设""城乡一体化发展中的非物质文化遗产有效保护""文化产业发展中非物质文化遗产资源的合理利用"等研究课题，都计划在2012年内完成。

（省级文化部门公章）　　　　　　　　　　　　　　　　　（申报地区人民政府公章）
　　年　月　日　　　　　　　　　　　　　　　　　　　　　　2011 年 2 月 23 日

5. 申报地上级人民政府意见：

负责人签字：　　　　　　　　　　　　　（公　章）
　　　　　　　　　　　　　　　　　　　　年　月　日

续表

6. 省(区、市)文化厅(局)、财政厅(局)推荐意见：
文化厅(局)(公章)　　　　　　　　　财政厅(局)(公章) 　　　　　　年　月　日　　　　　　　　　　　　年　月　日
7. 省(区、市)人民政府意见：
（公　章） 　　　　　　　　　　　　　　　　　　　　　　　　　　年　月　日
8. 专家组审查意见：
专家组组长签字：　　　　　　　　　　　　　　　年　月　日
9. 创建工作领导小组办公室意见：
（公　章） 　　　　负责人签字：　　　　　　　　　　　　　　　　年　月　日
10. 文化部、财政部审批意见：
文化部(章)　　　　　　　　　　　　财政部(章) 　　　　　年　月　日　　　　　　　　　　　　年　月　日

1.1.3 申报创建国家公共文化服务体系示范区情况报告

申报创建国家公共文化服务体系示范区的情况报告

文化部、财政部根据党中央、国务院的战略部署开展的国家公共文化服务体系示范区创建工作,是推动全国范围公共文化服务体系建设的重要举措。当前,苏州正处在推动全面转型升级、加快"三区三城"建设、率先基本实现现代化的重要时期。创建国家公共文化服务体系示范区,是苏州"十二五"期间推动文化事业发展、打造"文化苏州"城市品牌的重大机遇。为此,苏州市委、市政府高度重视创建工作,就创建的前期工作做了指示和部署。根据文化部、财政部关于示范区的创建工作的要求,我们积极总结公共文化服务体系建设的现状和经验,对照示范区创建标准找差距、定目标,初步拟定了创建示范区的建设规划和制度设计研究方案。现将有关情况报告如下:

一、苏州市创建国家公共文化服务体系示范区的基本条件

苏州位于长三角地区的太湖之滨,是江苏省第二大城市,也是经国务院批准的较大的市,共辖5个县级市(张家港市、常熟市、太仓市、昆山市、吴江市),7个区(吴中区、相城区、平江区、沧浪区、金阊区、工业园区、高新区)。苏州是中国经济高度发达的地区,2010年,全市地区生产总值达9000亿元,居全国各类城市第5位。

苏州是国务院首批公布的24个历史文化名城之一,是吴文化的发祥地和重要代表,是传统文化发达、历史底蕴深厚的风景旅游城市。苏州现有2个国家历史文化名城(苏州市、常熟市),8个中国历史文化名镇(周庄、同里、甪直、木渎、沙溪、千灯、锦溪、沙家浜),2个中国历史文化名村(明月湾、陆巷),平江路与山塘街入选中国历史文化名街。苏州市的9处古典园林被列为世界文化遗产;昆曲等6个项目入选联合国教科文组织"人类非物质文化遗产代表作"名录(居全国各类城市第一);全国重点文物保护单位34处(居全国各类城市第五);国家级"非遗"项目24项(居全国地级市第一);国家级民间文化艺术之乡25个(居全国地级市第一)。可以说,苏州的历史底蕴和文化资源在全省全国都具有突出的地位和优势。2004年,苏州获评中国十大活力城市,评选委员会的评价是:"一座东方水城让世界读了2500年。一个现代工业园用10年时间磨砺出超越传统的利剑。她用古典园林的精巧,布局出现代经济的版图;她用双面刺绣的绝活,实现了东西方的对接。"这是对苏州经济、社会和文化建设协调发展的充分肯定。

刚刚过去的"十一五"时期,是苏州发展史上综合实力提升最快、城乡面貌变化最大、人民群众得实惠最多的时期,也是我市公共文化服务体系建设发展最好的时期。呈现出四大亮点:

一是在城乡一体化发展中加快推进公共文化服务体系建设。按照党的十七大关于形成城乡一体化发展新格局的决策部署,苏州紧紧抓住列为江苏省唯一的城乡一体化发展综合配套改革试点市的有利时机,着力建立了城乡一体政策体系,基本确立了城乡一体化改革发展在全省全国的品牌地位,涌现出了张家港市永联村、常熟市蒋巷村等经济、社会与文化综合发展在全省乃至全国具有典型意义的社会主义新农村。覆盖城乡的公共文化设施网络体系基本形成,公益性文化设施实现市、县(区)、镇(街道)、村(社区)四级全覆盖。全市公共文化设施总面积254.55万平方米,每万人拥有公共文化设施面积2884平方米;图书馆、文化馆(站)公益性文化设施总面积101.83万平方米,人均公益性文化设施面积0.14平方米,达到国内同类城市先进水平。2005年,苏州市被文化部、人事部评为"全国文化模范市";2009年,苏州市和10个县(市)、区全部被文化部命名为"全国

文化先进单位县(市)、区(先进单位)",位居全省首位。

二是打造具有苏州城市特色的文化惠民活动品牌。根据中宣部、文明办《关于开展"我们的节日"传统文化节庆活动的实施意见》的精神,依托"江河湖海"兼具的水文化资源和"吴文化"独特优势,着力打造一批具有鲜明地域文化特色和较大影响力的文化节庆活动。近年来,成功承办了两届中国国际民间艺术节、4届中国昆剧艺术节和中国苏州评弹艺术节、中国农民文艺会演等一大批品牌节庆活动;苏州所辖的各市(县)、区充分发挥各自的特长和优势,围绕"江河湖海"形成了诸如"长江文化艺术节""江南文化节""郑和航海节""运河文化节""太湖文化论坛"等一批极具地方特色、群众喜闻乐见的文化活动品牌。我市精心举办的每年一届的苏州阅读节,自2006年以来已成功举办5届,共举办丰富多彩的阅读活动2800余项,参与读者1300余万人次,已成为推动全民阅读、营造学习型城市的重要抓手。中央文明办的领导同志专门做了重要批示:"苏州阅读节办得好!是讲文明树新风的重要载体,是深化文明城市创建的标志性工作,要认真总结苏州阅读节活动经验并大力推广。"苏州市委、市政府也被中宣部、国家新闻出版总署授予"全民阅读活动先进单位"标号。

三是逐步改进工作机制和管理体制。我市出台了《关于进一步加强苏州市新农村文化建设和城区基层文化建设的实施意见》,明确提出要做好新农村文化建设和城区基层文化建设各"五件实事"(新农村文化建设"五件实事"是:加强农村公共文化设施建设;丰富农民群众精神文化生活;推进农村有线电视"户户通"工程和农村广播全覆盖工程;健全、完善农村文化市场体系;加强农村文化遗产保护。城区基层文化建设"五件实事"是:完善苏州城区基层公共文化设施建设;推进文化信息资源共享工程;活跃基层文化活动;加强基层文化队伍建设;健全基层文化建设工作机制),并将两个"五件实事"纳入市政府对市(县)、区政府的考核内容,每年签订责任书,并对完成情况进行督查。2010年10月,在"江苏省文化发展绩效评价体系"(包括文化发展、政府投入、文化服务、文化消费4大类15项指标)考核中,苏州位列全省第一。

四是不断创新公共文化服务方式,注重制度设计研究。在公共文化服务体系建设的实践中不断创新思路,积累经验、总结提炼,形成了公共文化服务的新形式和研究成果。2005年在文化部首届创新奖评选中,我市的《昆曲遗产保护、继承、弘扬工程》获得唯一的特等奖;《长江流域文化资源的整合、共享和利用》《创新农村公共文化服务——谈区域文化联动在新农村文化建设中的积极效应》先后获得第二、第三届文化部创新奖。而苏州的总分馆制以其自主创新式的构建模式,以全国首创"动态资产权""孵化式培训""扁平结构"等做法和管理机制,被国内图书馆专家教授称为"苏州模式"而受到充分肯定,并荣获"全国第十四届群星服务奖"。

2010年苏州市委、市政府在科学分析苏州未来经济社会发展特色和优势的基础上,将"把苏州建设成为科学发展的样板区、开放创新的先行区、城乡一体的示范区,成为以现代经济为特征的高端产业城市、生态环境优美的最佳宜居城市、历史文化与现代文明相融的文化旅游城市"("三区三城"建设)确定为苏州"十二五"发展的总目标,继续将城市文化建设摆在城市发展的战略位置,对于推动全市文化建设与经济、社会、生态文明建设的融合发展具有重要指导意义。

苏州市经济、社会和文化发展所取得的显著成绩,以及"十二五"期间进一步推动转型升级、率先基本实现现代化的发展目标,都为在更高起点上开展国家公共文化服务体系示范区创建工作奠定了坚实的基础。

二、苏州市公共文化服务体系建设的主要情况

(一)公共文化设施网络体系日益完善

1. 市和县(区)级重大文化设施建设。苏州图书馆新馆、苏州博物馆新馆、苏州科技文化艺术

中心、苏州演艺中心、苏州美术馆新馆、苏州市文化馆新馆、苏州名人馆、苏州评弹学校新校等一批市级重点文化设施先后建成；各市（县）、区也相继建成一批文化中心、图书馆、文化馆、博物馆。全市共有县（区）以上公共图书馆12个，均为国家一级馆；10个文化馆中有8个是国家一级馆，2个国家二级馆；另建有市及县（区）级博物馆、纪念馆42个，美术馆11个。

2. 乡镇（街道）、行政村（社区）级文化设施和文化活动场所建设。目前，全市100%的乡镇（街道）建有单独设置的综合文化站，其设备配置、活动开展、人员配备、综合管理等达到发展改革委、文化部制定的《乡镇（街道）文化站建设标准》。行政村（社区）综合文化设施达标建设覆盖率95%以上，全面完成了农家书屋在我市所有行政村的全覆盖。

3. 全国文化信息资源共享工程实现全覆盖。大力提升了城乡文化队伍的自动化、信息化建设水平，全面提升了基层群众从多渠道获取优秀文化信息的能力。至"十一五"末，在全市范围实现了文化信息资源共享工程"县县有支中心、乡乡有基层服务点"以及"村村通"的目标。全面建成广播电视覆盖体系，在全国率先实现城乡一体化数字电视整体转换。广播电视双入户工作扎实推进，农村广播电视"户户通"工程全部完成，全市数字电视总用户达215万户，居全省各市之首。

（二）公共文化服务供给能力逐渐增强

1. 文艺作品的创作力度不断加大。全市的广大文艺工作者自觉坚持"三贴近"，不断开拓创作题材领域，涌现了一批体现苏州特色的优秀作品。仅"十一五"期间，就有1台剧目入选文化部改革开放30年"首届优秀保留剧目大奖"，2台剧目入围国家舞台艺术精品剧目，1台剧目获"文华大奖"，5部戏剧和文学作品获中宣部"五个一工程奖"等，10个作品获得"群星奖"。还有一批优秀广播、电视节目、栏目和美术、群文作品获得"星光奖"等全国性奖项。同时，每年面向基层群众创作的各类文艺作品万余件。丰富多彩的文艺作品极大地满足了我市群众的文化欣赏需求。

2. 文化活动的惠民程度不断增强。在打造重大节庆文化活动的同时，我市统筹开展了以"我们的节日""天天有"、市直舞台艺术"四进工程"和"群星璀璨——城区各广场主题活动"为主要形式的"四大系列"文化惠民活动，受到各层面人群的广泛欢迎和参与。据统计，全市每年开展的各类公益性惠民展演展示活动3万次，惠及农村及社区群众累计突破5000万人次。年均为基层送书10万余册、送戏3283场次、送电影1.5万场次。全市"全国群众文化先进社区"2个、"全国特色文化广场"4个；涌现民间业余文艺团队近4000支，每年开展各类活动近1.5万次。坚持市县区联动，组织好每年一度的全民健身月和全民健身日活动，逐步形成了全民参与、具有本地特色的"苏州体育节"。

3. 公共文化服务方式不断创新。从2005年起，逐步实现了统一采购、统一编目、统一配送和通借通还的公共图书馆总分馆制。目前全市共有公共图书馆总分馆108个（其中，市级图书馆分馆26个；县级图书馆分馆82个，各县级市建制镇、非建制镇图书馆分馆建设基本实现了全覆盖），拥有图书流动服务车4台，年均基层服务出车60次以上。同时，为实现农村公共信息服务的经济、高效和可持续，我市在全国率先开展了"四位一体"（村图书室、农家书屋、党员远程教育、文化信息共享）农村综合信息服务体系试点工作，基本实现了15分钟免费文化圈。目前，我市已基本形成资源丰富、技术先进、服务便捷、覆盖城乡的数字文化服务体系，广大城乡基层群众均可以通过多种方式使用文化信息资源及享受数字资源服务。市、县两级均自建有地方文化数据库，仅苏州图书馆"文化苏州"网站就建有地方特色数字资源12个，特别是"苏州古籍方志数据库"就有285部古籍方志和18种民国报纸。

4. 公共文化服务的产业支撑和市场供给能力不断提升。"十一五"以来，我市制定出台了《关于加快苏州市文化产业发展若干政策意见》等多项政策以加快优化文化产业发展环境，鼓励文化企业参与文化产品的生产和供给。基本形成了以文化艺术、出版印刷、广播影视为代表的核心文化产业群,以文化旅游、演艺娱乐、会展广告为代表的外围文化产业群,以文化用品、文化设备的生产制造和销售为代表的相关文化产业群,文化产业增加值位居全省第一。2010年,多元化市场投入公益性文化的资金达253.2万元。制定并落实了吸引社会力量参与公益文化事业建设有关政策,先后出台《关于支持和服务民营文艺表演团体发展的若干意见》《支持民营文艺表演团体发展奖励办法(试行)》。目前苏州现有34家民营文艺表演团体,1000余名演职人员,常年扎根基层、服务人民,与国有院团和群众文艺团体互为补充,年演出场次在8800场以上,接待观众超过6000万人次,为繁荣苏州文化事业、丰富基层文化生活发挥着不可替代的作用。

(三) 公共文化服务保障措施日趋健全

1. 政策保障。苏州市委、市政府历来重视公共文化服务体系建设。近年来,苏州先后多次召开全市文化工作会议和基层文化建设工作会议。2004年6月,市委宣传工作领导小组下发《"文化苏州"行动计划》,提出了"文化立市"理念;2007年苏州市委、市政府下发了《苏州市"十一五"文化发展规划》(苏发〔2007〕13号),提出了建设文化强市、文化名市的目标。在基层文化设施基本实现四级全覆盖基础上,我市近期制定并颁布了《苏州市基层文化标准化建设评选和命名工作的实施意见》《关于进一步加强苏州市社区文化建设的意见》等文件,不断完善基层文化阵地的"建""管""用"机制。

2. 机制保障。在我市各级党委的高度重视下,各级政府不断提高认识,统一思想,履行职责,发挥作用,将公共文化服务体系建设纳入了政府中心工作,制定规划,明确目标,加强对文化部门和基层政府工作的指导,努力把工作深入到基层,逐渐建立起了政府统一领导、相关部门分工负责、社会团体积极参与的管理体制和工作机制。市规划部门和文化主管部门紧密协作,编制了苏州市文化设施建设布局规划,就全市范围的文化设施进行科学化、网格化的布局规划,努力打造"十五分钟文化圈";市财政部门对文化事业经费做了精心编制,"十一五"期间年均公共文化事业经费投入占财政总支出的比例不低于1%;市编办、人事和文化主管部门就基层文化从业人员的编制、培训、资格认证等工作做了会商并出台了相关政策;市体育、工会、共青团、妇联等部门积极参与,工人文化宫、青少年宫、妇女儿童活动场所等设施完备,均实行免费开放。各级政府在逐年加大对基层文化事业投入的同时,在整合公共文化服务资源、推进投入方式的多元化、提高整体服务能力方面积累了许多有益的经验,探索并完善了符合各地实际的、行之有效的基层文化工作新机制。张家港投入巨资,确定了镇、村全面建成"八个一"的目标;常熟市以"六个一工程"为抓手,推进农村基础设施建设;各地也纷纷围绕阵地、队伍、活动内容与方式、文化环境建设,提出了切合各自实际的工作目标,不断健全工作机制,落实了工作措施。

3. 资金保障。"十一五"期间,在各级政府的重视下,我市公共文化财政呈逐年上涨趋势,年均增长幅度达18%。市级财政专门设立了"公益性基层文化设施建设引导资金"和"宣传文化发展专项资金",用于扶持基层文化设施建设和基层公益性文化项目。2007年起,市政府下发了《关于加快文化事业和文化产业发展若干经济政策的意见》,建立"苏州市新农村文化建设奖励引导专项资金",各市(县)、区也相应设立了农村文化建设专项资金,纳入本级财政预算,扩大公共财政覆盖农村的范围,确保了农村和城区重点文化设施建设和文化活动开展的资金需要。据统计,"十一五"期间,苏州市级和县(区)级重大文化设施资金投入总计42.1亿元;全市基层文化设施资金投入总计约40亿元;而包括图书馆购书经费、博物馆文物征集经费、文艺创作和生产经费、重点文化艺术活动经费、免费开放补助经费以及其他方面经费在内的公共文化服务专项资金总计9.7亿元。

4. 人才保障。一方面,根据《姑苏人才计划》,培养和引进文化高层次人才、领军人才和重点人才。另一方面,规范和加强基层文化队伍建设,对基层文化站(室)的人员编制做了明确规定。同时制定了以"统一培训、统一考试、持证上岗"为主要内容的基层文化从业人员资格认证制度,苏州市人事与文化主管部门联合下发了《苏州市基层文化从业人员资格认证管理制度》和《关于〈苏州市基层文化从业人员资格认证管理制度〉(试行)的实施意见》,从2008年起,连续3年开展了两轮基层文化从业人员资格认证培训,来自各市(县)、区共1570余人(中级职称以下)参加培训并结业,基本实现了基层文化从业人员培训全覆盖,在对基层文化从业人员试行职业资格认证方面走在了全国的前列,做出了可贵的探索和实践。截至"十一五"末,全市95个镇(街道)文化站专兼职工作人员共609人,全市1764个村(社区)文化活动室(中心)现有兼职工作人员共1764人。市级文化单位业务人员占职工总数高于70%,县级文化事业单位业务人员占职工总数近80%。

5. 理论保障。苏州市在公共文化服务体系建设中取得了不少典型的研究成果,不仅连续获得3届文化部创新奖,而且在"群星奖""江苏省文化理论创新工程"中获奖。2010年,在文化部的国家公共文化服务体系制度设计研究工作中,苏州市承担江苏省申报的"公共文化服务经费保障机制研究"课题的二级课题——"公共文化服务多元化投入机制研究"的课题研究工作,不断研究、探索公共文化服务体系可持续发展的制度体系。

(四) 公共文化服务面临的主要矛盾和问题

在新的发展基础和起点上,特别是根据党的十七大提出的文化建设的新要求新任务,对照公共文化服务体系示范区创建标准,我市的公共文化服务体系建设中还存在一些矛盾和问题,主要有:

1. 我市公共文化设施建设投入力度较大,但对照国家公共文化服务体系示范区创建标准,特别是基层公益性文化设施建设的面积、质量等标准,我市对公共文化设施的建设力度和管理水平还有待增强,基层文化设施的功能和作用仍需进一步发挥。

2. 我市文艺创作在全国摘金夺银,但相比城乡居民日益增长的精神文化需求,我市公共文化产品的总供给量仍需增强,特别是贴近城乡居民生活、符合居民自娱自乐需要的优秀原创群文作品的数量和质量还有待进一步提高。

3. 我市文化遗产资源保护利用水平日趋增强,但对我市经济结构的调整仍需发挥更大作用,对国民经济的贡献力及影响力还有待进一步提升。

4. 我市文化人才队伍建设经过不断努力正在逐步改善,但总体的结构问题和门类体系建设还有待进一步完善。

三、苏州市创建公共文化服务体系示范区的思路和措施

(一) 基本原则

1. 坚持科学规划、以人为本的原则

落实中央关于公共文化服务体系建设的部署要求,进行科学合理的规划,集中力量解决公共文化服务体系建设中的重点、难点问题。

2. 坚持制度建设、机制创新的原则

结合实践,开展公共文化服务体系建设制度设计研究。注重立足苏州本市、面向东部地区,瞄准国际同类先进城市标准,通过体制机制创新,探索建立符合社会主义市场经济要求和文化自身发展规律,具有中国特色的公共文化服务体系建设新机制。

3. 坚持统筹城乡、整体推进的原则

按照推进城乡经济社会发展一体化的要求,密切结合当本地的实际情况,根据各地区的特点和优势,坚持统筹协调。充分调动社会各方面的积极性、主动性、创造性,凝聚文化发展的合力。

4. 坚持改革创新,争先率先的原则

深化公益性文化单位改革,构建公共文化服务创新的科学体系,提升公共文化服务能力,改善公共文化服务效率。

5. 坚持保证基本、惠及全民的原则

切实保障广大群众的基本文化权益,积极探索实现公共文化服务普惠、均等的路径、方式、方法,促进基本公共文化服务均等化。

(二) 工作目标

紧紧围绕苏州"三区三城"建设定位,坚持科学发展主题,突出转型升级主线,落实文化惠民政策,切实提高公共文化服务能力和水平,有效保障广大人民群众基本文化权益,满足人民群众多样化、多层次、多方面的精神文化需求。要使苏州的公共文化服务体系建设总体水平不仅在全国处于领先位置,而且力争向国际同类先进城市看齐。

(三) 主要任务

1. 公共文化设施网络体系建设

创建期间我市公益性文化设施建设要进一步向基层、农村深入,以完全实现公益性文化设施市、县(区)、乡镇(街道)、村(社区)四级全覆盖。

——**实施县、区级文化馆达标建设**。根据《文化馆建设用地指标》《文化馆建设标准》,加强县、区级文化馆达标建设。到2012年,全市文化馆均达到国家一级标准。

——**实现基层公益性文化设施全覆盖**。创建期间,重点推进全市行政村(社区)文化活动室(中心)建设。到2012年,完全实现公益性文化设施市、县(区)、乡镇(街道)、村(社区)四级全覆盖,全市人均公益性文化设施面积达0.16平方米。

——**实现公共电子阅览室全覆盖**。依托公共图书馆总分馆体系和各级文化馆站,推进标准配置的公共电子阅览室建设。到2012年底,基本实现公共电子阅览室的镇(街道)、社区全覆盖。

——**实施评弹书场(票友活动场所)覆盖工程**。在"十一五"县、区实现评弹书场(票友活动场所)全覆盖的基础上,积极推进乡镇评弹书场(票友活动场所)建设。到2012年,基本实现评弹书场的乡镇全覆盖。

——**探索政府统筹文化设施的建管用机制**。根据《苏州市基层文化标准化建设评选和命名工作的实施意见》《关于进一步加强苏州市社区文化建设的意见》等文件要求,全面推进基层文化设施标准化建设,建立健全文化阵地管理的长效机制。

2. 公共文化服务供给网络体系建设

创建期间,强化服务能力、提高服务质量、改善服务效益是工作的重点,要在提高服务的利用率和提升服务的专业化水平上取得明显突破。

——**实施公共图书馆总分馆体系建设**。在"十一五"全市建有公共图书馆总分馆108个的基础上,制定《苏州市公共图书馆服务体系建设行动计划》(暂名),市、市(县)区两级政府分别承担市、市(县)区两级公共图书馆服务体系的建设和管理责任。城区采用以苏州图书馆为总馆,区、镇(街道)、社区图书馆为分馆的总分馆模式,构建覆盖城区范围内的公共图书馆总分馆体系;五市(县)参照城区公共图书馆总分馆标准(建制镇、非建制镇各建2个),将乡镇图书馆纳入各市(县)的总分馆体系,实行统一管理。到2012年底,全市要建成公共图书馆总分馆140个,至"十二五"末,苏州全市将有1个总馆、12个二级分馆、200个社区(镇)分馆。

——**实施文化惠民活动品牌创建系统工程**。从群众需要的出发,做好文化惠民活动"四大工程",不断推进文化惠民活动向纵深开展。

工程之一:统筹实施以群星璀璨"我们的节日""广场活动天天有"、市直舞台艺术"四进工程"和"城区各广场主题活动"为主要形式的"四大系列"品牌文化惠民活动,开拓多种形式的文化"三送"和"四进"活动,不断提升活动质量。力争年均各类公益性展演展示活动达3万次、公共文化服务活动年均惠及农村及社区群众约3000万人次、年均向基层送书10万册、送戏3000场次、送电影

13000场次,实现数字电影放映"一村两月三场"。

工程之二：做亮做强"中国昆剧艺术节""中国苏州评弹艺术节""太湖国际论坛""苏州阅读节"等重大品牌文化活动,打造传承具有2500年悠久历史城市文脉、独具特色的历史文化名城艺术节庆活动。

工程之三：各县(市)、区按照"一市(区)一品"或"一市(区)多品"的发展战略,发挥各自特长和优势,充分展示吴文化和"江、河、湖、海"水文化的深厚底蕴,做大做强各具特色的品牌。同时,广泛开展"一镇一品、一镇多品"以及"一村一品",鼓励举办各类民间文艺节、农民文化艺术节和镇、村和社区文化节。落实"两个一流"：每个街道都有一支一流的文化团队,都有一项一流的活动品牌。加强"民间(特色)艺术之乡"建设,至2012年,国家级民间(特色)艺术之乡总数力争达30个。

工程之四：继续推进图书馆、文化馆、博物馆无障碍、零门槛进入制度,不断提升基本公共文化服务质量和水平,在原有品牌基础上新增两个以上创新服务品牌。图书馆、文化馆(站)、博物馆免费或优惠向弱势群体和特殊人群开放,完善方便残疾人以及老年人、少年儿童的活动区域和服务项目,主动开展丰富多彩的文化活动。

3. 公共文化服务数字化建设

创建期间,公共文化服务在新技术应用方面要普及与提高并重,以技术创新促进管理创新、服务创新。

——**加快"四位一体"农村综合信息服务体系建设**。在"十一五"实现全市农家书屋全覆盖的基础上,各市(县)、区政府要集中和整合农家书屋、党员现代远程教育服务中心、共享工程基层服务点、乡村图书室的资源,建立"农村综合信息服务站"。到2012年底,基本完成"四位一体"农村综合信息服务体系建设。

——**加强地方特色数字资源库建设**。依托全国文化信息资源共享工程,建立网上图书馆、网上博物馆、群众活动远程指导网络。市、县级市图书馆建设3个以上的地方特色数字资源库。

——**推进电影数字化建设**。苏州城区按每10万人口布局建设1家规范化的数字电影放映院(厅),各市(县)中心城区合理布局建设2~3家规范化的数字电影放映院,逐步在人口较多的乡镇建立数字电影放映院,最终达到每个建制镇有1家多厅数字影剧院。

——**推动农村广电网络建设**。适应新农村特点,大力办好镇广播站和村广播室,实现有苏州特色的农村广播全覆盖。今后两年,全面推进全市建制镇基本现代化广电站达标建设,至2015年有线高清互动数字电视城乡覆盖率达100%。

4. 人才队伍建设

结合我市公共文化服务体系建设的实际,"十二五"期间,人才队伍建设要在全面提高从业人员职业素养和职业技能、优化人才队伍结构和吸引高端人才方面取得突破;积极探索人才队伍建设中职业准入的实现方式,取得典型经验;加强吸引社会人力资源以志愿者形式参与图书馆服务的制度建设。

——**实施"姑苏文化人才"计划**。积极实施"姑苏文化人才"计划,按文艺团体、图书馆、博物馆、文物保护、书画创作、工艺美术、文艺创作、文化研究、艺术教育、"非遗"保护10个类别,每个类别每两年重点培养(或引进)1~2名"文化艺术名家"(领军人才),5~10名重点人才。研究制定较为科学、合理的苏州重点人才评价标准。

——**实施基层文化从业人员职业资格认证上岗制度,推行持证上岗**。在"十一五"完成对1570余名基层文化馆(站)、村(社区)文化从业人员资格认证培训的基础上,认真贯彻落实中宣部等六部委联合下发的《关于加强地方县级和城乡基层宣传文化队伍建设的若干意见》(中宣发〔2010〕14号),加大基层文化队伍建设力度。制定《关于进一步加强〈苏州市基层文化从业人员资格认证制度〉的意见》,将培训工作纳入制度化、规范化轨道,逐步将实施对象扩展到苏州市各市(县)区乡镇、街道从事或准备从事公共文化工作的管理人员、图书管理和"非遗"保护工作人员,苏州市城镇社区、农村行政村负责文化工作的人员,通过社会招聘方式进入乡镇、街道文化站或社区、行政村从事基层文化工作的合同制人员或有关人员以及苏州市非公有文化团队的骨干及相关人员等,在全市范围逐步推行持证上岗。

——**建立健全扶持激励机制**。通过"以奖代补"等形式,加大对产生重大社会和经济效益的文化艺术精品和文艺拔尖人才的奖励和扶持力度,努力形成出人才和出成果的互动双赢格局。

5. 学术研究和理论建设

创建期间,依托各级图书馆、各级文化馆(站)和文化研究中心,重点开展服务于公共文化服务体系建设发展的制度设计研究和各类学术研究。

——**参与文化部公共文化服务体系制度设计研究课题**。我市积极参与文化部公共文化服务体系制度设计研究的子课题项目。2010 年,承担江苏省申报的"公共文化服务经费保障机制研究"课题的二级课题——"公共文化服务多元化投入机制研究"的课题研究工作,计划于 2011 年 3 月份完成子课题研究工作。

——**开展苏州市公共文化服务体系建设发展的自主研究**。一方面,围绕创建工作的不断推进,重点进行政策制度建设研究,计划进行(包括已在进行中)的有《关于进一步加强苏州市公共文化服务体系建设的实施意见》《苏州市"十二五"文化经济政策》等,推动一系列规划、政策和指导意见的出台。另一方面,根据苏州实际情况,针对公共文化服务体系建设的重点、难点问题,开展重点领域的研究,如《苏州公共文化服务体系建设的国际比较研究》《公共图书馆服务体系建设》《基层文化从业人员资格认证制度》等课题,及时总结经验,形成课题研究成果,为国家制定有关政策提供依据,为东部地区的发展提供借鉴。

(四)保障措施

为确保我市创建国家公共文化服务体系示范区规划各项任务的落实,需要有必要的保障措施,主要包括建立组织支撑体系、落实文化经济政策、创新文化体制机制、加大政策保障力度。

1. 建立组织支撑体系。

与构建公共文化服务体系相适应,健全完善党委统一领导、政府组织实施、党委宣传部门协调指导、行政主管部门和各责任单位分工负责、工青妇等群众团体积极参与的管理体制和工作机制。出台《关于进一步加强苏州市公共文化服务体系建设的实施意见》《创建国家公共文化服务体系示范区创建规划》等文件,并与各市(县)、区人民政府签订目标责任书。

2. 落实文化经济政策。

认真贯彻落实国家、省、市已出台的各项文化经济政策,研究制定《苏州市"十二五"文化经济政策》,加大公共财政对公益性文化事业的投入,逐步健全公共文化事业财政投入绩效考评机制。

——**市级财政继续保障重点文化设施建设的投入**。"十二五"期间各级文化事业经费拨款占统计财政支出的 1%,文化事业经费在"十一五"拨款实绩的基础上,年均增长 15%~20%,增长幅度不低于经常性财政支出的增长幅度。增设文化领军人才专项资金、市区群众文化设施建设专项资金等。对列入国家、省舞台艺术精品工程的重点剧目和昆剧中列入国家、省"昆曲抢救保护扶持工程"的剧目,市级财政继续给予奖励。对重大文化节庆活动获得国家、省承办资金的,各级予以资金配套。

——**加大对转企改制文艺院团的财政扶持**。市级财政对转企后的文艺院团投入保持不变,并且在 2009 年基础上逐年递增,拨款方式改为项目拨款。转企院团享受规定的各项政策,给予减免所得税、对增交的营业税进行补贴等扶持。

3. 创新文化体制机制

按照中央、省、市关于深化文化体制改革的部署和要求，推进文化体制改革，进一步增强文化发展的生机和活力。

——深化宏观管理体制改革。加快建立健全党委领导、政府管理、行业自律、企事业单位依法运营的文化管理体制和富有活力的文化产品生产经营体制机制。充分发挥政府的主导作用，充分调动社会各方面的积极性、主动性、创造性，努力形成文化建设多元投入、协力发展的新格局。

——深化公益性文化单位改革。对公共博物馆、纪念馆、美术馆、文化馆、图书馆等提供公共文化服务的单位，按照"增加投入、转换机制、增强活力、改善服务"的方针，深化劳动人事制度、收入分配制度等改革，不断增强活力，切实提高服务群众的能力和水平。

——深化文艺院团改革。对一般艺术院团，按照"创新体制、转换机制、面向市场、壮大实力"的方针，重塑文化市场主体。对保留事业性质的文艺院团，按照"政府扶持、转换机制、面向市场、增强活力"的方针，积极推进内部机制改革创新，建立有效的人员流动机制和经营管理机制，不断发展壮大。

4. 加大政策保障力度

加强文化立法工作，建立和完善文化政策法规体系，把文化建设纳入法制化轨道。加快《公共图书馆法》立法进程，力争在"十二五"期间出台。颁布并实施《苏州市公共图书馆服务体系行动计划》，逐步建立公共图书馆标准体系。争取出台《苏州市基层公共文化设施管理办法》（暂名），完善文化建设政策保障机制，研究制定扶持公益性文化事业政策，进一步完善相关配套政策。大力扶持文化事业发展，完善文化市场准入、财政支持、税收优惠、投融资和人才建设等方面的政策措施，鼓励个人、企业、社会团体进入国家政策未禁止的文化领域。

苏州市创建国家公共文化服务体系示范区领导小组办公室
2011 年 2 月 23 日

1.1.4 苏州市申报创建国家公共文化服务体系示范区的情况陈述

苏州市申报创建国家公共文化服务体系示范区的情况陈述

文化部、财政部根据党中央、国务院的战略部署,开展的国家公共文化服务体系示范区创建工作,是推动全国范围公共文化服务体系建设的重要举措。当前,苏州正处在推动全面转型升级、加快"三区三城"建设、率先基本实现现代化的重要时期。创建国家公共文化服务体系示范区,是苏州"十二五"期间推动文化事业发展、打造"文化苏州"城市品牌的重大机遇。为此,苏州市委、市政府高度重视创建工作。根据文化部、财政部关于示范区创建工作的要求,我们积极总结公共文化服务体系建设的现状和经验,对照示范区创建标准找差距、定目标,现将有关情况报告如下:

一、苏州市创建国家公共文化服务体系示范区的基本条件

苏州位于长三角地区的太湖之滨,是江苏省第二大城市,也是经国务院批准的较大的市,共辖5个县级市和7个区。2010年,全市地区生产总值达9000亿元,居全国各类城市第5位。

苏州是国务院首批公布的24个历史文化名城之一,是吴文化的发祥地和重要代表。现有2个国家历史文化名城(苏州市、常熟市),8个中国历史文化名镇(周庄、同里、甪直、木渎、沙溪、千灯、锦溪、沙家浜),2个中国历史文化名村(明月湾、陆巷),2个中国历史文化名街(平江路、山塘街)。苏州市的9处古典园林被列为世界文化遗产;昆曲等6个项目入选联合国教科文组织"人类非物质文化遗产代表作"名录(居全国各类城市第一);全国重点文物保护单位34处(居全国各类城市第五);国家级"非遗"项目24项(居全国地级市第一);国家级民间文化艺术之乡25个(居全国地级市第一)。可以说,苏州的历史底蕴和文化资源在全省全国都具有突出的地位和优势。

刚刚过去的"十一五"时期,是苏州发展史上综合实力提升最快、城乡面貌变化最大、人民群众得实惠最多的时期,也是我市公共文化服务体系建设发展最好的时期。呈现出三大亮点:

(一)公共文化服务体系建设的投入力度不断加大

"十一五"期间,我市对公共文化服务体系建设的投入不断增加,年均增长幅度达18%。全市重大文化设施资金投入总计42.1亿元,基层文化设施资金投入总计约40亿元,其他公共文化服务专项资金投入总计9.7亿元。苏州图书馆新馆、博物馆新馆、文化馆新馆、美术馆新馆、苏州科文中心以及一批县(区)级重大文化设施相继建成使用,覆盖城乡的公共文化设施网络体系基本形成,公益性文化设施实现市、县(区)、镇(街道)、村(社区)四级全覆盖。至"十一五"末,全市共有县(区)以上公共图书馆12个,均为国家一级馆;10个文化馆中有8个是国家一级馆,2个国家二级馆;另建有市及县(区)级博物馆、纪念馆42个,美术馆11个。全市100%的乡镇(街道)建有单独设置的综合文化站,行政村(社区)综合文化设施达标建设覆盖率95%以上,全面完成农家书屋在我市所有行政村的全覆盖。农村广播电视"户户通"工程全部完成,全市数字电视总用户达215万户,居全省第一。全市公共文化设施总面积254.55万平方米,每万人拥有公共文化设施面积2884平方米;图书馆、文化馆(站)公益性文化设施总面积101.83万平方米,人均公益性文化设施面积0.14平方米,达到国内同类城市先进水平。2005年,苏州市被文化部、人事部评为"全国文化模范市";2009年,苏州市和10个县(市)、区全部被文化部命名为"全国文化先进单位县(市)、区(先进单位)",位居全省首位。

（二）打造具有苏州城市特色的文化惠民活动品牌

我市依托水文化资源和"吴文化"独特优势，着力打造一批具有鲜明地域文化特色和较大影响力的文化节庆活动。近年来，成功承办了文化部主办的4届中国昆剧艺术节和中国苏州评弹艺术节、3届中国非物质文化遗产保护·苏州论坛、中国文联主办的两届中国国际民间艺术节以及中国戏剧节、中国农民文艺会演等一大批品牌节庆活动；苏州所辖的各市（县）、区充分发挥各自的特长和优势，围绕"江河湖海"形成了诸如"长江文化艺术节""江南文化节""郑和航海节""运河文化节""太湖文化论坛"等一批极具地方特色的文化活动品牌。我市精心举办的每年一届的苏州阅读节，已成功举办5届，共举办各类阅读活动2800余项，参与读者1300余万人次，已成为推动全民阅读、营造学习型城市的重要抓手。苏州市委、市政府也被中宣部、国家新闻出版总署授予"全民阅读活动先进单位"。全市每年开展的各类公益性惠民展演展示活动3万次，惠及农村及社区群众累计突破5000万人次。年均为基层送书10万余册、送戏3283场次、送电影1.5万场次。2010年，苏州一举获得5个"群星奖"，也使得"十一五"期间获得的"群星奖"数量增加为10个。

（三）不断创新公共文化服务方式，注重制度设计研究

在公共文化服务体系建设的实践中不断创新思路，积累经验、总结提炼，形成了公共文化服务的新形式和研究成果。2005年在文化部首届创新奖评选中，我市的《昆曲遗产保护、继承、弘扬工程》获得唯一的特等奖；《长江流域文化资源的整合、共享和利用》《创新农村公共文化服务——谈区域文化联动在新农村文化建设中的积极效应》先后获得第二、第三届文化部创新奖。而苏州图书馆总分馆制以其自主创新式的构建模式，被国内图书馆专家教授称为"苏州模式"而受到充分肯定，并荣获了"全国第十四届群星服务奖"。目前全市共有公共图书馆总分馆108个。

2010年，在"江苏省文化发展绩效评价体系"考核中，苏州位列全省第一。苏州市的文化产业增加值也位居全省第一。苏州市经济、社会和文化发展所取得的显著成绩，都为在更高起点上开展国家公共文化服务体系示范区创建工作奠定了坚实的基础。

二、苏州市创建公共文化服务体系示范区的工作目标和措施

（一）工作目标

用两年时间完成创建国家公共文化服务体系示范区任务，到2012年底基本建成"设施网络广覆盖、服务供给高效能、组织支撑可持续、保障措施管长远"的公共文化服务体系，使我市公共文化服务体系建设工作总体水平处于全国领先位置，并力争向国际同类先进城市看齐。

（二）主要任务指标

1. 设施网络建设

（1）人均公益性文化设施面积达0.16平方米。

（2）公共图书馆人均占有藏书1册以上。

（3）市、县两级文化馆均达到国家一级标准。

（4）100%的镇（街道）建有单独设置的综合文化站。

（5）100%的行政村（社区）建设面积不低于200平方米的文化活动室（中心）。

（6）100%的镇（街道）、社区建有标准配置的公共电子阅览室。

2. 文化服务供给

（1）市、县级市（区）两级公共文化设施电子阅览室提供免费上网服务时间每周不少于56小时。

（2）图书馆每周开放时间不少于56小时；文化馆（站）、博物馆每周开放时间不少于42小时。

（3）公共文化服务活动年均惠及基层群众3000万人次。

(4) 年均向基层送书10万册、送戏3000场次、送电影13000场次。

(5) 建成公共图书馆总分馆140个。

(6) 市、县级图书馆建设3个以上地方特色数字资源库。

3. 人才队伍建设

(1) 镇(街道)综合文化中心落实3名以上人员编制,实行基层从业人员持证上岗制度。

(2) 市级文化单位业务人员占职工总数不低于70%。

(3) 县级市(区)文化事业单位业务人员占职工总数不低于80%。

(三) 保障措施

1. 健全组织支撑体系

健全完善党委统一领导、政府组织实施、党委宣传部门协调指导、行政主管部门和各责任单位分工负责、工青妇等群众团体积极参与的管理体制和工作机制。出台《关于进一步加强苏州市公共文化服务体系建设的实施意见》《创建国家公共文化服务体系示范区创建规划》等文件,并与各市(县)、区人民政府和各相关部门签订目标责任书。

2. 落实文化经济政策

认真贯彻落实国家、省、市已出台的各项文化经济政策,研究制定《苏州市"十二五"文化经济政策》。"十二五"期间,确保各级文化事业经费拨款占统计财政支出的1%,文化事业经费在"十一五"拨款实绩的基础上年均增长15%~20%。

3. 创新文化体制机制

按照中央、省关于深化文化体制改革的部署和要求,深化宏观管理体制改革、公益性文化单位改革和文艺院团改革,进一步增强文化发展的生机和活力。

4. 加大政策保障力度

颁布并实施《苏州市公共图书馆服务体系行动计划》。争取出台《苏州市基层公共文化设施管理办法》(暂名),完善文化建设政策保障机制。研究制定扶持公益性文化事业政策,进一步完善相关配套政策。

1.1.5 苏州市政府办公室文件(苏府办〔2011〕54号)《市政府办公室关于印发〈创建国家公共文化服务体系示范区建设规划〉的通知》

苏州市人民政府办公室文件

苏府办〔2011〕54号

市政府办公室关于印发〈创建国家公共文化服务体系示范区建设规划〉的通知

各市、区人民政府,苏州工业园区、苏州高新区、太仓港口管委会；市各委办局,各直属单位：

市文广新局制定的《创建国家公共文化服务体系示范区建设规划》已经市政府同意,现印发给你们,请认真贯彻实施。

二〇一一年三月十四日

创建国家公共文化服务体系示范区建设规划

为进一步推动我市公共文化服务体系建设再上新台阶,现按照国家公共文化服务体系示范区创建标准,结合我市实际,制定本建设规划。

一、创建示范区的指导思想、基本原则和工作目标

(一)指导思想

以邓小平理论、"三个代表"重要思想和科学发展观为指导,以保障人民群众基本文化权益、满足人民群众基本文化需求为目标,大力推进广覆盖、高效能、可持续的公共文化服务体系建设,全面提升公共文化的服务能力、服务水平和服务效益,实现我市公共文化服务体系建设又好又快发展。

(二)基本原则

1. 坚持科学规划、以人为本的原则。落实党中央国务院关于公共文化服务体系建设的部署要求,进行科学合理的规划,集中力量解决公共文化服务体系建设中的重点、难点问题。

2. 坚持制度建设、机制创新的原则。结合实践,开展公共文化服务体系建设制度设计研究。注重立足本市、面向东部地区、瞄准国际同类先进城市标准,通过体制机制创新,探索建立符合社会主义市场经济要求和文化自身发展规律,具有中国特色的公共文化服务体系建设新机制。

3. 坚持统筹城乡、整体推进的原则。按照推进城乡经济社会发展一体化的要求,密切结合本地实际情况和特点优势,坚持统筹协调。充分调动社会各方面的积极性、主动性、创造性,凝聚文化发展的合力。

4. 坚持改革创新、争先率先的原则。深化公益性文化单位改革,构建公共文化服务创新的科学体系,提升公共文化服务能力,改善公共文化服务效率。

5. 坚持保证基本、惠及全民的原则。切实保障广大人民群众的基本文化权益,积极探索实现公共文化服务普惠、均等的路径、方式、方法,促进基本公共文化服务均等化。

(三)工作目标

用两年时间(2011—2012年)完成创建国家公共文化服务体系示范区任务,力争到2012年底基本建成设施网络广覆盖、服务供给高效能、组织支撑可持续、保障措施管长远的基本公共文化服务体系,使我市公共文化服务体系建设工作总体水平处于全国领先位置,各项工作均达到文化部、财政部规定的国家公共文化服务体系示范区建设标准。

二、公共文化服务体系建设主要指标

(一)设施网络

1. 人均公益性文化设施面积达0.16平方米,公益性文化设施实现市、县级市(区)、镇(街道)、村(社区)四级全覆盖。

2. 公共图书馆人均占有藏书1册以上。

3. 市、县级市两级图书馆平均每册藏书年流通率1次以上。

4. 人均年增新书在0.04册次以上。

5. 人均到馆次数0.6次以上。

6. 100%镇(街道)建有单独设置的综合文化站。

7. 100%行政村(社区)建设面积不低于200平方米的文化活动室(中心)。
8. 100%镇(街道)、社区建有标准配置的公共电子阅览室。

(二) 服务供给
1. 市、县级市(区)两级公共文化设施电子阅览室提供免费上网服务时间每周不少于56小时。
2. 图书馆每周开放时间不少于56小时。
3. 文化馆(站)、博物馆每周开放时间不少于42小时。
4. 公共文化服务活动年均惠及农村和社区群众3000万人次。
5. 年均向基层送书10万册、送戏3000场次、送电影13000场次。
6. 市、县级市两级图书馆、文化馆配备1台以上流动服务车。
7. 市、县级市两级图书馆每年下基层服务次数不低于60次。
8. 市、县级市两级文化馆每年组织流动演出12场以上,流动展览10场以上。
9. 市、县级市图书馆建设3个以上地方特色数字资源库。

(三) 人员编制
1. 镇(街道)综合文化中心落实3名以上人员编制,实行基层从业人员持证上岗制度。
2. 市级文化单位业务人员占职工总数不低于70%。
3. 县级市(区)文化事业单位业务人员占职工总数不低于80%。

三、创建示范区的重点和主要任务

(一) 创建重点
1. 持续推进设施网络建设。加大力度改善基层、农村公共文化设施条件。
2. 全面提高公共文化产品服务供给能力。切实保障广大城乡群众的基本文化权益。
3. 提升服务的专业化水平。公共图书馆、文化馆、博物馆等公益性文化设施的专业化水平明显提升;结合国家公共文化服务体系建设示范区(项目)创建,形成一批具有提供专业化、高质量服务能力的公共图书馆、文化馆和博物馆。
4. 加强人才队伍建设。开展基层公共文化从业人员在职培训。大力吸引高层次人才,探索职业准入的实现方式,使人才结构更趋合理,从业人员的职业素养和职业技能进一步提高。
5. 加强公共文化服务体系的理论研究水平。建立与社会主义核心价值观相适应的公共文化服务核心价值体系,提高服务能力和专业水平,促进文化事业科学发展。
6. 完善经费保障机制。以保障公共文化设施免费开放为突破口,增加投入总量,改善经费结构,提高投入效益,逐步形成完善的公共文化服务经费保障体系。
7. 深化管理体制和运行机制改革。探索建立政府统一领导、相关部门分工负责、社会团体积极参与的管理体制和工作机制,逐步建立行为规范、激励有效、人尽其责、富有活力的公共文化内部运行机制。

(二) 主要任务
1. 公共文化设施网络体系建设
设施网络体系是公共文化服务的载体和阵地,覆盖城乡的公共文化服务体系以完善的设施网络体系为基础。今后两年我市公益性文化设施建设要进一步向基层、农村深入,全面改善基础设施条件,逐步完善覆盖城乡、结构合理、功能健全、实用高效的公共文化设施网络体系。
(1) 实施县级市、区文化馆达标建设。根据住房和城乡建设部、国土资源部、文化部颁布的《文化馆建设用地指标》《文化馆建设标准》,加强县级市、区文化馆达标建设。在现有8个国家一级馆的基础上,到2012年,市、县级市(区)文化馆全部达到国家一级馆标准。

（2）实现基层公益性文化设施全覆盖。按照《中共苏州市委苏州市人民政府关于进一步创新完善社会建设管理体制的若干意见》（苏发〔2010〕60号）和《关于进一步加强苏州市社区文化建设的意见》（苏文群字〔2011〕4号）要求，着力推进城市新建社区（新城区、开发区）文化活动中心、新型农村社区（集中居住区）文化活动中心（综合文化室）建设。

（3）实现公共电子阅览室全覆盖。依托公共图书馆总分馆体系、文化馆（站），推进标准配置的公共电子阅览室建设。到2012年底，基本实现公共电子阅览室的镇（街道）、社区全覆盖。

（4）实施评弹书场（票友活动场所）覆盖工程。积极推进镇评弹书场（票友活动场所）建设。到2012年，基本实现镇级评弹书场全覆盖。

（5）探索政府统筹文化设施的建管用机制。根据《苏州市基层文化标准化建设评选和命名工作的实施意见》（苏文群字〔2010〕21号）、《关于进一步加强苏州市社区文化建设的意见》等文件要求，全面推进基层文化馆（站）、文化社区（村）标准化建设，建立健全文化阵地管理的长效机制，进一步发挥基层文化载体在文化建设中的作用。

2. 公共文化服务供给网络体系建设

公共文化设施的社会功能和社会效益，只有通过全民共享公共文化服务才能实现。提供实用、优质、高效、便捷的服务，是公共文化服务体系建设改革发展的根本出发点和落脚点。因此，今后两年，公共文化服务体系建设要把强化服务能力、提高服务质量、改善服务效益作为战略重点，在提高服务的利用率和提升服务的专业化水平上取得明显突破。

（1）实施苏州城区公共图书馆总分馆体系建设。制定《苏州市公共图书馆服务体系建设行动计划》（暂名），城区按照《公共图书馆建设用地指标》和《公共图书馆建设标准》，采用以苏州图书馆为总馆，区、镇（街道）、社区图书馆为分馆的总分馆模式，构建覆盖城区范围内的公共图书馆总分馆体系。市、区两级政府分别承担市、区两级公共图书馆服务体系的建设和管理责任。各县级市参照城区公共图书馆总分馆标准，将镇图书馆纳入各县级市的总分馆体系，实行统一管理。实行资源共享、协同采编、统一检索、通借通还。到2012年底，全市要建成公共图书馆总分馆140个，至"十二五"末，苏州全市将有1个总馆、12个二级分馆、200个社区（镇）分馆。

（2）实施文化惠民活动品牌创建系统工程。根据中宣部、文明办《关于开展"我们的节日"传统文化节庆活动的实施意见》的精神，真正从群众的需要出发，依托"江河湖海"兼具的水文化资源和"吴文化"独特优势，开展内容丰富、形式多样的城区广场群众文化活动，做优做强一批具有鲜明地域文化特色和较大影响力的文化节庆活动，不断推进文化惠民活动向纵深开展，最大限度满足各阶层人民群众的精神文化需求。

工程之一：统筹实施以群星璀璨"我们的节日""广场活动天天有"、市直舞台艺术"四进工程"和"城区各广场主题活动"为主要形式的"四大系列"品牌文化惠民活动，开拓多种形式的文化"三送"和"四进"活动，不断提升活动质量。

工程之二：做亮做强重大品牌文化活动，打造能够传承弘扬悠久历史城市文脉、独具魅力地域特色的艺术节庆活动。（见附件1）

工程之三：各市、区按照"一市（区）一品"或"一市（区）多品"的发展战略，发挥各自特长和优势，充分展示吴文化和"江、河、湖、海"水文化的深厚底蕴，做强做大各具特色的品牌。（见附件2）同时，广泛开展"一镇一品、一镇多品"以及"一村一品"，鼓励举办各类民间文艺节、农民文化艺术节和镇、村和社区文化节。落实"两个一流"：每个街道都有一支一流的文化团队，都有一项一流的活动品牌。加强"民间（特色）艺术之乡"和"市文化示范镇、文化先进镇（街道）"建设。

工程之四：根据未成年人、老年人、残疾人及进城务工人员等特殊社会群体的需要以及广大民众的需要，积极主动开展丰富多彩的文化活动，在精心组织特色文化品牌活动的同时，组织开展针对未成年人、老年人、残疾人及进城务工人员等特殊社会群体的文化艺术节庆活动,融合各类人群在物质文化、精神文化和制度文化方面存在的差异。

(3) 组建"苏州市群众文化活动总团"(暂定名)。充分发挥市文化馆龙头馆作用,整合各市、区文化馆资源,凝聚各群众文化队伍力量,建立全市文化网络互动体系,组建"苏州市群众文化活动总团",实现公益性文化设施从"小、散、杂"向"网络化、一体化"提升;群众文化创作从"自娱自乐型"向"示范带动型"提升;群众文化团队从"各自为政"向"合作互补"提升。

(4) 强化弱势群体和特殊人群服务。根据《关于推进全国美术馆、公共图书馆、文化馆(站)免费开放工作的意见》要求,继续推进图书馆、文化馆、博物馆无障碍、零门槛进入制度,不断提升基本公共文化服务质量和水平,在原有品牌基础上新增两个以上创新服务品牌。图书馆、文化馆(站)、博物馆免费向弱势群体和特殊人群开放,完善方便残疾人以及老年人、少年儿童的活动区域和服务项目。

3. 公共文化服务数字化建设

现代信息技术的发展和应用对文化事业产生了深刻影响,促使公共文化的管理、运营和服务发生了深刻变革。高新信息技术应用成为推动公共文化服务体系建设发展的重要引擎。我市公共文化服务体系建设在新技术应用方面要普及与提高并重,在加快基础性技术普及和升级改造的同时,加强先进适用技术的研究、应用和推广,以技术创新促进管理创新、服务创新。

(1) 加快"四位一体"(村图书室、农家书屋、党员远程教育、文化信息共享)农村综合信息服务体系建设。各市、区政府要集中和整合农家书屋、党员现代远程教育服务中心、共享工程基层服务点、村图书室的资源,建立农村综合信息服务站,为农村提供较为专业化的、普遍均等的公共信息服务。到2012年底,基本完成"四位一体"农村综合信息服务体系建设。

(2) 建设地方特色数字资源库。依托全国文化信息资源共享工程,建立网上图书馆、网上博物馆、群众活动远程指导网络。基层群众可以通过多种方式使用文化信息资源及享受数字图书馆、数字文化馆、数字博物馆、数字美术馆等的资源服务。

(3) 大力推进电影数字化建设。大力推广数字技术在电影制作、发行、放映、存储、监管等各环节的广泛运用。苏州城区每10万人口布局建设1家规范化的数字电影放映院(厅),各县级市中心城区合理布局建设2~3家规范化的数字电影放映院,逐步在人口较多的镇建立数字电影放映院,最终达到每个建制镇有1家多厅数字影剧院。

(4) 加强农村广电站基础设施建设。今后两年,全面推进全市建制镇基本现代化广电站达标建设。根据新农村特点,大力办好镇广播站和村广播室,实现有苏州特色的农村广播全覆盖。巩固和完善农村数字电影流动放映体系,按照农村"2131"工程要求,确保每个行政村每月免费放映1场电影。

4. 人才队伍建设

事业发展,人才为先。结合我市公共文化服务体系建设的实际,"十二五"期间人才队伍建设要在全面提高从业人员职业素养和职业技能、优化人才队伍结构和吸引高端人才方面取得突破。积极探索人才队伍建设中职业准入的实现方式,取得典型经验,为造就一支数量合理、结构优化、素质优良、有良好职业道德与服务能力的人才队伍奠定基础。

(1) 实施基层文化从业人员资格认证上岗制度,推行持证上岗。认真贯彻落实中共苏州市委宣传部等六部门《关于贯彻〈关于加强地方县级和城乡基层宣传文化队伍建设的若干意见〉的实施意见》(苏宣发〔2011〕3号),加大基层文化队伍建设力度,制定《关于进一步加强〈苏州市基层文化从业人员职业资格认证制度〉的意见》,将培训工作纳入制度化、规范化轨道。逐步将实施对象扩展到各市(区)、镇(街道)从事或准备从事公共文化工作的人员,逐步推行持证上岗。

（2）实施"姑苏文化人才"计划。根据《关于进一步推进姑苏人才计划的若干意见》（苏发〔2010〕20号）要求，积极实施"姑苏文化人才"计划。按文艺团体、图书馆、博物馆、文物保护、书画创作、工艺美术、文艺创作、文化研究、艺术教育、"非遗"保护10个类别进行重点培养。研究制定较为科学、合理的苏州重点人才评价标准。

（3）建立健全扶持激励机制。通过"以奖代补"等形式，加大对产生重大社会和经济效益的文化艺术精品和文艺拔尖人才的奖励和扶持力度，努力形成出人才和出成果的互动双赢格局。

5. 理论建设和学术研究

理论建设和学术研究是公共文化服务体系的重要组成部分。我市公共文化服务体系建设在推动实践发展的同时，理论上还有待进一步丰富和完善。创建期间，以科学发展观为指导，依托各级图书馆、各级文化馆（站）和文化研究中心，重点开展服务于公共文化服务体系建设发展的制度设计研究和各类学术研究，不断提高公共文化服务能力和专业水平，助推公共文化服务体系建设持续健康发展。

（1）参与文化部公共文化服务体系制度设计研究课题。积极参与文化部公共文化服务体系制度设计研究的子课题项目。2010年起，承担江苏省申报的"公共文化服务经费保障机制研究"课题的二级课题——"公共文化服务多元化投入机制研究"的课题研究工作。

（2）开展苏州市公共文化服务体系建设发展的自主研究。围绕创建和苏州市公共文化服务体系建设的不断推进，重点进行政策制度建设研究，推动一系列规划、政策和指导意见的出台，积累制度建设经验。根据我市实际情况，针对公共文化服务体系建设中的重点、难点问题，开展重点领域的研究，及时总结经验和教训，形成课题研究成果，为国家制定有关政策提供依据，为东部地区的发展提供借鉴。

四、保障措施

（一）建立组织支撑体系

与构建公共文化服务体系相适应，健全完善政府统一领导、相关部门分工负责、社会团体积极参与的管理体制和工作机制。出台《关于进一步加强苏州市公共文化服务体系建设的实施意见》《创建国家公共文化服务体系示范区建设规划》等文件，并与各市、区人民政府签订目标责任书。强化行业组织在公共文化服务体系建设发展中的专业指导和行业自律功能。建立政府与公共文化服务机构的专家咨询制度、公共文化机构运营的公众参与制度。

（二）落实文化经济政策

认真贯彻落实国家、省、市已出台的各项文化经济政策，加大公共财政对公益性文化事业的投入，将文化事业经费、基本建设资金列入本级财政预算和基本建设投资计划，并随着国民经济的发展逐步增加对文化事业的投入。着力增加对城乡基层文化发展建设的有效投入，建立完善重大公共文化项目专项投入良性运营机制，逐步健全公共文化事业财政投入绩效考评机制。

1. 市级财政继续保障重点文化设施建设的投入

"十二五"期间各级文化事业经费拨款占同级财政支出的1%，文化事业经费在"十一五"拨款实绩的基础上年均增长15%~20%，增长幅度不低于经常性财政支出的增长幅度。增设文化领军人才专项资金、市区群众文化设施建设专项资金等，分别比"十一五"期间每年有较大幅度的增长。对列入国家、省舞台艺术精品工程的重点剧目和昆剧中列入国家、省"昆曲抢救保护扶持工程"的剧目，市、县级市财政继续给予奖励。对重大文化节庆活动获得国家、省承办资金的，各级财政予以资金配套。

2. 加大对转企改制文艺院团的财政扶持

市、县级市(区)财政对转企后的文艺院团投入保持不变,并且在2009年基础上逐年递增,拨款方式改为项目拨款。转企院团享受《关于印发文化体制改革中经营性文化事业单位转制为企业和支持文化企业发展两个规定的通知》(国办发〔2008〕114号)、《关于支持文化企业发展若干税收政策问题的通知》(财税〔2009〕31号)、《财政部国家税务总局关于文化体制改革中经营性文化事业单位转制为企业的若干税收政策问题的通知》(财税〔2009〕34号)等文件规定的各项政策,给予减免所得税、对增交的营业税进行补贴等扶持。

(三) 创新文化体制机制

按照中央、省、市关于深化文化体制改革的部署和要求,进一步解放思想、转变观念,推进文化体制改革,着力构建充满活力、富有效率、更加开放、有利于文化科学发展的体制机制,进一步增强文化发展的生机和活力。

1. 深化宏观管理体制改革

紧紧围绕转变政府职能、提高管理效能,推进政企分开、政资分开、政事分开、政府与市场中介组织分开,推动形成行为规范、运转协调、公正透明、廉洁高效的管理体制,强化政府部门履行"公共服务、政策调节、社会管理、市场监管"的职能,为各类文化主体创造良好的发展环境,努力形成文化建设多元投入、协力发展的新格局。

2. 深化公益性文化单位改革

对公共博物馆、纪念馆、美术馆、文化馆、图书馆等提供公共文化服务的单位,按照"增加投入、转换机制、增强活力、改善服务"的方针,深化劳动人事制度、收入分配制度等改革,不断增强活力,切实提高服务群众的能力和水平,最大限度地发挥社会效益。

3. 深化文艺院团改革

对一般艺术院团,按照"创新体制、转换机制、面向市场、壮大实力"的方针,抓住转企改制这个中心环节,重塑文化市场主体。对保留事业性质的文艺院团,按照"政府扶持、转换机制、面向市场、增强活力"的方针,积极推进内部机制改革创新,建立起符合艺术发展规律、体现按劳分配原则的分配制度和能进能出的人员流动机制,建立起以观众为中心、以市场为导向、以社会效益与经济效益有机统一为目标的院团经营管理机制,形成自我发展的内生动力,在面向群众、面向市场的过程中不断发展壮大。

(四) 加大政策保障力度

加强文化立法工作,建立和完善文化政策法规体系,把文化建设纳入法制化轨道,争取出台《苏州市基层公共文化设施管理办法》,完善文化建设政策保障机制,研究制定扶持公益性文化事业政策,进一步完善相关配套政策。大力扶持文化事业发展,完善文化市场准入、财政支持、税收优惠、投融资和人才建设等方面的政策措施,鼓励个人、企业、社会团体进入国家政策未禁止的文化领域。

附件1

苏州市重大文化节庆活动品牌一览表

类别	品牌名称	活动成效
综合类 文化节庆活动	中国昆剧艺术节 中国苏州评弹艺术节 昆曲国际学术研讨会 中国非物质文化遗产保护·苏州论坛 （文化部主办并固定苏州市承办）	整合国际国内资源，营造"非遗"文化的舞台表演、理论研究和文艺评论等相互作用、互相促进的空间和氛围，实现学者和艺术家、管理者和实践者、演员和观众间的有效互动，构筑立体、整体、多维、开放的节庆平台
	苏州阅读节	推进全民阅读，打造书香城市，弘扬"崇文、融合、创新、致远"的苏州城市精神，全面搭建全民阅读、以书会友的新平台。中央文明办专职副主任王世明同志在第五届苏州阅读节（专刊）上做出重要批示："苏州阅读节办得好！是讲文明树新风的重要载体，是深化文明城市创建的标志性工作，协调组要认真总结苏州阅读节活动经验并大力推广。中国文明网系列刊发苏州经验。"
	太湖文化论坛	5月18日在苏州举行，中央、国务院领导高度重视提出明确要求，要将太湖文化论坛打造成国际国内文化交流的"博鳌论坛"。文化部、外交部、中国文联和江苏省政府联合举办，邀请外国政要、中外学者参加
表演类 文化节庆活动	中国国际民间艺术节 （中国文联和省政府主办， 苏州已连续承办两届）	以中国国际民间艺术节为契机和平台，努力推动苏州文化融入国际文化的多元发展格局，打造"苏州了解世界，世界了解苏州"的一个重要窗口，进一步擦亮"文化苏州"的城市名片

附件2

"一市(区)一品"和"一市(区)多品"一览表

市(县)、区	文化节庆活动品牌	特质
张家港市	长江流域民族民间艺术节	打响"长江文化"品牌
常熟市	江南文化节 中国古琴艺术节	凸显"江南文化"特色
太仓市	郑和航海节 江南丝竹节	打造"江海文化"品牌
昆山市	外企文化节 啤酒文化节	借助外向型经济,打响多元文化品牌
吴江市	运河文化节	打造"运河文化"品牌
吴中区	太湖开捕节 甪直中国苏州·水乡服饰文化旅游节	打响"太湖文化"品牌
相城区	中国民间文艺"山花奖"颁奖活动 (含中国民间工艺精品展、演等 系列活动以及苏州市民间艺术节)	打造"阳澄湖文化"综合品牌
平江区	桃花坞文化艺术节	打造"桃花坞文化"品牌
沧浪区	吴地端午民俗文化艺术节 古胥门元宵灯会	做强做优民俗文化品牌
金阊区	轧神仙民俗文化节 寒山寺听钟声	做强做优民俗文化品牌
工业园区	中国设计节	打造现代文化品牌
高新区	刺绣文化艺术节	打响非物质文化遗产品牌

主题词: 文化 建设 通知

抄送:市委各部委办局,市人大常委会办公室,市政协办公室,市法院,市检察院,军分区,市各民主党派,市各人民团体,市工商联,各大专院校。

苏州市人民政府办公室   2011年3月14日印发

共印:一五份

1.2 创建阶段

1.2.1 苏州市创建国家公共文化服务体系示范区动员大会

1.2.1.1 苏州市人民政府市长阎立在创建示范区动员大会上的讲话

全力以赴抓创建 科学规划谋发展

努力开创公共文化服务体系建设新局面

同志们：

今天我们召开国家公共文化服务体系示范区创建工作动员大会，主要议题是，统一思想，充分认识创建工作的重大意义，按照文化部、财政部对示范区创建工作的要求，分析形势，明确任务，落实措施，切实推动全市公共文化服务体系建设，确保完成各项创建任务。

苏州是国务院首批公布的24个历史文化名城之一，历史底蕴深厚，传统文化发达。改革开放以来，我们抢抓机遇，在推动经济社会快速发展的同时，文化建设也取得了可喜成绩。"十一五"时期，市委、市政府坚持把文化工作纳入全市社会经济发展总体规划，先后制定了《"文化苏州"行动计划》《苏州市"十一五"文化发展规划》等文件，提出"文化立市"理念和建设文化强市、文化名市的目标。2007年起，市委、市政府又将做好新农村文化建设和城区基层文化建设纳入市政府对市(县)、区政府的考核内容，每年签订责任书。各级政府也积极探索完善符合各地实际的、行之有效的公共文化服务体系建设长效机制。全市公共文化服务体系建设的评估体系、管理体制和工作机制已初步建立并初见成效：覆盖城乡的公共文化设施网络体系基本形成，公共文化服务供给能力稳步增强，公共文化服务方式不断创新，公共文化服务保障措施日趋健全。

苏州城市因文化而闻名，苏州经济因文化而繁荣，苏州人民因文化而儒雅，文化已经成为苏州城市的独特品牌。古老的苏州凭借自身传统文化优势的创新和较强的核心竞争力，在经济发展中焕发出了勃勃生机。文化与科技经济互为促进、历史文化与现代文明交相辉映已经成为苏州城市现代化发展进程中所呈现的一个鲜明特点。"文化苏州"的战略目标正在逐步推进，"崇文、融合、创新、致远"的城市精神日益深入人心，"双面绣"的城市形象日渐为人共识。借此机会，我谨代表市委市政府，向为苏州的文化建设做出贡献的各级各部门表示感谢，向辛勤工作在一线的文化工作者们表示诚挚的慰问！

可以说，苏州市经济、社会和文化发展所取得的显著成绩，以及"十二五"期间进一步推动转型升级、率先基本实现现代化的发展目标，既为我们开展国家公共文化服务体系示范区创建工作奠定了坚实的基础，同时也提出了更高的要求。刚才，王鸿声同志做了一个很好的报告，我完全同意。市政府与各市、区签订了《创建国家公共文化服务体系示范区目标责任书》，文广新局、昆山市、高新区政府做了交流发言。下面，我讲几点意见：

一、提高认识，明确目标，坚定工作决心

文化是一个社会的灵魂。胡锦涛总书记对江苏提出"六个注重"的新要求中，强调要"注重加强文化建设，注重加强社会建设和社会管理"。公共文化正是社会稳定、和谐、健康发展并形成社会凝聚力的最基本的因素。大力发展公共文化事业，构建和完善公共文化服务体系，是繁荣发展社会主义先进文化、构建社会主义和谐社会的必然选择。全市上下要充分认识公共文化服务体系建设的重要意义，明确责任和目标，树立构建完善的公共文化服务体系的信心和决心。

第一，加强公共文化服务体系建设是党中央国务院的决策部署。胡锦涛总书记在中央政治局第二十二次集体学习时指出："要加快构建公共文化服务体系，按照体现公益性、基本性、均等性、便利性的要求，坚持政府主导，加大投入力度，推进重点文化惠民工程，加强公共文化基础设施建设，促进基本公共文化服务均等化。"《中共中央关于制定国民经济和社会发展第十二个五年规划的建议》中更是专门强调要"以农村基层和中西部地区为重点，继续实施文化惠民工程，基本建成公共文化服务体系"。公共文化服务体系建设已经成为今后全国经济社会发展的一项长期战略任务，是各级党委、政府的重要职责。文化部、财政部开展的国家公共文化服务体系示范区创建工作，是推动全国范围公共文化服务体系建设的一项重要举措。苏州成为首批"创建国家公共文化服务体系示范区"之一，既是上级部门对我们近年来工作的肯定，更对我们提出了新的期望和更高要求。我们决不能辜负上级的信任，要紧紧抓住创建示范区这个重要机遇，集成、整合、提升"十一五"以来我市公共文化服务体系建设成果，立足自身特色，面向东部地区，瞄准世界先进，积极创新实践，努力为全国的公共文化服务体系建设探索经验、提供示范，推动公共文化服务体系建设的科学发展。

第二，加强公共文化服务体系建设是苏州率先基本实现现代化的重要内容。一个城市的现代化程度，不仅取决于其生产力发展的水平、其科学技术的先进程度，更在于城市的文明进步程度。只有保持城市文明程度的高水平，才能够建设富足、民主、文明、和谐的现代化城市。而构建公共文化服务体系正是坚持以人为本、满足人民日益增长的文化需求、提高全民文化素质、提高全社会精神文明程度的重要保障，也是统筹城乡文化发展、推进和谐社会建设的重要支撑。改革开放以来，随着我市经济社会的不断发展，广大市民群众的精神文化需求也发生着深刻变化，一方面为文化的发展带来了活力，另一方面也对公共文化产品、服务、设施网络、资源配置等提出了新的要求，满足市民群众公共文化需求的压力正不断加大，特别是农村和基层群众的文化生活匮乏的问题更加突出，保障城镇低收入居民、外来务工人员、残疾人等特殊群体基本文化权益的任务尤为紧迫。当前，苏州正处在推动经济发展全面转型升级、率先基本实现现代化的重要时期。文化是苏州的"第一优势"，而历史文化是苏州发展的"第一资源"。公共文化服务体系建设，既是传承优秀传统文化的有效载体，也是彰显城市现代文明的重要举措。只有采取有效措施，立足当前，着眼长远，有重点分阶段地推进公共文化服务体系建设，才能使苏州优秀的历史文化资源为现代文明建设提供不竭动力，使我们历史文化的优势转化成新一轮城市竞争中的胜势。这是当代苏州的一项时代任务。

第三，加强公共文化服务体系建设是一项长期的战略任务。公共文化服务作为现代文明的标志，是政府公共服务的重要内容。作为政府公共服务的一部分，它强调的是作为一个人民政府的社会责任、义务和历史使命之所在，充分体现了"以人为本"的科学发展观。公共文化服务体系是现代政府公共服务体系的重要组成部分。按照中央的要求，强化和提升政府公共文化服务职能，满足人民群众日益增长的基本文化需求，将成为今后一段时期各级政府在文化建设和社会管理领域的战略举措。我们要深刻领会中央和上级的精神，明确公共文化服务的基本概念和政府的职责所在，将公共文化服务作为事关经济社会发展、事关政府执政能力、事关市民切身利益、事关社会和谐稳定的大事常抓不懈。公共文化服务体系建设不是一蹴而就的，更要防止为创建而创建的"政绩工程"。此次创建活动，我们的目的并不旨在夺奖牌、争荣誉，而是为了把创建过程作为实现科学发展、和谐发展、率先发展的一个过程，作为优化城市环境、提升城市品位、树立城市形象的一种载体。要让公共文化服务成为真正作用于人民群众的一项常态化工作，促进全社会的健康发展。

二、把握重点，创新思路，推进工作发展

公共文化服务体系建设是党和国家的重大战略决策。市委市政府高度重视，根据中央和上级部门的部署和要求，我市制定了《创建国家公共文化服务体系示范区建设规划》，即将出台《关于进

一步加强公共文化服务体系建设的实施意见》,总的目标和要求是紧紧围绕"三区三城"建设定位,坚持科学发展主题,落实文化惠民,攻坚创新发展,抓住重点,把握要点,打造亮点,着力提升文化软实力,努力争创国家级公共文化服务体系示范区,切实提高公共文化服务能力和水平,有效保障广大人民群众基本文化权益,满足人民群众多样化、多层次、多方面的精神文化需求,使我市公共文化服务体系建设工作总体水平处于国内领先位置。

刚才,王鸿声同志代表市政府就全市公共文化服务体系建设和示范区创建工作做了全面部署,各地各部门要认真对照工作目标、内容和要求,细化分解工作任务,确保责任落实到位。要始终坚持公益性、基本性、均等性、便利性的基本原则,以政府为主导,以公共财政为支撑,以基层特别是农村为重点,加大投入力度,创新运行机制,加快公共文化基础设施建设,不断提高公共文化服务的质量和水平。特别需要强调的是,要重点抓好以下几方面工作:

一是要继续加强公共文化设施建设,完善网络布局。公共文化设施建设是公共文化服务体系建设的基础平台和首要任务,公共文化设施的建设和管理水平,直接关系到群众基本文化权益的实现和文化发展成果的共享。"十一五"期间,我市公共文化设施建设投入力度较大,一批市和县(区)级重大文化设施相继建成使用,但对照国家公共文化服务体系示范区创建标准,特别是公共图书馆和基层公益性文化设施建设的面积、质量等标准,我市的建设力度和管理水平还有待增强,基层文化设施的功能和作用仍需进一步发挥。因此,"十二五"期间,我们要继续以重大文化工程为抓手,以大型公共文化设施为骨干,以乡镇(街道)和社区基层文化设施为基础,统筹规划,合理布局,逐步形成覆盖城乡、结构合理、功能健全、实用高效的公共文化设施网络。要在推进市和县(区)级图书馆、文化馆普遍达标的同时,重点推进基层文化设施标准化建设,建立健全文化阵地管理的长效机制,完全实现公益性文化设施市、县(区)、乡镇(街道)、村(社区)四级全覆盖。

二是要不断创新公共文化服务模式,加强资源整合。随着时代的不断发展,公共文化服务面临的需求越来越复杂、越来越多样化,要求也越来越高。因此,第一是要创新公共文化服务方式,认真组织实施文化惠民活动、广播电视户户通、农村电影放映、农家书屋建设等行之有效的公共文化服务工程;积极构建覆盖全市、城乡一体、资源共享、经济高效的公共图书馆总分馆体系,保障图书馆购书经费;集中整合农家书屋、党员现代远程教育服务中心、共享工程基层服务点、乡村图书室的资源,进一步加快"四位一体"基层综合信息服务体系建设。第二是要创新公共文化服务技术,高度重视数字文化服务在公共文化体系建设中的重要作用,全面提升文化信息数字化建设的服务质效和服务水平。第三是要考虑到不同群体的文化需求,对社区居民、农民、外来务工人员、老年人、未成年人、残疾人等提供有针对性的公共文化服务。第四是要以示范区创建为抓手和契机,以地方党委、政府为主导,突破体制障碍,加强公共文化服务资源的整合。各级文化、体育、工会、共青团、妇联等部门要密切合作,发挥各自的资源优势,为社会公众提供更多更好的公共文化服务。

三是要深入开展制度设计研究工作,推进体制机制改革。要充分认识制度设计研究工作对于指导事业发展、推动改革创新的重要作用。一是要与参与国家公共文化服务体系制度设计研究工作相结合,承担相关子课题的研究工作,力争取得有全国示范意义的理论成果;二是要与示范区创建工作相结合,按照制度设计研究与示范区创建同步推进的原则,把示范区建成制度设计研究的实践基地,为示范区创建工作提供理论指导和政策支持;三是要与我市公共文化服务体系建设的实践相结合,要立足于"三区三城"总体目标,围绕公共文化服务体系建设在推动城乡一体化、创新社会管理方式和率先基本实现现代化进程中的作用这个主题,针对公益性文化单位改革、社会多渠道投入公共文化服务体系建设等重点课题,开展创造性的探索和分析,提出新观点和新思路,为下一步研究出台相关政策措施、推进文化体制机制改革打下坚实基础。

三、加强领导,明确职责,形成工作合力

创建公共文化服务体系示范区是对各级党委、政府的重大考验,各地、各部门要深刻认识公共文化服务体系建设的重要意义,把公共文化服务体系建设放在全局工作的重要位置,切实加强领导,建立健全工作机制,加大投入力度,完善投入机制,加强队伍建设,确保2012年内完成创建达标任务。

一是进一步加大创建工作组织领导力度。各市、区党委、政府主要负责同志要对本地区创建工作负总责,定期听取汇报,协调解决问题;分管的负责同志要切实加强组织领导,确保抓紧抓实、抓出成效。要科学谋划公共文化服务体系建设的措施和办法,一方面针对存在的薄弱环节,提出解决方案,该建就建、该补则补、该管管好;另一方面,要通过挖掘潜力,整合资源,进一步形成合力。根据市里的统一部署,各级创建工作办公室设在文化部门,承担好统筹推进创建的任务,做好服务和协调工作;发改委、民政、财政、人社、编办、住建、规划、国土资源、体育、工青妇等部门要认真履行职责,全力以赴开展工作,密切协调配合,真正形成合力。要建立健全责任制,分解目标任务,狠抓工作落实,逐级负责,确保创建工作"不创则已、创则必成"!

二是进一步加大各级政府财政投入。公共文化服务体系建设是一项保障人民群众基本文化权利的系统工程,公共文化服务设施网络建设、公共文化产品生产供给、公共文化人才和技术服务等,都需要各级政府给予充分的财力保障。要切实贯彻落实国家、省、市已出台的各项文化经济政策,积极调整财政支出结构,加大公共财政对公益性文化事业的投入并纳入财政预算,逐步完善财政投入长效机制。要创新资金投入方式,逐步健全公共文化事业财政投入绩效考评机制,加强资金监管,提高使用效益,建立完善的公共文化服务资金保障体系。

三是进一步加大政策保障力度。要建立和完善文化建设的政策保障机制,在"十一五"期间我市出台支持公共文化服务体系建设30多个政策文件和众多制度研究成果的基础上,下一步还要研究制定《苏州市"十二五"文化经济政策》《苏州市基层公共文化设施管理办法》等扶持公益性文化事业的相关政策,大力扶持公益性文化事业发展。完善文化市场准入、财政支持、税收优惠、投融资和人才建设等方面的政策措施,鼓励个人、企业、社会团体进入国家政策未禁止的文化领域。

公共文化服务体系建设事关全局,责任重大。我们一定要以党的十七大和十七届五中全会精神为指导,深入贯彻落实科学发展观,坚定信心、扎实工作,高水平高标准地落实好各项创建任务,切实保障人民群众的基本文化权益,服务"三区三城"建设,为苏州率先基本实现现代化做出积极贡献!

苏州市人民政府市长 阎 立

1.2.1.2 苏州市人民政府副市长王鸿声在创建示范区动员大会上的讲话

继往开来 务实创新

全面推进公共文化服务体系建设再上新台阶

同志们：

今天我们在这里召开全市创建国家公共文化服务体系示范区动员大会，主要任务是，深入贯彻落实党的十七届五中全会、胡锦涛总书记在中央政治局第二十二次集体学习时的重要讲话精神和全国文化体制改革工作会议精神，回顾总结"十一五"以来我市公共文化服务体系建设所取得的成绩和经验，查找工作中的差距和不足，统一思想，充分认识创建工作的重大意义，按照文化部、财政部对示范区创建工作的要求，分析形势，明确任务，落实措施，确保完成各项创建任务。阎市长将就创建国家公共文化服务体系示范区作重要讲话，希望大家按照阎市长的要求，在新的更高起点上，推进公共文化服务体系建设科学发展。

下面，我先讲两点意见。

一、"十一五"我市公共文化服务体系建设回顾

"十一五"以来，各地各部门特别是广大文化工作者认真贯彻党的路线方针政策，牢牢把握中国先进文化的前进方向，积极实施《苏州市2001—2010年文化强市建设规划纲要》《苏州市国民经济和社会发展第十一个五年规划》和《苏州市"十一五"文化发展规划》，以深入推进新农村文化建设和城区基层文化建设各"五件实事"为抓手，加快构建"普遍均等、惠及全民"的公共文化服务体系，各项工作取得了显著成绩。主要表现在以下几个方面：

一是公共文化设施网络建设加快完善。"十一五"以来，我市公共文化设施建设成绩突出。苏州博物馆新馆、苏州科技文化艺术中心、苏州演艺中心、苏州美术馆新馆、苏州市文化馆新馆、苏州名人馆、苏州评弹学校新校等一批市级重点文化设施先后建成；各市、区也相继建成一批文化中心、图书馆、文化馆、博物馆。目前，全市共有县（区）以上公共图书馆12个，均为国家一级馆；10个文化馆中有8个是国家一级馆，2个国家二级馆；另建有市及县（区）级博物馆、纪念馆42个，美术馆11个。覆盖城乡的公共文化设施网络体系基本形成：行政村（社区）综合文化设施达标建设覆盖率在95%以上；农村广播电视"户户通"工程全部完成；基本实现了文化信息资源共享工程"县县有支中心、乡乡有基层服务点"和"村村通"的目标。至2010年底，全市公共文化设施总面积254.55万平方米，每万人拥有公共文化设施面积2884平方米；图书馆、文化馆（站）公益性文化设施总面积101.83万平方米，人均公益性文化设施面积0.14平方米，达到国内同类城市先进水平。

二是公共文化服务供给能力稳步增强。全市广大文艺工作者自觉坚持"三贴近"，不断开拓创作题材领域，涌现了一批体现苏州特色的优秀作品。仅"十一五"期间，先后有23台（部）剧（项）目获得国家级文化艺术奖项，质量数量位居全国同类城市之首。全市每年创作各类文艺作品1万余件，基本满足了城乡群众的精神文化需求。全市上下密切协作、并肩作战，成功承办了两届中国国际民间艺术节、4届中国昆剧艺术节和中国苏州评弹艺术节、6届苏州阅读节、中国农民文艺会演、太湖文化论坛首届年会等一大批品牌节庆活动；各市、区形成了诸如"长江文化艺术节""江南文化节""郑和航海节""运河文化节"等一批极具地方特色、群众喜闻乐见的文化活动品牌。统筹开展的以"我们的节日""天天有"、市直舞台艺术"四进工程"和"群星璀璨——城区各广场主题活动"

为主要形式的"四大系列"文化惠民活动,受到各层面人群的广泛欢迎和参与。据统计,全市每年开展各类公益性惠民展演展示活动3万次,惠及农村及社区群众累计突破5000万人次。年均为基层送书10万余册、送戏3283场次、送电影1.5万场次。全市"全国群众文化先进社区"2个、"全国特色文化广场"4个;涌现民间业余文艺团队近4000支,每年开展各类活动近1.5万次。

三是公共文化服务方式不断创新。2005年起,创新实践了统一采购、编目、配送和通借通还"一卡通"的公共图书馆总分馆制,被国内图书馆专家学者誉为与国际接轨的"苏州模式",荣获"全国第十四届群星服务奖"。统筹实施了村图书室、农家书屋、党员远程教育、文化信息共享工程"四位一体"的基层综合信息服务体系试点工作。目前,全市已基本形成资源丰富、技术先进、服务便捷、覆盖城乡的数字文化服务体系,广大城乡基层群众均可以通过多种方式使用文化信息资源及享受数字资源服务。同时,我市在公共文化服务体系建设的实践中不断创新思路,积累经验、总结提炼,形成了公共文化服务的新形式和研究成果。2005年在文化部首届创新奖评选中,我市的《昆曲遗产保护、继承、弘扬工程》获得唯一的特等奖;《长江流域文化资源的整合、共享和利用》《创新农村公共文化服务——谈区域文化联动在新农村文化建设中的积极效应》先后获得第二、第三届文化部创新奖。

四是公共文化服务保障措施日趋健全。市委、市政府坚持把文化工作纳入全市社会经济发展总体规划,先后制定了《"文化苏州"行动计划》《苏州市"十一五"文化发展规划》等文件,提出了"文化立市"理念和建设文化强市、文化名市的目标。2007年起,市委、市政府又将做好新农村文化建设和城区基层文化建设各"五件实事"纳入市政府对市(县)、区政府的考核内容,每年签订责任书,并对完成情况进行督查。各级政府也积极探索完善符合各地实际的、行之有效的公共文化服务体系建设长效机制。"十一五"期间,在各级政府的重视下,公共文化财政投入呈逐年上涨趋势,年均增长幅度达18%。据统计,"十一五"期间,苏州市级和县(区)级重大文化设施资金投入总计42.1亿元;全市基层文化设施资金投入总计约40亿元;公共文化服务专项资金总计9.7亿元。制定了以"统一培训、统一考试、持证上岗"为主要内容的基层文化从业人员职业资格认证制度,从2008年起,连续3年开展的两轮基层文化从业人员职业资格认证培训,共有来自各市、区1570余人(中级职称以下)参加培训并结业,基本实现了基层文化从业人员培训全覆盖。

回顾"十一五"的工作,总体看,我市公共文化服务体系建设工作取得了巨大成绩,许多方面已经走在了全省乃至全国的前列。但在肯定成绩的同时,我们也要清醒地看到,根据党的十七大提出的文化建设的新要求新任务,对照公共文化服务体系示范区创建标准,我市的公共文化服务体系建设与城乡一体化、率先基本实现现代化的要求还存在一定差距,与经济社会发展还不尽适应。存在的矛盾和问题主要有:对公共文化设施,特别是基层公益性文化设施的建设力度和管理水平还有待增强,基层文化设施的功能和作用仍需进一步发挥;公共文化产品的总供给量仍需增强,特别是贴近城乡居民生活、适合居民自娱自乐需要的优秀原创作品的数量和质量还有待进一步提高;文化遗产资源对经济结构的调整仍需发挥更大作用,对国民经济的贡献力及影响力还有待进一步提升;文化人才队伍总体的结构问题和门类体系建设还有待进一步完善等。

二、进一步明确创建国家公共文化服务体系示范区建设的总体目标和工作重点

国家公共文化服务体系示范区创建工作是文化部、财政部在"十二五"开局之初,落实党的十七届五中全会精神、胡锦涛总书记在中共中央政治局第二十二次集体学习时的讲话精神的重要举措。对于进一步发挥整合、集成"十一五"公共文化服务体系建设成果,更好地解决公共文化服务体系建设的突出矛盾和问题,推动公共文化服务体系建设可持续发展具有重要意义。当前,我市正处在推动全面转型升级、加快"三区三城"建设、率先基本实现现代化的重要时期。此次成功入选首批"国

家公共文化服务体系示范区"创建城市,是我市公共文化服务体系建设高位求进、加快发展,奋力实现新跨越的重大机遇。为此,各地各有关部门要密切配合,加强领导,把示范区创建工作与当地经济社会发展紧密结合,紧紧围绕"一个总目标",选准"三个突破口",推进"五项重点工程",确保创建工作取得实效,全面推动我市公共文化服务体系建设科学发展。

(一)围绕"一个总目标"

用两年时间完成创建国家公共文化服务体系示范区任务,到2012年底基本建成"设施网络广覆盖、服务供给高效能、组织支撑可持续、保障措施管长远"的公共文化服务体系,使我市公共文化服务体系建设工作总体水平处于全国先进位置。

(二)选准"三个突破口"

一是以加强基层文化设施建管用为突破口。在"十一五"基本实现公益性文化设施市、县及市(区)、镇(街道)、村(社区)四级全覆盖的基础上,重心下移、阵地前移,重点加强镇(街道)、社区(村)等基层文化设施建设,全面实现三个100%:即100%乡镇(街道)建有单独设置的综合文化站,100%行政村(社区)建有面积不低于200平方米的文化活动室(中心),100%镇(街道)、社区建有标准配置的公共电子阅览室,有线数字电视入户率达95%,人均公益性文化设施面积达0.16平方米,至2015年,人均公益性文化设施面积达0.18平方米。同时,根据《关于进一步加强苏州市社区文化建设的意见》(苏文规字〔2011〕2号)和《苏州市基层文化标准化建设评选和命名工作的实施意见》(苏文群字〔2010〕21号)等文件要求,建立健全基层文化管理的长效机制,实现公共文化资源的共建共享、优化配置,提高使用效率,进一步发挥基层文化载体综合服务功能。

二是以创新公共文化服务方式为突破口。各级图书馆、文化馆、文化站要不断创新建设发展理念,积极探索社会效益最大化的办馆(站)思路和运作模式,创新服务方式,拓展服务领域,切实提高公共文化服务水平和服务能力,实现公共文化服务均等化。根据即将出台的《苏州市公共图书馆总分馆体系建设实施方案》的要求,加快构建资源共享、协同采编、统一检索、一卡通用的公共图书馆总分馆服务体系,至2012年底,全市建成公共图书馆分馆140个;图书馆、文化馆等公共文化单位在开展阵地服务的同时,利用流动服务车、文化广场等积极开展流动服务,使文化服务惠及更多城乡群众。各市、区要加强地区间文化交流联动,盘活文化资源,增强群众文化活动活力,丰富区域内群众文化生活。同时,在公共文化服务体系建设的实践中不断构筑新思路,积累新经验,为公共文化服务体系建设工作提供理论支撑和智力支持,也为下一步研究出台相关政策措施打下理论基础。

三是以建立健全长效机制为突破口。按照创建工作和长远发展同步规划的原则,把创建工作纳入制度化、规范化和法制化的轨道。根据我市《创建国家公共文化服务体系示范区建设规划》和相关工作方案,按重点、有层次、有步骤地指导推进创建工作。同时,结合我市即将出台的《关于进一步加强公共文化服务体系建设的实施意见》,巩固提升创建成果,建立健全公共文化服务经费保障、绩效评价和监督管理等长效机制,逐步形成党委领导、政府负责、社会协调、公众参与的工作格局和长效机制,让公共文化服务成为常态,让广大人民群众共享发展成果。

(三)推进"五项重点工程"

一是推进公共文化设施网络完善优化工程。进一步巩固和扩大城乡基层公共文化设施建设成果,加快完善公共文化设施布局,全面实现"市有图书馆、博物馆、文化馆等公共文化设施,县、区有图书馆、文化馆,镇(街道)有综合文化站,行政村(社区)建有文体活动室(文化广场)"。切实按照文化部、国土资源部、建设部编制的《公共图书馆建设用地指标》《公共图书馆建设标准》《文化馆建设用地指标》和《文化馆建设标准》等标准,加强各市、区公共图书馆、文化馆达标建设。到2012年,市、县及市(区)图书馆、文化馆全部达到部颁一级馆标准。评弹书场(票友活动场所)基本实现镇级全覆盖。

二是推进数字文化服务升级提速工程。加快"四位一体"基层综合信息服务体系建设。各市、区要集中和整合农家书屋、党员现代远程教育服务中心、共享工程基层服务点、村图书室资源,建立"基层综合信息服务站",到2012年底,基本完成"四位一体"基层综合信息服务体系建设,为基层提供较为专业化的、普遍均等的公共信息服务。加快地方特色数字资源库建设。依托全国文化信息资源共享工程,建立网上图书馆、网上博物馆、群众活动远程指导网络,使基层群众可以通过多种方式使用文化信息资源及享受数字图书馆、数字文化馆、数字博物馆、数字美术馆等的资源服务。加快公益性数字电影放映和数字电视建设。实施电影2131工程,巩固和完善农村数字电影流动放映体系,实现数字电影放映"一村两月三场"。支持民营数字电影放映企业发展,苏州城区每10万人口布局建设1家规范化的数字电影放映院(厅),各市(县)中心城区合理布局建设2~3家规范化的数字电影放映院,逐步在人口较多的镇建立数字电影放映院,最终达到每个建制镇有1家多厅数字影剧院。有线数字电视入户率达95%。

三是推进文化惠民活动品牌创建工程。第一,以统筹城乡发展、推动基本公共文化服务均等化为目标,积极统筹实施以群星璀璨"我们的节日""广场活动天天有"、市直舞台艺术"四进工程"和"城区各广场主题活动"为主要形式的"四大系列"品牌文化惠民活动,开拓多种形式的文化"三送"和"四进"活动。第二,在做亮做强国家级和我市重大品牌文化活动,构筑立体、整体、多维、开放的历史文化节庆平台,进一步擦亮"文化苏州"城市名片的同时,各市、区按照"一市(区)一品"或"一市(区)多品"的发展战略,依托丰富的"江、河、湖、海"历史文化资源和吴文化独特优势,做优做强一批具有鲜明地域文化特色和较大影响力的文化惠民活动品牌,最大限度满足各阶层人民群众的精神文化需求。第三,根据《关于推进全国美术馆、公共图书馆、文化馆(站)免费开放工作的意见》的要求,推进图书馆、文化馆、博物馆无障碍、零门槛进入制度,有效保障弱势群体和特殊人群的基本文化服务权益,不断提升基本公共文化服务质量和水平。

四是推进公共文化产品创新创优工程。一要加强地方特色文艺产品创作生产扶持。重点抓好戏剧、音乐、舞蹈、曲艺、美术等各类文艺产品的创作和生产,强化苏州地域文化特色,继续着力打造一批能够站得住、留得下、传得开,经得起观众和时间检验的精品力作,不断满足广大群众日益增长的精神文化需求。二要加强广播影视、图书出版产品的生产引导。积极推进影视作品生产和广播电视频率频道、栏目节目特色化、精品化建设。提升图书出版质量,实现优质品率居省内领先水平。三要提高文化产品的产业支撑和市场供给能力。大力发展文化产业,为公共文化服务提供坚实的产业支撑。充分利用市场机制的作用,引导文化资源向公共文化服务领域合理流动,拓宽选择公共文化产品的空间。鼓励、引导农民和社区居民自办文化,开发独特文化资源,丰富面向基层、面向群众的文化产品种类和数量。

五是推进文化人才队伍梯次建设工程。实施"姑苏文化人才"计划。研究制定较为科学、合理的重点文化人才评价标准,建立苏州市文化艺术拔尖人才培养、资助和奖励的配套制度。加强基层文化队伍建设。根据苏州市委宣传部等六部门转发中央六部委《关于加强县级和城乡基层宣传文化人才队伍建设的若干意见》(苏宣发〔2011〕3号),各市、区,镇(街道)要进一步充实文化人才队伍力量,明确岗位职责。实行基层文化从业人员资格认证制度。根据《关于进一步加强〈苏州市基层文化从业人员资格认证制度〉的意见》(苏文规字〔2011〕1号),加强对基层文化从业人员和非公有文化团队的骨干及相关人员的定期培训,启动和推进图书馆、"非遗"保护等条线从业人员资格认证培训工作,逐步实施基层文化从业人员任职资格制度,推行持证上岗。

同志们,市委市政府各主要领导高度重视创建工作,明确提出了"全力以赴,力争创建成为江苏省首个国家公共文化服务体系示范区"的要求。前不久在北京召开的创建国家公共文化服务体系示范区(项目)评审会上,文化部主要领导和专家评审会对我市近年来开展公共文化服务体系建设所取得的成绩表示充分肯定,同时,对我市公共文化服务体系在"十二五"期间的建设发展提出了更高的要求,希望苏州能"立足东部、面向全国,充分发挥示范、影响和带动作用"。为此,我们要充分认识创建国家公共文化服务体系示范区的重大意义,感知人民群众对文化发展的新期盼,勇敢地承担起时代赋予我们的重要使命,奋发进取,忠实履职,推进我市公共文化服务体系建设再上新台阶,为加快"三区三城"建设、率先基本实现现代化做出新的更大的贡献!

苏州市人民政府副市长　王鸿声

1.2.1.3 苏州市文广新局局长汤钰林在创建示范区动员大会上的发言

紧抓机遇　稳步推进

切实开展公共文化服务体系示范区创建工作

各位领导：

　　文化部、财政部开展的国家公共文化服务体系示范区创建工作，是推动全国范围公共文化服务体系建设的一项重要举措。创建国家公共文化服务体系示范区，是苏州"十二五"期间推动文化事业发展、打造"文化苏州"城市品牌的重大机遇。为此，在市委市政府的领导下，我们前阶段进行了全力以赴的争取工作。目前，我市已成功被列为首批28个"创建国家公共文化服务体系示范区"城市之一。下面，我代表市文广新局和市创建工作领导小组办公室就示范区创建工作的有关情况做个汇报。

一、摸清家底，全力以赴开展示范区争创工作

　　根据党中央、国务院关于公共文化服务体系建设的战略部署，国家文化部、财政部在"十二五"期间共同开展了"国家公共文化服务体系示范区创建工作"，示范区创建以地级市为主体，首批创建周期为2011—2012年。国家公共文化服务体系示范区创建工作的基本要求是：按照公益性、均等性、基本性、便利性的要求，在全国创建一批网络健全、结构合理、发展均衡、运行有效的公共文化服务体系示范区，为我国公共文化服务体系建设探索经验、提供示范，推动公共文化服务体系建设科学发展。我们深刻认识到，公共文化服务体系建设是推进我市城乡一体化发展、加快"三区三城"建设的重要内容。争创首批国家公共文化服务体系示范区，发挥苏州在全省全国的排头兵作用，对于"十二五"期间苏州加快转型升级、率先基本实现现代化具有重要意义。为此，市委市政府高度重视争创工作。省委常委、市委书记蒋宏坤就争创工作做了批示。市委副书记、市长阎立，市委常委、宣传部长徐国强，副市长王鸿声等市领导专门听取了汇报，并对创建工作提出了"全力推进、科学规划、志在必得"的明确要求。在市政府的统一组织和指导下，按照示范区创建工作的要求，我们认真总结公共文化服务体系建设的现状和经验，对照示范区创建标准找差距、设目标、定措施，就公共文化设施网络覆盖体系，公共文化产品服务供给体系，公共文化人才、资金、技术、经费保障体系，公共文化政策法规和制度设计体系，公共文化组织支撑体系，公共文化绩效评估体系6大方面，细化出31个大项119子项创建任务，并起草了《关于进一步加强苏州市公共文化服务体系建设的实施意见》《创建国家公共文化服务体系示范区建设规划》《公共图书馆总分馆体系建设实施方案》等文件草案。在此基础上，我们多次征求并采纳了市（县）、区和各有关部门的意见，为市委市政府决策我市公共文化服务体系建设和示范区创建工作的目标、要求和主要任务，做好了基础性工作。

二、确定目标，集中力量解决重点难点问题

　　"十一五"以来，我市公共文化服务体系建设取得的显著成绩，为我们开展国家公共文化服务体系示范区创建奠定了良好基础。但我们也清醒地看到，对照示范区创建标准，我们的工作还存在着诸多的问题和不足。尤其是在"基层文化设施网络建设""公共图书馆建设""公共电子阅览室"等11个大项的指标上还存在一定的差距。创建工作总体而言时间紧、任务重，难度是非常大的。作为文化建设的职能部门，我们一定高度重视，树立信心，坚定不移地承载起市委市政府赋予我们的

重大使命,用改革的办法破解新难题、用创新的举措谋求新突破、用开放的思路增添新优势,以创建促工作、以创建促发展,不断推动我市公共文化服务体系在新高平台上实现新的更大跨越。

一是进一步提升文化设施网络体系的建设与管理水平。 设施网络体系是公共文化服务的载体和阵地,覆盖城乡的公共文化服务体系必须以完善的设施网络体系为基础。因此,创建期间,将着力做好文化设施"规划建设"和"管理使用"两方面的工作:一方面将继续加大"建"的力度。根据"市有图书馆、博物馆、文化馆,县(区)有图书馆、文化馆"的创建标准,着力与各市(县)、区、各有关部门共同推进标志性文化设施建设,力争实现县、区级图书馆、文化馆零缺位。在大力推进基层文化设施建设方面,重点加强镇(街道)、社区(村)文化设施建设,从人民群众的实际需要出发,在居民区或者人员稠密的地方建设文化设施,满足基层群众就近、方便享有公共文化服务的需求。另一方面将重点突出"软件建设",在"管"和"用"上下功夫。建立对各类公共文化设施的管理与运行机制,提高使用效率,发挥好综合服务功能。全面推进基层文化标准化建设,进一步发挥基层文化载体在文化建设中的重要作用。

二是进一步提升公共文化服务供给水平。 提供实用、优质、高效、便捷的服务,是公共文化服务体系建设、改革和发展的出发点和落脚点。目前我市部分地区存在的公共文化设施利用率低下现象,反映了公共文化服务能力亟待加强的现实。因此,通过创建,我们将把强化服务能力、改善服务质量、提高服务效益作为工作重点,在提高服务的利用率和提升服务的专业化水平上取得明显突破。首先是加大"创"的力度。一方面是要创作数量更多、质量更高、更贴近生活、更贴近群众的公共文化产品,不断满足群众日益增长和多样化的精神文化需求;另一方面,公共文化产品要更好地实现重心下移、资源下移,各市(县)、区要在原有特色品牌的基础上,创新性地开展更多群众喜闻乐见、丰富多彩的文体活动。其次是改进"送"的方式。继续加大对农村群众、弱势群体和特殊群体"送文化"的力度,改变单向输送的方式,大力开展文化需求和满意度调查,实行有针对性的配送;引入项目招标等竞争机制,对一些公共文化产品、文化服务项目,采取政府采购、项目补贴、定向资助等,通过竞争提高公共文化产品质量。第三是提升"种"的水平。加强对公共文化活动的指导,通过举办全市群众文艺大会演、农民文化艺术节、组织基层优秀剧节目展演等方式,激发基层群众举办公共文化活动的积极性,增强群众自我服务能力。第四是创新"统"的机制。全力推进公共图书馆总分馆建设和"四位一体"农村综合信息服务体系建设,积极组建"苏州市群众文化活动总团",进一步提升公共文化服务水平和效益;加快现代科技应用步伐,建设数字图书馆、数字文化馆、数字美术馆等覆盖全市城乡的数字文化服务网络,使基层群众可以多渠道地享受公共文化资源服务。

三是进一步提升公益性文化单位服务水平。 公益性文化事业单位是我市文化建设的重要力量,长期以来,为促进我市文化事业的发展、满足人民群众基本文化需求做出了重要的贡献。但是,一些公益性文化单位功能定位不清、公共文化服务产品总量不足、供给方式单一、服务质量和效率不高等问题依然存在,广大群众的基本文化需求高涨同公共文化服务能力不足这一矛盾仍然比较严重。通过创建,我们将进一步明确图书馆、文化馆(站)等公益性文化单位的功能和定位,充分发挥其在公共文化服务中的骨干与示范作用,做到服务水平上升,服务重心下移。图书馆、文化馆(站)等各类公共文化设施要切实做好免费开放工作,丰富内容,提升质量。市、县两级图书馆和文化馆要配备1台以上流动服务车,积极开展流动服务,创新服务形式,延伸服务范围。同时,进一步发挥各级文化馆(站)对基层文化的指导作用,办好各类文化活动,打造品牌,吸引广大群众参与。

四是进一步提升基层文化队伍的能力水平。 事业发展,人才为先。我们将认真贯彻市委宣传部、市委组织部等六部委《关于加强地方县级和城乡基层宣传文化队伍建设的若干意见》(苏宣发〔2011〕3号),与有关部门共同加强对基层文化队伍的管理,按照合理的岗位设置要求,即《创建标准》提出的"乡镇(街道)综合文化站的人员编制达到3名以上,行政村和社区有至少1名财政补贴的文化管理员"要求,进一步充实力量,明确岗位职责。同时,将进一步落实基层文化从业人员资格认证制度,扩大培训覆盖面,推行持证上岗,将培训工作纳入制度化、规范化轨道。

三、明确职责,一着不让做好具体实施工作

创建国家公共文化服务体系示范区,是一项覆盖面广、牵涉范围大、关联度高的系统工程,事关群众福祉,事关长远发展,事关全市大局。我们作为文化工作的主要责任部门以及市创建工作领导小组办公室所在部门,责任重大,干系非轻。我们将在上级部门的指导和市委市政府的领导下,精心组织,周密部署,密切协作,狠抓落实,确保创建的各项工作取得实效。

一是做到统筹协调到位。创建工作涉及方方面面的工作,牵动全局、影响广泛。根据市统一部署,创建工作领导小组办公室设在文化部门,我们将承担好统筹推进的任务。一方面,加强与市委、市政府的汇报沟通,定期汇报创建工作进展情况,及时反馈创建过程中遇到的矛盾和问题,提出解决措施和方案,做到循序渐进、稳步推进;另一方面,积极做好协调和服务工作,充分调动各方面的力量,利用各种资源,发挥各方面的积极性,主动争取各相关部门的支持配合,共同把创建工作做好。

二是做到组织实施到位。从现在起到明年的一年多时间里,我们将把示范区创建放在全局工作的中心位置,局领导和相关处室、单位的负责人将腾出精力放在创建工作上;直接承担任务的处室、单位和责任人,将做到专职负责。同时加强与市(县)、区的沟通交流,建立健全创建工作例会制度和信息报送制度,确保思想到位、领导到位和措施到位。

三是做到责任分解到位。我们一方面将认真对照市委市政府下发的《实施意见》和《创建规划》,研究并草拟加强公共文化服务体系建设的考核细则,供市委市政府决策;另一方面将对创建的各项具体任务进行再分解、再细化、再部署,每一项工作都力求细化到具体单位、处室和责任人,在组织程序、关键环节、注意事项等各个方面都明确具体要求。各个责任单位、处室和每个责任人都做到任务清楚、时限明确,确保创建的各项任务件件有落实、事事有成果。

最后,我谨代表全市的文化工作者表个态,我们决不辜负上级部门对我们的期望和要求,不辜负市领导对我们的信任和重托,不辜负各地、各部门的支持和配合,我们将以更加坚定的信念、更加饱满的精神、更加有力的举措、更加扎实的工作,全力以赴做好示范区创建工作,不断开创公共文化服务体系建设新局面,为推进"三区三城"建设、率先基本实现现代化做出新的更大贡献!

苏州市文广新局局长 汤钰林

1.2.1.4 昆山市人民政府副市长杭颖在创建示范区动员大会上的发言

坚持高标准　注重创特色
全力推进城乡公共文化服务体系建设

创建国家公共文化服务体系示范区是促进城乡公共文化服务体系建设、全面提升"文化昆山"建设水平的重要抓手。近年来,在苏州市委、市政府的正确领导下,昆山确定了"文化昆山"建设的发展目标,2009年以市人大一号议案形式,制定了文化建设三年行动计划,确立了6大任务和80项重点工作,安排财政资金投入20多亿元。两年来,我们通过抓标准文化设施建设、抓重点项目推进、抓政策资金配套、抓规范服务管理,全市文化设施状况得到较大改善,文化活动空前活跃,文化大发展大繁荣的氛围浓烈。

一是城乡公共文化设施基本实现全覆盖。2009年,市政府把建设覆盖城乡的公共文化设施作为一号实事工程。按照区镇不少于5000平方米、街道不少于1200平方米、村和社区不少于200平方米标准和市财政每年6000万元文化设施建设引导资金,对新建每平方米补贴1000元、改建每平方米补贴500元的办法,全力推进基层文化设施建设。两年多来,全市镇、街道、村(社区)文化设施开工建筑面积达33.7万平方米,目前已有6个镇(区)、14个街道、117个社区、145个村文化活动中心(室)建成并通过达标验收,基本实现了全覆盖。市文化艺术中心、博物馆、文化博览园、电子图书馆、游泳馆等大型功能性文化设施全面启动,面积达18万平方米,市、镇、村(社区)三级公共文化设施条件全面得到改善。

二是特色文化活动形成品牌效应。昆山国际文化旅游节、昆山国际啤酒节、金秋经贸大型文艺晚会、中国昆剧艺术节、外企文化艺术节、元宵灯会等大型文化活动经过多年培育与发展,已形成品牌效应。昆山国际啤酒节成功升格为国家级啤酒节,规模位居国内第三。"一镇一品"特色文化活动亮点纷呈,全市有12个项目获得苏州市以上命名的"特色文化之乡"称号,其中昆曲等5个项目获得"中国民间文化艺术之乡"称号。

三是群众性文化活动空前活跃。全市已有业余文艺团队近400个。"我们的节日""特色传统文化展演""市十佳歌手大赛""欢乐文明百村行""昆山阅读节"等活动吸引着众多百姓的广泛参加。2010年,全市组织开展各类群众文化活动1683场,全市每年举办的区镇、街道文化艺术节24个。

四是传统非物质文化得到弘扬。2008年成立了国内第一个政府主导的县级文化研究中心,先后整理出版了《昆山民族民间文化精粹》昆曲卷、文艺卷、美食卷、风俗卷和中医卷系列丛书,并与上海华师大合作,编纂出版《顾炎武全集》《归有光全集》和《朱柏庐全集》,对弘扬昆山优秀传统文化发挥了重要作用。加大昆曲普及及宣传力度,发展扩大"小昆班",成立市小梅花艺术团,开展昆曲进校园活动。在刚刚结束的"昆曲韵·故乡情"昆曲入遗10周年纪念活动上吸引了200多位港、澳、台昆曲艺术家、民间曲社以及中外昆曲专家的参加,得到了昆曲界的高度评价。

昆山公共文化建设虽然取得了成绩,但对照国家公共文化服务体系示范区的标准还有一定的差距。我们将以本次会议为起点,坚持以科学发展观统领文化昆山建设、紧紧围绕率先基本实现现代化为目标,以不断满足广大人民群众日益增长的精神文化需求作为"文化昆山"建设的立足点和出发点,坚持高标准,注重创特色,全力推进城乡公共文化服务体系建设。

一、立足高标准，增强创建工作的紧迫感和责任感

一是加强组织领导。 建立政府主导、区镇联动、部门联手、社会参与的工作机制，形成创建工作合力。加强对基层公共文化服务体系建设的分类指导，提高创建工作的针对性和实效性。落实区镇一把手负总责、分管领导具体负责的责任制，抓好各项创建任务的落实。

二是明确创建标准。 根据国家公共文化服务体系示范区创建（东部）标准和昆山文化建设实际，对创建指标体系进行全面梳理，研究制定公共文化服务指标体系，进一步增强创建工作的前瞻性和主动性。

三是强化创建考核。 制定阶段性工作目标和工作重点，加强对文化设施建设情况的跟踪督查。建立由人大、政协及各职能部门共同参与的定期检查督查制度，确保创建各项工作有序推进。

二、突击攻难点，提升创建工作的质量和水平

一是着力加快文化设施项目建设。 根据人口基数、文化设施功能布局和群众文化需求，科学合理规划全市文化设施总量、布局、功能设置等基础性工作。下一步将重点抓好市文化艺术中心、文化博览园、市民文化广场三期、电子图书馆、博物馆、名人馆等大型文化设施建设和区镇综合文化设施项目建设，进一步完善村、社区文化设施功能配置。

二是着力提高文化服务能力。 充分利用已建成的文化设施，认真落实《昆山市基层公共文化体育设施使用管理办法》，大力开展送戏下乡、送电影下乡、送书下乡、送科技下乡，提高设施利用率。

三是着力丰富文化产品。 根据各区镇、村（社区）不同的地域文化特色，通过文艺辅导员选派制度和文艺作品购买制度，积极开展戏曲、评弹、宣卷、丝竹、打莲湘、舞龙舞狮、书画等特色文化展演，建立特色文艺团队，创作特色文化作品，不断丰富特色文化的内涵和形式。

三、构建新机制，发挥创建工作的示范和带动效应

一是完善创建工作投入机制。 建立政府与社会共建共享的文化投入机制，进一步做大我市文化设施建设引导资金和市文化活动奖励资金，采取"以奖代补"和"政府购买服务"等方式扶持基层文化事业发展。在资金使用上，重点向农村、社区倾斜，向经济薄弱地区倾斜。积极鼓励和吸引社会力量参与基层文化活动，领办文化项目，努力形成全社会关注文化、共建文化、同享文化的良好氛围。

二是完善创建工作绩效评估机制。 把创建国家公共文化服务体系示范区的项目指标细化到各个职能部门、各个单位和具体责任人，加强跟踪考核，科学评价实施结果，并将结果与部门、单位和个人工作业绩、奖励挂钩，把创建工作纳入制度化、规范化、科学化管理轨道。

三是建立创建工作持续改进机制。 认真落实苏州市《关于加强宣传文化人才队伍建设的实施意见》和《关于加强昆山文化人才队伍建设的若干政策》。一方面，着力引进一批文化产业领军人才和经营人才、一批文化设施运行管理人才和一批文艺精品创作人才，进一步优化全市文化人才结构。另一方面，实施宣传干部三年教育培训计划，继续采用作家签约、文艺作品采购、基层辅导员选聘、师徒结对等方式，加强文化人才队伍的培养。

昆山市人民政府副市长 杭 颖

1.2.1.5　高新区管委会副主任徐萍在创建示范区动员大会上的发言

大力完善公共文化服务体系　全面提升区域文化影响力

尊敬的各位领导：

近年来，在市委、市政府的正确领导下，高新区深入贯彻落实科学发展观，把发展文化事业放在全区工作的重要位置，结合区域实际，立足群众需求，着力实施文化载体建设工程，积极打造公共文化服务平台，有效整合社会文化资源，充分挖掘提升文化服务功能和内涵，不断完善区、镇（街道）、社区（村）三级公共文化服务体系，全区文化事业呈现出良好的发展态势。

今年是"十二五"开局之年，也是我区"三年跨越计划"起步之年。我们将按照市委、市政府的要求认真贯彻本次大会精神，以创建国家公共文化服务体系示范区为契机，进一步加大工作力度，狠抓各项措施落实，着力建设一批公共文化服务体系重点项目，切实提高公共文化服务能力和水平，确保全面完成创建任务。重点在5个"提升"上下功夫。

一是健全机制加大投入，着力提升文化保障力。为全面推进创建工作，我区将成立创建工作领导小组，重点加强对公共文化体系建设的领导、指导和协调，进一步将发展公共文化服务事业纳入全区城乡一体化和率先基本实现现代化工作体系，并在领导小组的统筹协调下，抓紧建立和实施创建工作目标责任制，对照《实施意见》，深入分解、量化指标、整体联动、齐抓共管，形成全区上下共同推进公共文化服务体系建设的整体合力。与此同时，进一步加大政府对公共文化事业的投入，为创建工作提供资金保障。

二是推进文化重点项目建设，着力提升文化渗透力。坚持实施文化大项目带动战略，重点新开工建设一批有影响力的公共文化事业项目，推动全民共建共享公共文体设施。一是加快规划建设被列为今年全区重点工程的区文化中心，该中心融图书馆、文化馆、青少年活动中心和休闲文化广场等多种功能于一体，将成为高新区文化地标性建筑。二是加快规划建设总投资10亿元的大运河明清风光带，恢复重建明清店铺博物馆、蚕桑遗址、文昌阁道院等历史景点，打造运河沿线具有标志性的景观区域。三是加快规划建设投资规模15亿元的东渚工艺美术特色产业基地，努力使其成为区域传统工艺产业的聚集平台、营销交易中心和创新基地。切实加强基层文化设施建设规划布局，今年新（扩）建东渚镇文体中心及市民广场、枫桥街道马涧社区文体中心等设施。建立完善三级图书馆和基层阅览室图书资源、文化信息、管理资源共享机制，在已建9个图书馆分馆的基础上，拟再建8个分馆，进一步健全公共文化服务网络，切实满足居民需求。

三是培育特色打造品牌，着力提升文化传播力。积极开展具有区域特色的群众文化传播活动，进一步放大"活力高新区·欢乐社区行"大型广场会演、镇湖"中国刺绣文化艺术节"等活动效应，调动全社会力量参与公共文化产品生产和供给。采取项目补贴、活动资助和政府采购等方式，通过集中配送、连锁服务，积极组织区内150支业余文艺团队，举办各种形式的文化活动，实现送戏超百场，送电影超千场，吸引群众参与50万人次。

四是坚持保护与开发相结合，着力提升文化影响力。近年来，我们通过全面普查，基本掌握了区内文化遗迹与非物质文化遗产分布情况。我们将立足保护与开发相结合，充分抓好文化遗产的挖掘传承和开发利用工作。深入做好非物质文化遗产的调研、申报与保护、传承工作，完善四级名录体系建设，切实加大文物普查、保护和宣传力度，镇湖万佛石塔申报国家级文保单位。在镇湖刺绣、浒墅关少儿书画获得"中国民间艺术之乡"基础上，大力扶持刺绣、缂丝等优秀民族民间文化，提升特色民间文化知名度,充分展示传统文化艺术魅力。

五是强化人才队伍建设,着力提升文化生命力。进一步加强文化工作者队伍建设。认真贯彻落实苏州市《关于贯彻〈关于加强地方县级和城乡基层宣传文化队伍建设的若干意见〉的实施意见》,配足配强基层文化队伍,探索建立基层文化干部考评和激励机制。建立完善有利于优秀文化人才健康成长和脱颖而出的环境机制,进一步创新文化人才培养方式,努力构建一支精通业务、素质优良的文化工作者队伍,为公共文化服务事业可持续发展提供保证。

尊敬的各位领导,加强公共文化服务体系建设,是率先基本实现现代化的奠基工程,事关广大群众的切身利益。我们将以此次会议为新的起点,切实增强文化事业发展的紧迫感和使命感,按照创建测评标准,排出时间进度,完善工作方案,细化工作措施,全力推进国家公共文化服务体系示范区创建工作,为全市创建大局和"三区三城"建设做出新的更大贡献。

谢谢大家!

高新区管委会副主任　徐　萍

1.2.1.6 中共苏州市委常委、宣传部长徐国强在创建示范区动员大会的主持词

苏州市创建国家公共文化服务体系示范区动员大会主持词

同志们:

为深入贯彻落实十七届五中全会和《文化部财政部关于开展国家公共文化服务体系示范区(项目)创建工作的通知》精神,统筹推进我市公共文化服务体系建设科学发展,市委、市政府决定今天在这里召开全市创建国家公共文化服务体系示范区动员大会,统一思想认识,明确目标和任务,部署创建工作。出席今天会议的领导有:中共苏州市委副书记、市长阎立同志,苏州市人民政府副市长王鸿声同志,中共苏州市委副秘书长蔡公武同志,苏州市政府副秘书长陆俊秀同志,苏州市委宣传部副部长、市文明办主任缪学为同志,苏州市文广新局局长汤钰林同志。参加这次会议的还有各市、区人民政府,苏州工业园区、苏州高新区管委会主要负责同志;市委市政府及各市(区)宣传、发改、民政、财政、人社、编办、住建、规划、文广新、体育、工会、团委、妇联主要负责同志和各镇、街道办事处主要负责同志。

今天会议议程有四项:

1. 市政府副市长王鸿声同志做工作报告。
2. 昆山市人民政府、高新区管委会、市文广新局作交流发言。
3. 各市、区人民政府,苏州工业园区、苏州高新区管委会向市委副书记、市长阎立同志递交《创建国家公共文化服务体系示范区目标责任书》。
4. 中共市委副书记、市长阎立同志讲话。

下面,我们进行第一项议程,请市政府副市长王鸿声做工作报告。(王市长做报告)

同志们,刚才王市长的报告,总结了"十一五"以来我市公共文化服务体系建设的主要成绩和工作中的薄弱环节,部署了我市创建国家公共文化服务体系示范区的主要任务。报告的内容非常重要,希望大家学习领会,认真贯彻。

下面,进行第二项议程:大会交流。

首先请昆山市市委常委、宣传部长杭颖同志作交流发言。(杭颖作交流发言:《坚持高标准 注重创特色 全力推进城乡公共文化服务体系建设》)

下面请高新区管委会副主任徐萍同志作交流发言。(徐萍作交流发言:《大力完善公共文化服务体系 全面提升区域文化影响力》)

最后请苏州市文化广电新闻出版局党委书记、局长汤钰林同志作交流发言。(汤钰林作交流发言:《紧抓机遇 稳步推进 切实开展公共文化服务体系示范区创建工作》)

下面,进行第三项议程:各市、区人民政府,苏州工业园区、苏州高新区管委会向市委副书记、市长阎立同志递交《创建国家公共文化服务体系示范区目标责任书》。

下面,进行会议的第四个议程,请中共市委副书记、市长阎立同志讲话。(阎市长讲话)

同志们,阎市长的讲话,充分肯定了"十一五"以来,我市公共文化服务体系建设取得的成绩,分析了当前推进公共文化服务体系建设的重大机遇,明确了全市创建国家公共文化服务体系示范区的各项任务,坚定了我们创建国家公共文化服务体系示范区的信心和决心,希望大家认真贯彻阎市长的讲话精神,努力开创我市公共文化服务体系建设的新局面。

下面,就落实好这次会议精神,我再强调三点。

一是要提高认识。各地各有关部门要进一步提高对创建国家公共文化服务体系示范区重要性的认识,切实把思想统一到这次会议精神上来,把工作落实到市委、市政府的工作部署上来,把热情引导到创建工作中来,群策群力,合力攻坚,创造性地开展工作,确保创建工作收到预期的效果。

二是要真抓实干。各地各有关部门要按这次会议要求和统一部署,紧紧围绕创建国家公共文化服务体系示范区的总体目标和重点工作,把任务层层分解落实到每个单位、部门、个人和每个环节,将创建工作作为一个过程,一个载体,一个抓手,集中人力、物力、财力,确保一役达标。同时,进一步巩固创建成果,确保复检通过,使公共文化服务体系建设工作规范化、常态化。

三是要落实责任。创建国家公共文化服务体系示范区涉及社会方方面面,需要各地各有关部门共同参与。在创建工作中,牢固树立"一点即全市,一分即成败,一失即万无"的创建意识,切实增强大局意识和责任意识,积极主动,密切配合,协调联动,各负其责,争取明年6月份之前全面达标。

同志们,让我们积极行动起来,从落实以人为本,全面、协调、可持续发展科学发展观的战略高度,按照市委市政府的工作部署,在保持我市经济社会快速发展的同时,积极开展创建国家公共文化服务体系示范区的工作,不断开创公共文化服务体系建设新局面,为建设"三区三城"、率先基本实现现代化做出新的更大贡献!

会议到此结束。

中共苏州市委常委、宣传部长　徐国强

1.2.1.7 《创建国家公共文化服务体系示范区目标责任书》样本(张家港市)

创建国家公共文化服务体系示范区目标责任书

为贯彻落实《中共中央办公厅、国务院办公厅关于加强公共文化服务体系建设的若干意见》(中办发〔2007〕21号)和《文化部、财政部关于开展国家公共文化服务体系示范区(项目)创建工作的通知》(文社文发〔2010〕49号)及市委市府提出的"三区三城"、城乡一体化战略目标,根据《市政府办公室关于印发创建国家公共文化服务体系示范区建设规划的通知》(苏府办〔2011〕54号)的要求,确保至2012年底将我市创建成第一批国家公共文化服务体系示范区,特制定本责任书。

一、目标责任单位

张家港市人民政府。

二、目标责任管理时限

2011年1月1日至2012年12月31日。

三、责任目标

(一) 公共文化设施网络建设

进一步加强完善覆盖城乡、结构合理、功能健全、实用高效的公共文化设施网络体系。全面推进公共文化设施标准化建设,市图书馆、文化馆达到文化部、住建部、发改委编制颁发的《公共图书馆建设标准》(建标108—2008)、《文化馆建设标准》(建标136-2010)标准。根据《关于印发〈苏州市基层文化标准化建设评选和命名工作的实施意见〉的通知》(苏文群字〔2010〕21号)、《关于印发〈关于进一步加强苏州市社区文化建设的意见〉的通知》(苏文群字〔2011〕4号),加强镇(开发区、新城区)、新型农村社区(集中居住区)文化中心标准化建设。基层公共文化设施网络建设方面达到国家公共文化服务体系示范区(东部)创建标准。

(二) 公共文化服务供给

进一步加强公共文化服务资源和项目有效整合,形成综合、系统、运行有效的公共文化服务网络。按照《文化部、财政部关于开展国家公共文化服务体系示范区(项目)创建工作的通知》中提出的"创新公共文化服务方式。市、县图书馆建立统一采购、统一编目、统一配送的总分馆制,实现通借通还"的标准,构建公共图书馆总分馆体系,实现镇级(撤并乡镇、开发区)全覆盖。

依托"江河湖海"兼具的水文化资源和"吴文化"独特优势,做优做强一批具有鲜明地域文化特色和较大影响力的文化节庆活动,开展内容丰富、形式多样的广场群众文化活动,不断推进文化惠民活动向纵深开展,最大限度满足各阶层人民群众的精神文化需求。组织开展针对未成年人、老年人、残疾人及进城务工人员等特殊社会群体的文化艺术节庆活动。公共文化服务供给方面达到国家公共文化服务体系示范区(东部)创建标准。

(三) 加强公共文化服务数字化建设

依托全国文化信息资源共享工程,建设3个以上地方特色数字资源库;建立网上图书馆、网上博物馆、群众活动远程指导网络。积极推进"四位一体"农村综合信息服务体系建设。确保每个行政村每月免费放映1场数字电影。

（四）扎实推进文化遗产保护和利用

探索政府保护与社会保护相结合的路子，加强古镇、古村落、古民居、非物质文化遗产项目的有效保护。省级以上文保单位完好率、非物质文化遗产代表作名录项目有效保护率达100%；建有非物质文化遗产保护工作机构。建立、健全非物质文化遗产保护传承机制。引导、推广、建设一批发挥资源优势、合理发掘与有效利用的生产性保护示范基地。促进历史文化名镇、名村旅游业发展。

（五）加强制度设计和人才队伍建设

开展公共文化服务体系建设制度设计研究，加强创建国家公共文化服务体系示范区的制度建设；发挥有关部门作用，共同参与示范区（项目）建设，确保公共文化服务体系建设各项目标任务的实现。落实苏州市《关于贯彻〈关于加强地方县级和城乡基层宣传文化队伍建设的若干意见〉的实施意见》（苏宣发〔2011〕3号），配好配足基层文化队伍。按照《关于进一步加强〈苏州市基层文化从业人员资格认证制度〉的意见》（苏文群字〔2011〕6号），实施从业人员持证上岗制度。

四、验收考核

实现目标的验收考核，由市政府统一组织，作为地区工作评估和领导干部政绩考核奖励的重要内容。若签字责任人或检查验收单位负责人在责任期限内调动，则由相应的继任者承担上述责任。

本责任书一式两份，责任单位和验收单位各持一份。

责任单位：张家港市人民政府　　　　　　　　　　　验收单位：苏州市人民政府
责任人签字：　　　　　　　　　　　　　　　　　　负责人签字：
　　　　　　　　　　　　　　　　　　　　　　　　签约日期：二〇一一年五月三十一日

1.2.2 创建国家公共文化服务体系示范区工作座谈会(烟台)
1.2.2.1 文化部副部长杨志今在烟台会议上的讲话

在创建国家公共文化服务体系示范区工作座谈会(烟台)上的讲话

各位专家、同志们：

大家上午好！

刚才，国家公共文化服务体系建设专家委员会副主任李国新教授代表专家委员会，对第一批创建示范区评审情况做了系统点评，分析了各地申报创建过程中存在的问题，并提出了具体意见和建议。财政部科教文司宋文玉同志宣读了《文化部 财政部关于公布第一批创建国家公共文化服务体系示范区(项目)名单的通知》。示范区创建工作领导小组办公室与28个第一批创建示范区人民政府、省文化厅(局)签订了创建责任书，进一步明确了创建责任和任务。青岛市、苏州市、秦皇岛市、东莞市党委政府负责同志，就申报创建示范区的心得体会和下一步工作安排做了很好的介绍。文化部社文司司长于群同志代表创建工作领导小组办公室就第一批创建示范区申报、评审工作做了很好的总结。总的看，我和大家都有一个共同的感受，国家公共文化服务体系示范区创建工作从最初的设想到现在，一直得到了财政部的大力支持，得到了专家委员会专家的积极参与，得到了各地党委政府、各省文化厅(局)和公共文化机构的高度重视。短短半年时间，从第一批申报通知下发到各地申报材料报送，再到评审、公示，文化部社文司、财务司在财政部的支持下，精心组织各个环节，严格把关，确保了申报、评审的公开、公正、公平。各申报单位认真组织申报材料，按时报送。各省文化厅在创建示范区和示范项目的选拔和推荐等方面做了大量的工作。专家委员会各位专家保持高度负责，遵守评审规则，认真评审，体现了科学、严谨的作风，得到了各方的赞誉。借此机会，我谨代表文化部，向各位专家认真严谨的工作态度表示崇高的敬意！向获得第一批创建示范区资格的28个创建示范区和所在省文化厅(局)表示热烈的祝贺！同时，向给予这次会议大力支持的山东省文化厅，青岛市委市政府、市文广局和长期以来关注、支持公共文化服务体系建设的新闻界的朋友们表示衷心的感谢！

下面，我就创建示范区工作谈几点意见供参考。

一、进一步明确创建国家公共文化服务体系示范区工作的目的和任务

创建国家公共文化服务体系示范区(项目)工作是文化部、财政部"十二五"期间共同开展的一项重点工作。创建工作的主要目的是进一步发挥典型的示范、影响和带动作用，充分调动地方人民政府的积极性，整合、集成"十一五"公共文化服务体系建设成果，更好地研究解决公共文化服务体系建设的突出矛盾和问题，推动公共文化服务体系建设可持续发展。中央领导对这项工作也高度重视，李长春同志对这项工作予以肯定，国务委员刘延东同志批示："原则同意通过示范区(项目)创建方式推动公共文化服务体系建设。"示范区创建周期为两年，创建任务十分艰巨，时间已经相当紧迫。我们一定要充分认识示范区创建工作的目的和意义，以更加清醒的文化自觉、更加强烈的责任意识、更加有力的组织领导、更加务实的政策措施，切实把国家公共文化服务体系示范区创建工作组织好、落实好。

第一，创建示范区要在周期内全面完成各项创建任务。为了指导创建工作，文化部、财政部分东、中、西部分别制定了明确的创建标准，这些创建标准是创建示范区在创建周期内必须达到的基

本目标和最低要求,也是创建周期结束后对创建示范区进行验收评审的主要依据。创建标准涉及公共文化设施网络建设,公共文化服务供给,公共文化服务组织支撑,资金、人才和技术保障措施落实,公共文化服务评估等各个方面,其中有许多硬性指标。各创建示范区必须严格对照创建标准,开展创建工作,确保在创建周期内全面实现创建目标,完成各项创建任务。

第二,创建示范区要承担起探索路径、积累经验的重大责任。公共文化服务体系建设是一项长期的战略任务,需要实现科学发展。"十一五"期间,在党中央、国务院的高度重视下,公共文化服务体系建设呈现出蓬勃发展的良好态势,取得了很大成绩。但是,与经济社会发展的进程和水平相比,与城乡群众日益旺盛的精神文化需求相比,公共文化服务体系建设整体滞后,还存在许多困难和问题。其中突出的问题是,一些地方党委、政府对文化建设重视不够,没有按照科学发展观的要求将文化建设真正纳入"四位一体"总体布局,片面追求GDP增长速度,政府主导的自觉意识不强;一些地方存在着"等、靠、要"问题,对公共文化设施没有落实"建好、管好、用好"的责任,公共文化服务能力建设亟待加强;经费投入总量不足,结构不合理,公共文化资源缺乏有效整合,没有发挥出整体效益;等等。示范区所承载的一项重要使命,就是要成为全面贯彻中央公共文化服务体系建设战略部署的先导区,认真落实国家"十二五"文化改革和发展规划纲要的先行区,成为统筹城乡文化发展、实现公共文化服务体系建设科学发展的先进典型。通过创建示范区,强化地方政府在公共文化服务体系建设中的主导责任,推动地方政府全面落实科学发展观,将文化建设纳入"四位一体"建设的总体布局,转变政府职能,加强文化事业宏观管理,创新新时期公共文化管理的手段、方式、方法和工作机制,促进区域文化发展方式转型。

第三,创建示范区要履行好典型示范的重要使命。我国幅员辽阔,东、中、西部不同地区经济社会的发展水平和公共文化服务体系建设的特点差异很大。创建示范区所担负的一项重要责任就是要为全国同类型地区公共文化服务体系建设提供可资借鉴的经验。创建示范区必须充分整合、集成"十一五"建设成果,进一步完善公共文化设施网络,促进公共文化服务要素和资源的科学配置和合理流动,提升公共文化机构的管理水平和服务能力,充分发挥公共文化设施的使用效益,使公共文化服务实现广覆盖、高效能,同时,根据实际,认真开展制度设计研究,有针对性和创造性地研究解决当前制约公共文化服务体系建设发展的突出矛盾和问题,通过制度设计、实践探索和理论提升,形成可供推广的经验。

二、积极稳妥地处理好创建工作中的六方面关系

(一)要处理好全面发展和个性发展的关系。各创建示范区要认真贯彻落实中央关于公共文化服务体系建设的战略部署,以及创建工作的总体安排,按照公益性、均等性、基本性、便利性的要求,在公共文化设施网络、公共文化服务供给、组织支撑、人才资金技术支撑、绩效考核、制度设计等各个方面均衡发展,确保在两年内完成"基本建成公共文化服务体系"的战略目标。在完成创建任务、达到创建标准要求的同时,各创建示范区也要从本地实际出发,针对本地区面临的一些突出矛盾和问题,积极探索具有自身特色的发展模式和路径,努力形成各具特色的示范区创建模式。

(二)要处理好软件建设和硬件建设的关系。"硬件"与"软件"是公共文化服务体系建设的两个重要方面。要使公共文化服务体系"运行有效",发挥"惠及全民"的作用,只有硬件是不够的,必须软硬件并重。创建示范区要从管好阵地、用好阵地入手,重视提升公共文化服务能力和水平。比如东部地区的创建标准,包括目标人群覆盖率、公众有效利用率、群众文化活动参与率、公共文化服务公众满意率等,接近五分之三都是服务方面的指标。因此,在创建过程中,各创建示范区要把提高公共文化机构的管理和服务效率作为重点,在抓好设施建设的同时,通过完善规章制度、加强科学管理,逐步推动形成责任明确、行为规范、富有效率、服务优良的公共文化服务运行机制,确保"管

好""用好"阵地设施,推动公共文化服务可持续发展。

（三）要处理好政府主导与社会力量参与的关系。公共文化服务是政府履行保障人民群众基本文化权益职责的重要内容,也是公共财政支持的重点。在创建示范区申报过程中,一些地方政府领导提出了公共文化服务产业化的观点,提出了主要依靠社会力量建设的一些想法。在这里,我要强调的是,创建示范区一定要以政府为主导,以公共财政为支撑,鼓励社会力量积极参与,社会力量参与不是政府甩包袱,也要纳入政府主导的范畴和体系中,不能主次颠倒、本末倒置,把本应由政府承担的职责推向社会。

（四）要处理好理论研究与实践推动的关系。示范区(项目)创建工作的一个重要特点,是与公共文化服务体系制度设计研究紧密结合,政策研究与实践推动并重,同步推进。各创建示范区要在国家专家委员会的指导下,尽快修改完善制度设计方案,与创建工作同步部署、共同推动,针对本地区公共文化服务体系建设实践中存在的突出矛盾和问题,提出解决方案,探索建立本地公共文化服务体系建设的长效机制,为国家层面的制度设计提供经验,为同类地区的发展提供借鉴,努力上升到理论和公共政策层面,为实践提供科学指导。

（五）要处理好点线结合与点线面的关系。"十一五"期间,在中央财政的支持下,文化部实施了乡镇综合文化站建设、文化信息资源共享工程等重大文化项目。项目以从中央到地方"一竿子插到底"的方式,加大对中西部农村地区在政策、资金上的支持力度。这种以"点、线"为主的办法,对抓住薄弱环节、形成重点突破十分重要,在实践中也取得了显著成效。但这种工作方式也带来一些问题:一是使基层政府容易形成"等、靠、要"的思想,导致管理责任缺位;二是不利于基层文化资源的统筹、整合;三是容易脱离基层实际,使地方政府缺乏创新空间。创建示范区主要目的之一就是推动公共文化服务体系建设由"点""线"推进向全面突破转变,加大统筹力度,整体推进公共文化服务体系建设。

（六）要处理好创建周期与着眼长远的关系。创建示范区是推进公共文化服务体系建设的重要抓手,既要注重结果,也要注重创建过程中形成的具有示范性的经验、做法和制度建设成果。创建周期只有两年,但是,面对人民群众日益增长的精神文化需求,公共文化服务体系建设任务是远无止境的。因此,各创建示范区既要立足现实,在两年内按照创建标准的要求完成创建任务,也要未雨绸缪,及早明确长远的发展目标和具体措施。东部地区示范区要具有国际视野,力争成为展示中国公共文化服务体系建设成就、具有国际领先水平的区域;中西部地区要在达到创建标准的同时向更高标准迈进。

三、在扎实推进示范区创建过程中强化五个意识

（一）强化责任意识,将创建工作任务落到实处。根据签订的创建责任书,创建工作领导小组办公室、创建示范区人民政府、省文化厅(局)承担着各自不同的责任,任务分工十分明确具体。在创建过程中,首先要明确各相关方面的责任和任务,严格按照既定的时间表和路线图推进,将创建工作落到实处。国家公共文化服务体系示范区创建工作领导小组办公室承担着指导各创建示范区开展工作,研究、总结、宣传推广示范区创建工作经验,组织专家委员会开展示范区验收工作,以及对示范区创建情况进行检查、监督等职责。各地市人民政府是创建示范区的责任主体,责任重大,要围绕创建国家公共文化服务体系示范区的目标、任务,按照目标责任书规定的职责分工,落实相关工作机制和保障措施,加快推动示范区创建工作。各省级文化部门负责统筹本省(区、市)示范区创建工作,要加强对本省(区、市)示范区创建工作的督促指导,应每3个月向国家公共文化服务体系示范区创建工作领导小组办公室报告本省示范区工作开展情况;同时要负责指导创建示范区制度设计研究工作,协助完成课题研究任务;审核本省(区、市)创建示范区验收报告,并向国家公共文

化服务体系创建工作领导小组办公室提出验收申请。这里我想强调的是，各省、区、市文化部门要善于运用创建示范区这个工作抓手，借鉴这种工作机制，充分调动各方积极性，推动在本省区域内形成公共文化服务体系建设比、学、赶、帮、超的良好态势。

（二）强化研究问题意识，着力破解当地公共文化服务体系建设面临的突出难题。示范区创建的重要任务就是解决公共文化服务体系建设中存在的突出矛盾和问题。因此，必须时刻强化问题意识，重视开展制度设计研究工作，"对症下药"，力求取得实质性突破。开展制度设计研究是示范区（项目）建设的重要内容，制度设计研究成果是示范区（项目）验收的前置条件。示范区（项目）要成为课题研究的实践基地，深化推动课题研究，使之具有实践性和可操作性。课题研究要为示范区（项目）建设提供理论指导和政策支持，推动公共文化服务体系科学发展。各创建示范区要高度重视制度设计研究工作，成为省厅承担的国家公共文化服务体系制度设计研究课题的实践基地，在省厅和专家委员会指定的首席专家的指导下，集中人力，集中资源，结合创建示范区过程中遇到的突出矛盾和问题，开展省厅承担的国家课题的研究，注意及时总结实践经验，研究规律，提出解决问题的思路、模式，在个性中提炼共性，从一般上升到全局，形成指导全国的制度性的政策、文件和工作机制。

（三）强化统筹意识，在提升公共文化服务效能上下功夫。当前，公共文化服务领域中还存在着多头管理、条块分割等问题，公共财政资金投向难以集中，由此造成公共文化资源分散，有限资源缺乏有效整合和统筹。在示范区创建过程中，要注意整合、集成、提升公共文化服务体系建设成果，同时，创建示范区要把加强文化资源整合、实现共建共享作为重要的创建内容，通过多部门协调联动和政策配套，实现跨地区、跨部门、跨领域、跨系统的设施、队伍、服务等公共文化资源的整合和优化配置，促进公共文化资源的共建共享、协调运行。

（四）强化创新意识，激发公共文化服务体系发展的内在动力。各创建示范区要贯彻落实中央关于深化文化体制改革的一系列战略部署，努力形成责任明确、行为规范、富有效率、服务优良的管理体制和运行机制。同时，要解放思想、先行先试，引进现代信息技术，革新服务理念，丰富服务内容，完善服务供给方式，不断加大创新力度，积极探索新模式、新思路、新方法、新举措，着力形成推动公共文化服务体系建设长效机制，增强可持续发展能力。

（五）强化宣传意识，扩大公共文化服务体系建设的社会影响。要通过经验交流和专题研讨等形式，交流、推广各地示范区（项目）创建工作的阶段性成果，好的经验要通过《文化要情》、媒体内参等方式报送中央。同时，要加强新闻宣传工作，在这方面，文化部将积极为创建示范区搭建信息交流和新闻宣传平台，希望各地也要加大宣传力度，让广大人民群众了解、参与示范区创建工作，并从创建中得到实惠，树立社会公益形象，争取社会和公众关注、支持和广泛参与示范区（项目）创建工作。

同志们，创建国家公共文化服务体系示范区是一项光荣而艰巨的任务，需要我们付出艰苦的努力。让我们锐意进取，开拓创新，以坚定的决心、务实的作风，切实把这项工作做实、做细、做好，努力开创公共文化服务体系建设的新局面，为社会主义文化大发展大繁荣，为建设和谐社会、实现小康目标做出更大的贡献！

谢谢大家！

文化部副部长　杨志今

1.2.2.2 文化部公共文化司司长于群在烟台会议上的讲话

在创建国家公共文化服务体系示范区工作座谈会上的讲话

各位专家、同志们：

2011年3月30日至4月1日，文化部、财政部组织国家公共文化服务体系建设专家委员会进行了第一批创建国家公共文化服务体系示范区（项目）评审工作。根据会议安排，下面我就第一批创建示范区申报、评审工作有关情况向大家作一通报。

一、申报、评审基本情况

本次创建示范区申报、评审工作采取文化部制定《评审规则》、省文化厅（局）组织推荐、专家委员会负责评审方式进行，建立了分工明确，权责清晰，各司其职，优势互补的工作机制。

本次评审共收到全国56个地（市、区）创建示范区申报材料和100个地（市、区）创建示范项目申报材料。评审采取会议评审的办法进行，分为主副审专家独立审查、小组评审、集中评审3个阶段进行。经过评审，共评出28个申报单位获得创建示范区资格，47个申报单位进入创建示范项目资格名单。2011年4月24日至4月30日，文化部、财政部通过中国文化报和文化部门户网站，将创建示范区（项目）名单向社会公示，之后报国家公共文化服务体系示范区创建工作领导小组批准。经领导小组批准，最终确定了第一批创建示范区和示范项目名单。刚才，财政部宋处长代表创建工作领导小组已宣读了《文化部、财政部关于公布第一批创建国家公共文化服务体系示范区（项目）名单的通知》，请各地按照通知要求，尽快推进创建工作。

二、在评审过程中请专家委员会重点把握的几个因素

一是看申报单位党委政府是否重视示范区创建工作。

很多地方党委、政府主要领导关心对创建示范区给予高度重视，有的地方一把手挂帅担任示范区创建责任人，甚至亲自前来北京向各位专家当面汇报情况，规格很高。在评审过程中，我们要求专家将申报单位党委、政府领导是否重视作为能否入选的重要因素考虑。只有思想上真正重视这项工作，才能在行动上贯彻落实，才能使创建工作落到实处。

二是看申报材料的准备是否认真。

从各地申报材料看，一些省份对照下发的创建标准制定了详细的、可操作性的建设规划，结合实践制定了科学合理的制度设计研究方案，并严格按照文化部、财政部规定的时限报送材料，而且材料的种类齐全、内容规范、质量很高，体现了对创建工作的高度重视和严谨细致的工作态度。与之相比，也有一些地方申报材料准备不认真，虚话套话多，可操作性不强，质量不高。申报材料准备不认真，反映一些地方对申报环节很不重视。申报阶段尚且如此，我们有理由质疑创建过程中规划、政策、措施等能否到位，质疑结果能否达到创建标准。

三是看制定的规划是否科学合理、切实可行。

创建示范区不是目的，而是推动工作的重要机制和手段。因此，我们对各地申报材料中的创建规划尤其重视。一份合格的创建规划，必须经过充分调研，把握住了本地区目前制约公共文化服务体系建设的关键问题，厘清了公共文化服务体系建设思路和方向，结合创建标准逐条落实创建阶段性任务和目标，有明确的时间表和路线图。因此，我们特别把规划制定情况突显出来，作为评审关

注的一个重要方面。

四是制度设计研究方案是否与示范区创建紧密结合、相互促进。

制度设计研究是创建示范区的重要内容。根据去年重庆会议的精神,我们要求各创建示范区要承担起省文化厅(局)接受的国家公共文化服务体系制度设计研究课题实践基地的任务。在本次评审中,各申报单位提交的制度设计研究方案是否与省文化厅成(局)承担的课题对接,是否在省文化厅(局)指导下成为全省承担的国家制度设计研究课题的实践基地,是否制定了详细的方案,目标是否明确,步骤是否清晰,成果如何转化等,是我们要求专家在评审过程中特别关注的内容。

五看创建工作是否把握住了阶段性特征。

示范区创建周期为两年,主要程序包括申报、评审、确定、验收和公示、命名和授牌。本次评审会议确定的是示范区创建资格建议名单,到2012年底才正式验收。目前申报单位的工作基础与创建标准所要达到的目标还有一定的差距,需要在专家的指导下逐步改进,因此,在本次评审过程中,我们也要求专家一定要注意到创建示范区的阶段性特征,不要将现有工作基础与创建标准一一对照。同时,对那些工作基础较差、经过两年创建也不可能达到创建目标的申报单位,将之排除在入选名单之外。

三、为保证评审质量,在评审中强调的几个重要方面

一是严格按照规则和规定的程序进行评审。

为做好评审工作,我们组织力量制定了创建评审规则。为兼顾公平和效率,我们在形式审查后,按照东、中、西部将专家委员分成三组,确定主副审专家,先进行分组评审,请申报单位负责人汇报情况后进行现场答辩,之后由主副审专家陈述意见,之后经过评议进行投票,原则上每省有1个申报单位进入下一轮。对于进入第二轮的示范区候选单位,则进行集中评审,由全体专家通过无记名投票确定建议名单。

二是把各省的推荐意见作为重要参考。

创建工作的申报主体以地级市为主,主要考虑地级市体量适中,涵盖城乡,统筹公共文化服务体系建设能力强。根据文件要求,首批创建申报工作每省原则上只有1个示范区和2个示范项目名额。因为名额有限,各省竞争十分激烈。各省文化厅(局)、财政厅(局)在各地级市积极申报的基础上,经过反复比较和实地考察,确定了本省进入候选的示范区和示范项目,并与有关申报单位进行协商,确定了示范区先后顺序,经省级人民政府同意后报送文化部。在进行评审的时候,我们要求专家把各省的推荐意见作为重要参考,综合考虑申报单位所在省的整体情况。同时,也要坚持质量第一,从实际出发,严格把好质量关。

三是严格纪律要求,遵守相关纪律。

评审工作贯彻回避原则,专家工作单位与申报单位属同一省份的采取回避原则,不得担任该省主副审专家,在分组评审环节不得分到该省所在小组参评,在集中评审阶段不得为该省拉票。专家委员会在评审各个环节保持独立,不受外界因素干扰。同时,要求在评审过程中各位专家不得随意离开评审驻地,与申报单位避免直接接触,不得接受申报单位的宴请和有价证券、礼品等。

四、示范区(项目)创建工作引起了地方各级党委、政府的普遍关注,得到了国家公共文化服务体系建设专家委员会委员的积极支持和参与

参加本次创建示范区评审的52个申报单位,均由市长、宣传部长或副市长带队汇报,包括市长6位、市委常委15位、副市长31位,其中北京市朝阳区、浙江省嘉兴市、湖北省黄石市、江西省新余市、重庆市铜梁县、海南省澄迈县都是市长或县委书记亲自带队进行陈述答辩,充分体现了对示范

区创建工作的重视。

评审会共有33名专家委员会委员参加,占全体专家总数(37人)的89%,体现了专家对评审工作的高度重视和支持。为做好评审工作,专家委员会做了大量具体细致的前期工作,在各个环节上都进行了周密布置。在评审过程中,平均每位专家承担3省6个示范区、12个示范项目的主副审工作,任务十分繁重,但是参评专家以极大的责任心和工作热情投入评审工作,基本上都是挑灯夜战审读材料。在评审过程中严格遵守评审纪律,按《评审规则》要求,尽心、尽力、尽责,确保了评审工作的圆满完成。从评审规则的制定,到各种评审表格的设计,再到秉持公心的评议,到独立自主地行使投票权力,都充分体现出专家委员会作为一个整体认真负责的工作态度和科学严谨的工作作风,得到了申报单位的一致肯定,认为国家公共文化服务体系建设专家委员会"讲政治、懂业务、水平高"。

五、关于创建示范区下一步几项工作

刚才,国家公共文化服务体系示范区(项目)创建工作领导小组办公室与示范区人民政府、所在省文化厅(局)签订了创建责任书。在两年创建周期内,我们考虑通过若干措施加强监管和督促,这里我特别强调以下几点:

(一)修改完善创建规划,形成规范性文件下发

本次会议一项重要内容是向各省文化厅(局)和创建示范区(项目)申报单位反馈本次评审专家委员会的评审意见,并指导各地完善创建规划和制度设计方案,进一步明确符合本地实际的创建目标、任务。各创建单位要严格对照创建标准,根据目前的工作基础,明确阶段性目标和年度工作目标,制定时间表和路线图,逐条落实,逐步推进。在专家委员会和省文化厅(局)的指导下,28个示范区人民政府要尽快修改创建规划,于2011年7月31日前形成地方人民政府文件正式下发并报文化部。

(二)加强管理,建立督导检查工作机制

一是领导小组办公室将组织若干次实地督导检查,并将督导结果通报创建单位所在地人民政府和省文化厅(局)。督导结果在最终验收时作为重要参考依据。

二是各省文化厅(局)也要承担起职责任务,加强对创建示范区工作的指导,当前要特别指导创建示范区修订好《创建规划》和《制度设计研究方案》,同时按照责任书要求,建立定期检查机制,及时反馈创建进展情况。

三是为加强对各创建单位的业务指导,文化部将依托国家专家委员会,并吸收省文化厅推荐的省内专家参加,针对东、中、西部分别成立专家指导组,根据各地要求,定期深入各创建示范区,对各地在创建过程中遇到的突出矛盾和问题给予指导,确保示范区创建方向和路径正确。

四是建立信息报送制度。设立创建示范区工作简报,要求各创建示范区设立专职信息员,每3个月报送创建进展情况,通过简报形式定期反映。文化部将选择其中较为突出的创建示范区做法和经验,以"文化要情"和"文化信息"形式向中央报送。同时,在文化部网站、国家公共文化网、文化共享工程网站做专题宣传。

五是适时组织召开创建示范区现场经验交流会,促进各省之间、各创建示范区之间交流经验,研究推进工作。

(三)发挥专家委员会的作用,加强对制度设计研究工作的指导

去年的重庆会议上,我们已经与大多数省份签订了制度设计研究责任书,指定了专家委员会委员作为首席专家指导各地制度设计研究工作。在这里,我要重点强调,第一批创建示范区是承担省文化厅组织的国家公共文化服务体系制度设计研究课题的实践基地;同时创建示范区也可以组织

力量对本区域的特殊问题、特色问题进行研究,为解决本地区的突出矛盾和问题提供理论支撑和制度设计。目前,有些创建示范区提出的制度设计研究课题没有纳入省厅的制度设计研究工作统筹考虑之中,回去后要马上与各省文化厅(局)对接,在首席专家和省厅的指导下调整研究方案。一些今年申报课题的省份,也要在文化部指定的首席专家指导下,将省厅组织申报的课题作为本省创建示范区制度设计研究的主要内容加以落实。原定于2011年底限期完成的各省课题任务要与创建示范区的验收时间同步,延长到2012年底。请各省文化厅根据本次会议精神指导创建示范区修改完善制度设计研究方案,在7月31日前将修改后的创建示范区制度设计研究方案报送文化部。

(四)新闻宣传要形成声势,造成影响

一是各创建示范区要高度重视宣传工作,将新闻宣传工作纳入创建规划,予以统筹安排,指定专门机构和专人负责新闻宣传工作。

二是要在省文化厅指导下,单独制定创建工作新闻宣传方案,连同创建规划、制度设计方案于7月31日前经省文化厅报送示范区创建领导小组办公室。

三是充分发挥当地媒体的作用,设立示范区创建专栏,建立长期有效的宣传推广平台。同时,加大在中央媒体的宣传力度,积极争取在中央电视台、人民日报、光明日报、新华社、中国文化报等媒体上宣传报道创建经验,展现公共文化服务体系建设的最新成果。

(五)加强经费管理

一是要明确创建示范区资金投入以地方政府为主,中央资金主要作为引导资金,用于创建示范区相关管理和服务。

二是示范区创建工作领导小组办公室将尽快与财政部沟通,研究制定《创建示范区专项资金管理办法》。在创建示范区验收时,经费管理情况将作为验收的重要内容予以考虑。

三是创建示范区要加强中央补助资金的管理和使用,建立专门账户,确保专款专用,提高资金使用效益,做到每一笔资金都切实真正用于公共文化服务体系建设。

关于第一批创建示范区的验收和第二批的申报、评审工作,我们计划交叉进行,在2012年下半年开始启动实施第二批的申报工作,2012年底前启动第一批创建示范区的验收工作,争取在2013年初,在命名第一批国家公共文化服务体系示范区的同时,公布第二批创建示范区名单。

以上介绍的是第一批创建示范区(项目)评审有关情况。

谢谢大家!

文化局公文司司长　于　群

1.2.2.3 苏州市人民政府副市长王鸿声在烟台会议上的讲话

继往开来 务实创新全面推进公共文化服务体系建设实现新跨越

在这里,就苏州市开展国家公共文化服务体系示范区创建工作的一些认识和做法做简要汇报。

一

文化部、财政部根据党中央、国务院的战略部署,开展的此次国家公共文化服务体系示范区创建工作,是推动全国范围公共文化服务体系建设的一项重要举措。作为江苏省唯一的入选城市,我们深切地体会到:

(一)创建国家公共文化服务体系示范区,既是传承优秀传统文化的有效载体,也是彰显城市现代文明的重要举措。苏州是国务院首批公布的24个历史文化名城之一,历史底蕴深厚,传统文化发达。"苏州城市因文化而闻名,苏州经济因文化而繁荣,苏州人民因文化而儒雅",文化已经成为苏州的独特品牌。改革开放以来,市委市政府始终坚持"文化是苏州加快发展的核心竞争力"理念,将城乡文化建设摆到城乡发展的战略位置,提出"文化苏州"战略目标,在传承好吴文化人文精神的基础上,将苏州特有的历史文化底蕴与现代文明和谐交融、有机组合,演绎着经济与文化互动发展、共同繁荣的交响乐章。当前,苏州经济社会发展正按照科学发展观的要求不断迈进,更加需要发挥文化对经济社会发展的引领作用。构建较为完善、覆盖城乡的公共文化服务体系,必将在更高层面上彰显苏州这座历史文化名城的文明进程,进一步弘扬"崇文、融合、创新、致远"的城市精神,真正体现"双面绣城市"的精髓。

(二)创建国家公共文化服务体系示范区,既是加快推进城乡一体跨越发展的必然要求,也是率先基本实现现代化的重要途径。作为江苏省唯一的城乡一体化发展综合配套改革试点市,苏州一直致力于突出城乡协调、互动、融合,突出民生、民本、民意的城乡一体化建设。我们深知,苏州要在新时期率先基本实现现代化,就必须充分发挥城乡一体化这一优势,加快推进,最终实现城乡同质。文化建设,是城乡一体化建设的重要内容,是率先基本实现现代化的重要组成部分。而公共文化服务体系建设,则是目前文化建设中最能体现城乡一体发展成果的环节,也是"文化民生"工程最重要的课题。作为我市在"十二五"新征程上巧发力的一个核心支点,公共文化服务体系建设,将加快实现城乡文化权益"同等"、城乡文化发展"协同"、城乡社会文明"同步"。因此,我们必须抓住此次公共文化建设的"难得机遇",探寻一条新时期文化建设的发展之路、特色之路,实现城乡公共文化服务均等化,开创"城乡一体化"发展的新格局、新境界,率先基本实现文化建设现代化。

(三)创建国家公共文化服务体系示范区,既是满足群众精神生活的迫切需要,也是促进经济社会协调发展的必由之路。刚刚过去的"十一五"时期,是我市公共文化服务体系建设成绩斐然的时期:公共文化投入力度不断加大,公共文化设施网络体系基本形成,公共文化服务供给能力稳步增强,公共文化服务方式不断创新,公共文化服务保障措施日趋健全。2010年,在"江苏省文化发展绩效评价体系"考核中,苏州位列全省第一。苏州市的文化产业增加值也位居全省第一。但我们也清醒地看到,随着经济社会的不断发展,广大市民群众的精神文化需求也发生着深刻变化。在为文化发展带来活力的同时,也对公共文化产品、服务、设施网络、资源配置等提出了新的更高要求,满足市民群众日益提高的多层次、多样化的公共文化需求的压力正不断加大。"十二五"时期的苏州,要想在更高起点实现新的更大跨越,就必须不断完善公共文化服务体系建设,突出"民生"关怀,努力满足广大人民群众的"幸福"企盼,有效助推我市经济社会的繁荣发展。

二

对于创建工作,市委市政府主要领导专门指示,明确提出"全力以赴,力争创建成为江苏省首个国家公共文化服务体系示范区,发挥苏州在全省全国的排头兵作用"的要求。开展此次创建活动,我们的目的并不在于夺奖牌、争荣誉,而是把创建过程作为实现科学发展、和谐发展、率先发展的一个过程,作为优化城市环境、提升城市品位、树立城市形象的一种载体,作为凝聚人心、激发斗志、鼓舞士气的一种动力,作为执政为民、造福群众的一种责任。

根据文化部、财政部关于示范区创建工作的要求,我们对照示范区创建标准找差距、设目标、定措施,细化出6大类31个项目,共计119子项创建任务,制定出台了《创建国家公共文化服务体系示范区建设规划》(苏府办〔2011〕54号)和《关于进一步加强苏州市公共文化服务体系建设的实施意见》等文件。市委市政府专门召开全市镇(街道)以上党政领导干部参加的创建动员大会,明确时间表、确定路线图,专人负责,专项推进。紧紧围绕"一个总目标",选准"三个突破口",推进"五项重点工程",落实"四项硬举措",全面推动我市公共文化服务体系建设科学发展。

围绕"一个总目标":用两年时间完成创建任务,到2012年底基本建成"设施网络广覆盖、服务供给高效能、组织支撑可持续、保障措施管长远"的公共文化服务体系,使我市公共文化服务体系建设工作总体水平处于全国先进位置,并力争向国际同类先进城市看齐。

选准"三个突破口":一是以加强基层文化设施建管用为突破口。重点加强镇(街道)、社区(村)等基层文化设施建设,全面实现三个100%:即100%镇(街道)建有单独设置的综合文化站,100%行政村(社区)建设面积不低于200平方米的文化活动室(中心),100%镇(街道)、社区建有标准配置的公共电子阅览室。人均公益性文化设施面积达0.16平方米,有线数字电视入户率达95%。同时,建立健全基层文化管理的长效机制,实现公共文化资源的共建共享、优化配置。二是以创新公共文化服务方式为突破口。按照示范区创建与制度设计研究同步推进的原则,在"十一五"全市建成公共图书馆总分馆108个,基本实现各县级市建制镇、非建制镇图书馆分馆建设全覆盖的基础上,出台《苏州市公共图书馆总分馆体系建设实施方案》,加快构建资源共享、协同采编、统一检索、一卡通用的公共图书馆总分馆服务体系。在实践中不断创新服务方式,构筑新思路,积累新经验,为公共文化服务体系建设实践工作提供理论支撑和智力支持。三是以建立健全长效机制为突破口。坚持"规划先行"原则,严格按照《创建国家公共文化服务体系示范区建设规划》的有关要求,按重点、有层次、有步骤地指导推进创建工作。同时,制定《关于进一步加强公共文化服务体系建设的实施意见》,明确"十二五"期间公共文化服务体系建设的目标任务,巩固提升创建成果,建立健全长效机制,让公共文化服务成为常态,让广大人民群众共享发展成果。

推进"五项重点工程":一是推进公共文化设施网络完善优化工程。在推进市和县(区)级图书馆、文化馆普遍达标的同时,建立健全文化阵地管理的长效机制,完全实现公益性文化设施市、县及市(区)、镇(街道)、村(社区)四级全覆盖。二是推进数字文化服务升级提速工程。认真组织实施文化信息共享工程、"四位一体"基层综合信息服务体系、广播电视村村通、农村电影放映等行之有效的公共文化服务工程,全面提升文化信息数字化建设的服务质效和服务水平。三是推进文化惠民活动品牌创建工程。依托丰富的"江、河、湖、海"历史文化资源和吴文化独特优势,构筑立体、整体、多维、开放的历史文化节庆平台。统筹实施群星璀璨"我们的节日"等文化惠民系列活动,不断提升公益性文化活动的质量和水平。四是推进公共文化产品创新创优工程。充分发挥人民群众的主体作用,继续着力打造一批能够站得住、留得下、传得开,经得起观众和时间检验的精品力作,不断满足广大群众日益增长的精神文化需求。大力发展文化产业,为公共文化服务提供坚实的产业支撑。五是推进文化服务人才梯次建设工程。进一步提升队伍素质,明确岗位职责。逐步扩大培训覆盖面,推行持证上岗,将培训工作纳入制度化、规范化轨道。

落实"四项硬举措":健全组织保障体系,通过成立以市长挂帅的市创建工作领导小组,与各市、区人民政府及相关部门签订责任书,进行年度督查和双年考评,健全完善党委和政府统一领导、相关部门分工负责、社会团体积极参与的工作机制;完善经费支撑机制,财政文化体育与传媒支出不低于同级财政经常性收入的增长幅度,人均文化支出(按常住人口计算)高于全省平均水平;创新文化体制机制,深化公益性文化事业单位改革,建立健全竞争、激励、约束机制;健全政策法规和绩效评估体系,完善地方性文化法规体系,依法对公共文化进行规范管理。建立公共文化服务指标体系,实施公共文化服务绩效评估考核。

三

创建国家公共文化服务体系示范区,是苏州"十二五"期间推动文化事业发展、打造"文化苏州"城市品牌的重大机遇,对加快转型升级、率先基本实现现代化具有重要意义。此次苏州市荣幸入选首批 28 个"国家公共文化服务体系示范区",既是上级部门对我们近年来工作的肯定,更对我们提出了新的期望和更高要求。我们决不辜负文化部、财政部领导的信任,将紧紧抓住示范区创建这个重要机遇,立足自身特色,积极创新实践,力争建成全国公共文化服务体系示范区,努力为全国的公共文化服务体系建设探索经验、提供示范,推动公共文化服务体系建设的科学发展。

苏州市人民政府副市长　王鸿声

1.2.3 苏州市人民政府副市长王鸿声在中期督查汇报会上的报告

坚持高标准　实施新举措

全面推进公共文化服务体系示范区创建工作

各位领导，各位专家：

大家下午好！

首先，欢迎大家到苏州督查指导我市的国家公共文化服务体系示范区创建工作。当前，我市正处在深入贯彻落实党的十七届六中全会精神、着力加快文化强市建设的关键时期，作为首批31个国家公共文化服务体系示范区创建城市之一，我们深感责任重大，任务艰巨，迫切需要上级部门和专家的指导和帮助。在2012年初这一示范区创建工作承上启下的重要时刻，文化部组织督查组莅临苏州指导工作，对我们的创建工作指出不足、提出要求、指明方向，这是文化部对我们工作的极大关心和支持，将有力地促进苏州创建工作的顺利开展。为此，我谨代表苏州市委市政府，向督查组的各位领导和专家们表示衷心的感谢！

按照文化部关于督查工作的要求，现将近一年来我市的创建工作进展情况作一汇报。

一、苏州市示范区创建工作的进展情况

苏州位于长三角地区的太湖之滨，区域面积8848平方千米，全市常住人口1046.85万人，下辖5个县级市（张家港市、常熟市、太仓市、昆山市、吴江市）、5个区（吴中区、相城区、平江区、沧浪区、金阊区）和2个市政府派出机构的开发区（工业园区、高新区〈虎丘区〉）。改革开放以来，我们抢抓机遇，全力推动经济社会快速发展。2011年，GDP总值突破1万亿元。在经济社会快速发展的同时，苏州的文化建设也取得了显著成绩。苏州市入选首批国家公共文化服务体系示范区创建城市，既是对我们以往工作的高度肯定和充分信任，更是对我市公共文化服务体系建设在更高平台上长效建设、跨越发展的鞭策和推动。一年来，我市上下凝心聚力，齐抓共管，对照创建标准，形成了基本思路；围绕总目标，明确时间表，确定路线图，制定了工作措施，全面推动示范区创建工作的良性进行。回顾一年来创建工作的进展情况，可以基本概括为"规范过程管理""健全保障机制""推进重点工程"三个方面：

（一）加强组织领导，规范过程管理

按照创建工作要求，我们迅速成立了创建工作领导小组及创建办公室，召开了创建工作动员大会，拟定了过程管理实施意见，抓好宣传动员，确保组织领导到位、过程管理到位、宣传发动到位。

1. 建立机构，落实责任

去年5月，我市成立了以市政府主要领导为组长、13个相关部门和12个县级市（区）政府（管委会）主要负责人为成员的创建工作领导小组。月底召开了市有关部门、全市镇（街道）以上党政领导干部参加的创建动员大会，市政府与各县级市（区）签订《创建国家公共文化服务体系示范区目标责任书》，明确任务，落实责任。各县级市（区）也先后召开创建工作动员大会，相应成立了创建工作领导小组，层层签订责任书。

2. 出台文件,规范管理

苏州市和下辖各县级市(区)全部设立了创建办公室,在创建领导小组的统一领导下,负责创建工作的统筹、协调和实施。市创建办自去年起分别拟定并出台了《苏州市创建国家公共文化服务体系示范区建设规划》《苏州市创建国家公共文化服务体系示范区过程管理实施意见》《苏州市公共文化服务体系制度设计研究工作方案》《苏州市创建国家公共文化服务体系示范区信息报送和宣传工作方案》等文件,明确了创建领导小组、创建办以及领导小组各成员单位的职责和分工,制定了联络员制度、经费管理制度、制度设计研究工作制度、督导检查制度、信息报送制度、考核制度等各项创建工作过程管理制度。市创建办设立专职信息员,收集整理相关信息,定期出版创建工作简报。去年底和今年初,市创建办又先后召开了两次创建工作联络员会议并组织督导组赴基层督导创建工作进展情况,协调解决有关问题,有效推动了创建工作的顺利进行。

3. 加强宣传,营造氛围

按照文化部的要求和推进创建工作的需要,我们非常注重面向社会、面向群众,全方位、多层次地宣传创建工作。一方面,积极向中央和省媒体发布创建工作信息,先后在《中国文化报》《光明日报》等国家级媒体上发布专题报道、新闻信息等共计57篇(次),省级媒体上的专题报道共计74次。另一方面,充分发挥本地媒体和宣传媒介的作用,在《苏州日报》开设专题宣传,并发布新闻报道370篇以上,定期报道创建进展情况。同时还在城区和各镇(街道)、社区电子大屏以及城区交通电子屏上进行创建标语口号的宣传,努力形成全社会参与创建的氛围。

(二)完善制度措施,健全保障机制

公共文化服务体系建设是一项全局性工作,我们通过不断健全组织保障机制,完善经费支撑机制,创新文化体制机制,建立长效建设机制等方式,全力保障示范区创建工作。

1. 健全组织保障机制

我们通过构建党委政府领导、文化等有关部门联手、专家委员会参与、联络员网络体系协作、公共文化服务信息平台支撑的"五位一体"的工作管理机制,有效推进全市公共文化服务体系科学发展。一是由市领导挂帅的创建领导小组统筹指挥创建工作,定期听取工作汇报,现场指导协调相关工作,为创建工作提供了强有力的组织保障。二是健全文化部门与其他有关部门(单位)联动以及市与县级市(区)联动的机制。把有关部门、县级市(区)纳入创建主体,调动全市力量,形成了横向合作、上下齐心的工作格局。三是聘请国家、省、市相关方面的专家组成苏州市创建国家公共文化服务体系示范区专家委员会(苏州市公共文化服务专家咨询委员会、苏州市公共文化服务绩效评估专家委员会等),负责公共文化服务体系建设相关规划、政策、措施的专家咨询、绩效评估,以及创建示范区过程管理的督查等事项。四是组织开展全市镇(街道)综合文化站站长以上人员参加的创建工作培训班,建立起从市到镇(街道)的创建工作联络员网络体系。五是建立全市公共文化服务信息平台,利用现代网络技术,建立公共文化服务互动平台,探索公众参与的公共文化服务绩效评估新途径。另外,我市还通过制定出台示范区创建工作的激励与制约措施,健全完善对县级市(区)、镇(街道)及有关部门公共文化服务工作的考核指标,实行对公共文化产品提供和服务过程的管理和监督等措施,不断健全和完善创建工作的组织保障机制。

2. 完善经费支撑机制

市政府出台了《关于加强文化改革发展若干经济政策的意见》,明确提出"各级财政要确保创建资金的安排,保证公共财政对文化建设的增长幅度高于财政经常性收入增长幅度,人均财政文化支出高于全省平均水平"。自创建工作开展以来,全市各级财政划拨了专项经费用于创建工作,2011年苏州市本级财政对苏州图书馆、苏州市文化馆、苏州美术馆免费开放专项经费达1582万元,各县级市(区)对图书馆、文化馆(站)免费开放专项经费超1000万元。据统计,我市本级财政创建期间以及"十二五"期间公共文化服务投入将达2.8亿元(不含重大文化设施建设的投入)。各县级市(区)2011—2012两年公共文化服务体系建设投入经费总计约为33亿元。目前,我们已出台了《苏州市创建国家公共文化服务体系示范区财政保障的实施方案》,将中央财政创建示范区补助资金、苏州市创建工作经费、支撑经费的使用管理纳入该文件,切实落实文化部、财政部有关创建资金专款专用的要求。

3. 创新文化体制机制

我市初步制定了《苏州市公共文化服务指南》(城区),确定了基本文化服务内容和量化指标,特别是将农民工等弱势群体和特殊人群公共文化服务纳入服务内容和量化指标。苏州图书馆、苏州市文化馆、美术馆和博物馆已制定免费开放工作方案,排出全年各项公共文化服务活动和项目,编印了相应的服务指南,并向市民进行了公示。张家港市出台了关于开展"网格化公共文化服务"的实施意见,推进实现公共文化服务的精细化、人性化和均等化。常熟市开展文化主管部门与各镇(街道)的挂钩结对共建活动,形成城乡一体、局镇(街道)联手、单位挂钩、上下联动、共创共建的工作机制。昆山市制定和实施了公共文化服务和产品评价激励机制,着力推进公共文化服务平台建设工程。

4. 建立长效建设机制

这次的创建,我们的目的并不仅在争荣誉,而是把创建作为我们的工作抓手,以创建促工作、以创建促发展。因此,我们一方面出台了《创建规划》《过程管理实施意见》等针对创建工作的政策文件,另一方面,认真研究并制定出台了《关于加强"十二五"公共文化服务体系建设的实施意见》,作为"十二五"期间全市公共文化服务体系长效建设的指导性文件。另外,《苏州市国民经济和社会发展第十二个五年规划纲要》《关于贯彻落实党的十七届六中全会〈决定〉全面建设文化强市的意见》《苏州市文化广电新闻出版业发展"十二五"规划》等市委市政府下发的重要文件,也都专门提出了公共文化服务体系建设的目标和要求。我市公共文化服务体系建设的长效机制正在不断健全。

(三) 创新工作思路,推进重点工程

我们紧密围绕《创建规划》的目标和部署,在创建周期内,重点推进设施网络建设工程、数字服务提升工程、文化惠民服务工程、制度设计研究工程、文化人才培育工程五大工程,以重点带全局,以创新促发展,示范区创建工作取得了阶段性成果。

1. 设施网络建设工程

去年以来,我市将设施网络建设作为示范区创建的基础性工程,不断加大力度、完善标准。一是圆满完成全国文化馆评估定级工作,全市文化馆国家一级馆总数达到12个。二是标志性文化设施项目加快推进。苏州图书馆文献资源存储集散中心已完成选址,进入项目启动建设程序;昆山市"文化艺术中心"、吴中区"现代文体中心"、高新区"文化艺术中心"等建设项目正在加快推进。三是基层文化设施建设稳步推进,基层文化阵地的"建管用"机制不断完善。去年初,我市文化、民政部门联合出台了《关于进一步加强苏州市社区文化建设的意见》,并结合《苏州市基层文化标准化建设评选和命名工作的实施意见》等文件要求,命名一批公共文化服务示范、优秀、合格文化站、村(社区),稳步推进基层文化设施的设置率和达标率。截至2011年底,全市公共文化设施总面积为270.07万平方米,每万人拥有公共文化设施面积达2212.10平方米,公益性文化设施总面积为201.86万平方米,人均0.19平方米,基本实现公益性文化设施市、县级市(区)、镇(街道)、村(社区)四级全覆盖。

2. 数字服务提升工程

数字文化服务体系建设形式不断创新,功能不断完善,阵地不断延伸,成效不断凸显。一是不断完善"苏州模式"的公共图书馆总分馆体系。根据创建标准和新出台的《苏州市公共图书馆总分馆体系建设实施方案》要求,2011年全市新建图书馆分馆17个。截至2011年底,全市已建有市级总馆1个,县级市(区)级总馆7个,分馆125个。到今年底将建成总分馆共140个。二是加快推进"四位一体"基层综合信息服务体系建设。我市下辖5个县级市全面启动了行政村"四位一体"综合信息服务站建设,到2012年底将基本实现全覆盖。三是重点推进有关区级文化信息共享工程支中心建设及社区(村)级基层点全覆盖建设。四是积极筹备建设"公共文化有线数字互动平台",借助有线数字网络,推动公共文化服务进社区、到客厅。

3. 文化惠民服务工程

我市深入开展2011群星璀璨"我们的节日""天天有"、市直舞台艺术"四进工程·社区行"和"各广场主题活动"四大系列品牌的文化惠民活动;成功举办了第六届"苏州阅读节";围绕庆祝建党90周年,组织开展"2011年苏州市群众文艺大会演"暨首届"和谐社区"文化艺术节和"迎新年——新苏州人优秀新节目展演"等文化活动;苏州市文化馆小品《寻家短信》参加文化部与国务院农民工工作联席会议办公室共同主办的"温暖之春"——2012年慰问全国农民工春节晚会,这是继2009年北京人民大会堂"大地情深——全国城乡基层群众小戏小品展演"开幕式演出和2010年北京五棵松体育馆"'我们的节日'——群星奖优秀节目2011年春节慰问外来务工者文艺晚会"后,苏州市群文作品连续第三年登上首都大舞台,受到了李长春、刘云山、刘延东等党和国家领导人及文化部领导的高度赞赏。据统计,2011年我市开展各类公益性展演展示活动3万场次,惠及农村及社区群众3200万人次。"三送工程"向基层送书超10万册,送戏超3000场次,送电影超13000余场次。另外,根据文化部关于举办"大地情深"——国家公共文化示范区创建城市群众文化进京展演活动的要求,我市积极组织了一台极具苏州特色的群文演出专场,已基本确定于8月底在北京21世纪剧院作为文化部展演活动的开幕演出,汇报我市公共文化服务体系建设的成果,并向党的十八大献礼。

4. 制度设计研究工程

我们在反复研究和酝酿的基础上,组建了制度设计研究专家组,制定了《苏州市公共文化服务体系制度设计研究工作方案》,确定了以1个文化部命名课题、4个市级重点课题和12个县级市(区)级课题为主要内容的制度设计研究课题体系。今年1月初,我市召开了公共文化服务体系制度设计研究课题讨论会,邀请国家和江苏省公共文化服务体系建设方面的专家进行课题论证和研讨,专家们充分肯定了我市公共文化服务体系制度设计研究工作所取得的阶段性成果,希望我市能够出色地完成此项工作,为全国制度设计研究形成示范。

5. 文化人才培育工程

根据中宣部等六部委《关于加强县级和城乡基层宣传文化人才队伍建设的若干意见》,我市下发了《贯彻〈关于加强地方县级和城乡基层宣传文化队伍建设的若干意见〉的实施意见》,积极探索基层文化队伍建设新路径。我市从2008年起开始施行基层文化从业人员资格认证制度,连续三年开展了两轮基层文化从业人员资格认证培训,来自各县级市(区)共1570余人参加培训,基本实现了基层文化从业人员培训全覆盖。在此基础上,结合示范区创建要求,我市文化和人事部门去年3月份又联合下发了《进一步落实〈苏州市基层文化从业人员资格认证制度〉的意见》,建立基层文化从业人员跟踪管理机制,为基层文化人才队伍的优化管理提供坚实保障。2011年全年培训基层公共图书馆从业人员5批共1212人次,非物质文化遗产保护从业人员2批共180人次。

二、苏州市示范区创建工作下阶段措施

2012年是我市开展创建工作的关键之年。我们将坚定地承载起国家赋予我们的重大使命,用

改革的办法破解新难题、用创新的举措谋求新突破、用开放的思路增添新优势,全力做到四个"紧密结合"。

(一)将全面达标与重点突破紧密结合,重在取得实效

根据文化部对于示范区创建的验收标准及前置条件,我们在接下来的创建工作中将加快步伐、加大力度、突出重点、整体推进。一是稳步做好"已达标项目"的巩固提高。按照"提高——巩固——再提高"的要求,提升建设标准,向全国先进城市看齐,坚决防止已达标项目出现反复。二是加快推进"接近标准项目"的全面达标。对于接近但还未达标的项目,我们将确定时序、狠抓进度,一步不落地抓紧完善,争取今年6月份之前全面达标。三是全力推动"差距项目"的重点突破。对于还存在差距的项目,坚持"目标不变、标准不降、时间不拖"的原则,力争重点突破,全面达标。

(二)将体系建设与品牌打造紧密结合,彰显特色亮点

在示范区创建工作的同时,不断打造和优化特色文化品牌,扩大苏州文化建设的影响力和美誉度,最大限度地满足城乡群众的基本文化权益。一是凝练新的文化品牌。结合区域实际,在设施网络、服务供给、组织支撑、措施保障等方面着力凝练特色、打造亮点。二是做优重大文化活动品牌。继续做好做强吴文化、"水文化"活动品牌,丰富城市文化内涵,打造具有全国影响力和号召力的特色文化活动品牌。三是做强文化惠民系列活动。以现有的品牌文化惠民活动为示范和带动,以"三送""四进"工程、群星璀璨系列活动为平台,组织开展形式多样的针对不同人群的文化活动。

(三)将制度设计与创建实践紧密结合,完善制度保障

我们将结合我市"十二五"文化发展建设的战略目标,按照《制度设计研究工作方案》,高质量地完成课题研究和制度设计工作任务,提炼出一批推进公共文化服务体系建设的制度和政策。一是发现和分析我市公共文化服务体系建设中存在的问题,提出相应的建议措施和具体的解决方案。二是探索公共文化服务体系建设的新模式和新举措,推动一批具有实践性、前瞻性、整体性的政策制度出台。三是构建公共文化服务体系建设理论研究和政策咨询的平台,汇聚专家智慧,为公共文化服务体系的科学发展建言献策。

(四)将立足创建与谋划长远紧密结合,健全长效机制

创建工作和长远发展相辅相成,相互促进,我们将在接下来的工作中坚持远近结合、统筹兼顾。一是明确任务,注重过程。当前的首要任务是创建,我们将通过健全管理机制,严格落实过程管理相关规定,在一年多内不折不扣地完成创建各项任务。二是着眼长远,谋划未来。通过周期性的创建工作提高认识、夯实基础、积累经验、探索途径,有效助推公共文化服务体系建设的整体和长远发展。

近一年来,我市上下积极争创国家公共文化服务体系示范区,取得了一定成绩,也还存在一些不足。我们将不折不扣地按照文化部、财政部的指导要求,立足苏州特色,全力以赴,高标准、高质量地完成示范区创建任务。

苏州市人民政府副市长　王鸿声
2012年4月12日

1.2.4 文化部第十五督查组《关于江苏省苏州市创建国家公共文化服务体系示范区工作情况的反馈意见》

文化部第十五督查组
关于江苏省苏州市创建国家公共文化服务体系示范区
工作情况的反馈意见

按照文化部关于创建国家公共文化服务体系示范区(项目)的统一部署,2012年4月11日—14日,文化部第十五督查组一行9人,对江苏省苏州市创建国家公共文化服务体系示范区工作情况进行了督查。现将督查情况反馈如下:

一、督查过程

根据文化部对督查工作的有关要求,第十五督查组采取听、查、看、访四种工作方式,听取了苏州市关于示范区创建工作的汇报,查阅了有关档案和统计资料,并实地考察了苏州图书馆、苏州市公共文化中心(包括苏州文化馆、苏州美术馆和苏州名人馆),常熟市辛庄镇星海文化中心、星海无线电博物馆(民办博物馆),张家港市文化中心(包括文化馆、图书馆、大剧院)、南丰镇科文中心、永联村图书馆、永联村小戏楼、江南农耕文化园、城南街道东湖苑社区文化活动中心等各类公共文化设施。同时委托第三方社会调查机构零点公司,通过问卷调查、随机拦访、组织座谈和深度访谈等方式独立开展了关于示范区创建工作的社会调查。上述督查内容和督查方法,有利于督查组全面了解和客观评价苏州市示范区创建工作。

二、总体评价

督查组一致认为,苏州市各级党委、政府认真贯彻党的十七届六中全会以及文化部有关文件精神,高度重视示范区创建工作,将示范区创建作为打造"文化苏州"城市形象、推动苏州市公共文化大发展大繁荣的重要抓手,定位高远、积极创新、精心谋划、稳步推进,创建工作取得突出成绩,圆满完成中期目标,在全国起到了良好的示范和表率作用。

督查组严格按照《创建国家公共文化服务体系示范区督导检查重点项目和指标(东部)》的要求,通过对苏州市6个重点项目和25个重点指标逐一进行认真核查和评估,认定其中24个指标中期进度可以评定为优,1个指标评定为良,总体督查指标优良率达100%。

另外,零点公司在苏州市开展了工作人员调查和群众满意度调查,包括座谈会1场,工作人员有效问卷17份,群众有效问卷31份。社会调查总体评价概括如下:苏州市公共文化设施基本满足公众文化需求,"三馆一站"免费开放工作获得群众好评;社区、农村等基层文化活动开展较好,活动类型丰富多样,群众满意度较高;各市、区之间形成有效联动机制,文化互动和交流活跃,资源共享程度高。同时,通过调查发现,苏州普通市民及基层群众对示范区创建工作的知晓率有待进一步提高,应加大宣传力度,吸引更多群众参与创建工作,共享创建成果。

三、工作亮点

（一）全市各级党委、政府认识高度统一，形成"上下一心、共同推进"的工作局面

督查期间，督查组所到之处的首要感受便是苏州市各级党委、政府凭着高度的文化责任感和使命感，对示范区创建工作认识高度统一，形成了省、市、县级市（区）、镇（街道）协力推进的工作局面。苏州市调动全市力量，成立创建工作领导小组，将13个相关部门和12个县级市（区）政府（管委会）纳入创建主体，由市到镇（街道）层层签订目标责任书；领导小组定期听取工作汇报，现场指导协调相关工作，为创建工作提供了强有力的组织保障；在各县级市（区）之间建立联动机制，加强资源共享、开展横向交流，各县级市（区）在互相学习的同时又开展良性竞争，创建工作各有特色，大大激发了创建热情。督查组认为，各级领导班子齐心协力、共同推进，是示范区创建工作取得成功的决定性因素。

（二）硬件设施一流，软件配套完善，"软硬兼施"，均衡发展

苏州市公共文化设施网络建设成效显著，基本实现市、县级市（区）、镇（街道）、村（社区）四级全覆盖。截至2011年底，全市公共文化设施总面积为270.07万平方米，每万人拥有公共文化设施面积达2212.10平方米，公益性文化设施总面积为201.86万平方米，人均0.19平方米；全市文化馆国家一级馆总数达到12个；昆山市"文化艺术中"、吴中区"现代文体中心"、高新区"文化艺术中心"等标志性文化设施项目加快推进；基层文化设施建设稳步推进，基层文化阵地的"建管用"机制不断完善。

在抓硬件建设的同时，苏州市高度重视软件建设。建立健全公共文化服务体系长效建设机制；制度设计研究工作所取得的阶段性成果；公共文化设施服务能力不断提高，公共文化产品日益丰富，"我们的节日""天天有"、市直舞台艺术"四进工程·社区行""各广场主题活动"和"三送工程"等文化惠民活动常态化开展；优秀群众文化作品不断涌现；民间文艺社团、群众自办文化初具规模，为一流的硬件设施充实了内容，注入了活力，实现了软硬件均衡发展。

（三）以创新为手段，不断推动创建工作深入开展

苏州市根据示范区创建工作特点，创造性提出相关机制体制，有力推动了创建进程。初步制定了《苏州市公共文化服务指南》（城区），确定了基本文化服务内容和量化指标，特别是将农民工等弱势群体和特殊人群公共文化服务纳入服务内容和量化指标；施行基层文化从业人员资格认证制度，建立基层文化从业人员跟踪管理机制，为基层文化人才队伍的优化管理提供坚实保障；张家港市出台关于开展"网格化公共文化服务"的实施意见，推进实现公共文化服务的精细化、人性化和均等化；常熟市开展文化主管部门与各镇（街道）的挂钩结对共建活动，形成城乡一体、局镇（街道）联手、单位挂钩、上下联动、共创共建的工作机制。

四、督查建议

督查组对下一步苏州市的示范区创建工作提出以下几点建议：

（一）进一步加大推进力度，确保示范区正式验收时公共图书馆人均占有藏书量以及市、县两级图书馆平均每册藏书年流通次数等指标达到规定要求，力争一定比例指标居全国领先水平。

（二）加强数字文化网络建设探索与研究，加大公益性数字文化产品供应力度，提高文、图、博网上三馆服务水平，构建实体设施和虚拟网络有益结合、互为补充的全方位服务格局。

（三）积极试点建立文化馆、图书馆、博物馆等公益性文化单位服务标准化体系，进一步提高服务能力和水平。

文化部第十五督查组
二〇一二年四月十四日

督察组组长：

督察组成员：

1.2.5 国家公共文化服务体系示范区创建工作现场经验交流会(张家港)
1.2.5.1 会议概况

会 议 概 况

2012年9月25至26日,文化部在江苏省张家港市召开国家公共文化服务体系示范区创建工作现场经验交流会,考察学习张家港市"网格化"公共文化服务典型经验,总结交流示范区创建工作,部署下一阶段任务。文化部党组成员、副部长杨志今,江苏省副省长曹卫星,财政部教科文司文化处处长宋文玉,江苏省文化厅党组书记、厅长徐耀新,文化部公共文化司司长于群,文化部财务司副司长马秦临,苏州市副市长王鸿声,张家港市市长姚林荣出席会议,于群司长主持会议。

江苏省张家港市结合苏州市创建国家公共文化服务体系示范区的任务要求,立足城市化进程中公共文化服务体系建设面临的新形势、新问题,以保障人民群众基本文化权益为宗旨,以延伸基层公共文化服务层级为突破口,在社区以下合理划分"文化网格",建立一支扎根基层、服务群众、乐于奉献的"网格文化员"队伍,率先探索实施"网格化"公共文化服务模式,形成了市、镇(区)、村(社区)、网格四级公共文化服务新体系,促进了公共文化服务均等化,形成了公共文化服务体系建设"张家港经验",在国家公共文化服务体系示范区创建和公共文化服务体系建设工作中具有较强的示范性,得到了中央领导的充分肯定。会议期间,与会代表现场考察了张家港市"网格化"公共文化模式建设情况。

会议对第一批示范区创建工作进行了总结。自2011年文化部、财政部正式启动实施国家公共文化服务体系示范区创建工作,特别是创建工作写入十七届六中全会《决定》以来,地方党委政府对公共文化服务体系建设的关注空前提高,示范区创建工作已经成为各地推动公共文化服务体系建设的重要抓手,一些长期制约城乡文化事业发展的突出矛盾得到加快解决,人民群众的基本文化权益保障水平进一步提高。比如,文化事业费投入大幅增加,粗略估算,首批中央财政3.05亿元示范区创建补助资金撬动了31个城市财政资金投入超过100亿元,部分创建示范区2011年文化事业费投入比2010年实现了翻一番;设施建设实现大幅提速,创建工作推动了许多城市将重大公共文化设施项目列入"十二五"规划并加快施工建设,不少创建示范区的公共文化设施建设至少提速5年;长效机制加快建立,许多创建示范区对社会力量参与、队伍建设、资源统筹、绩效考核机制等进行制度设计研究,并形成长效机制,使长期存在的难题得到有效解决;公共文化服务能力和水平明显提高,许多创建示范区探索实施公共文化服务政府采购制度、公共图书馆总分馆制、流动文化服务等一系列新的公共文化服务方式,有效提升了公共文化服务能力,改善了服务质量。

杨志今在讲话中指出,江苏省张家港市"网格化"公共文化服务,充分体现了普惠均等的公平理念,以服务质量和效益为本的效率意识,以人为本、共建共享的文化参与精神,因地制宜、开拓创新的示范区创建精髓。杨志今要求,各级文化部门和各创建示范区要认真学习借鉴张家港等地公共文化服务的思路、机制、做法和经验,学习其观念创新、机制创新、服务创新的精神实质,因地制宜,充分考虑本地公共文化服务体系建设的各项基础条件,找准突出矛盾和关键环节,通过实践探索和制度设计,形成富有地方特色的公共文化服务体系建设模式。

杨志今对下一阶段的示范区创建工作提出了明确要求。他强调,各省文化厅要加大对示范区创建工作的支持力度,切实承担起督导、检查和经验推广责任。各创建示范区党委政府要严格按照创建标准,加快解决薄弱环节,确保全面达到创建目标;要强化工作创新,形成富有地方特色的公共文化服务体系建设经验;要进一步加强制度设计研究,建立和完善公共文化服务体系建设的长效机制;要进一步加强统筹协调,体系化推进示范区创建工作;要加强工作交流,形成互比互学互超的浓厚氛围。

会议安排了东、中、西部创建工作取得突出成绩的苏州市、长沙市、成都市介绍创建经验;江苏、浙江、广西文化厅介绍开展省级示范区创建和推广示范区经验的有关做法;杭州市就推进学习型城市建设、昆明市就打造"公共文化服务包"介绍做法和经验。国家公共文化服务体系建设专家委员会的部分专家,各省(区、市)文化厅(局)分管公共文化工作的厅(局)长及相关处室同志,首批示范区创建城市分管市领导和文化局同志,各省(区、市)文化厅(局)推荐的地(市)政府分管领导和文化局同志,东部地区创建示范区下辖县(区、市)文化局长,江苏省各地市文化局分管副局长参加了会议。

1.2.5.2 文化部副部长杨志今在张家港会议上的讲话

在国家公共文化服务体系示范区创建
工作现场经验交流会上的讲话

同志们：

为贯彻落实党的十七届六中全会精神，扎实推进国家公共文化服务体系示范区创建工作，根据中央领导批示精神和文化部党组部署，文化部在江苏省张家港市召开国家公共文化服务体系示范区创建工作现场经验交流会，主要任务是考察学习张家港市"网格化"公共文化服务典型经验，总结交流示范区创建工作，部署下一阶段任务。刚才，江苏省的曹省长作了热情洋溢的致辞，张家港市、苏州市、江苏省文化厅的领导都做了很好的经验介绍，专家也作了很好的点评，我听了很受启发，很受教益。下面，我也就张家港市"网格化"公共文化服务经验和示范区创建工作谈几点意见和体会，供大家参考。

一、江苏省张家港市"网格化"公共文化服务模式为示范区创建和公共文化服务体系建设提供了新鲜经验

近年来，江苏省委、省政府认真贯彻落实党的十七大和十七届六中全会精神，明确了宣传思想文化战线是党的工作一条主战线、践行科学发展观一个主阵地、推进"两个率先"一支主力军的工作定位，在全省上下营造了高标准、高质量谋划和推动文化改革发展的良好氛围。苏州市委、市政府按照文化部、财政部和江苏省委、省政府的要求，切实把示范区创建作为打造"文化苏州"城市品牌的重大机遇，用改革破解新难题，用创新谋求新突破，创建工作走在全国前列，起到了很好的示范带动作用。在江苏省委、省政府和苏州市委、市政府的正确领导下，张家港市以高度的文化自觉推进文化改革发展，尤其是在苏州市成为国家首批创建示范区之后，张家港市立足城市化进程中公共文化服务体系建设面临的新形势、新问题，改革创新，在社区以下合理划分"文化网格"，组建"网格文化员"队伍，实行"网格化"公共文化服务，取得了很好的成效，得到了中央领导同志和蔡武部长的充分肯定。中央政治局委员、中央书记处书记、中宣部部长刘云山同志批示："公共文化服务体系建设是繁荣发展文化的重要任务，张家港创造的'网格化'文化服务模式的经验值得总结。"文化部蔡武部长批示："张家港市'网格化'文化服务模式是观念创新、机制创新的典型，深入研究、总结其经验并做出评估，在文化系统宣传，对提高和完善地方公共文化服务水平与质量有重要作用。"按照中央领导和蔡部长的批示精神，我们公共文化司于群司长又专门带队到张家港市进行了深入的调研。通过调研，我们感到张家港市"网格化"公共文化服务有特色、有成效，是在示范区创建过程中涌现出来的创新典型，对示范区创建和公共文化服务体系建设具有重要的示范意义。主要表现在以下几个方面：

（一）"网格化"公共文化服务体现了普惠均等的公平理念。公平正义是社会主义制度的首要价值。平等分享文化改革发展成果，享受基本公共文化服务，是每一个公民应有的权利，是社会主义制度的本质要求，也是赋予人民群众有尊严的生活及实现文化公平的基础。张家港市"网格化"公共文化服务，以惠及全民为出发点，运用"网格化"组织模式开展城乡基层公共文化服务，有效推动了公共文化服务体系建设重心下移、资源下移、服务下移，实现了公共文化服务全覆盖。尤其是通过畅通服务信息、创新服务方式、丰富服务内容，把本地人口、特殊人群、外来务工人员等全部纳

入公共文化服务范畴,并针对农民工、大学生、老人、残疾人等特殊群体开展定向文化服务,有效保障了基层群众的文化知情权、选择权、参与权、享有权,鲜明体现了普惠均等的文化公平理念。实践证明,只有以超越局部和特殊利益的公平正义为导向,以公共财政为支撑,建立一个受法律政策保护的、覆盖全社会的公共文化服务体系,才能有效保障人民群众的基本文化权益。

（二）"网格化"公共文化服务体现了以服务质量和效益为本的效率意识。去年3月,刘延东同志在《文化部关于国家公共文化服务体系示范区(项目)创建工作有关情况的报告》上批示:"原则同意通过示范区(项目)创建方式推动公共文化服务体系建设。望在增强公共文化产品供给和服务能力上下功夫,务求实效。"张家港市在实施"网格化"公共文化服务过程中,建立起了5个行之有效的长效机制,即公益性文化单位与文化网格一对一辅导机制、群众文化需求反馈机制、体系化群众文化活动带动机制、"网格化"公共文化服务评价机制以及网格、村(社区)、镇、市之间的联动机制,从而实现了5个转变,即文化部门从"唱主角"到"抓协调"转变,公益性文化单位从"要我服务"向"我要服务"转变,公共文化资源由"分散"向"一体"转变,文化服务方式从"单一供给"向"多元供给""交互供给"转变,人民群众从"被动接受"向"主动参与"转变,有效保证了公共文化服务的优质高效,发挥了公共文化服务的综合效益。"网格化"公共文化服务实践生动说明,公共文化服务体系要发挥保障人民群众基本文化权益的重要功能,必须把质量和效益作为衡量公共文化服务能力的生命线,作为衡量公共文化服务水平的基本标准,时刻强化以服务质量和效益为本的效率意识。

（三）"网格化"公共文化服务体现了以人为本、共建共享的文化参与精神。张家港市充分认识到人民群众是公共文化服务体系建设的主体,通过建立"网格化"公共文化服务的志愿参与机制、需求反馈机制、信息发布机制和群众评价机制,直接听取群众意见、发动群众参与、接受群众评议,激发了基层群众参与公共文化服务的热情,增强了公共文化服务活力,依靠群众的智慧和力量推动公共文化服务体系建设不断向前发展,有效落实了以人为本、共建共享的文化参与精神,取得了很好的成效。这生动说明,人民是推动社会主义文化大发展大繁荣最深厚的力量源泉,必须牢固树立马克思主义群众观点,自觉贯彻党的群众路线,切实尊重人民群众的主体地位,激发人民群众的参与热情,为广大群众参与文化建设提供广阔舞台,引导群众在文化建设中自我创造、自我服务、自我发展。

（四）"网格化"公共文化服务体现了因地制宜、开拓创新的示范区创建精髓。创新是人类进步的灵魂,是人类文明发展的不竭动力,也是公共文化服务体系可持续发展的活力之源。"网格化"公共文化服务,是张家港在破除传统观念,深入研究本地经济社会发展的阶段性特征和公共文化服务体系建设面临形势的基础上,通过制度创新建立起聚焦基层、上下联动、横向协作的工作链条,形成的富有特色的公共文化服务创新成果。纵观公共文化服务体系近些年来的发展变化,创新、突出特色是贯穿始终的一根红线。我们谋划和实施示范区创建工作的重要目的就是通过推动观念创新、机制创新和服务创新,发挥创建示范区在全国的示范带动作用。示范区创建工作必须因地制宜、开拓创新,忽视创新,就背离了示范区创建的初衷,就无法达到创建目标。推动示范区创建和公共文化服务体系建设科学发展,必须按照科学发展观要求,坚持解放思想、转变观念、开拓创新。

在这次会议上,长沙、成都也将介绍他们的示范区创建经验,杭州、昆明、嘉兴、上海等地也提供了公共文化服务创新案例。这些经验都是结合本地实际,破除旧的思想观念,改变旧的工作套路,推出的重要创新举措。各级文化部门和各创建示范区要认真学习借鉴张家港等地公共文化服务的思路、机制、做法和经验,同时更要学习其观念创新、机制创新、服务创新的精神实质,尤其是要坚持因地制宜,充分考虑本地公共文化服务体系建设的各项基础条件,找准突出矛盾和关键环节,通过实践探索和制度设计,形成富有地方特色的公共文化服务体系建设模式。

二、正确把握当前公共文化服务体系建设面临的形势，进一步深化对示范区创建工作的认识

当前，我们处在一个重要而特殊的历史时期。从国际看，当今世界正处在大发展、大变革、大调整时期，不确定、不稳定、不安全的因素不断增多，国际和地区的热点此起彼伏，领土争端形势严峻，我国发展的外部环境更趋复杂。从国内看，当前我国正处于经济体制深刻变革、社会结构深刻变动、利益格局深刻调整、思想观念深刻变化的社会转型时期，经济社会发展中不平衡、不协调、不可持续的问题依然突出，经济增速放缓，各种热点、难点增多，许多矛盾叠加出现。可以说，在这种复杂的形势下，文化的作用和影响比以往任何时刻都广泛而深刻，必须注重加快推进文化改革发展，用文化引领方向、凝聚共识、团结力量、增强信心、化解矛盾，为我国改革开放和现代化建设营造良好环境。

党的十六大以来，党中央、国务院高度重视文化建设，在科学发展观的指导下，逐步找到了一条中国特色社会主义文化发展道路。公共文化服务体系在文化改革发展中具有基础性的地位，在中国特色社会主义文化发展全局中，是一个极为重要的支点和极为重要的组成部分。文化部党组把公共文化服务体系建设作为文化部的重要工作，我们多次强调，政府文化部门第一位的责任就是落实公共文化服务体系建设的任务。按照党的十七届六中全会提出的"到 2020 年，文化事业全面繁荣，覆盖全社会的公共文化服务体系基本建立，努力实现基本公共文化服务均等化"的目标要求，文化部和各级地方党委政府对公共文化服务更加重视，并采取一系列有力举措推动公共文化服务体系建设，形成了文化事业发展的热潮。

整体上看，经过各级党委、政府和文化部门的努力，我国公共文化服务体系建设快速发展，已进入了整体推进、科学发展、全面提升的新阶段。但相对于教育、卫生、科技等其他公共服务，我国公共文化服务相对滞后，还面临诸多突出矛盾和问题，必须加快解决。公共文化示范区创建工作就是文化部、财政部在全面总结我国公共文化服务体系建设经验，深刻分析当前面临形势的基础上做出的重要决策，是当前和今后一个时期推进全国公共文化服务体系建设的重要抓手。党的十七届六中全会《决定》和《国家"十二五"时期文化改革发展规划纲要》都明确要求"推进国家公共文化服务体系示范区创建"，示范区（项目）创建已经由部门行为上升为党中央、国务院关于公共文化服务体系建设的国家层面的重要战略部署。

今年 3 月至 5 月文化部、财政部组织 16 个督查组对各省示范区创建工作进行了中期督查。部党组的多位同志亲自带队进行督查，从督查情况看，示范区（项目）创建工作受到地方党委、政府的普遍关注和高度重视，许多创建示范区将创建工作作为贯彻落实十七届六中全会的重要内容、推动文化大发展大繁荣的重要抓手、转变发展方式的重大举措、构建和谐社会的重要途径，表现出强烈的创建热情，有效推动了公共文化服务体系的跨越式发展，初步发挥了示范带动作用，形势令人鼓舞。比如，文化事业费投入大幅增加，粗略估算，首批中央财政 3.05 亿元示范区创建补助资金撬动了 31 个城市财政资金投入超过 100 亿元，部分创建示范区 2011 年文化事业费投入比 2010 年实现了翻一番；设施建设实现大幅提速，创建工作推动了许多城市将重大公共文化设施项目列入"十二五"规划并加快施工建设，不少创建示范区的公共文化设施建设至少提速 5 年；突出矛盾加快解决，许多创建示范区对社会力量参与、队伍建设、资源统筹、绩效考核机制等进行制度设计研究，使长期存在的难题得到有效解决；公共文化服务能力和水平明显提高，许多创建示范区探索实施公共文化服务政府采购制度、公共图书馆总分馆制、流动文化服务等一系列新的公共文化服务方式，有效提升了公共文化服务能力，改善了服务质量。

我们也要清醒地认识到，创建工作中还存在一些亟待解决的问题，比如部分创建城市对创建工

作重视不够,创建工作发展不均衡,部分创建城市基础薄弱,示范带动作用没有得到充分发挥等。各省(区、市)文化厅(局)、各创建示范区党委政府必须进一步深化对示范区创建工作的认识,切实采取有效措施推进创建工作,确保取得实效。这里,我也提几点要求:

(一)示范区创建工作是党中央、国务院的重要决策部署,必须作为文化改革发展的重要任务加以落实。示范区创建工作是党中央、国务院关于文化改革发展的重要决策部署;是全面提升公共文化服务体系建设整体水平的重要机遇;是在社会主义文化大发展大繁荣的背景下,推动公共文化服务体系建设的重要抓手;是动员全社会力量,集中精力,整合资源,解决公共文化服务突出矛盾和问题,全面提高服务水平的重要契机。各地要进一步增强对示范区创建工作重要意义的认识,切实把创建工作作为当前和今后一个时期文化改革发展的重要任务加以落实。

(二)示范区创建工作是推动城市化进程中公共文化服务体系科学发展的重要举措,必须要城乡统筹、动态推进。党的十六大以来,我国城市化进程快速推进,2011年城市化率已经达到51.27%。城市化是经济转型、社会变迁和文化融合协同发展的过程,它不仅改变人口结构和经济结构,而且还催生文化形态和生活方式的剧烈变化。如何适应城市化进程,解决不断出现的新情况、新问题,是公共文化服务体系建设面临的重要任务。以地市级城市为单位开展示范区创建,加强在"面"上的管理和调控,统筹城乡文化发展,促进公共文化服务要素和资源的科学配置和合理流动,形成示范带动效应,是探索城市化进程中公共文化服务体系建设科学发展的重大举措。一定要立足我国城市化进程,与时俱进研究和解决不断出现的新情况新问题,坚持城乡统筹,动态推进示范区创建工作,切实提高工作科学化水平。

(三)示范区创建工作是创建示范区政府的重要职责,必须充分发挥政府主导作用。发展公益性文化事业的根本任务,是构建覆盖全社会的公共文化服务体系,为人民群众提供普惠均等的基本公共文化服务,这是政府的重要职能,应以政府为主导。创建示范区是公共文化服务体系建设的重要任务,也是各创建示范区党委、政府对文化部、财政部、当地省人民政府以及广大人民群众的郑重承诺。示范区党委、政府是创建工作的责任主体,负有全盘指挥和统筹指导创建工作的重要责任,要切实将公共文化服务体系建设纳入"四位一体"布局,纳入经济社会发展总体规划,纳入科学发展考核评价体系。在发挥政府主导作用的同时,还要适应社会主义市场经济条件下政府职能转变要求,充分利用市场和社会力量,形成示范区创建工作的合力。

(四)示范区创建工作是为全国公共文化服务体系建设探索路径、积累经验、提供示范,必须加强制度设计、善于开拓创新。示范区创建工作的重要目的,是为我国公共文化服务体系建设探索路径、积累经验、提供示范,推动公共文化服务体系建设可持续发展。示范区创建工作必须时刻强化问题意识、创新意识,对本地公共文化服务体系建设情况进行全面摸底,找准突出矛盾和关键环节,坚持改革创新,通过实践探索和制度设计,形成富有推广价值的创新性制度成果,发挥在区域乃至全国的示范带动作用。

三、对下一步创建工作的几点意见和建议

现在距离示范区验收还有不到一年时间,如期圆满完成创建目标,时间紧迫,任务艰巨。各创建示范区要按照胡锦涛总书记"7.23"讲话精神和十七届六中全会要求,充分认识示范区创建工作的重要目的,切实增强责任感和紧迫感,抓住重点任务和关键环节,下大功夫,确保创建工作达到预期目的。

一是要严格按照创建标准,加快解决薄弱环节,确保全面达到创建目标。 示范区创建标准规定了创建周期内必须达到的基本目标和最低要求,是文化部、财政部对创建示范区进行验收评审的主要依据。各省文化厅要根据督查组的反馈意见,组织力量对示范区存在的问题进行会诊,强化指导

和监管责任。各创建示范区党委政府必须加强对创建工作的动态管理,对照创建标准自查差距,切实采取有效措施解决薄弱环节,确保如期全面达标。公共文化服务体系建设是个动态的过程,各创建示范区要及时学习中央关于公共文化服务体系建设的最新精神,把中央的最新要求及时转化为创建工作内容,丰富创建内涵,保持创建工作动态发展。

二是要强化工作创新,形成富有地方特色的公共文化服务体系建设经验。文化部、财政部之所以花这么大的力气推动示范区创建工作,绝不是为了简单的"达标",搞花架子,挂牌子。各创建示范区,就是要成为全面贯彻中央公共文化服务体系建设战略部署的先导区,认真落实国家"十二五"文化改革和发展规划纲要中提到的先行区建设,成为统筹城乡文化发展、实现公共文化服务体系建设科学发展的先进典型。示范区创建工作贵在创新、贵在形成特色、贵在示范带动。各创建示范区要解放思想,勇于破除固有观念和工作模式的束缚,积极探索新模式、新思路、新方法、新举措,努力形成富有地方特色的公共文化服务体系建设经验,发挥示范带动作用。

三是要进一步加强制度设计研究,建立和完善公共文化服务体系建设的长效机制。我们多次讲,示范区创建的一个重要特点是把创建实践和制度设计紧密结合,推出一批能够推动公共文化服务体系科学发展的具有普遍示范意义的制度成果。制度设计研究是示范区验收的前置条件,各创建示范区要切实采取措施,加快推进制度设计研究工作。要根据创建时间安排,强化专家力量,加快推进制度设计研究;要把已经取得的研究成果尽快运用到创建实践之中,进行检验、修正和完善,转化为可操作的政策措施;要对创建实践经验进行提炼,总结为解决问题的思路、模式,形成具有普遍指导意义的制度性政策、文件和工作机制。国家公共文化服务体系建设专家委员会和各省文化厅要组织力量,加强对创建示范区制度设计研究的指导,把比较成熟的制度设计成果转化为更高层次的政策措施。

四是要进一步加强统筹协调,体系化推进示范区创建工作。在全国宣传部长十七届六中全会精神学习会上,刘云山同志就讲,发展公益性文化事业要在完善服务体系上下功夫。我们开展的示范区创建不是某个部门的单独行为,也不是某项工作的单兵突进,必须要有全局观念、整体思路、系统化举措。各创建示范区党委政府要根据各部门职能,加强统筹协调,建立长效工作机制,推动全市各部门力量的协调联动,形成创建工作合力。要充分发挥示范区创建工作的平台作用,坚持"硬件"与"软件"并重,立足公共文化服务体系的五个子系统,把中央关于公共文化设施建设、免费开放、公共数字文化建设、基层文化队伍培训、重大文化惠民工程等各项部署统筹考虑,系统推进,探索形成体系化推进创建工作的有力抓手,提高创建工作科学化水平。

五是要加强工作交流,形成互比互学互超的浓厚氛围。示范区创建不能闭门造车、自我满足,必须要有开阔的胸怀、开阔的视野、开阔的思路,要有"同强的比,向高的攀,与勇的争,跟快的赛"的"比学赶超"精神。在中期督查工作中,我们安排各省文化厅负责同志和创建示范区文化局长参加跨区域督查,推动大家相互交流、比较、学习,对大家触动很大,取得了很好的成效。经过一年的时间,各地的示范区创建工作已经步入有序推进的轨道,并初步取得成效,这种情况下,各创建示范区要强化比较意识、自省意识、学习意识,互走互比互学,加强交流,查找差距,互相学习借鉴创建工作的好做法、好经验,就遇到的问题、难题进行交流,求得破解的办法。

六是各省文化厅要加大对示范区创建工作的支持力度,切实承担起督导、检查和经验推广责任。江苏、浙江等部分省份已经陆续开展省示范区创建工作,形成了省、市、县层层推动创建的良好氛围。山东、四川、重庆、陕西等地也计划在本省开展创建工作。北京、湖北、云南等省市文化厅(局)还对创建示范区给予资金支持。在下一步的创建工作中,各省文化厅要切实承担起在示范区创建中的职责,加大督查和指导的力度,对示范区创建过程中探索出来的好经验、好做法进行总结推广,发挥创建示范区的辐射和带动作用。

同志们,当前示范区创建正处于攻坚阶段,任务艰巨,时间紧迫,大家一定要增强使命感和责任感,切实采取有效措施推动创建工作取得实效,以优异的成绩迎接党的十八大胜利召开!

谢谢大家!

文化部副部长　杨志今

2012 年 9 月 25 日

1.2.5.3 江苏省政府副省长曹卫星在张家港会议上的致辞

在国家公共文化服务体系示范区创建工作现场经验交流会上的致辞

尊敬的杨志今副部长,各位代表、同志们:

　　蔡武部长刚刚亲临江苏,与我省签署全面合作协议,文化部又在张家港市召开国家公共文化服务体系示范区创建工作现场经验交流会,对江苏文化工作特别是对公共文化建设工作是有力的推动和促进。首先我代表江苏省人民政府,对会议的召开表示热烈的祝贺!对出席会议的各位领导、各位来宾表示诚挚的欢迎!对长期以来关心支持江苏工作的文化部和兄弟省区市表示衷心的感谢!

　　近年来,在党中央、国务院的正确领导下,江苏认真贯彻落实胡锦涛总书记对江苏工作的新要求,全面落实"六个注重",全力实施"八项工程",又好又快推进"两个率先",科学发展迈出了重大步伐。去年全省地区生产总值超过4.9万亿元,连续20年保持两位数增长,人均生产总值突破9600美元。在加快经济社会发展的同时,省委、省政府高度重视文化建设,把"文化更繁荣"纳入"两个率先"的新目标新内涵,把文化建设工程作为推动文化繁荣发展的重要抓手,大力弘扬"创业创新创优,争先领先率先"的新时期江苏精神。加快建设文化凝聚力引领力强,文化事业产业强,文化人才队伍强的文化强省,积极探索具有时代特征、江苏特色、与现代化进程相适应的文化建设新路子,特别是将改善文化民生作为坚持民生优先、增进民生幸福的重要措施,启动实施公益性文化事业发展提升行动,大力推进公共文化服务体系示范区和项目建设。全省五级公共文化设施网络体系基本建成,一级图书馆、文化馆数量居全国各省市区之首,"三馆一站"基本实现免费开放,苏州进入国家示范区创建资格名单,连云港、南通两个项目入选国家示范项目创建名单,119个市、县、乡镇被评为省级公共文化服务体系示范区。

　　张家港市是全国闻名的物质文明和精神文明建设"两手抓"的典型,20世纪90年代创造了"团结拼搏、负重奋进、自加压力、敢于争先"的张家港精神,在江苏乃至全国产生了广泛而深远的影响。近年来,张家港市抢抓文化发展机遇,在创建国家和省公共文化服务体系示范区的过程中,以保障人民群众基本文化权益为宗旨,以延伸基层公共文化服务层级为突破口,率先探索实施"网格化"公共文化服务模式,形成了公共文化服务体系建设"张家港经验",得到了中央领导和文化部领导的充分肯定。这次会议邀请国家有关部委和各地文化行政部门负责同志来张家港市进行经验交流,为我们开阔视野、拓宽思路提供了很好的机会。下一步,我们将深入贯彻党的十七届六中全会和胡锦涛总书记"7·23"重要讲话精神,按照杨部长的指示和这次会议要求,积极借鉴兄弟省区市的好经验好做法,继续抓好公共文化服务体系建设示范区(项目)创建工作,力争在加强文化基础设施建设方面取得新进展,在推进公共文化服务数字化方面迈出新步伐,在加快城乡文化一体化发展方面实现新突破,努力推动公共文化服务体系建设再上新水平,更好地为经济社会发展大局服务。衷心希望文化部和各兄弟省区市一如既往地关心支持江苏的发展,热忱欢迎各位领导、各位朋友多来江苏检查指导工作,多提宝贵意见。

　　最后,祝会议圆满成功!祝各位领导、各位同志在江苏期间身体健康、心情愉快!

　　谢谢大家!

江苏省人民政府副省长　曹卫星

2012年9月25日

1.2.5.4 国家公共文化服务体系建设专家委员副主任、北京大学教授李国新在张家港会议上的发言

在国家公共文化服务体系示范区创建工作现场经验交流会上的发言

在这次会议之前,专家委员会已经参与了两次对张家港网格化公共文化服务的调研,刚才又听了张家港的经验介绍,我们一直在思考、讨论、研究一个问题:张家港网格化公共文化服务的理念、做法、经验的精神实质是什么?它对全国公共文化服务体系建设的借鉴和示范意义在哪里?下面我谈一点看法。

第一,张家港网格化公共文化服务在如何实现公共文化服务体系化、均等化、全覆盖方面做了有益探索。完善的公共文化服务体系的首要要求就是覆盖城乡。覆盖城乡本质上是说公共文化服务要具有覆盖所有区域、所有人的能力,而不仅仅是公共文化服务设施向所有人敞开大门。我们现在从总体上看已经实现了县县有图书馆文化馆,乡乡有文化站,公共文化服务设施实现了"全设置",也做到了向所有人敞开大门,但是,敞开大门不等于全覆盖,敞开大门与公共文化服务覆盖所有区域、覆盖所有人还有很大的距离。因此,公共文化服务体系建设必须想办法解决怎样真正实现服务全覆盖、怎样真正让公共文化的阳光普照到每一个人的问题。网格化,从物理概念上来说,就是地域单元的小型化。地域单元小型化,就可以让管理和服务更加精准化,让服务延伸纵向到底横向到边,不留空白和盲区,这就创造了一种公共文化服务向普遍均等全覆盖迈进的实现方式。通过网格化这种实现方式,政府提供基本公共文化服务以保障和改善文化民生的目标得以完整实现,保障公民基本文化权益的目标落到了实处;同时,公共文化的阳光普照到每一个人,激发了老百姓参与公共文化活动的热情,每一个人都是公共文化的享有者、参与者、创造者,公共文化创造的文化民主也得以全面体现,公共文化促进社会公平正义的功能得以彰显。从这个意义上看张家港的网格化公共文化服务,它是落实十七届六中全会精神、探索构建覆盖城乡的均等化的公共文化服务体系的创新实践。

第二,张家港网格化公共文化服务在提升公共文化的服务能力和服务效益方面做出了有益探索。目前我们的公共文化服务体系建设从整体上看存在着硬件不硬、保障不到位的问题,同时也普遍存在着服务能力不强、服务效益不高的问题。我们的一些体现服务能力和服务效益的指标,比如目标人群覆盖率,图书馆的外借率、到馆率、点击率,文化馆(站)的活动参与率等,和发达国家比,差距不是一星半点,而是几倍、十几倍甚至几十倍。长此以往,人们就会质疑公共文化机构存在于社会系统的合理性和必要性。公共文化服务不解决服务能力和服务效益的问题,就谈不到科学发展,谈不到可持续发展。怎么解决?张家港的网格化实践在这方面有创新意义。张家港的网格主要是依据人口集中度、文化关联度来划分的,人口集中加上文化关联,实际上是凸显了一个小型化地域和群体基本文化需求的个性和特点,明确了个性和特点,就为有针对性地提供公共文化服务奠定了基础,而强化服务提供的针对性,实际上就是服务的需求牵引和按需供给,这是提升服务能力和服务效益的有效途径。另外,张家港的网格化公共文化服务还有一条重要措施,就是建立网格文化员队伍。网格文化员置身于网格之中,置身于老百姓的生活当中,既了解和传递需求信息,又输送服务和产品,还组织网格文化活动,强化了网格体系中"人"的要素,抓住了公共文化服务体系"最后一公里"的关键性问题。对基层的公共文化服务来说,有了人,就能让服务能力发挥出来,让服务效

益体现出来,张家港的阶段性实践已经显示出了比较明显的效果。总之,提升公共文化服务能力、改善公共文化服务效益,这是目前我国公共文化服务体系建设面临的一个迫切需要解决的问题,张家港网格化公共文化服务的做法和经验有启发和借鉴意义。

第三,张家港网格化公共文化服务成功实践了文化领域社会服务管理方式的创新。近年来,社会服务管理方式创新引起了全社会的高度重视,网格化的基本公共服务社会管理模式在全国许多地方实施。以"十二五"规划纲要和前不久公布的国家基本公共服务体系"十二五"规划为标志,公共文化已被纳入了国家基本公共服务体系。张家港的网格化公共文化服务,是网格化社会服务管理理念在文化领域的成功应用。以网格化的服务管理方式提供公共文化服务,体现了公共文化作为基本公共服务的需求和供给特点,体现了基本公共文化服务和其他基本公共服务在社会服务管理层面的内在联系。在张家港,公共文化服务的网格化走在了其他方面社会服务管理的前列,它带给我们的启示是,一方面,公共文化服务是社会服务管理的重要方面,社会服务管理理念创新能够促进公共文化服务模式创新;另一方面,公共文化服务管理方式创新也可以引领和带动整个社会服务管理模式创新,从而彰显公共文化在完善社会服务管理、促进和谐社会建设中的作用。

总的来说,张家港的网格化公共文化服务通过创新理念和实践,回应了目前我国公共文化服务体系建设中的一些重要的、带有根本性的问题:比如怎样实现公共文化服务的普遍均等、城乡一体、全民共享,怎样解决公共文化服务能力不强、效益不高的问题,公共文化怎样充分发挥保障权益、普惠民生、促进公平正义的作用。有两句通俗的话形象地概括了张家港网格化公共文化的意义和价值,那就是:小网格提供了大服务,小网格解决了大问题。

公共文化的网格化服务和管理是一种具体的做法,学习张家港经验并不是简单地模仿其做法。网格化公共文化服务的精神实质是以创新的理念、创新的思路、创新的方法、创新的实践来解决公共文化服务体系建设中的突出矛盾和问题,构建覆盖城乡、结构合理、功能健全、实用高效的公共文化服务体系。所以,因地制宜,解放思想,以创新为动力,以创造性的实践突破薄弱环节,解决突出问题,提升公共文化服务的整体水平,这是张家港经验以及其他各地经验留给我们的精神财富和思想启迪。

北京大学教授　李国新
2012 年 9 月 25 日

1.2.6　苏州市创建国家公共文化服务体系示范区推进会
1.2.6.1　苏州市委常委、宣传部长蔡丽新在推进会上的讲话

紧扣目标　攻坚克难

奋力推进我市公共文化服务体系建设再上新水平

同志们：

今天我们在这里召开苏州市创建国家公共文化服务体系示范区推进会，主要议题是进一步统一思想，凝聚共识，按照文化部、财政部对示范区创建工作的要求，巩固创建成果，提升创建水平，切实推动我市公共文化服务体系建设，确保圆满完成各项创建任务。

刚才，市文广新局党委书记陈嵘同志就全市创建国家公共文化服务体系示范区工作进展情况进行了总结回顾，并对下一阶段工作提出了很好的意见。张家港市、苏州工业园区和苏州图书馆也做了很好的交流发言。下面，我讲三点意见：

一、提高认识、坚定信心，进一步增强推进公共文化服务体系建设的责任感和使命感

文化是一个社会的灵魂。胡锦涛总书记对江苏提出"六个注重"的新要求中，强调要"注重加强文化建设，注重加强社会建设和社会管理"。公共文化正是社会稳定、和谐、健康发展并形成社会凝聚力的最基本的因素。大力发展公共文化事业，构建和完善公共文化服务体系，是繁荣发展社会主义先进文化、构建社会主义和谐社会的必然选择。全市上下要充分认识公共文化服务体系建设的重要意义，坚定构建完善的公共文化服务体系的信心和决心，进一步增强推进公共文化服务体系建设的责任感和使命感。

第一，要站在率先基本实现现代化的高度进一步增强推进公共文化服务体系建设的责任感和使命感。率先基本实现现代化，物质是基础，精神是导向，文化是灵魂。蒋宏坤书记在市委十一届二次全体会议上强调"要把文化繁荣作为提升发展的第一依托""把增强文化软实力作为率先基本实现现代化的核心内涵"。2011年，在全市上下的共同努力下，我市成功入选首批31个国家公共文化服务体系示范区创建城市名单，这已然成为我市在"十二五"建设宜居新苏州、创业新天堂、幸福新家园征程上巧发力的一个核心支点。文化建设，既应有代表城市特色、彰显文化内涵的标志性项目和产品，更重要的是，要努力建设普惠均等的公共文化服务体系，让广大人民群众共享文化发展成果。为此，我们必须抢抓机遇，扎扎实实地推进公共文化服务体系建设，探寻一条新时期文化建设的发展之路、特色之路，努力实现城乡文化发展优势互补、互促共赢、共同提升。

第二，要站在促进经济社会可持续发展的高度进一步增强推进公共文化服务体系建设的责任感和使命感。改革开放以来，苏州的经济建设以其势不可挡的态势快速发展，既受益于历史文化名城深厚底蕴的依托，又为历史文化名城的当代建设提供了强有力的支撑。可以说，文化是苏州的"第一优势"，也是苏州发展的"第一资源"。公共文化服务体系，作为当代文化建设的重要组成部分，更为我们弘扬社会主义核心价值体系，营建积极、健康、向上的文化氛围提供了重要保障和有力支撑。为此，我们要善于运用智慧的手段，积极推进公共文化服务体系建设，以文化软实力的增强来促进经济硬实力的提升，不断推动我市经济社会良性地、可持续地发展，在公共文化的丰厚土壤上，塑造现代城市的文明之魂。

第三,要站在改善和保障民生的高度进一步增强推进公共文化服务体系建设的责任感和使命感。民生是文明之本,民生连着民心,民心凝聚民力。广大民众不仅需要吃饱穿暖居安行便,还希望活得快乐、活得幸福、活得有质量、活得有品位、活得有追求、活得有尊严。当前,人们的精神文化生活需求日益强烈,精神文化消费热情和水准日益高涨,这对我们的公共文化事业建设提出了更多、更高的要求,其中尤以保障城镇低收入居民、外来务工人员、残疾人等群体的基本文化权益最为紧迫。作为"文化民生"的重要内容,加快构建完善合理的公共文化服务体系已日益成为各级党委政府的重要职责。只有不断完善公共文化服务体系,不断提高供给能力,不断加大惠民力度,才能进一步强化广大城乡群众的凝聚力、向心力和归依感,才能真正实现"人育文化,文化育人"的互动。

二、明确任务、突出重点,高效推进创建工作深入开展

创建国家公共文化服务体系示范区,是市委市政府立足苏州实际做出的重要决策,是落实"再创文化建设黄金发展期"的重要举措,是推动文化大发展大繁荣的具体实践。自去年4月创建工作全面推开以来,全市上下做了大量的具体工作,也取得了令人瞩目的阶段性成果。今年4月,我市以24个指标优、1个指标良,总体督查指标优良率100%的成绩圆满通过文化部组织的中期督查。文化部专项督查组对我市国家公共文化服务体系示范区创建工作给予了"定位高远、积极创新、精心谋划、稳步推进,创建工作取得突出成绩,圆满完成中期目标,在全国起到了良好的示范和表率作用"的高度评价。所有这些成绩的取得,是与各级党委政府的关心重视、各相关部门的通力配合密切相关的。借此机会,我谨代表市委市政府,向为苏州的示范区创建工作做出贡献的各级各部门表示感谢,向辛勤工作在一线的文化工作者们表示诚挚的慰问!

然而,我必须强调的是,此次创建并不是普通的评优工作,中期督查通过也并非代表最终验收成功。我们要清醒地认识到,保障广大群众的基本文化权益是一个持续、长效的建设过程。惠民均等的公共文化服务体系建设不是一蹴而就的,国家公共文化服务体系示范区也并非是为创建而创建的"政绩工程"。我们应把创建工作作为重要的工作抓手,作为实现科学发展、和谐发展、率先发展的建设过程,使公共文化服务成为真正作用于人民群众的一项常态化工作。

现在距离文化部的最后验收还有不到一年的时间,如期圆满完成创建目标,时间紧迫,任务艰巨。我们要进一步凝心聚力、居安思危,全力做到"四个紧密结合",不断推动我市公共文化服务体系在更高平台上实现新的更大跨越。

(一)将全面达标与重点突破紧密结合,重在取得实效。一是稳步做好"已达标项目"的巩固提高。按照"提高—巩固—再提高"的要求,提升建设标准,向全国先进城市看齐,坚决防止已达标项目出现反复。二是加快推进"接近标准项目"的全面达标。对于接近但还未达标的项目,我们要明确期限、狠抓进度,一步不落地抓紧完善,争取年底前全面达标。三是全力推动"差距项目"的重点突破。对于还存在差距的项目,坚持"目标不变、标准不降、时间不拖"的原则,确保重点突破,全面达标。

(二)将体系建设与品牌打造紧密结合,彰显特色亮点。一是凝练新的文化品牌。充分结合区域实际,在设施网络、服务供给等方面着力凝练特色、打造亮点,如公共图书馆总分馆体系、"四位一体"基层综合信息服务体系、张家港市的网格化公共文化服务、昆山市的公共文化服务平台建设、吴江市的区域文化联动等。二是做优重大文化活动品牌。继续做好做强吴文化、"水文化"活动品牌,不断丰富城市文化内涵,注重交流联动、互补共赢,逐步打造具有全国影响力和号召力的特色文化活动品牌。三是做强文化惠民系列活动。以"家在苏州""三送""四进"工程、群星璀璨系列活动为示范和带动,组织开展形式多样的针对不同人群的文化活动,努力形成文化惠民活动定期化、常态化、精质化、体系化的长效机制。

（三）将制度设计与创建实践紧密结合，完善制度保障。一是通过系统梳理和理论研究，发现并分析我市公共文化服务体系建设中存在的问题，提出相应的政策建议和具体的解决方案。二是探索公共文化服务体系建设的新模式和新举措，推动一批具有针对性、实践性、前瞻性、整体性的工作制度出台，指导和推动全市公共文化服务体系的科学发展。三是构建公共文化服务体系建设理论研究和政策咨询的平台，汇聚专家智慧，为公共文化服务体系的科学发展建言献策。

（四）将立足创建与谋划长远紧密结合，健全长效机制。创建示范区是推进公共文化服务体系建设的重要抓手，虽然创建周期只有两年，但面对人民群众日益增长的精神文化需求，公共文化服务体系建设任务是长远和持续的。为此，一方面要注重过程，确保达标，各地各部门要严格落实过程管理相关规定，到年底前不折不扣地完成各项创建任务；另一方面要着眼长远，谋划未来，要在已明确"十二五"发展目标和建设措施的基础上，提质量、增后劲，有效助推公共文化服务体系建设的科学发展。

三、加强领导、强化举措，确保创建目标如期实现

全市国家公共文化服务体系示范区创建工作的目标已定、方向已明，各地各部门要进一步深刻认识公共文化服务体系建设的重要意义，把公共文化服务体系建设放在全局工作的重要位置，确保在2012年内全面完成创建达标任务。

一是要进一步加大组织领导。深入推进示范区创建，关键是要加强组织领导。要有效形成一把手亲自抓、分管领导具体抓、一级抓一级、层层抓落实的组织领导和工作格局。各市、区党委、政府主要负责同志要从全局的高度出发，把推进创建摆到更加突出的位置，切实担负起第一责任人的职责。分管的负责同志要切实加强组织领导，确保抓紧抓实、抓出成效。各镇（街道）、各单位要将创建工作纳入常规工作范畴，进一步强化指标达标意识，确保创建工作各项任务落到实处。

二是要进一步加大保障力度。各级党委政府要切实贯彻落实国家、省、市已出台的各项文化经济政策，对设施网络建设、产品生产供给、人才技术服务等方面给予充分的财力保障，逐步完善财政投入长效机制。要建立和完善文化建设的政策保障机制，在已出台的30多个政策文件和众多制度研究成果的基础上，进一步完善制定扶持公益性文化事业的相关政策，大力扶持公益性文化事业发展。

三是要进一步形成创建合力。各级创建办要切实承担好统筹推进创建的任务，继续做好服务和协调工作；各成员单位要按照创建方案和职能分工，主动承担好职责范围内的工作，全力以赴、密切配合，形成合力，确保创建各项工作真正到位。

四是要进一步加大督查考评力度。各地各部门要高度重视督查考评工作，采取定量与定性、随机抽查和全面检查相结合的方式，加强工作督查，推动工作落实。要健全考评机制，通过定期督查，全面落实各项整改和推进工作，进一步巩固和提升创建成果。要建立问责制度，对工作扎实、成效显著的地区和部门要给予表彰奖励；对措施不力、行动迟缓、拖诿扯皮、影响整体进度和验收的地区和部门要严肃追究责任。

同志们，让我们在市委市政府的坚强领导下，以对党负责、对人民负责的态度履行职责，以奋发有为、开拓进取的精神开展工作，扎实推进国家公共文化服务体系示范区创建，努力创造文化发展繁荣的新业绩，为把苏州建设成宜居新苏州、创业新天堂、幸福新家园而努力奋斗！

中共苏州市委常委、宣传部长　蔡丽新

1.2.6.2 苏州市文广新局党委书记、局长陈嵘在推进会上的讲话

突出惠民成效 夯实体系之基
—— 苏州市创建国家公共文化服务体系示范区情况汇报

各位领导,各位同志:

2011年4月,我市被文化部、财政部确定为全省唯一的国家公共文化服务体系示范区创建市。一年多来,在市委市政府的领导下,在各级党委政府的积极响应和各有关部门的通力配合下,我市的创建工作取得了显著的成绩。下面,我就示范区创建工作有关情况做一汇报。

一、我市创建国家公共文化服务体系示范区工作回顾

回顾一年多来创建工作的进展情况,可归纳为:"一个目标""两个关键""三条措施""四项机制""五大工程"。

(一) 明确一个总体目标

市委市政府高度重视创建工作。省委常委、市委书记蒋宏坤专此做出批示,市委市政府领导也明确提出了"全力以赴,力争创建成为江苏省首个国家公共文化服务体系示范区,发挥苏州在全国公共文化服务体系建设中的示范作用"和"不创则已、创则必成"的要求,确定了一个总目标,即:高质量完成创建国家公共文化服务体系示范区任务,到2012年底基本建成"设施网络广覆盖、服务供给高效能、组织支撑可持续、保障措施管长远"的公共文化服务体系,使我市公共文化服务体系建设总体水平处于全国先进位置。

(二) 做好两件关键性工作

1. 摸清家底,制定规划。根据文化部、财政部关于示范区创建工作的标准和要求,在市委市政府的统一组织和指导下,我们认真总结、科学排查,细化出6大类31项,共计119子项创建任务,制订出台了苏州市《创建国家公共文化服务体系示范区建设规划》,确定了创建的主要指标、重点任务和保障措施,成为我市示范区创建工作的规范性文件。

2. 充分准备,全力推进。去年以来,王鸿声副市长代表市委市政府带队先后出席了争创示范区评审会议、全国创建示范区动员大会和国家公共文化服务体系示范区创建城市市长研讨会,代表苏州市人民政府与国家公共文化服务体系示范区(项目)创建工作领导小组办公室签订了创建责任书,苏州的创建工作得到了文化部专家组的高度评价,这都为我们在"十二五"新高平台上全面推进公共文化服务体系建设奠定了坚实基础。

(三) 实施三条具体措施

1. 建立机构,落实责任。去年5月,我市成立了以市政府主要领导为组长,13个相关部门和12个县级市(区)政府(管委会)主要负责人为成员的创建工作领导小组;召开了市有关部门、全市镇(街道)以上党政领导干部参加的创建动员大会,市政府与各县级市(区)签订《创建国家公共文化服务体系示范区目标责任书》。各县级市(区)也先后召开创建工作动员大会,相应成立了创建工作领导小组,并层层签订责任书。

2. 出台文件,规范管理。市和各县级市(区)全部设立了创建办公室,在各创建领导小组的统一领导下,负责创建工作的统筹、协调和实施。市创建办出台了《苏州市创建国家公共文化服务体系示范区建设规划》《苏州市创建国家公共文化服务体系示范区过程管理实施意见》《苏州市公共

文化服务体系制度设计研究工作方案》《苏州市创建国家公共文化服务体系示范区信息报送和宣传工作方案》等文件,设立专职信息员,定期出版创建工作简报。市创建办还定期召开创建工作联络员例会并组织督导组赴基层督导创建工作进展情况,有效推动了创建工作的顺利进行。

3. 加强宣传,营造氛围。在《中国文化报》《光明日报》等国家级媒体上发布专题报道、新闻信息等共计57篇(次),省级媒体上的专题报道共计74次,在《苏州日报》等本地媒体上发布新闻报道370篇以上。同时,还在城区以及各镇(街道)、社区电子大屏以及城区交通电子屏上进行创建标语口号的宣传,努力形成全社会参与创建的氛围。

(四)建立四项保障机制

1. 健全组织保障机制。一是由市领导挂帅的创建领导小组统筹指挥创建工作,为创建工作提供强有力的组织保障。二是健全文化部门与其他有关部门(单位)分工协作以及市与县级市(区)联动的机制,形成了横向合作、上下齐心的工作格局。三是聘请国家、省、市的专家组成苏州市创建国家公共文化服务体系示范区专家委员,负责公共文化服务体系建设相关规划、政策、措施的专家咨询、绩效评估,以及创建示范区过程管理的督查等事项。四是组织开展了全市镇(街道)综合文化站站长以上350余名人员参加的创建工作培训班,建立了从市到镇(街道)的联络员网络体系。五是筹划建设全市公共文化服务信息平台,探索公众参与的公共文化服务绩效评估新途径。

2. 完善经费支撑机制。创建工作开展以来,全市各级财政划拨了专项经费用于创建工作。据统计,我市本级财政创建期间以及"十二五"期间公共文化服务投入将达2.8亿元(不含重大文化设施建设的投入)。各县级市(区)2011—2012两年公共文化服务体系建设投入经费总计约为33亿元。目前,已出台了《苏州市创建国家公共文化服务体系示范区财政保障的实施方案》,将中央财政创建示范区补助资金、示范区创建经费及"十二五"公共文化服务体系建设投入的使用管理纳入其中,为全面完成创建国家公共文化服务体系示范区任务提供有力的财政保障。

3. 创新文化体制机制。初步制定了《苏州市公共文化服务指南》(城区),确定了包括外来务工人员等弱势群体和特殊人群在内的基本文化服务内容和量化指标。苏州图书馆、苏州博物馆、苏州市文化馆、苏州美术馆已制定免费开放工作方案,编印相应的服务指南,向市民进行公示。张家港市出台了关于开展"网格化公共文化服务"的实施意见;常熟市开展文化主管部门与各镇(街道)的挂钩结对共建活动;昆山市制定和实施了公共文化服务和产品评价激励机制;吴江市开展了创建达标督查工作,不断健全公共文化服务体系建设的长效机制。

4. 建立长效建设机制。制定出台了《关于加强"十二五"公共文化服务体系建设的实施意见》,作为"十二五"期间全市公共文化服务体系长效建设的指导性文件。同时,《苏州市国民经济和社会发展第十二个五年规划纲要》《关于贯彻落实党的十七届六中全会〈决定〉全面建设文化强市的意见》《苏州市文化广电新闻出版业发展"十二五"规划》等市委市政府下发的重要文件中,也都专门提出了公共文化服务体系建设的目标和要求。

(五)推进五大重点工程

1. 设施网络建设工程。一是圆满完成全国文化馆评估定级工作,全市文化馆国家一级馆总数达到12个。二是标志性文化设施项目加快推进。苏州图书馆文献资源存储集散中心已完成选址,进入项目启动建设程序;昆山市"文化艺术中心"、吴中区"现代文体中心"等项目正在加快推进,高新区"文化艺术中心"项目正在研究论证中,玉山文化活动中心将于10月底前投入使用。三是基层文化设施建设稳步推进,基层文化阵地的"建管用"机制不断完善。截至2011年底,全市公共文化设施总面积为270.07万平方米,每万人拥有公共文化设施面积达2212.10平方米(以常住人口1046.85万人计算),公益性文化设施面积201.86万平方米,人均0.19平方米,基本实现公益性文化设施市、县级市(区)、镇(街道)、村(社区)四级全覆盖。

2. 文化惠民服务工程。深入开展了群星璀璨"我们的节日""天天有"、市直舞台艺术"四进工程·社区行"和各广场主题活动四大系列品牌的文化惠民活动;成功举办了两届"苏州阅读节";围绕庆祝建党90周年,组织开展了"2011年苏州市群众文艺大会演"和"迎新年——新苏州人优秀新节目展演"等文化活动;苏州市群文作品连续三年登上首都大舞台,参加慰问全国农民工春节晚会,受到了李长春、刘云山、刘延东等党和国家领导人及文化部领导的高度赞赏。据统计,全市年均开展各类公益性展演展示活动3万场次,惠及农村及社区群众3200万人次。"三送工程"向基层送书超10万册,送戏超3000场次,送电影超13000余场次。在"中国民间文化艺术之乡"评选中,我市以10大类28个项目位列全省第一,获评数量在全国同类城市中名列前茅。

3. 数字服务提升工程。一是不断完善"苏州模式"的公共图书馆总分馆体系。截至2011年底,全市已建有市级总馆1个,县级市(区)级总馆7个,分馆125个。二是加快推进"四位一体"基层综合信息服务体系建设。我市下辖5个县级市全面启动了行政村"四位一体"综合信息服务站建设,到2012年底将基本实现全覆盖。三是重点推进有关区级文化信息共享工程支中心建设及社区(村)级基层点全覆盖建设。四是筹备建设"公共文化有线数字互动平台",借助有线数字网络,推动公共文化服务进社区、到客厅。

4. 文化人才培育工程。从2008年起,我们连续三年开展了两轮基层文化从业人员职业资格认证培训,来自各县级市(区)共1570余人参加培训,基本实现了基层文化从业人员培训全覆盖。在此基础上,去年3月,联合人事部门出台《进一步落实〈苏州市基层文化从业人员资格认证制度〉的意见》,建立基层文化从业人员跟踪管理机制。2011年全年培训基层公共图书馆从业人员5批共1212人次,非遗保护从业人员2批共180人次。下发了《贯彻〈关于加强地方县级和城乡基层宣传文化队伍建设的若干意见〉的实施意见》,积极探索基层文化队伍建设新路径。

5. 制度设计研究工程。组建了制度设计研究专家组,制定了《苏州市公共文化服务体系制度设计研究工作方案》,确定了以1个文化部命名课题、4个市级课题和12个县级市(区)级课题为主要内容的制度设计研究课题体系。今年1月初,召开了公共文化服务体系制度设计研究课题讨论会,邀请国家公共文化服务体系建设专家委员会的专家进行课题论证和研讨,得到了专家们的充分肯定,专家们希望我市能够出色地完成此项工作,成为全国制度设计研究的示范。

可以说,在市委市政府的领导下,各级党委政府重视关心,各有关部门密切配合,我市的创建工作取得了令人瞩目的阶段性成果,许多方面已走在了全省乃至全国的前列。今年4月,文化部专项督查组在对我市创建工作进行中期督查时,对我市形成的全市各级党委、政府认识高度统一,"上下一心、共同推进"的工作局面;硬件设施一流,软件配套完善,"软硬兼施",均衡发展的设施网络建设;创新服务方式,不断推动创建工作深入开展的工作机制给予了充分肯定和高度评价。同时,也对我市下一步的创建工作提出了明确的指导意见。中期督查后,市创建办结合督查意见及时召开了各市、区联络员会议,排查各自存在的差距,研究讨论完善措施。大家共同认识到:我市的创建工作与党的十七届六中全会关于加快推进公共文化服务体系建设的要求,与文化部国家公共文化服务体系示范区创建的标准,与我市率先基本实现现代化的目标,还存在一定差距,主要表现有:一是对照创建标准,如镇(街道)、社区(村)等基层文化设施建设的三个100%,公共图书馆,城区文化信息资源共享工程支中心等设施网络建设指标,数字文化网络建设等公共文化服务供给要求,公益性文化单位功能定位、服务质效等公共文化服务组织支撑要求,各地都不同程度存在着差距。二是特色文化建设,品牌打造工程各地仍需进一步加强。如何使苏州特有的历史文化底蕴与现代文明和谐交融、有机组合;如何使我们的文化建设更好地服务于大局,服务于城乡一体化发展,有效促进经济社会协调发展;如何使我们的文化项目和产品更好地适应"老苏州""新苏州""洋苏州"以及残疾人等特殊人群的多元化、多层次、多样性的文化需求,都需要我们下功夫、花力气去探索。三是对于创建推进过程中的宣传工作、信息报送等重要环节各地重视程度还有待提高,广大群众对创建工作的知晓度、参与度和支持度还有待提升,全市动员、全民参与的良好氛围还需进一步营造。四是制度设计研究与示范区创建实践结合还不够,同步规划、同步设计、同步实施还有待加强。所有这些,都需要我们在下一步的工作中集中精力补缺补短补软,倒排时序、倒逼进度,分解责任、紧盯不放,确保各项指标任务如期完成、顺利达标。

二、进一步明确重点,全力推进全市国家公共文化服务体系示范区创建工作

国家公共文化服务体系示范区创建,是我市公共文化服务体系建设高位求进、加快发展,奋力实现新跨越的重大机遇。我们将坚定不移地担负起市委市政府赋予的重大使命,配合各地党委政府,携手各有关部门,以基层建设为重点,以基础设施建管为依托,以提高公共文化服务能力为核心,以改革创新为动力,以重点文化惠民工程为抓手,以机制体制建设为保障,确保到年底达到各项创建指标,圆满完成各项创建任务。

(一)以健全文化设施全覆盖为抓手,进一步完善网络布局。设施网络体系是公共文化服务的载体和阵地,覆盖城乡的公共文化服务体系必须以完善的设施网络体系为基础。因此,一方面继续加大"建"的力度,加快推进苏州图书馆文献资源存储集散中心、常熟市"江南艺术中心"、昆山市"文化艺术中心"、吴中区"现代文体中心"和高新区"文化艺术中心"等一批市、县(区)级标志性文化设施建设,确保公共图书馆和文化馆设置率和达标率全部达标,重点加强镇(街道)、社区(村)等基层文化设施建设,全面实现三个100%;另一方面重点突出"软件建设",把提高各类公共文化机构的管理和服务效率作为重点,逐步推动形成责任明确、行为规范、富有效率、服务优良的公共文化服务运行机制,确保"管好""用好"阵地设施,推动公共文化服务可持续发展。

(二)以创新公共文化服务模式为重点,进一步提升服务质效。第一是创新公共文化服务方式,认真组织实施好文化惠民活动、广播电视户户通、农村电影放映等行之有效的公共文化服务工程。积极构建覆盖全市、城乡一体、资源共享、经济高效的公共图书馆总分馆体系,保障图书馆购书经费。不断整合农家书屋、党员现代远程教育服务中心、共享工程基层服务点、乡村图书室的资源,进一步加快"四位一体"基层综合信息服务体系建设。第二是创新公共文化服务技术,探索研究数字文化网络建设,加大公益性数字文化产品供应力度,进一步提升文化馆、图书馆、博物馆网上三馆服务水平,重点推进有关区级文化信息共享工程支中心建设及社区(村)级基层点全覆盖建设,积极构建实体设施和虚拟网络有益结合、互为补充的全方位服务格局。第三是高度重视"老苏州""新苏州"和"洋苏州"不同群体的文化需求,对老年人、未成年人、残疾人等人群提供有针对性的公共文化服务,使公共文化服务的触角更多地向不同人群延伸,使更多的公共文化设施和公共文化产品能够为他们所享用。第四是不断加大公共文化产品生产力度。紧紧围绕十八大的召开,以文化部"群星奖"和省"五星工程奖"为龙头,重点推进一批优秀群文作品的创作生产。特别是根据文化部关于举办"大地情深"——国家公共文化服务体系示范区创建城市群众文化进京展演活动的要求,精心策划组织一台极具苏州特色的群文演出专场,作为文化部展演活动的开幕演出,展示我市公共文化服务体系建设的成果。

(三)以巩固提升人员素质和水平为目标,进一步加强队伍建设。认真贯彻落实市委宣传部、市委组织部等六部委《关于加强地方县级和城乡基层宣传文化队伍建设的若干意见》(苏宣发〔2011〕3号),加强、巩固、提升基层文化队伍素质和水平。一方面落实好相关政策。加强对县级和城乡基层文化队伍的管理,进一步充实力量,明确岗位职责。推进基层文化从业人员资格认证制度实行,不断将资格认证制度纳入制度化、规范化轨道。另一方面积极采取更加灵活务实的措施,为各类人才构筑有利于自身发展的事业平台,提供更为宽松的环境和条件,努力营造人才辈出、人尽

其才的良好环境。

（四）以强化制度建设为保障，进一步健全长效机制。通过建立健全市、市(县)区、相关部门联络员机制，发挥创建示范区专家委员会的作用，建立全市公共文化服务信息平台，积极构建党委政府领导、文化等有关部门联手、专家委员会参与、联络员网络体系协作、公共文化服务信息平台支撑的"五位一体"的管理体制和工作机制，有效推进我市公共文化服务体系科学发展。制定出台我市国家公共文化服务体系示范区创建工作的激励与制约措施，建立公众普遍参与的公共文化服务绩效评估机制，健全完善对市(县)区、镇(街道)及有关部门公共文化服务工作的考核指标，建立文化馆、图书馆、博物馆等公益性文化单位服务标准化体系。

最后，我谨代表全市的文化工作者表个态，我们决不辜负上级部门对我们的期望和要求，不辜负市领导对我们的信任和重托，不辜负各地、各部门的支持和配合，我们将以时不我待的紧迫感，不进则退的危机感，敢于担当的使命感，实践在前、探索在前、发展在前，全力以赴做好示范区创建工作，不断开创公共文化服务体系建设新局面，为推进"三区三城"建设、率先基本实现现代化做出新的更大贡献！

苏州文广新局局长　陈　嵘

1.2.6.3　张家港市人民政府副市长华红在推进会上的发言

抢抓发展机遇　创新文化网格　全力推进公共文化服务均等化

尊敬的蔡常委、王市长,各位领导、同志们:

近年来,我市在加快推进经济社会转型升级、率先向基本实现现代化迈进的同时,紧紧围绕"文明张家港、文化惠民生"这一主旨,积极实施文化强市战略,不断加大投入,完善机制体制,全面加快公共文化服务体系建设。为贯彻落实党的十七届六中全会精神,全力配合苏州大市创建国家公共文化服务体系示范区,我市积极创新公共文化服务举措,率先在全国实施网格化公共文化服务,取得了较为明显的成效,主要体现为四个转变。

一、文化公共资源实现"有限利用"向"高效整合"的转变

在原市、镇、村(社区)三级服务网络的基础上,将各村(社区)按一定标准划分成为若干个"文化网格",使这些文化网格成为政府公共文化服务和广大群众参与文化建设的基本单元,形成市、镇、村(社区)、文化网格四级公共文化服务网络,将全市境内所有区域、所有群众均纳入公共文化服务范畴,享受普惠、均等、便捷的公共文化服务,让文化网格成为群众自我娱乐、自我创造、自我服务的平台载体。通过实施网格化公共文化服务新举措,彻底打破了"各自为政"的小格局,盘活了文化资源,激发了活力,达到了文化资源的整合与共享,形成了网格化公共文化服务"联合体",提高了文化资源的综合利用效率。今年1至5月,市区图书馆、博物馆、文化馆、美术馆共接待群众86万人次,同比增长20%,各镇文化服务中心接待群众38万人次,同比增长13%。

二、文化部门职能实现"组织管理"向"引导服务"的转变

通过实施网格化公共文化服务新举措,推动了各级文化部门职能的转变和服务方式的创新,从单一组织管理转向引导服务,从"要我服务"转向"我要服务"。

1. 健全服务体系。迅速成立了网格化公共文化服务委员会,将全市划分成955个"文化网格",加快组建网格文化员队伍,拥有网格文化员720名。同时,建立文化辅导机制,对全市文化网格实施分片包干、一对一辅导。

2. 强化政策保障。相继出台《张家港市开展网格化公共文化服务的实施意见》《张家港市网格文化员管理办法(试行)》《张家港市群众文艺团队和民营文艺表演团体扶持奖励办法》《张家港市"网格化公共文化服务"辅导人员工作机制》《市镇、镇办事处文化中心市财政补贴的补充意见》等一系列制度措施。

3. 创新服务模式。开展"菜单"式文化消费服务,以《张家港市文化地图》《张家港市公共文化服务指南》等资料的形式,将全市公共文化资源列成菜单目录以便于广大群众有选择性地参与。此外,积极开展阵地服务、流动服务、数字化服务等多种服务,将公共文化服务送到每位群众的身边。

三、文化服务方式实现"单一供给"向"多元互动"的转变

通过实施网格化公共文化服务新举措,改变了以往公共文化服务以政府为主导的单一供给服务方式,充分发挥了网格文化员的引导、服务作用,调动了全社会力量参与公共文化服务,促进了政府与群众、网格与网格之间的文化互动和交流,实现了文化产品在文化网格间供给的多样性。

1. 群众文艺团队进一步壮大。在网格文化员的引导和带动下,2011年底至今,全市新增群众文艺团队112支,总数超过300支。杨舍镇邵巷社区网格文化员主动为该社区俏夕阳舞蹈队编排节目,联系演出,如舞蹈队的阿婆们已成为"社区明星",舞蹈队员也从8个人增加到30多人。塘桥镇金村庙会是省级非物质文化遗产代表作项目,建立文化网格后,该网格组织本村村民成立了舞龙队、舞狮队、腰鼓队等15支群众文艺团队。

2. 参与主体范围进一步拓展。各企业、机关等文化网格积极参与公共文化服务体系建设,市保利大剧院坚持最低票价30元,最高票价不超过300元,让高雅的艺术欣赏实现平民化。8家福利书场的运营全部靠私营业主资助,书场每年邀请评弹名家说书300多场次,这种"老板出钱、村民看戏"的慈善文化活动深受群众欢迎。市政府则通过文化产业引导资金、民间艺术团体奖励等办法加大对企业、机关等文化网格的补贴和扶持。

3. 典型示范作用进一步发挥。网格化公共文化服务实施以来,经过组织申报、评审、验收、公示等程序,我市已命名了首批18个示范文化网格,并对它们的经验和做法加以推广,以典型示范为引领,全面提升文化网格服务水平。南丰镇永联村在居家养老中心、职工集宿中心、企业车间设立村图书馆分站,定期公布读者借阅排行榜。"风筝之乡"乐余镇的东林社区2号文化网格在社区特色文化展示厅开设"风筝课堂",向青少年传授风筝扎制手艺,目前已在该镇20个文化网格推开。

四、文化活动对象实现"被动接受"向"主动参与"的转变

通过实施网格化公共文化服务新举措,文化活动的主体更加明确,实现了广大群众从被动接受文化服务向主动参与文化建设的转变。一方面,覆盖全市的文化网格、丰富的文化活动、完善的文化设施为群众主动参与文化活动提供了便利。今年1至5月,全市网格化群众文化活动达5000多场次,参与群众突破400万人次,仅"幸福港城"网格化公共文化服务活动就已吸引100多万人次参与。另一方面,在群众广泛参与的基础上,通过鼓励原创、奖励先进等措施,又激发了广大群众的积极性和创造力,进一步繁荣了群众文化、丰富了公共文化产品供给,今年以来,全市各镇、文化网格新创作文艺节目超过300个,累计编排剧(节)目超过3000个,杨舍镇邵巷网格文化团队舞蹈《桃花扇》获得首届苏州市群众文化广场舞比赛三等奖。

虽然我市在网格化公共文化服务建设方面取得了一定的成绩,但是对照现代化港城发展的新形势、新任务,对照人民群众对文化繁荣的新期待、新要求,我市公共文化服务体系建设还存在一些差距,还需要有所突破。下一步,我市将以此次推进会为契机,立足苏州大市创建工作大局,借鉴先进经验,主攻薄弱环节,打造特色亮点,重点做好以下五个方面的工作:

1. 健全扶持政策。进一步明确网格化公共文化服务委员会工作职责,完善相关配套政策,研究落实网格文化员工作津贴等补贴奖励经费。细化文化网格划分,深化流动人口、企业及特殊群体文化网格建设,实现文化网格全覆盖。积极总结先进经验,多渠道宣传推广网格化公共文化服务的建设成果。

2. 突出阵地建设。千方百计在提升文化阵地利用率上下足功夫、做足文章。利用扶持政策出台有利机遇,切实健全文化阵地。没有阵地的,抢抓时间,及早立项,及早规划。正在规划中的,力争高标准定位。已建成的,积极克服人员少、经费不足等困难,争取文化阵地的免费错时开放。

3. 培育文化人才。用足用好第二届文艺招贤赛引进的文艺人才,配齐配强网格文化员队伍,尽快举办两期网格文化员培训班,开展一次经验交流会,表彰一批优秀网格文化员,力争年底使网格文化员总数达1000名。加大扶持力度,加快组建一批门类齐全、活动正常的群众文艺团队,至2012年底,全市群众文艺团队力争达到400支。

4. 繁荣群文活动。着力打造文化民生活动品牌,高质量举办2012中国(张家港)长江文化艺

术节,坚持不懈办好"文明百村欢乐行""周周演""月月映""天天说"及全民阅读活动。继续做好"幸福港城"网格文化系列活动,为不同社会群体提供一个展示自我的平台。繁荣群众文艺的生产创作,年内力争有一批群众文艺团队自编、自导、自演的文艺作品获苏州市级以上奖项。

5. 强化示范特色。健全网格文化培训、辅导机制,加快培育一批"阵地全面开放、利用率高,网格文化员作用发挥充分、各项工作扎实有效,团队建设稳步推进、比上年大幅增长,文化活动丰富多彩、公共文化产品供给能力明显增强,网格文化底蕴不断深厚、示范特色逐步鲜明"的示范文化网格,年内力争示范网格数达到80家以上。

总之,我市将以更加自觉的认识,更加主动的实践,更加有力的举措,抢抓机遇,务实创新,在更高的起点上开创网格化公共文化服务建设的新局面,全力助推公共文化服务,为率先基本实现现代化、创建国家公共文化服务体系示范区做出更大贡献!

谢谢大家!

张家港市人民政府副市长　华　红

1.2.6.4 苏州工业园区副主任夏芳在推进会上的发言

大力推进体系创建 全面实现文化繁荣

近年来,苏州工业园区围绕建设苏州东部综合商务城目标定位,大力实施"文化兴区"战略,全面启动"文化繁荣行动计划",以实行"3410 计划"(即构建三级网络体系,加快推进 10 大公共文化设施和场所、10 大重点文化项目、10 大文化专题馆、10 大品牌文化活动的建设和培育)为主要抓手,扎实推进国家公共文化服务体系示范区创建工作,取得了良好成效。对照国家公共文化服务体系示范区东部创建标准,目前园区各项指标均达到或超过创建序时进度,公共文化设施总面积 34 万平方米,公益性文化设施面积 17 万平方米,人均公益性文化设施面积 0.24 平方米,人均拥有文化设施数量和质量均居全国开发区前列,文化产业增加值占 GDP 比重达到 5.5%,基本建成网络健全、结构合理、发展均衡、运行有效的公共文化服务体系,基本实现区、乡镇(社工委)、社区三级公共文化服务网络全覆盖。重点做了以下工作:

一、全面繁荣文化事业

1. 文化品牌成功塑造。以重大文化活动、重点文化载体为依托,成功举办了金鸡湖商务旅游节、苏州金鸡湖双年展、环金鸡湖马拉松赛、苏州端午金鸡湖龙舟赛、独墅湖"湖畔论坛"、全民阅读季等重大文化品牌活动,得到了各级领导、国内外媒体、广大市民和各地游客的广泛关注和充分肯定,园区文化品牌活动越来越成为服务民生、展示形象、扩大影响的有效平台。

2. 文化设施日益完善。苏州文化艺术中心、苏州评弹学校新校、园区青少年活动中心、文化馆、金鸡湖美术馆等一批重点文化设施先后建成投用;李公堤三期文化休闲街区建成运营,汉璞艺术中心、巴塞当代美术馆、中国基金博物馆、苏州画院美术馆、张辛稼艺术馆、姚建萍刺绣艺术馆等一批文化专题展馆相继开馆;以独墅湖图书馆为总馆,在全区合理规划建设了 15 个社区分馆,已建成 13 个分馆,图书馆总分馆体系基本形成,目前园区图书馆藏书 37 万册,人均藏书量达 0.53 册。文化服务全面推进。全区三镇、三社工委均建有单独设置的综合文化站,综合文化设施标准化建设覆盖率达 100%,全区 200 平方米以上的社区文化活动室基本实现全覆盖,唯亭镇荣获首批"江苏省公共文化服务体系示范区"和"苏州市公共文化服务示范站"称号。依托园区图书馆、文化馆、综合文化站等公益性文化单位,加快建设数字图书馆、网上文化馆、网上剧院,基本实现了 15 分钟免费文化圈,基本形成了覆盖全区的数字公共文化服务体系。园区图书馆、文化馆、博物馆、美术馆、三镇文化站等设施全部对社会实行免费开放,其中文化馆、博物馆、美术馆每周开放时间均超过 56 小时,有效发挥了为群众服务的社会职能。

3. 群文活动深入人心。积极实施文化下乡、"三送工程"和"四进工程",加快评弹书场乡镇全覆盖进程,增加公共文化产品供给,扩大群众文化共享面。充分发挥文化馆、图书馆等龙头作用,引领推动三镇、三社区群文活动迅速发展,2011 年两馆累计举办各类主题活动、公益讲座、公益展览近 300 场次,累计观众逾 4 万人次,"金鸡湖大舞台"群文活动深受群众欢迎。

4. 文艺作品屡创佳绩。在第九届江苏省"五星工程奖"决赛中,园区选送作品获一金两银优异成绩。唯亭镇舞蹈《水姑娘蟹》获首届全国农民文艺会演银穗奖。艺术中心芭蕾舞团成功登台国家大剧院、上海大剧院,原创双人舞《绝唱》获第九届全国舞蹈比赛舞蹈创作奖银奖(金奖空缺),大型舞蹈秀《苏 SHOW》已成为园区文化旅游的闪亮名片。园区文化馆芭蕾舞《信仰》和胜浦连厢队将代表园区备战全国群星奖比赛。

5. "非遗"保护全力推进。注重对传统吴文化、水乡文化的传承和弘扬,出版了体现园区旧时风貌的《城东诗钞》,建立了完备的文物数据普查和动态管理机制。目前,园区2处省保单位、4处市保单位保护完好,草鞋山遗址考古取得重大进展,胜浦镇荣获"中国民间文化艺术之乡"称号,"胜浦三宝"被列入省非物质文化遗产名录。

二、加快发展文化产业

1. 重点项目加快推进。诚品书店、凤凰国际书城、现代传媒广场、李公堤三期四期、斜塘老街等一批重点文化项目加快建设,其中,诚品书店、凤凰国际书城等7个项目被列入苏州市文化产业重点项目库;苏大维格成功过会,蜗牛电子上市工作积极推进;天润安鼎的《小狐狸发明记》、土奥动画的《诺诺森林》在2010—2011年度全省优秀原创国产动画片评比中分获一等奖、二等奖。目前,园区拥有各类文化项目近600家,预计今年文化产业增加值占GDP比重将达6%,全面达到率先基本实现现代化指标要求。

2. 重点板块初步形成。围绕园区产业特点,不断优化产业布局,初步形成文化产业"三大集聚区""八大基地":环金鸡湖文化娱乐集聚区、环独墅湖文化创意集聚区、环阳澄湖文化旅游集聚区,以国际科技园为主体的国家动画游戏基地,以科教创新区为主体的国家创意产业和创意人才培训基地,以诚品书店、凤凰国际书城为主体的出版发行基地,以现代传媒大厦为主体的新闻传媒基地,以国际博览中心为主体的会议展览基地,以文化艺术中心为主体的演艺娱乐基地,以阳澄湖半岛为主体的休闲旅游度假基地,以邻里中心、社区和广场文化为主体的公共文化服务基地。

3. 重点产业融合发展。坚持以"文化+科技""文化+旅游""文化+商务"为特色,加强资源整合、要素配套和主动接轨,加强造节、造会、造势组织策划,促进文化与科技创新、商贸旅游、商务会展等融合发展,持续提升东部新城人气商气,先后成为国家动画产业基地、全国唯一的商务旅游示范区,金鸡湖景区创建国内唯一具有"商务旅游"特质的5A级旅游景区进展顺利。

三、不断强化文化保障

1. 政策保障更加全面。园区工委管委会把文化建设摆到更加突出的位置,全面实施文化兴区战略,制定出台《文化繁荣行动计划》《苏区文化体育发展"十二五"规划》等一系列政策文件,通过重点实施"3410计划"等举措,全力推进文化发展繁荣。同时,积极落实各类上级文化政策,大力促进园区文化发展。

2. 机制保障更加完善。专门成立由管委会领导挂帅、16个局办为成员单位的示范区创建工作领导小组,多次召开创建工作协调会,解决创建难题,狠抓工作落实。园区还建立商旅文发展领导小组等多项文化相关工作机制,专门成立服务业发展局,负责组织实施园区各项文化工作,落实国家公共文化服务体系示范区创建工作,推进文化和旅游、商贸、会展、体育等融合发展,初步形成党委统一领导、政府分工负责、社会共同参与的文化建设格局。

3. 资金保障更加到位。设立文化产业专项资金和创建公共文化服务体系示范区专项资金,出台《文化繁荣专项扶持资金管理暂行办法》,确保资金落实到位,发挥更大效应。通过财政资金投入,积极引导社会资金参与示范区建设,持续加大文化投入,凝聚创建工作合力。

4. 人才保障更加有力。把文化领军人才纳入"金鸡湖双百人才计划",力争到2015年引进100名高层次文化人才;设立文化创意奖,对发展文化做出突出贡献的集体和个人给予表彰和奖励;制定实施个性化人才培养方案,建立专业文化志愿者公益服务评价、奖励机制,促进更多文化专业人才服务基层。在首届姑苏文化创新创业领军(重点)人才评选中,园区有5人成功入围。

与此同时,园区文化发展还存在一些不足,比如公共文化服务和精神文化产品的增长速度还不能完全适应人民群众日益增长的精神文化需求、文化市场的繁荣程度还有待于进一步提升等,需要在今后工作中加以重视和改进。

下一步,苏州工业园区将紧紧围绕建设苏州东部综合商务城目标,把创建国家公共文化服务体系示范区作为推动文化繁荣、加快转型升级、率先基本实现现代化的重要抓手,加快打造开放包容、现代时尚、精致和谐、创新创优的圆融文化,努力将园区对外开放优势、先行先试优势、体制机制优势和科技创新优势转化为文化繁荣优势,确保年内全面实现示范区创建目标。一是推进文化全面发展。树立"文化兴区"理念,深入挖掘各领域文化内涵,持续完善文化投入机制,实现文化市场和投入主体多元化。二是促进文化地标形成。树立"项目为重"理念,深入实施"3410 计划",建设一批重点文化工程,搭建一批特色文化载体,培育一批地标龙头项目,加快打造文化高地。三是提升文化惠民水平。树立"民生为基"理念,把文化服务作为提升园区软实力、改善民生的重要任务,努力形成一批知名品牌项目活动,大力发展丰富多彩的群众文化。四是保障文化持续繁荣。树立"人才为本"理念,完善引才、育才、用才机制,健全文化产业、文化事业服务扶持机制,在高平台上保障文化大繁荣。

苏州工业园区副主任　夏　芳

1.2.6.5　苏州图书馆副馆长金德政在推进会上的发言

服务惠民　书香满城

近年来,苏州图书馆在市委市政府的关心和支持下,在市文广新局的领导下,以满足全市人民读书求知等多方面的精神文化需求为定位,以读者为本,服务大众,注重提升服务质量,积极创新服务模式,不断改进服务措施,用全新的服务理念展示苏州图书馆的人文关怀,积极拓展图书馆的服务空间,使图书馆的资源走遍城乡、走进家庭、走向读者,使苏州图书馆真正成为苏州这座学习型城市的必需品。

一、完善总分馆建设,构建公共图书馆服务体系

苏州图书馆作为苏州市公共文化服务体系建设的重要组成部分,紧抓创建契机,按照创建要求,坚持公益性、基本性、均等性、便利性原则,进一步完善服务供给的多样化、构建服务的组织支撑、加强资金、人才和技术保障,确保完成总分馆体系建设。

1. 加快推进分馆建设。2011年至今已新建了13个分馆,使市区分馆总数达到39个。今年以来,我馆继续指导协助各区总分馆建设,接受有关城区的委托,构建覆盖全市的总分馆体系,确保图书馆分馆总量达到40个。按照《关于苏州市公共图书馆总分馆体系建设实施方案》(苏府办〔2011〕180号)规定,我馆多次与平江区、沧浪区、金阊区、相城区、高新区沟通,从居民密集度、辐射分布度、分馆建址等多方考虑,反复论证合适的分馆选址地点。各有关区领导都非常支持分馆建设这一惠民举措,多次现场办公,协调解决问题,分馆的选址工作现已基本完成,拟建中的社区分馆建成后,将使社区居民切身感受到我市公共文化事业发展带来的实惠。

2. 创新共享工程区级支中心运行管理机制。充分利用我馆的技术、人才和设备优势,接受各区级支中心委托管理,与平江区、相城区、高新区签署了支中心托管协议,形成了相关区政府提供共享工程建设和维护经费,我馆负责区级支中心的建设工作和日常服务工作以及区属基层点的计算机设备维护工作的新模式,丰富了总分馆体系内涵。

3. 积极开展制度设计研究。"总分馆服务体系建设"课题研究已取得阶段性成果,论文已发表在全国图书馆学情报学专业核心期刊《中国图书馆学报》2012年第3期。

4. 方便市民使用图书馆。专门编辑印刷《苏州市城区公共图书馆服务指南》《苏州图书馆总分馆服务手册》等资料,免费发放给市民,为广大市民更加准确、便捷地享受苏州图书馆的服务、实现市民的文化权利提供了有效手段,方便市民更好地利用图书馆。

二、以人为本、读者第一,不断延伸阵地服务

我馆从创新服务手段、扩大服务范围入手,向市民提供免费办证、免费借阅、公益性讲座和展览等诸多免费服务,扩大音像视听阅览室、开通一证借书10册,不断提升服务能力和服务效益。目前,总馆每周开放84小时,各分馆每周开馆时间均超过56小时,使图书馆更加贴近民众。今年1至5月已接待读者365万人次,外借图书179万册次,充分诠释了公共文化服务的公益性、便利性和普惠性,充分发挥了图书馆的群体服务优势,为全民共享图书馆提供了极大便利。

三、不断创新服务品牌，社会效益显著增强

我馆结合实际，努力开展各种服务活动，形成了一系列参与面广、影响力大、社会效益好的图书馆活动品牌。扩大"苏州大讲坛"公益讲座进分馆、进社区频率，今年1至5月举办讲座进社区分馆18期。继续开展少儿家长沙龙、雏鹰活动、未成年人流动图书大篷车、听故事姐姐讲故事、我给孩子讲故事比赛、童话剧、课本剧表演比赛等经常性、持久性的少儿活动，使更多市民参与其中，从而在读者群中强化了品牌效应，产生了积极效果。深入推动"图书馆服务宣传周"等宣传活动品牌，"流动图书馆"服务品牌，"阳光书屋"服务、"扶老上网"培训活动品牌，苏州图书馆分馆的泡泡故事园、智慧树、百草园、七巧板、开心果等亲子活动品牌，增强了我馆公共文化服务体系建设的核心竞争力。

四、重视特殊群体服务，开展多样化特色服务

1. 重视为残障读者服务。增添盲文打印机等盲人专用设备，为残疾人读者提供送书上门服务。积极开展盲文培训、播放"盲人爱心电影"，并与盲人一起举办文艺表演、知识竞赛、征文比赛、赛诗会、赛歌会等活动。

2. 重视为未成年人服务。通过未成年人流动图书大篷车，深入苏州城乡社区学校和民工子弟学校，定点定期开展服务，今年1至5月流动大篷车进社区96次，接待读者6万人次，外借图书15万册。

3. 为驻苏部队广大官兵、福利院孤寡老人、收容所收容对象、监狱服刑人员服务。我馆先后为光福空军、坦克团、苏州武警二中队、社会福利院、苏州收容所、苏州拘留所、苏州监狱等16个单位开展图书流通服务，今年1至5月共为流通点送书5300余册，集体借书11000余册。

五、数字图书馆稳步推进，特色资源库逐渐丰富

进一步加大数字资源采购和本地特色资源库建设。目前我馆外购数据库15个，自建有苏州历代方志库、苏州名人库、老照片、地方文献剪报数据库、苏州大讲坛、苏州评弹、苏州市地方文献联合目录、民间文艺、文化苏州库、古籍善本库、民国报纸数据库等27个地方特色数据库，数据量近5TB，其中的苏州历代方志库包括300多部珍贵古籍。这些地方特色数据库资源极大地丰富了我馆的馆藏数字资源，也更加有利于保护地方特色文化，为地方经济发展服务。

苏州图书馆的创建工作虽然取得了一定的成绩，但对照国家公共文化服务体系示范区创建指标和要求，我们今后还要从馆舍面积、藏书数量、质量以及人才队伍建设等方面加大建设力度。一要推进苏州图书馆文献资源存储集散中心建设，力争今年底前完成项目报批手续。二要继续加强品牌建设，加强与国家图书馆、南京图书馆以及各兄弟图书馆的横向联系与协作，进一步做大做强服务品牌。三要进一步加大宣传力度，与苏城各大媒体建立密切联系，及时报道各项业务活动，使社会各界对图书馆有更全面的了解。四要进一步加强专业队伍建设，努力提高员工素质和服务水平。五要完善绩效评估体系，从"评估单个图书馆"转向"评估总分馆体系"，突出评估输出效益，强调服务成效、服务品质和读者满意度。

面对国家公共文化服务体系示范区创建工作的新机遇，面对广大市民对图书馆需求的更高要求，面对我市图书馆事业的更高发展、更广视野，苏州图书馆全体干部职工将克服困难，创新工作思路，开拓进取、奋力拼搏，为苏州的经济发展提供智力支撑，率先走出一条公共文化服务的创新之路，努力把苏州图书馆建设成为在理念、产品、服务、管理等方面达到全国一流水平的图书馆，使更多的苏州民众享受到普遍均等的图书馆服务。

苏州图书馆副馆长　金德政

1.2.6.6 推进会主持词

在苏州市创建国家公共文化服务体系示范区推进会上的主持词

同志们：

为深入贯彻落实党的十七届六中全会精神，扎实推进我市国家公共文化服务体系示范区创建工作，继去年5月31日召开全市创建国家公共文化服务体系示范区动员大会之后，今天，市委市政府又在这里召开创建示范区推进会，贯彻落实文化部专项督查组督查意见，回顾总结创建工作情况，安排部署下一阶段的工作措施。

出席今天会议在主席台就座的领导有：市委常委、宣传部蔡丽新部长，市委蔡公武副秘书长，市政府陆俊秀副秘书长，市委宣传部缪学为副部长，市文广新局党委陈嵘书记。

参加这次会议的有各市、区政府（管委会）分管负责人，各地宣传、财政、文广新部门负责人；市级机关各有关部门负责人；各镇、街道负责人。

今天会议有三项议程：一是市文广新局对示范区建设情况进行发言；二是由张家港市、工业园区和苏州图书馆交流发言；三是蔡部长讲话。

下面，进行第一项议程，请市文广新局党委陈嵘书记发言，大家欢迎！

……

刚才，陈嵘书记认真回顾总结了去年以来我市创建工作所取得的成绩和工作中存在的差距、不足，并对今后一段时间推进国家公共文化服务体系示范区创建工作提出了很好的意见。

下面，进入第二项议程：进行大会交流发言。

首先请张家港市政府华红副市长上台发言，大家欢迎！

……

张家港市开创的"网格化公共文化服务"新模式，以精细化、个性化、多元化服务，让基层群众成为文化建设的主角，非常有特色，值得各地学习借鉴。

下面请工业园区管委会夏芳副主任上台发言，大家欢迎！

……

工业园区将"文化兴区"确定为园区未来发展的重要战略之一，把"文化繁荣行动计划"列入园区转型升级的"九大行动计划"，赋予了"文化"更丰富更有力的内涵，体现了园区工委管委会充分认识新时期文化对经济社会协调发展的引领作用，争当率先基本实现现代化信心和决心。

最后请苏州图书馆金德政副馆长上台发言，大家欢迎！

……

近年来，苏州图书馆致力于构建覆盖全市、城乡一体、资源共享、经济高效的公共图书馆总分馆体系方面做了大量工作，也取得了较大的成效。作为创建国家公共文化服务体系示范区的重要组成部分，这一体系的建立完善是创新公共文化服务方式、丰富公共文化服务内容的题中之义，更是公共图书馆建设发展的重要目标和任务。希望苏州图书馆紧抓创建国家公共文化服务体系示范区这个重要机遇，进一步优化服务阵地、丰富服务内容、提升服务水平、创新服务方式、强化队伍建设，为广大市民均等地享受同质化的公共服务做出新的更大的贡献。

下面，进行会议的最后一个议程，让我们以热烈的掌声有请市委常委、宣传部蔡部长作重要讲话。

……

同志们,刚才蔡部长作了一个十分重要的讲话。蔡部长首先充分肯定了创建示范区以来全市公共文化服务体系建设取得的成绩,同时也分析了当前推进公共文化服务体系建设的重大机遇,对加强和完善当前和今后一段时间的创建工作提出了明确的要求,对我们下阶段推进示范区创建工作具有很强的指导性和可操作性。各地各单位要认真学习,深入领会,全面抓好贯彻落实。

下面,就落实好这次会议精神,我再简要强调三点意见。

一是要务必抓好会议精神的传达贯彻,高度统一思想。各地各单位要进一步增强国家公共文化服务体系示范区创建工作的责任感和使命感,充分认识到国家公共文化服务体系示范区创建是我市率先基本实现现代化的重要内容,是促进我市经济社会可持续发展的有力保障,是改善和保障民生的重要途径。要切实把思想统一到这次会议的精神上来,把工作落实到市委、市政府的工作部署上来,把热情引导到创建工作中来,立足新起点、冲刺新高度,合力攻坚,强势推进,确保圆满完成创建工作的各项任务。

二是要务必进一步解放思想,创新实干。国家公共文化服务体系示范区创建工作,是公共文化服务体系建设的一项重要举措,是一项全新的工作,也是一项系统的工程。面对着党和国家提出的新要求,面对着示范区创建的新机遇,面对着广大城乡群众的新期盼,我们既是实践者,践行着公共文化的科学发展;也是探路者,探寻着没有经验可循、没有其他城市做法可借鉴的示范区创建之路;更是创造者,创造出我市在全国公共文化服务体系建设发展版图中的导向、示范、引领作用。各地各单位要按照今天会议要求和统一部署,大胆试、勇于闯,在思想观念上大解放,在工作手段上大转变,在工作重点上大突破,在工作措施上有大举措,快人一步抓机遇,实干完善争主动。

三是要务必狠抓关键,落实责任。目前,距离文化部最终创建示范区验收还有不到一年的时间,各地各单位要倒排时间,抓住薄弱环节和突出问题,逐条梳理,不放过一个指标,不漏掉一个项目,不降低一个标准,不减少一点分值,密切配合,协调联动,狠抓工作落实,争取年底前全面达标。对目前已基本达到标准的,要进一步巩固、完善、提高,使之规范化、常态化。

同志们,让我们积极行动起来,从落实以人为本,全面、协调、可持续发展科学发展观的战略高度,锁定目标,坚定信心,开拓进取,攻坚克难,扎实推进国家公共文化服务体系示范区创建工作,力争到年底全面完成各项目标任务,率先建成江苏省首个国家公共文化服务体系示范区,以跨越发展的新业绩迎接党的十八大胜利召开!

会议就到这里,谢谢大家!

苏州市人民政府副市长　王鸿声

1.2.7 苏州市创建国家公共文化服务体系示范区工作会议
1.2.7.1 中共苏州市委常委、宣传部长蔡丽新在会议上的讲话

全力以赴 攻坚克难 奋力建成首批国家公共文化服务体系示范区

同志们：

今天我们在这里召开苏州市创建国家公共文化服务体系示范区工作会议，主要目的是深入贯彻落实党的十八大精神，进一步统一思想，全力以赴，攻坚克难，确保以优异成绩圆满通过国家验收，切实推动我市公共文化服务体系建设再上新水平。

刚才，市文广新局陈嵘局长、市财政局朱晓平副局长分别就国家公共文化服务体系示范创建工作和财政保障做了很好的发言，我完全赞成。下面，我再提三点要求：

一、提高认识、高度重视，进一步增强推进公共文化服务体系建设的责任感和使命感

党的十八大明确提出要扎实推进社会主义文化文化强国建设，推动社会主义文化大发展大繁荣，强调要繁荣公益性文化事业，完善公共文化服务体系。我们一定要从战略和全局的高度，充分认识新形势下加快推进公共文化服务体系建设的重要性和紧迫性。

首先，这是苏州率先基本实现现代化的必然要求。率先基本实现现代化，物质是基础，精神是导向，文化是灵魂，改革创新是动力。文化建设既是推动经济社会发展的重要手段，又是社会文明进步的重要目标。蒋宏坤书记多次强调"要把文化繁荣作为提升发展的第一依托""把增强文化软实力作为率先基本实现现代化的核心内涵"。文化建设，既应有代表城市特色、彰显文化内涵的标志性项目和产品，更要有普惠均等的公共文化服务体系，让广大人民群众共享文化发展成果，从而激发广大群众高度的文化认同和自信，为加快"三区三城"建设，率先基本实现现代化提供强大的精神动力。

其次，这是切实保障文化民生的主要途径。随着我市经济社会持续快速发展和人民生活水平不断提高，城乡居民文化需求越来越旺盛。保障人民基本文化权益，关系广大人民群众切身利益，体现促进人的全面发展的社会主义本质要求，对于实现文化惠民、提高幸福指数、促进社会和谐具有重要现实意义。各地、各部门一定要把实现公共文化服务均等化、城乡公共文化服务一体化放在重要位置，立足当前，着眼长远，扎实推进公共文化服务体系建设，切实维护好人民群众的基本文化权益，更好地满足群众精神需求，让人民群众在过上殷实富足物质生活的同时享有健康丰富的文化"福利"。

第三，这是各级党委政府履行公共服务职责的重要内容。公共文化服务作为现代文明的标志，是政府公共服务的重要内容，是践行"以人为本"的科学发展观的必然要求。习总书记在党的十八届一中全会上强调，"人民对美好生活的向往，就是我们的奋斗目标"。各级党委、政府部门一定要把切实改善和发展文化民生作为建设服务型政府的重要任务，作为细化落实民生幸福工程的重要举措，认真履行公共文化服务职责，改进管理、强化服务，明确责任、提高效能，让公共文化服务成为真正作用于人民群众的一项常态化工作，促进全社会的健康发展。

二、明确目标、突出重点,高效推进国家公共文化服务体系示范区创建科学发展

国家公共文化服务体系示范区创建,是市委市政府立足苏州实际做出的重要决策,是落实"再创文化建设黄金发展期"的重要举措,是推动文化大发展大繁荣的具体实践。创建工作启动以来,全市上下积极行动,做了大量行之有效的工作,取得了阶段性实效,在文化部组织的中期督查中以24个指标优、1个指标良、总体督查指标优良率100%的成绩圆满通过,为最终验收打下了坚实的基础。

今年,是示范区创建的验收之年。目前,距离示范区验收还有不到3个月的时间,从目前的创建情况来看,我们的工作还存在着一些问题和差距,要全面高质量地完成创建任务还十分艰巨。以下几个问题提醒大家要注意:一是部分地方对示范区创建工作重视不够。相对于一些市(县)、区党委、政府一把手亲自抓,或者是分管市领导主要抓而言,个别地方的创建工作至今仍停留在文化部门单独抓上,没有充分调动其他部门形成合力,规划尚未完全落实,工作推进力度还有待加强。二是创建工作发展不均衡,距离验收标准仍有一定差距。绝大部分市(县)、区已如期完成创建指标,但还有个别地方在基础设施建设等方面仍存在明显缺项,如期完成设施建设形势严峻。为此,各地、各部门要本着"不创则已、创则必成"的坚定信心,进一步凝心聚力、居安思危,下狠功夫、花大力气,全力以赴投入"最后冲刺",不断推动我市公共文化服务体系在更高平台上实现新的更大跨越。

一是要严格按照验收标准,加快解决差距项目,确保全面达到验收目标。各地、各部门必须加强对创建工作的动态管理,对照验收标准要求,自查差距,切实采取有效措施加强薄弱环节,力争在每一个创建指标上达到"优"的标准,确保如期全面达标。同时,公共文化服务体系建设是个动态的过程,各地、各部门要及时学习中央、省关于公共文化服务体系建设的最新精神,把中央、省的最新要求及时转化为创建工作内容,丰富创建内涵,保持创建工作动态发展。

二是要进一步强化工作创新,形成富有地方特色的公共文化服务体系建设经验。市委市政府之所以花这么大的力气推动示范区创建工作,绝不是为了简单的"达标",搞花架子,挂牌子,创建工作贵在创新、贵在形成特色、贵在树立典型、贵在示范带动。各地、各部门要在初步形成一批品牌的基础上,进一步解放思想,通过观念创新、机制创新和服务创新,有积极探索新模式、新思路、新方法、新举措,努力形成富有地方特色的公共文化服务体系建设经验,整体发力,在全国发挥示范引领作用。

三是要进一步加强统筹协调,体系化推进示范区创建工作。我们开展示范区创建不是某个部门的单独行为,也不是某项工作的单兵突进,必须要有全局观念、整体思路、系统化举措。各地、各部门要加强统筹协调,建立长效工作机制,形成创建工作合力。更重要的是,要充分发挥示范区创建工作的平台作用,立足苏州城乡一体统筹发展特色,坚持"硬件"与"软件"并重,统筹考虑设施网络、服务供给、组织支撑、保障制度等方面,探索形成体系化推进公共文化服务的有力抓手,提高创建工作科学化水平。

四是要加强工作交流,形成"比学赶超"的浓厚氛围。我们的示范区创建不能闭门造车、自我满足,必须要有开阔的胸怀、开阔的视野、开阔的思路,要有"同强的比,向高的攀,跟快的赛"的"比学赶超"精神。各地、各部门之间也要强化比较意识、自省意识、学习意识,加强交流,查找差距,互相学习借鉴创建工作的好做法、好经验,就遇到的问题、难题进行交流,求得破解的办法。

三、加强领导、强化举措,确保创建目标如期实现

创建工作千头万绪,各级各部门务必进一步明确职责,落实责任,形成强大的工作合力,确保高效"优质"圆满通过验收。

一是进一步加大创建工作组织领导力度。我们决不能有丝毫的自满、懈怠、松劲情绪，决不能抱侥幸心理，更不能将创建当成负担。要有效形成一把手亲自抓、分管领导具体抓、一级抓一级、层层抓落实的组织领导和工作格局，针对创建过程中的薄弱环节，进一步细化分化，将各项整改任务落实到位，分配到人。坚决杜绝因互相推诿造成管理盲区和因职能错位、职责交叉造成工作不落实的情况。

二是要进一步加大督导、检查力度。市创建工作领导小组将于4月份组织督查组对全市创建工作进行专项督查，及时了解和掌握工作进度。各地、各部门要高度重视，全面落实各项整改和推进工作，进一步巩固和提升创建成果。要建立问责制度，对工作扎实、成效显著的地区和部门，要给予表彰奖励；对措施不力、行动迟缓、拖诿扯皮、影响整体进度和验收的地区和部门要严肃追究责任。

三是要进一步营造浓郁氛围。要继续加大宣传力度，运用有效宣传手段，通过各种宣传途径，进一步提高普通市民及基层群众对示范区创建的知晓率，吸引更多群众参与创建工作，共享创建成果，有效形成广泛的创建效应。同时，要积极争取社会各方面的支持配合，发挥各方面的优势，集中各方面的力量，形成强大合力，全力营造上下重视、各方支持、人人参与的良好氛围。

同志们，示范区创建工作已进入决战时期，市委市政府志在必得。当前，时间就是命令，标准就是要求，让我们迅速行动起来，以势在必胜的决心，以志在必得的勇气，以争分夺秒的干劲，努力创造文化发展繁荣的新业绩，夺取创建国家公共文化服务体系示范区的全面胜利，为把苏州建设成宜居新苏州、创业新天堂、幸福新家园而努力奋斗！

中共苏州市委常委、宣传部长　蔡丽新

1.2.7.2 市财政局副局长、市财政投资评审中心主任朱晓平在会议上的发言

在市创建示范区工作会议上的发言

各位领导,同志们:

今天,市委、市政府专门召开会议,全面部署创建首批国家公共文化服务体系示范区验收准备工作,充分体现了市委、市政府对公共文化服务体系建设的高度重视。下面,我就财政部门如何确保高标准、高质量完成创建任务,顺利通过文化部、财政部对我市创建示范区验收作个发言。

一、加大力度,切实落实公共文化服务体系建设的财政责任

省委常委、市委蒋宏坤书记在市委十一届四次全体(扩大)会议上的讲话强调,要认真学习党的十八大精神丰富内涵,深刻领会中国特色社会主义事业"五位一体"的总体布局,争创国家公共文化服务体系示范区,不断满足人民群众精神文化需求。近年来,财政部门认真贯彻落实市委、市政府的要求,以科学发展为主题,以保障群众文化民生为出发点和落脚点,在我市改革、发展、稳定任务十分繁重,财政支出压力较大的情况下,结合实际,克服种种困难,有效增加公共文化建设投入,有力促进了国家公共文化服务体系示范区创建任务的深入推进。

切实完善公共文化投入保障机制。公共财政是政府履行职能的物质基础,保障和促进公共文化服务体系建设是公共财政的重要职责之一。各级财政部门加大支持力度,将公共文化服务经费作为优先保障的重点支出,为示范区创建提供了强有力保障。确保了创建示范区资金的预算安排,并将公共文化设施建设列入基本建设投资计划和财政预算;确保了全市公共图书馆、文化馆(站)、美术馆、博物馆等公共文化机构的免费开放、日常运行和业务活动经费;确保并加大了对镇(街道)、村(社区)文化站(室)的人员和业务经费的安排;确保了文化惠民专项资金的安排,并明确用于组织引导各类专业或业余团队面向低收入人群、特殊困难人群、外来务工者等提供文艺演出服务等。

落实资金,有效解决创建瓶颈。各级财政部门从我市的财力实际出发,通盘考虑,突出重点,统筹兼顾,用好每一分钱,解决了一批长期困扰公共文化建设的突出问题,使财政资金发挥了更大作用和最佳效益。市、县级市(区)两级公共图书馆购书经费和公共电子阅览室建设资金基本落实,市、县级市两级图书馆、文化馆流动服务车全部配备到位。有效保障重点公共文化设施建设的加快推进,常熟市江南文化艺术中心、昆山市文化艺术中心正式对外开放,太仓名人馆、美术馆、吴中区东吴文化中心、高新区文体中心等县、(区)级重点文化设施进入建设或规划。专项安排基层公共文化设施建设引导资金,进一步夯实基层文化设施建设,基本实现公益性文化设施市、县(区)、镇(街道)、村(社区)四级设施网络全覆盖。

二、强化措施,全力确保示范区创建验收任务的财政保障

市委、市政府关于确保示范区创建达标的指示,赋予了财政部门光荣而艰巨的任务。创建江苏省首个国家公共文化服务体系示范区,财政部门责无旁贷,要不折不扣地抓好本次会议精神的贯彻,抓好各项财政保证措施的落实,为以优异成绩通过示范区验收提供有力的财力保障。

一是着力确保公共文化建设投入稳定增长。要按照示范区创建指标要求,保证公共财政对文化建设投入的增长幅度高于财政经常性收入增长幅度,提高文化支出占财政支出比例,人均财政文化支出(按常住人口计算)高于全省平均水平。要进一步拓宽公共文化建设投入渠道,通过项目补

贴、资助和政府采购等方式,吸引社会力量广泛参与各类公共文化服务活动和项目。

二是重点支持公共文化建设难点问题的解决。要优化财政支出结构,坚持公共文化投入向基层倾斜,科学合理调度安排资金,重点支持村(社区)公共文化服务设施(包括文化共享工程服务点和公共电子阅览室)建设,重点支持面向群众、面向农民工等特殊人群的公共文化产品创作生产,重点支持覆盖城乡的公共数字文化建设,使群众通过便捷高效的方式享受公共文化服务。

三是努力提高公共文化建设资金使用效益。各级财政部门要加强监督、规范管理,充分发挥财政资金的杠杆作用,确保公共文化投入经费用出最大效益。要兼顾当前和长远,建立完善公共文化服务的财政保障长效机制。要按照科学化、精细化、绩效化、规范化管理要求,创新财政管理方式,努力提高公共文化资源配置与使用效益。

今天的会议为我们在党的十八大精神的指引下更加自觉、更加主动地推进现代公共文化服务体系建设指明了方向。财政部门一定要按照本次会议要求,尽职尽责,扎实工作,形成合力,把示范区创建的各项财政保障措施落到实处,确保按时、按质、按量通过国家验收,共同谱写苏州文化大发展大繁荣的新篇章!

谢谢大家!

市财政局副局长、市财政投资评审中心主任　朱晓平

1.2.7.3 苏州市文广新局党委书记、局长陈嵘在会议上的讲话

坚持高标准　实施新举措

全面推进国家公共文化服务体系示范区创建工作

各位领导，各位同志：

国家公共文化服务体系示范区创建将于今年6月接受文化部、财政部最终验收。作为全省唯一的国家公共文化服务体系示范区创建城市，创建以来，在市委市政府的领导下，在各级党委政府的积极响应和各有关部门的通力配合下，我市的创建工作呈现出扎实推进、亮点明显的态势，涌现了诸如张家港网格化公共文化服务、常熟引导和鼓励社会力量参与公共文化服务，昆山公共文化服务融合创新、太仓繁荣基层文艺创作、吴江区域文化联动等一批富有成效的工作方式和服务模式，掀起了公共文化服务体系建设的热潮。下面，我就示范区验收工作有关情况做一汇报。

一、通报文化部关于国家公共文化服务体系示范区验收工作的通知精神

3月14日，国家公共文化服务体系示范区创建验收工作部署会在京召开。此次示范区首批验收将于2013年6月进行，主要考察示范区创建城市在全面落实创建规划、全面达到创建标准、解决突出矛盾和问题，以及制度设计研究、创建过程管理、示范意义与价值等方面取得的成效。示范区验收采取创建城市自查，省文化厅、财政厅审核并提出验收申请，文化部和财政部组织验收组实地检查，会议集中评议相结合的办法进行。其中，制度设计研究课题评审、过程管理考核及公共文化服务群众满意度第三方测评将作为验收工作的前置条件和必备条件。

会上，还公布了第一批国家公共文化服务体系示范区验收标准。本次创建验收标准分为6个部分，共30项76个指标。其中，涉及公共文化设施网络建设6项、14个指标，公共文化服务供给8项、29个指标，公共文化组织支撑4项、10个指标，资金、人才和技术保障6项、11个指标，公共文化服务评估2项、5个指标，其他3项、7个指标。详细内容我就不逐一赘述了，请参见会议材料。

二、汇报迎接文化部关于国家公共文化服务体系示范区验收的工作准备

"确保示范区创建达标"，是今年我市文化建设的重中之重，已写入了2013年市政府工作报告，是必须完成的硬任务。面对即将到来的示范区最终验收，我们将按照"高质量、高水准、高效益"的原则，精心制定迎检方案，认真做到"五个一"：

一个目标：按照十八大提出的"加强重大公共文化工程和文化项目建设，完善公共文化服务体系，提高服务效能"指示精神，力争以优异的成绩圆满通过创建验收，成为江苏省首个国家公共文化服务体系示范区并实现长效管理。

一套班子：作为市创建办负责人，我将切实担负起第一责任人的职责，在市委、市政府强有力的领导下，不辱使命，充分发挥市创建工作领导小组成员单位和县（区）创建办的骨干作用，抽调人员，分门别类，组建迎检工作组，把每一项创建指标落实到具体单位，落实到人头，扎扎实实地做好各项迎检准备工作。

一张时间表：根据文化部创建验收工作安排，我们将把握验收环节，量化到时间节点，确定关键时段，加大力度，确保按时完成各项迎检准备。3月份在各市（县）、区深入自查的基础上，启动验收台账资料的收集制作；4月份参加文化部召开的示范区验收专家工作会议，接受制度设计研究课

题成果的验收;5月份在向文化部提请示范区验收申请的同时,迎接第三方对我市公共文化服务群众满意度的独立测评;6月份向文化部上报过程管理台账,并迎接文化部专家组对我市开展的实地检查;7月份赴京参加文化部召开的集中评审会。

一次培训:纵观本次验收,范围广、内容多、要求高,是对我市公共文化服务体系建设的一次全面性、综合性的检阅。为更好地做好迎检各项工作,我们将在认真听取各地、各部门关于验收标准意见的基础上,内外结合,开展一次深入全面的培训,认真解读验收标准,做到人人心中有数、层层责任明确。

一抓到底:我们将切实履行好工作职责,明确我们自身存在的薄弱环节,切实做好创建指标项目的整改和提高工作,确保迎检准备工作万无一失。同时,我们也将积极支持配合各地各单位,齐心协力,为迎检工作创造必要的条件,形成齐抓共管、高效运转的良好局面。

三、示范区创建工作存在的问题和下一步的工作打算

自创建工作开展以来,在市委市政府的重视关怀下,在各地各部门的密切配合下,我市的创建工作取得了令人瞩目的阶段性成果,许多方面已走在了全国的前列。然而,对照验收标准6部分30项76个指标,特别是验收优秀标准,我们的工作仍然存在着一定的问题和差距,具体表现为:需要抓紧落实的有,公共图书馆人均占有藏书,镇(街道)、村(社区)文体活动室、公共电子阅览室(含共享工程支中心、基层服务点)建设;需要进一步加强的有,公共数字文化建设以及群众基本文化需求反馈机制的建立等问题;需要加快建立健全并实施的有,公共文化服务机构运营的公众参与制度,公共文化服务机构的服务标准,公共文化服务的公众评价机制。

以上这些问题既影响了此次的验收工作,又制约着我市公共文化服务体系建设的持续健康发展,须尽快加以解决。冷静分析现状,迎检面临的任务艰巨、时间紧迫。为此,我们将坚持"硬件从实、软件从严"的原则,在下一步的工作中集中精力补缺补短补软,倒排时序、倒逼进度,分解责任、紧盯不放,确保各项指标任务保质保量的如期完成,以优异的成绩圆满通过验收。

1. 查漏补缺,加快落实,全面推进公共文化服务体系硬件建设

一是加快推进苏州图书馆二期(存储集散中心)、吴中区东吴文化中心、高新区文体中心等市、区级重点项目建设,确保公共图书馆和文化馆零缺位。二是拓宽思路、整合资源、扩大渠道,全力争取公共图书馆人均占有藏书接近并达到1.5册。三是重点做好基层文化设施达标建设,确保100%的镇(街道)单独设置站舍面积达到500平方米的综合文化站,100%社区(村)文化室设置建设面积达到200平方米的文体活动室,100%镇(街道)、社区(村)公共电子阅览室(含共享工程支中心、基层服务点)达到配置标准,实现全覆盖。

2. 突出重点,着眼长效,健全完善公共文化服务体系软件建设

一方面是加强薄弱环节。一是加快推进公共数字文化建设。依托文化信息共享工程,完善各级网上博物馆、图书馆、文化馆建设,结合公共文化服务平台的打造,加大数字文化产品供应力度。尤其是市、县两级的文化馆要100%建有网站,并建立群众文化活动远程指导网络,积极构建实体设施和虚拟网络有益结合、互为补充的全方位服务格局。二是积极推进文化馆、图书馆、博物馆等公益性文化单位服务的标准化、规范化、制度化建设,针对"老苏州""新苏州"和"洋苏州",老年人、未成年人、残疾人等不同群体的基本文化需求,建立完善公众参与制度、需求反馈机制、公众评价机制等,全方位、多角度地使公共文化服务的触角更多地向深度延伸,使更多的群众在创建中享受文化建设发展成果,增强正能量,提高幸福感。三是建立健全绩效考核机制。研究制定我市公共文化服务体系建设考核实施办法,系统构建考核测评指标体系,力争将公共文化服务体系建设主要指标纳入苏州市率先基本实现现代化指标体系,巩固创建成果,落实长效管理机制措施。

另一方面,在将近两年的创建周期内,我们攻坚克难,凝心聚力,各项工作亮点突出、特色鲜明。面对着新形势、新要求和新期盼,我们深切地体会到,开展此项工作,我们既是实践者,践行着公共文化服务体系建设的科学发展;也是探路者,探寻着没有经验可循、没有其他城市做法可借鉴的示范区创建之路;更是创造者,创造着我市在全国文化事业发展版图中的导向、示范、引领地位。为此,我们将进一步增强文化自信、文化自觉和文化自强,实践在前、探索在前、发展在前,在迎接文化部、财政部的最终验收时,充分展示我市公共文化服务体系建设科学发展的经验成果,总结凝练承古惠今的现代公共文化服务体系建设"苏州模式",进一步彰显"文化苏州"的城市魅力。

最后,我谨代表全市的文化工作者表个态,我们决不辜负上级部门对我们的期望和要求,不辜负市领导对我们的信任和重托,不辜负各地、各部门的支持和配合,我们将以时不我待的紧迫感,不进则退的危机感,敢于担当的使命感,全力以赴做好示范区创建工作,不断开创公共文化服务体系建设新局面,为"三区三城"建设、率先基本实现现代化做出新的更大贡献!

苏州市文广新局党委书记、局长 陈 嵘

1.2.7.4　会议书面交流发言——常熟市人民政府

坚持政府主导和社会广泛参与并举
持续推进公共文化服务体系建设

近年来,常熟市委、市政府以党的十七届六中全会、十八大精神为指导,以建设城乡普遍均等、保障公民基本文化权益的公共文化服务体系为重点,以率先基本实现现代化、全面建成小康社会为目标,从常熟市情、民情的实际出发,秉承常熟优秀的传统文化,注重实践,不断创新,做到思想认识有高度,保障措施有力度,网络覆盖有广度,课题研究有深度,推动了公共文化的持续发展,受到了文化部有关专家的好评。

一、坚持政府主导,保障公共文化服务

公共文化服务,尤其是公共文化设施建设,必须坚持以政府为主导,公共财政予以支撑。只有这样,才能有效保障公民的基本文化权益。常熟历届政府都十分重视公共文化服务,并列入重要议事日程。"十一五"期间,全市公共文化设施资金投入总计10.11亿元,其中重大文化设施资金投入约6.86亿元,基层文化设施资金投入约3.25亿元。相继建成图书馆、美术馆新馆,完成博物馆、翁同龢纪念馆、古琴艺术馆等改扩建工程,形成常熟文博一条街。通过实施农村"双六工程",新建和扩建了一批镇村文化设施,并相继投入使用,使城乡文化设施得到全面提升,并发挥积极作用。据统计,目前,我市公共文化设施总面积达到47万多平方米,人均拥有公共文化设施面积超过0.3平方米。进入"十二五"以来,常熟以创建国家公共文化服务体系示范区为契机,在保障原有公共文化设施正常运行的同时,建成开放了总投入3.3亿元、建筑面积2.1万平方米的江南文化艺术中心,成为常熟公共文化设施的一道亮丽风景线。

在公共文化设施基本实现全覆盖的同时,常熟市委、市政府注重公共文化产品的生产、公共文化活动的开展、公共文化服务的提供。通过设立文化名人工作室集聚区、文艺人才奖励基金等措施,不断加强精品文艺创作,一大批优秀作品分别获得中宣部"五个一工程奖"、文化部"群星奖"和"中国戏剧奖·小戏小品奖"等全国性奖项。以建设江南文化名城为目标,成功举办中国(常熟)江南文化节、中国古琴艺术节、尚湖国际民间艺术节等重大文化活动,吸引群众广泛参与,共享文化发展成果。根据国家文化部、财政部精神,图书馆、博物馆、美术馆、文化馆等公共文化设施向公众免费开放,社会效益显著提高,仅图书馆2012年到馆人员就突破100万人次。近三年来,市、镇(街道)公共财政用于公共文化供给的经费每年在3亿元左右。

二、社会广泛参与,彰显常熟文化自觉

公共文化服务必须创新投入机制,鼓励和引导全社会参与。只有这样,才能推动社会文化社会办、公共文化全民办的文化自觉。崇文尚和是常熟人的优良传统,并作为常熟精神推动社会不断进步。自古以来,常熟先贤酷爱文化,创造了无与伦比的文化伟业。当今,常熟人办文化的热情日趋高涨,逐步形成文化自觉。企业文化、校园文化、社区文化、乡村文化、民间文化等多元文化百花齐放,呈现多彩多姿繁荣景象。

近年来,特别是国家公共文化服务体系示范区创建以来,常熟在坚持政府主导的同时,积极鼓励和引导社会力量进入公共文化相关领域,积累了一些成功的经验,成为常熟公共文化建设的一大

特色。

1. 部门联手。常熟优越的公共文化设施，丰富的文化资源，为各部门开展文化活动提供了重要载体。相关部门依托常熟特有的文化优势，开展各具特色的公共文化服务，形成了自己的品牌，在苏州市乃至全省产生了一定的影响。"碧水琴川"廉政文化、法制文化等文化活动有声有色，成效显著；廉政文化教育馆、中医药博物馆、法制文化一条街、科普馆等文化设施相继建成并投入使用；文化部门与市经信委、农委等联手，在苏州市范围内率先开展"四位一体"农村信息综合服务中心试点工作，一年后实现全覆盖。

2. 行业合作。文化部门与行业协会、社会团体实行资源共享，组建各类文艺团队，合作开展各类公益文化活动，取得良好成效。2012年，市图书馆与常熟理工学院图书馆发挥各自优势，开展校地合作，成立科技文化信息咨询中心、地方文献阅览研究中心、公共图书流转服务中心，以校地互动战略，积极探索高校图书馆与地方图书馆资源建设、读者服务、文化传承、学术研究等合作的新模式。"三中心"面向社会开门办馆，致力服务地方经济社会发展，力求在全省乃至全国发挥示范导向作用。

3. 文企互融。文化注入企业，企业参与文化，达到文化与经济互融多赢，积极引导民营企业、民间资本参与公共文化设施建设和公共文化服务，先后建成了苏作红木家具博物馆、星海无线电博物馆、古船博物馆等一批民间特色场馆，免费向社会公众开放，受到广大群众的青睐。重大文化节庆活动、阅读节、文化惠民村村演、农民工大舞台、"市民课堂"周末讲座等一系列品牌文化活动，通过企业冠名、协办等形式，既保障了活动经费，又展示了企业形象。

4. 村民自办。引导有条件的村级自治组织，充分利用农耕文化资源，投入一定的资金，自主创办生态、休闲文化活动场所和特色文化场馆。蒋巷村是全国新农村建设的典范，蒋巷村村民在大力发展农村经济的同时，依托自身资源，建设图书馆、文明展示馆等文化活动场所，建立了富有特色的农家民俗馆和农耕文化园，它们不仅成了保存江南农耕文化的良好载体，更成为生态文化旅游的一个品牌，收到了多赢的效果。

多元投入，全民参与，使常熟公共文化建设与服务步入良性循环轨道，在构建公共文化服务体系中起到了积极作用。今后，我们将在强化政府主导的同时，继续鼓励和引导社会力量、民营企业、民间资本兴办文化设施，培育特色项目，开展丰富多彩的文化服务，持续推进常熟公共文化建设，力求发挥示范导向作用。一是出台鼓励民间资本进入公共文化服务领域的文件，从税收优惠、政策扶持等方面营造政府、单位、企业、个人一起办文化的良好氛围。二是拟订社会力量建办公共文化设施、组织特色服务项目、参与公共文化活动的奖励措施，通过设立奖励基金、开展定期表彰等，对社会力量兴办公共文化的先进集体和个人进行表扬和激励。三是每年组织全市公共文化设施、服务项目以及重大活动、特色活动的推介，提高全社会对公共文化建设的知晓程度，吸引社会力量广泛参与。四是搭建公共文化服务共享平台，加强公共文化服务的协作协调，使不同主体的公共文化服务资源得到有效整合、综合利用。

创建国家公共文化服务体系示范区已进入关键阶段。我们决心围绕创建体系指标，按照苏州市委、市政府的统一步骤，突出重点，攻克难点，展示亮点，确保常熟板块不失分，力争得高分。

常熟市人民政府

1.2.7.5 会议书面交流发言——吴江区人民政府

加强实用性创新 推进示范区创建

吴江区从2011年9月正式启动创建工作以来,紧紧围绕"乐居吴江"建设定位,加强创建过程管理和实用性创新,把吴江潜在文化资源优势转化为城市竞争优势,不断满足人民群众多样化、多层次、多方面的精神文化需求,创建工作取得阶段性成效,公共文化服务能力和水平得到明显提高。

一、吴江区公共文化服务体系建设的主要成效

1. 建立体制创新机制,硬件设施基本达标

积极健全和完善政府统一领导、相关部门分工负责、社会团体积极参与的管理体制和工作机制,制定出台《吴江市加强公共文化服务体系建设的实施意见》《关于公共文化服务体系示范区建设达标督查的通知》等文件。2011年示范区创建投入经费525万元,2012年投入经费800万元,以政府投入为主,采取多形式、多渠道筹集资金的方式,先后扩建、改建区图书馆、区公共文化艺术中心、部分镇(区)文体站和村(社区)文化活动室等。目前,按常住人口127.75万人计算,我区的区、镇(区)、村(社区)三级公共文化设施机构总计有348个,公共文化设施总面积32.9万平方米,人均拥有公共文化设施面积0.26平方米,全区拥有公益文化设施面积20.4万平方米,人均公益文化设施面积0.16平方米。全区每年开展各类公益性惠民展演展示活动2000多场次,送书10万余册、送展览100余次,"送戏下乡"300多场次,免费放映电影3000多场次,惠及群众累计突破200万人次。

2. 拓展区域文化联动,推进农民工文化融入

在创建中,我们充分利用"区域文化联动"打下的基础,深化"文化惠民"内涵,2012年开展"吴江市第九届区域文化联动暨第三届京杭大运河文化艺术节"活动。联动范围由江、浙两个省拓展至江苏、浙江和山东3个省,诚邀运河沿线15个地级以上城市参加活动。特别是注重把农民工纳入服务范畴,促使农民工积极融入美丽的"吴江家园"。一是以政策机制推进农民工文化融入。根据《关于印发〈吴江市农民工工作领导小组2012年工作要点〉的通知》(吴新农工办〔2012〕1号),把农民工纳入城市公共文化服务体系,引导企业、社区积极开展面向农民工的公益性文化活动。二是以公益设施推进农民工文化融入。2012年,吴江区把本区户籍人口80.2万人与农民工47.55万人共同纳入吴江区公共文化服务体系建设。三是以社会力量推进农民工文化融入。以政府、社会、个人三结合的机制,积极引导社会力量参与农民工文化工作。区文化艺术中心面向社会开办免费艺术进修班,鼓励企业建设农民工文艺团队。2012年,吴江"区域文化联动"获评文化部"农民工文化服务示范项目"。

3. 结合区域传统文化,建设戏曲文化生态保护区

在创建中,考虑到吴江历史悠久,人文底蕴深厚,尤其戏曲文化具有很好的群众基础,结合这一实际情况,我区开展了"戏曲文化生态保护区建设",并获评国家文化创新工程项目。一是发挥文化广场的聚集作用。广泛开展"欢乐广场"群众文艺会演、吴江戏曲艺术节等各种类别的广场文化活动,将戏曲艺术播撒到基层一线。二是出版吴江戏曲类专著。出版《沈璟与昆曲吴江派》《鲈乡越韵》和《中国同里宣卷》等500余万字戏曲类著作。三是培养青少年。与省戏剧学校共建戏曲示范学校。目前,全区9个镇(区)共有15所学校26个班级开班培训,培养少儿戏曲票友1000人。四是保护戏曲传人。制定戏曲传承人工作目标,在全区开展中青年戏曲票友培训活动,目标为300人。七都镇4位木偶昆曲传承人被招聘为七都洪福木偶昆剧团第一批合同制演员。

4. 结合"四位一体"创建,建设文化信息服务体系

国家公共文化服务体系示范区创建与"四位一体"农村综合信息服务体系建设有机结合,合理科学利用现有资源,建设农村文化信息服务体系。目前,我区公益性文化单位全部对外免费开放,全区镇级文体站均达苏州市"六个一"标准,其设备配置、活动开展、人员配备、综合管理等达到发展改革委、文化部制定的《乡镇(街道)文化站建设标准》;积极开展吴江阅读节系列活动,发展成苏州阅读节相对独立的一个组成部分,荣获省级"书香之县"称号;各镇(区)积极筹建评弹书场,达到镇级书场覆盖率100%,其中60%的书场年演出场次在300场以上;100%行政村(社区)文化活动室均在200平方米以上,每个活动室按标准建有公共电子阅览室,建成了"四位一体"农村综合信息服务体系,基本形成了区、镇(区)、村(社区)公益性文化设施三级全覆盖,初步建立基层文化阵地的"建""管""用"机制,确保创建过程管理到位,惠民服务到位,宣传力度到位。

5. 扶持农村文学社活动,着手创建国家级文学之乡

吴江人文荟萃,文学渊源悠远漫长。各个镇都创办了具有特色的文学社刊,其中莺湖、汾湖文学社已坚持了近30年。目前,全区有松陵垂虹文学社、盛泽绸都文学社、同里耕乐文学社等9个文学社,各文学社都有固定的作者队伍,有固定的刊物,被《中国文化报》誉为群众文化的"吴江现象"。现在,我区已经成功创建"苏州市民间文化艺术(文学)之乡",打算明年全面创建"中国民间文化艺术(文学)之乡"。经过慎重研究,我们拟从以下三方面采取措施:一是加大经费投入。建立农村文学社的资金扶持机制,积极争取资金投入,支持农村文学社开展采风和学习活动。同时鼓励文学社进行市场化运作,解决部分经费。二是建立人才引进机制。针对农村文学社缺乏人才的状况,组建跨村、跨地域的联合文学社,鼓励文联、公文中心的文艺骨干到文学社挂职,促进优秀经验的交流沟通,取长补短。三是建立协调帮扶机制。全区统一规划、统一部署,将城区、镇区相对强大的文学队伍,在人才、队伍、带头人等资源上,将其引导到相对薄弱的农村文学社建设上来。

二、吴江区公共文化服务体系建设下一步打算

吴江的公共文化服务体系建设取得了积极成效,但是对照创建标准,还存在一些不足,我区对公共文化设施的建设力度和管理水平还有待增强,基层文化设施的功能和作用仍需进一步发挥,公共文化产品总供给量仍需增强。接下来,我们将进一步加大创建力度,为迎接检查验收做出积极努力。

1. 对照要求,查漏补缺。根据国家公共文化服务体系示范区创建标准,在现有基础上,加强组织领导,强化创建工作效率,建立长效机制,有效结合全区阅读推广活动、群众文化惠民活动、非物质文化遗产保护和一镇一品镇(区)文化活动,推进全区城乡一体化协调发展。由各镇区包干负责,深入全区的村、社区进行实地调查,开展创建查漏补缺工作,落实迎检工作的各个环节,保证迎检工作出色完成。

2. 巩固亮点,不断创新。通过两年多的努力,我区"区域文化联动""戏曲生态保护区建设"和"四位一体"农村综合信息服务体系试点工作取得显著成效。在此基础上,我区将结合实际,寻找新的创新亮点,培育吴江文化软实力,扶持本土文化的成长,创作精品节目,创建"文化馆公共数字文化服务模式创新与示范"项目,创建中国民间文化艺术(文学)之乡。

3. 加强宣传,扩大影响。全面开展示范区创建新一轮媒体宣传工作。在迎检期间,在吴江电台、电视台、吴越传媒和吴江日报等媒体媒介滚动宣传,在群众能够接触到的地方开展示范区创建宣传工作。制作2本示范区创建宣传册,分发至各镇(区)文化活动中心和村(社区)文化活动室,使群众能够感受到示范区创建带来的文化便利性,扩大群众文化的影响力,形成"文化吴江"的良好氛围。

吴江区人民政府

1.2.7.6 会议书面交流发言——姑苏区人民政府

加强公共文化体系建设 提升文化惠民益民水平

为进一步加强姑苏区公共文化服务建设,提高全区基层文化工作整体水平,根据国家公共文化服务体系示范区创建要求,我区坚持"全面达标、重点突破、彰显特色"的原则,积极推进示范区创建各项工作。现将姑苏区创建工作汇报如下:

一、加强公共文化设施网络建设,基本形成了"十分钟公共文化服务圈"

1. 文化设施健全完善。近年来,我区高度重视文化活动设施的建设、管理和使用工作,坚持软硬件齐抓、建管用并举的原则,切实加强领导,精心组织实施,创新活动载体,着力打造开放式综合性阵地。我区逐步建成了以区级文化设施为主体、街道综合文化站为依托、社区文化室为网点、辖区内文体活动场所为共享、文化经营实体为补充的"五位一体"公共文化设施网格体系,文化设施基本实现全覆盖。区文化馆、区图书馆均被评定为"国家一级馆"。22个图书馆分馆,月均接待读者近15万人次。文化信息资源共享工程共建成150余个基层服务点,实现区级支中心、街道、社区全覆盖。

2. 街道文化站特色突出。15个街道文化站面积均达到1200平方米以上(2个因为拆迁在建设中),150个社区(村)建有200平方米以上的活动室。6个街道被评为"苏州市公共文化服务示范站"。街道实现"一街一品"。其中,双塔街道定慧寺巷书画文化、白洋湾街道生态文化等在全市都具有一定影响力。在图书馆分馆建设上注重资源共享,强化功能整合。如嘉业阳光城社区分馆与计生工作结合,开展亲子教育;石路街道积极利用社会资源,将社区分馆入驻商业综合体——西城永捷。

二、构建全方位公共文化供给体系,推进群众文化服务公益化、均等化

1. 公共文化设施免费开放。区文化馆、图书馆(包括分馆)、街道文化站实现免费开放,其中文化馆所有排练场室全天免费开放,图书馆电子阅览、图书阅览室每天免费开放时间达12小时。

2. 品牌文化活动创新发展。围绕苏州市"我们的节日""家在苏州"等文化惠民活动,培育形成了"古胥门元宵灯会""盛世观前""轧神仙""夜泊枫桥祈福""吴地端午文化节"等一系列民俗文化活动品牌。"吴地端午文化节"被列入世界级非物质文化遗产名录;"轧神仙"民俗活动被中国社科院设立为"庙会文化苏州研究基地"。我区又相继推出了"赏石湖串月·游沧浪新城"、金秋祭孔、"金阊之声"合唱艺术节、凤凰美食狂欢节等10余个系列文化品牌活动,共吸引老苏州、新苏州、洋苏州等百万余万人次参与。

3. 群众文化活动丰富多彩。街道、社区发挥各自资源优势,举办了"邻里节""山塘风情旅游节""古韵平江路"等活动,形成了"一街一品、一社区一特色"的格局。全区群文团队蓬勃发展,共有各类团队500个,"手拉手"品牌文艺团队、苏州市萍花艺术总团、"同心结"群文团队等品牌团队38个。2012年积极参加群文节目进京展演、省莲花奖舞蹈大赛、省五星工程奖、市新人新作奖等评选,获得金银奖150余个。"银色交响合唱团"应邀到维也纳金色大厅演出,展示了姑苏区草根艺术团队风采。

4. 特殊群体文化服务得到重视和改善。积极打造"文化助残""文化养老""文化圆梦"等品牌。2012年针对各类弱势群体举办美术、书法、摄影展等文化活动近20场。成立了"姑苏区同心

结"文化志愿队,定期开展送戏进孤老院、进军营、进工地、进学校等文化志愿服务。

三、落实组织、资金、人才和制度保障,推进公共文化服务体系建设可持续发展

1. 构建组织保障体系。成立了以区政府主要领导为组长,相关部门街道主要负责人为成员的领导小组,与各街道签订目标责任书,将创建工作和年度考核挂钩,制定了创建工作联络员、信息考核等制度,形成了一级抓一级、层层抓落实的工作格局。

2. 狠抓工作队伍建设。制定下发了《姑苏区街道群众文化工作考核设施细则》,明确要求各街道要有1名文化站长、1~2名文化专职工作人员。目前,已有9个街道文化站人员按标准配齐,余下街道也在逐步按照要求配备人员。各社区均有专职文化工作人员。

3. 落实创建经费支撑。确保公共财政对文化建设投入的增长幅度高于财政经常性收入增长幅度。2012年共投入1200万元用于公共文化设施建设。今年,姑苏区把创建工作列入实事项目,明确了300万元区级财政经费用于数字网络文化建设。姑苏区还为街道设立文化引导资金,要求街道1∶1配比,大力支持基层文化建设。

4. 扎实开展制度设计研究。聘请专家指导,精心设计了《基于文化惠民的人才培养机制研究》《城乡一体化非物质文化遗产保护》和《扬文化姑苏惠民品牌,精心打造10分钟公共文化服务圈》3个课题,力争形成具有姑苏区特色和典型示范效应的系列制度性文件。

下一步,我区将继续围绕"繁荣、惠民、创新、发展"的总要求,进一步依照创建标准,认真查漏补缺,以创促建,切实提高基层公共文化的管理和服务水平,促进我区公共文化服务体系建设迈向新的台阶。

四、进一步强化"软硬兼施"保基本,完善公共文化服务网络

一是硬件上抓设施建设。努力实现街道、社区文化室提档升级,确保达标率100%。完成新建6个社区图书分馆,推进区文化馆、图书馆整合重组,开展姑苏区文化综合大厦调研论证。推动生肖博物馆建成开馆。二是软件上抓精品创作。重点抓好戏曲、音乐、舞蹈等创作,力争在各级评比中获得奖项。三是服务上抓特色活动。打造首届姑苏民俗文化旅游节,形成古城特有的民俗节庆系列品牌。拟在姑苏区成立一周年之际,举办"首批国家级历史文化名城保护姑苏论坛"。四是队伍上抓骨干人才。发现和培育一批本土文化能人、文化传承人等民间文化人才。

五、进一步强化"创新整合"优结构,提升公共文化服务效能

一是创新公共文化服务方式。鼓励支持民营资本以多种形式投资参与兴办各类公共文化施建设。二是整合公共文化服务资源。建成集数字文化馆、数字图书馆等于一体的公共文化信息资源共享工程基层服务点,着力放大文化影响力。

六、进一步强化"点面督查"求实效,加强公共文化服务保障

一是加强政策引导。完善《进一步加强基层文化站建设的若干意见》《姑苏区文化繁荣行动计划》《姑苏区文化事业考核细则》等配套政策。

二是加强过程监督。对公共文化服务体系建设的重大任务、重点工程,制定阶段性任务验收标准,确保公共文化服务体系建设圆满完成。

苏州市姑苏区人民政府

1.2.7.7 会议主持词

苏州市创建国家公共文化示范区工作会议主持词

同志们：

为深入贯彻落实党的十八大精神，确保圆满完成各项创建任务，顺利通过首批国家公共文化示范区最终验收，继去年6月20日召开全市创建示范区推进会之后，市委市政府今天又在这里召开全市创建国家公共文化服务体系示范区工作会议，贯彻落实文化部关于验收工作的各项要求，安排部署下一阶段的工作措施。

出席今天会议并在主席台就座的领导有：市委常委、宣传部蔡丽新部长，市委蔡公武副秘书长，市政府陆俊秀副秘书长，市委宣传部缪学为副部长，市文广新局陈嵘局长，市财政局朱晓平副局长。

参加这次会议的有各市、区政府（管委会）分管负责人，各地宣传、财政、文广新部门负责人；市级机关各有关部门负责人；各镇、街道负责人。

今天会议有三项议程：一是市文广新局对示范区验收工作准备情况进行发言；二是市财政局对示范区创建财政保障工作进行发言；三是蔡部长讲话。

下面，进行第一项议程，请市文广新局陈嵘局长发言，大家欢迎！

……

刚才，陈嵘同志通报了文化部关于国家公共文化服务体系示范区验收工作的通知精神，以及我市对于示范区验收工作的准备情况，并针对创建过程中存在的差距、不足，对下一步的工作提出了很好的意见。

下面，进行第二项议程，请市财政局朱晓平副局长发言，大家欢迎！

……

刚才，朱晓平副局长回顾总结了创建以来我市财政部门经费投入的情况，并就全力确保示范区创建验收顺利通过的各项财政保障措施做了深入的思考。

下面，进行会议的最后一个议程，让我们以热烈的掌声有请市委常委、宣传部蔡部长作重要讲话。

……

同志们，刚才蔡部长作了一个十分重要的讲话。蔡部长首先充分肯定了创建示范区以来全市公共文化服务体系建设取得的成绩，同时也分析了当前推进公共文化服务体系建设的重大机遇，并对示范区创建验收工作提出了明确的要求，对我们下阶段的工作具有很强的指导性和可操作性。各地各单位要认真学习，深入领会，全面抓好贯彻落实。

下面，就落实好这次会议精神，我再简要强调三点意见。

一是要务必抓好会议精神的传达贯彻，高度统一思想。各地各单位要进一步增强国家公共文化服务体系示范区创建工作的责任感和使命感，充分认识到国家公共文化服务体系示范区创建是我市率先基本实现现代化的必然要求，是切实保障文化民生的主要途径，是各级政府履行公共服务职责的重要内容。要切实把思想统一到这次会议的精神上来，把工作落实到市委、市政府的工作部署上来，把热情引导到创建工作中来，立足新起点、冲刺新高度，合力攻坚，强势推进，确保圆满完成创建工作的各项任务。

二是要务必进一步解放思想,创新实干。国家公共文化服务体系示范区创建工作,是公共文化服务体系建设的一项重要举措,是一项全新的工作,也是一项系统的工程。各地各单位要按照今天会议要求和统一部署,大胆试、勇于闯,在思想观念上大解放,在工作手段上大转变,在工作重点上大突破,在工作措施上有大举措,快人一步抓机遇,实干完善争主动。

三是要务必狠抓关键,落实责任。国家公共文化服务体系示范区创建验收的大幕即将拉开,各地各单位务必抓紧时间,针对工作中的薄弱环节和突出问题,逐条梳理,不放过一个指标,不漏掉一个项目,不降低一个标准,不减少一点分值,密切配合,协调联动,狠抓工作落实,务求全面达标。

同志们,让我们积极行动起来,从落实以人为本,全面、协调、可持续发展科学发展观的战略高度,锁定目标,同心同德,锐意进取,扎实工作,确保以优异的成绩通过最终验收,率先建成江苏省首个国家公共文化服务体系示范区,以跨越发展的新业绩续写"文化苏州"新篇章。

会议就到这里,谢谢大家!

苏州市人民政府副市长　王鸿声

1.3 验收阶段

1.3.1 国家公共文化服务体系示范区(项目)创建工作领导小组办公室关于公布第一批示范区制度设计研究课题评审结果的通知

关于公布第一批示范区制度设计研究课题评审结果的通知

国家公共文化服务体系示范区(项目)创建工作领导小组办公室

各省、自治区、直辖市文化厅(局)、财政厅(局):

为贯彻落实党的十八大和十七届六中全会精神,总结第一批创建国家公共文化服务体系示范区制度设计研究成果,2013年5月13日至14日,国家公共文化服务体系示范区(项目)创建工作领导小组办公室(简称"创建办公室")组织召开第一批创建示范区制度设计研究课题评审工作会议,就第一批31个示范区创建城市制度设计研究课题成果进行评审。现就有关事项通知如下:

一、综合考虑制度设计研究成果质量,根据评审组意见,评审结果分优秀、良好、合格、基本合格四个等级(评审结果详见附件)。

二、评定为"优秀""良好"等级的创建示范区,要根据本地实际继续对课题成果进行修改完善,加强研究成果转化和推广,可以进入验收第一批次。

三、评定为"合格"等级的创建示范区,由各省(区、市)文化、财政厅(局)负责指导,在两个月内完成修改工作,于2013年7月15日前将修改后的课题研究报告提交创建办公室。

四、评定为"基本合格"等级的创建示范区,要在两个月内完成课题报告修改工作,并报创建办公室复审。复审合格后,验收工作可安排在第二批次。

各省(区、市)文化、财政厅(局)要加强对本省(区、市)创建示范区制度设计研究课题成果修改工作的指导和监督,确保如期完成各项工作。

特此通知。

附件:第一批国家公共文化服务体系示范区制度设计研究课题评审结果

国家公共文化服务体系服务体系示范区(项目)

创建工作领导小组办公室

(文化部办公厅代章)

2013年5月21日

抄送:第一批国家公共文化服务体系示范区创建城市人民政府

第一批创建国家公共文化服务体系示范区制度设计研究课题评审结果

序号	创建国家公共文化服务体系示范区	评审结果
1	广东省东莞市	优秀
2	北京市朝阳区	优秀
3	四川省成都市	优秀
4	江苏省苏州市	优秀
5	上海市徐汇区	优秀
6	重庆市渝中区	优秀
7	湖北省黄石市	优秀
8	海南省澄迈县	良好
9	浙江省宁波市鄞州区	良好
10	云南省保山市	良好
11	湖南省长沙市	良好
12	山西省长治市	良好
13	宁夏回族自治区银川市	良好
14	天津市和平区	良好
15	福建省厦门市	良好
16	内蒙古自治区鄂尔多斯市	良好
17	辽宁省大连市	良好
18	西藏自治区林芝地区	良好
19	青海省格尔木市	良好
20	吉林省长春市	良好
21	新疆维吾尔自治区喀什地区	良好
22	贵州省遵义市	良好
23	黑龙江省牡丹江市	合格
24	甘肃省金昌市	合格
25	山东省青岛市	合格
26	陕西省宝鸡市	合格
27	河南省郑州市	合格
28	安徽省马鞍山市	合格
29	江西省赣州市	基本合格
30	广西壮族自治区来宾市	基本合格
31	河北省秦皇岛市	基本合格

1.3.2 苏州市创建第一批国家公共文化服务体系示范区工作情况汇报

苏州市创建第一批国家公共文化服务体系示范区工作情况汇报

尊敬的国家公共文化服务体系示范区创建验收检查组的各位领导、各位专家：

大家上午好！

首先，热忱欢迎大家莅临苏州检查验收我市的国家公共文化服务体系示范区创建工作。两年多来，我市始终坚持"公共文化服务体系建设工作总体水平处于国内领先位置"的目标，对照标准、自加压力，不断创新、全面推进，高标准完成了示范区创建的各项任务，公共文化服务体系建设取得了长足进步，得到了中央领导和文化部领导的充分肯定。刘云山同志批示："公共文化服务体系建设是繁荣发展文化的重要任务，张家港创造的'网格化'文化服务模式的经验值得总结。"文化部蔡武部长、杨志今副部长多次来苏视察公共文化服务体系建设，为我们的工作开拓了思路、指明了方向。去年9月，文化部在我市张家港召开了国家公共文化服务体系示范区创建工作现场经验交流会，在全国总结和推广张家港的做法和经验。

自国家公共文化服务体系示范区创建以来，我市市委市政府高度重视这项工作，主要负责同志担任创建领导小组组长，统筹指挥创建工作，定期听取工作汇报，先后召开动员会、推进会等专题会议，研究部署创建工作。在市委市政府去年批准实施的《十大文化工程》中，更是将示范区创建列为首要工程。今年，市人大常委会组织全体常委视察示范区创建工作，市四套班子分管负责同志分赴基层督查，现场指导协调创建工作。这些都为示范区创建提供了强有力的组织保障。下辖各县级市、区与市政府签订了创建责任书，也都成立了主要负责同志挂帅、分管负责同志具体负责的组织机构。各级发改、财政、人社等相关部门各负其责、密切配合，形成了横向合作、上下齐心的创建工作格局。

今天，文化部组织对我市的创建工作进行实地检查，既是对我们创建工作的成果检验，更是对我们今后更好地开展公共文化服务体系建设工作的督促和指导。在此，我谨代表苏州市委市政府，向检查组的各位领导和专家们表示衷心的感谢！按照文化部关于验收工作的要求，现将苏州创建国家公共文化服务示范区的情况作一简要汇报。

一、有关实地检查的重点内容

苏州是国务院首批公布的24个历史文化名城之一，现辖4个县级市（张家港市、常熟市、太仓市、昆山市）、4个区（吴江区、吴中、相城区、姑苏区）和2个市政府派出机构的开发区（工业园区、高新区/虎丘区）。苏州是我国改革开放以来经济发展速度最快的地区之一，2012年，全市地区生产总值达1.2万亿元。在经济社会快速发展的同时，我们始终坚持"文化是苏州加快发展的核心竞争力"这一理念，提出了"文化苏州"的战略目标，以国家公共文化服务体系示范区创建为抓手，在率先基本实现现代化的进程中不断探索现代公共文化服务体系建设。

（一）公共文化设施免费开放到位

坚决落实中央、省关于公共文化服务体系建设的决策部署，全市范围内政府兴办的公益性文化单位，包括图书馆（室）、文化馆（站）、美术馆、艺术馆、博物馆、科技馆、革命历史纪念馆等，全部向社会免费开放。各级财政确保上述单位免费开放后的人员、日常运行和业务活动等经费，并逐年保持一定幅度的增长。创建两年来仅苏州市本级财政投入公共图书馆、文化馆、美术馆、博物馆的免费开放经费就达5400多万元。同时,切实落实无障碍、零门槛进入制度,积极开展针对农民工、残疾人、老年人、少年儿童等特殊人群的活动和项目,深受群众的欢迎,取得了实实在在的成效。

(二)制度设计研究成果到位

制度设计研究是我市示范区创建工作的重点之一。在创建工作中,我们狠抓制度设计研究不放松,从选题、组建课题组,到开展研究、形成政策成果,多次邀请国内专家指导完善,最终形成了近10万字的研究报告和16个极具实践意义的文本。我市报送的由《苏州公共图书馆总分馆制度设计研究》《苏州市基层文化从业人员职业资格认证制度研究》《苏州市乡村图书馆制度设计研究》和《苏州市公共文化中心职能定位研究》4个课题组成的系列性制度设计研究课题圆满通过了文化部专家组的评审,获得了"优秀"的成绩,也为下一步公共文化服务体系建设科学发展奠定了基础,指明了方向。

(三)中期督查发现的问题整改到位

去年4月,文化部第十五督查组对我市示范区创建工作开展了中期督查,认定我市24个指标中期进度评为优、1个指标评为良,总体督查指标优良率达100%,同时也提出了整改建议。之后,我们坚持"硬件从实、软件从严"的原则,集中精力逐条补缺补短补软,倒排时序、倒逼进度,分解责任,确保全部整改到位。目前,我市公共图书馆人均占有藏书量达1.5册以上,市、县级市两级图书馆平均每册藏书年流通1.1次。总投资4.8亿元、总建筑面积4.2万平方米的苏州图书馆二期项目,已进入设计方案招投标程序。建立并不断完善网上文化馆、图书馆、博物馆,切实加大公益性数字文化产品供应力度。以苏州市公共文化中心为试点,着力建立公益性文化单位服务标准化体系,进一步提高服务能力和水平。进一步加大宣传力度,统一制作创建宣传展板,在全市各级公共文化设施集中展示;充分利用电视、网站、移动、联通、电信等各类媒体,发送创建示范区宣传标语250多万条;在主要路口的电子大屏、交通"情报电子牌"滚动播放创建示范区宣传片及宣传标语;编印10万册《苏州市国家公共文化服务体系示范区创建服务指南》及20万份各类创建宣传册页,免费发放至居民家中,积极扩大创建工作的社会影响力和感召力,全面提升广大市民群众对创建工作的知晓率和支持率,形成全市支持示范区创建工作的强大合力。

二、国家公共文化服务体系示范区创建取得的主要成效

按照党的十七届六中全会提出的目标要求和十八大关于"完善公共文化服务体系,提高服务效能"的具体精神,我们把工作重点聚焦到"完善体系、提高效能、彰显特色、惠及全民"上来,我市的公共文化服务体系建设进入了一个整体推进、科学发展、全面提升的新阶段,走出了一条"城乡一体化、率先现代化"的现代公共文化服务建设之路。突出体现在"八大体系"的建设方面。

(一)城乡一体——全面完善公共文化服务设施体系

公共文化服务体系,效益是导向,设施是基础。创建期间,我市坚持将设施建设作为基础性工程,加大力度,完善布局。一方面是继续推进重大文化设施建设。"十一五"以来,全大市重大文化设施资金投入共计200多亿元。苏州美术馆新馆、苏州市文化馆新馆、苏州名人馆、苏州评弹学校新校,以及昆山市文化艺术中心、张家港市文化中心、常熟市江南文化中心、太仓市图博中心和文化艺术中心等一批重点文化设施都已先后建成并投入使用,在这些重点文化设施中,建有千人以上的现代化剧场13个。另一方面,加快公益性文化设施城乡一体全覆盖。我市不仅确定了城乡文化权益"同等"、城乡文化发展"协同"、城乡社会文明"同步"的"三同"目标,而且建立了以城带乡、以中心(骨干)设施带基层设施的体系化运行制度。目前,全市拥有公共图书馆国家一级馆12个,文化馆国家一级馆12个,各类博物馆、纪念馆、美术馆70余个;所有镇(街道)均建有单独设置并达到部颁标准的综合文化站;行政村(社区)综合文化设施设置率100%,达标率100%;镇(街道)、社区

(村)公共电子阅览室设置率100%,达标率100%;遍布城乡的公益性评弹书场127家,百人以上的群众文化广场2000多个,全市人均拥有公共文化设施面积0.25平方米,实现了四级公共文化设施网络全覆盖。

（二）全民参与——着力推进群众文化活动体系

目前,我市的群众文化活动呈现出品种样式丰富多彩、活动主体多元并存、资源要素互联互通的良好格局。一是地域特色浓厚的重大文化节庆精彩纷呈。成功承办了5届中国昆剧艺术节和中国苏州评弹艺术节、两届中国国际民间艺术节以及中国戏剧节、中国农民文艺会演等品牌节庆活动。精心组织的苏州阅读节已成功举办了8届。二是以基层为重心开展的"四大系列"文化惠民活动深入人心。"我们的节日""天天有"、市直舞台艺术"四进工程"和"群星璀璨——城区各广场主题活动"等"四大系列"文化惠民活动,受到各层面人群的广泛欢迎和参与。全市年均开展各类公益性展演展示活动6万场次,惠及农村及社区群众5000万人次;"三送工程"向基层送书超10万册,送戏超3500场次,送电影超2.1万场次。三是各县级市、区特色群众文化活动持续繁荣。张家港市"长江文化艺术节",常熟市"江南文化节",太仓市"郑和航海节",昆山市"外企文化节",吴江区"运河文化节",吴中区"太湖开捕节",相城区"活力岛音乐节",姑苏区"盛世观前"文化艺术节、"古胥门元宵灯会"和"轧神仙文化旅游节",高新区"欢乐社区行"和工业园区端午节龙舟赛等活动定期每年举办,形成了一批市民群众喜闻乐见的特色文化活动品牌。

（三）有效延伸——率先建成公共图书馆总分馆体系

我市从2005年开始率先在全国施行公共图书馆总分馆制,逐步建成统一采购、统一编目、统一配送和通借通还的公共图书馆总分馆体系,被业内专家誉为国内图书馆总分馆建设的"苏州模式"。2011年,市政府正式出台《苏州市公共图书馆总分馆体系建设实施方案》。目前,全市已建有市级总馆1个、县级市、区级总馆7个、分馆173个;有图书流动服务车9辆,年均出车1363次以上;定期举办公益讲座、品牌阅读、扶老上网培训等活动,2012年全市到馆读者近2500万人次。针对外来务工人员,专门在有7000多名外来务工人员居住的苏州高新区景山公寓开设了图书馆分馆,春节期间开通"人在归途"互联网订票服务,免费提供安全便捷的网络购票通道,同时定期用流动大篷车将"微型图书馆"送到农民工子弟学校。图书馆总分馆体系正在苏州"书香城市"建设和基层文化服务中发挥着越来越重要的作用。

（四）高效运行——创新建设公共数字文化服务体系

加强高科技应用,是公共文化服务"提高效能"的重要手段。近年来,我市创新建立了以数字网络技术为主要服务手段、覆盖城乡社区和农村的"四位一体"(村图书室、农家书屋、党员远程教育、文化信息共享)基层综合信息服务体系,建立起市文化馆与全市90多个文化馆(站)相连接的群众文化活动远程指导网络。城乡市民群众都可以通过多种方式获得数字图书馆、数字文化馆、数字博物馆和数字美术馆等文化信息资源服务。同时,借助有线数字网络,苏州市"公共文化有线数字互动平台"已把公共文化数字服务送进社区、送到家庭,城乡居民足不出户,坐在家中就能使用电视遥控板点播收看电影、戏曲、讲座等丰富多彩的文化节目。目前,我市正结合智慧城市建设,筹划通过有线、无线网络实现全市公共数字文化服务时空无盲点全覆盖。

（五）活力丰沛——不断优化公共文化生产和供给体系

结合示范区创建,全市上下不断加大面向基层、服务群众的各类文艺作品的创作力度。全市文艺工作者自觉坚持"三贴近",不断开拓创作题材领域,涌现了一批体现苏州特色的优秀作品。全市累计有2台剧目连续入选文化部首届和第二届"全国优秀保留剧目"大奖,4台剧目连续入选国家舞台艺术精品工程精品剧目,2台剧目获文化部"文华大奖",7部戏剧获中宣部"五个一工程奖",4台剧(书)目获"文华剧目奖",2台剧目获中国戏剧奖·曹禺剧本奖,3部书目获中国曲艺"牡丹奖"

节目奖。我市著名表演艺术家顾芗获"梅花大奖",文化艺术领域先后有40余人次荣获全国文华奖、梅花奖、曲艺牡丹奖等最高奖项,在全国同类城市中名列第一。一批深入群众、立足基层的群文创编演优秀人才和作品不断涌现,每年面向基层群众创作的各类文艺作品数以万计,共有10个作品获文化部"群星奖",1人获全国"群文之星"。多彩的文艺作品极大地丰富了公共文化供给体系,满足了全市人民群众的文化欣赏需求。

(六)承古惠今——全力打造文化保护、传承和弘扬体系

目前,苏州现有联合国教科文组织授予的"人类非物质文化遗产代表作"6个、全国重点文物保护单位59处、国家级"非遗"项目29项,位居全国同类城市之首。丰厚的物质和非物质文化遗产,是我们弥足珍贵的文化财富,也是滋养当今苏州人文化生活的重要资源。在创建实践中,我们注重将原生态保护的文化元素与人民群众喜爱的现实文化元素有机结合,面向基层群众提供展示展演、活动体验、培训指导、宣传推广等各类公共文化服务,把"活"的民间生活记忆、"活"的民间智慧和创造、"活"的生活体验场景,全面融入市民群众的现实文化生活,成为公共文化服务体系的重要组成部分。在此推动下,目前全市拥有10个(28个项目)"中国民间文化艺术之乡",2个"全国群众文化先进社区"、4个"全国特色文化广场";涌现出民间业余文艺团队近4000支,文化骨干队伍12.15万人,文化志愿者队伍104.93万人,每年开展各类活动近1.5万次。各县级市、区广泛开展"一镇一品""一镇多品"以及"一村一品"建设活动,结合当地特色举办各类民间文艺节、农民文化艺术节和镇、村、社区文化节。每个街道均已建有一支代表当地文化特色的文化团队和一项特色鲜明的活动品牌。优秀传统文化在发扬光大的同时,散发出了新的时代气息,已深深植根于群众之中,成为市民共同的精神家园。

(七)长效保障——健全公共文化服务制度支撑体系

我们始终将制度建设放在极为重要的位置,形成公共文化服务制度体系框架,以制度形式明确了组织保障机制、经费支撑机制、管理运行机制、人才保障机制等。在组织保障机制方面,明确了群众基本文化权益和各级政府的责任,实现了公共文化服务体系建设的"六纳入"。在经费支撑机制方面,市政府出台了《关于加强文化改革发展若干经济政策的意见》,明确"各级财政要确保创建资金的安排,保证公共财政对文化建设的增长幅度高于财政经常性收入增长幅度,人均财政文化支出高于全省平均水平"。在整个创建周期内,全市各级财政公共文化服务投入达42.75亿元(不含重大文化设施建设的投入)。在管理运行机制方面,制定了公益性文化设施管理运行制度和公益性文化服务机构服务标准,明确各类公益性文化服务机构的基本职责。在人才保障机制方面,从2008年起率先施行以"统一培训、统一考试、持证上岗"为主要内容的基层文化从业人员资格认证制度,共计有3782人次的基层文化从业人员通过了资格认证培训,实现了100%持证上岗。规范、完善、系统的制度,为我市公共文化服务体系的长期、稳定、高效运行提供了可靠保障。

(八)异彩纷呈——各县级市、区探索形成各具特色的公共文化服务体系

在示范区创建过程中,我市各地都积极探索,开拓创新,涌现出了各具特色又相得益彰的公共文化服务模式。例如:张家港市把全市村(社区)划分成955个公共文化服务网格,组织720名网格文化员持证上岗,形成基层公共文化服务无盲点均衡覆盖。常熟市形成了"社会力量广泛参与公共文化服务"的机制,积极引导和鼓励社会力量参与,支持企业、个人创办为群众免费提供文化服务的特色场馆。昆山市着力打造"融合创新"的公共文化服务,已建成22个"新昆山人"俱乐部,将4000家外资企业的10万台商、占人口80%的百万外来务工人员视为昆山市民的重要构成,纳入公共文化服务体系,构建"新昆山人"的精神家园。太仓市通过多种形式扶持文艺精品创作和生产,形成"全民创作"的独特风景线。吴江区从"区域联动"入手,推进长三角地区、大运河沿线的文化联动,共享文化服务,"区域文化联动"喜获文化部创新奖。姑苏区依托"观前、石路、古胥门"等繁华

热闹地段,形成了大型民俗文化活动品牌。工业园区围绕"非凡城市"建设,引入新加坡的先进理念,努力建设充满时尚活力的国际化文化新城区。相城区以人才队伍建设为切入点,提高全区公共文化服务效能,形成"基层文艺人才队伍建设"的特色公共文化服务。吴中区和高新区着力打造高标准的区级文化中心,实现公共文化设施的高起点建设。这些富有成效的工作机制,极大丰富和提升了我市公共文化服务的效能。

各位领导,各位专家,示范区创建两年多来,我们始终坚持"以人为本",以满足百姓文化生活需求为出发点和落脚点,推动形成"以效益为导向"的现代公共文化服务理念,在设施网络建设、服务供给、组织支撑、资金人才技术保障、服务评估、多部门联动等方面,形成了具有创新性和示范性的亮点28个。在今后的工作中,我们将紧紧围绕前不久国务院批准的《苏南现代化建设示范区规划》,研究制定苏州文化现代化行动纲领,充分发挥文化在"五位一体"格局中的重要作用。坚持将公共文化服务体系建设作为文化现代化的重要组成部分,深入推进公共文化服务体系的现代化建设,努力成为"服务观念先进、服务方式现代、城乡服务均等、体系运行高效"的公共文化服务现代化地区,努力在文化现代化建设方面走在全国前列,为我国实现社会主义现代化探索道路、积累经验和提供示范。

谢谢大家!

1.3.3 文化部检查组完成对江苏省苏州市创建国家公共文化服务体系示范区实地检查工作

文化部检查组完成对江苏省苏州市创建国家公共文化服务体系示范区实地检查工作

6月20日至22日,由文化部派出的创建国家公共文化服务体系示范区验收实地检查组,对苏州市创建国家公共文化服务体系示范区的情况进行了实地检查。检查组依据文化部、财政部制定的示范区验收东部标准,对苏州市公共文化设施网络建设、公共文化服务供给、公共文化组织支撑、公共文化资金人才和技术保障、公共文化服务评估以及其他相关工作6大方面进行了检查验收。在检查验收过程中,检查组全面审阅了反映苏州市创建成果的资料,对资料中的关键数据和事实进行了质疑性审查;对市、区县、乡镇街道、村社区四级7个公共文化设施点进行了现场检查;对苏州市图书馆管理系统的后台数据进行了不通知的即时现场核查;对苏州市的公共文化服务网站进行了多时点网上核查。

苏州市的创建工作形成了党委政府统一领导,文化部门组织协调,相关部门分工负责,社会各界积极参与的工作格局。示范区创建期间,苏州市各级政府投入到公共文化服务上的经费达到42.75亿元(不包括重大文化设施建设投入);全市公共文化基础设施类型齐全,功能完善,质量一流,人均公共文化设施面积达到0.25平方米。示范区创建促进苏州市建立起了制度化的公共文化组织保障机制、经费保障机制、人才保障机制和管理运营机制。

检查组认为,苏州市在创建公共文化服务体系示范区过程中,创造出了一些具有区域性乃至全国范围示范借鉴意义的经验和做法,形成了示范区创建的苏州特色和亮点。经过梳理总结、反复核实,检查组认定体现苏州特色的创建亮点主要有24项,分别是:(1)公共图书馆总分馆体系"苏州模式"的新进展;(2)群众文化活动体系化建设;(3)全面实施基层公共文化从业人员职业认证、持证上岗制度;(4)苏州市文化研究人才奖与艺术人才奖;(5)高雅艺术下基层常态化机制建设;(6)"送戏下乡下基层"运行机制改革;(7)突破体制、整合资源、形成合力,组建苏州市公共文化中心;(8)挖掘地方人文资源,激发公众文化自豪,创新公共文化资源供给,建设苏州市"名人馆"系列;(9)出台系列化的鼓励、引导、扶持社会力量参与公共文化服务体系建设的政策、措施;(10)鼓励基层群众文化活动、非遗项目"走出去"政策、机制建设;(11)挖掘社会资源,建设优秀传统文化传承基地——书院;(12)出台鼓励群众性文学艺术创作,激发全民文化艺术创造能力的政策、措施;(13)公益性评弹书场进社区;(14)昆曲普及工程;(15)苏州掌上移动博物馆、掌上移动图书馆建设;(16)苏州文化馆远程交互业务指导与培训系统建设;(17)苏州有线电视"文化苏州"数字点播系统建设;(18)张家港公共文化服务"网格化"建设;(19)张家港"书香城市"指标体系建设;(20)吴江整合农村文化资源的"四位一体"平台建设;(21)吴江"区域文化联动";(22)"新苏州人"文化俱乐部建设;(23)苏州外籍人士文化俱乐部建设;(24)常熟校地共建图书馆"三中心、一平台"机制。按照每一创新点加0.2分的评分规定,检查组建议苏州市示范区创建创新点得分为4.8分。该建议得分提交国家公共文化服务体系建设专家委员会最终审定。

2012年示范区创建中期督查给苏州市提出的后续工作建议和创新建议主要涉及三个方面:一是人均公共图书馆藏书占有量以及市、县两级图书馆平均每册藏书年流通次数等指标达到规定要求,力争一定比例的指标居全国领先水平;二是加强数字文化网络建设的探索与研究,加大公益性数字文化产品供应力度;三是积极试点建立文化馆、图书馆、博物馆等公益性文化单位服务标准化体系。检查组重点检查了苏州市对中期督查建议的落实情况,认为中期督查建议得到了全面的、高质量的落实。检查组认定,苏州市人均拥有公共图书馆藏书达到1.56册(全国平均0.52册)、公共图书馆藏书年流通率达到1.1次(全国平均0.52次)、人均年新增公共图书馆藏书达到0.25册,(全国平均0.029册)、人均到馆次数达到1.86次(全国平均0.28次),上述指标均远远超过了全国平均水平,实现了主要指标全面国内领先。以数字图书馆、文化馆远程交互业务指导与培训系统、掌上移动博物馆、有线电视"文化苏州"数字点播平台建设为标志,苏州市的公共数字文化建设已经走在全国前列。2012年,苏州市成立了城市综合服务标准化试点工作领导小组,公共文化服务标准、建设标准纳入其中;苏州市创建办出台了《关于加强苏州市公共文化机构服务标准化建设的意见》,图书馆、文化馆、美术馆、名人馆等公共文化机构分别出台了服务标准、评估标准、建设标准、安全标准,公共文化标准化体系建设为全国做出了示范。检查组认为,中期督查建议的全面落实,明显提高了苏州市示范区创建的整体水平。

检查组建议苏州市未来的公共文化服务体系建设要在示范区创建已有成果的基础上进一步对以下几个问题做出重点研究和探索,形成苏州做法,创造苏州经验,为区域乃至全国提供新的示范。

第一,公共文化服务体系建设的主要项目、主要指标瞄准国际先进水平,在"苏南现代化建设示范区"的实践中创造出中国率先实现现代化地区的公共文化建设指标体系,公共文化服务的标准化体系向国际通行标准靠拢,把苏州的公共文化服务水平提升到国际一流水平,让"文化惠民"的苏州实践产生更大的国际影响。

第二,在全面落实"十八大"提出的"完善公共文化服务体系,提高服务效能"方面为全国做出示范。进一步探索和实践完善体系、提高效能的路径、方法、政策、机制,建立以效益为导向的评价激励机制,打造公共文化服务体系建设的苏州"升级版"。

第三,进一步加强公共文化服务人才队伍建设。完善已经全面实施的基层公共文化从业人员专业认证、持证上岗制度,创造出在转变政府职能背景下,政府、行业组织、公共文化服务机构分工明确、职责清晰、相辅相成的专业水平认定标准和认定方式。

第四,全面落实科学发展观,进一步加强公共文化制度设计研究,选择若干事关国家公共文化服务体系建设全局的重大现实性问题展开持续研究,并及时将制度设计研究成果转化为制度建设成果,为苏州在解决全局性突出矛盾和问题时的"先行先试"提供理论指导、实践支撑和决策参考,为建立中国的公共文化理论体系、学科体系、制度体系贡献力量,同时也造就一支高水平的、本土化的苏州公共文化研究人才队伍。

第五,把苏州在示范区创建过程中形成的基本经验、基本措施、基本政策上升为法规、标准等制度性文件,以地方立法、地方标准等形式固化成功的经验,探索建立公共文化服务的地方性法律法规保障体系,以苏州的地方实践,落实十七届六中全会提出的加快文化立法、提高文化建设法制化水平的时代任务。

1.3.4 苏州市创建亮点简介

苏州市创建亮点简介

亮点1：公共图书馆总分馆体系"苏州模式"的新进展

苏州市公共图书馆总分馆起步于2005年，是苏州图书馆与基层政府等机构合作的职业创新。通过"动态资产权"实现文献资源的统一采编调配和通借通还，通过由总馆向分馆直接派遣工作人员实现紧密型的统一管理，通过"孵化式培训"提高了馆员职业素养进而保障了总分馆服务质量的一致，从而实现了总分馆服务的方便快捷和经济高效。2010年底，苏州已建成了26所分馆，被业内专家学者誉为公共图书馆总分馆的"苏州模式"，并获得文化部第十四届"群星服务奖"。示范区创建期间，苏州市在已有基础上进一步研究总分馆建设的政府主导和制度保障，出台《苏州市公共图书馆总分馆体系建设实施方案》，对总分馆进行科学规划、合理布局，提升内涵，彰显效能，使全市的公共图书馆总分馆建设由"职业行为"走向"政府主导"。截至2012年底，全市已建有市级总馆1个，县级市、区级总馆7个，分馆173个，有流动服务车9台，年均出车1363次以上，2012年全市共接待到馆读者近2500万人次。在多年的建设过程中，苏州公共图书馆总分馆体系建设不断实现服务点的有效延伸，景山公寓、胥江中学、苏州职业大学、苏州第三监狱等均已建立图书分馆，目前正在筹划建立轨道交通分馆。同时，总分馆体系建设也不断丰富服务内容。针对老年人、未成年人、残疾人、外来务工人员等特殊人群和弱势群体，定期举办公益讲座、品牌阅读活动、扶老上网培训等丰富多彩的活动，春节期间开通"人在归途"互联网订票服务，免费提供安全便捷的网络购票通道，同时定期用流动大篷车将"微型图书馆"送到农民工子弟学校。图书馆总分馆体系正在苏州"书香城市"建设和基层文化服务中发挥着越来越重要的作用。

亮点2：吴江区整合农村文化资源"四位一体"平台建设

2010年起，吴江区对乡村农家书屋、共享工程基层服务点、党员远程教育中心、乡村图书室进行资源整合，共建共享、优势互补，实行统一管理，用一份成本提供多种公共服务，探索出一条农村公共文化服务体系的资源共建共享、服务普遍均等有可持续之路。吴江区相继出台《吴江市加强公共文化服务体系建设的实施意见》（吴政办2011 101号）、《关于加强镇（区）公共电子阅览室创建工作的通知》（吴公创办字〔2012〕4号）等文件，深入开展"基层百村行"调研活动，先行试点同里镇、松陵镇，推介成功经验，进一步推进各镇（区）因地制宜的开展工作。"四位一体"平台的建设，及时更新了软硬件设施，使市民在家门口就能享受到便捷的公共文化服务；加快建设标准化队伍，进一步提升管理员的业务素质；有效实现了图书通借通还，保证各村图书均得到有效的管理利用；初步实现了共享服务，通过送书下乡、定期送讲座展览、开展特殊人群和弱势群体特色服务等活动，在基层百姓中掀起了一股阅读之风，农村一级读书质量有了明显的提高。目前，全吴江区所有行政村均建立了集中管理、服务和活动于一体的"四位一体"农村公共信息服务中心，实现了全覆盖，成为实现新农村坚实、城乡一体化、公共文化服务均等化以及公共文化服务可持续发展的重要途径。

亮点3：张家港市公共文化服务"网络化"建设

近年来，张家港以政府为主导，以提高公共文化服务均等化为目的，以广大基层人民群众为对象,以文化志愿者服务为主要形式,以街道社区、镇村基层文化设施为依托,合理划分最基层的公共文化服务网格,明确服务范围、服务对象、工作职责和服务标准明确,建立一支扎根基层、服务群众、乐于奉献的"网格文化服务员"队伍,着力推动实现基层公共文化设施网络健全、高效利用,基层公共文化资源重心下移、共建共享,基层公共文化服务内容丰富、均等提供,推动形成市、区(镇)、社区、网格四级公共文化服务网络无盲点均衡覆盖,全面提升基层公共文化服务科学发展上水平。"网格化"公共文化服务体系,是张家港党委、政府按照科学发展要求,立足于更好地、更全面地、更均等地保障人民群众基本文化权益,在深入调查研究张家港公共文化服务体系建设的特点、规律,特别是面临的突出问题和发展瓶颈基础上,所形成的深思熟虑、科学设计和精心部署。推进"公共文化服务网格化",集中体现了张家港"团结拼搏、负重奋进、自加压力、敢于争先"的精神,是张家港党委、政府按照科学发展要求,积极主动落实党的十七届六中全会和党的十八大精神,紧密结合张家港公共文化服务体系建设实际,在党委政府主导和支持下,重心下移、创新机制、完善队伍、延伸服务、提高效能,着力提高基层文化建设科学化、组织化、社会化发展水平,着力扩大社会力量参与公共文化服务体系建设,着力提高基层公共文化设施网络的运行效率,更好地保障基层人民群众基本文化权益的一大创举,也为全国各地进一步深入推进基层公共文化服务方式方法、渠道路径、载体队伍、体系机制创新提供了成功示范和经验借鉴。"网格化"公共文化服务体系,充分体现了张家港党委、政府"以人为本"的建设理念,把人作为最重要的因素摆在工作的重要位置,力求在切实解决面向基层群众提供服务的人的问题上寻求突破,以文化志愿者队伍建设和广泛开展文化志愿服务为切入点,真心实意地帮助基层群众自创自办、自编自演、自娱自乐,支持基层群众自我管理、自我服务水平、自我发展,此举既壮大了公共文化服务队伍,也丰富了基层群众的文化供给,还提高了文化切实帮助和支持基层群众自我管理、自我服务水平,对于落实中央"以人民为主体"推动文化建设和社会发展意义重大。同时,遍布全市、深度覆盖的公共文化"服务网格",实现了市、镇、社区、网格四级公共文化服务网络均衡覆盖。

亮点4:群众文化活动体系化建设

苏州的群众文化活动规模结构合理,品种样式丰富多彩,活动主体多元并存,资源要素互联互通。一是地域特色浓厚的重大文化节庆精彩纷呈。成功承办了5届中国昆剧艺术节和中国苏州评弹艺术节、两届中国国际民间艺术节以及中国戏剧节、中国农民文艺会演、太湖文化论坛、第二届中非民间论坛、第四届中欧政党高层论坛等品牌节庆活动和高层次中外文化论坛,理论研究与舞台实践相结合,名家曲友交流互动,海内海外交相辉映,让市民零距离欣赏优秀传统艺术,享受丰盛的文化大餐。精心组织的苏州阅读节已成功举办8届,共开展各项活动4000余项,参与人次达2000多万。2009年,苏州市委、市政府被中宣部和新闻出版总署授予"全民阅读先进单位"称号。二是以基层为重心开展"四大系列"文化惠民活动深入人心。"我们的节日""天天有"、市直舞台艺术"四进工程"和"群星璀璨——城区各广场主题活动"等"四大系列"文化惠民活动,受到各层面人群的广泛欢迎和参与。全市年均开展各类公益性展演展示活动6万场次,惠及农村及社区群众5000万人次。"三送工程"向基层送书超10万册,送戏超3500场次,送电影超2.1万余场次。三是所辖各县(市)、区特色群众文化活动持续繁荣。张家港市"长江文化艺术节",常熟市"江南文化节",太仓市"郑和航海节",昆山市"外企文化节",吴江市"运河文化节",吴中区"太湖开捕节",相城区"活力岛音乐节",姑苏区"盛世观前"文化艺术节、"古胥门元宵灯会""轧神仙文化旅游节",高新区"欢乐社区行"和工业园区端午节龙舟赛等,形成一批群众喜闻乐见的特色文化活动品牌。人民群众在多层次、多样化、体系化的群众文化活动体系中实现了自我表现、自我服务、自我教育。

亮点 5：突破体制、整合资源、形成合力，组建苏州市公共文化中心

文化事业单位，是我国提供公益文化服务的骨干力量。2011 年 7 月，苏州市率先将文化馆、美术馆、名人馆等 8 家公益性文化事业单位整合而成"苏州市公共文化中心"，以公共文化服务为核心，将不同类别的文化资源进行整合，形成合力，在体制机制上实现了大跨度的转变，实现了公共文化服务资源和服务产品的集成化供给，提升了服务效能。中心的成立，使各馆相互联动，扩大了公共文化服务规模，增强了文化品牌活动的整体效果，满足了人民群众多样化的文化需求。2012 年活动场次较 2011 年实现翻两番，受益人群较 2011 年增幅达 50%。未来，作为拥有 2500 年建城史的我国著名历史文化名城的公共文化中心，作为我国城乡一体化快速发展、现代化程度较高的区域中心城市的公共文化中心，苏州市公共文化中心将在原设定职能的基础上，结合城市发展目标和城市文化建设要求，参照发达国家和地区同类文化中心，实现高起点定位、高标准建设、高速度发展，成为苏州市的"城市群众文艺中心""城市文化保护中心""城市文化活动中心"和"城市美术文化中心"，成为我国区域性公共文化机构的先行者。

亮点 6：张家港市"书香城市"指标体系建设

《张家港市"书香城市"建设指标体系（试行）》，是张家港实施"网格化"公共文化服务体系建设的重要内容，是张家港推进全民阅读的行动指南，是张家港建设"书香城市"的统一标准，是张家港衡量"书香城市"建设成效的基本尺度。《张家港市"书香城市"建设指标体系（试行）》，是由张家港市委、市政府有关职能部门组织起草，经全国著名专家学者反复论证后确定下来的，是国内第一个以全民阅读为抓手、以全面促进保障条件建和阅读成效提升为目标的综合性指标体系，是将"书香城市"建设由口号转化为行动的具体体现，也是由"节庆式"活动转化为持续性建设的具体体现，是构建普遍均等、城乡一体的公共文化服务体系的创新举措。该指标体系包括阅读设施、阅读资源、阅读组织、阅读活动、阅读环境、阅读成效及保障条件 7 个一级指标，涉及 44 个二级指标和 87 个三级指标，其中定量指标 82 个、定性指标 5 个、"硬性指标"15 个，从标准和制度两个层面保障全民阅读活动向纵深发展，体现了政府主导下的公共文化服务普遍均等、城乡一体的核心理念。

亮点 7：吴江"区域文化联动"

2003 年，吴江在全国率先实施"区域文化联动"，推进长三角地区、大运河沿线的文化联动，使参与各地能够共享多地文化服务，大大丰富了基层群众公共文化服务的资源供给，并由此扩展到部门、行业、领域的深度联动、宽度联动，以及联动长效机制创新和联动制度建设。2009 年，"区域文化联动"喜获文化部创新奖。如今在吴江，区域文化联动成为公共文化服务体系建设引领性大概念，其下展开了：传统与现代联动，即民间文学社、历史人文资源、传统戏曲资源与现代百姓文化生活的联动；政府与社会联动，即大力推动社会力量参与公共文化服务的体制性联动；专业艺术与群众文化活动联动，即通过公共文化服务体系建设示范区创建推动全市群众文化活动体系化全覆盖和制度建设，要求各类公益性文化事业单位把支持、扶持群众文化团队作为工作重点；各部门联动，即建立党委政府高度重视、各部门高度协同的联动工作机制，形成长效稳定运行的制度。多层次联动，不仅大大丰富了面向基层群众的公共文化服务资源供给，也激励和培育了各类参与公共文化服务体系建设的主体，为公共文化服务体系长效运行提供了不竭的动力。

亮点 8："送戏下乡下基层"运行机制改革

为进一步鼓励市属文艺院团多演出、多收入、演好戏，激活院团演出机制，增强院团自我发展能力,我市坚持"政府购买,院团演出、群众受惠"的原则,出台了《苏州市属文艺院团演出场次补贴试行办法》,设立了"苏州市属文艺院团演出场次补贴专项资金",用于市属文艺院团经典传统剧目(舞台艺术"非遗"类剧节目),国家及省级舞台艺术精品剧(书)目,各类获国家及省级奖项的舞台艺术节目进农村、社区、学校、企业等公益性演出。其中,大型戏剧演出每场补贴1.5万元,小型专场演出每场补贴0.5万元,极大地满足了人民群众不断增长的精神文化需求。

亮点9：高雅艺术下基层常态化机制建设

我市现有41家民营文艺表演团体,600余名演职人员。经营模式主要为"自主决策、自负盈亏、自我发展"。年均演出在4800场以上,接待观众超过500万人次,对国有院团和群众文艺团体形成了有益补充,成为"文化强市"建设的一支重要力量。2010年,苏州市成立"民营文艺表演团体发展专项基金"。为了进一步扶持、壮大民营文艺表演团体的发展,2012年,市文广新局和市财政局联合下发《苏州市支持高雅艺术演出活动实施办法》,按照发文要求,市文广新局、财政局将于每年5月和11月组织对资助申请进行集中评审。由表演艺术、文艺创作、艺术管理和行业协会等方面专家组成评审小组,根据高雅艺术演出活动质量、影响、投入以及售票情况对其进行评审,评审结果经市文广新局、财政局审定后在"文化苏州"网站上予以公示。2012年,共对18场高雅艺术演出活动给予100万元的资助。同时,鼓励扶持票价平民化,让更多的中低收入者可以有机会与高雅艺术亲密接触,"扶持办法"要求申请资助的演出票中票价在100元以下的占总票数以及实际售票总数的10%以上。

同时,为进一步加大对民营文艺表演团体发展的支持力度,2011年,我市制定了《苏州市支持民营文艺表演团体发展奖励办法(试行)》,经过一年的试行并修改,《苏州市支持民营文艺表演团体发展奖励办法》(修订版)也正式出台,管理部门设立80万元民营文艺表演团体发展专项扶持资金,相关文艺表演团体年演出20场便可获得奖励。办法所称的奖励分为"苏州市民营文艺表演团体演出奖励""苏州市优秀民营文艺表演团体表彰奖励"和"苏州市支持民营文艺表演团体发展先进单位和个人表彰奖励"3种。其中"苏州市民营文艺表演团体演出奖励"工作每年进行一次,主要奖励在市场演出中取得突出成绩的民营文艺表演团体。符合下列条件之一的民营文艺表演团体可申请奖励：当年演出在20场次以上或当年参加境外商业性演出在3场次以上;两年内获得市级以上文化行政部门表彰奖励节目的演出;参加政府组织的重大节庆和公益性演出活动取得突出成绩。

亮点10：苏州掌上移动博物馆、掌上移动图书馆建设

苏州博物馆自2008年免费开放以来参观人数逐年递增,2009年起年参观人次超过百万。面对如潮的观众,如何有序组织,寻找一个既能保证传统意义上的讲解服务满足一般观众的需求,又能保证讲解服务以新的形式和方法来满足不同层次观众的需求,这是博物馆人面临的一个新课题。按照市委市政府提出的"免费不免服务,免费不免责任,免费不免质量"的要求,苏州博物馆积极探索,努力实践,寻找突破口。2011年10月,苏州博物馆和《国际博物馆》杂志共同创意策划了《苏州博物馆移动智能终端服务项目》,与上海多棱镜网络科技有限公司合作,研发推出了可适用于多款智能平台的移动智能终端导览应用。2012年4月正式进入苹果商店及安卓平台,成为全国首家免费为观众提供自助式导览的移动博物馆。苏州博物馆移动智能终端服务项目是基于无线网络、移动智能终端和博物馆之间的应用平台,它的服务对象是所有移动智能终端用户,也是博物馆传统讲解导览服务与现代科技手段巧妙嫁接的一种新形式。苏州博物馆移动智能终端服务项目主要包括两方面内容：首先,苏州博物馆已经在馆区进行无线网络覆盖,为观众免费提供WiFi网络环境,便于浏览和下载,并且建立网络安全认证机制,为网络安全管理提供可靠手段。同时,苏州博物馆为

移动智能终端开发相关应用,主要包括移动 APP 应用和手机网站开发,移动智能终端 APP 应用面向所有智能终端用户(馆内观众,以及馆外甚至全球智能终端用户),为观众提供了 4 个智能平台 Iphone、Ipad、Android 和 AndroidPad 的中英文版本,方便观众了解苏州博物馆动态信息和馆藏精品、展览内容和建筑特色等,并轻松实现新浪微博的信息发布和分享。

苏州图书馆"掌上苏图"是利用移动无线网络,提供基于手机终端的图书馆信息服务的应用系统。"掌上苏图"在技术构建、资源创建和利用、读者与图书馆的信息沟通、图书馆读者服务等方面开辟了一种全新的模式。"掌上苏图"系统不仅支持图书馆发起的信息推送以及回答咨询等服务,同时也支持读者发起的查询、预约、咨询、交流等业务。"掌上苏图"根据不同的信息类型,以合适的信息传送形式来提供相关的信息服务。其服务形式主要有短信、WAP 和彩信三种。相比普通的手机图书馆,"掌上苏图"的一个亮点就是将"全国文化信息资源共享工程"引入手机平台,开创了"全国文化信息资源共享工程"传播的新渠道。

亮点 11:苏州文化馆远程交互业务指导与培训系统建设

苏州共有市、县(区)级文化馆 13 个,全市镇(街道)、村(社区)均建有文化站(室),民间业余文艺团队 2200 多支,文化骨干队伍 12.15 万人,文化志愿者队伍 104.93 万人,年均开展各类活动 1.5 万次。为了更好地发挥苏州市文化馆作为龙头馆的示范、引领作用,指导县(区)、镇(街道)文化馆(站)、业余文艺团队及骨干,提升他们的公共文化服务能力、水平、质量,为群众提供更好、更优质的文化活动,不断扩大工作覆盖面和影响力,州市公共文化中心和苏州市文化馆建立了远程交互业务指导与培训系统。该系统是面向苏州各市、县(区)文化馆和乡镇(街道)文化站文化从业人员、文化骨干、文化辅导员等开放的群众文化远程指导网络。功能是利用数字文化馆平台,依托苏州市文化馆的优质培训资源,配备专业人员,提供业务指导、人员培训、群文艺术交流等远程指导服务。目前,苏州市文化馆已与 13 个县(区)级文化馆、95 个镇(街道)文化站相互连接。

亮点 12:苏州有线电视"文化苏州"数字点播系统建设

2011 年,我市借助有线数字网络,建立苏州有线电视"文化苏州"数字点播系统暨"公共文化有线数字互动平台",把公共文化数字服务送进社区、送到家庭,城乡居民足不出户,坐在家中就能使用电视遥控板点播收看电影、戏曲、讲座等丰富多彩的文化节目。"文化苏州"是基于江苏有线高清互动云媒体电视全面展示苏州文化的大型电视互动栏目,其由江苏有线苏州分公司和苏州市文广新局合力共同打造,收视群体为全市高清互动云媒体电视用户。目前,"文化苏州"包括戏剧艺苑、吴门美术、电视苏图、文博家园、非遗民俗、姑苏影视、苏州名人、群文园地八大版块,基本涵盖了历史文化、曲艺精品、群众文化等多方面的内容,极大地丰富了百姓的日常文化生活需求。

亮点 13:"新苏州人"文化俱乐部建设

为保障新苏州人基本文化权益,实现基本服务均等化、一体化,在新苏州人集聚区按标准建设具备文艺排练、图书阅览、影视放映、健身娱乐、教育培训等功能的新苏州人文化俱乐部,覆盖全市城乡各区镇,确保新苏州人能就近享受到优质均等的文化服务。

例如,昆山作为全国百强县之首,经济发展快,企业数量多,是广大外来务工人员就业、生活、安家的重要目的地。目前,在昆山人口构成中,三分之二以上是新昆山人,保障好他们的基本文化权益,有效提高新老昆山人基本文化服务均等化、一体化水平,是昆山现代公共文化服务体系建设的重中之重。2012 年 7 月,昆山市委、市政府专门就改善新昆山人文化民生出台《关于在外来务工人员集聚区建设新昆山人文化俱乐部的实施意见》,明确要求:在 2012 年至 2015 年间,选择在新昆山人集聚区按标准建设44个具备文艺排练、图书阅览、影视放映、健身娱乐、教育培训等功能的新昆山人文化俱乐部,覆盖全市城乡各区镇,确保新昆山人就近享受到优质均等的文化服务。同时还明确,在"十二五"期间,各区镇每年都要新增1家新昆山人文化俱乐部,进一步保障"新昆山人"的基本文化权益。目前,全市已有11家新昆山人文化俱乐部建成并投入使用,业已成为新昆山人求知的"园地"、娱乐的"舞台"、活动的"中心"。为确保新昆山人文化俱乐部的高效运行,昆山以属地管理、自我管理和服务管理相结合,将其纳入全市公共文化服务体系。属地管理,即由所在区(镇)或村(社区)统一管理,配备专兼职管理人员负责日常运行,面向当地新昆山人提供免费开放的基本文化服务。自我管理,即由长住企业的新昆山人轮流值班、分室管理,着力培育新昆山人的自我管理、自我服务能力。服务管理,即由市文化馆和区镇文体站对新昆山人文化俱乐部提供业务辅导,协助俱乐部建立文艺团队和开展文化娱乐活动。各区镇每年定期提供送电影、演出、展览、讲座等文化服务。

亮点14:苏州外籍人士文化俱乐部建设

根据外籍人士群体特点,秉持"同创同乐、共建共融"宗旨,开展特色文化服务,打造外籍人士文化俱乐部。比如,为进一步深化昆台经贸文化融合发展,让广大台商真正以昆山为"第二故乡""心安之所"2012年,昆山提出大力建设台商大陆"精神家园",其中重要的一项就是打造外籍人士文化俱乐部。顺应广大台商台胞的实际需求,制定4大类11项20条工作措施,加快推动昆台传统剧目、艺术精品以及民俗文化的交流,让广大台商在昆山充分感受到"同创同乐、共建共融"的精神文化氛围;彰显昆山历史底蕴和文化风貌,多方融入台湾地区文化元素,通过举办"海峡两岸(昆台)文化交流月活动""昆山台湾中秋灯会""昆山台企运动会"等大型活动,营造昆台相融的文化形态;完善在昆台商文化服务网络,广泛开展台湾特色文化服务,大力支持台资企业自办文化,推动"昆台文化"全面融合。

亮点15:昆曲普及工程

近年来,我市高度重视昆曲的传承、弘扬、普及,充分利用昆曲的"原生地"历史资源条件,以"原真性"保护为特征,以"原生态"建设环境为重点,逐步构筑起了以昆曲节(中国昆剧艺术节和虎丘曲会)、馆(中国昆曲博物馆)、所(苏州昆剧传习所)、院(江苏省苏州昆剧院)、场(一批昆曲演出场所)和"建立中国昆曲研究中心,办好苏州昆曲学校,打造昆曲之乡和活跃曲社活动,做优昆曲电视专场和建立昆曲网站以及昆曲演出传播、海外交流中介机构,制定昆曲保护法规"这两个"五位一体"为支点的内部充分交流与外部衍伸开放的"生态型""基地型"网络化体系,形成了政府推动,社会支持,专家学者、艺术家、企业家联手,贴近人民、贴近观众的遗产保护系统工程。2007年5月9日,我市启动实施"非遗传承、弘扬、普及工程",深入推动昆曲艺术"全国著名高校行",在武汉大学、中国科技大学等高校进行巡演。2007年5月起,在市委宣传部、文明办的支持下,协同苏州市教育局启动了"幽兰飘香——昆曲走进百万未成年人"普及工程,至2013年5月底,我市已演出1000余场公益演出,100多所中小学校、80万余名中小学生走进剧场观看演出,有力地推动了昆曲艺术的普及。为营造良好的昆曲文化生态,我市还注重培育民间的昆曲活动,在苏州市大儒中心小学、玉山中心小学等诸多中小学开展"小昆班"特色教育活动,进行昆曲基础知识的课外培训;协助昆山市政府打造"昆曲之乡"的特色文化品牌,昆山的昆曲活动有声有色;进一步扩大虎丘曲会的影响,鼓励引导昆剧传习所和各个层次的业余曲社开展丰富多彩的活动。

亮点16：公益性评弹书场进社区

评弹书场是苏州评弹开展演出的基本场所，巩固、扩大评弹艺术的演出阵地，提高评弹书场的数量与质量，既是进一步促进评弹艺术发展繁荣的必由之路，也是推进农村、社区文化建设，更好满足广大人民群众不断增长的精神文化需求的重要举措。近年来，苏州市委、市政府高度重视苏州评弹艺术的建设和发展，逐步改善评弹艺术生态发展环境，各级政府共出资2000万元用于128家评弹书场的建设运行，有效将文化惠民落实到位。截至2012年底，全年接待观众3663472人次，平均每个书场年接待28846.24人次。全年演出场次300场以上的共有50家、200至300场的有6家、100至200场的有22家、100场以下的有49家。同时，自2006年起，苏州市文广局和市财政局联合下发《关于扶持农村、社区书场开展评弹长篇书目公益演出的奖励办法》（苏文广财字〔2006〕5号、苏财科字〔2006〕7号），通过年度农村、社区书场评估考核，按实际评选结果对优秀、先进、达标书场给予不同程度的表彰和奖励，以此培育、扩大评弹演出阵地，完善城乡评弹书场布局，更好地满足人民群众精神文化需求和促进评弹艺术推陈出新。截至2012年底，全市共有143家全年完成长篇书目演出超过300场次的优秀、先进、达标书场获得表彰奖励。

亮点17：挖掘地方人文资源，激发公众文化自豪，
创新公共文化资源供给，建设苏州市"名人馆"系列

苏州市名人馆是苏州市公共文化中心所辖场馆之一，是集中展示苏州名人精神风范的专业场馆，也是专业化程度较高的市民教育基地和城市形象展示窗口。馆舍建筑面积2368平方米，展陈面积1500平方米，2012年4月正式免费对外开放。馆内陈列以苏州历史名人、状元宰相和两院院士共计447人为展示对象，分为序厅、概述厅、先秦至宋元厅、明代厅、清代厅、民国厅、新中国厅以及状元宰相厅和院士厅。开馆以来，观众参观热情高涨，新老苏州人、外籍友人以及企事业单位、大中小学校师生、部队官兵和街道社区纷纷组织前来参观。名人馆通过引领社会公众"观名人、知历史"，营造"我为苏州骄傲、苏州为我骄傲"的良好社会氛围，从而更好地发挥出优秀文化引领社会风尚、推动社会发展的作用。一年多来，苏州市名人馆共计接待观众131050人次，为30387名观众提供免费讲解场次827场，讲解受众率27.99%，发放宣传册42245万余册，开展"苏州名人展"主题巡展、"走近名人、放飞理想"系列课外教育等特色活动60余场次；特色项目"与院士对话"积极搭建起了公众与名人、院士交流的平台，已吸引中国科学院院士王志珍、吕达仁、王家骐、程耿东和中国工程院院士钱易、潘镜芙、张祖勋、阮长耿等10多位院士先后到馆。

亮点18：出台鼓励群众性文学艺术创作
激发全民文化艺术创造能力的政策、措施

近年来，我市各级政府高度重视群众性文学艺术创作。吴江区先后出台了《吴江区文化人才计划实施办法（试行）》《关于开展2013年〈吴江文库〉申报工作的通知》等政策、措施，通过定期举办"伟业杯""魅力民企•乐居吴江"征文比赛等形式，进一步激发全民文化艺术创造能力。目前，吴江区下辖9个镇区均成立了文学社团，如垂虹、梅堰、耕乐、晓钟、绸都、湖风、莺湖等，每年编印4期文学刊物，每年开展不少于6次文学活动，真正做到了"一镇一刊一社团"，被《中国文化报》誉为群众文化的"吴江现象"。

亮点19：鼓励基层群众文化活动、非遗项目"走出去"政策、机制建设

苏州现有基层群众文化队伍2230多支，年均开展各类活动1.5万场次；全市现有6个联合国

教科文组织"人类非物质文化遗产代表作",国家级"非遗"项目29项,省级"非遗"项目59项,市级"非遗"项目项。为培育并鼓励开展具有苏州地方特色的对外文化交流活动,加快文化服务类项目与产品的对外交流步伐,有效提升苏州城市的国际美誉度和文化影响力,全面推动苏州文化"走出去"战略,2010年以来,我市共有海外56批团组、813人次来苏文化交流访问及举办各类文化活动;83批次、773人次的文化艺术团组和人员前往海外进行交流活动。2012年,我市制定《苏州市文化"走出去"扶持专项资金使用管理办法(草案)》,设立苏州文化"走出去"300万元专项扶持经费,向全社会公开申报,通过资助、补贴、奖励的办法,有效形成苏州对外文化交流项目品牌化、精品化、规模化的发展格局。

亮点20：全面实施基层公共文化从业人员 职业认证、持证上岗制度

为提高基层文化从业人员的综合素质,加强对基层文化从业人员的管理,苏州市从2007年11月起实施以"统一培训、统一考试、持证上岗"为主要内容的基层文化从业人员职业资格认证制度,是全国率先进行基层文化从业人员职业资格认证的城市。2007年,苏州市人事局、苏州市文化广播电视管理局联合下发《苏州市基层文化从业人员资格认证制度(试行)》,连续三年开展了两轮基层文化从业人员资格认证培训,来自各市(县)、区共1570余名基层文化馆(站)、村(社区)文化从业人员(中级职称以下)参加培训。创建期间,我市认真贯彻落实中宣部等六部委联合下发的《关于加强地方县级和城乡基层宣传文化队伍建设的若干意见》(中宣发〔2010〕14号),加大基层文化队伍建设力度。苏州市人力资源和社会保障局、苏州市文化广电新闻出版局联合下发《关于进一步加强〈苏州市基层文化从业人员资格认证制度〉的意见》,将培训工作纳入制度化、规范化轨道,逐步将实施对象扩展到苏州市各市(县)区乡镇、街道从事或准备从事公共文化工作的管理人员、图书管理和非遗保护工作人员;苏州市城镇社区、农村行政村负责文化工作的人员;通过社会招聘方式进入乡镇、街道文化站或社区、行政村从事基层文化工作的合同制人员或有关人员以及苏州市非公有文化团队的骨干及相关人员等,在全市范围逐步推行持证上岗。截止至2012年底,全市共有2315人次(均为中级职称以下)参加培训并结业(其中,文化馆/站923人次、图书馆类1212人次、"非遗"保护180人次),基本实现了基层文化从业人员培训全覆盖。同时,从2011年起,我市正式实行基层文化从业人员持证上岗,并对已持证人员实行定期年审,同时将资格认证培训作为职称评定的必备条件,有效推动持证上岗制度化、规范化。

亮点21：苏州市文化研究人才奖与艺术人才奖

近年来,我市文化系统加强人才培养和引进,目前,全系统有正高职称人员63人,副高113人,涵盖了艺术、图书、文博、群文等专业,硕士及以上学历的高层次人才82人(含博士9人),享受国务院特贴人才4人(在职),中宣部"四个一批"人才1人,省级特殊贡献人才2人,省"333"重点培养人才6人,市杰出人才1人,戏剧"梅花奖"获奖人才4人、"文华奖"获奖人才3人;一批优秀年轻人才脱颖而出。为更好地鼓励扶持艺术人才成长,推动文化创新繁荣,2012年,我市先后出台《关于开展"苏明杯"中青年艺术人才评比奖励的通知》《关于开展"建设杯"青年文化研究人才评比奖励的通知》,首度与企业合作开展人才评比奖励,旨在鼓励更多的青年文化研究人才潜心钻研,提升学术研究水平;更多的青年艺术人才在舞台表演艺术上精益求精,共有20人被评为"青年艺术人才",10人被评为"青年文化研究人才",均获得现金奖励。

本次评比奖励定位在"青年",受到奖励的青年艺术人才和青年文化研究人才的年龄分别限定在40周岁以下和45周岁以下。奖励对象都是在苏州从事相应文化艺术工作的人员,具有专业的技术职称和扎实的文化艺术表演、研究才能。同时《优秀年青干部管理办法》也正在酝酿修订,将充分体现人才价值的激励机制,营造良好的人才成长环境。

**亮点 22：出台系列化的鼓励、引导、扶持社会力量
参与公共文化服务体系建设的政策、措施**

近年来,我市在坚持政府主导,加大财政投入,提高公益性文化单位服务效能的同时,积极引导和鼓励社会力量通过兴办文化实体、资助文化项目、参与文化活动、提供文化产品等形式参与公共文化建设,拓宽了常熟公共文化服务的社会基础,丰富了文化产品和服务供给,成为构建公共文化服务体系中的一大亮点。制定出台了《关于鼓励社会力量参与公共文化服务的意见》（苏公创办字〔2012〕23 号）,鼓励和支持社会资本投资各类文化场馆的建设和运行开放,深化政府购买公共文化服务产品改革,鼓励对公共文化服务的捐赠资助,加强对民办公益性公共文化服务的引导支持等措施,建立健全社会力量参与公共文化服务可持续发展的长效机制。

亮点 23：挖掘社会资源,建设优秀传统文化传承基地——书院

书院是我国古代社会独具特色的文化教育模式。苏州地区从南宋开始创建书院,经元、明两代的发展,至清代进入繁盛阶段。历史上苏州书院促进了本地教育的发达,培养了大批人才,繁荣和振兴了学术。近年来,随着经济社会的发展,书院建设日益为我市各地政府所重视。据统计,全市现有各类书院 20 余所。其中,德善书院是由苏州市文明办、语委办、文广新局、教育局、文联、苏州日报社联合主办,苏州碑刻博物馆具体承办的苏州市首家公办地方书院。书院是非学历、公益性教育机构,它的职能是凝聚专家学者力量,致力于开展国学经典及传统文化艺术的教育传播,提升市民传统文化素养,营造城市人文氛围；书院是广大市民交流思想、共享知识、提升素养的平台；书院面向市民定期举办传统文化公益性讲座,面向中小学学生举办基础国学知识普及培训,并定期开展中外语言文化交流活动,积极参与国际汉学推广工作；书院坚持理论研究和实践活动相结合的原则,为积极推进苏州"德善之城"建设,促进我市精神文明建设水平提升发挥作用。2013 年,书院将开展各类活动 35 场,参与人数达 2250 人。

亮点 24：常熟校地共建图书馆"三中心、一平台"机制

2012 年,常熟市图书馆与常熟理工学院图书馆发挥各自优势,开展校地合作,成立了 3 个中心：常熟科技文化信息咨询中心、常熟地方文献阅览研究中心、常熟公共图书流转服务中心。市图书馆"城乡阅读一卡通"与常熟理工学院图书馆读者借阅证互通使用,图书流转服务中心既为社会读者和常熟理工学院师生提供图书借阅服务,又承担市图书馆分馆以及基层服务点的图书配送工作。3 个中心以校地互动方式,推进高校图书馆与地方图书馆资源建设、读者服务、文化传承、学术研究等互联互通,探索了公共图书馆援助学校教育、高校图书馆服务社会公众的有效形式。

1.3.5 苏州市人民政府副市长王鸿声在第一批国家公共文化服务体系示范区第一批次验收评审会议上的汇报

在第一批国家公共文化服务体系示范区第一批次验收评审会议上的汇报

尊敬的各位领导,各位专家,大家好!

苏州是国务院首批公布的24个历史文化名城之一,2012年,全市常住人口1054.91万,地区生产总值1.2万亿元,在全国同类城市中排名第一。我们深深体会到:文化是苏州的"第一优势",是苏州发展的"第一资源",是引领苏州不断创新和跨越的"第一动力"。在文化建设与发展的总体格局中,公共文化是文化建设的基本任务,是党委政府推动文化发展的首要责任;国家公共文化服务体系示范区创建,是"十二五"期间公共文化建设的创新工程,是党委政府推动公共文化服务体系建设的有力工作抓手。示范区创建以来,苏州市委市政府认真贯彻党的十七届六中全会和党的十八大精神,把工作重点聚焦到"完善体系、提高效能、彰显特色、惠及全民"上来,公共文化服务体系建设进入了一个整体推进、科学发展、全面提升的新阶段,走出了一条"城乡一体化、率先现代化"的公共文化建设之路。

一、市委市政府高度重视示范区创建工作

苏州市委市政府以高度的政治责任、文化自觉落实国家公共文化服务体系示范区创建的战略部署。在组织保障方面,成立示范区创建工作领导小组,先后召开创建动员会、推进会等专题会议,定期听取工作汇报,强力推进创建工作。在市委市政府批准实施的"十大文化工程"中,示范区创建被列为首要工作。市人大常委会将示范区创建列为重点视察工作,市四套班子分管领导分赴基层督查。市政府和区县政府签订了创建责任书。创建工作形成了党委政府统一领导,文化部门组织协调,相关部门分工负责,社会各界积极参与的工作格局。

近年来,苏州在文化设施硬件上先后投入220多亿元。创建期间,全市各级财政用于公共文化服务、项目、活动等内容建设的投入达42.75亿元(2010年全市公共文化服务投入为15.01亿元),经过两年创建,全市100%镇(街道)均建有馆舍面积达500平方米且独立设置的综合文化站(2010年该指标为86%),全市100%村(社区)均建有馆舍面积达200平方米的文体活动室(2010年该指标为85%),全市镇(街道)、社区(村)公共电子阅览室设置率、达标率均为100%(2010年该指标分别为84.5%和74.6%),人均公共文化设施面积达到0.25平方米(2010年该指标为0.14平方米),通过专业资格认证培训并实现持证上岗的基层文化从业人员为3782人次(2010年该指标为1570人次,两年中增长了1倍),示范区创建促进苏州公共文化服务体系建设跃上了新台阶,实现了新跨越。

二、示范区创建达标情况

经过两年多的努力,我们全面完成《创建规划》任务,全面超过示范区创建"东部标准"。6月22日,文化部检查组在苏州实地检查后认为,示范区创建东部标准6大方面、30个项目、76个指标,苏州全部达到优秀等级,优秀率100%。

中期督查时督察组建议苏州进一步加强的几项工作,经过一年多的努力,都取得了重要突破。验收检查组认定,苏州人均拥有公共图书馆藏书达到1.56册(全国平均0.52册)、公共图书馆藏书

年流通次数达到1.1次(全国平均0.52次)、人均年新增公共图书馆藏书达到0.25册(全国平均0.029册)、人均到馆次数达到1.86次(全国平均0.28次),上述指标均远超全国平均水平,主要指标全面国内领先。以数字图书馆、文化馆远程交互业务指导与培训系统、掌上移动博物馆、有线电视"文化苏州"数字点播平台建设为标志,公共数字文化建设已经走在全国前列。图书馆、文化馆、美术馆、名人馆等公共文化机构分别出台了服务标准、评估标准、建设标准、安全标准,公共文化标准化体系建设有突出的示范价值。

三、示范区创建的探索与特点

在示范区创建过程中,苏州把制度设计研究与创建实践紧密结合,实施了一系列具有创新性的探索与实践,形成了示范区创建的苏州特色。我们自我总结的特色亮点有29项,检查组初步认定了24项。下面我从7个方面概括汇报。

(一)强化政府主导,完善服务体系。苏州的公共图书馆总分馆体系建设在业界被称为"苏州模式"。示范区创建期间,图书馆总分馆建设的新推进集中体现在实现了由职业行为转向政府行为的转变,全面实现了总分馆建设的政府主导,建设成效显著。分馆数量由创建前的26家迅速增加到173家,全年到馆读者近2500万人次,外借1600万册次,核心指标全面国内领先。吴江区把乡村图书室、农家书屋、共享工程、党员远程教育整合成"四位一体"农村公共信息服务中心,用一份成本提供多种公共服务,显著提升了服务效能。张家港市成功实践网格化公共文化服务,全市区域依据人口集中度和文化关联度划分为953个网格,每个网格配备1名文化员,创造了一种公共文化服务向普遍均等全覆盖迈进的实现方式,在全国产生了很大影响。苏州市的群众文化活动向多层次、多样化、体系化的方向迈进,全年开展各类公益性展演展示活动6万场次,惠及群众5000万人次,人民群众在丰富多彩的文化活动中实现了自我表现、自我服务、自我教育。

(二)推动机制创新,提高服务效能。我们将文化馆、美术馆、名人馆等8家公益性文化事业单位整合成"苏州市公共文化中心",实现公共文化机构集约化管理,以及资源和服务集成化提供。2012年活动场次较2011年翻两番,服务人次较2011年增加50%。我们出台了《苏州市属文艺院团演出场次补贴试行办法》和《苏州市支持高雅艺术演出活动实施办法》,设立专项补贴,推动送戏下乡下基层运行机制改革,推动高雅艺术下基层常态化机制建设。我们还建立了"苏州文化"定期发布机制,一季度一次新闻发布会,一月两次文化专刊,24小时官网、微博实时更新,规范及时、全面准确发布文化信息,提高公众知晓率。张家港市推出的"书香城市"指标体系,以"阅读"为抓手,以"建设"为核心,在全国率先形成了推动全民阅读、建设书香城市的体系化标准和制度。吴江区实施"区域文化联动",打破部门、地域限制,建立了联动区域内文化交流互动、共建共享的机制和格局。

(三)文化与科技相融合,构建数字服务体系。苏州图书馆和苏州博物馆分别开发建设了"掌上苏图""掌上苏博"移动服务系统,实现了图书馆和博物馆的即时移动服务,以及服务信息和服务反馈的新浪微博发布和分享;苏州市文化馆开发建设了远程交互业务指导与培训系统,实现了文化馆业务培训和公众文化艺术指导的网络在线互动,数字文化馆建设取得突破。苏州在有线数字电视网络中开发了"文化苏州"数字点播系统,老百姓足不出户就能点播收看电影、戏曲、讲座等丰富多彩的文化节目。示范区创建促进苏州的公共文化数字传播体系进一步走向完善。

(四)关注"新苏州人",实现基本服务均等化。目前全市新苏州人655.24万,占常住人口一半以上,是全国第二大移民城市,苏州的外籍人士超过90万人。为保障新苏州人基本文化权益,实现基本服务均等化、一体化,我们在新苏州人集聚区,按标准建设具备文艺排练、图书阅览、影视放映、健身娱乐、教育培训等功能的新苏州人文化俱乐部,覆盖全市城乡各区镇。对于外籍人士,我们秉持"同创同乐、共建共融"的宗旨,开展针对性文化服务,打造外籍人士文化俱乐部。示范区创建促进苏州以"新苏州人文化俱乐部"、"外籍人士文化俱乐部"等形式为载体,实现了把新苏州人纳入公共文化服务体系,让公共文化的阳光普照到每一个人。

(五)承古惠今,公共文化彰显地方特色。苏州历史底蕴深厚、人文资源丰富。全市列入《世界遗产名录》的苏州园林9处、全国重点文物保护单位59处,联合国教科文组织"人类非物质文化遗产代表作"6项、国家级"非遗"项目29项。这些弥足珍贵的地方特色文化,已全面融入苏州的公共文化服务体系建设。示范区创建期间,苏州积极实施昆曲普及工程,在130多所中小学公益演出1000余场次,受益学生达80万余人次。遍布城乡的128家评弹书场,延伸到老百姓生活的社区、村落,全年有366万多人次参与。挖掘地方人文资源,建设苏州系列化"名人馆",在创新公共文化资源供给、激发公众文化自豪、建设爱家乡、爱祖国教育基地方面做出了创新性的探索。(比如,对外开放一年多的苏州市名人馆集中展示苏州历史名人、状元宰相和两院院士447人,全年接待观众13万人次。)各级政府还出台政策,鼓励建立乡土文学社团,编印文学刊物,开展文学活动,激发全民文化艺术创造能力。鼓励基层群众文化活动,"非遗"项目"走出去",昆曲青春版《牡丹亭》《长生殿》《玉簪记》在全球巡演了200多场,为中国文化"走出去"做出了贡献,提升了苏州文化的海外影响力。

(六)完善专业认证,加强基层队伍建设。出台《关于进一步加强〈苏州市基层文化从业人员资格认证制度〉的意见》,将基层文化从业人员专业资格认证度推行到大市范围,全面实施基层公共文化从业人员专业认证、持证上岗制度,为造就一支规模宏大、结构合理、锐意创新的基层公共文化人才队伍奠定了基础。设立了"文化研究人才奖",鼓励青年文化研究人才潜心钻研、提升学术研究水平;设立了"艺术人才奖",鼓励青年艺术人才在舞台表演艺术上精益求精。

(七)出台系列化地方政策,引导、鼓励社会力量参与公共文化服务。出台了《关于鼓励社会力量参与公共文化服务的意见》等文件,鼓励和支持社会资本投资各类文化场馆的建设和运行开放。改进了政府购买公共文化服务的机制和方式,支持各种民办公益文化服务,形成了社会力量参与公共文化服务的长效机制。全市挖掘社会资源,兴办20余所书院,依托社会力量形成了公共文化服务体系中的优秀传统文化传承基地。常熟市实施校地合作共建图书馆"三中心、一平台",探索了公共图书馆援助学校教育、高校图书馆服务社会公众的有效形式。

四、下一步建设发展设想

示范区创建即将告一段落,但公共文化服务体系建设永不落幕。我们将把示范区创建过程中形成的基本经验、基本措施、基本政策上升为法规、标准等制度性文件,以地方立法、地方标准、规范性文件等形式固化下来。我们将继续加大文化建设力度,加快建设苏州国家历史文化名城保护示范区,扎实推进"博物馆城"建设、虎丘地区综合改造、桃花坞历史文化片区和天赐庄片区保护整治,提高国家历史文化名城保护水平。我们将持续加大公共文化服务经费投入,提升服务能力,提高服务效益。我们还计划把公共文化内容纳入职业教育体系之中,开设相关专业及课程,培养公共文化服务新生力量。

前不久,国务院批准了《苏南现代化建设示范区规划》,我们正在认真研究制定苏州文化现代化行动纲领,瞄准国际先进水平,确定公共文化服务体系建设的主要项目、主要指标,着力创造出中国率先实现现代化地区的公共文化建设指标体系,把苏州的公共文化服务水平提升到国际一流水平,让"文化惠民"的苏州实践能够在一定程度上代表中国公共文化,在国际上形成深刻印象,产生深远影响。

谢谢大家!

苏州市人民政府副市长 王鸿声

1.4 长效管理阶段

1.4.1 国家公共文化服务体系示范区(项目)创建工作领导小组关于加强第一批国家公共文化服务体系示范区(项目)后续管理工作的通知

中华人民共和国文化部

国家公共文化服务体系示范区(项目)创建工作领导小组关于加强第一批国家公共文化服务体系示范区(项目)后续管理工作的通知

各省、自治区、直辖市文化厅(局)、财政厅(局),新疆生产建设兵团文化广播电视局、财政局:

为巩固第一批国家公共文化服务体系示范区(项目)创建成果,深化和推进示范区(项目)建设,发挥示范带动作用,推动全国公共文化服务体系建设科学发展,现就第一批示范区(项目)后续管理有关要求通知如下:

一、发挥示范带动作用,促进示范区(项目)经验交流与推广。各省(区、市)文化、财政厅(局)要会同示范区城市和示范项目单位,认真研究总结示范区(项目)创建工作经验,加强宣传和推广。研究制定省级公共文化示范区(项目)创建工作方案,落实资金、人员、政策保障机制,2013年底前上报国家创建办。2014年底前,以现场经验交流会等形式,在本省范围总结推广示范区(项目)创建工作经验。扩大示范区(项目)区域文化交流,按照东北、华北、华东、华南、西北、西南划分6个片区,各示范区城市和示范项目单位结合本地特色,开展以大舞台、大讲堂、大展台为主要形式的工作交流和区域文化联动活动。

二、研究制定国家公共文化服务体系示范区(项目)后续建设规划,建立和完善长效发展机制。各示范区(项目)单位,要在本省(区、市)文化、财政厅(局)的指导下,针对示范区(项目)创建和验收过程中发现的薄弱环节,研究制定示范区(项目)后续建设规划,2013年底前将后续建设规划以示范区人民政府文件形式报国家创建办备案。未能按期完成创建规划的示范区(项目)要尽快整改,并将整改方案与后续建设规划一并报国家创建办。

三、加快现有制度设计研究成果转化,深入开展公共文化服务体系制度设计研究。各示范区城市和示范项目单位,要在省(区、市)文化、财政厅(局)的指导下,在创建工作基础上,切实把制度设计研究成果转化为推动当地公共文化服务体系建设的具体政策举措。要针对示范区后续建设面临的新问题,结合本地实际制定未来3年制度设计研究方案,并于2013年底前报国家创建办备案。

四、继续参与国家重要文化惠民活动与项目,提高公共文化服务能力。各省(区、市)文化、财政厅(局)要充分发挥好示范区的作用,在实施重大文化惠民工程、深化公共文化服务体制机制改革创新方面,优先考虑依托示范区先行先试。各示范区城市要继续参与"春雨工程"全国文化志愿者边疆行和"大地情深"国家艺术院团(馆)文化志愿服务走基层活动。加强与国家艺术院团(馆)的业务沟通与联系,积极利用国家级优质文化资源,丰富公共文化活动项目和内容,提高本地公共文化服务体系建设水平。

五、建立对示范区(项目)的后续管理和督查机制。为加强示范区(项目)后续建设管理,国家创建办对示范区(项目)实行动态管理,每两年对示范区(项目)组织一次复查,重点考察示范区(项目)在发挥示范带动作用、后续建设规划、制度设计研究、重大文化惠民项目和活动等方面的落实情况。复查不合格的要限期整改。整改期满未能达到要求的,取消示范区(项目)称号。各省(区、市)文化、财政厅(局)要研究建立对本省示范区(项目)后续建设工作的指导、监督检查和经验推广机制。各示范区城市政府和示范项目单位,要加强示范区(项目)后续建设工作的领导和统筹,完善管理制度,确保示范区(项目)建设持续深入推进。

特此通知。

国家公共文化服务体系示范区(项目)
创建工作领导小组
(文化部代章)
2013年11月4日

1.4.2　国家公共文化服务体系示范区(项目)创建工作会议(上海)
1.4.2.1　综述:国家公共文化服务体系示范区(项目)创建工作会议在上海召开

会 议 概 况

国家公共文化服务体系示范区(项目)创建工作会议在上海召开

2013年11月6日,江苏省苏州市等31个城市成为我国首批国家公共文化服务体系示范区,这标志着以文化惠民为核心内容的我国公共文化服务体系建设,迈入一个新的阶段。当天,文化部、财政部在上海召开国家公共文化服务体系示范区(项目)创建工作会议。文化部党组副书记、副部长杨志今出席会议并讲话。

文化部办公厅主任于群、财政部教科文司文化处处长宋文玉代表示范区创建工作领导小组,宣布了第一批国家公共文化服务体系示范区(项目)名单和第二批示范区(项目)创建城市名单,文化部财务司副司长马秦临就创建工作做了说明。文化部公共文化司长张永新主持会议。

国家公共文化服务体系示范区(项目)创建工作,是文化部、财政部在"十二五"期间共同开展的一项重大文化惠民项目,旨在推动各地研究和解决公共文化服务体系建设面临的突出矛盾和问题,探索建立公共文化服务体系可持续发展的长效保障机制,为同类地区提供借鉴和示范,为国家制定相关政策提供科学依据和实践经验。示范区(项目)创建工作得到了中央和各级党委政府的高度重视,并被写入了十七届六中全会通过的《决定》中。创建工作自2011年开始,每两年一个周期,计划开展3批示范区创建。2013年9月,第一批31个创建示范区、45个创建示范项目通过评审验收。2013年8月,第二批32个创建示范区、57个创建示范项目通过评审,获得创建资格。

在第一批示范区(项目)两年的创建周期内,各地将创建工作作为推动文化大发展大繁荣的重要途径、转变发展方式的重大举措、构建和谐社会的重要抓手,在资金投入、设施建设、体制机制改革等方面重点推进,推动当地公共文化服务体系实现了跨越式发展。一是公共文化服务政府责任得到明确和加强。通过创建,各示范区普遍建立了党委政府牵头、各部门参与的公共文化建设工作机制,并把公共文化服务纳入到了各级党委政府绩效评估之中。二是公共文化投入不断加大,基层设施网络建设得到加强。据估算,中央财政3.05亿元示范区创建补助资金撬动地方财政资金投入超过150亿元。通过创建,创建城市尤其是中西部创建示范区城市修订完善了其"十二五"发展规划,许多原未列入规划的重大公共文化设施项目得以开工建设,公共文化设施建设至少提速5年。三是通过示范区创建,形成了一批行之有效、具有推广价值的制度设计成果,成为公共文化服务的有力保障。四是各地在示范区创建过程中通过实施大量文化惠民项目,较好地满足了人民群众的精神文化需求,使人民群众真正享受到了创建带来的文化惠民成果。

示范区(项目)创建工作对推动我国公共文化服务体系建设科学发展产生了十分显著的作用,突出表现在:一是对统筹推进公共文化服务体系化建设、提高公共文化服务效能进行了卓有成效的探索,显著提升了文化惠民效果。在创建过程中,首批31个示范区城市均立足文化改革发展全局和本地公共文化服务体系建设实际,围绕公共文化服务体系各关键环节制定了全面、系统的规划,以提高服务效能为导向,加强软硬件统筹、城乡统筹、服务对象统筹、服务资源统筹、服务方式统筹,有力地促进了公共文化服务体系化建设,取得了显著的文化惠民效果。通过这些举措,北京市朝阳区、上海市徐汇区、湖南省长沙市、安徽省马鞍山市、重庆渝中区等12个创建示范区建成了"15分钟文化服务圈"或"1公里文化服务圈"。二是对正确处理公共文化服务体系建设政府、市场、社会之间的关系进行了卓有成效的探索，推动形成了以政府为主导、市场和社会力量广泛参与的公共文化工作格局。在创建工作中，31个城市坚持以政府为主导，切实按照中央关于文化改革发展组织保障的要求，通过列为"一把手工程"、纳入"政府十件实事"、提高在落实科学发展观绩效考核中的分值比例、实行目标责任制、加强考核监督等方式，把公共文化服务体系建设作为"硬指标""硬任务"，层层推动落实。在坚持政府主导的基础上，江苏省苏州市等示范区城市还立足市场经济体制对文化建设的新要求，建立健全市场和社会力量参与公共文化服务的长效机制，形成了以政府为主导、市场和社会力量广泛参与的公共文化工作格局。这些探索适应了社会主义市场经济条件下政府职能转变对公共文化服务体系建设提出的新要求，为全国其他地区提供了很好的借鉴和示范。三是对统筹文化事业和文化产业协调发展进行了卓有成效的探索，有效提升了文化建设的科学化水平。一些示范区城市通过政府采购等手段，推动公共文化单位与文艺院团、文化企业合作，充分利用市场力量和文化产业发展成果丰富公共文化服务内容、拓展公共文化服务深度。同时，通过对专业文艺院团、市场演艺组织和社会团体给予补贴，使民营院团在参与公共文化服务的过程中享受到政府为文化事业发展提供的创作、演出、交流等方面的资助。通过开展公共文化服务，提高广大群众的文化素质和艺术品位，激发广大群众的文化消费需求，激活文化产业发展的潜在市场，为文化事业和文化产业的可持续发展创造了积极条件。四是对通过公共文化服务更好地传播和弘扬社会主义核心价值观进行了卓有成效的探索，有效发挥了文化引领风尚、教育人民、服务社会、推动发展的功能。不少示范区城市把加强社会管理与公共文化建设结合起来，整合资源、转变职能、创新机制，积极探索公共文化的社会化参与方式，使群众在公共文化参与中自我表现、自我教育、自我服务。如北京市朝阳区首创"文化居委会"基层文化自治组织，让社区居民通过文化议事增强了社会责任感；成都市通过在工业园区试点建设青工文化驿站，为农民工提供心理辅导、艺术培训、社团孵化、图书借阅等服务；重庆市渝中区紧扣都市功能核心区定位，将创建工作与巩固全国文明城区成果结合起来，使文化成为转型升级创新发展的核心竞争力。这些举措对弘扬社会主义核心价值体系，凝聚社会共识，促进社会安定和谐起到了重要作用。

　　杨志今副部长在讲话时强调，要加大力度，稳步推进公共文化服务体系示范区（项目）创建工作。一是要继续巩固和提升创建成果。各创建示范区城市人民政府是创建示范区的责任主体，要围绕创建目标、任务，落实相关工作机制和保障措施，加快推动示范区创建工作。各省级文化部门负责统筹本省（区、市）示范区创建工作，要加强对本省（区、市）示范区创建工作的督促指导。公共文化服务体系建设只有起点，没有终点。各省文化部门要会同示范区城市和示范项目单位，认真研究总结示范区（项目）创建工作经验，加强宣传和推广。示范区城市要在创建工作基础上，切实把制度设计研究成果转化为推动当地公共文化服务体系建设的具体政策举措。二是要加强制度设计，着力破解当地公共文化服务体系建设面临的突出难题。各创建示范区要认真贯彻落实中央关于公共文化服务体系建设的战略部署，强化问题意识，努力成为制度设计和课题研究的实践基地，在公共文化设施网络、公共文化服务供给、组织支撑、人才资金技术支撑、绩效考核、制度设计等各个方面开展研究工作。三是要不断加大创新力度，充分发挥示范带动作用。各创建示范区要结合当前公共文化发展的新形势和新任务，解放思想，先行先试，不断探索，努力形成责任明确、行为规范、富有效率、服务优良的管理体制和运行机制。积极引进现代信息技术，革新服务理念，丰富服务内容，完善服务供给方式，不断加大创新力度，积极探索新模式、新思路、新方法、新举措，形成公共文化服务体系建设长效机制，增强可持续发展能力。要不断发挥区域带动作用，努力成为本省乃至全国公共文化服务体系建设的先导区。四是要坚决贯彻落实党的群众路线，注重惠民实效。人民群众是示范区创建的主体,保障人民群众的基本文化权益,满足人民群众日益增长的精神文化需求,是示范区创建工作的出发点和落脚点。各创建示范区在创建过程中要强化群众意识,认真贯彻落实党的群众路线,结合当地实际和群众需求设计公共文化建设和服务项目,杜绝形式主义、奢靡之风和贪大求洋思想,真正把示范区创建工作打造成贴近群众的样板工程。五是要强化宣传意识,扩大公共文化服务体系建设的社会影响。

据了解,为加强第一批示范区后续管理,会议还印发了《关于加强第一批国家公共文化服务体系示范区(项目)后续管理工作的通知》,要求在创建后规划制定、重大文化惠民项目参与、文化活动开展等方面进一步推进和深化创建工作。

各省(区、市)文化厅(局)及新疆生产建设兵团文化广播电视局负责同志和社会(公共)文化处处长,第一批、第二批示范区(项目)创建城市政府领导和文化局长,以及国家公共文化服务体系建设专家委员会代表,共200余人参加了会议。

11月7日,由国家公共文化服务体系建设专家委员会主办的"公共文化服务体系建设市长论坛"在上海举行,来自第一批示范区和第二批创建示范区城市的60余名市长,国内文化、社会等领域的专家学者等,参加了以"公共文化服务:政府·市场·社会"为主题的研讨。温铁军、祁述裕、巫志南、李国新等专家及部分城市的市长发表了主题演讲。

1.4.2.2　中共苏州市委常委、宣传部长蔡丽新在上海会议上的发言

高点定位　务实创新　推动苏州率先构建现代化公共文化服务体系

尊敬的各位领导、各位同志：

下午好！首先请允许我代表中共苏州市委、苏州市人民政府，衷心感谢会议给予我们这样一个机会，向各位领导、各位专家和兄弟城市的同行们汇报交流国家公共文化服务体系示范区创建的经验，共同探讨新时期公共文化服务体系建设的新思路、新举措。下面，我就苏州市开展国家公共文化服务体系示范区创建工作的一些认识和体会向各位做简要汇报。

2011年，我市入选首批31个国家公共文化服务体系示范区创建城市。两年多来，在文化部、财政部和省文化厅的关心支持下，苏州全市上下凝心聚力、齐抓共管，把工作重点聚焦到"完善体系、提高效能、彰显特色、惠及全民"上，公共文化服务体系建设进入了一个整体推进、科学发展、全面提升的新阶段，走出了一条"城乡一体化、率先现代化"的公共文化建设之路。一是文化设施体系更趋健全。全市公共文化设施总面积比创建前净增12万平方米，人均公共文化设施面积达0.25平方米，位居全国同类城市前列。文化设施布局和功能得到有效改善。二是公共文化供给显著增强。全市范围内政府兴办的公益性文化单位全部实现了免费开放。文化惠民活动的数量和质量逐年提升，全市年均开展各类公益性展演展示活动超6万场次，惠及农村及社区群众超5000万人次。三是文化服务模式不断创新。全市公共文化数字化服务体系初步建立，公共图书馆总分馆体系进一步健全。所辖县级市（区）中，张家港市的"网格化"公共文化服务、吴江区的"区域联动"等一批富有成效的服务创新机制不断涌现，极大丰富和提升了我市公共文化服务的效能。四是基层文化队伍有效加强。基层文化从业人员实现了100%持证上岗。目前，全市镇（街道）综合文化站人员达标率和村（社区）财政补贴的文化管理员配备率均达到100%。

今年7月30日，我市以全国总分第一的优异成绩顺利通过首批国家公共文化服务体系示范区验收评审，圆满实现了"公共文化服务体系建设工作总体处于国内领先位置"的目标。

创建国家公共文化服务体系示范区是一项全新的工作，也是一项系统的工程。两年多的创建实践，我们有三点深切体会：一是国家公共文化服务体系示范区创建，为苏州文化建设率先基本实现现代化提供了重要机遇。文化是苏州的独特品牌。改革开放以来，苏州市委市政府始终坚持"把文化繁荣作为提升发展的第一依托"，"把增强文化软实力作为率先基本实现现代化的核心内涵"。创建工作的积极推进，更好地发挥了文化对经济社会发展的引领、推动作用。网络完善、结构合理、覆盖城乡的公共文化服务体系，在更高层面上彰显了苏州这座历史文化名城的现代化进程。二是国家公共文化服务体系示范区创建，为苏州城乡群众共享文化改革发展成果构筑了坚实保障。切实改善和发展文化民生是我们建设服务型政府的重要任务，人民对美好生活的向往是我们的奋斗目标。创建工作的深入展开，更好地促进了公共文化服务均等化，极大地增强了广大群众的生活幸福感，其基本文化权益正在逐步得到更好更全面的保障。三是国家公共文化服务体系示范区创建，为苏州城乡一体科学发展、协调发展创造了不竭动力。统筹城乡文化发展是构建城乡经济社会发展一体化格局的具体举措。创建工作的顶层设计，有效破解了城乡文化发展的瓶颈难题，极大地推动了城乡文化权益"同等"、城乡文化发展"协同"、城乡社会文明"同步"目标的实现，真正成为我市城乡一体科学、协调发展的强大内源动力。

尽管我市示范区创建任务已圆满完成，但公共文化服务体系建设工作依然任重道远。严格意义上说，这是一项始终行进在路上的考核。文化部对苏州寄予了厚望，希望我市在示范区创建成功

的基础上，瞄准国际先进水平，进一步推动公共文化服务的标准化体系向国际通行标准靠拢，打造公共文化服务"苏州模式"的升级版。不久前获批的《苏南现代化建设示范区规划》也对我市加快率先实现公共文化服务体系的现代化提出了新的要求。为此，我们将在着力抓好示范区创建规范化、长效化的基础上，继续坚持高点定位，务实奋进，一着不让，加快推动公共文化服务体系建设的全面提档升级，努力让"文化惠民"的苏州实践产生更大的国际影响，让文化真正成为我市经济社会科学、和谐、率先发展的强大动力。当前和今后一阶段，我们将着力抓好5个方面的工作：

一是抓主线，进一步突出"以民为本"的发展理念。加快完善公共文化服务体系是繁荣文化事业的必然要求，是实现好、维护好、发展好人民群众基本文化权益的主要途径。我们将继续把公共文化服务体系建设摆在全局工作的首要位置，进一步强化"以民为本、以人为本"，坚决突破自娱自乐、自说自话、自我满足型的"小圈子"文化工作理念，加快完善"以效益为导向"的工作机制，真正建立起符合科学发展要求、顺应人民群众需求的文化投入产出的效益观念，从而更好地实现文化发展成果的公众共享。

二是全覆盖，进一步加快"增量提质"的建设步伐。瞄准全国领先、国际先进的目标，继续坚持政府主导，多元投入，统筹兼顾，突出重点，一手抓好重大项目建设，高标准推进苏州文博中心、苏州图书馆二期等重点项目；建设系列博物馆，打造博物馆城，一手抓好农村、社区文化基础设施全覆盖和标准化建设的再提升，健全公共图书馆总分馆体系，构建完善优质高效的现代公共文化设施体系。

三是促均等，进一步增强"惠及全民"的服务供给。切实以群众需求为导向，进一步扩大公共文化产品供给，城乡每年推出新创优秀群众文化作品不少于200个，开展各类公益性文化展演、展示、讲座等活动力争8万场次以上，惠及居民7000万人次以上。文化"三送工程"每年向基层送书不低于10万册，送戏不低于3500场次，送电影不低于2万场次。同时，加大公共文化服务的绩效考核管理，建立健全公共文化服务面向农村和弱势群体、特殊人群的优先机制，完善立体、多维、开放、优质、普惠的文化惠民服务长效机制。

四是拓渠道，进一步发挥"科技强文"的蝶变效应。继续发挥现代科技对文化建设的驱动、支撑和提升作用，积极运用数字技术、网络技术、信息技术提升文化服务水平和服务品质。依托苏州市公共文化中心，建设全国公共文化数字化服务（苏州）实验基地。完善和整合数字博物馆、数字图书馆、网上文化馆、网上剧院等体系，丰富公共文化有线数字互动平台，推广掌上苏博、掌上苏图、掌上剧院等手机应用服务系统，实现国有公共文化资源数字化利用的最大化，建设完善资源丰富、技术先进、服务便捷、覆盖城乡的优质公共数字文化服务体系。

五是强基础，进一步健全"多措并举"的保障机制。制定出台《苏州市公共文化服务促进办法》（暂定名），推进公益性文化机构服务标准化建设，以地方立法、地方标准等形式固化示范区创建的经验，推进公共文化建设的可持续、规范化。进一步完善文化服务财政保障机制，推动公共文化服务实现从基本服务向优质服务、便利服务的转型。进一步加强人才队伍建设，完善已经全面实施的基层公共文化从业人员专业认证、持证上岗制度，深化岗位绩效考核。大力发展文化志愿者队伍，力争在现有基础上人数翻一番，达到200万人以上。

我们将把创成国家公共文化服务体系示范区作为新的起点，在文化部、财政部和省文化厅的关心下，在各位专家的指导下，进一步虚心向兄弟城市学习，以时不我待的紧迫感，不进则退的危机感，敢于担当的使命感，加快推进公共文化服务体系的现代化建设，努力把苏州建设成服务理念先进、服务方式现代、城乡服务均等、体系运行高效的公共文化服务现代化地区，为促进文化强国、文化强省建设，做好先行军、排头兵！

中共苏州市委常委、宣传部长 蔡丽新
2013年11月6日

1.4.3 苏州市国家公共文化服务体系示范区长效管理工作会议

1.4.3.1 会议概况

会 议 概 况

12月18日上午,苏州市国家公共文化服务体系示范区长效管理工作会议召开。市委常委、宣传部长蔡丽新,市人大副主任朱建胜,市政府副市长王鸿声,市政协副主席王跃山,市委副秘书长蔡公武,市政府副秘书长陆俊秀等出席会议。

会议由市政府副秘书长陆俊秀主持。会上,副市长王鸿声首先做了关于国家公共文化服务体系示范区创建的工作报告,系统总结了创建工作所取得的成绩和实际工作中存在的薄弱环节,并就下一阶段整体推进国家公共文化服务体系示范区长效管理的总体目标和主要任务做了具体部署。张家港市人民政府副市长华红和苏州市文广新局陈嵘局长分别做了交流发言;市委副秘书长蔡公武宣读了《关于表彰苏州市国家公共文化服务体系示范区创建工作先进集体、先进个人、优秀基层文化志愿者队伍和创新服务举措的决定》,共有73个部门和单位、114位同志、18个基层文化志愿者团队以及13个服务举措受到表彰。

最后,市委常委、宣传部长蔡丽新作重要讲话,她充分肯定了两年来我市国家公共文化服务体系示范区创建所取得的成绩。她强调,实现国家公共文化服务体系示范区长效管理,必须要进一步加大力度,进一步深化"以人为本""效益为先"的发展理念,继续巩固和提升创建成果;不断探索和创造苏州经验,强化宣传和扩大影响,继续保持苏州公共文化服务体系建设在全国全省发挥示范引领的作用,努力把苏州建设成为服务理念先进、服务方式现代、城乡服务均等、体系运行高效的公共文化服务现代化地区。

会上同时下发了《关于建立健全国家公共文化服务体系示范区长效管理机制的意见》。本次会议共有市各有关部门、人民团体,各市(县)、区人民政府、苏州工业园区、苏州高新区管委会及相关部门、镇(街道)负责人等250余人参加。

1.4.3.2 中共苏州市委常委、宣传部长蔡丽新在长效管理会议上的讲话

乘势而为 开拓奋进 努力谱写公共文化服务体系建设新篇章

同志们：

今天我们召开国家公共文化服务体系示范区长效管理工作会议，主要目的是在圆满完成国家公共文化服务体系示范区创建工作任务的基础上，总结创建经验，巩固创建成果，并就下阶段深入推进公共文化服务体系建设工作进行部署。

作为全国首批31个公共文化示范区创建城市之一和江苏省唯一的创建城市，我们牢牢抓住这一契机，团结一心，拼搏进取，公共文化服务体系建设进入了新的快速发展阶段。两年来，全市上下对公共文化服务体系建设的重要性认识更加深刻，思想更为统一；公共文化设施体系更趋完备，文化产品供给能力显著增强；公共文化服务的模式不断创新，效能不断提升；公共文化服务的机制逐步完善，保障日趋健全。前不久，我市以总分全国第一的成绩荣获首批"国家公共文化服务体系示范区"称号，这其中凝聚了全市上下的心血和汗水，来之不易、弥足珍贵。在此，我谨代表市委市政府，向为示范区创建做出贡献的各级、各部门表示感谢，向辛勤工作在一线的文化工作者们致以诚挚的慰问！

刚才，王市长作了一个很好的报告，我完全同意。文广新局、张家港市做了交流发言。下面，我讲几点意见：

一、统筹城乡，和谐发展，公共文化服务体系建设助力苏州率先实现基本现代化

公共文化是社会稳定、和谐、健康发展并形成社会凝聚力的最基本的因素。大力发展公共文化事业，构建和完善公共文化服务体系，是繁荣发展社会主义先进文化、构建社会主义和谐社会的必然选择，是坚持以人为本、满足人民日益增长的文化需求、提高全民文化素质、提高全社会精神文明程度的重要保障，也是统筹城乡文化发展、推进和谐社会建设的重要支撑。党的十七届六中全会和党的十八大都提出"要完善公共文化服务体系"，十八届三中全会进一步提出要"构建现代公共文化服务体系"，可以说，公共文化服务体系建设已经成为今后我国经济社会发展的一项长期战略任务，是各级党委、政府的重要职责。国家公共文化服务体系示范区创建工作正是在党和国家重要精神的指导下开展的旨在全面推进公共文化服务体系建设的重要举措。我们紧抓机遇，乘势而上，将创建工作作为"十二五"期间进一步完善公共文化服务体系、推动再创苏州文化发展"黄金期"的重要抓手，不仅圆满完成了创建任务，也为苏州的城乡一体化建设和率先基本实现现代化提供了强大的助推力。对此，我们深有体会。

第一，示范区创建为苏州文化建设率先基本实现现代化提供了重要机遇。

文化是苏州的"第一优势"，是苏州的独特品牌。苏州市委市政府始终坚持将文化繁荣作为提升发展的第一依托，把增强文化软实力作为率先基本实现现代化的核心内涵。公共文化服务体系建设，既是传承优秀传统文化的有效载体，也是彰显城市现代文明的重要举措。建立现代公共文化服务体系是当代苏州的一项时代任务，示范区创建工作的积极推进，更好地发挥了文化对经济社会发展的引领、推动作用。网络完善、结构合理、覆盖城乡的公共文化服务体系，在更高层面上彰显了苏州这座历史文化名城的现代化进程。

第二，示范区创建为苏州城乡一体科学发展和协调发展创造了不竭动力。

公共文化服务体系建设是城乡一体化建设的重要内容,是率先基本实现现代化的重要组成部分。统筹城乡文化发展是构建城乡经济社会发展一体化格局的具体举措。作为江苏省唯一的城乡一体化发展综合配套改革试点市,苏州近年来坚持以统筹城乡一体化发展来推进新型城镇化建设,城市化率已达72.3%。作为中国城镇化水平较高的地区之一,城市规模的日益扩大、农民变市民的身份转换、庞大外来人口的不断涌入,对苏州的文化建设,特别是公共文化服务带来了前所未有的机遇和挑战。通过示范区创建,我们切实提高了公共文化服务能力和水平,有效保障了广大城乡人民群众基本文化权益。创建工作的顶层设计,有效破解了城乡文化发展的瓶颈难题,极大地推动了城乡文化权益"同等"、城乡文化发展"协同"、城乡社会文明"同步"目标的实现,真正成为我市城乡一体科学、协调发展的强大内源动力。

第三,示范区创建为苏州城乡群众共享文化改革发展成果构筑了坚实保障。

切实改善和发展文化民生是我们建设服务型政府的重要任务,人民对美好生活的向往是我们的奋斗目标。随着我市经济社会的不断发展,广大市民群众精神文化需求也发生着深刻变化。这一方面为文化的发展带来了活力,另一方面也对公共文化设施网络、产品、服务、资源配置等提出了新的要求。满足市民群众公共文化需求的压力正不断加大,特别是农村和基层群众文化生活匮乏的问题更加突出。创建工作的深入展开,更好地促进了公共文化服务均等化,城乡群众,特别是城镇低收入居民、外来务工人员、残疾人等特殊群体基本文化权益正在逐步得到更好更全面的保障,极大地增强了广大群众的生活幸福感。

可以说,随着全市公共文化服务体系的不断完善,"文化苏州"的战略目标不断推进,"崇文睿智,开放包容,争先创优,和谐致远"的苏州城市精神更加深入人心,"双面绣"的城市形象日渐为人共识。苏州城市会因文化而更加闻名,苏州经济会因文化而更加繁荣,苏州人民也会因文化而更加儒雅。

二、巩固成果,创新发展,公共文化服务体系继续在全国全省发挥示范引领作用

党的十八大以来,苏州市经济、社会和文化发展成绩显著,继续向率先基本实现现代化的发展目标稳步迈进。这为我们逐步建立现代公共文化服务体系奠定了坚实的基础,同时也提出了更高的要求。我们要进一步加大力度,进一步深化"以人为本""效益为先"的发展理念,稳步推进公共文化服务体系示范区创建工作的深入发展,继续保持苏州公共文化服务体系建设在全国全省发挥示范引领的作用。

第一,继续巩固和提升创建成果。

公共文化服务体系建设只有起点,没有终点。我市创建工作全面完成了《创建规划》提出的指标任务,全面超过了文化部、财政部"东部创建标准"的要求,示范区创建促进苏州市公共文化服务体系建设实现了新的跨越,上了一个新台阶。各级各部门和有关单位要认真研究总结示范区创建工作的经验,加强推广和应用,在创建工作已取得成效的基础上,切实把制度设计研究成果转化为推动当地公共文化服务体系建设的具体政策举措,不断巩固和提升创建成果。一是要继续以重大文化工程为抓手,以大型公共文化设施为骨干,以乡镇(街道)和社区基层文化设施为基础,统筹规划,合理布局,形成覆盖城乡、结构合理、功能健全、实用高效的公共文化设施网络;二是要创新公共文化服务方式,全面提升文化信息数字化建设的服务质效和服务水平;三是要考虑到不同群体的文化需求,努力提供既普惠均等又有针对性的公共文化服务。总之,要使我市公共文化服务体系建设总体水平继续处于国内领先位置。

第二,不断探索和创造苏州经验。

在公共文化示范区创建过程中,我市创造出了很多具有区域性乃至全国范围示范借鉴意义的

经验和做法,形成了 24 个具有苏州特色的亮点。我们要在这个基础上,对最具特色、最有实践意义和指导意义的问题做深入探索和重点研究,形成苏州做法,创造苏州经验,为区域乃至全国提供新的示范。一是要瞄准先进,提升标准。我市示范区创建工作虽然取得了显著成绩,但是与十八届三中全会提出的"现代公共文化服务体系"的要求、与国际先进水平仍有一定差距。各级、各部门要继续将公共文化服务体系建设摆在全局工作的重要位置,以党的十八届三中全会精神为指导,以本区域经济社会文化发展的实际为依据、以人民群众的需求为出发点,以国内领先、国际接轨为标准,建立起既符合科学发展要求,又具有苏州特点的现代公共文化建设指标体系。二是要突出"以人为本"的理念。构建现代公共文化服务体系,加强公共文化服务的出发点和归宿就是实现人民基本文化权益,"以人为本"是我市公共文化服务体系建设的根本理念,离开了这一理念,也就不会有示范区创建工作的顺利推进。我们要进一步强化群众意识,认真贯彻落实党的群众路线,一方面要结合实际和群众需求设计公共文化建设和服务项目,杜绝形式主义、奢靡之风和贪大求洋思想,真正把示范区创建工作打造成贴近群众的实事工程;另一方面,要充分发挥人民群众在文化建设中的主体作用,激发他们享受文化、参与文化、创造文化的积极性和主动性,使人民群众真正成为公共文化的主人。三是要创新举措,提高效能。要不断探索和实践完善体系、提高效能的路径和方法,建立以效益为导向的机制。要创新公共文化服务方式的组织和指导能力,引导和鼓励社会力量参与公共文化服务,完善公共文化机构资源生产和服务标准,探索形成生产方以需定产、供给方菜单提供、受益方自主选择的生产供给新模式。要注意坚决突破自娱自乐、自我满足型的"小圈子"文化工作思维桎梏,推动公共文化服务从"管脚下"转变到"管天下",全力打造公共文化服务体系建设的苏州"升级版"。

第三,强化宣传和扩大影响。

创建期间,全市各级、各部门、各媒体单位各尽其力,通过各种形式加强宣传报道,有效扩大了创建工作的社会影响力和感召力,不仅让上级部门了解到了苏州创建进展情况,也使更多的市民群众知晓和支持创建工作,起到了非常好的效果。今后要进一步加大宣传工作力度,积极为公共文化服务体系建设搭建信息交流和新闻宣传平台,加强常态化发布,进一步提升市民群众的知晓率、参与率和支持率,树立社会公益形象,让更多的市民群众从创建中得实惠。报纸、广播、电视、网络等大众媒体要持续宣传和推介我市公共文化服务体系建设过程中涌现的新做法、新典型、新经验,营造积极向上的城市人文环境氛围,扩大苏州文化在国内外的影响力,擦亮"文化苏州"名片,提升苏州城市美誉度。

三、加强领导,形成合力,健全公共文化服务体系建设的长效发展机制

示范区创建工作是一项长期的工作任务,全市上下要做到思想不放松、工作不懈怠、进度不倒退。推动创建工作规范化、制度化、常态化,建立健全创建工作的长效管理机制,确保创建工作落到实处。

第一,进一步健全组织领导机制。

各级党委、政府要把加快推进公共文化服务体系建设作为深入贯彻落实科学发展观、推动文化大发展大繁荣的重要任务,纳入重要议事日程。把公共文化服务体系建设纳入经济社会发展规划,纳入财政预算,实行系统化安排、目标化管理、项目化推进,并作为评价区域发展水平、发展质量和领导干部工作实绩的重要内容。要不断健全完善示范区创建工作组织保障机制,形成党委、政府统一领导,人大、政协视察指导,文化部门组织协调,相关部门分工负责,群团组织密切配合,新闻媒体引导推进,社会各界与广大市民积极参与的领导体制和工作机制。

第二,进一步完善经费支撑机制。

要切实贯彻落实国家、省、市已出台的各项文化经济政策,加大公共财政对公益性文化事业的投入,逐步完善财政投入的长效机制。积极拓宽资金投入渠道,吸引和鼓励社会力量投资兴办公共文化实体、建设公共文化设施、提供公共文化服务,鼓励社会力量对公益性文化活动、项目和文化设施等方面的捐赠,引导文化非营利机构提供公共文化产品和服务,形成以政府投入为主、社会力量积极参与的稳定的公共文化服务投入机制。

第三,进一步加大政策保障机制。

建立和完善文化建设的政策保障机制,在已经出台的支持公共文化服务体系建设30多个政策文件和众多制度研究成果的基础上,进一步提炼在示范区创建过程中形成的基本经验、基本措施、基本政策,研究制定《苏州市公共文化服务促进办法》《苏州市群众基本文化需求反馈办法》《苏州市公共文化服务公众评价办法》等政策,有条件的上升为地方立法、地方标准等制度性文件,建全公共文化服务的地方性法律法规保障体系,以苏州的地方实践,落实十七届六中全会提出的加快文化立法、提高文化建设法制化水平的时代任务。

同志们,加快推进公共文化服务体系建设是一项重要而紧迫的任务,事关全局,责任重大。我们一定要深刻认识肩负的历史责任,以党的十八大和十八届三中全会精神为指导,深入贯彻落实科学发展观,坚定信心、扎实工作。在市委市政府的坚强领导下,以时不我待的紧迫感,不进则退的危机感,敢于担当的使命感,加快推进公共文化服务体系的现代化建设,努力把苏州建设成为服务理念先进、服务方式现代、城乡服务均等、体系运行高效的公共文化服务现代化地区,为促进文化强国、文化强省建设,做好先行军、排头兵!努力让"文化惠民"的苏州实践产生更大的社会影响,共筑美丽"中国梦"的苏州篇章!

中共苏州市委常委、宣传部长　蔡丽新

1.4.3.3 苏州市人民政府副市长王鸿声在长效管理会议上的讲话

继往开来 务实创新
全面推进公共文化服务体系建设再上新台阶

同志们：

今天市委市政府召开这次全市国家公共文化服务体系示范区长效管理工作会议，主要任务是深入贯彻落实党的十八大、十八届三中全会和国家公共文化服务体系示范区（项目）创建工作会议精神，总结创建工作所取得的成绩，分析形势，明确目标，部署下一阶段的工作任务。蔡部长将就进一步推进国家公共文化服务体系示范区长效管理工作作重要讲话。下面，我先讲两点意见。

一、国家公共文化服务体系示范区创建工作取得显著成效

2011年4月，我市入选了首批31个国家公共文化服务体系示范区创建城市名单。两年多来，全市上下凝心聚力、齐抓共管，公共文化服务体系建设进入了一个整体推进、科学发展、全面提升的新阶段，走出了一条"城乡一体化、率先现代化"的公共文化建设之路。今年11月，我市以全国总分第一的优异成绩荣获了首批"国家公共文化服务体系示范区"称号。回顾近年来特别是创建以来的工作，我们突出取得了以下8个方面的成绩。

一是全面完善城乡一体的公共文化服务设施体系。一方面继续推进重大文化设施建设。苏州美术馆新馆、苏州市文化馆新馆、苏州名人馆，以及张家港市文化中心、常熟市江南文化中心、太仓市图博中心和文化艺术中心、昆山市文化艺术中心等一批市、县级市（区）级重点文化设施先后落成并对外开放。总投资4.8亿元、总建筑面积4.2万平方米的苏州图书馆二期完成立项调整，吴中区东吴文化中心、高新区文体中心等区级重点项目建设加快推进。另一方面加快公益性文化设施城乡一体全覆盖。建立了以城带乡、以中心（骨干）设施带基层设施的体系化运行制度，全市实现了市、县级市（区）、镇（街道）、村（社区）四级公共文化设施网络全覆盖。

二是着力推进全民参与的群众文化活动体系化。成功承办了5届中国昆剧艺术节和中国苏州评弹艺术节、两届中国国际民间艺术节以及中国戏剧节、中国农民文艺会演等品牌节庆活动。举办了8届苏州阅读节、6届苏州市少儿艺术节及9届苏州市文化遗产保护日等活动。近两年来，全市年均开展各类公益性展演展示活动6万场次，惠及农村及社区群众5000万人次；"三送工程"向基层送书超10万册，送戏超3500场次，送电影超2.1万余场次。张家港市"长江文化艺术节"，常熟市"江南文化节"，太仓市"百团大展演"，昆山市"外企文化节"，吴江区"区域文化联动"，吴中区"太湖开捕节"，相城区"进百送万"志愿服务，姑苏区"盛世观前"文化艺术节、"古胥门元宵灯会""轧神仙文化旅游节"，高新区"欢乐社区行"和工业园区端午节龙舟赛等县级市、区形成了一批群众喜闻乐见的特色文化活动品牌。

三是率先建成重心下移的公共图书馆总分馆体系。2011年，市政府正式出台了《苏州市公共图书馆总分馆体系建设实施方案》。目前，全市已建有市级总馆1个，县级市、区级总馆7个，分馆173个。2012年全市共接待到馆读者近2500万人次。全市公共图书馆统一了文献资源建设标准、服务标准、技术标准和评估标准；定期举办公益讲座、品牌阅读活动、扶老上网培训，图书馆总分馆体系正在苏州"书香城市"建设和基层文化服务中发挥着越来越重要的作用。

四是创新建设高效运行的公共数字文化服务体系。创新建立了以数字网络技术为主要服务手

段、覆盖城乡社区和农村的"四位一体"(村图书室、农家书屋、党员现代远程教育中心、共享工程基层服务点)基层综合信息服务体系,建立起市文化馆与全市93个文化馆(站)相连接的群众文化活动远程指导网络。全市广大城乡群众都可以通过多种方式享受数字图书馆、数字文化馆、数字博物馆和数字美术馆等文化信息资源服务。苏州市"公共文化有线数字互动平台"已将公共文化数字服务送进社区、送到家庭。

五是不断优化活力丰沛的公共文化生产和供给体系。全市累计有2台剧目连续入选文化部首届和第二届"全国优秀保留剧目"大奖,4台剧目连续入选国家舞台艺术精品工程精品剧目,2台剧目获文化部"文华大奖",7部戏剧获中宣部"五个一工程奖",4台剧(书)目获"文华大奖"等。文化艺术领域先后有40余人次荣获全国文华奖、梅花奖、曲艺牡丹奖等最高奖项,在全国同类城市中名列第一。一批深入群众、立足基层的群文创编演优秀人才和作品不断涌现,共有14个作品获"群星奖",1人获全国"群文之星"。

六是全力打造承古惠今的文化保护、传承和弘扬体系。全市现有6个联合国教科文组织"人类非物质文化遗产代表作",全国重点文物保护单位59处,国家级"非遗"项目29项,位居全国同类城市之首。在创建实践中,我市注重将原生态保护的文化元素与人民群众喜爱的现实文化元素有机结合。截至目前,全市拥有10个"中国民间文化艺术之乡"、2个"全国群众文化先进社区"、4个"全国特色文化广场";涌现民间业余文艺团队近4000支,文化骨干队伍12.15万人,文化志愿者队伍104.93万人,每年开展各类活动近1.5万次。

七是逐步健全长效保障的公共文化服务制度支撑体系。在组织保障机制方面,明确了群众基本文化权益和各级政府的责任,实现了公共文化服务体系建设的"六纳入"。在经费支撑机制方面,市政府出台了《关于加强文化改革发展若干经济政策的意见》,在整个创建周期内,全市各级财政公共文化服务投入达42.75亿元(不含重大文化设施建设的投入)。在人才保障机制方面,从2008年起率先实行以"统一培训、统一考试、持证上岗"为主要内容的基层文化从业人员职业资格认证制度,共计有3782人次基层文化从业人员通过了资格认证培训,实现了100%持证上岗。

八是探索实践异彩纷呈的县级市、区公共文化服务模式。创建期间,各地结合本地实际,将制度设计研究与创建实践紧密结合,实施了一系列具有创新性的探索与实践。如,张家港网格化公共文化服务、常熟引导和鼓励社会力量参与公共文化服务、太仓繁荣基层文艺创作、昆山公共文化服务融合创新、吴江区域文化联动、姑苏区大型民俗文化活动品牌、工业园区国际化文化新城区建设、相城区基层文艺人才队伍建设、吴中区和高新区高标准区级文化中心建设等,这些富有成效的工作机制极大丰富和提升了我市公共文化服务的效能,掀起了公共文化服务体系建设的新热潮。

回顾两年多来的工作,成绩喜人,得来不易。但我们也清醒看到,对照苏州率先实现基本现代化的要求,对照市委市政府建设一流文化强市的要求,对照十八届三中全会"构建现代公共文化服务体系"的新精神,我们的工作还存在着一些差距和不足,如:各地公共文化建设的速度和质量还有待提升,特别是基层文化设施的功能和作用还没有得到充分发挥;外来人口数量日益庞大,文化需求与服务供给的主动性、针对性、有效性和及时性程度还需进一步提高;针对广大城乡群众不断上升的网络化、信息化文化服务需求,数字文化资源利用和公共服务的渠道、平台还需加强;等等。对此我们要高度重视,努力在今后的工作中切实加以解决。

二、下一阶段全市公共文化服务体系建设的工作目标和重点任务

今年是我市率先基本实现现代化的突破之年,也是我们国家公共文化服务体系示范区实现长效管理的谋篇之年。各级党委政府一定要站在全局和战略的高度,充分认识巩固发展公共文化服务体系的重要性,继续将公共文化建设纳入工作大局,以更强的文化自觉、更高的文化追求,加快推

动公共文化服务体系建设的全面提档升级，让文化真正成为我市经济社会科学、和谐、率先发展的强大动力。

一是抓主线，进一步突出"以民为本"的发展理念。各地要继续把公共文化服务体系建设摆在全局工作的首要位置，强化"以民为本、以人为本"的工作理念，加快完善"以效益为导向"的工作机制，优化调整公共文化服务体系建设目标、保障重点、工程部署和推进举措，真正建立起符合科学发展要求、顺应人民群众需求的文化投入产出的效益观念，从而更好地实现文化发展成果的公众共享。

二是全覆盖，进一步加快"增量提质"的建设步伐。一方面，继续抓好重大项目建设，高标准推进苏州文博中心、苏州图书馆二期等重点项目，建设系列博物馆，打造博物馆城；另一方面，抓好农村、社区文化基础设施全覆盖、标准化建设的再提升，健全公共图书馆总分馆体系，构建完善优质高效的现代公共文化设施体系。同时，进一步完善公共文化设施管理办法和服务标准、规范，切实提高设施运行效率和服务效能。

三是促均等，进一步增强"惠及全民"的服务供给。城乡每年推出新创优秀群众文化作品不少于200个，开展各类公益性文化展演、展示、讲座等活动达8万场次以上，惠及居民7000万人次以上。文化"三送工程"每年向基层送书不低于10万册，送戏不低于3500场次，送电影不低于2万场次。同时，建立健全公共文化服务面向农村和弱势群体、特殊人群的优先机制，完善立体、多维、开放、优质、普惠的文化惠民服务长效机制。

四是拓渠道，进一步发挥"科技强文"的蝶变效应。依托苏州市公共文化中心，探索建设全国公共文化数字化服务（苏州）实验基地。完善和整合数字博物馆、数字图书馆、网上文化馆、网上剧院等体系，丰富公共文化有线数字互动平台，推广掌上苏博、掌上苏图、掌上剧院等手机应用服务系统，实现国有公共文化资源数字化利用的最大化，建设完善资源丰富、技术先进、服务便捷、覆盖城乡的优质公共数字文化服务体系。

五是重考评，进一步健全"效益为先"的评估体系。进一步加大对各地公共文化服务的考评力度，制定以绩效为核心、与经济社会发展相适应、与公共文化服务水平考核相符合的评估指标体系，重点从效益角度考核各级各有关部门的服务能力、设施建设布局、机构管理运行、产品生产供给、人员队伍建设等情况。把"以提高效益为导向"的绩效评估作为各级各类文化设施、机构评估定级的主要依据。完善有第三方和公众参与的社会化评估机制，推进公共文化服务从能力建设转向效能建设。

同志们，尽管我市示范区创建任务已圆满完成，但公共文化服务体系建设的工作依然任重道远。严格意义上说，这是一项始终行进在路上的考核。党的十八届三中全会做出了"构建现代公共文化服务体系"的战略部署，不久前获批的《苏南现代化建设示范区规划》，均对我市加快率先实现公共文化服务体系的现代化提出了新的要求。为此，我们要充分认识建设国家公共文化服务体系示范区的重大意义，感知人民群众对文化发展的新期盼，奋发进取，扎实工作，加快推进我市公共文化服务体系建设再上新台阶，为加快"三区三城"建设、率先基本实现现代化做出新的更大的贡献！

苏州市人民政府副市长　王鸿声

1.4.3.4　苏州市文广新局局长陈嵘在长效管理会议上的发言

高点定位　科学谋划　推动苏州率先构建现代公共文化服务体系

各位领导、各位同志：

国家公共文化服务体系示范区创建，是我市"十二五"期间加快繁荣文化事业、打造"文化苏州"品牌的重大机遇。两年多来，我们紧紧围绕"不创则已，创则必成"的指示精神，突出"完善体系、提高效能、彰显特色、惠及全民"的工作重点，扎实推进城乡一体化创建，圆满实现了"公共文化服务体系建设工作总体处于国内领先位置"的目标。

成绩的取得，来自于领导重视、强力推进。市委、市政府专门成立示范区创建工作领导小组，出台系列政策文件，并将创建工作列为"十大文化工程"之首。市人大、政协将示范区创建列为重点视察内容。市委、市政府分管领导先后3次在中宣部、文化部组织召开的全国性有关会议上做经验介绍。

成绩的取得，还来自于上下一心、齐抓共管。在市委市政府强有力的领导下，我局加强与市创建工作领导小组各成员单位和各县级市（区）创建办的沟通联系和通力配合。做到了创建核心指标国内领先，制度设计研究成果迭出，社会舆论氛围空前浓厚。

可以说，历时两年的公共文化服务体系示范区创建，给我们文化部门带来的收获和改变是前所未有的。其一，转变的是观念，文化发展"以人为本"的理念更加突出，文化部门进一步凝聚共识，把保障和满足人民群众精神文化需求，作为文化建设的第一目标。其二，增多的是阵地。全市加快建立完善了布局合理、类型齐全、功能完善、质量先进的城乡文化设施网络体系，并建立了以城带乡、以中心（骨干）设施带基层设施的体系化运行制度。公共文化设施总面积比创建前净增12万平方米，全市人均公共文化设施面积达0.25平方米，位居全国同类城市前列。其三，拆除的是"围墙"。文化部门突破自娱自乐、自说自话、自我满足型的"小圈子"，加快建立和完善了"以效益为导向"的工作机制，真正实现了面向社会、面向群众、面向基层开门办文化。其四，提升的是服务。全市建立健全了公共文化服务标准化、规范化制度，进一步完善立体、多维、开放、优质、普惠的文化惠民服务长效机制，有效推进了文化发展成果的公众共享和优享。

下一步，我们将继续坚持"为民、惠民、利民"的工作中心，本着"公共文化建设与提高服务效能并重"的原则，力争用3~5年的时间，加快推动公共文化建设的主要项目、主要指标达到国际先进水平，到2020年，基本形成具有国际水平的现代公共文化服务体系，让"文化惠民"的苏州实践产生更大的社会影响。

一是进一步找准目标定位。贯彻落实党的十八届三中全会关于"构建现代公共文化服务体系"的战略部署，根据文化部提出的希望"在示范区创建成功的基础上，瞄准国际先进水平，打造公共文化服务'苏州模式'升级版"的要求，结合"十大文化工程"，研究制定《苏州市国家公共文化服务体系示范区后续建设规划》，明确下一步的目标、路径和举措，推进公共文化服务的标准化体系向国际通行标准靠拢，向国际水平看齐，全方位提升公共文化现代化的品质。

二是进一步加快成果转化。示范区创建结束后，国家创建办将对示范区（项目）实行动态管理，每两年对示范区（项目）组织一次复查。为此，我们将抓紧总结提炼示范区创建工作中好的做法，制定出台《苏州市公共文化服务促进办法》等，争取以地方立法、地方标准等形式固化示范区创建的经验，推进公共文化建设的可持续、规范化。

三是进一步加强理论研究。针对示范区后续建设面临的新问题,结合苏州实际,选择若干事关国家公共文化服务体系建设全局的重大现实性问题展开持续研究,制定未来3年的制度设计研究方案,及时将制度设计研究成果转化为制度建设成果,为苏州在解决全局性突出矛盾和问题时的"先行先试"提供理论指导、实践支撑和决策参考。

四是进一步加强人才队伍建设。完善已经全面实施的基层公共文化从业人员专业认证、持证上岗制度,大力发展公共文化服务行业组织、社会团体,壮大文化志愿者队伍,建立健全专业文化人才、群众文艺骨干、文化辅导员和文化志愿者信息库,优化管理体制机制,打造一支政治素质强、专业水平高、服务水平优的公共文化人才队伍,为构建一流公共文化服务体系提供有力支撑。

最近,全市上下正在兴起学习贯彻党的十八届三中全会以及刚刚召开的市委十一届六次全委会精神的热潮,我们将抓住这一契机,进一步开拓创新,实践在前、探索在前、发展在前,全力推进国家公共文化服务体系示范区长效管理,为不断开创公共文化服务体系建设新局面,建设一流文化强市,做出应有贡献!

谢谢大家!

苏州市文广新党委书记、局长　陈　嵘

2. 重要文件目录

2.1 2011年

苏州市委办公室 市政府办公室《关于转发〈苏州市姑苏文化产业人才计划实施细则（试行）〉的通知》（苏办发〔2011〕15号）

中共苏州市委、苏州市人民政府《关于印发〈苏州市中长期人才发展规划纲要（2011—2020）〉的通知》（苏发〔2011〕19号）

中共苏州市委《关于贯彻落实党的十七届六中全会〈决定〉全面建设文化强市的意见》（苏发〔2011〕19号）

苏州市人民政府办公室《关于成立苏州市国家公共文化服务体系示范区创建工作领导小组的通知》（苏办发〔2011〕48号）

苏州市人民政府办公室《关于印发〈创建国家公共文化服务体系示范区建设规划〉的通知》（苏府办〔2011〕54号）

苏州市人民政府《关于印发〈苏州市国民经济和社会发展第十二个五年规划纲要〉的通知》（苏府〔2011〕66号）

苏州市人民政府办公室《关于转发〈苏州市公共图书馆总分馆体系建设实施方案〉的通知》（苏府办〔2011〕180号）

苏州市人民政府《关于批转苏州市文化广电新闻出版业发展"十二五"规划的通知》（苏府〔2011〕202号）

中共苏州市委宣传部《关于贯彻〈关于加强地方县级和城乡基层宣传文化队伍建设的若干意见〉的实施意见》（苏宣发〔2011〕3号）

《关于印发〈苏州市非物质文化遗产保护"十二五"规划实施纲要〉的通知》（苏文非遗字〔2011〕17号）

《关于进一步落实〈苏州市基层文化从业人员资格认证制度〉的意见》（苏文群字〔2011〕6号）

中共张家港市委《关于进一步加强"十二五"公共文化服务体系建设的意见》（张委发〔2011〕88号）

中共张家港市委《关于印发〈张家港市"港城英才计划"实施意见（试行）〉的通知》（张委发〔2011〕93号）

张家港市人民政府办公室《关于印发张家港市基层公共文化设施提升工程三年行动计划（2011—2013）的通知》（张政办〔2011〕57号）

中共张家港市委宣传部《关于张家港市深入推进文化民生工程的实施意见》（张委宣〔2011〕49号）

《关于张家港市开展"网格化公共文化服务"的实施意见》（张文广新〔2011〕94号）

常熟市人民政府办公室《关于印发〈常熟市创建国家、省公共文化服务体系示范区建设规划〉的通知》（常政办发〔2011〕99号）

昆山市人民政府《关于印发〈关于加快文化强市建设的实施意见〉的意见》（昆发〔2011〕4号）

昆山市人民政府办公室《关于加强公共文化服务体系建设的实施意见的通知》（昆政办发〔2011〕117号）

太仓市人民政府办公室《关于印发〈太仓市创建国家公共文化服务体系示范区实施意见〉的通

知》(太政办〔2011〕67号)

吴江市人民政府办公室《关于印发〈吴江市加强公共文化服务体系建设的实施意见〉的通知》(吴政办〔2011〕101号)

相城区人民政府办公室《关于印发〈相城区落实苏州市创建国家公共文化服务体系示范区建设规划的实施意见〉的通知》(相政办〔2011〕70号)

相城区人民政府《关于批转〈相城区文化体育事业"十二五"发展规划〉的通知》(相政发〔2011〕74号)

中共沧浪区委办公室、沧浪区人民政府办公室《关于转发〈沧浪区建设8·10为民服务圈的实施方案〉的通知》(沧委办〔2011〕30号)

中共平江区委办公室《关于印发〈平江区创建"国家公共文化服务体系示范区"实施方案〉的通知》(平委办〔2011〕33事情)

工业园区管委会《关于印发〈苏州工业园区文化繁荣专项扶持资金管理暂行办法〉的通知》(苏园管规字〔2011〕11号)

工业园区管委会《关于印发〈苏州工业园区文化繁荣行动计划〉的通知》(苏园管〔2011〕23号)

2.2 2012年

《苏州市创建国家公共文化服务体系示范区过程管理实施意见》(苏公创字〔2012〕1号)

中共苏州市委办公室、苏州市人民政府办公室《关于转发苏州市文广新局〈关于加强"十二五"公共文化服务体系建设的实施意见〉的通知》(苏办发〔2012〕7号)

苏州市财政局、苏州市文广新局《苏州市创建国家公共文化服务体系示范区财政保障的实施方案》(苏财教字〔2012〕22号、苏文财字〔2012〕10号)

《苏州市支持高雅艺术演出活动实施办法》(苏文规字〔2012〕1号)

《苏州市公共文化服务信息平台管理制度》(苏公创办字〔2012〕21号)

张家港市委办公室 市政府办公室《关于进一步加强张家港市网格化公共文化服务的意见》(张委办〔2012〕17号)

中共张家港市委宣传部《关于印发〈张家港市群众文艺团队和民营文艺表演团体扶持奖励办法(暂行)〉的通知》(张委宣〔2012〕13号)

中共张家港市委宣传部《关于印发〈张家港市"书香城市"建设指标体系(试行)〉的通知》(张委宣〔2012〕39号)

常熟市人民政府办公室《关于转发市财政局市文化广电新闻出版局〈常熟市农村基层公益性文化设施建设以奖代补专项资金使用管理办法〉的通知》(常政办发〔2012〕42号)

中共昆山市委办公室 市政府办公室《关于印发〈关于在外来务工人员集聚区建设新昆山人文化俱乐部的实施意见〉的通知》(昆办发〔2012〕77号)

吴中区人民政府办公室《关于印发〈吴中区创建国家公共文化服务体系示范区的实施意见〉的通知》(吴政办〔2012〕7号)

苏州高新区党政办《关于转发〈苏州高新区创建国家公共文化服务体系示范区实施意见〉的通知》(苏高新办〔2012〕47号)

2.3 2013年

昆山市人民政府办公室《关于印发〈昆山市基层公共文化设施运行管理办法〉的通知》(昆政办发〔2013〕9号)

3. 媒体重要报道

3.1 苏州将制定"文化强市"绩效考核指标体系

苏州将制定"文化强市"绩效考核指标体系

本报讯 记者苏雁、特约记者李锦从日前召开的苏州市学习贯彻十七届六中全会文艺界座谈会上获悉,苏州将研究制定"文化强市"绩效考核指标体系,用以分析研究和对照检查"文化强市"的建设成效。

苏州市委常委、宣传部长蔡丽新表示,在十七届六中全会精神的引领下,苏州将努力建成"文化事业繁荣、文化产业发展、文化人才辈出、历史文化与现代文明相融的'文化强市'"。

苏州市建设"文化强市"共有六大举措,分别为社会主义核心价值体系建设、现代传播体系构建、公共文化服务惠民、文化产业跨越发展、文化特色品牌提升、文化对外交流六大工程。

作为江苏省唯一的国家公共文化服务体系示范区创建市,5年内,苏州将重点建设现代传媒广场、苏州新闻出版大厦、非物质文化遗产展示中心、苏州艺术剧院、中国(苏州)昆曲剧场等一批标志性文化设施,全面建成市、县、乡、村四级公共文化设施网络,打造城市"15分钟文化圈"、农村"十里文化圈"。

2010年,苏州文化产业规模总量位列江苏省第一。"十二五"期间,苏州预计投入近690亿元,重点建设虎丘地区保护开发利用工程、中国工艺文化城、桃花坞历史文化片区综合整治保护利用工程、华谊影城等20个重大文化产业项目。到2015年,使文化产业增加值年均增长25%左右,占GDP比重达7%。

蔡丽新表示,苏州除了研究制定"文化强市"绩效考核指标体系以外,还将以苏州市委名义建立意识形态工作联席会议制度,会同有关部委办局、人民群众团体和高校,构建全市意识形态领域联动工作的格局。

《光明日报》2011年11月30日04版

3.2 苏州:文化成为转型新引擎

苏州:文化成为转型新引擎

"文化是苏州的第一优势。"江苏省委常委、苏州市委书记蒋宏坤表示,在新一轮科学发展、转型升级进程中,苏州正在充分发挥文化底蕴深厚的优势,整合更多的资源,像抓经济工作一样抓文化工作,像抓经济项目一样抓文化产业,增强城市综合竞争力,为率先基本实现现代化提供强有力的思想和精神保障。

近日,姑苏城弥漫着浓浓的文化味儿:"名家传戏——当代昆曲名家收徒传艺工程"启动,首度在国家级层面建立起昆曲艺术人才传承创新机制;苏州名人馆正式对外开放,馆中展示的445位姑苏先贤,彰显着苏州深厚的历史文化底蕴。

决策者"接力"保护古城"活化石"

"苏州是国务院首批公布的24个历史文化名城之一,拥有各级各类文物保护单位697处。相对于很多城市的'千城一面',苏州较为完好地保存了历史上建城以来的格局和文脉。"苏州市市长周乃翔表示,历任决策者都在"接力"保护好、利用好散落在古城深处的"活化石",使苏州的历史文化以更好的形式彰显于现代文明之中。

作为历史文化名人唐伯虎的故居所在地,桃花坞综合整治保护利用工程引起广泛关注。工程负责人曾身涛告诉记者,指挥部专门派人对141口古井、49棵古树名木登记造册。"建筑风貌不仅有明清风格,还有现代苏式风格,使之符合现代人的审美情趣。"

苏州古典园林建成"监测预警系统",将监测预警管理覆盖到了园林保护修复的各个方面;利用民间资本开展古建筑、古村落修复。如今的苏州,已有10个中国历史文化名镇、2条中国历史文化名街,遗产保护正在从过去的经验型走进科学型、规范化、社会化、多元化的"春天里"。不仅物质文化遗产保护全面有序,苏州的非物质文化遗产保护同样欣欣向荣。

截至目前,苏州共有336项"非遗"入选各级"人类非物质文化遗产名录"。

在更高层面上创意惠民模式

暑假,苏州图书馆平江分馆挤满了前来享受"悦读"时光的小朋友,他们手捧心爱的《笑猫日记》,读累了还能去多媒体室看一集《喜羊羊与灰太狼》。在苏州,像这样"一出家门即到"的图书馆分馆已达131家。

"图书馆越到基层建设能力越差,去的人也就越少,总分馆体系便在这样的困境下应运而生。"苏州图书馆副馆长许晓霞介绍,总分馆体系的意义在于将"服务标准"下放到基层,人员由总馆统一培训、配置,总馆还会将品牌讲座、展览、读书活动等延伸进分馆,丰富社区居民的文化精神生活。

去年4月,苏州入选首批"国家公共文化服务体系示范区"创建城市,意味着苏州要在更高层面上彰显出这座历史文化名城的文明进程。苏州市委常委、宣传部长蔡丽新表示,文化惠民不能局限于送电影、送戏等形式,必须通过创新打造文化惠民的"苏州模式"。

围绕这一目标,苏州出台了《创建国家公共文化服务体系示范区建设规划》,积极推进设施网络建设、数字服务提升、文化惠民、制度设计研究和文化人才培育五大工程。

文化产业成转型升级"新引擎"

4月28日,首届中国·苏州文化创意设计产业交易博览会开幕,这是我国首个文化创意设计领域的专业性博览会。

文化产业占用资源少、产值效益高,是苏州转型升级、率先实现基本现代化的重要支撑。苏州市文广新局局长陈嵘说,依托资源优势提升水平、依托重大项目形成集聚、依托开放型经济扩大规模,苏州正努力做大做强文化产业。

"文化企业的发展,必须跨越与金融之间的鸿沟。"苏州文广新局产业处副处长李红介绍,今年,苏州设立"苏州市文化产业担保基金",为7家文化企业提供融资担保1.4亿元;"文化产业投资引导基金"进入募资阶段。"与此同时,创博会效应也开始显现,170多个项目成功签约,总金额近10亿元。"

通过文化与科技、旅游等产业相融合,苏州构建起具有较强竞争力的文化产业体系。"去年,苏州动漫创作总时长约1.7万分钟,占全国总分钟数的7%。"李红说,动漫是苏州文化产业迅猛发展的一个缩影,也是文化融入苏州经济转型发展的一个典型。

目前,苏州已有7个国家级、5个省级文化产业示范基地,集聚文化企业1.5万多家。陈嵘介绍,2011年全市文化产业实现营业收入2093.9亿元,文化产业增加值占全市GDP的比重超过5%,文化产业已成为苏州经济转型升级的"新引擎"。

记者:苏 雁 通讯员:许学建 《光明日报》2012年8月15日

3.3 国家公共文化服务体系示范区创建工作现场经验交流会举行

国家公共文化服务体系示范区创建工作现场经验交流会举行

本报苏州9月25日电(记者苏雁 通讯员许学建)今天,由文化部主办的国家公共文化服务体系示范区创建工作现场经验交流会在江苏省张家港市举行。此次交流会全面总结了我国公共文化服务体系建设经验、当前面临的形势,将为全国公共文化服务体系建设探索路径、积累经验、提供示范,深入推进国家公共文化服务体系示范区创建工作。

会议对第一批示范区创建工作进行了总结,安排了东、中、西部创建工作取得突出成绩的苏州市、长沙市、成都市进行经验介绍;并通过考察学习张家港市"网格化"公共文化服务体系,促进公共文化服务均等化,形成长效机制。

张家港市"网格化"公共文化服务,充分体现了普惠均等的公平理念、以服务质量和效益为本的效率意识,以及因地制宜、开拓创新的示范区创建精髓。文化部党组成员、副部长杨志今认为:"网格文化员队伍既了解和传递需求信息,又输送服务和产品,还组织网格文化活动,强化了网格文化体系中'人'的要素,抓住了公共文化体系建设最后一公里。"

自2011年文化部、财政部正式启动实施国家公共文化服务体系示范区创建工作,特别是创建工作写入十七届六中全会《决定》以来,示范区创建工作已成为推动全国公共文化服务体系建设最有力、最重要的抓手。数据显示,首批中央财政3.05亿元示范区创建补助资金撬动31个城市财政资金投入超过100亿元,部分创建示范区2011年文化事业费投入比2010年翻了一番。

会议提出,下一阶段,各创建示范区党委政府要强化工作创新,形成富有地方特色的公共文化服务体系建设经验;要进一步加强制度设计研究,建立和完善公共文化服务体系建设的长效机制。

《光明日报》2012年9月26日04版

3.4 张家港推行网格化公共文化服务

张家港推行网格化公共文化服务

本报南京1月8日电（记者王伟健）把村（社区）划分成网格，政府精准投放文化服务和产品——近日，江苏省张家港市率先提出的"网格化公共文化服务"正式实施，首批通过培训的500余名网格文化员上岗。

"网格化公共文化服务"，就是在现有市、镇（区）、村（社区）三级公共文化服务体系的基础上，把村（社区）分割成更细化的网格，由政府提供文化服务和产品。这些网格成为政府公共文化服务的基本单元，全市所有人口都成为服务对象。目前，张家港已完成了895个网格的划分，平均每个网格1000人左右，每个网格配备1名网格文化员。

张家港市委常委、宣传部部长杨芳说："网格化公共文化服务，可有效实现由送文化向种文化的转变，由单向供给向双向互动转变，由一般服务向精细服务转变，更深层次的意义在于它对政府公共文化服务形成了倒逼机制。"

《人民日报》2012年1月9日

3.5 文化吴江熠江南　公共服务惠万家　江苏吴江公共文化服务体系建设十大亮点扫描

文化吴江熠江南　公共服务惠万家
江苏吴江公共文化服务体系建设十大亮点扫描

江苏吴江向有"吴尾越角"之称，因地处江、浙、沪交界，不仅经济与附近地区相互影响，而且其文化血脉中也蕴含着多种地域文化的特质，所以吴江文化别有韵味。近年来，以"区域文化联动"为代表，吴江文化充分发挥其与周围地区文化相融的优势，在市委、市政府的高度重视下，形成了一系列现代吴江文化品牌，其中不少在全国产生了较大影响，成为具有典型示范意义的文化品牌。

70多年前，学者费孝通根据其家乡吴江一个村的社会发展，写下了著名的《江村经济》，成为当时观察、研究中国农村社会的重要作品。今天，吴江通过近10年对农村公共文化服务体系的持续建设，从制度到实践，从活动到品牌，都进行了扎实有效的探索，并产生了良好的实践效果，可以说，吴江的实践反映了我国广大农村尤其是东、中部地区农村公共文化服务体系建设的一个侧面。因此，读懂吴江公共文化实践，能够有助于了解并理解当前正在全国不断加快推进的公共文化服务体系建设。我们遴选了吴江公共文化建设的10个曾在全国获奖和产生较大影响的文化项目或品牌，以飨读者。

区域文化联动——文化部创新奖、国家文化创新工程

自2003年起，江苏省吴江市率先在全国探索"区域文化联动"服务模式，活动最初由吴江市文化馆和平望、震泽、盛泽三镇发起，并在三镇进行联动。2004年起，联动逐渐扩大到吴江全市的"十镇",2009年拓展到上海青浦及浙江嘉善、湖州、南湖长三角区域,2010年延伸到京杭大运河江浙沿线。

成功开展了8年的"区域文化联动",2009年获第三届文化部创新奖,同时被文化部列入2009年国家文化创新工程,2011年5月,吴江市"区域文化联动"项目通过该项目国家级验收。

自"区域文化联动"实施以来,吴江市城乡在公共文化设施建设、公共文化人才队伍建设、业余文艺团队建设、文艺作品创作、非物质文化遗产保护、文化活动开展等各个方面都取得了重大进展和突出成绩。联动活动走遍了吴江市所有镇区和一些大型社区,举行大型文艺巡演130多场,参演人员2万余人,观众达100多万人次。活动不仅给各地提供了文化交流、融合的舞台,使群众享受到了文化盛宴,感受到了文化的魅力和欢乐,同时也联动了区域,团结了群众,并把外来务工人员顺利地融入当地社群,从而促进了社会的和谐和稳定。

"区域文化联动"提高了吴江市的文化知名度,增强了吴江文化的软实力。《人民日报》、中央电视台等各大媒体多次报道了吴江市开展"区域文化联动"所取得的成效。江苏省文化厅2010年下发文件,号召全省各地认真学习、借鉴吴江的经验,发挥特色优势,打造特色文化品牌。(吴 文)

中国民间文化艺术之乡(戏曲)

文化部于2011年初开展了2011—2013年度"中国民间文化艺术之乡"的评选,吴江市被命名为"中国民间文化艺术之乡(戏曲)"。

加强特色文化建设是吴江市文化工作的一个有力抓手,积极创建戏曲之乡,是该市特色文化建设的一个亮点与品牌。吴江市在2009年被评为"江苏省戏曲之乡"后,2010年开始加强培养戏曲人才,夯实"戏曲之乡"的基础,在松陵、盛泽等4镇分别开办了京、昆、锡、越和评弹示范学校,并由点及面,2011年将戏曲示范学校的规模从原来的4个镇5所学校150名学生扩大到目前的10个镇(区)11所学校600余名学生。同时还创办了戏曲票友传习所,传习现有各类戏曲,使戏曲票友不断攀升新档次。已经启动的"惠民巡演工程",目前正按计划顺利实施,将惠及全市群众尤其是戏迷,为戏曲之乡的发展注入后劲。

吴江市还注重加强戏曲人才与阵地建设,完善戏曲工作的网络建设。吴江各镇均建立了戏曲团队,培养戏曲人才,开展戏曲活动,目前全市九镇一区有戏曲团队44支,主要骨干达1200余人,全年开展各类大型活动150余场次;并且每个镇的文化中心均建有戏曲活动室,每周至少活动两次。(吴 文)

吴江市图书馆——国家一级图书馆

吴江市图书馆多年来始终坚持贯彻科学发展观,以推进图书馆各项事业的可持续发展,坚持倡导全民阅读,努力开展各项工作。

2006年,图书馆率先实行"免费借阅",2009年又率先推出了"零押金"的全免费少儿借阅制度,今年4月,吴江市图书馆电子阅览室也实行免费,有力地促进了读者队伍的扩大。

吴江市图书馆积极探索总分馆制,构建市、镇、村三级网络,在全市250个行政村全面建起农家书屋,并实现图书流通"一卡通",同时实现了文化信息资源共享工程基层服务点的全面覆盖。在此基础上,图书馆2010年开始启动建设"四位一体"农村公共信息服务中心,充分利用农家书屋和党员远程教育、文化共享工程网络的阵地优势,为乡村居民提供定点和流动服务,真正实现了农村公共信息服务的全覆盖和普遍均等,在公共信息服务上率先实现了城乡一体化,促进了农村公共信息服务的经济、高效和可持续发展,成为全市"文化惠民"工程的又一项有力举措。

吴江市图书馆还常年开展"4·23"世界读书日、市民读书节、图书馆服务宣传周,以及"缤纷冬日""七彩夏日"少儿系列活动等颇有特色的阅读推广活动,受到市民的广泛好评,取得了良好的社会效益。多年来,吴江市图书馆先后被评为国家一级图书馆,连续5次获得江苏省文明单位、江苏省文明图书馆称号,两次获得全国文明图书馆荣誉称号,2010年和2011年连续两年被中国图书馆学会评为全民阅读先进单位,在促进学习型社会和"乐居吴江"建设方面做出了积极的努力。(吴图)

木偶昆曲《游园》——获首届中国农民文艺会演银穗奖

2008年,由吴江市文化馆创作排练、七都镇洪福木偶昆剧团演员孙青、孙菁表演的木偶昆曲戏《牡丹亭·游园》,参加"纪念改革开放30周年——首届中国农民文艺会演",获得了由文化部颁发的银穗奖,并代表江苏、苏州进京做汇报演出,受到了中央领导的表彰和鼓励。

吴江七都镇洪福木偶昆剧团始建于清道光年间,至今已有近200年的历史,是全国唯一一家木偶昆曲祖传戏班。木偶昆曲将缠绵婉转的昆曲配以惟妙惟肖的木偶表演,营造出"双手提活生旦净丑千般态,一口唱妙喜怒哀乐百样声"的演出效果,其独特的民间文化艺术形式为广大群众所喜欢。

为了抢救保护木偶昆曲这一濒临绝迹的民间艺术,在吴江市委、市政府和七都镇党委、政府的高度重视下,当地组织培养了4位木偶昆曲传承人,并于2009年9月恢复重建了洪福木偶昆剧团。剧团自成立以来积极创作排练,目前表演的木偶昆曲戏有《西厢记·佳期》《牡丹亭·游园·惊梦》《白蛇传·盗仙草》等,并经常作为特色文化展示项目进行演出,得到了各级领导、昆曲专家及广大群众的充分肯定。(七都文体中心)

第三届全国文化馆馆长年会暨百馆论坛在吴江召开

作为公共文化服务体系的重要组成部分,文化馆承载着重要的使命。为给各地文化馆搭建交流的平台,2009年12月,由中国群众文化学会、中国文化报社主办的第三届全国文化馆馆长年会暨百馆论坛在江苏省吴江市召开,来自全国各地的112个群艺馆、文化馆的近180位代表聚首吴江,就各地群众文化建设的经验进行了广泛交流。文化部社会文化司司长于群、中国群众文化学会会长郭沫勤等出席会议,并主持召开座谈会,讨论《社区公共文化设施管理办法(草案)》《文化馆管理办法(草案)》等。会上,江苏省吴江市文广局、重庆市沙坪坝区文化馆等4家文化单位的代表分别介绍了开展群文活动、提高公共文化服务水平的做法和经验,吴江市文化馆创立的"区域文化联动"被誉为文化馆创新服务模式的典范,得到众多与会代表的认可。会议期间,代表们还观看了由吴江市文化馆承办的江苏省第三届戏曲票友大赛、江浙折子戏擂台赛、区域文化联动文艺演出等,并对比赛和演出给予了好评。(吴文)

吴江市戏曲文化生态保护区建设——国家文化创新工程

由吴江市委宣传部、吴江市文广新局、江苏省戏剧学校共同承担的"吴江市戏曲文化生态保护区建设"项目被列入2011年度12个国家文化创新工程项目之一。

吴江历来是多元文化交流、汇集之地。苏州的昆曲、评弹,苏锡常地区的锡剧,浙江的越剧,上海的沪剧,还有京剧、黄梅戏等多种戏曲剧种在吴江均有广泛的群众基础,戏曲文化活动深受吴江百姓的欢迎。跨入新世纪之后,吴江市的戏曲活动组织更健全、制度更严密、活动更为普及。至今,吴江已先后成功举办了江浙沪业余戏曲邀请赛、江浙折子戏大赛、7届戏曲艺术节等多项活动,并使戏曲活动开始逐步向周边地区辐射。2010年,吴江的戏曲节目走进上海世博会,打动了来自世界各地的观众。

为保护多种戏曲门类并存的文化生态,2011年,吴江市启动了戏曲文化生态保护区建设,吴江市文广新局与江苏省戏剧学校签订合作协议,共建"吴江市戏曲传承中心暨江苏省戏剧学校吴江培训基地",利用这一平台,推进保护性建设、传承性建设、普及性建设、提高性建设、服务性建设"五位一体"的戏曲文化生态保护建设工程,推动吴江文化的整体发展。

此外,吴江市还加强戏曲活动阵地建设,完善戏曲活动网络:基本保证各镇均建立戏曲团队,每个镇(区)文化中心均建有戏曲活动室,每周至少活动两次,使之成为基层文化建设的一道亮丽的风景;基本保证目前全市九镇一区44支戏曲团队和主要骨干1200余人全年开展各类大型活动不低于150余场次;在松陵、盛泽等4镇分别开办京、昆、锡、越和评弹示范学校,由点及面,全面铺开;同时创办戏曲票友传习所,传习现有各类戏曲,使戏曲票友不断攀升新档次,提高总体演唱水准。(吴 文)

芦墟镇——江苏省民间艺术之乡(山歌)

汾湖镇位于吴江东南部,交汇江浙沪。恬然的风光、淳厚的民风,积淀了汾湖深厚的文化底蕴,芦墟山歌就植根于这方沃土。起源于汉代的芦墟山歌无论在题材、内容、演唱上都有其独到之处,主要有响山歌、落秧歌、大头歌、急口歌、小山歌5种曲调。芦墟山歌在漫长的传唱过程中形成了自己独有的风格,并成为吴歌的一个重要支脉。

新中国成立后,芦墟山歌得到了政府的高度重视,当地曾开展多次大规模的普查,长篇叙事山歌《五姑娘》的公开发表,更引起了国内外学术界的轰动。自1997年起,芦墟山歌先后参加了全国原生态民歌演唱会、首届中国农民艺术节文艺会演、2010年上海世博会等重大活动。1998年成立的芦墟山歌社,每年到社区、农村举办各种形式的山歌演唱活动。芦墟实验小学开办的少儿山歌班,使山歌承上启下、后继有人。

继1998年芦墟镇被命名为"江苏省民间艺术之乡"后,2008年汾湖镇又被命名为"中国民间文化艺术之乡(山歌)"。芦墟山歌作为吴歌的子项目,被列入第一批国家级非物质文化遗产名录,歌手杨文英成为首批国家级非物质文化遗产项目代表性传承人。(汾湖文体中心)

吴江市文化馆——国家一级文化馆

吴江市文化馆在2007年第二次县级以上文化馆的评估定级工作中,被文化部命名为国家一级文化馆。吴江市文化馆现有馆舍面积7100平方米,馆内硬件设施齐全,拥有流动舞台设施2套、价值80万元的流动演出车1台以及价值400多万元的灯光音响等演出设备。

近几年,吴江市文化馆因地制宜,开拓创新,走出了一条以举办特色文化活动为平台,服务农民、服务基层、繁荣农村文化的新路子,得到了文化部、江苏省文化厅、苏州市文广新局领导的高度评价。2003年,文化馆被评为苏州市基层文化工作先进集体;2006年被评为江苏省文化系统先进集体;被评为苏州市文明单位和吴江市文明单位;荣获2010年度江苏省文化科技卫生"三下乡"先进集体称号。

为贯彻落实文化馆免费开放精神,吴江市文化馆派专业人员下乡镇、基层进行免费辅导、培训;对公共文化艺术进修班和公共文化艺术普及班实行免费开放;并将戏曲示范学校的规模扩大到10个镇(区)11所学校。(吴 文)

吴江市评弹团——中国苏州评弹艺术节上获多项大奖

吴侬软语唱不断,半巷尽是琵琶声。1961年5月,15位艺人满怀对建设新社会和为农民服务的真情,组建了吴江市评弹团。他们响应政府号召,从1964年起先后创作排演了《焦裕禄》《血防线上》《一元八角》《红旗商店》等。随着社会的发展,评弹演员或转业或退休,吴江市评弹团几经起伏,演员从最初的15人到改革开放初的近30人,到2005年时仅剩2名演员。

近年来,在吴江市文广新局的努力和社会各界的关注下,市评弹团队伍逐步壮大,目前已发展到8人。新世纪以来,吴江市评弹团立足江浙沪书场,不断创作,产生了《人生知法更精彩》《牡丹缘》《狭路相逢》等优秀弹词作品。该团参加了历届江苏省曲艺节,荣获过优秀表演奖与节目奖;参加历届中国苏州评弹艺术节,荣获节目奖、表演银奖、优秀创作奖等。市评弹团还面向世界弘扬民族文化,多次赴日本、法国、韩国等国家交流演出。2010年在上海世博会吴江主题周上,吴江市评弹团精彩的表演令参观者流连忘返。(杨筱东)

平望新世纪文化广场——全国特色文化广场

吴江市平望镇地处太湖流域,是著名的鱼米之乡。2004年,全国首届特色文化广场颁奖暨展示活动在平望镇隆重举行,平望新世纪文化广场被评为"全国特色文化广场"。该广场总占地面积100亩,含主体建筑大楼、数字影剧院、美术摄影展厅、历史文化展厅、多媒体活动室、图书分馆、多功能培训室、莺湖书场、儿童游乐场、圆形健身广场、篮球场、门球场、翠庄盆景园等设施功能区域。文化广场以"设施齐全、活动丰富、投入多元化"为立足点,为百姓提供系列的文化享受:每周定时免费放映电影,夏天可在广场放映,冬天在影剧院内放映;书场全年对外开放,天天有评弹听,有时还有省级和国家级演员在此表演;图书室和电子阅览室设施齐备且全年免费开放;文化广场1000平方米的露天舞池每晚都会播放音乐,吸引群众来此跳舞、活动。此外,该文化广场还经常举办各种大型广场娱乐活动,多次承办大型群文活动,如中国原生态民歌演唱会、首届中国农民艺术节文艺会演平望专场等。

如今,继平望新世纪文化广场之后,吴江又有同里退思文化广场、桃源严慕文化广场被评为"全国特色文化广场"。特色文化广场的建设及广场文化惠民服务的开展,已成为吴江公共文化服务体系建设中不可缺少的部分。

刘建华 《中国文化报》2011年12月27日

3.6 苏州:奏响城乡文化发展交响曲

苏州:奏响城乡文化发展交响曲

编者按:加快城乡文化一体化发展,是十七届六中全会针对新时期改革发展提出的要求。在苏州,这个宏大战略已经开始付诸实践。2500多年建城史,赋予了苏州深厚的文化底蕴,同时,身为江南"鱼米之乡",苏州又有着坚实的经济基础。传统文化与现代文明的有机融合,无疑成为苏州在新时期开展公共文化服务体系建设的有力支撑。基础设施全面覆盖,文化资源阵地延伸,群众活动高潮迭起,这些都是苏州实现城乡文化权益"同等"、文化发展"协同"、社会文明"同步"的有力措施。苏州在弥合城乡差距、实现城乡发展全面对接中走出一条新路子,同时也为全国新农村文化建设、城乡一体化建设创造了新经验。

2012年1月初的一天,午饭时间刚过,苏州市相城区北桥街道的文体教育服务中心内就热闹起来。该中心的荷缘书场里,来自苏州评弹团的说书先生魏建安正在讲长篇弹词《珍珠衫》,台下座无虚席,每位观众都听得津津有味。听书,已经成为82岁的老人邹泉男每天最重要的文化生活。他原是北桥镇的一位农民,种了一辈子地。2008年,北桥镇改为北桥街道,他从一位农民变成社区居民。如今,老人每天可以在服务中心享受免费午饭和文化大餐,每月还能拿到400元的政府补贴。尽管已是高龄,但老人依旧容光焕发,幸福之情溢于言表。

目前,苏州市有64个评弹书场,主要是为了满足镇(街道)、村(社区)居民的文化需求。在不久的将来,苏州将在市、县级市(区)、镇(街道)、村(社区)实现包括评弹书场在内的多种公共文化服务设施的全覆盖,以加快实现城乡文化一体化建设,保证"先进生产要素向农村流动,基础设施向农村延伸,公共服务体系加快向农村覆盖,现代文明加快向农村传播,让城乡居民共沐发展阳光"。勾画城乡文化发展的蓝图。

在"城乡一体化"建设的时代背景下,苏州是江苏省唯一的城乡一体化发展综合配套改革试点市。自2008年以来,苏州市积极推进农民居住向社区集中、工业企业向园区集中、农业用地向规模经营集中。目前,全市累计30多万农户、近100万农民实现了居住地转移和身份转变,88%的工业企业进入工业园,80%的承包耕地实现规模经营,整体城市化率已经超过70%。

"我们深知,苏州要在新时期率先基本实现现代化,就必须充分发挥城乡一体化这一优势,加快推进,最终实现城乡同质。文化建设,是城乡一体化建设的重要内容,是率先基本实现现代化的重要组成部分。而公共文化服务体系建设,则是目前文化建设中最能体现城乡一体发展成果的环节,也是'文化民生'工程最重要的课题。"苏州市委常委、宣传部部长蔡丽新表示。为了构建惠及全民的公共文化服务体系,苏州市确定了"三同"目标:城乡文化权益"同等"、城乡文化发展"协同"、城乡社会文明"同步"。

"文化权益的'同等',就是在文化资金投入、产品供给、基础设施和制度保障等方面为农村创造优越的条件,从而在全省、全国率先实现城乡居民享有平等的公民文化权利、同等的文化待遇、趋同的文化生活条件、均等的公共文化服务以及获得大致相当的文化资源机会。"苏州市副市长王鸿声表示,相比过去农村文化要有质的飞跃,要实现与城市并驾齐驱。

"城乡一体化不是把农村文化城市化,更不是消灭农村文化。"王鸿声这样解读城乡文化发展"协同","而是立足城乡整体功能最优化和整体效能最大化,统筹发展,形成更明确的文化事业和文化产业分工,确定不同的文化功能定位,使城市和农村的文化创造力相结合,从而构筑布局合理、分工有序、功能提升和互动发展的现代化城乡一体化的格局。"

而城乡社会文明"同步",一方面是弘扬农民吃苦耐劳、智慧淳朴的优秀传统美德,另一方面是发挥城市文化对农村的辐射作用,把城市的现代文明引入农村。"在苏州,既要保持'鱼米之乡'的田园风光,又要呈现先进和谐的现代风貌,我们要在农村的希望田野上创造新世纪的美丽'人间天堂'。"王鸿声表示。

夯实公共文化服务基础

2010年,苏州市入选首批"国家公共文化服务体系示范区"创建城市。苏州市被评为江苏省唯一的国家公共文化服务体系示范区创建市,既是对苏州公共文化服务体系建设已有成就的肯定,也是苏州加快促进城乡文化一体跨越发展的强大推动力。"创建国家公共文化服务体系示范区,是苏州'十二五'期间推动文化事业发展、打造'文化苏州'城市品牌的重大机遇,我们必须抓住此次公共文化建设的难得机遇,探寻一条新时期文化建设的发展之路、特色之路。"王鸿声说。

实现这一目标,苏州有其雄厚的经济基础和现实条件,同时也有迫切的愿望和务实的行动。

近年来,苏州市新农村文化建设加快推进,城乡文化基础设施加快建设,并加快对接公共管理服务,新农村文化建设已进入了全新的发展阶段。

一方面基础设施建设突飞猛进,密度提高,广度扩展,功能健全。截至2011年底,全市公共文化设施总面积254万多平方米，图书馆、文化馆（站）等公益性文化设施总面积逾162万平方米，人均0.15平方米，达到国内同类城市先进水平，市、县（区）、镇（街道）及村（社区）公共文化设施网络覆盖率达93.5%；全市农家书屋总数达1100个，实现了全市各行政村（农村社区）全覆盖。

同时，文化信息资源共享工程加快推进，阵地延伸，范围扩大，效率提升。苏州市率先开展了"四位一体"基层综合信息服务体系建设，把村图书室、农家书屋、农村党员远程教育、文化信息共享工程等综合一处，建成基层综合信息服务点。而农村图书馆由点（市中心馆）到线（县级市、区馆）再到面（镇站、村点）的网络服务全覆盖正在形成。

群众文化活动是城乡居民喜闻乐见的文化形式。"十一五"以来，苏州市统筹开展以"我们的节日""天天有"、市直舞台艺术"四进工程"和"群星璀璨——城区各广场主题活动"为主要形式的四大系列文化惠民活动，覆盖全市五市七区近千个广场，年均开展各类公益性惠民展演展示活动3万次，惠及农村及社区群众超过3200万人次。同时加大力度开展"三送工程"，年均送书累计10万余册、送戏3000场次以上、送电影1.3万场次，基本实现全民共建、全民共享的文化惠民全覆盖。

创新城乡文化服务体系

"构筑城乡一体化的公共文化服务体系是一项长期、艰巨的系统工程。"苏州市文化广电新闻出版局党委书记、局长汤钰林表示，要重点实现"四个下移"，即文化工作重心下移、文化资金投入下移、文化服务下移、文化技术下移。"这需要政府主导，社会支持，统筹规划，整体部署，多元投入。一方面强化城区辐射功能，以城市带动农村；另一方面，推动若干重点中心镇文化建设，从试点先导区逐渐推进。"

为此，苏州将全力推进"六个全覆盖"：完全实现公共文化服务设施的市、县级市（区）、镇（街道）和村（社区）四级全覆盖，以及文化信息资源共享工程、有线数字电视、文化活动广场、图书馆（总分馆）网络及数字化开发利用、评弹书场的全覆盖。这是苏州发展农村公共文化服务体系建设的重点和核心，也是抓手和落脚点。

同时，促进城乡文化一体化也需要科学、规范、有序的指导。"根据国家公共文化服务体系示范区创建工作的要求，我们对照标准找差距、设目标、定措施，细化出6大类31个项目，共计119子项创建任务，还制定出台了《创建国家公共文化服务体系示范区建设规划》和《关于加强'十二五'公共文化服务体系建设的实施意见》等文件。"汤钰林表示，围绕创建国家公共文化服务体系示范区这一目标，在未来两年内，苏州市将完成"设施网络广覆盖、服务供给高效能、组织支撑可持续、保障措施管长远"的公共文化服务体系。同时，加强基层文化设施建、管、用，创新公共文化服务方式，并建立健全长效机制，以构建较为完善、覆盖城乡的公共文化服务体系，强化文化这一核心竞争力，在更高层次上彰显苏州这座历史文化名城的文明进程。

记者：屈菡 《中国文化报》2012年3月1日

3.7 书香漫姑苏 文化惠万家——苏州图书馆实施"总分馆"模式见成效

书香漫姑苏 文化惠万家
——苏州图书馆实施"总分馆"模式见成效

每到周末,江苏省苏州市星港小学三年级学生舒不了都要到苏州图书馆工业园区青少分馆享受自己惬意的"悦读"时光。手捧最爱的《笑猫日记》,读累了还能去多媒体室看一集《喜羊羊与灰太狼》。"我家就在对面的小区。这儿离市区远,以前想去图书馆,爸爸妈妈要开一个小时车送我。二年级的时候,这儿有了图书馆,现在我过条马路就能看书啦!"舒不了兴奋地告诉记者。在苏州,像这样方便的苏州图书馆分馆已有36家,让老百姓实现了出了家门就能进图书馆的愿望。

"总分馆"模式:公共文化服务方式 不断创新的成果

图书馆"总分馆"模式是苏州在公共文化服务方式上不断创新的成果。从2005年起,苏州图书馆逐步实现了统一采购、统一编目、统一配送和通借通还的公共图书馆"总分馆"制。目前全市共有公共图书馆总分馆126个(其中,市级图书馆分馆36个,县级图书馆分馆90个),基本实现了各县级市建制镇、非建制镇图书馆分馆建设全覆盖,并拥有图书流动服务车7台,年均基层服务出车60次以上。

苏州图书馆副馆长金德政告诉记者,2001年,苏州图书馆新馆建成开放,从开馆第一天起,几乎每天到馆的读者都超过了3000人次的设计容量。一方面是读者旺盛的阅读需求,另一方面是接待能力的明显偏低,加上区、街道、社区图书馆的缺失,形成了苏州市公共图书馆事业独特的供求矛盾。也就是从那时起,设立分馆的建议开始在苏州文化主管部门的工作会议上被提出。他们开始认真思考如何为社会提供低成本、高效益、普遍均等的公共图书馆服务方式和途径。

经过多方努力,2005年10月,苏州图书馆与该市沧浪区政府合作开设了第一所直接管理的分馆——沧浪少儿分馆。之后,苏州图书馆逐步走出了一条高效科学的分馆运作之路:由分馆所在地的基层政府提供馆舍、装修、设备等物业支持,并向苏州图书馆支付年度人员经费及购书经费,苏州图书馆则负责工作人员委派、分馆初始藏书供给调配、馆藏数字化资源建设等工作。"总分馆"骨架搭建起来后,不管是资金还是图书资源,均得到了科学合理的配置,也让读者享受到了最大的便利:分馆开到了家门口,提供与总馆同样的服务,所有图书实现通借通还。这种"总分馆"建设模式被国内图书馆界专家誉为"符合《国家'十一五'时期文化发展规划纲要》中对'总分馆'的要求、与国际接轨的'苏州模式'",并荣获全国第十四届群星服务奖和江苏省第四届公共图书馆优秀服务成果特等奖。

馆员的心声:工作越来越忙 心情越来越好

在苏州图书馆工作20余年的采编部副主任曹卫,对近几年"总分馆"建设给苏州图书馆带来的巨大变化感受深刻。在他的记忆中,苏州图书馆已经历两次质的飞跃。

曹卫说,自己刚来馆工作时,图书种类和数量非常有限,每日到馆的读者寥寥无几。"有时候面对空荡荡的房间,我心里会很失落,总盼着书架被新书塞满,更多的读者推门进来。"2001年,苏州市拿出位于市中心的人大、政府办公楼支持苏州图书馆新馆建设。不久,宽敞明亮、设备一流的新馆建成,大批群众闻讯赶来,丰富的图书和舒适的环境留住了大家。慢慢地,读者越来越多,曹卫和同事们也越来越忙。"那时候,我们不约而同地感受到工作性质的变化——曾经待在事业单位轻松上下班的心情没有了,我们必须为不断涌来的读者提供全方位的服务。"

更大的挑战还在开建分馆后,东渚分馆、新浒分馆、渭塘分馆、沧浪分馆、北桥分馆……一家又一家分馆相继建立,总馆的工作人员责无旁贷地挑起了越来越繁重的图书调配、运输、采购等重担。此外,总馆担负着人员培训任务,每周一上午,各分馆工作人员回总馆参加培训,以保证向全市读者提供同等质量的服务。

曹卫和他的同事们都曾在工作任务陡增的初期感受到"扑面而来的压力",但这种压力很快在读者的肯定中淡化为一份充实和快乐。"因为要全面管理全市分馆的日常事务,我逼着自己一边工作一边学习管理方法。我们的模式在全国来说是创新之举,所有人都在实践中探索经验。我们越来越忙,但越来越快乐!"说这话时,曹卫眼中充满了自豪。

老百姓说:有书香的地方有文化 有文化的城市幸福常在

几乎每个分馆都建在居民家门口,这样,大家不仅可以在其中学习知识、获取信息、享受活动,还可以把它当作社区交流场所。在建设"总分馆"前,苏州图书馆年到馆读者基本保持近150万人次、年外借图书不超过50万册次;2011年,苏州图书馆(1个总馆、36个分馆、2个流动图书馆/27个停靠服务点)共接待读者638万人次(总馆242.41万人次、分馆382.88万人次、流动图书馆12.71万人次)、外借图书212.19万册次(总馆103.91万册次、分馆95.61万册次、流动图书馆12.67万册次)。在总支出增加不多的前提下,服务效益提高了近4倍,体现了"总分馆"模式的方便快捷和经济高效。

除了提供丰富的图书资源外,苏州图书馆及各分馆还在全市范围内开展丰富多彩的文化活动,比如定期举办公益讲座、在各青少年分馆开展品牌阅读活动、针对中老年读者开展"扶老上网"培训活动、用流动大篷车将"微型图书馆"送到农民工子弟学校、送书进军营等。苏州图书馆金阊分馆在建馆之初就将目光投向了残疾人读者,主动为残疾人朋友提供手工技艺方面的培训,并送去励志、生活、手工技艺类书籍。随着活动的开展,金阊分馆被附近居民亲切地称为"爱的港湾"。

苏州,一直在为实现"全民阅读"不懈努力。《苏州市公共图书馆总分馆体系建设实施方案》明确写道:以实现和保障市民基本文化权益、满足市民基本文化需求为出发点,坚持公共服务普遍均等原则,加快构建市区公共图书馆总分馆体系和县级市公共图书馆总分馆体系。方案要求,到2012年底,在目前全市已有图书馆分馆的基础上再建37个,其中市区再建16个,5个县级市再建18个,全市累计公共图书馆分馆达140个。至"十二五"期末,建设覆盖全市、通借通还的公共图书馆分馆不少于200个,主要是市区按每3万至4万服务人口建1个公共图书馆的要求,在2013至2015年期间再建约60个公共图书馆社区分馆。

"现在,泡图书馆是我们苏州人生活中不能缺少的一部分。我们爱来,我们常来。因为有书香的地方有文化,有文化的城市一定会幸福常在!"67岁的苏州市民吕毅科说。

记者 李珊珊 《中国文化报》2012年3月2日

3.8 加大投入、着力创新、确保均等——公共文化建设的苏州探索

加大投入、着力创新、确保均等——公共文化建设的苏州探索

日前,记者跟随文化部创建国家公共文化服务体系示范区督导组来到江苏苏州,通过实地走访、多方采访,对当地公共文化建设情况进行了深入了解。

截至2011年底,苏州市公共文化设施占地总面积为270.07万平方米,每万人拥有公共文化设施面积达2212.10平方米;公益性文化设施总面积为201.86万平方米,人均0.19平方米,基本实现了公益性文化设施市、县级市(区)、镇(街道)、村(社区)四级全覆盖。

变经济优势为文化建设优势

人民路858号,苏州市中心的黄金地带,矗立着一座占地16000平方米的苏州园林式建筑。如果没有门口醒目的名称,很难将其与苏州图书馆联系在一起。"在这么好的位置建起这么大面积的图书馆,这在其他地方可不多见。"面对记者的这一感叹,苏州图书馆会展培训部主任宋萌颇为自豪。她说:"这里原来是市人大、政协的办公地,为充分满足市民的阅读需求,市委、市政府决定拿出全市最好的地方,投入巨资建设了这座苏州图书馆新馆,这体现了苏州对文化建设的高度重视。"

4月12日,在苏州图书馆主馆一楼期刊报纸阅览室,76岁的退休干部韦大爷正聚精会神地翻阅《参考消息》。"我是这里的常客,几乎每天都要来。到这里看书读报已经成了我退休生活的'必修课'。"韦大爷笑着说。

一直以来,作为全国经济发达地区的苏州,凭借丰厚的财政收入为文化建设提供了有力的财政保障。据了解,"十一五"期间,苏州文化设施资金投入达到91.8亿元,苏州市图书馆、美术馆、文化馆分别建立了新馆。

在苏州市副市长王鸿声看来,苏州文化的发展一定要和苏州的经济规模相适应,要与苏州在江苏乃至全国的经济地位相匹配,其前提便是完善文化建设的经费支撑机制。"2011年苏州市本级财政对苏州图书馆、文化馆、美术馆免费开放投入的专项经费为1582万元。各县级市(区)对图书馆、文化馆(站)免费开放的专项经费超过1000万元。各县级市(区)2011年和2012年公共文化服务体系建设投入经费总计约为33亿元。"王鸿声说。

在经费的有力支撑下,苏州市目前已实现公益性文化设施市、县级市(区)、镇(街道)、村(社区)四级全覆盖;图书馆、文化馆(站)、美术馆、博物馆全部实现免费开放。到2012年底,将基本建成"设施网络广覆盖、服务供给高效能、组织支撑可持续、保障措施管长远"的公共文化服务体系。

着力推动文化体制机制创新

4月13日,记者在张家港南丰镇永联村文化中心前竖立的网格文化员公示表上看到:序号1,网格编号NO17034,网格文化员汤剑波,联系方式……公示表一旁网格文化员工作职责格外醒目,其中一条便是:发现和了解网格内群众文化需求,及时将群众意见和要求反馈到上级部门、相关文化单位或网格化公共文化服务委员会。

张家港市委常委、宣传部部长杨芳如此介绍网格化公共文化服务:为推进城乡公共文化服务的均等化,张家港在现有市、镇(区)、村(社区)三级公共文化服务体系的基础上,把村(社区)按照一定的标准分割成更细化的网格,每个网格设有一名网格文化员,通过其准确掌握群众需求,及时

调整服务项目,进而推动政府公共文化内容、形式和产品的创新,让文化阵地、文化团队、文化产品效能得到充分发挥。目前,张家港已完成了895个网格的划分,平均每个网格覆盖1000人左右。"通过这样的举措,可有效实现由送文化向种文化的转变,由单向供给向双向互动转变,由一般服务向精细服务转变。"杨芳说。

为进一步实现公共文化服务精细化、人性化和均等化,苏州市着力推动文化体制机制的创新。据了解,苏州市正在积极探索图书馆总分馆体系建设,将图书馆分馆开到社区居民家门口。再比如,常熟市开展了文化主管部门与各镇(街道)的挂钩结对共建活动,形成城乡一体、局镇(街道)联手、单位挂钩、上下联动共创共建的工作机制;昆山市制定和实施了公共文化服务和产品评价激励机制,着力推进公共文化服务平台建设。

关注农民工,确保文化服务均等性

外来务工人员集宿区这种管理模式是苏州的一大创新,也为集中开展外来务工人员文化建设提供了便利。苏州市高新区枫桥街道外来务工人员集宿区居住着9000多名外来务工人员。不久前,苏州市文化馆为他们送上的公共文化精品服务大展巡展巡演受到了外来务工人员的热烈欢迎。

在苏州,外来务工人员被称为新苏州人。如何增强这些新苏州人的归属感,备受各级政府重视。在今年举行的政协苏州市十二届五次会议上,苏州市政协委员叶正亭就曾提议关注姑苏文化与外来务工人员之间的和谐发展,用千年姑苏文化来留住新苏州人的心。

基于此,苏州市文化馆采用"请进来"和"走出去"方式,全方位开展了对外来务工人员的公共文化服务。"'请进来'就是零门槛全面免费开放,'走出去'就是把展览演出送到他们的家门口。"苏州公共文化中心文化馆管理部部长刘逸平说,为最大限度保障外来务工人员的文化需求,苏州市在外来务工人员集宿区建立图书室等单独的文化服务站点,苏州市文化馆定期派文化志愿者前去辅导企业、社区开展工作,引导他们积极开展面向外来务工人员的公益性文化活动。据统计,2011年,该市开展各类公益性展演展示活动3万场次,惠及农村及社区群众3200万人次。

文化惠民工程,不仅要有普惠性,还要兼具均等性。近年来,苏州市大力推进文化惠民工程,在健全公共文化服务体系的同时,积极开展品牌化群众文化活动。与此同时,打造新苏州人文艺会演评奖及展演等品牌活动,积极鼓励新苏州人参加各级文艺会演,共享苏州文明建设的成果。

"苏州不仅实现了把外来务工人员纳入城市公共文化服务体系,而且为外来务工人员设置单独的文化服务站点,进一步保障了外来务工人员的文化权益。"此次督导组组长、上海社会科学院研究员巫志南说。

记者 郭人旗 《中国文化报》2012年5月1日

3.9 让城市彰显文明之魂 让人民乐享文化硕果——公共文化建设的苏州探索

让城市彰显文明之魂 让人民乐享文化硕果
——公共文化建设的苏州探索

评弹·说唱表演《城乡新景》

唢呐独奏《丰收之乐》

锡剧小戏《追鱼》

音诗画《人间新天堂》

广覆盖、提质量、树优势,公共文化硬件建设全力推进
惠民生、扬品牌、促长效,公共文化软件建设健全完善

2500多年的建城史,赋予苏州深厚的文化底蕴,同时,身为江南的"鱼米之乡",苏州又有着坚实的经济基础。当传统文化与现代文明有机融合,便演绎出苏州经济与文化互动发展、共同繁荣的交响乐章。

2011年,苏州市成功入选首批31个国家公共文化服务体系示范区创建城市名单。一年来,苏州人民用改革破解新难题,用创新谋求新突破,积极推进公共文化建设的科学发展。如今,美丽的苏州城里处处呈现着公共文化繁荣发展的景象:文化基础设施全面覆盖、文化资源阵地不断延伸、群众文化活动高潮迭起……公共文化服务体系作为苏州市文化建设的重要组成部分,弘扬社会主义核心价值,营造积极、健康、向上的文化氛围方面正发挥着重要作用。

公共文化设施日益完善 城乡文化资源无缝对接

苏州城市因文化而闻名,苏州经济因文化而繁荣,苏州人民因文化而儒雅。不断推进建设的公共文化硬件设施是苏州公共文化事业发展的基石。

公共文化设施网络日益完善。一是标志性文化设施项目加快推进。苏州美术馆新馆、苏州市文化馆新馆、苏州名人馆、苏州评弹学校新校、常熟市江南文化展示馆、太仓市图书馆新馆等一批市、县级市（区）级重点文化设施先后建成并对外开放。全市共有县（区）级以上公共图书馆12个，均为国家一级馆；文化馆国家一级馆12个；市及县（区）级博物馆、纪念馆42个，美术馆11个。二是基层文化设施建设稳步推进，基层文化阵地的"建管用"机制不断完善。2011年初，苏州市文化、民政部门联合出台了《关于进一步加强苏州市社区文化建设的意见》，并结合《苏州市基层文化标准化建设评选和命名工作的实施意见》等文件要求，命名一批公共文化服务示范、优秀、合格文化站、村（社区），稳步提高基层文化设施的设置率和达标率。截止到2011年底，全市人均拥有公共文化设施面积为0.24平方米，基本实现了公益性文化设施市、县级市（区）、镇（街道）、村（社区）四级全覆盖。

公共图书馆总分馆体系建设全面推进。公共图书馆总分馆体系的"苏州模式"不断完善。根据苏州市人民政府办公室下发的《苏州市公共图书馆总分馆体系建设实施方案》要求，加快构建由市区公共图书馆总分馆体系和县级市公共图书馆总分馆体系组成的，资源共享、协同采编、统一检索、一卡通用、覆盖城乡的全市公共图书馆总分馆体系。截至目前，全市已建有市级总馆1个，县级市（区）级总馆7个，分馆131个，各县级市建制镇、非建制镇图书馆分馆建设基本实现全覆盖。

公共文化数字服务建设加快实施。一是全面启动苏州市下辖5个县级市行政村"四位一体"（村图书室、农家书屋、党员远程教育、文化信息共享）综合信息服务站建设，到2012年底基本实现全覆盖。二是积极建设"公共文化有线数字互动平台"，借助有线数字网络，推动公共文化服务进社区、到客厅。三是全力推进区级文化信息共享工程支中心建设及社区（村）级基层点全覆盖建设，确保城乡群众可以通过多种方式使用数字文化信息资源等服务。

文化惠民工程丰富多彩 市民幸福指数不断提升

实施文化惠民工程，让人民共享文化发展硕果，是贯彻落实党的十七届六中全会的具体体现。在全市完善的公共文化硬件设施基础上，苏州通过深入开展丰富多彩的文化惠民活动，最大限度地满足群众日益增长的多层次、多样化公共文化需求。

一是群众文艺"群星璀璨"工程。统筹开展以"我们的节日""天天有"、市直舞台艺术"四进工程"和"城区各广场主题活动"为主要形式的文化惠民活动，全市年均开展的各类公益性惠民展演展示活动3万次，惠及农村及社区群众累计突破5000万人次。年均为基层送书10万余册、送戏3000余场次、送电影1.5万场次。

二是特色文化"品牌培育"工程。依托"江河湖海"兼具的水文化资源和"吴文化"独特优势，着力打造一批具有鲜明地域文化特色和较大影响力的文化节庆活动，成功承办了2届中国国际民间艺术节、5届中国昆剧艺术节和中国苏州评弹艺术节、中国农民文艺会演等一大批品牌节庆活动；苏州所辖的各市（县）、区也形成了诸如"长江文化艺术节""江南文化节""郑和航海节""运河文化节""太湖文化论坛"等一批极具地方特色、群众喜闻乐见的文化活动品牌。此外，每年一届的苏州阅读节，自2006年以来已成功举办6届，共举办丰富多彩的阅读活动3600余项，参与读者1700余万人次，已成为推动全民阅读、营造学习型城市的重要抓手。苏州市委、市政府也被中宣部、新闻出版总署授予"全民阅读活动先进单位"。在"中国民间文化艺术之乡"评选中，苏州市以10大类28个项目位列江苏省第一，获评数量在全国同类城市中名列前茅。

三是群文创作"精品打造"工程。苏州市文化馆小品《寻家短信》参加了文化部、国务院农民工工作联席会议办公室共同主办的"温暖之春"——2012年慰问全国农民工春节晚会，这是继2009年北京人民大会堂"大地情深——全国城乡基层群众小戏小品展演"开幕式演出和2010年北京五棵松体育馆"我们的节日——群星奖优秀节目2011年春节慰问外来务工者文艺晚会"后,苏州市群文作品连续第三年登上首都大舞台,受到党和国家领导人的高度赞赏。截至目前,苏州共有10个群文作品获得群星奖殊荣。全市每年举办的"群众文艺大会演",为近4000支民间业余文艺团队展示成果提供平台,极大地满足了群众的文化需求。

四是外来务工人员"文化共享"工程。全市各级文化主管部门归口管理的各级国有美术馆、公共图书馆、文化馆不断丰富免费开放的内容和形式,积极引导外来务工人员走进博物馆、图书馆、文化馆(站);各类公益性文化机构有针对性地开展面向外来务工人员及其子女的艺术辅导培训、图书阅读、艺术鉴赏等服务。2011年底,成功举办"迎新年——新苏州人优秀新节目展演",精选了来自全市的18个作品,近300名外来务工人员参加,涵盖了歌舞、小品、戏曲等多种艺术表现形式,成为外来务工人员展示艺术风采的良好平台。另外还制定了《苏州市公共文化服务指南》(城区),确定了面向包括农民工等弱势群体和特殊人群在内的基本文化服务内容和量化指标,并免费向外来务工人员派发。

服务体制机制创新发展 人才队伍建设日益壮大

从2008年起,苏州连续三年开展了两轮基层文化从业人员职业资格认证培训,来自各县级市(区)共1570余人参加培训,基本实现了基层文化从业人员培训全覆盖。在此基础上,2011年3月,苏州市文化、人事部门联合出台《进一步落实〈苏州市基层文化从业人员资格认证制度〉的意见》,建立基层文化从业人员跟踪管理机制。2011年全年培训基层公共图书馆从业人员5批共1212人次,非遗保护从业人员2批共180人次。下发了《贯彻〈关于加强地方县级和城乡基层宣传文化队伍建设的若干意见〉的实施意见》,积极探索基层文化队伍建设新路径。

此外,在工作机制上,苏州市构建起党委政府领导、文化等有关部门联手、专家委员会参与、联络员网络体系协作、公共文化服务信息平台支撑的"五位一体"的管理体制和工作机制,并研究制定了苏州公共文化建设指标体系和考核办法,系统构建涵盖财政投入,组织保障,重大文化项目,文化馆、图书馆、博物馆等公益性文化单位服务标准及考核测评县(区)公共文化建设进展的指标体系,逐步形成党委领导、政府负责、社会协调、公众参与的工作格局和长效机制,有效提升公共文化服务质效。苏州不断创新工作思路,使公共文化事业驶入快车道:张家港市开展了"网格化"公共文化服务建设、常熟市开展文化主管部门与各镇(街道)的挂钩结对共建活动、昆山市制定和实施公共文化服务和产品评价激励机制、吴江市开展创建达标督查工作……全市开拓创新,不断健全完善公共文化建设体制机制。

文化是苏州的"第一优势",也是苏州发展的"第一资源"。创建国家公共文化服务体系示范区,是苏州"十二五"期间推动文化事业发展、打造"文化苏州"城市品牌的重大机遇。无数实践已经证明:文化软实力的增强必能促进经济硬实力的提升,大力发展公共文化事业,构建和完善公共文化服务体系,是繁荣发展社会主义先进文化、构建社会主义和谐社会的必然选择。苏州正在开辟一条新时期文化建设的发展之路和特色之路,也必能在公共文化的丰厚土壤上塑造出现代城市的文明之魂。

记者 李珊珊 《中国文化报》2012年9月4日

3.10 让城市彰显文明之魂 让人民乐享文化硕果——公共文化建设的苏州探索

让城市彰显文明之魂 让人民乐享文化硕果
——公共文化建设的苏州探索

2500多年的建城史,赋予苏州深厚的文化底蕴,同时,身为江南的"鱼米之乡",苏州又有着坚实的经济基础。当传统文化与现代文明有机融合,便演绎出苏州经济与文化互动发展、共同繁荣的交响乐章。

2011年,苏州市成功入选首批31个国家公共文化服务体系示范区创建城市名单。一年来,苏州人民用改革破解新难题,用创新谋求新突破,积极推进公共文化建设的科学发展。如今,美丽的苏州城里处处呈现着公共文化繁荣发展的景象:文化基础设施全面覆盖、文化资源阵地不断延伸、群众文化活动高潮迭起……公共文化服务体系作为苏州市文化建设的重要组成部分,弘扬社会主义核心价值,营造积极、健康、向上的文化氛围方面正发挥着重要作用。

公共文化设施日益完善 城乡文化资源无缝对接

苏州城市因文化而闻名,苏州经济因文化而繁荣,苏州人民因文化而儒雅。不断推进建设的公共文化硬件设施是苏州公共文化事业发展的基石。

公共文化设施网络日益完善。一是标志性文化设施项目加快推进。苏州美术馆新馆、苏州市文化馆新馆、苏州名人馆、苏州评弹学校新校、常熟市江南文化展示馆、太仓市图书馆新馆等一批市、县级市(区)级重点文化设施先后建成并对外开放。全市共有县(区)级以上公共图书馆12个,均为国家一级馆;文化馆国家一级馆12个;市及县(区)级博物馆、纪念馆42个,美术馆11个。二是基层文化设施建设稳步推进,基层文化阵地的"建管用"机制不断完善。2011年初,苏州市文化、民政部门联合出台了《关于进一步加强苏州市社区文化建设的意见》,并结合《苏州市基层文化标准化建设评选和命名工作的实施意见》等文件要求,命名一批公共文化服务示范、优秀、合格文化站、村(社区),稳步提高基层文化设施的设置率和达标率。截止到2011年底,全市人均拥有公共文化设施面积为0.24平方米,基本实现了公益性文化设施市、县级市(区)、镇(街道)、村(社区)四级全覆盖。

公共图书馆总分馆体系建设全面推进。公共图书馆总分馆体系的"苏州模式"不断完善。根据苏州市人民政府办公室下发的《苏州市公共图书馆总分馆体系建设实施方案》要求,加快构建由市区公共图书馆总分馆体系和县级市公共图书馆总分馆体系组成的,资源共享、协同采编、统一检索、一卡通用、覆盖城乡的全市公共图书馆总分馆体系。截至目前,全市已建有市级总馆1个,县级市(区)级总馆7个,分馆131个,各县级市建制镇、非建制镇图书馆分馆建设基本实现全覆盖。

公共文化数字服务建设加快实施。一是全面启动苏州市下辖5个县级市行政村"四位一体"(村图书室、农家书屋、党员远程教育、文化信息共享)综合信息服务站建设,到2012年底基本实现全覆盖。二是积极建设"公共文化有线数字互动平台",借助有线数字网络,推动公共文化服务进社区、到客厅。三是全力推进区级文化信息共享工程支中心建设及社区(村)级基层点全覆盖建设,确保城乡群众可以通过多种方式使用数字文化信息资源等服务。

文化惠民工程丰富多彩 市民幸福指数不断提升

实施文化惠民工程,让人民共享文化发展硕果,是贯彻落实党的十七届六中全会的具体体现。在全市完善的公共文化硬件设施基础上,苏州通过深入开展丰富多彩的文化惠民活动,最大限度地满足群众日益增长的多层次、多样化公共文化需求。

一是群众文艺"群星璀璨"工程。统筹开展以"我们的节日""天天有"、市直舞台艺术"四进工程"和"城区各广场主题活动"为主要形式的文化惠民活动,全市年均开展的各类公益性惠民展演展示活动3万次,惠及农村及社区群众累计突破5000万人次。年均为基层送书10万余册、送戏3000余场次、送电影1.5万场次。

二是特色文化"品牌培育"工程。依托"江河湖海"兼具的水文化资源和"吴文化"独特优势,着力打造一批具有鲜明地域文化特色和较大影响力的文化节庆活动,成功承办了2届中国国际民间艺术节、5届中国昆剧艺术节和中国苏州评弹艺术节、中国农民文艺会演等一大批品牌节庆活动;苏州所辖的各市(县)、区也形成了诸如"长江文化艺术节""江南文化节""郑和航海节""运河文化节""太湖文化论坛"等一批极具地方特色、群众喜闻乐见的文化活动品牌。此外,每年一届的苏州阅读节,自2006年以来已成功举办6届,共举办丰富多彩的阅读活动3600余项,参与读者1700余万人次,已成为推动全民阅读、营造学习型城市的重要抓手。苏州市委、市政府也被中宣部、新闻出版总署授予"全民阅读活动先进单位"。在"中国民间文化艺术之乡"评选中,苏州市以10大类28个项目位列江苏省第一,获评数量在全国同类城市中名列前茅。

三是群文创作"精品打造"工程。苏州市文化馆小品《寻家短信》参加了文化部、国务院农民工工作联席会议办公室共同主办的"温暖之春"——2012年慰问全国农民工春节晚会,这是继2009年北京人民大会堂"大地情深——全国城乡基层群众小戏小品展演"开幕式演出和2010年北京五棵松体育馆"我们的节日——群星奖优秀节目2011年春节慰问外来务工者文艺晚会"后,苏州市群文作品连续第三年登上首都大舞台,受到党和国家领导人的高度赞赏。截至目前,苏州共有10个群文作品获得群星奖殊荣。全市每年举办的"群众文艺大会演",为近4000支民间业余文艺团队展示成果提供平台,极大地满足了群众的文化需求。

四是外来务工人员"文化共享"工程。全市各级文化主管部门归口管理的各级国有美术馆、公共图书馆、文化馆不断丰富免费开放的内容和形式,积极引导外来务工人员走进博物馆、图书馆、文化馆(站);各类公益性文化机构有针对性地开展面向外来务工人员及其子女的艺术辅导培训、图书阅读、艺术鉴赏等服务。2011年底,成功举办"迎新年——新苏州人优秀新节目展演",精选了来自全市的18个作品,近300名外来务工人员参加,涵盖了歌舞、小品、戏曲等多种艺术表现形式,成为外来务工人员展示艺术风采的良好平台。另外还制定了《苏州市公共文化服务指南》(城区),确定了面向包括农民工等弱势群体和特殊人群在内的基本文化服务内容和量化指标,并免费向外来务工人员派发。

服务体制机制创新发展 人才队伍建设日益壮大

从2008年起,苏州连续三年开展了两轮基层文化从业人员职业资格认证培训,来自各县级市(区)共1570余人参加培训,基本实现了基层文化从业人员培训全覆盖。在此基础上,2011年3月,苏州市文化、人事部门联合出台《进一步落实〈苏州市基层文化从业人员职业资格认证制度〉的意见》,建立基层文化从业人员跟踪管理机制。2011年全年培训基层公共图书馆从业人员5批共1212人次,非遗保护从业人员2批共180人次。下发了《贯彻〈关于加强地方县级和城乡基层宣传文化队伍建设的若干意见〉的实施意见》,积极探索基层文化队伍建设新路径。

此外,在工作机制上,苏州市构建起党委政府领导,文化等有关部门联手,专家委员会参与,联络员网络体系协作、公共文化服务信息平台支撑的"五位一体"的管理体制和工作机制,并研究制定了苏州公共文化建设指标体系和考核办法,系统构建涵盖财政投入,组织保障,重大文化项目,文化馆、图书馆、博物馆等公益性文化单位服务标准及考核测评县(区)公共文化建设进展的指标体系,逐步形成党委领导、政府负责、社会协调、公众参与的工作格局和长效机制,有效提升公共文化服务质效。苏州不断创新工作思路,使公共文化事业驶入快车道:张家港市开展了"网格化"公共文化服务建设、常熟市开展文化主管部门与各镇(街道)的挂钩结对共建活动、昆山市制定和实施公共文化服务和产品评价激励机制、吴江市开展创建达标督查工作……全市开拓创新,不断健全完善公共文化建设体制机制。

文化是苏州的"第一优势",也是苏州发展的"第一资源"。创建国家公共文化服务体系示范区,是苏州"十二五"期间推动文化事业发展、打造"文化苏州"城市品牌的重大机遇。无数实践已经证明:文化软实力的增强必能促进经济硬实力的提升,大力发展公共文化事业,构建和完善公共文化服务体系,是繁荣发展社会主义先进文化、构建社会主义和谐社会的必然选择。苏州正在开辟一条新时期文化建设的发展之路和特色之路,也必能在公共文化的丰厚土壤上塑造出现代城市的文明之魂。

记者:李珊珊 《中国文化报》2012 年 9 月 4 日

3.11 江苏省苏州市:城乡一体化 率先现代化

江苏省苏州市:城乡一体化 率先现代化

苏州市的主要创建成果

● 公益性文化设施城乡一体全覆盖。目前,该市拥有公共图书馆国家一级馆 12 个,文化馆国家一级馆 12 个,各类博物馆、纪念馆、美术馆 70 余个,遍布城乡的公益性评弹书场 127 家,可容纳百人以上的群众文化广场 2000 多个,人均拥有公共文化设施面积 0.25 平方米。

● 在整个创建周期内,苏州市各级财政公共文化服务投入达 42.75 亿元(不含重大文化设施建设的投入)。在人才保障机制方面,率先实施"统一培训、统一考试、持证上岗"的基层文化从业人员资格认证制度,共计有 3782 人次的基层文化从业人员通过了资格认证培训,实现了 100% 持证上岗。

● 全市年均开展各类公益性展演展示活动 6 万场次,惠及农村及社区群众 5000 万人次。张家港市"长江文化艺术节"、常熟市"江南文化节"、太仓市"郑和航海节"、昆山市"外企文化节"、吴江区"运河文化节"、吴中区"太湖开捕节"等活动定期举办,形成了一批市民群众喜闻乐见的特色文化活动品牌。

● 在创建实践中注重把"活"的民间生活记忆、"活"的民间智慧和创造、"活"的生活体验场景全面融入市民的现实文化生活,成为公共文化服务体系的重要组成部分。目前,该市有民间业余文艺团队近 4000 支,文化骨干队伍 12.15 万人,文化志愿者队伍 104.93 万人,每年开展各类活动近 1.5 万次,每个街道均已建有 1 支代表当地文化特色的文化团队和 1 项特色鲜明的活动品牌。

● 狠抓制度设计研究,形成了近10万字的研究报告和16个极具实践意义的文本,为下一步公共文化服务体系建设科学发展奠定了基础,指明了方向。

创建亮点选评

经过两年创建,苏州公共文化服务体系建设进入了整体推进、科学发展、全面提升的新阶段,走出了一条"城乡一体化、率先现代化"的现代公共文化服务建设之路。

率先建成公共图书馆总分馆体系。目前,苏州市已建有市级总馆1个,县级市、区级总馆7个、分馆173个;有图书流动服务车9辆,年均出车1300次以上;定期举办公益讲座、品牌阅读、上网培训等活动。2012年全市到馆读者近2500万人次。

创新建设公共数字文化服务体系。创新建立了以数字网络技术为主要服务手段、覆盖城乡社区和农村的"四位一体"(村图书室、农家书屋、党员远程教育、文化信息共享)基层综合信息服务体系;建立起市文化馆与全市90多个文化馆(站)相连接的群众文化活动远程指导网络;城乡市民群众可以通过多种方式获得数字图书馆、数字文化馆、数字博物馆和数字美术馆等文化信息资源服务;借助有线数字网络,苏州市"公共文化有线数字互动平台"已把公共文化数字服务送进社区、送到家庭,城乡居民足不出户,坐在家中就能使用电视遥控器,点播收看电影、戏曲、讲座等丰富多彩的文化节目。

各县级市、区探索形成各具特色的公共文化服务体系。如张家港市把全市村(社区)划分成955个公共文化服务网格,组织720名网格文化员持证上岗,形成基层公共文化服务无盲点均衡覆盖;昆山市着力打造"融合创新"的公共文化服务,已建成22个"新昆山人"俱乐部,将4000家外资企业的10万台商、占人口80%的百万外来务工人员视为昆山市民的重要构成,纳入公共文化服务体系,构建"新昆山人"的精神家园;太仓市通过多种形式扶持文艺精品创作和生产,形成"全民创作"的独特风景线;吴江区从"区域联动"入手,推进长三角地区、大运河沿线的文化联动,共享文化服务;姑苏区依托观前、石路、古胥门等繁华热闹地段,形成了大型民俗文化活动品牌;工业园区围绕"非凡城市"建设,努力建设充满时尚活力的国际化文化新城区。

《中国文化报》2013年7月1日第2版(摘录)

3.12 公益性文化设施覆盖"市县镇村"

公益性文化设施覆盖"市县镇村"

12日至14日,按照文化部关于创建国家公共文化服务体系示范区(项目)的统一部署,文化部第15督查组在我市开展了示范区创建督查工作。副市长王鸿声介绍了我市创建工作。

我市自去年入选首批31个国家公共文化服务体系示范区创建城市以来,成立了以市政府主要领导为组长、13个相关部门和12个县级市(区)政府(管委会)主要负责人为成员的创建工作领导小组,并出台了《苏州市创建国家公共文化服务体系示范区建设规划》等制度文件。在组织保障、经费支撑、体制创新和长效机制建设等方面全力保障示范区创建工作。2011年苏州市本级财政对苏州图书馆、苏州市文化馆、苏州美术馆免费开放投入专项经费达1582万元,各县级市(区)2011—2012两年公共文化服务体系建设投入经费总计约为33亿元。

创建周期内，我市重点推进设施网络建设工程、数字服务提升工程、文化惠民服务工程、制度设计研究工程、文化人才培育工程等五大工程。截至2011年底，全市公共文化设施总面积为270.07万平方米，每万人拥有公共文化设施面积达2212.10平方米，公益性文化设施总面积为201.86万平方米，人均0.19平方米，基本实现公益性文化设施市、县级市（区）、镇（街道）、村（社区）四级全覆盖。

在实地考察了苏州图书馆、苏州市公共文化中心以及常熟和张家港等相关项目之后，督查组形成反馈意见，一致认为苏州市的创建工作定位高远、积极创新、稳步推进，圆满完成中期目标，在全国起到了良好示范作用。而督查组所进行的随机问卷调查也显示，苏州公共文化设施基本满足群众的需求，博物馆、图书馆和文化馆（站）免费开放也获得了普遍的好评，资源共享率和群众满意度都较高，知晓率有待进一步提高。

督查组表示，苏州的创建工作有几大亮点：政府高度重视，形成了与县级市联动的局面；财政保障有力；过程管理到位，比全国的情况要好；制度设计研究稳步推进，并落实到各级单位和部门；实施标准化建设，这在全国也属领先；深入基层，覆盖到了乡镇文化站；绩效评估全面开展，将各县级市政府纳入考核范围。而且，苏州还创新性地将外来务工人员纳入服务体系，张家港的网格化公共文化服务和图书馆总分馆模式在全国也具有借鉴意义，吴江的区域文化联动更是对地方资源固化的突破。

对于下一步的创建工作，督查组给出了几点建议：进一步加大推进力度，力争图书馆人均藏书量等指标达到全国领先水平；加强数字文化服务，提高博物馆、图书馆和文化馆（站）的网上服务水平；加快公益性文化单位标准化体系建设。

文化部社会文化司副司长李宏表示，苏州示范区创建在全国都很有意义，希望苏州的创建工作在全国创建工作中能成为一个典型。李宏说，公共文化服务体系创建在过去没有现成的经验，希望在各个方面都保持领先的苏州，能再次做出超越历史的贡献。

记者　刘　欣　《苏州日报》2012年4月15日

3.13 效益导向引领国家公共文化服务体系示范区创建　苏州1055万居民乐享公共文化服务

效益导向引领国家公共文化服务体系示范区创建
苏州1055万居民乐享公共文化服务

文化正以其特有的影响力和持久力，成为当今和未来社会发展的第一利器。未来的竞争，归根结底是文化的竞争，推进公共文化服务、提高全民文化素养的意义正在于此。苏州文化底蕴深厚，为群众提供文化消费的公共文化服务早已起航，并走在了全国同类城市前列。2011年4月，苏州被文化部、财政部确定为全省唯一的国家公共文化服务体系示范区创建市，苏州又以此为契机，以进一步满足百姓精神生活需求为落脚点，推进全市公共文化服务体系建设、彰显城市文明之魂。

在创建的洪流中，苏州着力构建"以效益为导向"的现代公共文化服务体系，城乡文化服务差距越来越小，公共文化服务设施越来越全，供百姓参与的文化活动越来越多……1054.91万常住人口每年人均享受公共文化服务已达5次以上，充分享受着发展带来的成果。姑苏大地，特有的历史文化底蕴与现代文明和谐交融、有机组合，演绎着经济与文化互动发展、共同繁荣的动人乐章。

八大体系凸显"效益导向"

经过两年的示范区创建,"以效益为导向"这一特点,已突出体现在苏州公共文化服务"8个体系"的建设上。

城乡一体:公共文化服务设施体系城乡一体覆盖市县镇村

张家港市南丰镇振兴社区居民朱卫华是个典型的家庭主妇,虽然只有初中文化,却和许多当地居民一样爱看书、爱参加文体活动。这些年她欣喜地发现,身边供大家享用的公共文化设施越来越多了:社区图书馆、健康科普园、开心果阅读乐园、特色文化展示厅、文化信息资源共享工程播放室、南丰广场等10多个文化服务阵地设施先进、形式多样,几分钟内就能走到。

朱卫华身边的变化,正是苏州公共文化服务体系城乡一体建设的一个缩影。在推进公共文化服务网络建设的进程中,苏州除抓好重大文化设施建设,建成苏州博物馆新馆、工业园区苏州文博中心、苏州美术馆新馆、市文化馆新馆、苏州名人馆、张家港市文化中心、常熟市江南文化艺术中心、太仓市图博中心和文化艺术中心、昆山市文化艺术中心等项目外,还把大量人力物力财力投向城乡公益性文化设施,给全市1054.91万居民送去均等化、丰富化、高效化的服务。

这里确定了城乡文化权益"同等"、城乡文化发展"协同"、城乡社会文明"同步"的"三同"标准,严格执行国家《公共文化体育设施条例》,落实好公共文化设施建筑用地指标、建设标准,设施布局兼顾人口分布和服务半径,设施建设兼顾设备配套,固定设施兼顾流动服务,完善公共文化设施管理办法和服务标准、规范,切实提高设施运行效率和服务效能。尤其注重新建小区、新兴工业园区、外来务工人员集聚区以及城镇化重点地区的公共文化设施建设,加强配置流动服务、数字网络服务所需的设施设备。因此,基础相对薄弱的农村地区不但没落下,有的甚至还超过了城区。

截至目前,全市已拥有12个国家一级馆公共图书馆;12个国家一级馆文化馆,各类博物馆、纪念馆、美术馆70余个;可容纳百人以上的广场2000多个。全市100%镇(街道)建有单独设置面积500平方米以上的综合文化站,100%村(社区)建有面积200平方米以上的文体活动室。至2012年底,全市人均公共文化设施面积和公益性文化设施面积分别达0.25平方米和0.19平方米,基本实现公益性文化设施市、县(区)、镇(街道)、村(社区)四级设施网络全覆盖。

群众文化:群众文化活动体系化全民参与撑起半边天

在6月8日揭开盖头的第三届苏州市文化遗产汇展系列活动上,30多位中老年带来的扇子舞、挑花篮、打连厢表演动作整齐、节奏明快,吸引了众多观众的眼球。

这些表演者都来自工业园区唯亭街道张泾社区的业余文艺团队"亭飞燕"。得益于文化部门的大力扶持,在创建国家公共文化服务体系示范区的活动中,苏州城乡涌现出了4000支"亭飞燕"式的群众文化团队,形成文化骨干队伍12.15万人。他们积极参加公益活动,每年提供各类服务近1.5万次,与众多专业团体一起,撑起苏州公共文化服务的半边天。

正因为全民参与,苏州的群众文化活动呈现出规模结构合理、品种样式丰富多彩、活动主体多元并存、资源要素互联互通的"体系化"特征———

中国国际民间艺术节、中国昆剧艺术节、中国苏州评弹艺术节、苏州阅读节、苏州市少儿艺术节、新苏州人优秀新节目展演、群众文化广场舞比赛等富有地域特色的重大文化节庆精彩纷呈;

以"我们的节日""天天有"、市直舞台艺术"四进工程"和"群星璀璨——城区各广场主题活动"等"四大系列"为核心的文化惠民活动深入基层,年均开展6万场次,并向基层送书超10万册,送戏超3500场次,送电影超2.1万余场次,每年惠及群众5000万人次;

群众特色文化和文艺团队建设快速发展,全市除拥有近4000支民间业余文艺团队外,还拥有10个"中国民间文化艺术之乡"、2个"全国群众文化先进社区"、4个"全国特色文化广场";

各县级市、区特色群众文化活动持续繁荣,张家港市的"长江文化艺术节",常熟市的"江南文化节",太仓市的"郑和航海节",昆山市的"外企文化节",吴江区的"运河文化节",吴中区的"太湖开捕节",相城区的"活力岛音乐节",姑苏区的"古胥门元宵灯会""端午民俗文化节""轧神仙文化旅游节",工业园区的端午节龙舟赛和高新区的"欢乐社区行"等,成为群众喜闻乐见的特色文化活动品牌。

图书资源:公共图书馆总分馆体系重心下移图书资源一盘棋

家住姑苏区仓街的史叔威老人,这几年几乎每天下午都要去隔壁的平江历史街区社区图书馆,翻翻书、看看报,或者跟书友们交流交流时事信息、读书心得,泡上两三个小时才转身回家。作为苏州图书馆的分馆,这家社区图书馆的上万册图书可以跟苏州图书馆通借通还,史叔威看中苏州图书馆或其他分馆的书,只要在社区图书馆登记,一周内就可以现身社区图书馆。史叔威由衷地说,家门口就能这样方便地借书、看书,苏州的图书馆建设真是到了家!

苏州的这种图书馆总馆/分馆体系建设启动于2005年,在全国各城市中最早推出这一做法。目前,苏州已建成统一采购、统一编目、统一配送和通借通还,固定设施和流动服务相互配合,覆盖全市城乡社区、村的公共图书馆服务模式,让"散居"各馆的大量图书成为一盘棋,极大方便了人们的借阅,被国内图书馆业内专家称为"国内图书馆总分馆建设的苏州模式"。

在这一体系中,苏州图书馆充分发挥全市图书馆总分馆体系中组织、指导、协调、培训、支撑功能;各县级市、区图书馆担任所在地区总馆职责,负责指导、支持各镇(街道)分馆的建设和运行,并以流动服务车的方式,定点定期定量地为各村(居委)图书流通点更换新书。

截至2012年底,全市已有市级总馆1个,县级市、区级总馆7个,分馆173个,各县级市建制镇、非建制镇图书馆分馆建设基本实现全覆盖,2012年全市接待到馆读者近2500万人次。此外,全市还配备了9台流动图书服务车,基层服务出车年均1363次。

数字文化:公共数字文化服务体系高效运行全局"四位一体"

在如今这个网络时代,要完善公共文化服务体系,提高服务效能,最直接、最有效的方法是将数字网络技术运用在公共文化服务体系建设的全过程和各个方面,逐步建立起与数字网络时代人民群众基本文化需求特点相适应的公共数字文化服务体系。

走进常熟市支塘镇蒋巷村综合信息服务中心,除了能看到摆满书架的各类图书,还能看到配套桌椅和10多台电脑。通过这些能够上网的电脑,众多村民和外来务工人员接受了数字服务。

这是苏州在全国率先开展以数字网络技术为主要服务手段、覆盖城乡社区、农村的"四位一体"(村图书室、农家书屋、党员远程教育、文化信息共享)基层综合信息服务体系建设中的普通一例。如今,苏州建立起市文化馆与全市90多个文化馆(站)相联结的群众文化活动远程指导网络,100%的城乡群众可以享受数字图书馆、数字文化馆、数字博物馆和数字美术馆等的资源服务;苏州市"公共文化有线数字互动平台"也已进社区、到家庭。通过电视遥控板,城乡居民足不出户就能点播、收看电影、戏曲、讲座等丰富多彩的文化节目。

目前,苏州正在结合智慧城市建设,积极筹划通过有线、无线网络实现全市公共数字文化服务体系时空无盲点全覆盖。

公共数字文化服务体系的建设和逐步完善,不但直接惠及一大批习惯于通过数字网络渠道获得公共文化服务的群众,也极大地改进了公共文化服务方式,增加了载体空间,有效提高了整个公共文化服务体系的运行效能。

创作供给：公共文化创作供给体系活力丰沛年创作作品超万余

为丰富公共文化产品创作生产和资源供给,这几年苏州结合国家公共文化服务体系示范区创建,不断加大面向基层、服务群众的各类文艺作品的创作力度。全市文艺工作者自觉坚持"三贴近",不断开拓创作题材领域,涌现了一大批体现苏州特色的优秀作品。

2011年12月28日,"温暖之春"———2012年慰问全国农民工春节晚会在京举行,苏州市文化馆、昆山市文化馆表演的小品《寻家短信》,以外来务工人员因赶工期不能回家过年,想用手机短信的方式寻找一个当地家庭过春节、受到城市居民热烈回应的动人故事,充分反映了外来务工人员为构建社会主义和谐家园做出的重大贡献,真实表达了他们的精神文化诉求。这是继2009年、2011年之后,苏州市群文作品连续第三年登上首都大舞台,受到党和国家领导人的高度赞赏,也从一个侧面反映了苏州公共文化产品的质量。

类似的公共文化创作生产供给不胜枚举。这几年,苏州先后有滑稽戏《青春跑道》等2台剧目入选文化部"优秀保留剧目大奖",4台剧目入围国家舞台艺术精品剧目,6次获得"文华大奖""文华新剧目奖",3部中篇弹词获中国文联的曲艺"牡丹奖";40余人先后获"梅花奖""牡丹奖",顾芗获"梅花大奖";10个作品获得"群星奖";1人获全国"群文之星"称号。在2012年江苏省"五星工程奖"评选中,苏州又斩获20金18银20铜,获奖总数和金奖数位居全省各市之首。

更值得一提的是,一批深入群众、立足基层的群文创编演优秀人才不断涌现,每年面向基层群众创作的各类文艺作品万余件,一大批来自基层的优秀群文作品也获得全国、省级奖项,丰富多彩的文艺作品极大满足了苏州人民群众的文化需求。

传统文化：文化保护传承弘扬体系承古惠今品味古韵今风

悠久的历史文脉、深厚的人文积淀、丰厚的非物质文化遗产,是苏州文化的显著特色,也是苏州公共文化服务体系建设、特别是丰富当今苏州人民群众文化生活的重要资源。

在示范区创建中,苏州注重将原生态保护的文化元素与人民群众喜爱的现实文化元素有机结合,形成直接向基层群众提供展示展演、活动体验、培训指导服务的格局,把"活"的民间生活记忆、"活"的民间智慧和创造、"活"的生活体验场景,全面融入苏州人民群众的现实文化生活,全面融入面向基层的公共文化服务,帮助人们品味古韵今风。

其中一个典型例子是评弹艺术重新焕发青春。评弹是苏州的特色历史文化之一,听评弹曾经是老苏州们最爱的休闲方式,许多老苏州在叮叮咚咚的弦索声中度过一生。前些年,受各种新型休闲方式的冲击,苏州评弹市场一度严重萎缩,全市只剩30多家书场。经过政府部门的引导、扶持,如今全市的书场恢复到了127家,其中年均演出200场次以上的就有56家。像工业园区胜浦街道吴淞社区的金淞湾花园里,这些年就兴建了可容纳200多人的书场,请来市评弹团的演员演出,去书场听一段婉转的评弹,已成了众多胜浦居民的"休闲必修课"。

统计表明,光是2012年,苏州就有366万多人次听众享受到了评弹这种"中国最美声音"。

县市特色：地域公共文化服务成体系百花齐放各地亮点频现

如果说,承古惠今只是苏州公共文化服务的时空特色,那么,各县市区百花齐放则展现着苏州公共文化服务的地域特色。其中：

张家港777平方千米陆地面积被划分成955个网格,平均每1000人左右1个,建立了一支基层"网格文化服务员"队伍,形成"网格化"特色公共文化服务,推动市、区(镇)、社区、网格四级公共文

化服务网络无盲点均衡覆盖;

常熟支持企业、个人创办为群众免费提供文化服务的特色场馆,形成"社会力量广泛参与"特色公共文化服务;

太仓重点扶持文艺精品的创作和生产,形成"全民创作"特色公共文化服务;

昆山将4000家外资企业的10万台商、占人口80%的百万外务工人员视为昆山市民的重要构成部分,纳入公共文化服务体系,构建"新昆山人"精神家园,着力打造"融合创新"的公共文化服务;

吴江区从"区域联动"入手,推进长三角地区、大运河沿线的文化联动,共享文化服务;

姑苏区依托观前、石路、古胥门等黄金地段,形成了大型民俗文化活动品牌;

工业园区围绕"非凡城市"建设,引入新加坡先进理念,努力建设充满时尚活力的国际化文化新城区;

相城区以人才队伍建设为切入点,提高全区公共文化服务效能,形成"基层文艺人才队伍建设"特色公共文化服务;

吴中区和高新区着力营造高标准的区级文化中心,实现公共文化设施的高起点建设。

此外,苏州各县级市、区还广泛开展了"一镇一品""一镇多品"以及"一村一品"建设活动,鼓励各地结合当地特色举办各类民间文艺节、农民文化艺术节和镇、村、社区文化节。目前,苏州每个街道都已至少拥有一支代表当地文化特色的文化团队和一项特色鲜明的活动品牌。

制度设计:制度设计构建支撑体系公共文化服务长效保障

在国家公共文化服务体系示范区创建的全过程中,苏州始终将制度建设放在极为重要的位置,狠抓制度设计研究,致力于形成"以效益为导向"的制度体系,已形成的制度主要包括公共文化服务体系建设纳入科学发展综合考评制度,公共文化服务体系建设纳入公共财政经常性支出制度,公益性文化设施均衡布局纳入城市建设总体规划,公共文化人才培训和资格认证制度等。

在这些制度的作用下,创建周期内,全市各级财政公共文化服务投入达42.75亿元(不含重大文化设施建设的投入)。

此外,苏州还建立了以市带县(区)、以县(区)带镇(街道)、以镇(街道)带村(居委),以城带乡、以中心或骨干设施带基层设施的体系化运行制度。其中,苏州图书馆负责指导全市图书馆总分馆体系运行;市公共文化中心负责指导全市文化馆(站)以及群众文化艺术活动的体系化运行,积极为群众文化活动提供技术支持、骨干培训、竞赛评比、品牌建设等服务。

在人才保障机制方面,从2008年起,苏州率先试行以"统一培训、统一考试、持证上岗"为主要内容的基层文化从业人员资格认证制度,先后有3782人次的基层文化从业人员通过了培训,实现了100%持证上岗。

靠着制度的保障和落实,苏州撑起了公共文化服务的"摩天楼"。

国家公共文化服务体系建设示范区创建,推动形成了富有苏州特色的现代公共文化服务体系基本框架,实现了苏州公共文化服务体系从"能力导向"到"效益导向"的根本转变。有关人员表示,今后苏州将进一步落实好党的十八大"完善公共文化服务体系,提高服务效能"的精神,在公共文化服务理念和方式现代化、基本公共文化服务均等化、城乡公共文化服务一体化、公共文化服务体系运行高效化等方面继续努力,力争成为全国"以效益为导向"建设和完善公共文化服务体系的典型示范。

新形势新发展　催生"效益导向"

公共文化服务体系建设事关民生福祉,为此,苏州市委、市政府始终把这项工作摆在重要位置,先后将公共文化服务体系建设纳入《"文化苏州"行动计划》以及"十一五""十二五"文化发展规划。

不过,这些年经济社会的快速发展,让苏州的社会形态发生了前所有未的巨变——大批本地农民告别了面朝黄土背朝天的农耕生活,洗脚上岸走进了工厂,住进了现代化的新建小区;外来人员也纷纷涌入苏州,部分区域外来人员数量甚至大大盖过本地人;现代信息技术也突飞猛进,数字化产品风起云涌……

新形势、新发展给苏州带来了一系列考验,文化领域也不例外。两年前,时值苏州市国家公共文化服务体系示范区创建之初,苏州公共文化服务体系建设面临着以下主要矛盾和问题:

——传统的公益性文化事业,如何与保障人民群众基本文化权益、满足人民群众基本文化需求的现代社会理念相适应?

——苏州古城特有的丰富历史、人文资源,如何转化为富有特色的文化服务,进入到百姓的日常生活?

——各级各类公益性文化设施、机构、人员等要素和能力,如何顺利转型为体系化运行、制度支撑、重心下移、讲求实效的公共文化服务?

——政府主导的公共文化服务,如何转换机制、扩大开放,积极引导和鼓励社会力量参与?

——外来投资商、外来务工人员,如何从文化的路径,加快融入苏州,使新老苏州人享受到基本均等的公共文化服务?

——数字技术、网络技术,如何及时运用到公共文化服务之中,提高整个体系的运行效能?

……

国家公共文化服务体系示范区创建,为苏州探索、解决这些突出矛盾和问题提供了最佳契机。

两年来,苏州紧紧抓住创建国家公共文化服务体系示范区的时机,认真贯彻党的十七届六中全会的目标要求和党的十八大关于"加强重大公共文化工程和文化项目建设,完善公共文化服务体系,提高服务效能"的精神,按照文化部创建标准,把工作重点从以往的重设施、重体系、重能力转到"完善体系、提高效能"上来,着力建设了"以效益为导向"的现代公共文化服务体系。

记者　施晓平　《苏州日报》2013 年 6 月 20 日 A06、07 版

3.14　书香:苏州转型升级的人文标志

书香:苏州转型升级的人文标志

苏州,一座书香四溢的城市。这里有别具一格的"藏书"地名,有全国一流的藏书家队伍;这里是古代的"状元之府",这里是今日的"院士之乡"……千百年来,书香早已凝固成苏州的一个文化符号。

新时期,苏州人在延续千年书香的基础上,不断延伸阅读触角、创新阅读形式,让书香之气滋润更多人的心田,中国新闻出版研究院组织的第 10 次全国国民阅读调查表明,2012 年我国国民综合

各媒介阅读率为76.3%,苏州为84%,高于全国近8个百分点。苏州人骨子里的书香,历久而弥新,书香已成为苏州转型升级、开启新征程的重要人文标志。

崇文重教,幽雅书香浸润苏州血脉

苏州是国务院公布的第一批历史文化名城。苏州城西有个集镇叫"藏书"。2000多年前,当地人朱买臣上山砍柴、读书,下山时把书藏在山洞里。"藏书"地名由此而来,为苏州人自古就爱读书作了生动的注解。

2000多年来,苏州走出了陆龟蒙、黄丕烈等一大批藏书家和"铁琴铜剑楼"瞿氏、过云楼顾氏等藏书家族,读书人家更不计其数。长期的书香熏染,让苏州形成了精致、典雅的文化特色,戏曲、书画、刺绣等领域无不散发着迷人的魅力。苏州人创造了特有的雅致文化;雅致文化又反过来熏陶着一代又一代苏州人。苏州城市精神和苏州精神里,"崇文"都被摆在了首位。

随着网络的普及,传统阅读受到严峻挑战,但苏州人依然迷恋书香。地处人民路的苏州图书馆新馆自2001年对外开放后,每天早晨排队等开门成为一道靓丽风景。2006年,苏州市委、市政府顺应城乡居民爱读书的强烈愿望,从率先基本实现现代化、塑造城市精神、促进城市文明进步的战略高度,推出了一年一届的苏州阅读节,并把这一"阅读盛宴"列入全市重点工作,写入每年的政府工作报告,由阅读节组委会印发整体活动方案,活动经费纳入财政预算。

在"阅读,让苏州更美丽"这个鲜明主题的引领下,苏州阅读节紧紧抓住"读、写、画、讲、赛"5个环节,组织开展了经典诵读大赛、书香社区评选、藏书家评选、未成年人流动图书大篷车建设、征文等形式多样的主题活动,深受欢迎。与此同时,苏州大力推进农家书屋建设,目前农家书屋已达927个,实现了行政村(社区)的全覆盖,它们与城镇180余个公共图书馆总馆、分馆一起,让书香之气充盈苏州城乡。

读书用书,"苏州群"傲立浩瀚书海

经过多年的建设,苏州各类公共图书馆馆藏图书已实现人均1.5册。此外,苏州私家藏书也遍地开花。

在市场经济的大潮里,苏州人更强调学以致用。师范毕业的常熟波司登国际控股有限公司董事长高德康靠大量借书、买书,自修经营管理,不断摸索,把公司办成了全国最大的羽绒服企业;连初中都没毕业的吴江果农周小龙,有空就翻《柑橘学》《苗木快繁技术全书》,肚子里满是果树种植技术,并种出了苏州第一流的安全、优质橘子,被授予"苏州农民专家"称号……

这些年不断创新的阅读方式,把更多苏州人带进了精彩的阅读王国,享受到了书香的无穷魅力。其中,苏州图书馆等图书馆、苏州书城等书店设立了地方文献室等专室、专柜;平江历史街区、独墅湖图书馆和苏州科技学院石湖校区办起了晒书会,人们可以晒书、换书、荐书、评书、买书、卖书、猜谜、体验数字阅读;"名家大讲堂"通过邀请阎崇年等文化名人与市民对话,引导人们阅读;2012年开展的"品味苏州的好书"评选,从数百种应征书目中选出周瘦鹃《苏州游踪》等30部优秀作品,帮助大家更好品读、感知苏州的历史文化、传统习俗、社会人文和现代发展;"苏州书网"搭建起新的日常阅读平台,成为具有地方特色的"网上书房"和接轨全国各地的"书友沙龙"……

如今,苏州的经济总量和许多发展指标连续位居全国大中城市前列,读书用书正体现着书香的持久动力。

书香引领,文化发展推动转型升级

千百年的积淀和苏州阅读节的培育,让苏州人的阅读规模不断扩大,触角不断延伸。2006年以来,苏州累计举办各类阅读活动4000余项,吸引了2000余万人次参与,平均每人参与1.5次以上,影响力日益提升,已成为全省乃至全国的知名文化活动品牌。

苏州在推动全民阅读活动中做出的有益探索和成功实践,得到了各级领导和有关部门的充分肯定和高度评价。江苏省新闻出版局局长周琪评价:苏州的书香呈现现代、圆融、与国际接轨的特色。2012年9月,张家港市还发布了全国首个"书香城市"建设指标评价体系,使"书香城市"的建设从模糊型推动变为制度化约束,激发全民阅读内生引导力、促进全民阅读持续深化。

当前,苏州已进入到转型升级、创新发展的关键时期。省委常委、市委书记蒋宏坤说,城市发展转型离不开文化发展的引领,我们要以文化的大发展推动城市的大转型、产业的大提升、人才的大集聚。正是基于这样的认识,去年下半年,苏州将"书香城市"建设列为"苏州十大文化工程"之一,将通过创建全国首批"书香城市"活动,进一步推进全民阅读,提升市民综合素质,其重点工作包括继续办好苏州阅读节、加强公共阅读服务设施建设等四个方面。

在苏州,这个目标正一步步成为现实。以"推进农家书屋与所在区域各图书馆和分馆的图书资源共享"为例,吴江区6月份已全面实现这一目标,在全国率先实现县级图书馆、各镇分馆、各行政村农家书屋(图书室)间的图书通借通还,人们不出乡镇就能借阅县级图书馆等的书籍,享受更丰富的公共图书资源。

记者 施晓平 《苏州日报》2013年7月5日A01版

图书在版编目(CIP)数据

"苏州之路"诠释公共文化服务的现代化道路：苏州市创建国家公共文化服务体系示范区的探索和实践/陈嵘主编.—苏州：苏州大学出版社,2016.11
 ISBN 978-7-5672-1927-4

Ⅰ.①苏… Ⅱ.①陈… Ⅲ.①公共管理－文化工作－研究－苏州 Ⅳ.①G127.533

中国版本图书馆 CIP 数据核字(2016)第 287596 号

内容简介

苏州是国家公共文化服务体系建设示范区的首批创建城市,并以全国总分第一的成绩通过验收。本书作为苏州市创建示范区史料记载,反映了制度设计研究和创建实践活动的思路、过程和成果,希望能够为建设普遍均等的公共文化服务体系提供借鉴。

书　　名：	"苏州之路"诠释公共文化服务的现代化道路
	——苏州市创建国家公共文化服务体系示范区的探索和实践
主　　编：	陈　嵘
责任编辑：	刘　海
装帧设计：	刘　俊
出版发行：	苏州大学出版社(Soochow University Press)
出 品 人：	张建初
社　　址：	苏州市十梓街1号　邮编：215006
印　　刷：	苏州工业园区美柯乐制版印务有限责任公司
E - mail：	Liuwang@suda.edu.cn　　QQ：64826224
邮购热线：	0512-67480030
销售热线：	0512-65225020
开　　本：	889 mm×1 194 mm　印张：31　字数：885千
版　　次：	2016年12月第1版
印　　次：	2016年12月第1次印刷
书　　号：	ISBN 978-7-5672-1927-4
定　　价：	158.00元

凡购本社图书发现印装错误,请与本社联系调换。服务热线：0512-65225020